W0277877

Norman Vincent Peale

Glaube an dich und werde glücklich

Norman Vincent Peale

Glaube an dich und werde glücklich

Zwei Klassiker zum positiven Denken in einem Band

Aufforderung zum Glücklichsein (mit Smiley Blanton)
Du kannst wenn du glaubst du kannst

ARISTON

FSC
Mix
Produktgruppe aus vorbildlich bewirtschafteten Wäldern und anderen kontrollierten Herkünften
Zert.-Nr. SGS-COC-1940
www.fsc.org
© 1996 Forest Stewardship Council

Verlagsgruppe Random House
FSC-DEU-0100
Das für dieses Buch verwendete
FSC-zertifizierte Papier *EOS* liefert
Salzer, St. Pölten.

Die Originalausgabe der Werke erschien unter den Titeln
The Art of Real Happiness und *You can if you think you can*
bei Prentice Hall, Inc., Englewood Cliffs, New Jersey, USA.

Bibliografische Information der Deutschen Bibliothek

Die Deutsche Bibliothek verzeichnet diese Publikation in der
Deutschen Nationalbibliografie; detaillierte bibliografische Daten sind
im Internet unter http://dnb.ddb.de abrufbar.

© *You can if you think you can* 1974 by Norman Vincent Peale
© *The Art of Real Happiness* 1978 by Dr. theol. Norman
Vincent Peale und Dr. med. Smiley Blanton
© der deutschsprachigen Ausgabe Heinrich Hugendubel Verlag,
Kreuzlingen/München 2008
Published by arrangement with the original publisher,
Simon & Schuster Inc.
Alle Rechte vorbehalten

Umschlaggestaltung: Weiss / Zembsch / Partner:
WerkstattMünchen unter Verwendung eines Motivs von
© Michaela Steininger-Fotolia.com
Satz: EDV-Fotosatz Huber/Verlagsservice G. Pfeifer, Germering
Druck und Bindung: GGP Media GmbH, Pößneck
Printed in Germany

ISBN: 978-3-7205-4057-5

Norman Vincent Peale
und Smiley Blanton

Aufforderung zum Glücklichsein

Wie sich alles zum Guten wendet

Aus dem Amerikanischen
übersetzt von Helga Künzel

Inhalt

KAPITEL 1

Türen zu einem neuen Leben

Ein erfolgreiches, glückliches Leben erwächst aus der Kraft des Glaubens. Die Unbesiegten und Unbesiegbaren unter uns sind Menschen, die in der »Kunst« des Glaubens Meisterschaft erlangt haben. Sie schöpfen ständig aus dieser inneren Kraftquelle, denn sie tragen den unerschütterlichen, dabei ewig jungen Glauben an eine höhere Macht und an die Bestimmung ihres eigenen Schicksals im Herzen. Ohne ihren Glauben wären sie wehrlos den unausweichlichen Schwierigkeiten ausgeliefert, in die jeder Mensch gerät; aufgrund ihres Glaubens aber können sie sogar den größten Problemen standhalten.

In jeder historischen Epoche hatten die Menschen unter den verschiedensten Notständen und Katastophen zu leiden, und unsere heutige Zeit zeichnet sich durch eine besonders bizarre Situation aus: Während wir materiell in wirtschaftlichem Überfluss leben, verhungern wir geistig-seelisch. Obwohl sich uns unvergleichliche Chancen zu einem guten Leben bieten, quält uns die tödliche Angst, dass alles verloren gehen könnte.

Es ist eine Ironie der Gegenwart, dass die Medizin, die so viele körperlichen Krankheiten, von denen die Menschheit einst heimgesucht wurde, erfolgreich bekämpft und sie zum Teil für immer zu beseitigen vermochte, keine wirksamen Mittel zur Heilung der seelischen Leiden des Menschen unserer Zeit findet. Zahllose psychische Krankheiten greifen Gesundheit und Seele an und verzehren unsere Kraft und unsere Vitalität.

Doch auch wenn es so aussehen mag – in Wirklichkeit ist keineswegs alles verloren! Vergegenwärtigen wir uns das

Glück des Frischverliebtseins oder die leidenschaftliche Begeisterung, die man mit Kleinigkeiten in Kindern und Jugendlichen wecken kann, und nicht zuletzt die Geduld und Hingabe, mit der Eltern ihre Kinder großziehen – dies und Ähnliches widerlegt ganz eindeutig die Denkweise des »Alles-ist-verloren«. Unzählige lebensbejahende Äußerungen geben uns die Gewissheit, dass die Menschheit über eine unerschöpfliche Quelle verfügt, aus der sie Kraft und Hoffnung schöpfen kann.

Eddie Rickenbacker, ein amerikanischer Pilot und Kriegsheld, sprach einmal in einem Lazarett mit Fliegern, die schwer verwundet waren und schlimme Schocks erlitten hatten. Captain Rickenbacker war ein zutiefst gläubiger Mensch, der seinen Glauben auch lebte. Mitten in dem Gespräch mit den Fliegern hielt er inne und sagte ruhig: »Sollte unter Ihnen jemand sein, der noch kein Gotteserlebnis gehabt hat, rate ich ihm, auszuziehen und es zu suchen.« In dem Lazarettsaal herrschte Stille. Die Männer wussten, dass Rickenbacker ihnen gerade das Geheimnis offenbart hatte, mit dessen Hilfe er bislang unverletzt geblieben war. Sie begriffen, dass ihnen der große Flieger den Weg gezeigt hatte, der sie aus ihrer Unsicherheit und Verzweiflung hinausführen konnte.

Rickenbacker sah im Glauben den Schlüssel zum Leben. »Denken Sie positiv und zielgerichtet, voll Vertrauen und Glauben«, erklärte er den Verwundeten, »dann gewinnen Sie Sicherheit, und Ihr Leben wird erfüllt sein von Leistung und Erfahrung. Solches Denken ist ein unfehlbarer Weg, um innere Niederlagen zu überwinden. Es ist der Weg, auf dem ein demütiger Mensch das Leben meistert – und den Tod.«

Leider blocken viele unter uns im täglichen Leben alles ab, was nur irgendwie ins Religiöse geht, und berauben sich so der Kraftquelle eines stärkenden Glaubens. Eine Barriere blockiert ihren Energiestrom, der eigentlich voller Kraft in gesunde Herzen fließen müsste. Was hält diesen Strom auf? Was hemmt diesen Fluss der Zuversicht, des Glaubens und Vertrauens, der normalerweise die erschöpften Seelen der Menschen beleben sollte?

Solche Fragen sind eine Herausforderung an alle Geistlichen, Lehrer, Ärzte Psychologen und Psychiater unserer Gesellschaft. Es sind keineswegs akademische Fragen. Immer stärker tauchen sie im Leben vieler Menschen auf, die – dem Zusammenbruch gefährlich nahe – nicht glücklich werden können, solange ihre geistig-seelischen Probleme nicht gelöst werden.

Im Areal der Marble Collegiate Church gibt es ein vom Verkehrslärm der New Yorker Fifth Avenue abgeschiedenes, ruhiges Institut, in dem christliche Unterweisung und psychotherapeutische Behandlung zur Beseitigung all jener Störungen und Krankheiten, die die Seele und den Geist der Menschen massiv beeinträchtigen, eingesetzt werden. Unter der gemeinsamen Führung eines Geistlichen und eines psychiatrisch geschulten Psychotherapeuten lernten und lernen seelisch angegriffene Männer und Frauen, die Barrieren einzureißen, die ihnen ein erfolgreiches Leben verbauen. Tag für Tag wird den Ängstlichen und Besorgten, den Furchtsamen und Deprimierten das unschätzbar wertvolle Geheimnis offenbart, wie man inneren Frieden gewinnt und wie man zu echtem Glücklichsein findet.

Das vorliegende Buch will Ihnen zeigen, auf welche Weise dies gelingt.

Das Institut der Marble Collegiate Church wurde vor rund sechs Jahrzehnten von den beiden Autoren dieses Buches gegründet. Jeder von uns war durch seine berufliche Tätigkeit seit Langem mit dem Unglück vieler Menschen vertraut, die trotz ihrer Fähigkeit, aufrecht zu stehen, auf Händen und Knien durchs Leben krochen. Mit der Präzision eines Uhrwerks bedrängte sie der Gedanke: »Ich hätte dies tun sollen und das nicht tun sollen«, und hinderte sie an ihrem Streben nach Freude und Glück. Da diese Menschen niemanden hatten, dem sie sich in ihrem Kummer anvertrauen konnten, wurden sie von Verzweiflung erfasst und gerieten in die Fänge ihrer eigenen Panik. Für solche Menschen gründeten wir unser Institut. Den Anstoß dazu gab unsere Überzeugung, dass man die persönlichen Schwierigkeiten des heutigen Menschen unter neuen Gesichtspunkten angehen müsse.

Ein großes Abenteuer begann für uns! Wir verschrieben unsere Arbeit der Auffassung oder, wenn Sie so wollen, dem Traum, dass die Hilfen der Religion und der Psychologie gemeinsam mehr vollbringen könnten als getrennt. Das Experiment ist gelungen. Der Traum wurde zur Wirklichkeit und unsere Auffassung, so glauben wir sagen zu können, im Sinne unseres Anliegens durch Tatsachen erhärtet. Die Techniken, die wir zusammen ausgearbeitet haben, können – wie wir nach unserer Ansicht wiederholt demonstrierten – einen Menschen völlig wiederherstellen, ihm seine eigenen schöpferischen Kräfte erschließen und ihn über sein geistig-seelisches Potenzial in Einklang mit den grenzenlosen Kräften des Universums bringen. Es handelt sich dabei um einen Prozess der Glaubenserneuerung, dank dessen der Mensch zu einer Kraft und einer Freude findet, die er in seinen kühnsten Träumen nicht für möglich hielt.

Wir erkannten rasch, dass die bei uns um Hilfe Suchenden einen Querschnitt der gestressten und überlasteten Millionen nicht nur von Ärzten als »krank« erklärter, sondern auch »gesunder« Menschen darstellten, die in endloser Sisyphusplackerei den schweren Stein der Angst einen endlosen Berg hinaufwälzen. All diese Menschen erfüllten im Grunde die Voraussetzungen für ein befriedigendes Leben. Die meisten waren intelligent, hatten vernünftige Einstellungen und sich in ihrem Leben bemüht, ihre Ideale zu verwirklichen. Den meisten mangelte es auch nicht völlig an religiösem Glauben: Sie beteten und ließen sich die Sakramente ihrer Kirche spenden. Doch irgendwie meinten mehr oder weniger alle, von der Religion im Stich gelassen worden zu sein; Religiosität bedeutete für sie keine dynamische Lebensweise mehr. Sie waren deshalb im tiefsten Sinne des Wortes von der gesunden Lebenswurzel abgeschnitten, von dem kraftvollen Glauben, der ihnen Selbstsicherheit und Vertrauen zu ihrem Schöpfer gegeben hätte.

Aber nicht nur an gesundem, echtem Glauben fehlte es ihnen, sondern auch an Selbstkenntnis. Die von der Psychologie nachhaltig bewiesene Tatsache, dass der menschliche Geist auf zwei Ebenen arbeitet, der bewussten und der unbewussten, empfanden in der Anfangszeit unserer Arbeit viele von ihnen als große Überraschung, ja als Schock. Der »Geist«, wie sie ihn auffassten, wurde weitgehend mit der Verstandestätigkeit des menschlichen Gehirns gleichgesetzt, die uns befähigt, Faktenwissen aufzunehmen, Entscheidungen zu treffen, ein Essen zu bestellen oder ein Buch zu verstehen. Diese und zahlreiche ähnlich geartete Funktionen des Geistes kannten sie natürlich. Aber sie wussten nicht, dass das Bewusstsein nur die oberste Ebene des Geistes darstellt, gewissermaßen die Oberfläche eines unendlich tiefen Meeres. Nur sehr zögernd, manchmal geradezu unwillig akzeptierten sie die Tatsache, dass in diesen Tiefen, die von den Psychologen und Psychiatern als das »Unbewusste« bezeichnet werden, der größte Teil des Geisteslebens stattfindet und dass dieses Unbewusste auch weitgehend unser Verhalten motiviert und bestimmt.

Die erste Aufgabe des Instituts bestand darin, die Hilfesuchenden mit den in den Tiefen des Unbewussten vorhandenen Kräften vertraut zu machen. Schritt für Schritt erläuterten wir ihnen, wie die dort verborgenen Konflikte, besonders jene zwischen Liebe und Hass, zumeist schon in der Kindheit entstehen und oft im späteren Leben weiterwirken. Außerdem erklärten wir ihnen immer wieder, dass diese verborgenen Konflikte an der Oberfläche des Geistes, also bewusst, regelmäßig nur in verschleierter Form zutage treten: als Angst, Sorge, Depression und bezeichnenderweise auch als schwächer werdender Glaube.

Es ist kein Zufall, dass bei Glaubensverlust neurotische Symptome auftreten. Glaube entfaltet sich aus der Fähigkeit zu lieben, und diese Fähigkeit kann von dem im Unbewussten tobenden Kampf zwischen widersprüchlichen Gefühlen teilweise oder ganz zerstört werden.

Ein Beispiel hierfür ist die Geschichte eines jungen Architekten, der in unser Institut kam, weil er das anhaltende Gefühl hatte, ihm drohe eine Katastrophe. Er lebte in ständiger Angst, und er verstand nicht, warum. Für seine Angst gab es in der äußeren Welt auch keinerlei Grund; nichts bedrohte ihn, dennoch wurde er das Gefühl nicht los.

Sein Vater, ein herrischer, launischer Mann, hatte das Bedürfnis des Sohnes nach Liebe und Zuneigung in dessen Kindheit ständig enttäuscht. Der junge Mann erinnerte sich noch genau, dass ihm der Vater seinerzeit einmal versprochen hatte, den ganzen Samstagnachmittag mit ihm im Wald spazieren zu gehen. Für den Jungen war dies eine ungeheuer wichtige Angelegenheit gewesen. Doch an dem besagten Samstag hatte der Vater dann seine Golftasche hervorgeholt und war zum Wagen gegangen, um in den Country Club zu fahren. Als der enttäuschte kleine Junge zu weinen anfing, hatte der Vater ihn gescholten, ihn eine Heulsuse und einen Quälgeist geschimpft. Diese Episode war charakteristisch für die Haltung des Vaters gegenüber dem Sohn: An einem Tag gab er sich mitfühlend-heiter, zu Spaß und Spiel aufgelegt, am nächsten egoistisch-gleichgültig.

Die Fähigkeit des kleinen Jungen, jemanden oder etwas zu lieben, wurde höchst nachteilig beeinflusst, und diese Schädigung einer der lebenswichtigsten menschlichen Funktionen beeinträchtigte seine sämtlichen späteren Liebesbeziehungen. Als er zu uns kam, glaubte er sogar, seinen Glauben an Gott verloren zu haben. »Gott ist eine Lüge«, sagte er im Verlauf des ersten Gesprächs voll Erbitterung.

Im Zuge unserer Behandlung erlangte er allmählich Einblick in die wahre Natur seines Problems; dieses bestand in seinem bis dahin vollkommen unterdrückten, unterschwellig schwärenden Zorn auf seinen Vater. Auf die Erkenntnis folgte bald eine gewaltige Katharsis. Die Wut, die sein Inneres vergiftet hatte, verflog vollkommen. Und mit der Neubelebung seiner unzureichenden Liebesfähigkeit durch Gespräche über den Geist als das Göttliche im Menschen verlor er nicht nur das schmerzliche Angstgefühl, das ihn seit der Kindheit gequält hatte, er fand auch den verlorenen Glauben an Gott und die Menschheit wieder.

Der erste Schritt zur Wiedererweckung des Glaubens ist also die Austreibung jener Dämonen, die in der Gestalt unterdrückter oder verdrängter Gefühlskonflikte ihr Unwesen treiben. Wenn es dem Psychotherapeuten – der den Hilfesuchenden je nach der Schwere des Falles einfach als Psychologe oder, in bereits pathologischen Fällen, als Psychiater behandelt – dank seiner Spezialkenntnisse gelungen ist, die aus Hass, Wut, Angst und Sorge aufgebauten neurotischen Barrieren einzureißen, können religiöse Anleitung und Führung einen Strom des Glaubens an die Allmacht, Gerechtigkeit und Liebe Gottes zum Fließen bringen, dessen heilende Wirkung nicht hoch genug eingeschätzt werden kann.

Dies ist, kurz zusammengefasst, die Art des therapeutischen Vorgehens, die wir in unserem Institut praktizieren.

Manche Menschen sind nur mühsam von der Tatsache zu überzeugen, dass Gefühle, von denen sie überhaupt nichts wissen, ihr Leben destruktiv beeinflussen können. Viele zweifeln sogar die Existenz dieser unbewussten Regungen und somit primitiven Motivationen an. Es fällt ihnen schwer zu glauben, dass ein »engelhaftes Kind«, ein »gütiger Mann« oder eine »sanfte Frau« die wildesten, amoralischsten, asozialsten Leidenschaften in sich tragen kann. Weil diese unbewussten Impulse gewöhnlich nur in verschleierter Form zutage treten, ist es ganz natürlich, dass man ihr Vorhandensein infrage stellt. Das ist jedoch nicht nur natürlich, sondern auch angenehmer!

Es gibt aber eindeutige Beweise für dieses dem Bewusstsein entzogene Gefühlsleben, und solange man es nicht in seiner ganzen Intensität als eine der Tatsachen des Lebens akzeptiert, ist es unmöglich, sich realistisch mit der inneren Anspannung auseinanderzusetzen, die solche Gefühlskonflikte verursachen können.

Im Schlaf, wenn das Unbewusste die Herrschaft antritt, durchlebt der Mensch seine unterdrückten Gefühlsregungen und verdrängten Wünsche von Neuem, und zwar in Traumform. Erneut empfindet er alte Liebe, alten Hass, alte Ängste. Während der rätselhaften Traumphasen bringt er in Träumen, die selbst ein erfahrener Traumanalytiker oft erst nach langen Untersuchungen richtig zu deuten vermag, die tiefsten und manchmal primitivsten Wünsche seines Unbewussten zum Ausdruck. In diesen nächtlichen Fantasien zögert er oft nicht, sich unerlaubter Liebe hinzugeben oder sogar zu töten.

Robert Louis Stevenson schenkte der Welt in einer seiner berühmtesten Kurzgeschichten mit *Dr. Jekyll und Mr. Hyde* ein Symbol für diese grundlegende Dualität der menschlichen Natur. Im wirklichen Leben ist jedoch kein magisches Elixier wie jenes nötig, das Dr. Jekyll, den liebenswürdigen Londoner Arzt, in sein primitives Gegenstück, den entmenschten Mr. Hyde, verwandelte.

Um die Fassade des Durchschnittsmenschen bröckeln zu lassen reicht eine Enttäuschung, manchmal genügt sogar schon eine scheinbar nur geringfügige. Unvermittelt explodiert dann das Dynamit der Wut, die im zeitlosen Unbewussten gespeichert ist. Der Wutanfall des kleinen Jungen, dem sein älterer Bruder den Roller weggenommen hat, findet seine Entsprechung in der Wut des erwachsenen Fußball-Fans, der gegen den Schiedsrichter tobt, weil dieser seiner Meinung nach falsch entschieden hat, oder in der unangebrachten Hysterie der Hausfrau, die ihre Hausangestellte anschreit, weil ihre Lieblingsvase zu Bruch gegangen ist.

In diesen Fällen finde keine Selbstveränderung statt, meinen Sie, gebe es keinen lustgetriebenen, gierigen Mr. Hyde? Natürlich gibt es ihn! Das Kind unterdrückt lediglich die in seiner Wut enthaltenen Mordgedanken. Das Gleiche tut der enttäuschte, frustrierte Erwachsene. Weil er gelernt hat, dass die Gesellschaft und auch sein eigenes Gewissen zumindest den Anschein von Selbstbeherrschung fordern, dämmt er seine Wut zu einem bloßen Temperamentsausbruch ein. Er lässt nur Dampf ab.

Manchmal äußert sich der Zorn von Erwachsenen in sehr aufschlussreichen Worten. Der aufgebrachte Sport-Fan brüllt mit hervortretenden Augen: »Schlagt ihm den Schädel ein, dem Schiedsrichter!« Und die wütende Hausfrau, die ihrem Mann von der »pflichtvergessenen« Hausangestellten berichtet, erklärt unumwunden: »Ich hätte sie umbringen können!« Solche verbreiteten Äußerungen, die nicht wörtlich gemeint sind, widerspiegeln die tatsächlichen Gefühle und Wünsche weit genauer, als die meisten von uns vermuten.

Sigmund Freud beschrieb in unverblümter, wissenschaftlich fundierter Weise den Hyde-ähnlichen Aspekt des Durchschnittsmenschen. Er sagte, wir würden in unser Unbewusstes täglich und stündlich alle verbannen, die uns im Wege stehen, alle, die uns beleidigt oder verletzt haben. Tatsächlich töte unser Unbewusstes sogar wegen Kleinigkeiten. Und darum könne man uns, wenn man uns nach den Wünschen unseres Unbewussten beurteilen wolle, auf unsere primitiven Urinstinkte reduzieren. Es sei gut, dass diese Wünsche nicht die Potenz hätten, die ihnen vom primitiven Menschen zugeschrieben werde; im Kreuzfeuer wechselseitiger Verwünschungen wäre sonst die Menschheit längst untergegangen, die besten und weisesten Männer und die liebenswertesten und schönsten Frauen – mit allen Übrigen.

Wir sind natürlich moralisch nur für das verantwortlich, was wir bewusst denken und tun. Man kann uns nicht zur Rechenschaft ziehen für Wünsche, die so tief in unserem Unbewussten vergraben sind, dass wir sie bestenfalls nur vage kennen. Wir setzen diese Wünsche zwar nicht in die Tat um; aber vorhanden sind sie trotzdem, und sie können starken Einfluss auf unseren Geisteszustand ausüben.

Psychologisch gesehen befinden sich viele Menschen in ständigem inneren Kriegszustand, ohne es zu merken. Starke, oft sogar heftige Impulse einer Art, die ihrer bewussten Auffassung von moralischem Verhalten vollkommen fremd ist, kommen aus dem »unermesslich tiefen Ozean« des Unbewussten zum Vorschein. Das Bewusstsein lehnt sie ab oder »verdrängt« sie, wie der Fachmann sagt, bevor sie überhaupt ganz erfasst und verstanden werden. Aus dieser fast unmittelbar nach dem Gefühlsausbruch erfolgenden Verdrängung entsteht belastende Angst.

Ziel einer jeden Psychotherapie ist es, den Menschen in die Lage zu versetzen, die primitive Seite seiner Natur zu ändern und so zu beherrschen, dass sie in nützliche Kanäle gelenkt werden kann. Sie muss bestrebt sein, innere Konflikte zu lösen, den Seelenfrieden wiederherzustellen und das moralische Bewusstsein des denkenden Erwachsenen zum beherrschenden Prinzip der gesamten Persönlichkeit zu machen.

Auch die Religion muss darin ihre große Aufgabe sehen. Die Kirche hat auch durch die Jahrhunderte hindurch versucht, sie mit wechselnden Methoden zu erfüllen. So muss sich die Kirche, die viele nicht ganz zu Unrecht nur als eine vom Hauptstrom des Lebens abgeschnittene Institution ansehen, in Wirklichkeit als ein wissenschaftliches Labor zur Umgestaltung des täglichen Lebens der Menschen bewähren. Die großen Prinzipien der Kirche beruhen ja tatsächlich auf Zielanweisungen und Techniken, die geeignet sind, jedes menschliche Bedürfnis zu befriedigen. Der Geistliche ist, so gesehen, in nicht geringerem Maß als der Psychotherapeut ein Wissenschaftler, der mit der menschlichen Seele arbeitet. Die Kanzel, auf der er steht, ist ein geheiligtes Katheder, zugleich aber auch ein Labor-Experimentiertisch, über den Experimente der praktischen Anwendung spiritueller Wahrheiten und ihrer Wirkungen auf den Menschen ausgeführt werden.

Das *Neue Testament* ist das Lehrbuch des Christseins; es lehrt spirituelle Gesetze, die von den klügsten, psychologisch versiertesten Verhaltensforschern zusammengetragen wurden und die genauso fest umrissen sind wie die Gesetze der Physik oder der Chemie. Die im *Neuen Testament* enthaltene Offenbarung Jesu Christi ist ein in kodifizierter Form überliefertes Lehrbuch der angewandten Psychologie, das ungeahnte Kräfte freizusetzen und eine unübertreffliche therapeutische Wirkung zu erzielen vermag.

Eine Neubewertung des *Neuen Testaments* im Hinblick auf die Erkenntnisse der modernen Psychologie beweist, dass es zu den tiefgründigsten, scharfsinnigsten Büchern gehört, die je über die menschliche Natur geschrieben wurden.

Zwischen den Grundprinzipien der beiden Lehren lassen sich zahllose Parallelen ziehen. Die Psychologie (wie auch die Psychiatrie) postuliert das Unbewusste, in dem sie nicht nur primitive Impulse findet, in denen Angst, Wut und Hass wurzeln, sondern aus dem auch jene Triebfedern herrühren, die eine Quelle des Glaubens, der Hoffnung und des Mutes sowie die eigentliche Basis der kreativen schöpferischen Kraft des Menschen sind. Die Religion wiederum postuliert die Seele, nimmt sie als gegeben an. Ist dieses tiefste Zentrum des Wesens eines jeden Menschen mit Bösem (mit Destruktivem, wie der Psychologe sagt) beladen, zieht es den Menschen nach unten; ist es aber auf die Kraft Gottes eingestimmt, wird es für ihn zur Quelle moralischer Stärke und geistiger Erleuchtung.

Die Psychologie deckt die wesenseigene Ichbezogenheit des Neugeborenen auf. Die Theologie sagt, der Mensch sei in Sünde geboren; aber dank der ethischen Gebote der Religion, die eine wichtige Rolle in der Entwicklung des Kindes spielen, ändert sich seine Ichbezogenheit dergestalt, dass es ein gesunder, für die Gesellschaft wertvoller Erwachsener werden kann.

Beide Lehren befassen sich vorwiegend mit Liebe und Hass. Die Psychologie erklärt, dass der vom Hass entfachte innere Konflikt den Glauben zerstört. Das Christentum begegnet dem Hass mit Liebe und lehrt, dass unter Gott alle Menschen Brüder sind und dass wir unseren Nächsten lieben sollen wie uns selbst.

Christliche Religion wie auch die Psychologie richten ihr Handeln darauf aus, innere Kräfte freizusetzen, über die jeder Mensch verfügt. Der Psychologe weiß, dass jeder Mensch seinem Leben neuen Sinn und Schwung geben kann, wenn er die Natur seiner störenden unbewussten Triebe erkennt und ändert. Der Gedanke einer Änderung, einer spirituellen Regeneration, liegt jeder Theorie des menschlichen Verhaltens zugrunde. »Sei nicht zufrieden mit dem, was du bist«, sagt der Geistliche zu den Mitgliedern seiner Gemeinde. »Gib deinen Traum, etwas Bestimmtes zu werden und dein Ideal zu verwirklichen, nicht auf«, sagt der Psychologe.

Ein wundervoller Bibelvers, der in vielerlei Hinsicht das eigentliche Herzstück des christlichen Glaubens bildet, lautet: »Ist jemand in Christo, so ist er eine neue Kreatur; das Alte ist vergangen, siehe, es ist alles neu geworden!« Wenn der Mensch also seinen Geist mit dem Geiste Christi erfüllt, wenn er mit Christus spricht, betet und lebt, darf er absolut sicher sein, dass alles Alte, das Destruktive, das ihn deprimiert, geängstigt und verfolgt hat, vollkommen verschwinden und durch ein Neues ersetzt wird, ein von Liebe und Freude getragenes Glücklichsein.

Die dynamische Psychologie von heute lehrt, dass der Mensch sich durch die Lösung neurotischer Konflikte nicht nur zu ändern vermag, sondern dass er nach der vollzogenen Konfliktlösung über Energien verfügt, von deren Vorhandensein er nichts ahnte. Der Geistliche von heute führt den Menschen zur Freisetzung seiner inneren Kräfte: »Das Reich Gottes ist inwendig in euch.« Durch den Glauben an Christus können Sie sich den Strom der göttlichen Kraft, an der Sie kraft Geistes teilhaben, erschließen. »Sehet«, lesen wir in einer wunderbaren Passage des Lukas-Evangeliums, »ich habe euch Macht gegeben, zu treten auf Schlangen und Skorpione, und über alle Gewalt des Feindes; und nichts wird euch beschädigen.«

Die unzähligen Parallelen zwischen Psychologie und christlicher Heilslehre lassen ein Bündnis zwischen diesen beiden Fachgebieten vollkommen natürlich erscheinen und machen es überaus fruchtbar. In unserem Institut bilden diese Parallelen die Grundlage für eine, wie wir glauben, erstaunlich wirkungsvolle Zusammenarbeit. Wenn der Psychiater (der ja einerseits Arzt und andererseits Psychologe ist) die seelische Krankheit diagnostiziert und seine Behandlung durchgeführt hat, kann der Geistliche aus dem großen »Medizinschrank« des christlichen Glaubens jene »Arznei« hervorholen, die sich am besten als Heilmittel gegen das Leiden eignet.

Besonders wichtig ist die Durchführungstechnik der Therapie. Die Kirche begeht oft den Fehler, die Menschen zum Beten aufzufordern, ihnen aber nicht zu sagen, wie sie beten sollen. Die Kirche ermutigt die Menschen zu glauben, nennt ihnen aber keine spezifischen Techniken, mit deren Hilfe man in sich Glauben erweckt. Die Kirche empfiehlt den Menschen, Liebe zu üben, bietet aber keine detaillierte Methodologie, wie man Liebe im täglichen Leben praktizieren soll. In unserer Arbeit wird größtes Gewicht auf das »Wie« gelegt.

Bevor man jedoch eine Therapie verordnen kann, muss man einem Patienten die emotionalen Strukturen erläutern, die seinem Verhalten zugrunde liegen; und wir begegnen in der Tat einigen sehr seltsamen Strukturen. Die vielleicht üblichste und ausgeprägteste ist das Schuldgefühl, das aus dem unbewussten Wunsch entsteht, einen anderen Menschen wegen eines durch ihn erlittenen Unrechts zu verletzen oder zu töten. Dieses Schuldgefühl äußert sich oft in Form von Angst. Nicht selten kommen Menschen zu uns, die vor Angst zittern und schwitzen, ohne einen Grund angeben zu können.

So war es beispielsweise bei einem jungen Geschäftsmann, der über ein ständiges Angstgefühl klagte, das, wie er sagte, sein Leben zu »einer einzigen Tortur« mache. Dieses Gefühl sei ihm unverständlich, sagte er uns, aber es sei ständig da und er könne es nicht abschütteln. In mehreren Gesprächen kristallisierte sich heraus, dass er seit der Kindheit heftigen Hass gegenüber seinem älteren Bruder empfand, den man ihm ständig als Vorbild hingestellt hatte. Sein Hass war so stark, dass er unbewusst den Tod des Bruders wünschte. Daraus war die hartnäckige unbewusste Furcht entstanden, bestraft zu werden.

Einer unserer Geistlichen, der über die Probleme des Geschäftsmannes unterrichtet worden war, erklärte ihm, wie er durch Beten seine Angst lindern und von Neuem zum Glauben finden könne.

»Sie müssen ganz bewusst eine natürliche Zuneigung zu Ihrem Bruder aufbauen«, sagte er. »So schwer es Ihnen auch fallen mag, Sie müssen es tun, um den verdrängten Zorn und den Hass zu bekämpfen, der Ihnen so viel Schaden zugefügt hat. Damit Ihnen das gelingt, müssen Sie die Inhalte Ihres Denkens und Fühlens ändern. Liebe und der aus ihr strömende Glaube können Ihr Gemüt nicht durchdringen, solange es von der Angst, die Sie seit Jahren belastet, erdrückt und erstickt wird. Ich werde Ihnen etwas geben, ein Rezept, wie ich es nenne, das die Angst vertreibt, die in

Ihnen wie Gift wirkt. Hier haben Sie einen Text aus der Bibel. Wiederholen Sie ihn immer wieder für sich selbst, bis Ihr Geist und Ihre Seele vollkommen davon erfüllt sind. Fassen Sie den Text als Medizin auf, die Ihrem Geist verabreicht wird, dann wird er heilenden Einfluss ausüben und Sie immun machen gegen Ihre Angst.«

Außerdem riet der Geistliche dem Mann, dass er, wenn er um die Befreiung von seiner Angst bete, nicht glauben solle, dass diese Befreiung irgendwann in der Zukunft erfolge, sondern er solle glauben, dass sie sofort stattfinde – jetzt gleich!

Weil er als Erstes seinem Denken einen anderen Inhalt geben und das durch sein Denken geprägte Unbewusste mit einer Liebe füllen musste, die seine Angst ersetzen würde, sollte er beten: »Die völlige Liebe treibt die Furcht aus.« In der ersten Woche sollte er sich diesen Text mehrmals täglich bewusst machen. In der zweiten Woche kam ein weiterer Text hinzu: »Da ich den Herrn suchte, antwortete er mir und errettete mich aus aller meiner Furcht.«

In der dritten Woche: »Alles, was ihr bittet im Gebet, so ihr glaubet, werdet ihr's empfangen.« Und in der vierten: »Ich fürchte kein Unglück; denn du bist bei mir.« Dies sollte ihm vergegenwärtigen, dass er in seinem Kampf nicht allein stand, sondern dass Gott mit ihm war, dass Gott in seiner Allmacht ihm alle Ängste nehmen konnte. Als Nächstes erhielt er den Text: »Wer festen Herzens ist, dem bewahrst du Frieden.«

Der Heilprozess zog sich lange hin. Jede Woche bekam der Mann einen neuen Text. Er wurde aufgefordert, Buch zu führen, wie oft er jeden einzelnen der erhaltenen Texte für sich wiederholte. Er berichtete später, dass er oft an einem Tag Dutzende Male gebetet hatte. Nach und nach löste das suggestive »Medikament« seine Angst auf, fast wie ein Betäubungsmittel einen Schmerz beseitigt.

»Es ist erstaunlich«, sagte der Geistliche einmal, »ich habe festgestellt, dass diese Gebetstexte nicht einfach Worte oder Belehrungen, sondern tatsächlich eine Kraft sind, destillierte Kraft!«

Damit entdeckte er eine alte Wahrheit neu: Die Wahrheit, dass Jesu Worten wirklich aktive Heilkraft innewohnt, dass von ihnen Licht und eine heilende Strahlung ausgehen, wenn man sie in einfacher, aufrichtiger Weise betet. Der Geistliche fand auch die alte Wahrheit der Passage des *Neuen Testaments* bestätigt: »So ihr in mir bleibt und meine Worte in euch bleiben, werdet ihr bitten, was ihr wollt, und es wird euch widerfahren.«

Als die Angst des jungen Geschäftsmannes nachließ und sein Glaube zur Kraft echten Gottvertrauens wuchs, ging mit ihm eine erstaunliche Veränderung vor. Sein deprimiertes, niedergeschlagenes Aussehen verschwand, und er strahlte sichtbar Selbstvertrauen aus. Bald konnte er uns berichten, dass er viel bessere Arbeit leiste und dass seine Beziehung zu Frau und Kindern im Vergleich zu früher viel tiefer und reicher geworden sei. Sein Gefühl der Zuneigung zu seinem ihm früher verhassten Bruder hatte überdies zu einer neuen, tiefen Freundschaft zwischen den beiden geführt. Der Mann sagte, endlich erfahre er, wie erfüllt das Leben wirklich sein könne.

Wir hatten schon bei der Gründung unseres Instituts geglaubt, dass der Zusammenschluss von christlicher Heilslehre und Psychologie neben dem eigentlichen Zweck der Behandlung Hilfsbedürftiger noch anderen nützlichen Zwecken dienen könne. Und so war es tatsächlich: Das verbreitete Vorurteil, dass die Psychotherapie, insbesondere die von einem Psychiater praktizierte, in gewisser Hinsicht nur mit der abnormalen Seite des Lebens verknüpft sei, konnten wir ausräumen. Aus diesem Vorurteil heraus zögern viele Menschen, die ernsthaft psychotherapeutische Hilfe benötigen, einen Fachmann aufzusuchen. Manche fürchten auch, im Zusammenhang mit ihrem religiösen Glauben auf Gleichgültigkeit oder sogar Feindseligkeit zu stoßen. Unser Institut hat dieses Dilemma natürlich gelöst. Jeder, der zu uns kommt, kann sicher sein, Psychotherapeuten vorzufinden, die ihre medizinisch-psychologische Arbeit im Einklang mit religiöser Überzeugung vollbringen.

Darüber hinaus erwies es sich für uns als großer Vorteil, das Institut im Kirchengebäude unterzubringen. Die Kirche verkörpert die alte Tradition der Liebe, des Verzeihens, der

Stärke und des Schutzes. In einer derartigen Umgebung schwinden Schuldgefühle schnell, und damit ist der Weg frei für die offene Erörterung von Zweifeln und Ängsten. Die kirchliche Umgebung erzeugt eine Atmosphäre des Vertrauens und der Sicherheit, in der die Autorität des Beraters, die in jeder Psychotherapie von entscheidender Bedeutung ist, bereitwilliger und schneller akzeptiert wird.

Dank dieser günstigen Umstände lässt sich die Heilung emotionaler Störungen oft in einer Zeit erreichen, die in anderen Instituten oder Kliniken undenkbar wäre. Einmal beispielsweise kam eine völlig verzweifelte Frau ins Institut, eine Frau, die sich so schuldig und schlecht fühlte, dass sie fast daran zugrunde ging.

Sie erzählte ihre Geschichte: Vor fünf Jahren war sie schwanger geworden; kurz danach hatte man ihren Mann zum Militärdienst eingezogen, und sie war mit drei kleinen Kindern allein zurückgeblieben. Weil sie nicht viel Geld besaß und emotional nicht in der Lage war, die Verantwortung für ein weiteres Kind zu übernehmen, ließ sie in ihrer Verzweiflung eine Abtreibung vornehmen. Anfangs schien ihr dies noch durchaus gerechtfertigt, doch nach einiger Zeit bekam sie Gewissensbisse. Ihre Reuegefühle wurden immer stärker. Bald konnte sie nicht mehr schlafen, sie verlor ständig an Gewicht und begann schließlich ihre Kinder zu vernachlässigen.

Hatte sie um Vergebung gebetet? »Ja. Ich habe Gott viele tausend Male um Vergebung angefleht, aber alle meine Gebete sind wirkungslos geblieben«, antwortete sie.

Logik und gesunder Menschenverstand hätten der Frau eigentlich sagen müssen, es sei nicht normal, dass sie die vergangene, jetzt aufrichtig bereute Tat nicht rückgängig machen könne; doch weder die Logik noch der gesunde Menschenverstand vermochten bei ihr etwas auszurichten. Deshalb musste man in ihrem Fall mit einer anderen Technik arbeiten.

Im Laufe der Gespräche stellte sich heraus, dass sie im Alter von fünf Jahren schrecklich eifersüchtig auf ihre neugeborene Schwester gewesen war und diese in Bezug auf die Liebe der Eltern als gefährliche Rivalin angesehen hatte. Ihr unbewusster Wunsch nach dem Tod der Schwester hatte sich in einer bewusst gesetzten Aktion geäußert: Sie hatte versucht, das Baby zu verletzen, indem sie ihm einen Ring in den Hals stopfte. Die Eltern hatten sie dabei erwischt und hart bestraft.

Damals setzte sich in ihr ein schweres Schuldgefühl fest, das die Zeit nicht gelindert, geschweige denn aufgelöst hatte.

Aufgrund unserer Aufklärungsarbeit erkannte sie die wirkliche Bedeutung ihres Schwangerschaftsabbruchs. Das Schuldgefühl wegen des Wunsches, ihr Kind abzutreiben, wurde in ihrem Unbewussten durch den alten, kindlichen Wunsch, die kleine Schwester loszuwerden, immens verstärkt. Und weil zum neuen Schuldgefühl das alte hinzukam, konnten weder die Vernunft noch die Kraft des Gebets und der Reue es lindern.

Die Anspannung der Frau ließ allein schon dank der vertraueneinflößenden Atmosphäre der Umgebung nach, und es dauerte nicht lange, bis sie die Erklärung des Ursprungs ihres Schuldgefühls zu akzeptieren vermochte. Tatsächlich hatte sie fast sofort ein starkes Gefühl der Befreiung. Als sie dann zu Hause die Gebetsmethode anwandte, die ihr empfohlen worden war, vermochte sie auch an die Vergebung Gottes zu glauben. Und nun war sie fähig, sich selbst zu verzeihen. Eine erstaunliche Veränderung ging mit der Frau vor. Im Laufe von zwei Monaten nahm sie fünfzehn Pfund zu, sie wirkte um Jahre jünger und war von einer freudigen Zufriedenheit erfüllt, die regelrecht aus ihr zu strahlen schien.

Eine bestimmte Bibelpassage erwies sich für diese Frau als besonders hilfreich: »Ich vergesse, was dahinten ist«, sagte der heilige Paulus, »und strecke mich zu dem, was da vorne ist, und jage – nach dem vorgesteckten Ziel …« Einem Menschen, den Schuldgefühle quälen, kann man keinen besseren psychotherapeutischen Rat geben.

Bei der Gründung unseres Instituts bauten wir darauf, dass die Kraft des gemeinsamen Gebets – ein Hilfsmittel, das den üblichen Kliniken nicht zur Verfügung steht – von großem Nutzen sein würde. Dies traf auch zu. Wenn zu uns ein an Depression leidender Mensch kommt, der beispielsweise tiefes Verlangen nach Freundschaft oder nach einem sozialen Netzwerk hat, können wir ihn mit Menschen bekannt machen, die zu ihm passen. Wir beraten ihn nicht nur im Hinblick auf sein inneres Problem, sondern können ihn tatsächlich mit einem vertrauenerweckenden Kreis von Menschen zusammenbringen, die gleich ihm an eine von religiöser Überzeugung getragene Lebensweise glauben. Wir ermöglichen ihm, sein emotionales, geistiges und soziales Ich zu integrieren.

Bisweilen ist diese Integration der wichtigste Faktor im Heilungsprozess. Wir erinnern uns an eine junge Frau, die das Gefühl hatte, ihr Leben sei leer und sinnlos, und dass es für sie keine Hoffnung gebe. Sie war eine bedauernswerte Person, die ihr Aussehen vollkommen vernachlässigt hatte und sehr apathisch wirkte. Verzweifelt erklärte sie uns, sie sei am Rande eines »Nervenzusammenbruchs«.

Zwei Dinge über die Frau kamen schließlich ans Licht. Ein Laie hätte wohl kaum einen Zusammenhang zwischen ihnen entdeckt, doch sie lieferten den Schlüssel zu ihrem grundlegenden Problem.

Erstens: Vor mehreren Jahren war ihr streitsüchtiger, sich ständig beschwerender Vater in Pension gegangen und zu ihr gezogen; seit damals kümmerte sie sich um diesen anspruchsvollen Egoisten, der sie so sehr vereinnahmte, dass sie für keinerlei Entspannung mehr Zeit hatte. Mit fast krankhafter Hingabe erfüllte sie die undankbare Aufgabe, ihn zu versorgen. Sie hatte sich damit abgefunden, seinetwegen eine enttäuschte alte Jungfer zu werden.

Auf eine entsprechende Frage antwortete sie, natürlich liebe sie ihren Vater, obwohl er schwierig und launisch sei. Sie befolgte das biblische Gebot: »Du sollst deinen Vater und deine Mutter ehren.« Zumindest redete sie sich das ein. In Wahrheit verdrängte sie, was sie schließlich einsah, lediglich ihre schwelende Wut auf den Vater, der ihr Leben so massiv einengte. Die Verdrängung gelang ihr so vollkommen, dass sie nicht die leiseste Ahnung von ihrer wirklichen Einstellung ihm gegenüber hatte.

Zweitens: Die Frau hatte an ihrem Arbeitsplatz ständig Unfälle. Wie bereits gesagt, wendet der Mensch ohne sein Wissen häufig den Trick an, schlechte oder angsterregende Gedanken und Gefühle in die Tiefen des Unbewussten zu verbannen. Im Unbewussten der Frau nun hatte die unterdrückte Wut ein tiefsitzendes Schuldgefühl erzeugt. Dieses wiederum äußerte sich in der nicht unüblichen Form der Selbstbestrafung.

»Selbstbestrafung?« Auf ihrem Gesicht stand Ratlosigkeit.

»Natürlich«, entgegnete der Therapeut. »Sehen Sie das nicht? Ihre Unfälle sind eine Strafe, die Sie wegen ihrer feindseligen Gefühle gegenüber Ihrem Vater selbst über sich verhängen.«

Die Erkenntnis des wahren Ursprungs ihrer verborgenen Emotionen war für sie der halbe Sieg. Allmählich nahmen ihre Feindseligkeit und die damit verbundenen Schuldgefühle ab. Es gelang ihr, gegenüber ihrem Vater eine vernünftigere Haltung zu entwickeln und seinen übertriebenen Ansprüchen ein festes, aber liebevolles »Nein« entgegenzusetzen. Ihre Angst verging, und es passierten ihr keine Unfälle mehr.

Von den Beratern unseres Instituts war ihr außerdem empfohlen worden, mehr Sorgfalt auf ihr Äußeres, ihre Kleidung und ihr Haar zu verwenden und zu diesem Zweck beispielsweise auch ein dezentes Make-up aufzulegen. Behutsam wurde sie in das gesellschaftliche Leben der Kirche eingeführt. Bald lernte sie einen netten Mann kennen, sie verliebte sich, und es dauerte nicht lange, da war sie verlobt. Kurz, ihr Leben änderte sich in jeder Beziehung.

Die Behandlungstechnik, die wir in unserem Institut entwickelten, wird nur in Einzelheiten den jeweiligen Fällen angepasst; in ihren Grundzügen hat sie sich bestens bewährt und ist inzwischen fest etabliert. Das erste, jeweils auf Befragung angelegte Gespräch, bei uns allgemein »Interview« genannt, führt einer der Geistlichen oder auch einer der Psychotherapeuten – hier entscheidet mehr oder minder

der Zufall, sofern nicht die Schwere der Erkrankung die Erstbehandlung durch einen Psychiater nahelegt. Die Therapie wird, je nach der Art des Problems, von einem Geistlichen und einem Psychotherapeuten zu gleichen Teilen oder fast ausschließlich von einem der beiden vorgenommen. Manchmal genügt ein Interview; häufiger jedoch sind mehrere, gelegentlich sogar sehr viele Interviews nötig.

Natürlich wollen wir nicht behaupten, dass mittels dieser kombinierten Therapie jeder seelisch angeschlagene Mensch grundlegend beeinflusst werden kann. Mitunter sitzen geistige und emotionale Störungen so tief, dass sie sich nur durch eine langwierige psychotherapeutische Behandlung heilen lassen. Andere Hilfesuchende wiederum sprechen begeistert und sehr schnell auf religiöse Anleitung an. Doch bei zahllosen Menschen, die von Sorgen und Ängsten und, was die Verwirklichung ihrer Wünsche anging, von einem Gefühl der Unzulänglichkeit beeinträchtigt wurden, erwies sich die Verbindung beider Bereiche als wunderbar wirksam. »Das Kind ist des Mannes Vater«, sagte der englische Dichter William Wordsworth. Und für viele Menschen bedeutet diese »Vaterschaft« Unglück oder Vernichtung, denn die Fesseln ungelöster Kindheitskonflikte beeinträchtigen sie ganz massiv in ihrem Erwachsenendasein. Für sie lautet unsere hoffnungbringende Botschaft, dass es einen Weg gibt, solche Fesseln abzustreifen. Die Erkenntnis des psychologischen Konflikts und das im Alltag gelebte Gottvertrauen machen es möglich.

In den nächsten Kapiteln werden wir versuchen, das Erreichte darzustellen und aufzuzeigen, wie die von uns ausgearbeiteten Prinzipien und Methoden für Sie von unmittelbarem Nutzen sein können. Vielleicht finden Sie auf den folgenden Seiten die Lösung für Ihr Problem oder für das Problem eines Ihnen nahestehenden Menschen. Die von ihrer Nächstenliebe zusammengeführten Geistlichen und Psychotherapeuten unseres Instituts versichern einhellig all jenen, die an einem Gefühl des Versagens leiden, dass es nie zu spät ist, aufgrund überzeugten Glaubens Kraftquellen zu finden, aus denen wir Mut schöpfen können; dass es nie zu spät ist, zum Glauben an sich selbst, an andere Menschen und die Verwirklichung seiner Ideale zu finden; und dass es vor allem nie zu spät ist, in unserer schöpferischen Seele, die am Unendlichen teilhat, Gott zu entdecken und an ihn zu glauben.

Auch dies ist natürlich ein tiefes Anliegen unserer »Aufforderung zum Glücklichsein«, weil es unserer Erfahrung nach ein Glücklichsein ohne innere Harmonie im Einklang mit dem Universum des Geistes nicht gibt.

KAPITEL 2

Warum wir lieben und zugleich hassen

Eine junge Mutter lässt sich von der Wärme des ersten Frühlingstages verlocken und geht mit ihrem sechsjährigen Sohn in den Zoo. Anfangs sind beide fröhlich, ausgelassen und glücklich erfüllt. Sie schlendern Hand in Hand in der warmen Nachmittagssonne dahin. Plötzlich aber reißt sich der kleine Junge von der Mutter los und verschwindet in der Menge. Nach einer halben Stunde angstvoller Suche findet sie ihn: Er ist nicht, wie sie befürchtet hat, in den Bärenzwinger gefallen, sondern beobachtet fasziniert die Seelöwen. Ihre Erleichterung verwandelt sich in Zorn, sie gibt ihm eine Ohrfeige. Seine Seligkeit verwandelt sich blitzartig in Wut und Hass, er bricht in Tränen aus.

Zerknirscht kauft die Mutter dem Jungen ein Eis, und aus seinem Hass wird wie durch Zauber helle Freude. Doch dann will er ein zweites Eis. Sie sagt nein, weil es ihm den Appetit aufs Abendessen verderben würde. Er beginnt vor Wut zu brüllen. Erneut streiten die beiden und sind böse aufeinander. Nach ein paar weiteren solcher Episoden fahren sie, von diesem Wechselbad einander widersprechender Emotionen erschöpft, mit dem Bus nach Hause, und der müde Junge lehnt vertrauensvoll den Kopf an die Schulter der Mutter. Die beiden haben sich wieder versöhnt.

Das tägliche Leben von Paaren verläuft oft nach einem ähnlichen Muster, nur dass ihre Streitigkeiten und Auseinandersetzungen in Haltungen und Worte Erwachsener umgesetzt sind.

Mutter und Kind, Bruder und Schwester, Ehefrau und Ehemann sowie die vielen Freunde lieben einander, natürlich tun sie das. Aber zugleich hassen sie einander auch, das ist eine unangenehme Wahrheit. Die reine Liebe gibt es nur selten; fast immer mischt sich in die Liebe eine oft nicht geringe Portion Ressentiment, Abneigung oder sogar Hass.

Die beiden schlechthin unvereinbar scheinenden Gefühle treten nicht unbedingt nur nacheinander auf. Einschlägige Fachuntersuchungen erbrachten eine seltsame Tatsache: Wir sind fähig, ein und dieselbe Person fast gleichzeitig zu lieben und zu hassen. Psychologisch gesehen kann dies schwere Störungen verursachen. Das ständige übermäßige Schwanken zwischen Liebe und Hass, zu dem es kommt, wenn man diese starken Emotionen nicht beherrschen gelernt hat, wird zu einer anstrengenden, kräftezehrenden Angelegenheit.

Der Psychologe sieht Liebe und Hass in einem speziellen Licht. Liebe beinhaltet nach seiner Definition Gefühle der Anziehung jeder Art und jeden Intensitätsgrades, von der leidenschaftlichen Hingabe junger Verliebter bis zu der leidenschaftsfernen Zuneigung eines Menschen für einen Freund. Zu der weitgespannten Kategorie des Hasses gehören alle Gefühle der Abneigung, von blinder Wut und Rachsucht bis hin zu schlichtem Zorn und jeder wie auch immer gearteten Ablehnung.

Liebe und Hass sind für den Psychologen mit den positiven und negativen Ladungen des elektrischen Stroms vergleichbar, die die wirbelnden Elektronen und Protonen des Atoms zusammenhalten; er sieht in ihnen die positiven und negativen Kräfte, von denen die zwischenmenschlichen Beziehungen bestimmt werden. Diese dynamische Auffassung von Liebe und Hass, die seitens mancher Philosophen immer schon vage als zutreffend empfunden wurde, aber erst nach einem halben Jahrhundert intensiver Forschung als erhärtet und gesichert erscheint, ist ein wichtiges Kriterium in der Heilkunst eines jeden Psychotherapeuten.

Der Physiker kann, nachdem er das Geheimnis des Atoms aufgedeckt hat, dessen gigantische Kraft freisetzen. Der Psychotherapeut kann, nachdem er diese Gesetzmäßigkeiten unseres Gefühlslebens erkannt hat, dem Menschen helfen, das immense Potenzial seiner emotionalen Energien freizusetzen. Und bei dieser Aufgabe findet er, wie unsere Erfahrungen beweisen, im dynamischen Wirken der über das Materielle unserer Welt hinausweisenden Religion eine einzigartige, unendlich wertvolle Unterstützung.

Nicht nur das Atom, sondern alles in der Natur zeugt von der Tatsache der Dualität, von einem Kraftstrom zwischen Gegensätzen. Die Gezeiten steigen und fallen. Die Sommerhitze wird von der Kälte des Winters abgelöst. Auf den Tag folgt die Nacht.

Auch in der Unbeständigkeit des menschlichen Gefühlslebens finden wir diese Dualität, sie spiegelt sich in den immerfort wechselnden Haltungen der Menschen gegenüber ihren Mitmenschen wider. Wenn wir diese Unbeständigkeit vermittels der sogenannten Tiefenanalyse untersuchen, stoßen wir in ihrem Kern auf eine Wechselströmung von Liebe und Hass, die aus dem Unbewussten emporsteigt. Erst wenn wir diese Dualität, die unserer Natur innewohnt, beherrschen und ein gesundes Gleichgewicht zwischen unserer Liebe und unserem Hass halten, finden wir inneren Frieden. Wenn wir uns jedoch von der Dualität beherrschen lassen, wenn wir hin und her gerissen werden von unseren zu Maßlosigkeit neigenden Gefühlen, deren Ursprung wir gar nicht ganz verstehen, sind wir ständig unglückliche Opfer ungelöst bleibender Konflikte.

Liebe – Hass, Liebe – Hass, Liebe – Hass ... sie lösen sich im Leben mancher Menschen in einer unaufhörlichen, oft komplizierten und scheinbar irrationalen Folge ab.

Wir lieben, was uns Freude, Vergnügen oder Lust bereitet, und wir hassen, was uns Schmerz verursacht; wir lieben, was unsere Bedürfnisse befriedigt, und wir hassen, was uns diese Befriedigung verwehrt. Dies ist ganz natürlich. Doch es gibt Menschen, die so voll unbewusster Erbitterung sind, dass das Leben für sie fast zu einer endlosen Folge kleinerer oder großer Ärgernisse wird. Und wenn sie wirkliche Rückschläge erleiden, reagieren sie darauf mit einer Wut von schier unglaublicher Heftigkeit. Solche Menschen opfern ihren Seelenfrieden fast täglich der zerstörerischen, zersetzenden Leidenschaft ihres Hasses.

Wir wollen dies an einem Beispiel veranschaulichen: Ein Maler hatte ein Bild verkauft und beschloss, den Erlös auf dem Aktienmarkt zu investieren. Er rief einen vertrauenswürdigen Börsenmakler an, mit dem er seit Langem befreundet war, und fragte ihn um Rat. Für sein Geld wolle er Aktien kaufen, die schnell im Wert stiegen, erklärte er. Der Freund warnte ihn eindringlich vor den Risiken, mit denen solche Geschäfte verbunden sind, und nannte ihm dann zögernd eine bestimmte Spekulationsaktie.

In dieser Situation empfand der Maler tiefe Liebe zu seinem alten Freund und sah ihn als allwissenden Experten an, der ihm den Weg zu schnellem Reichtum erschloss. Seine lebhafte Fantasie ließ die von ihm erworbenen Aktien auf einen Traumwert klettern. Leider trat dies nicht ein. Eine Baisse setzte ein, und die Aktien fielen in ein paar Tagen auf weniger als die Hälfte dessen, was er für sie bezahlt hatte.

Was geschah nun? Der Freund, der noch immer jene Qualitäten besaß, deretwegen der Maler ihn kurz zuvor geliebt hatte, wurde plötzlich zur Zielscheibe seines giftigen Hasses. Mit keinem Gedanken erinnerte sich der Maler an die Warnungen des Freundes, und er gab sich selbst nicht die geringste Mitschuld an der Fehlinvestition. Nein, er sah nur seinen Traum vom leichtverdienten Geld zerstört und machte für das Debakel ausschließlich den Freund verantwortlich.

Es ist natürlich nicht lustig, schwerverdientes Geld zu verlieren. Aber der Maler steigerte seine missliche Situation noch durch seinen ebenso unvernünftigen wie maßlosen Hass, der ihn so quälte, dass er schließlich zu uns kam.

Unsere tiefsten Hassgefühle, besonders jene, die sich gegen einen Familienangehörigen richten, verdrängen wir gewöhnlich und verbannen sie ins Unbewusste. Eine Art Selbstschutzmechanismus sorgt dafür, dass wir im Allgemeinen nur unsere liebevollen Gefühle bewusst wahrnehmen. Wir verschließen die Augen vor dem wahren Charakter und dem Ausmaß der Gefühle, die sich hinter unseren aus Enttäuschung oder Animosität gereizten Stimmungen verbergen. Der beunruhigende, erschreckende Gedanke, dass wir einen uns nahestehenden, geliebten Menschen hassen könnten, ist uns einfach unerträglich. Doch Verdrängung beseitigt den Hass nicht, verbirgt ihn nicht einmal.

Unbewusster Hass ist wie ein Gespenst, das uns aus den Schattenwinkeln unseres Lebens verfolgt; in Träumen erhaschen wir manchmal einen kurzen, angsterregenden Blick auf dieses Phänomen.

Als »Notfall« wurde einmal eine Frau von Anfang fünfzig zu uns gebracht. Ihre Tochter begleitete sie und gab sich zutiefst besorgt über den mitleiderregenden Zustand der Mutter, die vor Entsetzen am ganzen Leib zitterte. Es dauerte eine Zeit lang, bevor sie sich auch nur so weit beruhigt hatte, dass sie dem Psychotherapeuten zu sagen vermochte, sie habe grässliche Angst. Ihr Herz klopfte wie rasend, sie konnte kaum noch atmen, drohte tatsächlich zu ersticken und hatte buchstäblich das Gefühl, sterben zu müssen.

»Es begann heute Nacht«, stieß sie hervor. »Ich wachte plötzlich auf, schweißgebadet. Ich wusste, dass ich einen schrecklichen Traum gehabt hatte, eine Art Albtraum. Aber ich erinnerte mich nicht, wovon er handelte. Ich weiß es auch jetzt noch nicht. Ich habe nur seither das Gefühl, dass etwas Furchtbares passieren wird, und dieses Gefühl wird immer schlimmer.«

In der beruhigenden Atmosphäre des Sprechzimmers fasste sie sich schließlich einigermaßen und war fähig, ihr Leben kurz zu schildern. Ihrer Darstellung entnahm der Psychotherapeut folgende entscheidende Fakten: Sie hatte vier erwachsene, glücklich verheiratete Kinder. Ihr Mann, ein cholerischer, zum Jähzorn neigender Mensch, war seiner Familie gegenüber immer sehr streng und unnachgiebig gewesen. Obwohl ein sogenannter »treusorgender Vater«, war er äußerst geizig und beschuldigte seine Frau ungerechterweise, verschwenderisch zu sein und den Haushalt zu großzügig und sorglos zu führen. Dies alles störte sie sehr.

Sie achtete und liebte ihren Mann. Aber sie gab zu, dass er sie von vielen Aktivitäten abhielt, mit denen sie sich gern beschäftigt hätte. Als Beispiel führte sie an, dass sie sich als Mädchen für Malerei und insbesondere für das Kupferstechen interessiert hatte und seit einiger Zeit ernsthaft überlegte, diese Technik zu erlernen. Ihr Mann machte sich jedoch seither in sehr gefühlloser Weise darüber lustig; er fand es lächerlich, dass eine Frau ihres Alters mit, wie er meinte, so »kindischen Interessen« die Zeit vertrödeln wollte.

Seit Jahren war ihr Mann häufig auf Geschäftsreisen unterwegs, und wenn er nach Hause kam, war er erschöpft von seiner beruflichen Tätigkeit, in der er ganz aufging. Er verbrachte die Abende bis zum Schlafengehen mit Zeitunglesen. Zwischen den beiden gab es immer weniger Gemeinsamkeiten.

Kurz, die Frau war von ihrem Leben enttäuscht, sie war emotional am Ende und hatte kein zufriedenstellendes Ventil für das Schöpferische und Liebevolle ihrer Persönlichkeit.

»Wissen Sie«, sagte der Psychotherapeut zu ihr, »sehr oft wird ein Traum, wie Sie ihn heute Nacht hatten, durch ein Ereignis vom Vortag ausgelöst. Ist gestern irgendetwas Ungewöhnliches passiert?«

Zögernd antwortete sie: »Hm, ja ... Vor etwa zwei Wochen erlitt mein Mann auf einer Geschäftsreise in Chicago einen Anfall von Koronarthrombose. Und gestern bekam ich vom behandelnden Arzt einen Brief, in dem es heißt, dass er außer Gefahr sei und bald nach Hause entlassen werden könne.«

Der Berater machte ihr klar, dass ihre Angst, nachdem es in der äußeren, gegenständlichen Welt keinen Grund für ihre Furcht gab, eine andere Ursache haben musste, am ehesten irgendein tiefes Gefühl, das durch den Brief in ihrem Unbewussten aufgerührt worden war und sie in diesen akuten Angstzustand versetzt hatte. Es sei nun wichtig, sagte er, gemeinsam herauszufinden, welcher subjektive Faktor ihre Angst ausgelöst habe. Zunächst aber werde ihr ein Geistlicher zu einer sofortigen Linderung ihres Zustands verhelfen.

Der Geistliche empfing die Frau in einem freundlich anmutenden Raum, der wegen seiner Bücherwände fast wie eine Bibliothek aussah. Er ließ sie in einem Sessel Platz nehmen, in dem sie sich bequem zurücklehnen konnte. Zunächst erklärte er ihr kurz die Wirkungsweise der unbewussten

Bereiche des Geistes, in denen sich ein großer Teil unserer geistigen Aktivität und unseres Gefühlslebens abspielt.

»Wenn Sie es fertigbringen, in diesen kreativen Fundus Ihres Wesens einzutauchen«, erläuterte er, »wird Ihre unmittelbare Furcht vergehen, und Sie werden sich wohler fühlen, während wir nach dem eigentlichen Grund Ihrer Angst suchen. Ich möchte, dass Sie sich entspannen, dass Sie die Augen schließen und mir folgendes Gebet nachsprechen:

›O Herr, hilf mir, die tieferen Schichten meines Geistes zu verstehen und zu begreifen, dass dort Gott wohnt. Hilf mir, Zugang zu der inneren Kraft zu finden, die das Göttliche im Menschen ist, damit ich Seelenfrieden erlange.‹«

Anschließend forderte der Geistliche sie auf, ihm verschiedene Texte aus der Bibel und aus geläufigen Gebeten nachzusprechen und sich dabei vorzustellen, wie sich ihre Worte sanft ihrem Unbewussten einprägten. Sie solle, sagte er, die Worte langsam und eindringlich wiederholen, ihre beglückende Melodie und unfehlbare Heilkraft auf sich wirken lassen: »Ich fürchte kein Unglück, denn du bist bei mir.« Dann: »Jesus, lass mich bei dir geborgen sein.« Und: »Fels und Hort sei bitte mir, lass mich fliehen ganz zu dir.«

Danach bat er sie, mehrere Minuten still bei ihm sitzen zu bleiben und an Gottes Liebe zu denken. Sie sollte über Gottes Frieden meditieren und die sanfte, heilende Ruhe seiner Berührung in ihrem Herzen und ihrem Geist spüren.

Schließlich sagte der Geistliche: »Ich bin überzeugt, dass Ihre Angst wesentlich nachgelassen hat. Tatsächlich ist sie ganz verflogen, und Sie können ruhigen Gemütes nach Hause gehen. Wir drei, Ihr Psychotherapeut, Sie und ich, werden Ihr Problem lösen.«

Nach mehreren weiteren Interviews mit dem Geistlichen und dem Psychotherapeuten vermochte die Frau der entscheidenden Tatsache ins Auge zu sehen: Ihr Mann hatte, indem er ihr die Erfüllung fast all ihrer Wünsche nach einer konstruktiven, schöpferisch-kreativen Betätigung versagte, in ihr so heftigen Groll erzeugt, dass sie unbewusst wünschte, er möge nicht genesen, sondern sterben und sie durch seinen Tod freigeben. Der Brief des Arztes hatte diesen Todeswunsch derart intensiviert, dass er in Form eines Albtraums an die Oberfläche gedrungen war. Hier lag der unmittelbare Anlass ihrer Angst. Wir waren überzeugt, und die Zeit gab uns recht, dass ihre Einsicht, religiöse Erkenntnis und die aus ihr resultierende Erstarkung ihres Glaubens sie vollkommen von der Angst befreien und ihrem Mann gegenüber toleranter machen würden.

Zwei konkrete Schwierigkeiten blieben jedoch bestehen: Man konnte kaum erwarten, dass ihr Mann seine Einstellung grundlegend ändern würde; und bei einem Menschen seiner Art musste man, falls sein Herz ernstlich geschädigt war, mit chronischer Invalidität rechnen.

Der nächste Schritt für die Frau bestand deshalb darin, ihre bislang unterdrückte kreativ-schöpferische Seite zu verwirklichen, was immer auch geschehen mochte. Sie fasste den Entschluss, eine Kunstschule zu besuchen und sich ernsthaft dem Zeichnen und Radieren zu widmen. Das tut sie jetzt, wie sie uns berichtete; und sie hat sogar schon einige, wenn auch bescheidene Erfolge errungen. Wichtiger jedoch ist, dass die neue Betätigung für sie eine stete Quelle des Glücks und der Befreiung bedeutet.

Die geschilderte Geschichte stellt anschaulich dar, wie sinnvoll und nützlich psychologische und religiöse Führung zur Überwindung psychischer Störungen und Krankheiten zusammenwirken können. Normalerweise wären bei einer Patientin mit so tief verwurzeltem Hass viele Monate oder gar Jahre psychoanalytischer Behandlung notwendig. Doch das Vertrauen, das eine verständnisvolle Führung durch den Geistlichen einflößt, und die Hand in Hand gehende Beratung durch den Psychotherapeuten verkürzen den ganzen Vorgang oft auf ein paar Wochen oder wenige Monate, nach deren Ablauf ein angeschlagener, hilfloser Mensch zumindest wieder mit dem Leben fertig wird.

Wie wir gesehen haben, können die Menschen jeden, den sie lieben, zugleich auch hassen. Dieses seltsame Liebe-Hass-Muster bildet sich im Säuglingsalter und während der Kindheit heraus.

Als Säugling lebt der Mensch, wie später nie mehr, in einem wundervollen Zustand unaufhörlichen Genießens. Gleich einem Schwamm nimmt er unendliche Mengen an Nahrung, Wärme und Zärtlichkeit auf. Dies ist die reine Wonne; doch sie ist zu schön, als dass sie allzu lange dauern könnte. Der kleine Mensch beginnt ganz allmählich die Gegenwart eines Eindringlings, im Allgemeinen der Mutter, in sein winziges Paradies zu spüren. Anfangs hatte er die Mutter mehr als Ausweitung seines Körpers gesehen, als eine Art magisches Füllhorn, aus dem er unerschöpfliche körperliche Annehmlichkeiten empfing. Nach und nach dämmert ihm nun, dass diese Mutter ein anderes, von ihm getrenntes Individuum ist.

Zudem hat die in sein Paradies eindringende Person einen eigenen Willen, der mit seinen eigenen Wünschen kollidieren kann und es gelegentlich auch tut. Widerwillig, als Gegenleistung für empfangene Wohltaten, gewährt der kleine Mensch seiner Mutter ein bisschen von der Liebe, die er bislang ausschließlich auf sich selbst konzentriert hatte. Sein Preis für dieses Quäntchen ist unterschwellige Wut darüber, dass sie ihn zwang, ein winziges Stück seiner Eigenliebe aufzugeben und sich ihren Wünschen zu fügen.

Diese Wut ist ein nur eher schwaches Gefühl, aber sie bildet den Funken, der eines Tages zur ersten Hassflamme auflodern wird.

Das Kind unterliegt, weil eine Zeit lang jeder seiner Wünsche sofort erfüllt wurde, einer Täuschung über seine Macht. Es glaubt, dass es nur etwas zu wünschen braucht und der Wunsch dann automatisch in Erfüllung geht. Diese Illusion wird zu einem Fallstrick. Wenn das Kind größer wird, wenn es das Haus und dann auch den Garten oder Hof zu erforschen beginnt, muss ihm die Erfüllung zahlreicher Wünsche zwangsläufig verwehrt bleiben.

Diese Auseinandersetzung mit den zunehmenden Einschränkungen der Umwelt passt dem Kind gar nicht. Ein Kind will haben, was es sich wünscht, und zwar sofort. Das bringt es ziemlich drastisch zum Ausdruck. Geben Sie einem Dreijährigen sein Abendessen, wenn er Hunger hat, und er wird strahlen vor Glück; versuchen Sie ihn zum Essen zu bringen, wenn er keinen Hunger hat, und er wird wahrscheinlich so wütend auf Sie, dass er, hätte er ein Gewehr bei der Hand, wie ein Verbrecher handeln würde. Doch weil das Kind in allen seinen Lebensbedürfnissen von den Eltern abhängig ist, unterdrückt es seine Feindseligkeit sehr rasch und verdrängt sie ins Unbewusste, was ihm allerdings nicht immer gelingt.

Eine junge Mutter berichtete uns, dass sie mit ihrem fünfjährigen Sohn am Kaminfeuer gesessen und ihm eine Gute-Nacht-Geschichte erzählt habe. Als er den Schürhaken ergriff und mit diesem in die Scheite stieß, sagte sie: »Tom, wenn du das tust, fallen die Scheite vom Rost, und Rauch kommt ins Zimmer.« Er stocherte weiter, und sie nahm ihm schließlich den Schürhaken weg. Einen Moment lang schwieg er, dann sah er sie an und sagte feindselig: »Ich zerhacke *dich* und werfe *dich* ins Feuer.«

Infolge einer langen Reihe aufeinanderfolgender Enttäuschungen, von denen viele unvermeidlich und notwendig sind, entwickelt das Kind aus erlittenen Enttäuschungen und Verboten die Fähigkeit zu starker Abneigung, dann allmählich zu so glühendem Hass, dass es sogar den Menschen, die es am meisten liebt, den Tod wünscht. Dies ist eine kritische Phase im Leben des kleinen Menschen, denn in dieser Zeit prägt sich seinem Unbewussten das verhängnisvolle Liebe-Hass-Muster ein, und dieses kann unter gewissen Umständen so geartet sein, dass es ihn zeitlebens zum seelischen Krüppel macht.

Werden einem Kind vermeidbare Enttäuschungen erspart und empfängt es ein angemessen angebrachtes Maß an Liebe, halten sich auch seine Hassgefühle in Grenzen und werden weitgehend von seiner Liebe absorbiert. Doch welches Maß an Liebe ist angemessen? Diese Frage ist nicht leichter zu beantworten als die mittelalterliche Frage, wie viele Engel auf einer Nadelspitze tanzen könnten! Den meisten Eltern fehlt, eben weil sie Menschen sind, die nötige Weisheit und Kraft für solche Angemessenheit.

Das Übliche ist, dass auf die Kinder ein entnervendes Sperrfeuer von »Tu dies!« und »Lass das!« niederprasselt, dass sie zu wenig Liebe erhalten oder – was genauso schadet – zu viel. Als Folge davon werden ihre Gefühle der Animosität und des Hasses nicht durch die stärkeren der Liebe neutralisiert. Im Gegenteil: Neurotischer Hass staut sich in ihrem zeitlosen Unbewussten an, in dem jeder Gedanke und jedes Gefühl nach zehn oder fünfzehn Jahren noch verheerender schwären können als am Tag ihres ersten Auftretens. Im späteren Leben brechen diese im Unbewussten gespeicherten tödlichen Hassgefühle immer wieder in höchst verwirrender, bestürzender Weise hervor.

Dies war der Fall bei einem erfolgreichen Anwalt, der wegen jenem Leiden zu uns kam, mit dem wir in den vergangenen Jahren am häufigsten zu tun hatten: Depression. Er sagte, kein einziger Tag in seinem Leben beginne ohne das quälende Gefühl von Niedergeschlagenheit schwärzester, bedrohlichster Art. Dabei rechtfertigte, soweit er hatte feststellen können, keine einzige konkrete Tatsache diese Niedergeschlagenheit.

Es gab nur einen Weg zur Lösung für dieses paradoxe Problem. »Erkenne dich selbst!«, lautet eine einst am Apollontempel in Delphi eingemeißelte Forderung, die so alt ist wie philosophisches Denken überhaupt. Spinoza sagte, man müsse sich bemühen, »des Menschen Tun weder zu belachen noch zu beweinen, noch zu verabscheuen, sondern zu begreifen«. Doch der junge Anwalt konnte die Dynamik seines Unbewussten ohne fachmännische Hilfe genauso wenig begreifen wie ein Kind, das den winterlichen Nachthimmel betrachtet, die göttliche Logik des Laufs der Gestirne erfassen könnte. Darum musste ihn auf dem Weg der Selbsterforschung ein fachmännisch geschulter Berater führen.

Der Vater des Anwalts, zu seiner Zeit ein großer Broadway-Star, war immer schon ein launischer, sprunghafter Mensch gewesen, der seinen kleinen Sohn entweder übertrieben liebevoll oder übertrieben kühl behandelt hatte; vor allem aber war er immer unberechenbar gewesen. Natürlich waren die beiden nicht gut miteinander ausgekommen, und auch jetzt noch stritten sie bei jedem Zusammentreffen.

Der Sohn erinnerte sich an eine Begebenheit, die sich in seinem siebten Lebensjahr zugetragen hatte. Sein Vater wurde nach mehrmonatiger Abwesenheit, in der er mit einer Gastspieltruppe auf Tournee gewesen war, zu Hause zurückerwartet. Der Junge, der sich nach ihm sehnte, lief ihm glückselig durch den Vorgarten entgegen, um sich in seine Arme zu stürzen. Doch der Vater, müde von der Reise und schlecht gelaunt, schob ihn grob beiseite. Der Anwalt erinnert sich heute noch, dass für ihn damals »die Welt zusammenbrach«.

Oberflächlich betrachtet handelte es sich um einen dummen kleinen Zwischenfall, eine Kindheitsenttäuschung, die zwar traurig war, aber sicher ohne große Konsequenzen bleiben sollte. Der Psychotherapeut sah es anders. Im Lichte zahlreicher weiterer Fakten, die er nach und nach aufdeckte, wurde bald erkennbar, dass sich dieser Zwischenfall zu einem zersetzenden Muster im Unbewussten des Jungen verhärtet hatte. Er hatte sich verzweifelt nach der Liebe seines Vater gesehnt, hatte sie gebraucht. Als Reaktion auf die eine abweisende Geste des Vaters, die symbolisch für viele Verweigerungen und Enttäuschungen stand, war die ganze unterdrückte Wut des Sohnes explodiert und sein Hass aufgelodert wie eine gewaltige Stichflamme; ironischerweise jedoch hatte sich dieser Hass gegen ihn selbst gerichtet, nicht gegen den Vater.

Selbstverständlich hatte der Anwalt seine Feindseligkeit von Kind an unterdrückt. Doch in seinem Unbewussten schürte der alte kindliche Hass, den eine zersetzende Angst vor Strafe niederhielt, lebenslangen unterschwelligen Groll auf den Vater. Wenn solche Emotionen neurotisch werden, lassen sie den Strom jedweder Liebe zu einem kläglichen Rinnsal eintrocknen. Die natürlichen Gefühle der Zuneigung eines Sohnes gegenüber dem Vater waren bei dem Anwalt so reduziert, dass er weder sich selbst noch die Menschen seiner Umgebung richtig lieben konnte, noch Gott – obwohl er ein praktizierender Christ und ein aktives Mitglied der Kirche war. Kein Wunder, dass er Depressionen hatte!

Der Geistliche riet ihm, sich ganz bewusst zu bemühen, seine Einstellung zum Vater zu ändern. Er solle doch einmal bedenken, sagte der Geistliche, dass der Vater, soweit ihm das bei seinem sprunghaften Temperament möglich gewesen sei, sicher sein Bestes getan habe. Dann nannte ihm der Geistliche den Wortlaut eines Gebets und empfahl ihm eine Methode zu beten, weil sie – zusammen mit seinem besseren Verständnis des eigenen inneren Gefühlslebens – von wundersamer Wirkung sei. Mehrmals täglich sollte er die folgenden Glaubensbekräftigungen laut sprechen:

»Dank Gottes Güte ist mit mir alles in Ordnung bis auf mein falsches Denken, das jetzt korrigiert wird.

Gott erfüllt jetzt meinen ganzen Körper, meinen ganzen Geist und meine ganze Seele mit Mut und Kraft.

Ich überantworte mich vollkommen Gott, vertraue auf ihn und glaube an seine liebevolle Güte. Ich weiß, dass er mir meine lang aufgestauten Gefühle des Grolls und des Hasses verzeiht. Diese Verzeihung erlange ich jetzt, in diesem Augenblick.

Gott wird mir die Kraft geben, ein befriedigendes, ein erfülltes Leben zu führen, und ich glaube fest, dass dies möglich ist.«

Mit der Zeit ließen seine Depressionen nach, und parallel dazu erfüllten sich zu seiner großen Freude die in seinem Gebet geäußerten Wünsche.

Damit wir die emotionalen Muster besser verstehen, die sich in der Kindheit dem Unbewussten einprägen und später alle zwischenmenschlichen Beziehungen entscheidend beeinflussen können, müssen wir einen der faszinierendsten Geistesprozesse erörtern. Er wird als »Übertragung« bezeichnet und kann für unsere Zwecke hier definiert werden als Verlagerung der Merkmale und Eigenschaften jener Menschen, mit denen wir in unseren ersten Lebensjahren verbunden waren, auf andere Personen. Unsere Gefühle und Einstellungen, unsere Liebe und unser Hass gegenüber diesen anderen Personen werden, sofern sie nicht korrigiert werden, zweifellos ähnlich gelagert sein wie die gegenüber jenen Menschen, die uns in den ersten Lebensjahren geprägt haben. Aufgrund des Phänomens der Übertragung sind wir fähig, Gefühlsbindungen herzustellen, die für uns in unserer Eigenschaft als soziale Wesen unerlässlich sind. Das Gefühlsleben eines Kindes weitet sich infolge des Kontakts mit neuen Menschen ständig aus. Und die Emotionen, die es aus seinen früheren Beziehungen auf diese Menschen überträgt, sind den frühkindlichen Liebes- und Hassgefühlen ähnlich, die es damals den Eltern gegenüber empfunden hat.

Der gleiche Prozess vermittelt dem Kind vor allem auch die erste Vorstellung vom Allerhöchsten. Wenn das Kind erkennt, dass sein irdischer Vater nicht das allmächtige Geschöpf ist, für das es ihn bislang so gern hielt, sondern ein Mensch mit Schwächen und Mängeln, sucht es anderswo nach einem solchen Wesen. Es überträgt seine Sehnsüchte und seine Hingabe auf ein wirklich vollkommenes Bild eines Allmächtigen, auf das Bild Gottes. Dies ist der Beginn seines religiösen Lebens.

Die Übertragung unserer Gefühle von unseren Eltern auf andere Personen und auf den Schöpfergott ist ein natürlicher und zutiefst bereichernder Prozess. Leider aber kann er auch einen falschen Verlauf nehmen. Da unsere frühesten im Antagonismus von Liebe und Hass eingeschliffenen Gefühle gegenüber den Eltern die Prototypen unserer sämtlichen späteren Gefühlsäußerungen sind, wird im Erwachsenenleben die Übertragung von Liebe und Hass, wenn diese Gefühle in der Kindheit durch Enttäuschungen und Verweigerungen beeinträchtigt wurden, zu einem schmerzlichen, große Schwierigkeiten verursachenden Vorgang.

Ein Mensch, dessen Unbewusstes explosiven Hass birgt, ist kaum zu einer heiteren, fruchtbaren oder liebevollen Beziehung zu irgendeinem anderen Menschen fähig, denn er erschafft sich seine Welt nach dem Bild der verwirrenden familiären Situation seiner Kindheit. Ihm erscheint Gott als tyrannisch und strafend. Infolge einer verzerrten Form der Übertragung macht er zwangsläufig seine Arbeitgeber, seine Freunde und Bekannten zu Symbolen von Vater, Mutter, Bruder oder Schwester. Und nachdem er seine Mitmenschen auf diese Weise mit Eigenschaften ausgestattet hat, die ihnen in Wirklichkeit gar nicht anhaften, lenkt er gemäß dem alten Schema seinen neurotischen Hass auf sie.

Unsere Aufzeichnungen enthalten zahllose Berichte über Menschen, die sich diese so häufig zu findende psychologische Falle gestellt haben. Lassen Sie uns vier Fälle kurz untersuchen:

Ein Mann mit guten Managerfähigkeiten fühlte sich in den vergangenen elf Jahren viermal gezwungen, die Firma zu wechseln. Wir fanden heraus, dass sein Verhalten immer nach dem gleichen Schema abgelaufen war. Jedes Mal hatte er seinen Vorgesetzten mit geradezu übermenschlicher Freundlichkeit und Güte ausgestattet. Ohne sich dessen bewusst zu sein, hatte er in seinem Vorgesetzten stets einen Vater gesehen, wie er ihn sich gewünscht, aber nicht gehabt hatte. Die übertriebenen Ansprüche dieses Mannes, der eine liebevolle, väterliche Behandlung erwartete, konnte natürlich kein Arbeitgeber erfüllen. Doch eine solche Behandlung verlangte der Mann unbewusst, und infolgedessen erlitt er ständig bittere Enttäuschungen.

In seiner letzten Stellung hatte er sich bei seinem Vorgesetzten, dem stellvertretenden Generaldirektor der Firma, darüber beschwert, dass die Abmachungen in seinem Anstellungsvertrag nicht eingehalten würden. Nachdem der Vorgesetzte ihm bedeutet hatte, er wolle den Vertrag mit nach Hause nehmen und in Ruhe durchgehen, hatte ihm der Mann naiverweise den Vertrag ausgehändigt, obwohl er vor den radikalen Methoden des hartgesottenen Managers gewarnt worden war. Am nächsten Tag hatte er feststellen müssen, dass der Vorgesetzte den Anstellungsvertrag einfach zerrissen hatte. Der Mann war dagegen machtlos und konnte nichts unternehmen. Diese Katastrophe, die den Höhepunkt einer langen Reihe von Fehlschlägen bildete, hatte den Mann in einen Zustand mitleiderregender Depression und Angst versetzt.

Der zweite Fall betraf einen Jugendlichen, der in großer Bedrängnis zu uns kam. Er war zweimal aus dem College davongelaufen und fürchtete sich nun, dorthin zurückzukehren. Er war intelligent und hätte das Zeug gehabt, alle Examen spielend zu bestehen, doch er ertrug die Schuldisziplin nicht. Er gab zu, dass er gegenüber seinen Professoren eine derartige Feindseligkeit an den Tag zu legen pflegte, dass Schwierigkeiten nicht ausbleiben konnten.

Viele Menschen reagieren automatisch negativ auf Autoritätspersonen. Traf dies auch in diesem Fall zu? Der Junge hatte mit vier Jahren die Mutter verloren und bald nach ihrem Tod eine Stiefmutter bekommen. Sein Vater, ein strenger, reizbarer Mann, hatte ihn von morgens bis abends gnadenlos kritisiert: seine Tischmanieren, sein Aussehen, seine Freunde, seine Redeweise, seine Ideen, kurz, einfach alles an ihm. Später dann sah der Junge in allen Autoritätspersonen einschließlich seinen Professoren Symbole seines Vaters und entlud auf sie die ganze Wut, die er seinem wirklichen Vater gegenüber nicht zu äußern gewagt hatte. Auf dem College hatte das für ihn so schmerzliche Auswirkungen, dass er es nicht ertrug. Also lief er weg.

Der dritte dieser Fälle betrifft einen gescheiten jungen Chemiker, der eine verbesserte Formel für einen neuen Kunststoff ausgearbeitet hatte. Er war eine Partnerschaft mit einem Mann eingegangen, der den Verkauf des Kunststoffs übernehmen sollte. Eine Zeit lang war alles glattgelaufen; dann hatte der Chemiker ohne erkennbaren Anlass zunehmend das Gefühl bekommen, sein Partner widme dem Geschäft zu wenig Zeit. Er hatte sich darüber so aufgeregt, dass er einen Anwalt aufgesucht und Vorkehrungen getroffen hatte, die Partnerschaft aufzulösen.

Wie wir ihm schließlich bewiesen, handelte er aus infantilen Impulsen, nicht nach Kriterien der Wirklichkeit. Sein Handeln hatte natürlich einen tieferen Grund. Die Kindheit des jungen Mannes war von schwerer Enttäuschung überschattet gewesen, die er durch eine überaus enge Bindung an seinen Bruder zu kompensieren versucht hatte; er hatte dem Bruder übermäßige Liebe entgegengebracht. Vor einiger Zeit nun war sein Bruder gestorben, und seither versuchte er, andere Männer – unter anderen seinen Partner – so weit zu bringen, dass sie die Stelle seines Bruders einnehmen sollten. Dazu war natürlich niemand in der Lage. Und weil sein Partner ihn nicht wie ein liebevoller Bruder behandelte, sondern als der, der er war, als Geschäftspartner, erfasste den jungen Chemiker eine abgründige Enttäuschung. Sein ungerechtfertigter Zorn machte ihn seelisch krank.

In einem anderen Fall ging es um einen Geschäftsmann, der plötzlich in Panik geraten war und an so heftigen Kopfschmerzen litt, dass er kaum mehr arbeiten noch schlafen konnte. Im Laufe des ersten Interviews erwähnte er zufällig einen Umstand, der ihm viel Ärger verursachte: Seine Sekretärinnen blieben nie länger als ein paar Monate bei ihm. Die letzte hatte seine Forderung, persönliche Dinge für ihn zu erledigen, beispielsweise seine Wäsche waschen zu lassen und Hemden oder Krawatten für ihn zu kaufen, entschieden abgelehnt, dann hatte sie ihm gehörig die Meinung gesagt und war gegangen. Das war der Beginn der Panik und der Kopfschmerzen gewesen.

Der Geschäftsmann war Junggeselle. Er hatte bei seiner Mutter gewohnt, die ihn von Kind an mit Liebe überschüttet hatte und von der er bis zu ihrem Tod, das heißt bis zu seinem fünfunddreißigsten Lebensjahr, vollkommen abhängig gewesen war. Wie wir bereits sagten, kann zu viel Liebe eines Elternteils genauso katastrophale Folgen haben wie zu wenig. Der Tod der Mutter war für den Geschäftsmann ein schwerer Schlag gewesen, und seither versuchte er unbewusst, andere Frauen so weit zu bringen, dass sie ihn zärtlich bemutterten. Er war sich nicht über das Einmalige jeder Mutter im Klaren, das darin besteht, dass sie unersetzlich ist. Darum suchte er weiter nach einem Mutterersatz, besonders bei seinen Sekretärinnen. Und als eine von ihnen ziemlich grob ablehnte, die Mutterrolle zu übernehmen, machte ihn seine ungerechtfertigte Erbitterung über diese Tatsache krank.

Die Ursache von Übertragungen, die solche Schwierigkeiten nach sich ziehen, sitzt sehr tief, und die Heilung ist alles andere als einfach. Doch wir haben oft erlebt, dass geistige Einsicht viel bewirkt. Der erste Schritt zu ihr ist Selbsterkenntnis. Die verwirrten, unglücklichen Betroffenen müssen wirklich begreifen, wie und wann die Verflechtung von Liebe und Hass im eigenen Ich stattfand. Sie müssen einsehen, dass sie selbst an ihrer feindseligen Einstellung sowie ihren Abneigungen und Hassgefühlen schuld sind, nicht die Menschen, gegen die sich diese richten.

Ein wichtiger Teil der Therapie besteht darin, die Einstellung der Betroffenen möglichst weitgehend zu ändern; man muss sich sogar bemühen, ihren destruktiven Hass gegenüber den Personen, auf die sie wütend sind, in positiver Weise in Liebe zu verwandeln. Das ist nicht leicht, aber manchmal gelingt es.

Vor allem muss man ihnen klarmachen, wie befriedigend und weise es ist, die natürliche Sehnsucht nach einem vollkommenen Freund nicht auf unvollkommene menschliche Wesen zu richten, sondern auf das einzige Wesen, das solchen Maßstäben gerecht wird, auf Gott. Die Geistlichen unseres Instituts fördern in solchen Fällen die Genesung, indem sie den Patienten helfen, zu einer natürlichen und erfüllten Beziehung zu Gott zu finden. Den Patienten wird geraten, sich an die alte Richtlinie zu halten: »Gebet dem Kaiser, was des Kaisers ist, und Gott, was Gottes ist!« Der Preis, den ein Mensch für die Fehlsteuerung seiner Liebe und seines Hasses bezahlt, ist sehr hoch. Bei einem Menschen in dieser Lage stellt man als typisch fest, dass er zwischen unbegründeter Hoffnung und tiefster Verzweiflung hin und her schwankt. Schon geringfügige Ärgernisse enttäuschen ihn maßlos; er neigt dazu, den geringsten unangenehmen Zwischenfall zu einer ungeheuren Kränkung aufzubauschen. Es gelingt ihm so gut wie nie, eine dauerhafte, befriedigende Beziehung zu irgendeinem Menschen zu unterhalten. Er fühlt sich von Gott und den Menschen verlassen.

Andererseits aber erntet der reichen Lohn, der sich auf Gott einstellt. Ein Mensch, der dies tut, fühlt sich kraft des Glaubens an Gott als den Inbegriff des Wohlwollens und des Schutzes gestärkt. Es ist schwer, ihn zu enttäuschen. Er gerät nicht leicht in Wut oder Verzweiflung und genauso wenig in übertriebene, wirklichkeitsferne Begeisterung, sondern er geht seinen Weg in vernünftigem Gleichmaß. Da er die Schwächen der anderen und auch seine eigenen kennt und mit einer gewissen Toleranz betrachtet, erwartet er weder das Beste noch das Schlimmste; ihn erfüllt vielmehr ein gesunder Optimismus. Ein gewisses Maß an Aggressivität ist für ihn das Salz, das dem Leben mehr Würze verleiht. Abscheu, ein anderes Wort für Hassgefühle, beschränkt er auf Dinge, die solche Gefühlsintensität verdienen: jedes nicht etwa nur eingebildete, sondern wirkliche Unrecht wie Grausamkeit oder Bigotterie.

Weil er nicht ständig voll Misstrauen die Motive und das Handeln seiner Mitmenschen zu ergründen versucht, kann er seine Liebe großzügig und umsichtig verteilen, und er empfängt dafür seinerseits viel Liebe. Außerdem ist er überzeugt, dass für ihn, wenn er sein Bestes gibt, alles gut verlaufen wird, zumindest in den Grenzen unserer unsicheren und alles andere als vollkommenen Welt. Wenn ihn unvermeidliche Schläge in Form von Niederlagen oder Enttäuschungen treffen, kämpft er nicht unerbittlich und verbissen gegen Chimären, sondern er lernt es, Hiebe zu nehmen wie ein erfahrener Boxer.

Derart verhält sich, kurz zusammengefasst, ein Mensch, der seine Liebe und seinen Hass beherrscht, der fähig ist, die Wirklichkeit zu akzeptieren. Er sieht die Welt und seine Mitmenschen, wie sie wirklich sind, und nicht, wie sie aufgrund seiner neurotischen Wünsche sein sollten.

Zu einem so ausgewogenen, glücklichen Leben führt natürlich kein leichter, müheloser Weg. Doch aus unserer langjährigen Erfahrung können wir nachstehende einfache Regeln anbieten, deren Beachtung Sie auf den richtigen Weg führt:

1. Machen Sie sich den Gedanken zu eigen, dass heftige Zorngefühle oder sogar Feindseligkeit gegenüber Ihren Lieben weder schockierend noch unmoralisch, noch unnatürlich sind. Sie können sich von solchen Gefühlen nur durch Selbsterkenntnis befreien, nicht aber, wenn Sie sie verleugnen.
2. Prüfen Sie, ob Ihre Gefühle gegenüber Ihren Mitmenschen durch wirkliche Umstände gerechtfertigt

sind. Hassen Sie beispielsweise keinesfalls eine Person, weil sie jemandem ähnelt, der Ihnen Unrecht zugefügt hat. Halten Sie eine Person nicht für ehrlich und gütig, weil sie jemandem ähnelt, den Sie lieben.

3. Bemühen Sie sich, die Menschen objektiv zu behandeln als das, was sie tatsächlich sind. Versuchen Sie nicht, einen Freund zum Bruder, Ihre Frau oder Sekretärin zur Mutter, Ihren Ehemann oder Arbeitgeber zum Vater zu machen.
4. Verlangen Sie von einem Menschen nicht, jemand zu sein, der er nicht ist. Stellen Sie an einen Menschen keine übertriebenen Forderungen und setzen Sie keine Erwartungen in ihn, die er nicht erfüllen kann.
5. Geben Sie Ihren Angehörigen die Liebe, die ihnen in ihrer Unvollkommenheit als Menschen mit Schwächen und Fehlern zusteht. Behalten Sie Ihre Liebe für das Vollkommene, für Gott, auf, und seien Sie sich bewusst, dass Gott die einzige unwandelbare, nie versagende Stütze ist, die es gibt; eine Stütze, auf die Sie voll und ganz vertrauen können.
6. Wählen Sie als Motto: »Ist Gott für uns, wer mag wider uns sein?« Wenn Sie das tun, werden Sie die Würde und Kraft einer Persönlichkeit besitzen, dank deren Sie jeder Situation gewachsen sein werden.

Niemand kann den inneren Kampf zwischen Liebe und Hass ganz vermeiden. Wir alle müssen da hindurch. Die Frage für uns alle lautet nicht, ob wir unsere Gefühle des Hasses und der Aggression vollständig beseitigen können, sondern ob wir sie nachhaltig zu verändern vermögen. Wir glauben, dass die Liebe den Hass überwinden kann. Nach unserer Erfahrung erringen viele Männer und Frauen mithilfe der Erkenntnisse und Lehren, die wir in diesem Buch vertreten, in ihrem persönlichen Leben großartige Siege, die ihnen den Zugang zu innerem Frieden und echtem Glücklichsein eröffnen.

KAPITEL 3

Wie Sie zu echtem Seelenfrieden finden

Vor Kurzem suchte der Verkaufsleiter einer Importfirma bei uns Hilfe, weil er, wie er sagte, krank war vor Sorge um sich selbst. Er hatte jede Selbstachtung verloren und war überzeugt, zum Dieb geworden zu sein. Die Gründe, aus denen er ein Dieb zu sein glaubte, muteten höchst seltsam an. Er beschuldigte sich, durch die Fälschung seines Spesenkontos seine Firma bestohlen zu haben. Auf entsprechende Fragen antwortete er, dass seitens der Firma keinerlei Kritik oder Beschwerden erhoben worden waren. Daraufhin ging sein Berater die Spesenabrechnungen mit ihm durch und fand heraus, was wir bereits vermutet hatten: In dem Bemühen, jede Unehrlichkeit zu vermeiden, hatte der Mann nicht die Firma, sondern sich selbst betrogen. Man sollte meinen, dass diese Feststellung ihn ungeheuer erleichterte. Doch keinerlei logische Argumente konnten den Mann von seiner Schuldlosigkeit überzeugen; die Vorstellung, ein Dieb zu sein, hatte sich bei ihm zu einer hartnäckigen Einbildung entwickelt.

Der Schlüssel zu diesem rätselhaften Verhalten fand sich erst nach vielen langen, geduldig geführten Interviews. Vor etwa zehn Jahren hatte der Mann seine Frau betrogen. Er hatte sich damals eingeredet, dass niemand je von dem Seitensprung erfahren würde; er hatte ihn sich selbst gegenüber irgendwie gerechtfertigt und dann vergessen.

Das dachte er zumindest. Aber der Psychotherapeut erkannte bald, dass die augenblicklichen Schuldgefühle von diesem lange zurückliegenden Ereignis herrührten. Aus irgendeinem Grund hielt sich der Mann in seinem Unbewussten lieber für unehrlich in Gelddingen als für einen Ehebrecher; er hatte das anhaltende Schuldgefühl über die außereheliche Beziehung auf seine Handhabung der Spesenrechnungen übertragen.

Als er dies begriff und die frühere Untreue ehrlich bereute, empfand er endlich Erleichterung. Sein Schuldgefühl verschwand, ebenso seine morbide Angst wegen der Spesenabrechnungen.

Unser Unbewusstes kann uns verblüffende, geradezu tückische Streiche spielen; doch nichts verursacht eine so große Beklemmung wie ein Schuldgefühl, das sich in verschleierter Form äußert.

Es ist uns als Menschen möglich, uns selbst zu beurteilen. Das Gefühl für Recht und Unrecht, Gut und Böse bildet einen ebenso grundlegenden Bestandteil unserer Natur wie die Kraft der Liebe und jene des Hasses. Wir müssen akzeptieren, dass ein Unterschied zwischen Recht und Unrecht besteht. Genauso unausweichlich, wie ein Fluss zum Meer fließt, zwingt uns eine innere Notwendigkeit, einen wie auch immer gearteten Moralkodex anzuerkennen. Doch als Menschen neigen wir auch zu moralischen Entgleisungen. Wir sind nicht fähig, allen Versuchungen zu widerstehen, in die wir geraten, und wir verurteilen uns selbst, wenn wir einen Fehler gemacht haben. Niemand kann gegen seine eigenen ethischen Prinzipien verstoßen, gegen die Gebote seiner Religion, ohne Schuldgefühle zu haben, seien sie nun bewusst oder unbewusst.

Einer der wichtigsten Beiträge zur Heilung psychischer wie auch körperlicher Krankheiten muss darin bestehen, den Menschen zu helfen, zu den verborgenen Wurzeln verdrängter und deshalb ungelöster Schuldgefühle vorzudringen.

Eine unabdingbare Voraussetzung für ein erfolgreiches Leben ist der Glaube, dass begangene Fehler oder Missetaten verziehen werden, wenn man Gott und sich selbst um Verzeihung bittet und die Fehler aufrichtig bereut. Um frei von Schuldgefühlen leben zu können, muss man der Zeit erlauben, den Mantel über die Vergangenheit zu breiten, und man muss seine Energien auf die Gegenwart konzentrieren. Nur so gelingt es uns, mit uns selbst in Frieden zu leben.

In der Bibel heißt es, wir würden »gerettet durch den Glauben«. Dies bedeutet, dass uns Rettung zuteil wird, wenn wir aufgrund unseres Gottvertrauens um Vergebung bitten und dann den Glauben haben, dass sie uns zuteil wird; andernfalls werden unsere Fehler zu einer unerträglichen Last, die uns so niederdrückt, dass wir unsere besten Energien, mit denen wir eigentlich die täglichen Probleme in Angriff nehmen sollten, auf das Bereuen der Fehler von gestern verschwenden.

Vor vielen Jahren hielt Sir William Osler, ein großer Pionier der medizinischen Wissenschaft, einen Vortrag über die richtige Lebensweise. Zu Beginn seiner Ausführungen sagte er seinen Zuhörern, als Allererstes, bevor sie irgendetwas anderes zu lernen versuchten, müssten sie lernen, immer nur einen Tag auf einmal zu leben.

Er beschrieb, wie ein Ozeandampfer gebaut ist, und erklärte, der Kapitän könne vermöge eines simplen Knopfdrucks Stahltüren schließen, die ein wasserdichtes Schott gegen das nächste verschließen. Wird bei einer Katastrophe der Rumpf aufgerissen, behält das Schiff deswegen seine Schwimmfähigkeit. Auf der Lebensreise müsse man lernen, sagte Osler, Türen zuzumachen und das Gestern mit all seinen Irrtümern und Fehlern auszuschließen.

Lernen Sie auch, das ungeborene Morgen auszuschließen, damit Sie einzig für den jeweiligen Tag leben können. Und wenn Sie weitergehen ins nächste Schott, in den nächsten Tag, sollten Sie dafür sorgen, dass die Türen hinter Ihnen und vor Ihnen zu sind, damit sowohl die Vergangenheit als auch die Zukunft ausgeschlossen bleiben.

In unserem Institut haben wir ständig mit Menschen zu tun, die nicht fähig sind, diesen weisen Rat zu befolgen. Sie lassen zu, dass ihre vergangenen Fehler die Gegenwart verdunkeln und ständige Angst vor der Zukunft erzeugen. Sie erlangen vor sich selbst und vor Gott keine Verzeihung, sondern tragen ihr ganzes Leben lang sämtliche Fehler mit sich herum, die sie je begangen haben, weil sie an Verzeihung nicht glauben.

Im Allgemeinen bereuen sie diese belastenden Fehler immer wieder, doch vergebens. Sie bestrafen sich weiterhin, aus der alten und scheinbar unausrottbaren Überzeugung, Unrecht getan zu haben. Bezeichnenderweise halten sie ihre Sünden für so groß, dass weder Gott noch die Menschen ihnen vergeben können, noch sie sich selbst. Oft bauschen sie geringfügigste Vergehen zu Todsünden auf. Sie leiden an qualvoller Angst und verabscheuen sich selbst, finden sich minderwertig und charakterlos. Manchmal stoßen ihnen sogar Unfälle zu, mit denen sie sich unbewusst selbst bestrafen.

Ihre Schwierigkeiten liegen darin begründet, dass ihrem Bewusstsein die wirkliche Ursache ihrer Schuldgefühle verborgen bleibt. Bei ihnen ist darum das harmonische Zusammenwirken von religiöser Einsicht und psychologischer Aufklärung besonders wichtig. Die Tiefenpsychologie hat in allen Einzelheiten die feine Dynamik aufgezeichnet, die verhindert, dass Schuldgefühle ins Bewusstsein dringen. Wenn der Psychotherapeut einer Hilfe suchenden Person die wirkliche Ursache ihrer Schuldgefühle erläutert, versetzt er sie oft in die Lage, etwas zu tun, das ihr bis dahin unmöglich war, nämlich sich direkt mit ihren Schuldgefühlen auseinanderzusetzen. Die ins Vergessen verdrängte Schuld wird ans Licht geholt. Danach kann religiöse Führung durch einen Geistlichen von großem Nutzen sein. Endlich wird die heilende Vergebung möglich, die der Hilfe suchenden Person so lange verwehrt worden war.

Wir wollen dies an einem Beispiel veranschaulichen: Eine allem Anschein nach ehrbare Frau, verheiratet und Mutter zweier Söhne, litt jahrelang an immer stärker werdenden Schuldgefühlen. Sie kreisten um ein Erlebnis, das mehr als fünfundzwanzig Jahre zurücklag. Die Frau war vor ihrer Heirat mit einem anderen Mann verlobt gewesen, den sie verzweifelt geliebt hatte. In einem Moment der Schwäche hatte sie sich ihm hingegeben. Wenig später hatte der Mann die Verlobung abrupt und ohne jede Erklärung gelöst.

Die Erinnerungen an diese frühe, von einem sexuellen Erlebnis begleitete Liebe hatten sie zu verfolgen begonnen. Sie hatte bei ihrem Geistlichen gebeichtet, er hatte mit ihr gebetet und ihr gesagt, Gott habe ihr vergeben. Doch das hatte nichts geholfen, weil sie sich selbst nicht vergeben konnte. Sie hatte die Beichte mehrmals wiederholt, aber das Schuldgefühl hatte unvermindert angehalten. Sie war immer nervöser geworden, hatte stark abgenommen und nicht mehr geschlafen.

Die psychoanalytische Untersuchung deckte ihr Problem auf. Die Frau achtete ihren Mann, liebte ihn aber nicht so sehr wie den Mann, mit dem sie zuerst verlobt gewesen war, oder sie bildete sich das zumindest ein. Ohne sich dessen bewusst zu sein, liebte sie immer noch den ersten Mann und wünschte ihn sich zurück. Hier liegt der entscheidende Punkt: Wie ihre Fantasien und Träume zeigten, beging sie im Unbewussten die gleiche alte »Sünde« wie früher.

Weil sie das nicht wusste, konnte sie keine echte Reue empfinden, und weil sie nicht bereute, konnte sie natürlich nicht das Gefühl haben, ihr sei vergeben worden. Doch als sie den Mechanismus begriff, der ihr Glück so stark beeinträchtigte, hatte dieser auf einmal keine Macht mehr über sie.

Nun konnte ihr der Geistliche helfen. Er gab ihr ein genaues »Rezept«, das sie anwenden sollte. Dreimal täglich sollte sie sich vergegenwärtigen, dass der Mann, mit dem sie verlobt gewesen war, sie im Stich gelassen hatte; er verdiente deshalb ihre Liebe zweifellos nicht; darum musste sie sich im Geiste von ihm trennen. Darüber hinaus sollte sie bedenken, dass der Mann, den sie vor Jahren gekannt hatte, heute bestimmt ganz anders aussah und vielleicht sogar auch ganz anders war; würde sie ihm jetzt begegnen, würde sie vielleicht gar nicht mehr verstehen, dass sie einst Liebe für ihn empfunden hatte. Ferner sollte sie sich sooft wie möglich vergegenwärtigen, dass sie ihren Mann, mit dem sie nun seit Jahren zusammenlebte, von Herzen liebe. Schließlich sollte sie sich ins Gedächtnis rufen, dass Gott, wenn ihn ein Mensch aufrichtig und reumütig um Vergebung bittet, immer verzeiht; deshalb, so sagte ihr der Geistliche, sei ihr vergeben worden, ob sie es empfinde oder nicht, und in ihr verbleibe keine Schuld; zur Bekräftigung dieser Gewissheit solle sie sich zwei Passagen aus der Bibel vergegenwärtigen:

»Er handelt nicht mit uns nach unseren Sünden und vergilt uns nicht nach unsrer Missetat. Denn so hoch der Himmel über der Erde ist, lässt er seine Gnade walten über die, so ihn achten. So ferne der Morgen ist vom Abend, lässt er unsre Übertretungen von uns sein.« Und: »Wenn eure Sünde gleich glutrot ist, soll sie doch schneeweiß werden.«

Und weiter erklärte ihr der Geistliche, sie solle dem Herrn dafür danken, dass er den anderen Mann von ihr fortgeführt und ihr einen so verständnisvollen Ehemann zugeführt hatte. Sie solle Gott ständig dankbar sein, weil sie einen Mann habe, der sie achte und liebe und nur für ihr Wohlergehen arbeite.

Als die Frau nach einem längeren klinischen Aufenthalt nach Hause zurückging, war sie ein neuer, selbstsicherer Mensch. Ihre Geschichte beweist einmal mehr, dass Selbsterkenntnis der erste Schritt zur Steuerung des eigenen Lebens ist. Als ihr klar geworden war, dass sie unbewusst Gedanken und Wünsche gehegt hatte, die ihren Idealen zuwiderliefen, konnte sie erst aufrichtig um Vergebung bitten und bewusst empfinden, Vergebung erlangt zu haben. Erst in diesem veränderten Zustand ihres Denkens und Glaubens vermochte sie auch sich selbst zu vergeben.

Schuldgefühle, die verborgen und deshalb ungelöst bleiben, können Jahr für Jahr mit unverminderter Hartnäckigkeit bestehen bleiben und die Seele vergiften. Sucht man nach dem Grund dieses seltsamen Phänomens, so findet man ihn meist in der Erziehung, in der ein Mensch seine frühesten Vorstellungen von Recht und Unrecht erhält.

Unsere Moralvorstellungen beginnen praktisch schon bei der Geburt zur Geltung zu kommen. Wir haben die angeborene, gottgegebene Fähigkeit der Selbsterkenntnis, die anfänglich, im Kind, freilich nur ein Same, eine vorhandene Möglichkeit ist. Die Entfaltung dieser Fähigkeit unterliegt im Laufe des Säuglingsalters und der Kindheit entscheidenden Einflüssen.

Ein kleines Kind hat eine scharfe Antenne für die Haltungen seiner Eltern und für deren Kritik ihm gegenüber. Es möchte vermeiden, gescholten und bestraft zu werden oder, schlimmer noch, die Zuneigung der Eltern zu verlieren. Also möchte es ihnen gehorchen. Doch seine starken Wünsche und seine brennende Neugier auf die neue Welt rundum verleiten es zu Aktivitäten, die in krassem Gegensatz zu dem Verhalten stehen, das seine Eltern von ihm erwarten.

Nur besonnene Eltern können dem Kind helfen, diesen Konflikt – es ist ein tiefgreifender Konflikt – erfolgreich zu lösen. Dazu ist freilich eine Engelsgeduld vonnöten – und über diese Tugend verfügen nur wenige Menschen. Oft haben Eltern außerdem den Eindruck, strenge Disziplin sei eine weitaus einfachere Methode als geduldiges Verständnis.

Nehmen wir einmal an, ein Kind stelle unverblümte Fragen über Sex oder befriedige seine körperlichen Bedürfnisse auf sehr primitive Art. Wenn die Eltern darauf mit barschen Befehlen oder autoritär verhängten Verboten reagieren, vielleicht weil sie selbst nervös oder gereizt sind, vielleicht auch aus ehrlicher Bestürzung, dann kann das Kind Angst bekommen oder zumindest unsicher werden. Es kann von einer von den Eltern sicher nicht gewünschten Gefühlsverwirrung über sein eigenes Verhalten erfasst werden, besonders was bestimmte Körperfunktionen angeht, die Gegenstand strengster und einem Kind oft unverständlicher Verbote sind.

Selbst heute noch impfen manche Eltern – durchaus in guter Absicht – ihren Kindern die Vorstellung ein, dass Sex etwas Unrechtes oder gar Schlechtes sei. Als Folge davon kommt es sehr oft zu sexuellen Hemmungen oder Störungen. Nicht wenige Ehen scheitern an sexuellen Problemen, deren Ursachen schon in der Kindheit, und zwar meist ungewollt, von den Eltern herbeigeführt wurden.

Sehr verwirrend kann für ein Kind auch die Art sein, in der die Eltern seine kindlichen Fantasien aufnehmen. Ein fünfjähriger Junge beispielsweise erklärte seinem Vater, er komme zu spät zum Abendessen, weil er auf dem Heimweg im Wald einem Bären begegnet sei.

»Und«, fragte der Vater, »was hast du gemacht?«

»Nun, ich machte einfach den Mund auf und verschluckte ihn!«

Der Junge wurde ohne Abendessen ins Bett geschickt. Damit wollte der Vater ihn lehren, »nicht zu lügen«. Doch aufgrund dieses Zwischenfalls und ähnlicher Vorkommnisse leitete der Junge die Vorstellung ab, Fantasie jedweder Art sei schlecht – eine Vorstellung, die er zeitlebens nicht mehr loswurde.

Wenn ein heranwachsendes Kind eine, sagen wir, strenge Auffassung von Recht und Unrecht erhält, wird es zu sich selbst sagen: »Ich war böse, mein Vater wird mich bestimmt bestrafen.« Es lernt also die Bedeutung von Schuld in der Verknüpfung mit der Angst vor Strafe seitens einer unerbittlichen Autorität kennen. Es billigt das Urteil seiner Eltern gleichsam blind.

Seine sich eben erst entfaltende Fähigkeit der Kritik des eigenen Verhaltens wird aufgrund der Wirkung, die von der elterlichen Kritik ausgeht, geschärft und geformt. Tatsächlich aber wird das Kind von den kritischen Haltungen seiner Eltern unbewusst geprägt. Diese werden zu einem dauerhaften Bestandteil seines inneren Mechanismus der Selbstbeurteilung. Während seines ganzen späteren Lebens wird, wann immer es eine Entscheidung zu treffen hat, aus der Vergangenheit wie ein Echo eine warnende elterliche Stimme aufklingen; besser gesagt: Inhalte werden aus dem Unbewussten aufsteigen, die sich dort für immer eingenistet haben.

Die vernünftigen, richtig verstandenen Vorstellungen, die das Kind von seinen Eltern übernimmt, werden selbstverständlich ebenfalls Bestandteil seiner eigenen Selbstbeurteilung; leider aber ist das Kind viel stärker von all seinen falschen, missverstandenen Ansichten über Recht und Unrecht geprägt. Und wenn es seine Eltern als streng und strafend sieht, wird es aufgrund seiner eigenen kritischen Fähigkeiten, in die nun die Haltungen der Eltern eingegliedert sind, sich selbst gegenüber so streng und unerbittlich sein, wie dies die Eltern in seiner Einbildung sind.

Die Moralvorstellungen des heranwachsenden Kindes müssen, parallel zu seinen Erfahrungen in einer sich ständig ausweitenden Welt, die eine Welt der Erwachsenen ist, zwangsläufig immer wieder Änderungen und Umdeutungen erfahren, vor allem aber reifen. Zu dem, was es von seinen Eltern lernt, kommen Belehrungen seitens anderer Autoritäten. Freunde und Bekannte – deren Meinungen der Heranwachsende besonders schätzt – sowie die Schule und die Kirche üben einen großen Einfluss aus.

Ein Mensch, dessen Unbewusstes mit missverstandenen Anschauungen oder Einstellungen belastet ist, mag als Erwachsener durchaus einen dementsprechenden Moralkodex hochhalten, wird aber schwerlich danach leben können. Er akzeptiert diesen Moralkodex zwar verstandesmäßig, jedoch nicht in den tiefsten Schichten seines Geistes. Er versucht sein Leben widersprüchlich zu steuern: nach den Kriterien der von Erwachsenen etablierten Regeln und zugleich nach den Kriterien der von Kindern postulierten Regeln.

Bestimmte Gefühle können in solchem Maß mit alten Schuldassoziationen überladen sein, dass der strenge innere Beurteiler des betreffenden Menschen ihr Auftauchen ins Bewusstsein verhindert; trotzdem aber leidet dieser Mensch unter diesem Zustand. Charakteristisch für ihn ist, dass er sich Gott genauso streng und unversöhnlich vorstellt, wie seine Eltern es einst waren.

Ein solcher Mensch gerät unweigerlich, aber keineswegs hoffnungslos in Schwierigkeiten. Die verdrängten Gefühle und Gedanken können an die Oberfläche geholt und im Lichte eines vernünftigen Urteils neu bewertet werden. Danach ist es dann möglich, in dem Betreffenden Versöhnlichkeit zu wecken und ihm eine neue Vorstellung von Gott zu vermitteln, von einem liebevollen, mitfühlenden Gott.

Einem jungen Mann, der zu uns kam, war früh ein Gefühl der Angst vor der Sexualität eingeimpft worden. Seine Mutter hatte ständig warnend gesagt, er dürfe nie »Schande« über die Familie bringen. Die größte Schande bestand für sie im Ausleben »unanständiger« Sexualität. Dies war für sie zu einer regelrechten Zwangsvorstellung geworden. Warum?

Sie war in einer Kleinstadt aufgewachsen, und dort hatte der Vater einer ihrer besten Freundinnen eine skandalöse außereheliche Affäre gehabt. Da in dem Städtchen auf strenge Moralmaßstäbe Wert gelegt wurde, fühlte sich die ganze Familie der Freundin öffentlich gedemütigt. Die Frau konnte nicht vergessen, welches Leid der Mann über seine Angehörigen gebracht hatte, und sie wurde die Angst nicht los, dass es eines Tages in ihrer eigenen Familie zu einem ähnlichen Skandal kommen könnte. Etwas Schlimmeres gab es ihrer Ansicht nach nicht. Die Zwangsvorstellung von einem derartigen Skandal beherrschte sie in ihrer Jugend und beherrschte später ihre Beziehungen zu ihren Kindern.

Wie zu erwarten war, reagierte ihr Sohn abweisend auf ihre neurotischen Ratschläge. Er ging schließlich von zu Hause weg und stürzte sich in ein Abenteuer nach dem anderen. Eines Tages aber kam er zur Besinnung und dachte: »Jetzt hast du genau das getan, wovor deine Mutter dich gewarnt hat! Du bist tatsächlich im Begriff, Schande über deine Familie zu bringen.« Von da an quälte ihn die Angst, dass seine Eskapaden aufgedeckt und er bloßgestellt werden könnte.

Er suchte einen Geistlichen auf und beichtete, bat immer wieder um Vergebung, fand jedoch keinen inneren Frieden. Bewusstsein, Verstand und religiöser Glaube sagten ihm zwar, dass ihm vergeben werden könne, aber sein Unbewusstes, der durch sein Gewissen sprechende »innere Kritiker«, sagte ihm, dass seine Sünden zu schrecklich seien, als dass sie einfach so getilgt werden könnten.

Der junge Mann fand keinen Ausweg aus diesem Konflikt und geriet zunehmend in Panik. In seiner Fantasie malte er sich die schlimmsten Strafen aus. Er fürchtete, einen tödlichen Unfall zu erleiden, sein ganzes Geld zu verlieren oder plötzlich an einem Herzinfarkt zu sterben. Sein kindliches Schuldgefühl äußerte sich in vielen Formen; doch alle diese Äußerungen gingen auf die quälende Angst zurück, dass die Dinge, die er getan hatte, entdeckt würden.

Er ließ sich schließlich überzeugen, dass sein Problem in seinem Unbewussten verborgen lag, dass seine Mutter ihm ungewollt ihre eigenen neurotischen Einstellungen über Sex vermittelt hatte und dass diese tief verwurzelten Einstellungen noch immer unterschwellig in ihm wirkten. Der Berater sagte ihm, er dürfe seine Mutter deswegen nicht weniger lieben noch weniger achten und müsse sie als Mensch und Mutter zu verstehen versuchen. Dank fachkundiger Hilfe verlor der junge Mann nach und nach seine negativen Ansichten und entwickelte in Bezug auf die Sexualität eine gesunde, christlich durchaus vertretbare Einstellung.

Ein Geistlicher öffnete ihm die Augen dafür, dass die Menschen oft ein falsches, geradezu morbides Bild von »fleischlichen Sünden« haben. Besonders Frauen werden in dem Glauben erzogen, dies seien die größten und ärgsten Sünden. »Doch wenn wir die Lehren Jesu beherzigen«, sagte der Geistliche, »so stellen wir fest, dass er den Sünden wider den Geist nicht weniger Gewicht beimaß als den fleischlichen.«

Der Geistliche fuhr fort: »Bestimmt erinnern Sie sich an die schöne Geschichte vom verlorenen Sohn. In diesem Gleichnis bat der Sohn seinen Vater um das Erbe, das ihm zustand, und ging in ein fernes Land, wo er alles verprasste. Schließlich stand er mittellos da, er zog durch die Gegend, ernährte sich von Tierfutter und schlief in Ställen. Eines Tages ging er in sich. Er sah ein, dass er falsch gehandelt hatte, und kehrte nach Hause zurück. Sein Vater sah ihn von Weitem kommen, lief ihm entgegen und begrüßte ihn voll Liebe und Mitleid. Er sagte: ›Mein Sohn war tot und ist wieder lebendig geworden; er war verloren und ist gefunden worden.‹ Der Vater schalt den Sohn nicht und hielt ihm auch seine Missetaten nicht vor. Hatte der Junge doch auf harte Weise am eigenen Leib zu spüren bekommen, dass sein Handeln nicht richtig gewesen war. Allein schon die Tatsache, dass er demütig heimkam, zeigte die Tiefe und Aufrichtigkeit seiner Reue. Also verzieh ihm der Vater aus liebevollem Herzen.«

Der Geistliche fügte hinzu, ein Schuldgefühl solle zwar nicht ignoriert werden, doch wenn man Vergebung erlangt habe, sei es sehr töricht, weiterhin seiner Schuld nachzugrübeln und unter ihr zu leiden. Er empfahl dem jungen Mann, sich mehrmals am Tag zu sagen: »Gott war sehr gut zu mir. Er hat mir jedes Unrecht verziehen, das ich je begangen habe. Gott erinnert sich nicht mehr an meine Sünden; deshalb vergesse auch ich sie.« Dies sollte er sich täglich vorsagen.

Eines Tages merkte der junge Mann, dass er seit Wochen vergessen hatte, sich den suggestiven Gebetstext zu vergegenwärtigen und dass ihn der Gedanke an seine Verfehlungen längst nicht mehr beunruhigte! Die Erinnerungen an das Vergangene wurden immer blasser und versanken schließlich im zeitlosen Raum der Vergessenheit. Sie hatten ihre Macht über den jungen Mann verloren.

Ein Mensch, der sich selbst, seine Gefühle und sein Handeln ablehnt, kann sich – dies sei noch einmal betont – nicht selbst verzeihen. Durch solche Härte verstößt er gegen die Lehren Christi, denn er stellt sich außerhalb der heilenden und stets rettenden Gnade Gottes. Höchstwahrscheinlich wird er nicht nur geistig-seelisch leiden, sondern sich für seine Sünden, seien es wirklich begangene oder seien es nur eingebildete, auch körperlich bestrafen. Diese Strafe kann seltsame Formen annehmen.

Er kann sich sogar zu asozialen Verhaltensexzessen hinreißen lassen. Bei der Untersuchung krimineller Handlungen fanden die Forscher – Psychologen, Psychiater und Soziologen – viele Hinweise darauf, dass das wirkliche, wenn auch verborgene Motiv eines Verbrechens häufig ein überwältigender Drang nach Bestrafung ist. Wenn Kinder beispielsweise stehlen, stehlen sie nicht selten nur darum, weil sie lieber für den Diebstahl bestraft werden möchten als für ihre »heimlichen Sünden«, mit denen sie sich nicht auseinanderzusetzen wagen.

Kriminelle neigen oft dazu, unabsichtlich irgendeinen Beweis am Tatort zu hinterlassen, der zu ihrer Festnahme und Bestrafung führt. In nicht wenigen Fällen zeichnet sich ziemlich klar ab, dass sie gefasst und für ihre Taten bestraft werden wollen. Auf diese Weise suchen sie Befreiung von inneren Schuldgefühlen, mit denen sie sich nicht direkt und jedenfalls nicht offen befassen möchten.

Ein geistig-seelischer Mechanismus ähnlicher Art verursacht viele Unfälle, wenn nicht sogar die meisten. Nach Ansicht der Fachleute sind Unfälle, bei denen der Urheber des Unfalls verletzt wird, zumeist als eine selbst auferlegte Strafe für ein unbewusstes Schuldgefühl anzusehen.

Während des Vietnamkrieges wurde ein Neunzehnjähriger mit einer Mehrfachfraktur des rechten Beines in ein Krankenhaus eingeliefert. Er war mit dem Fahrrad in falscher Richtung und ohne zu schauen auf eine Hauptstraße eingebogen und von einem Lastwagen erfasst worden. Der junge Mann konnte sich seine Unaufmerksamkeit nicht erklären. Er behauptete, sonst immer sehr vorsichtig zu sein, und sagte, dies sei der erste Unfall, den er je erlitten habe.

Ein Psychiater brachte schließlich aufschlussreiche Fakten ans Licht. Einige Wochen vor dem Unfall hatte der junge Mann auf Drängen seiner Mutter die Armeebehörde gebeten, ihn freizustellen, weil er auf der Farm gebraucht werde, da sein Vater nicht die ganze Arbeit allein machen könne. Die Behörde hatte seiner Bitte stattgegeben.

Obwohl die Freistellung durchaus rechtmäßig erfolgt war, empfand der junge Mann sie als nicht berechtigt. Sein Bruder, der bei der Marine war, hatte eine schwere Verwundung erlitten, und der junge Mann wollte ebenfalls bei der Marine dienen. Unbewusst hatte er das Gefühl, sein Verhalten sei falsch und unzulässig. Ohne zu wissen, was er tat, hatte er den Unfall herbeigeführt, um sich zu bestrafen; und weil seine Mutter ihn jetzt versorgen musste, war auch sie, nämlich für ihre »Beihilfe« zu seiner Freistellung, bestraft.

Ein anderer, ähnlich gelagerter Fall betraf eine Frau, die sich innerhalb von fünf Jahren zweimal die Hüfte brach. Nach dem zweiten Mal bekam sie Depressionen, weil sie das unbestimmte Gefühl hatte, an diesen Unfällen sei irgendetwas Seltsames. Das Gefühl wurde so stark und beunruhigend, dass sie in unserem Institut Hilfe suchte.

Sie erzählte dem Berater, ihr Mann sei nach dreißigjähriger Ehe erkrankt und bald darauf pflegebedürftig geworden. Eine Krankenschwester konnten sie sich nicht leisten, also musste die Frau fast ständig für ihn sorgen. Eines Tages fand sie heraus, dass seine Krankheit eine Folge der Syphilis war, die er sich vor der Heirat zugezogen hatte. Diese Entdeckung bedeutete einen ungeheuren Schock für sie, erfüllte sie mit Enttäuschung und Hass. Sie war so verbittert, dass sie ihrem Mann sogar den Tod wünschte. Doch statt über ihre Gefühle zu sprechen, statt mit ihrem Arzt, einem Psychologen oder vielleicht ihrem Geistlichen über ihren Konflikt zu reden, bemühte sie sich, ihre Hassgefühle aus ihrem Inneren zu verbannen; sie verdrängte sie.

Etwa fünf Jahre nach der Erkrankung ihres Mannes kniete sie eines Morgens im Wohnzimmer auf dem Boden und wachste ihn ein. Plötzlich läutete es an der Tür, sie sprang auf, um zu öffnen, rutschte auf dem frisch gewachsten Boden aus und brach sich die Hüfte. Ungefähr ein Jahr später starb ihr Mann. Kurz darauf wiederholte sich der Unfall in genau der gleichen Weise. Sie wachste den Wohnzimmerboden ein, es klingelte an der Tür, sie lief los, fiel und brach sich die gleiche Hüfte an der gleichen Stelle.

Die Frau begriff die Erklärung des Beraters, dass sie die Unfälle wegen ihres Hasses auf ihren Mann und der unschönen Erinnerungen an ihn erlitten hatte, sehr schnell. Sie war eine seltsame Mischung aus treuer und hasserfüllter Ehefrau und konnte ihren inneren Konflikt nur durch Selbstbestrafung lösen. Für sie war es wichtig, dies ganz klar zu erkennen und sich dann von den falschen, selbstzerstörerischen Einstellungen zu befreien.

Ihr Geistlicher erläuterte ihr: »Sie haben keinen Grund, sich zu hassen. Wären Sie nicht ein so gütiger Mensch, hätten Sie Ihren Mann vielleicht sofort verlassen, als Sie den Grund für seinen Zustand erfuhren. Doch das haben Sie nicht getan. Sie haben sich von Ihrem Pflichtgefühl ihm gegenüber leiten lassen und liebevoll für ihn gesorgt. Stimmt das nicht?«

Ihre bekümmerte Miene hellte sich ein wenig auf. »Doch«, räumte sie ein. »Das habe ich getan.«

»Mit anderen Worten: Sie haben Ihre christliche Pflicht voll und ganz erfüllt, nicht wahr? Sie haben in einer schwierigen Situation Ihr Bestes getan.«

Sie gab zu, dass sie ihren Mann trotz ihrer Verbitterung fürsorglich und mitfühlend gepflegt hatte. Sie begann zu ahnen, dass sie eine bessere Christin war, als sie gemeint hatte. Dies vermittelte ihr ein neues Gefühl der Selbstachtung und öffnete in ihrem Geist die Tür zu einer besseren Meinung über sich selbst.

»Was soll ich jetzt tun?«, fragte sie.

»Mein Rat ist einfach«, antwortete der Geistliche. »Bitten Sie Gott, Ihnen jedes Unrecht zu vergeben, das Sie begangen haben oder glauben, begangen zu haben. Und wenn Sie Gott um Vergebung gebeten haben, glauben Sie ganz fest, dass er sie Ihnen gewährt, sofort gewährt. Tatsächlich liegt das alles bereits in der Vergangenheit, aber Sie müssen auch glauben, dass es Vergangenheit ist und Sie nicht mehr berührt. Wiederholen Sie für sich täglich einige Male das weise Bibelwort: ›Ich vergesse, was da hinten ist, und strecke mich zu dem, was da vorne ist.‹ Sagen Sie sich jeden Morgen beim Aufstehen: ›Mein Leben hat neu begonnen, und ich danke Gott für seine Güte, dafür, dass er mir einen neuen, glücklichen Start in ein Leben geschenkt hat, das ich für alle jene, mit denen ich zusammenkomme, nützlich gestalten werde.‹«

Eine andere Maske, in der verdrängte Schuldgefühle oft zum Vorschein kommen, ist das chronische Gefühl, nichts wert zu sein; dieses weit verbreitete Phänomen ist allgemein als »Minderwertigkeitskomplex« bekannt. Jedermann kennt die Symptome. Ein Mensch, der an einem Minderwertigkeitskomplex leidet, setzt sich selbst ständig herab, macht sich schlecht, unterschätzt seine Fähigkeiten und ist überzeugt, dass er das, was von ihm verlangt wird, nicht schafft. Bisweilen versucht er seinen Komplex durch übertriebenen Dünkel zu kaschieren oder durch Arroganz zu kompensieren; doch meist merkt man ihm die Minderwertigkeitsgefühle deutlich an.

Bekommt er eine Stellung angeboten oder eröffnet sich ihm eine Chance, wird er wahrscheinlich das sagen, was wir einmal konkret zu hören bekamen: »Oh, lieber nicht! Ich möchte den Versuch gar nicht machen. Ich bin dem sowieso nicht gewachsen. Suchen Sie sich jemanden, der mehr Erfahrung hat als ich.«

Diese Selbsterniedrigung geht so lange weiter, bis sein Unbewusstes die abschätzige Bewertung der eigenen Person voll und ganz akzeptiert hat. Und wenn dies geschehen ist, wird er es im Leben schwerlich zu etwas bringen; denn jeder leistet oder erreicht nur, was er selbst für möglich hält. Wie es in der Bibel heißt: »Euch geschehe nach eurem Glauben.« Niemand vermag mehr zu vollbringen, als er vollbringen zu können im innersten Herzen glaubt.

Ein an einem Minderwertigkeitskomplex leidender Mensch ist sich selbst gegenüber überkritisch, zugleich aber auch überempfindlich gegenüber jeglicher Kritik von anderen. Er hat eine gewissermaßen »heilige Scheu« vor Autoritätspersonen, denn er lebte schon als Kind in ständiger Furcht vor Kritik oder Bestrafung seitens der ersten Autorität, die er kennenlernte, und das waren seine Eltern.

Der amerikanische Karikaturist John Webster schuf eine Comicfigur von Menschen dieses Typs, den »Kaspar Hasenfuß«. Einmal zeichnete er Herrn Hasenfuß mit einem Weihnachtsgeschenk in der Hand; das Päckchen trug zwei Aufschriften: »Verderblich!«, und: »Erst zu Weihnachten öffnen!« Herr Hasenfuß, der aufgrund dieser widersprüchlichen Anweisungen außer sich war, ist ein Symbol für sehr viele Menschen. Ein übertriebenes Minderwertigkeitsgefühl lässt ihn glauben: »Es ist alles verloren, wenn ich es tue, und genauso verloren, wenn ich es nicht tue.« Dies lähmt ihn regelrecht, macht ihn unfähig zu handeln und hält ihn von all den Dingen ab, die er erreichen könnte, würde er seine vorhandenen, aber gefesselten Fähigkeiten freisetzen.

Seine Minderwertigkeitsgefühle verleiten den Komplexbehafteten zu perfektionistischen Maßstäben, weil seine Selbstkritik so groß ist. Da diese Maßstäbe auf unrealistischen Kindheitsvorstellungen basieren, meint er natürlich, perfekt sein zu müssen, um Verurteilungen oder Bestrafungen zu entgehen. Hundertprozentige Perfektion ist selbstverständlich nicht erreichbar; daher erreicht er seine übertrieben hochgesteckten Ziele nie. Dies wiederum verstärkt in ihm das Gefühl der Wertlosigkeit, und der Teufelskreis nimmt kein Ende.

Das Verständnis eines derart komplexbeladenen Perfektionisten setzt voraus, dass man die ganze Theorie über die Auswirkungen verdrängter Emotionen versteht. Der Mensch ist das Opfer seiner übertriebenen Selbstkritik und das Opfer unrealistisch hoher Verhaltensmaßstäbe. Vielleicht wird er von unbewusstem Hass gequält, vielleicht von missverstandenen Ansichten über die Sexualität in der Ehe. Dazu kommt, dass er infolge seines destruktiven Denkens ein krankes, fehlgesteuertes Bewusstsein hat, das seine Gefühle und Triebregungen unterdrückt, aber nicht zu beseitigen vermag, denn sie schwären in seinem Unbewussten weiter. Die Folge davon ist, dass er sich schuldig fühlt, sich selbst abwertet, sich verabscheut und sich weitgehend nicht nur seiner Leistungsfähigkeit beraubt, sondern auch seines Glücks.

Die Urteile, die ein solcher Mensch über sich fällt, gehen von einer kindlichen Basis aus, weil es ihm nicht gelungen ist, ein reifer Mensch zu werden. Dieses Versäumnis bringt ihn in Konflikt mit der biblischen Lehre, wie sie der heilige Paulus formulierte: »Da ich ein Kind war, da redete ich wie ein Kind und war klug wie ein Kind und urteilte wie ein Kind; als ich ein Mann wurde, legte ich ab, was Kind an mir war.« Zweifelsohne ist er unfähig, Christi Gebot »Du sollst deinen Nächsten lieben wie dich selbst« in dessen richtiger Bedeutung zu erfüllen, denn wenn die Selbstachtung eines Menschen kläglich ist, wird seine Liebe zum Nächsten keine Spur besser sein.

Wir wollen hier natürlich nicht einer blinden, arroganten Selbstliebe Vorschub leisten. Diese ist genauso ungesund wie ein Minderwertigkeitskomplex und hat übrigens oft die gleichen Wurzeln. Erstrebenswert ist eine angemessene Selbstachtung, also eine bescheidene, aber realistische Einschätzung des eigenen Werts. Übertreibungen in der Einschätzung seines Selbst in dieser oder jener Richtung sind fast nie durch Tatsachen gerechtfertigt.

Eines Tages erschien bei uns ein Mann, der vorzeitig gealtert schien, ein geschlagener Mann, vor allem deswegen, weil ihm jeder Glaube an sich selbst fehlte. Seine Leistungen und seine guten Eigenschaften straften jedoch seine geringe Meinung von sich selbst Lügen. Typischerweise war mit Logik bei ihm wenig auszurichten. Er war gut aussehend, intelligent, sogar sehr gescheit, aber trotzdem von einem starken Gefühl der Unsicherheit und Unzulänglichkeit beherrscht. In seinem Beruf leistete er gute Arbeit und war auch finanziell erfolgreich. Als Notar hatte er meistens nur mit ein oder zwei Personen zu tun. Musste er jedoch vor einem größeren Personenkreis sprechen, zitterte und stotterte er, der kalte Schweiß brach ihm aus, und er verlor regelmäßig den Faden.

Männer mied er noch mehr als Frauen. Er fühlte sich ihnen unterlegen und war zugleich wütend, wenn sie ihn in irgendeiner Weise übertrafen. Es ärgerte ihn beispielsweise, wenn ein anderer Mann ein schöneres Auto oder ein luxuriöseres Haus besaß. In seiner eigenen Kanzlei fühlte er sich unbehaglich, und er war überzeugt, dass seine Kollegen gegen ihn intrigierten. Er fürchtete ständig, dass wichtige Verträge annulliert werden könnten, und glaubte grundsätzlich von jeder Sache, sie werde schlecht ausgehen.

Kurz, trotz seines beruflichen Erfolges und der materiellen Vorteile, die er genießen konnte, empfand er sein Leben als fehlgeschlagen und unerträglich schwierig.

In seiner Kindheit hatte der Mann vor seinem Vater, einem seinerzeit berühmten Strafverteidiger, große Angst gehabt. In seinen am weitesten zurückreichenden Erinnerungen tyrannisierte ihn der Vater und machte ihn lächerlich. Vermutlich hatte der Vater nur den Egoismus des Kindes dämpfen wollen, dabei aber übertrieben. Er hatte dem Jungen beispielsweise vorgeworfen, zu viel zu reden – oder zu wenig, und oft behauptet, er sei dumm – oder er benehme sich, als wisse er alles. Der Junge gelangte schließlich zu der Überzeugung, dass es keinen Weg gebe, dem Vater zu gefallen; was er auch tat, alles war irgendwie falsch.

Er erinnerte sich, und ein Zittern erfasste ihn dabei, dass er mit vier Jahren einmal ins Bett gemacht hatte. Der Vater hatte ihn beschimpft, verprügelt und ihm solche Angst eingejagt, dass die unbewusste Erinnerung an den Vorfall später bei dem erwachsenen Mann die natürliche Funktion des Urinierens blockierte, sobald andere Männer zugegen waren. Zweifellos beherrschte ihn noch immer die unbewusste Furcht, sein Vater könnte, wie vor so langer Zeit, mit zornigem Blick und rotem Gesicht auftauchen und ihn bestrafen.

Der Mann war sich darüber klar, dass er seinen Vater hasste, doch er hatte keine Ahnung von der Heftigkeit seiner Gefühle. Sie waren so erschreckend, dass sein innerer Zensor sie in den Tiefen seines Geistes verschlossen hielt. Das Schuldgefühl, das sie erzeugten, und die Angst vor Strafe wegen des ungezügelten Hasses auf seinen Vater erreichten sein Bewusstsein nur als Beklemmung und Überzeugtheit von der eigenen Wertlosigkeit.

Der Mensch muss die Möglichkeit haben, solche Gefühle der Aggression in spezifischer Weise zu äußern, denn nur durch deren Abreaktion kann er sich von ihnen befreien. Deshalb wurde dem Mann geholfen, in langen Stunden die Erinnerungen an seine frühe Kindheit auszugraben, bis er sich schließlich seiner Emotionen bewusst wurde. Dann endlich war er fähig, ohne Furcht und ohne Scham die Wut herauszuschreien, die er so lange in sich aufgestaut hatte. Diese geistig-seelische Katharsis brachte nach und nach seinen ganzen Zorn zutage und ließ ihn verebben, so dass man nun vernünftig über den Vater und ihn selbst sprechen konnte.

Es war wie in der Bibelgeschichte, der zufolge ein Mensch von bösen Geistern besessen war und diese ausgetrieben wurden. Doch in der Bibel heißt es, dass diese Geister, sofern nicht etwas anderes ihren Platz ausfülle, wieder zurückkämen. Der Mann musste also seinen leer gemachten Geist mit schöpferischen und angenehmen Inhalten füllen. Die einzige Methode, die ihn wirklich heilen konnte, war eine Therapie der Liebe. Er musste seinem Vater vergeben, sich von jedwedem Groll und Hass befreien und dann dem Vater in christlicher Liebe begegnen. Wir empfahlen ihm, für den Vater bestimmte liebevolle Dinge zu tun: ihn zu besuchen, für ihn zu beten, ihm Geschenke zu schicken. Wir schlugen ihm vor, eine Liste all der guten Dinge aufzustellen, die sein Vater für ihn getan hatte. Vor allem sollte er seinen Vater ganz bewusst so behandeln, wie ein Erwachsener einen anderen Erwachsenen behandelt und nicht wie ein Kind einen Erwachsenen behandelt.

Wir erklärten ihm, dass er auf diese Weise die Wunde in seiner eigenen Seele heilen könne, und wenn ihm seine neue Geistes- und Gefühlshaltung erst einmal zur zweiten Natur geworden sei, würde er seinen Vater in anderem Licht sehen, nämlich so, wie dieser wirklich sei. Vielleicht würde er erkennen, dass sein Vater auch nur ein fehlbarer Mensch war, der sich in seiner eigenen Kindheit möglicherweise genauso unglücklich gefühlt hatte wie er.

Der Mann wandte die von uns empfohlene Technik an, und allmählich änderten sich seine Gefühle gegenüber seinem Vater. Mit der neuen Einstellung zum Vater gewann er auch eine neue Einstellung zu sich selbst. Die Befreiung von Wut und Hass beseitigte auch die Schuld- und Minderwertigkeitsgefühle.

Man sollte niemals zulassen, dass vergangene Fehler die Gegenwart beeinträchtigen oder die Zukunft überschatten. Es ist eine wunderbare Tatsache, dass wir immer wieder neu anfangen können. Ein kluger Mensch wird natürlich versuchen, Schuldgefühle zu vermeiden, indem er all das unterlässt, was Schuldgefühle zu erzeugen pflegt. Er wird vor dem Handeln erst einmal seine moralische Urteilsfähigkeit prüfend einsetzen. So entwickelt er für seine Person die Fähigkeit, sein Verhalten im Lichte dessen zu sehen, was nach seinem Wissen Recht und Unrecht ist. Wenn er trotz allem ein Unrecht begeht, muss er es sich offen eingestehen und sich bemühen, Gottes Verzeihung zu erlangen. Er sollte fähig sein, wenn vielleicht auch nur mit fremder Hilfe, seinen Fehler klar zu erkennen, um Verzeihung zu bitten und den Schaden möglichst wiedergutzumachen.

Bleibt gleichwohl ein Gefühl der Schuld oder unbegründeter Minderwertigkeit zurück, sollte er fachlichen Rat suchen. Sehr wahrscheinlich hat er entweder sein Unbewusstes nicht hinlänglich umgeprägt, oder ihm ist die Ursache seiner Gefühle nicht klar. Solange die tief sitzenden und gewöhnlich nur in diffuser Form zum Ausdruck kommenden Schuldgefühle nicht aufgedeckt und im Lichte der Vernunft behandelt werden, zersetzen sie Geist und Seele an den Wurzeln. Sie verhindern, dass der Mensch in sein Geburtsrecht auf Gottes Liebe und Vergebung eintritt.

Der Weg eines Menschen, der schuldig wurde, ist zweifellos hart und mühselig. Weil dem so ist, zeigte uns Christus, was sich dagegen tun lässt. Wenn ein Mensch seine Sünden bekennt, widerfährt ihm etwas Großartiges: die Last wird von ihm genommen, und er wird leben wie nie zuvor.

»Ich lebe … doch nun nicht ich, sondern Christus lebt in mir.« Die Fehler der Vergangenheit sind ausgelöscht, verschwunden, vergessen. Der Mensch wird ein neues Geschöpf. Dies ist das wunderbarste aller auf Erden möglichen Wunder.

Den Menschen, die zu uns kommen, weil sie sich ihre vergangenen Fehltritte nicht verzeihen können, erzählen wir manchmal die Geschichte des heiligen Paulus. Vor seiner Bekehrung zum Christentum war Paulus ein erbitterter Gegner der Anhänger Christi gewesen. Er hatte es sich zur Aufgabe gemacht, sie zu verfolgen, zu foltern, zu steinigen. In der Bibel heißt es ja, dass er »die Gemeinde Gottes verfolgte und sie verstörte«. Eines Tages jedoch sah er das Licht und bekehrte sich. Der grausame Christenverfolger wandelte sich zum Anhänger Christi. Als er seine Sünden bereut hatte – es waren ihrer viele und schreckliche –, erlangte er Gottes Vergebung und vermochte sie auch aus ganzem Herzen anzunehmen. Endlich erfüllte ihn Frieden, denn er war mit Gott und sich selbst im Reinen. Paulus' Beispiel aber zeigt, dass jeder Mensch Vergebung finden kann, wenn er sie erbittet.

Wir dürfen unter keinen Umständen zulassen, dass vergangene Verfehlungen uns belasten. Gott will nicht, dass wir alte Missetaten mit uns herumschleppen wie Mühlsteine um den Hals. Wir brauchen ihretwegen keine Schuldgefühle zu haben. Wir können mit klarem Blick, fröhlichem Herzen und heiterem Gemüt einer erfolgreichen Zukunft entgegengehen. Die erschütternde und begeisternde Geschichte des heiligen Paulus macht uns Mut und gibt allen, die schwer an ihren Sünden tragen, die Gewissheit, dass sie sich von ihrer Last befreien können.

KAPITEL 4

Wie Sie sich körperlich und geistig entspannen

Gilbert Dodds, einer der großen Mittelstreckenläufer seiner Zeit, duckte sich an der Startlinie des Wanamaker-Meilenlaufs. Der »fliegende Pfarrer«, wie ihn die Sportreporter nannten, benutzte diesen kurzen Moment, um ein stummes Gebet zu sprechen. Als Vorbereitung auf die vor ihm liegende ungeheure Anstrengung entspannte er seinen Körper und betete: »O Herr, ich bitte dich, dass du mich in diesem herrlichen Sport gut laufen lässt. Hilf jedem Mann, der gegen mich läuft, auch sein Bestes zu geben. Geleite jeden von uns. Amen.« Er flehte Gott nicht an, ihn siegen zu lassen. Er betete für alle Läufer, für seine Konkurrenten genauso wie für sich selbst.

Beim Knall der Startpistole lief Dodds los. Wie immer faszinierte er das Publikum durch den rhythmischen Ablauf seiner Bewegungen. Alle Nerven und Muskeln seines Körpers schienen in vollkommener Harmonie zusammenzuwirken. Man hatte den Eindruck, dass er, wenn er gefordert wurde, Kraftreserven besaß, die über das übliche Maß hinausgingen. Scheinbar mühelos setzte er sich an die Spitze des Feldes, lief seinen Konkurrenten davon und siegte mit großem Vorsprung. Gil Dodds wusste, dass ein entspannter Körper und ein ruhiger, auf Gott ausgerichteter Geist tatsächlich Kraftreserven freisetzen können, wenn diese dringend benötigt werden. Das ist eine Erfolgslektion, die viel zu wenige von uns gelernt haben.

Frau Dr. Flanders Dunbar, eine Autorität auf dem Gebiet der psychosomatischen Medizin, hat nachhaltig auf die Tatsache hingewiesen, dass die Unfähigkeit, sich zu entspannen, eine der Hauptursachen für zahlreiche weitverbreitete Krankheiten unserer Zeit sei. Unsere Erfahrungen bestätigen ihre Behauptung. Es scheint nur sehr wenige Menschen zu geben, die wissen, dass Entspannung eine absolute Notwendigkeit ist, und die diese regenerierende Kunst auch beherrschen.

Wir haben in unserem Institut einige einfache, leicht anwendbare Entspannungsmethoden ausgearbeitet. Sie brachten Hunderten verzweifelter Männer und Frauen Seelenfrieden und Kraft. Diese erprobten Techniken können bei anderen Menschen das Gleiche bewirken.

Ratsuchende, die mit ihren Problemen zu uns kommen, beklagen sich häufig, der Mensch habe noch nie in einer so stressigen, verrückten Zeit leben müssen. Der Stress, der Leistungsdruck, die Probleme des täglichen Lebens, so beschweren sie sich, brächten sie schier um den Verstand. Die Schilderungen ihrer fast ununterbrochenen Sorgen und Ängste scheinen Henry David Thoreau recht zu geben, der vor langem schrieb: »Die Masse der Menschen lebt in stummer Verzweiflung.«

Es ließe sich darüber debattieren, ob die Schwierigkeiten, denen sich unsere Generation gegenübersieht, schlimmer sind als die früherer Generationen. Fest steht jedoch, dass wir die Probleme unserer Zeit so hautnah miterleben wie nie zuvor. Unsere bemerkenswert leistungsfähigen Massenmedien wie beispielsweise Fernsehen und Presse informieren uns gut, doch sie versetzen uns auch täglich mit zahllosen, erschütternden und deshalb an die Nerven gehenden Berichten in Aufregung.

So manch ein schöner Morgen, der angenehm begann, wird durch die Zeitungslektüre beim Frühstück verdorben. Das liegt an den ausführlichen Reportagen über Verbrechen, Katastrophen, Krisen, Streiks, Aufstände und Kriege, die jäh die Ruhe stören. Sie zehren an den Nerven, und noch bevor man den letzten Schluck Kaffee getrunken hat, wird die Stimmung bereits wieder von einem ausgeprägten Pessimismus dominiert: Das eigene Land, ja die ganze Welt ist im Begriff, vor die Hunde zu gehen!

Hinzu kommen die Ängste, die durch feindselige Gefühle und aus dem Unbewussten aufsteigende Schuldgefühle verursacht werden. Wenn Sie außerdem noch die Probleme des persönlichen und beruflichen Lebens hinzufügen, dann haben Sie alles beisammen, um vor lauter Sorgen krank zu werden.

Warum aber machen wir uns so viele Sorgen? Obwohl Sorgen meistens kaum etwas bewirken, außer dass sie uns aufregen, fällt es uns sehr schwer, sie aufzugeben. Der amerikanische Humorist Frank Sullivan verriet einmal sein Rezept, wie man leicht einen Nervenzusammenbruch zustande bringt:

»Finden Sie heraus, welche Art von Sorgen Ihrem Temperament am meisten entspricht, und halten Sie daran fest«, empfahl Sullivan. »Ich persönlich liebe es, irgendeine absurde kleine Widerwärtigkeit aufzuspüren, sie zu hätscheln und zu einer schönen, aufregenden Katastrophe aufzubauschen. Den schöpferischen Künstler in mir reizt es, einen Brief in den Kasten zu werfen und dann zu überlegen, ob ich überhaupt eine Marke aufgeklebt oder ob ich ihn richtig adressiert habe – bis ich vor Aufregung und Sorge ein nervliches Wrack bin ... Übersehen Sie nicht etwa Ihre Gesundheit als geeignete Quelle ständiger Sorgen. Sie mögen zwar glauben, dass es Ihnen im Augenblick gut geht, aber die Chancen sind groß, dass gerade jetzt irgendeine Krankheit bei Ihnen ausbricht.« Schließlich erteilt er voll feierlichem Ernst den Rat: »Lassen Sie keinen Tag verstreichen, ohne irgendeiner verpatzten Gelegenheit nachzutrauern, selbst wenn Sie erst eine verpatzen müssen, um ihr nachtrauern zu können.«

In seiner humorigen Art zeigt Sullivan eine große Wahrheit über die menschliche Natur auf: Die meisten von uns scheinen fest entschlossen, irgendetwas zu finden, über das sie sich Sorgen machen können. Wir stellen uns ängstliche Fragen wie: Habe ich bei der Versammlung einen schlechten Eindruck gemacht, oder wird mir das bei der nächsten passieren? Wird mein Sohn dieses Jahr versetzt? Ist die Stellung meines Mannes sicher? Was tun, wenn es zu einer noch schlimmeren Konjunkturkrise kommt? Wie soll ich meine

Hypothekenzinsen bezahlen, wenn ich keine Gehaltserhöhung kriege?

Es gibt zahllose Dinge, die sich ereignen oder die passieren *könnten,* wozu es aber nicht kommt. Natürlich beruhen viele Sorgen auf echten Schwierigkeiten, die in irgendeiner Weise gelöst werden müssen. Doch der überzeugte Sorgenmacher verwendet im Allgemeinen mehr Energie darauf, sich über seine Probleme zu grämen, als auf den Versuch, sie aus der Welt zu schaffen.

Es gibt auch eine ganze Reihe kleiner Irritationen, die unsere Nerven strapazieren. Wir baten einmal einen Mann, der über ständige Müdigkeit klagte, obwohl er sich »ausruhte«, sämtliche Vorkommnisse aufzuschreiben, die ihm im Laufe einer Woche auf die Nerven gingen. Er brachte uns eine vier Seiten lange Liste, die unter anderem folgende Punkte enthielt:

Ein im Verkehr aufgehaltenes Auto hupte ... Ein Telefongespräch wurde mitten im Satz abgebrochen ... Er fand seine Lieblingskrawatte nicht ... Das Garagentor ging nicht auf ... Seine Frau kritisierte sein Bridgespiel ... Ein Busfahrer weigerte sich, einen Fünfdollarschein zu wechseln ... Auf der Speisekarte war der von ihm gewünschte Nachtisch gestrichen ... Auf der Straße vor dem Haus brüllten Kinder ... In der Nebenwohnung plärrte das Radio ... Ein Verkäufer war zu beschäftigt, um ihn zu bedienen ... Ein Paar, das im Kino hinter ihm saß, redete die ganze Zeit, und die Frau drei Reihen vor ihm hatte einen großen Hut auf ... Ein Freund war nicht so treu, wie er erwartet hatte ... Ein Polizist schnauzte ihn an, weil er die Parkzeit überzogen hatte ... Ihn langweilte, was eine Frau ihm erzählte, und sie hörte sich nicht an, was er zu erzählen hatte ...

Obwohl der Mann keineswegs besonders reizbar war, ging seine Liste schier endlos weiter, und als er sie nun betrachtete, erschien auf seinem Gesicht ein klägliches Lächeln. Er wunderte sich darüber, wie oft ihn an einem einzigen Tag Umstände geärgert hatten, die nach seinem Urteil unbedeutend waren, ihn aber dennoch, wie er sich ausdrückte, »fast verrückt machten«.

Glücklich wäre der Mensch, der sich über alle kleinen Ärgernisse des Alltags hinwegsetzen könnte; und doppelt glücklich wäre der Mensch, der alle Enttäuschungen samt dem mit ihnen einhergehenden Ärger und Zorn vermeiden könnte, indem er die angestrebten Ziele erreicht oder sich nichts daraus macht, wenn er sie nicht erreicht.

Dies gelingt leider sehr wenigen von uns! Die meisten sind in größerem oder geringerem Maße wehrlose Opfer ihrer Besorgnis und Angst, womit eine ermüdende, auf die Dauer erschöpfende Muskelspannung einhergeht. Ohne dass wir uns dessen richtig bewusst sind, verlangt uns genauso sehnlich nach Erlösung von diesem schmerzlichen Zustand, wie ein Wüstenwanderer sich nach einem Schluck Wasser sehnt. Dabei kann jeder das Geheimnis kennenlernen, wie man sich selbst helfen kann.

Ein junger Mann Mitte zwanzig kam in einem bedauernswerten Zustand der Erschöpfung zu uns. Er fühlte sich schuldig wegen seiner Vergangenheit und hatte Angst vor der Zukunft. Vor Kurzem war – als »Krönung« mehrerer unglücklicher Ereignisse in seinem Leben – seine Ehe zerbrochen. Im Augenblick litt er an sehr schmerzlichen Gefühlen der Wut auf seine Frau, weil sie ihn verlassen hatte, und auf sich selbst, weil er spürte, dass die Schuld nicht sie allein traf.

Der Geistliche bemerkte sofort, dass der Mann sehr verwirrt, unruhig und reizbar war. Darum redete er mehrere Minuten beruhigend auf ihn ein und forderte ihn dann auf, sich in seinem Sessel bequem zurückzulehnen. »Stellen Sie sich vor«, sagte er, »Sie wiegen drei Zentner und sind so schwer, dass Sie Ihr eigenes Gewicht nicht tragen können. Lassen Sie Ihren Körper auf den Sessel drücken, sinken Sie schwer hinein. Lassen Sie Ihren Kopf zurückfallen, schließen Sie die Augen und legen Sie die Hände locker auf die Armlehnen. Und jetzt, wenn Sie ganz entspannt sind, holen Sie fünf- oder sechsmal tief Luft. Beeilen Sie sich nicht. Machen Sie es ganz langsam, locker und in Ruhe.«

Dann bat er den jungen Mann, sich vorzustellen, dass sein Geist, seine Seele ganz ruhig und still würden. »Solange Sie an der Oberfläche Ihres Geistes erregt sind«, erläuterte er,

»können die seelischen Impulse, die Sie beruhigen würden, nicht emporsteigen. Wenn Sie erreichen, dass sich die Wogen Ihres Denkens und Fühlens an der Oberfläche Ihres Geistes nur für ein paar Minuten glätten, dass Sie also bewusst heiter sind, dann werden aus der Tiefe Ihrer Seele, Ihres Unbewussten, Impulse und Gedanken aufsteigen, die Frieden über Sie ausbreiten.«

Als der Geistliche sah, dass der Körper des jungen Mannes entspannt war, begann er aus der Bibel zu zitieren. Mehrmals wiederholte er die affirmativen Worte aus *Jesaja*: »Wer festen Herzens ist, dem bewahrst du Frieden.« Dann sprach er über diese wunderbare Tatsache und erklärte dem jungen Mann, dass er Frieden finde, wenn er Seele und Geist fest auf Gott ausrichte und nicht auf seine Probleme. Anschließend zitierte der Geistliche einen weiteren Bibelvers: »Kommet her zu mir alle, die ihr mühselig und beladen seid; ich will euch erquicken.« Und: »Den Frieden lasse ich euch, meinen Frieden gebe ich euch ... Euer Herz erschrecke nicht und fürchte sich nicht.«

Der junge Mann lauschte diesen besänftigenden, heilenden Worten und spürte sich geradezu magisch angezogen von einer inneren Strömung starken Friedens. Die Hand des »großen Arztes«, wie der Geistliche es ausdrückte, ruhte auf ihm und alle beunruhigenden Gedanken und störenden Gefühle verschwanden. Dies brachte ihm die Befreiung von seiner inneren Erregung; er erlebte die Wohltat inneren Friedens!

Der junge Mann erklärte, er fühle sich ausgeruht und erfrischt. An ihm bewahrheitete sich, was der dreiundzwanzigste Psalm verspricht: »Er erquickt meine Seele.« Genau das war geschehen. Seine Seele – also er selbst – war erquickt worden.

Der Geistliche erzählte ihm, dass der angesehene Statistiker Roger Babson einmal erklärt habe, er wende eine besondere Atemtechnik an, indem er den Frieden Gottes ein- und alle Spannungen und Sorgen ausatme. »Das können Sie auch lernen«, sagte der Geistliche; er riet dem jungen Mann, dreimal am Tag die Entspannungsübung, die er eben gemacht hatte, zu wiederholen und sich dabei vorher auswendig gelernte Bibelstellen, wie die eben zitierten, laut vorzusagen.

Später berichtete der junge Mann, dass er das »Rezept« seines geistlichen Beraters gewissenhaft angewendet habe. Infolgedessen hatte sich seine ganze Lebensauffassung geändert. »Ich habe das Geheimnis des Seelenfriedens kennengelernt«, sagte er dankbar, »und bin sicher, dass ich jetzt vorwärtsgehen und meine Probleme selbst lösen kann.«

Entspannung von Geist, Seele und Körper gehen Hand in Hand, denn sie beeinflussen einander, wie uns die Neurologen bestätigen, wechselseitig ununterbrochen. Wenn beispielsweise jemand ein Verlangen nach irgendetwas hat, stimulieren Impulse, die das Gehirn an bestimmte Nerven sendet, entsprechende Muskeln, damit das Verlangen befriedigt wird. Die Gefühle wiederum hängen davon ab, ob die Muskelaktivität ihren Zweck erfüllt.

Ein einfaches Beispiel soll dies veranschaulichen: Ein hungriger Säugling spitzt den Mund und bewegt die Hände zur Flasche hin. Dann befördern andere Muskeln die Milch durch seine Kehle und sein ganzes Verdauungssystem. Bei einem Erwachsenen laufen kompliziertere Muskelreaktionen ab, wenn er Hunger hat. Seine Beine tragen ihn zum Tisch, seine Arme und Hände führen die Nahrung zum Mund, dann schluckt und verdaut er.

Ist der Hunger gestillt, entspannen sich alle tätig gewesenen Muskeln, und ein angenehmes Gefühl der Zufriedenheit setzt ein. Der gesättigte Säugling gluckst glücklich. Ein Erwachsener, der gut gegessen hat, zeigt seine Befriedigung und Entspannung, indem er sich zurücklehnt und ein zwar nur allgemeines, aber grundsätzlich wohlwollendes Einverständnis mit der Welt erkennen lässt. Übrigens wird ein kluger Mann geschäftliche Angelegenheiten, die beim Essen besprochen werden, erst bei diesem Stand der Dinge aufs Tapet bringen, nicht früher.

Bleibt das Hungergefühl unbefriedigt, sind die Folgen ganz anders. Wenn die Muskeln die Bewegung nicht durchführen können, die durch Nervenimpulse eingeleitet wurden, spannen sie sich in gewissem Maße. Und mit dieser Spannung gehen Enttäuschung und Ärger einher. Ein Säugling, dessen Hunger nicht gestillt wird, schreit seinen Groll energisch hinaus. Ein hungriger Erwachsener, der auf sein Essen warten muss, zeigt seinen Ärger durch Nervosität und Gereiztheit.

Ein ganz ähnlicher Prozess läuft auch dann ab, wenn unsere Sehnsüchte oder Anliegen viel komplizierter gelagert und vielschichtiger sind als Hunger und Durst. Wir möchten in unserem Beruf erfolgreich sein, ein Buch schreiben, auf einen Berg steigen; wir möchten geliebt werden, eine Rede halten, Arzt werden, irgendetwas tun, woran unser Herz hängt. Hierfür gilt das Gleiche. Ehrgeizige Ambitionen lösen, genau wie simple Triebregungen, komplizierte Aktivitäten von Nerven und Muskeln aus. Wenn uns das Angestrebte gelingt, setzen Entspannung und Zufriedenheit ein. Wenn wir jedoch scheitern, sind wir enttäuscht; es kommt zu Muskelspannungen, Verärgerung und ängstlicher Besorgnis. Die drei Emotionen Liebe, Hass und Angst, ungefähr vergleichbar den drei Primärfarben, aus denen alle Schattierungen des Regenbogens gemischt sind, bilden die Grundbestandteile sämtlicher Gefühle des Menschen.

Im Laufe der Jahre entwickelt jeder Mensch eine mehr oder weniger charakteristische Art, auf Situationen zu reagieren, und die Spannungen prägen sich aufgrund ständiger Wiederholung seinem Körper auf. Diese Muskelspannungen und seine typischen emotionellen Reaktionsmuster lässt der Mensch in seiner Haltung erkennen, in der Art, wie er geht und sitzt, in den Gesichtsfalten und der Lage sowie der Lautstärke seiner Stimme.

Wir sind uns nicht immer unserer eigenen grundlegenden Spannungen bewusst, aber wir reagieren fast instinktiv auf diejenigen anderer Leute, denn diese Spannungen offenbaren sich nicht nur im Gesicht, sondern auch im ganzen Körper. Sie widerspiegeln tatsächlich die emotionellen Einstellungen. Oft bilden wir uns mittels unserer instinktiven Reaktion ein Urteil darüber, wie ein anderer Mensch wirklich ist.

Der Personalchef einer Firma kann beispielsweise einen Bewerber ablehnen, der durchaus die für den Posten geforderten Qualifikationen besitzt, aber auf ihn den »Eindruck« macht, unzuverlässig zu sein. Manchmal begegnen wir einem Menschen, der nett, höflich und rücksichtsvoll zu sein scheint, und doch vermitteln uns seine Muskelspannungen das Gefühl, dass er sich verstellt und in Wirklichkeit von unterdrückter Feindseligkeit und Erbitterung erfüllt ist. Niemand kann seine grundlegenden Spannungen oder das emotionelle Muster, das in ihnen sichtbar wird, ganz verbergen. Die seit Jahren bestehenden tief verwurzelten Muskelspannungen bewirken eine gewisse körperliche Erstarrtheit und auch die ihr entsprechende geistige Steifheit.

Wenn wir der Beziehung zwischen Geist und Körper weiter auf den Grund gehen, erkennen wir, welch hohen Preis wir in Form körperlicher Energie für die unbestimmte, vage Form der Furcht bezahlen, die man generell als Angst bezeichnet.

Unser Nervensystem bestand zu Beginn der Evolution aus nicht mehr als einer um das Rückenmark angeordneten Gruppe von Fasern. Dann entwickelte sich das Hinterhirn, später das Mittelhirn und schließlich das Vorderhirn. In dem großen Vorderhirn befindet sich die Steuerungszentrale aller Nervenzentren. Wird die Steuerung durch das Vorderhirn unterbrochen, wie beispielsweise bei einem Schlaganfall, können die Arm- und Beinmuskeln sich versteifen. Werden die vom Vorderhirn ausgehenden Nerven geschädigt, wie etwa bei auftretender Paralyse, tritt eine Lähmung des Körpers ein, das Gesicht wird maskenhaft, die Stimmbänder ziehen sich zusammen, und die Finger verkrampfen sich. Wird die Kontrolle der unteren Nervenzentren durch das Vorderhirn in irgendeiner Weise physisch beeinträchtigt, kommt es zu Steifheit, Muskelkontraktur, mangelnder Koordination der Muskeln und krampfhaften Bewegungen.

Eine ähnliche Wirkung hat die Angst. Auch sie blockt die lebensnotwendige Steuerung seitens des Vorderhirns teilweise ab. Die primitiveren Nervenzentren übernehmen die

Steuerung, worauf der ganze Körper verspannt und steif werden kann. Dies lässt sich beispielsweise an jemandem beobachten, der Autofahren lernt, wenn er sich nervös nach vorn neigt, heftig auf die Bremse tritt oder hektisch das Lenkrad hin und her dreht. Aus Angst setzt er jeden Muskel seines Köpers ein. Nachdem er um ein paar Häuserblöcke gefahren ist, fühlt er sich ausgepumpt und erschöpft. Ein routinierter Fahrer, der frei von Angst ist, benutzt nur die Muskeln, die er wirklich braucht, und kann mit weit geringerem Energieaufwand als der Anfänger, mit lockerer Hand am Steuer, ohne müde zu werden dreihundert Kilometer weit fahren.

Ständige Spannung, die in Angst, Verärgerung, Gereiztheit und Enttäuschung ihren Ursprung nimmt, führt häufig zu körperlichen Krankheiten. Aber auch wenn es nicht so weit kommt, auf jeden Fall wirkt der Spannungsstress, von dem nur wenige ganz frei sind, ermüdend und zerstört die innere Ruhe, den Seelenfrieden. Wir müssen eine Möglichkeit finden, auszubrechen aus dem verheerenden Kreislauf: Gemütserregung, Spannung, heftigere Emotionen, größere Spannung und so fort, bis schließlich der Punkt erreicht ist, an dem es zum Zusammenbruch kommt.

Natürlich ist oft psychotherapeutischer Beistand notwendig, damit man Einblick in die Ursachen erlangt, die übertriebener Angst zugrunde liegen; und vielleicht kann man sich von dieser Angst auf die Dauer nur mithilfe psychotherapeutisch wirksamer Methoden befreien. Doch der Heilvorgang lässt sich jedenfalls beschleunigen, wenn man lernt, sich zu entspannen. Jeder Mensch – auch einer, der sich vollkommen frei von Konflikten und Spannungen wähnt – profitiert von regelmäßig angewandten Entspannungsübungen.

Einer der wichtigsten Schritte zur Entspannung besteht darin, dass man lernt, großzügig und aufrichtig zu denken. Durch Gedanken und Gefühle der Feindseligkeit, der Angst und angestautes Schuldbewusstsein entstehen tiefe psychische Belastungen. Gedanken und Gefühle der Freundlichkeit, des Vertrauens, der Zuversicht und Güte hingegen schenken uns nicht nur geistig-seelische Ruhe, sondern auch körperliche Entspannung. Weil aber Gedanken, also die Inhalte unseres Denkens, sich unserem Unbewussten einprägen und von da aus, sozusagen autonom, weiterwirken, werden gesunde, heilende Gedanken, die wir mit beharrlicher Regelmäßigkeit bewusst wiederholen, für uns zu etwas ganz Natürlichem und unser Gemüt ständig mit Frieden erfüllen.

Ein prominenter Rechtsanwalt aus einer Stadt des amerikanischen Mittelwestens erzählte uns, wie er diese große Wahrheit entdeckte. »Ich war auf einer Geschäftsreise«, sagte er, »und kam am späten Nachmittag ziemlich erledigt in mein Hotelzimmer. Nachdem ich mich gewaschen hatte, setzte ich mich hin und versuchte ein paar Briefe zu schreiben, doch ich konnte mich nicht auf die Arbeit konzentrieren. Ich ging im Zimmer auf und ab, setzte mich wieder hin, versuchte Zeitung zu lesen, aber alles langweilte mich! Also beschloss ich, wegzugehen und etwas zu trinken, irgendetwas zu tun, um von mir selber fortzukommen!

Als ich an der Kommode stand, fiel mein Blick zufällig auf die dort liegende Bibel. Ich war schon in vielen Hotelzimmern gewesen, hatte aber noch nie eine der Bibeln geöffnet, die dort auslagen. Diesmal tat ich es aus irgendeinem seltsamen Impuls. Zufällig schlug ich sie bei einem der ersten Psalmen auf, ich glaube, es war der siebzehnte oder achtzehnte. Ich las ein paar Zeilen, setzte mich dann und las weiter.

Bald kam ich zu dem schönen dreiundzwanzigsten Psalm, und ich las die Zeilen, die lauten: ›Er führet mich zum frischen Wasser. Er erquicket meine Seele …‹ Irgendwie packte mich das. Es war genau das, was ich brauchte. Also las ich weiter, und ob Sie es glauben oder nicht, ich verlor mich ganz in dem, was ich las.

Schließlich klappte ich die Bibel zu und blieb lange still sitzen. Auf einmal merkte ich, dass ich vollkommen entspannt war. Ein seltsames Gefühl des Friedens und der Ruhe hatte mich überkommen. Ich fühlte mich ausgeruht, als hätte ich eine ganze Nacht lang gut geschlafen. Die Spannung war wie durch Zauber von mir gewichen. Zuvor war ich wie ein bis an die Grenze gespanntes Gummiband gewesen. Jetzt fühlte ich mich ausgeglichen und ruhig.

Und ich sagte mir: ›Wenn die Bibel das nach nur einmaligem Lesen bei mir bewirkt, könnte sie mich, wenn ich jeden Tag darin lese und sie wirklich zu einem Bestandteil meines Lebens mache, vielleicht ganz von meiner Nervosität befreien.‹ Und wissen Sie, was? Genau das passierte!«

Solche »biblische Medizin« kann auch Ihnen helfen, sich zu entspannen. Erfahrung im Bibellesen brauchen Sie nicht, Sie können einfach dem Beispiel des Mannes folgen, von dem wir Ihnen gerade erzählt haben. Die Psalmen eignen sich sehr gut als Beginn. Fangen Sie mit Psalm eins an und lesen Sie mehrere Psalmen, vielleicht nicht so viele wie der Anwalt. Lesen Sie jedoch am nächsten Tag weiter und machen Sie sich die Bibellektüre zur Gewohnheit.

Wenden Sie sich danach den Psalmen dem *Neuen Testament* zu und lesen Sie die Evangelien von Matthäus, Markus, Lukas und Johannes. Achten Sie dabei auf Textstellen, die von Frieden, Ruhe, Stille und der Gegenwart Gottes sprechen.

Schreiben Sie sich einige dieser Passagen auf Zettel oder kleine Karten und stecken Sie diese in die Tasche. Wenn Sie dann ein paar freie Minuten haben, sollten Sie diese Passagen auswendig lernen. Vergegenwärtigen Sie sich den Inhalt der Bibelworte und lassen Sie sie in Ihr Unbewusstes sinken. Nach und nach werden Sie still und ruhig werden, und jegliche Nervenanspannung wird nachlassen.

Wir betonen es noch einmal, die biblische »Medizin« kann Ihnen helfen, sich zu entspannen. Aber gleich jeder anderen Medizin wirkt sie nur, wenn man sie einnimmt.

Die Ansicht, die Religion sei nur etwas für den Sonntag oder für besondere Festgelegenheiten, ist weit verbreitet. Die meisten Menschen, besonders Männer, sprachen und sprechen in ihren Unterhaltungen kaum über Religion. Das würde ihnen überspannt vorkommen und sie verlegen machen. Über Politik, Berufsprobleme, Sportereignisse oder ihre Nachbarn reden sie unbefangen; doch sie scheinen unfähig, den entscheidenden Faktor der menschlichen Existenz zu erörtern – die Beziehung des Menschen zu Gott. Hier vollzieht sich glücklicherweise eine Wandlung! Zunehmend mehr Menschen erkennen, dass die Religion, der sie angehören, von praktischem Nutzen und dazu bestimmt ist, ihnen in ihren Alltagssituationen zu helfen.

Manchmal finden wir an den überraschendsten Stellen Beweise für eine derartige Wandlung. Hier ein Beispiel: Seit vielen Jahren ist May Ferris Empfangsdame am Stammsitz der Bridgeport Brass Company in Bridgeport, Connecticut. Eines Tages bat ein Angestellter darum, dass im Empfangsraum eine Bibel ausgelegt werde. May Ferris gab die Erlaubnis, und bald lag ein schönes Exemplar des »Buches der Bücher« auf dem Tisch.

Zu ihrer Freude stellte sie fest, dass Besucher erstaunlich oft nach der Bibel griffen statt nach Zeitschriften oder anderem Lesestoff. Sie berichtete, dass Besucher, die beim Lesen durch den Aufruf in eines der Büros unterbrochen wurden, bei der Rückkehr oft die angelesene Bibelstelle noch einmal suchten und zu Ende lasen.

»Sie haben ja keine Ahnung«, sagte Miss Ferris, »wie viele Menschen dankbar sind für die Gelegenheit, mitten an einem arbeitsreichen Tag in der Bibel lesen zu können. Ich sehe Veränderungen in ihrem Gesichtsausdruck, wenn sie das Buch schließen, aus ihren Augen verschwinden Ärger und Gereiztheit – es ist wie ein Wunder.«

Versuchen Sie täglich sich zu entspannen, wann und wo immer Sie Gelegenheit dazu finden. Nehmen Sie sich Zeit, den Zauber der Heilkraft Gottes auf sich wirken zu lassen.

Ein Mann aus Mobile, Alabama, schilderte uns brieflich, wie er das machte. Bisweilen, wenn er besonders nervös und gereizt war, fuhr er an die schöne Bucht von Mobile. Die Gegend dort war herrlich und bescherte ihm Ruhe und Frieden; darüber hinaus besaß er im Geiste ein »spirituelles Medizinschränkchen«, wie er es nannte, das er mit besinnlich-stärkenden Passagen aus der *Heiligen Schrift* angefüllt hatte; diese Texte sagte er laut vor sich hin, während er am Steilhang über der Bucht saß.

Eine der von ihm bevorzugten Stellen lautet: »Ich will mit dir sein und will dich behüten.« Wenn er die mehrmals wiederholt hatte, sagte er ruhig: »Gott Vater, der mir einen Frieden schenkt, der jedes Verständnis übersteigt, ist jetzt mit mir und wird den ganzen Tag über mit mir sein.«

Etwa eine halbe Stunde blieb er sitzen, spürte im Geiste die ruhige Berührung der Hand Gottes – auf seinen Nerven, seinem Körper, in seinem Geist, seinem Herzen und wandte sich dann gestärkt und erfrischt wieder seinen Aufgaben zu.

Man braucht sich jedoch nicht ans Meeresufer zurückzuziehen! Auch im hektischen Alltagsleben, sei es in der Großstadt oder auf dem Land, können Sie Entspannung finden. Wenn Sie unterwegs sind, vielleicht zu einem Arbeitsessen, vielleicht zu einem verabredeten Treffen, sollten Sie sich nicht mit Ihren Problemen befassen. Gewöhnen Sie sich vielmehr an, sich vertrauensvoll zu sagen: »Gott ist mit mir, er wird mir hier durchhelfen.« Und wenn Sie auf Hindernisse stoßen, sollten Sie unbedingt vermeiden, in die alte Gewohnheit zurückzufallen, nur das Negative daran zu sehen. Sagen Sie sich vielmehr: »Der Herr ist mit mir. Dank seiner Kraft werde ich diese Situation erfolgreich bestehen.«

Viele Maler, Schriftsteller, Musiker und andere Künstler schalten auf eine spezielle, persönliche Weise von den Anforderungen ihrer schöpferischen Arbeit ab. John Masefield beispielsweise, ein Barkeeper, der in Großbritannien den Ehrentitel *Poeta laureatus* erhielt, praktizierte »das Ruhigwerden«, wie er es nannte. Jeden Abend, wenn er nach Hause kam, legte er sich auf sein Bett, entspannte sich, sang eine Hymne oder rezitierte ein paar Verse. Und dann sagte er ruhig: »Gott ist mit mir, Gott wacht über mich.«

Es gibt viele Möglichkeiten, sein Bewusstsein – und somit auch das Unbewusste – mit der Überzeugung zu füllen, dass Gott gegenwärtig ist – so viele Möglichkeiten, wie es Menschen gibt, die ihrer bedürfen.

Im Zuge unserer Arbeit haben wir eine Entspannungstechnik entwickelt, die auf grundlegenden, für Geist und Körper gültigen Gesetzen aufgebaut ist. Sie lindert Muskelspannungen und ermöglicht es, die tiefen, verborgenen Energien des Unbewussten freizusetzen. Lesen Sie dieses Kapitel zu Ende, legen Sie dann das Buch beiseite und erproben Sie diese wunderbar wirksame Technik:

1. Strecken Sie sich auf Ihrem Bett oder auf einer bequemen Couch aus.
2. Ballen Sie die Hände zu Fäusten und öffnen Sie sie dann weit. (Denken Sie daran, dass Sie, wenn Sie einen Teil Ihres Körpers entspannen wollen, ihn zuerst bewegen müssen.) Legen Sie die Fäuste aneinander und beschreiben Sie Kreisbewegungen, um die Unterarmmuskeln zu betätigen.
3. Heben Sie die Fäuste an die Schultern und strecken Sie anschließend die Arme, um die Oberarmmuskeln zu betätigen. Machen Sie als Nächstes Kreisbewegungen mit den Schultern.
4. Nun stellen Sie sich vor, die Nerven in Ihren Armen seien geschädigt und außer Funktion, so dass Sie keine Kontrolle mehr über sie haben. Ihre Arme sollten vollkommen schlaff sein, so dass ihr ganzes Gewicht, wenn jemand sie anhebt, in dessen Händen lastet. Mit diesem Test können Sie prüfen, ob Ihre Arme wirklich entspannt sind.
5. Biegen Sie die Zehen hoch, in Richtung Kopf, ohne die Beine zu bewegen, und strecken Sie sie dann. So wird die Unterschenkelmuskulatur betätigt.
6. Heben Sie ein Knie möglichst nahe an die Brust und strecken Sie anschließend das Bein. Wiederholen Sie die Übung mit dem anderen Bein.
7. Setzen Sie sich auf und legen Sie den Fuß auf einen Stuhl. Ziehen Sie den Fuß vom Stuhl und lassen Sie den Unterschenkel locker hängen, als sei Ihr Knie ein Scharnier. Wiederholen Sie die Übung mit dem anderen Fuß.
8. Trainieren Sie Ihre Bauchmuskeln, indem Sie sich mehrmals aufsetzen und wieder hinlegen.
9. Heben Sie den Kopf vom Kissen und lassen Sie ihn nach hinten fallen.

10. Holen Sie nun mehrmals tief Luft und strecken Sie sich. Das Zwerchfell, die wichtigste Muskelplatte für das Atmen, ist das Sicherheitsventil des Körpers. Bei tiefem Einatmen zieht es sich zusammen; wenn die Luft rasch ausgeatmet wird, lockert es sich, und seine Spannung weicht.
11. Stellen Sie sich schließlich für eine kurze Weile vor, dass alle Ihre Ärgernisse, Ängste, Sorgen und negativen Gefühle verfliegen. Ersetzen Sie sie durch die beruhigendste, angenehmste Vorstellung, die es für Sie gibt. Erinnern Sie sich an die Berge oder an das Meer, an den Herbst auf dem Land – braune Felder, nebelumhüllte Hügel, das Zwitschern eines Vogels und gelegentlich das Pfeifen eines Zuges in der Ferne …

Bleiben Sie, nachdem Sie die vorstehend beschriebenen Übungen gemacht haben, eine Viertelstunde auf dem Bett oder der Couch liegen und denken Sie über jeden Körperteil, den Sie bewegt haben, so lange nach, bis Sie ein immer größeres Maß an Entspannung erreichen. Wenn Sie in diesen Zustand gelangen, können Sie sicher sein, dass Sie die schöpferischen Tiefen Ihres Unbewussten erreichen, die ein Meer der Stärke sind! Viele Menschen bringen in Krisenzeiten Unglaubliches fertig, indem sie sich diese Kraftreserve zunutze machen. Es besteht jedoch kein Grund, sie nicht auch für den Alltag zu gebrauchen.

Aldous Huxley sagt in seinem Buch *Die Graue Eminenz*[1], dass jene Menschen, die sich den schöpferischen Tiefen ihres Unbewussten überlassen, »einen außerordentlichen Zuwachs moralischer Stärke ernten«. Er erklärt, der Wille des Menschen, in dem Gott lebt, sei »entspannt und mühelos, weil es nicht sein eigener Wille ist, sondern ein großer Strom von Kraft, der ihn durchfließt und aus einem Meer von unterschwelligem Bewusstsein kommt«.

[1] Aldous Huxley: *Die Graue Eminenz*. Piper Verlag 1962

Viele Menschen, die unsere Entspannungstechnik anzuwenden lernten, berichteten uns, dass sie mit dieser Methode überaus wirksam ihre Schlaflosigkeit behoben. Tatsächlich führen Angst und Spannung oft zu Schlaflosigkeit. Wer an Schlaflosigkeit leidet, sollte natürlich als Erstes versuchen, seine Sorgen künftig nicht mehr mit ins Bett zu nehmen. Bischof William A. Quayle predigte einmal humorvoll über Sorgen. Er sagte: »Eines Nachts gegen zwölf Uhr saß ich da, schlaflos vor Sorgen, und der Herr kam zu mir und fragte: ›Mein Sohn, was tust du?‹ Ich antwortete: ›Ich sitze da und mache mir Sorgen.‹ Und der Herr sprach: ›Nun, mein Sohn, geh zu Bett und schlafe. Ich will den Rest der Nacht über statt deiner dasitzen und mir Sorgen machen.‹«

Wenn Sie nicht schlafen können, sollten Sie nicht aufstehen und im Haus umherwandern, lesen, Radio hören oder sonst etwas tun, sondern im Bett liegen bleiben und versuchen, ganz bewusst Ihren Körper in der vorstehend empfohlenen Weise zu entspannen. Bemühen Sie sich nicht allzu sehr, störende Gedanken auszuschalten; ersetzen Sie solche Gedanken vielmehr bewusst durch schöne, angenehme. Mit ein bisschen Übung und Geduld wird es Ihnen gelingen.

Sprechen Sie dann ein Gebet. Oder rezitieren Sie ein paar Verse aus einem Gedicht – vielleicht die folgenden von Publius Papinius Statius:

Schlaf

Komm zu uns, Schlaf. Nimm Sterbliche, die glücklicher sind als ich,
In die Umarmung deiner Engelsflügel sanft und weich:
Doch mich berühre mit deiner Zaubergerte oder streife gleich,
Schwebst über meinen Lidern du, mit deiner Schleppe mich.

Oder die weltweit bekannten, schönen Verse von Johann Wolfgang von Goethe:

Wanderers Nachtlied

Der du von dem Himmel bist,
Alles Leid und Schmerzen stillest,
Den, der doppelt elend ist,
Doppelt mit Erquickung füllest,
Ach ich bin des Treibens müde!
Was soll all der Schmerz und Lust?
Süßer Friede,
Komm, ach komm in meine Brust!

Ihre Gesundheit, Ihr Glück, Ihr Erfolg bei allen Ihren Unternehmungen hängen davon ab, dass Sie sich von Sorgen und Spannungen befreien. Gönnen Sie sich jeden Tag eine kurze Zeit der Ruhe, eine Zeit, die frei ist von den Nöten und den vielen kleinen Nadelstichen des Lebens. Stellen Sie sicher, dass wenigstens in dieser Zeit das Telefon und das Radio Sie nicht stören können. Machen Sie es sich in einem Sessel oder auf einer Couch bequem.

Nehmen Sie dann in der für Sie natürlichsten Weise Verbindung zu Ihrem innersten Ich und zu Gott auf. In solchen Momenten der Entspannung können Sie, wenn Sie es nur ehrlich versuchen, Kraft und Zuversicht in sich wecken.

KAPITEL 5

Wie Sie trotz »Stress« gesund bleiben

Vor einiger Zeit wurde ein Geistlicher unseres Instituts in ein großes New Yorker Krankenhaus zu einem Patienten gerufen. Als er das Krankenzimmer betrat, stand er zu seiner Verwunderung einem ihm völlig fremden Mann gegenüber. »Sie haben mich rufen lassen?«, fragte er ein wenig verwirrt.

»Stimmt.«

»Ich glaube nicht, dass ich Sie kenne.«

»Aber ich kenne Sie«, sagte der Patient. »Ich habe Sie mehrmals predigen hören. Ich bat Sie her, weil ich möchte, dass Sie mich hier herausholen.«

Die Verwirrung des Geistlichen wuchs: »Wollen Sie damit sagen, dass Sie gegen Ihren Willen hier sind?«

»Nein.« Der Patient schüttelte den Kopf. »Ich bekomme hier die ärztliche Behandlung, die ich brauche. Das weiß ich. Schließlich bin ich selbst Arzt. Aber nur jemand wie Sie kann mich ein für allemal hier herausholen.«

»Tut mir leid«, entgegnete der Geistliche, »ich verstehe Sie nicht.«

»Schauen Sie«, erklärte der Patient ernst, »ich habe ein Magengeschwür. Und wissen Sie, wem ich es verdanke? Mir selbst – meinem Hass! Ich möchte, dass Sie mir zeigen, wie ich mich von ihm befreien kann. Wenn Sie mich lehren können, Heiterkeit zu gewinnen, werde ich mithilfe der hier durchgeführten Behandlung gesund werden.«

Der Geistliche schwieg einen Augenblick, dann sagte er: »Wie ich sehe, haben Sie eine Bibel auf dem Nachttisch liegen. Benutzen Sie sie?«

»Oh, ich lese bald diese, bald jene Seite. Also könnte man wohl sagen, dass ich sie benutze. Mein Problem ist jedoch, dass ich nicht weiß, wie man die in der Bibel enthaltenen Lehren in die Praxis umsetzt. Fangen Sie an! Zeigen Sie mir, wie man das macht! Klären Sie mich auf!«

Der Geistliche willigte ein, diese einigermaßen ungewöhnliche Bitte zu erfüllen. Zunächst forderte er den Patienten auf, seinen Hass bewusst zu machen sowie jegliches Unrecht, das er begangen hatte, und dann um Vergebung zu bitten. »Glauben Sie nicht einfach, dass Gott Ihnen irgendwann verzeihen wird«, erläuterte er, »sondern glauben Sie, dass er Ihnen bereits verziehen hat, noch während Sie ihn darum bitten.«

Der Arzt hielt auch später, als er geheilt war und das Krankenhaus verlassen hatte, die Verbindung zu dem Geistlichen aufrecht. Er begann regelmäßig in die Kirche zu gehen. Nach und nach lernte er, wie er die christliche Heilslehre praktisch nutzen konnte; er fand heraus, wie gut es ist, sich von der eigenen Egozentrik zu befreien und einzusehen, dass man sich Gott überantworten kann. Er war glücklicher und gesünder als je zuvor.

Es ist einwandfrei bewiesen, dass unsere Gedanken und Gefühle entscheidenden Einfluss auf unsere Gesundheit haben. Die Theorie der psychosomatischen Medizin *(Psyche* = Seele, Gemüt; *Soma* = Körper) beruht auf der Tatsache, dass zwischen unserer Gemütsverfassung und unserer körperlichen Verfassung ein enger Zusammenhang besteht. Unsere Einstellungen, unsere Lebensphilosophie, unsere Ziele, unsere ethischen Ideale – dies alles sind wichtige Faktoren, die unser körperliches Wohlbefinden unmittelbar beeinflussen.

Die psychosomatische Schule der Medizin hat darauf hingewiesen, dass ein hoher Prozentsatz aller Krankheiten, mit denen die Ärzte es in ihrer Praxis zu tun bekommen, durch Angst, Ärger und Schuldgefühle verursacht wird. Diese drei Emotionen, die regelmäßig zu Depressionen führen, sind die drei großen Feinde unserer Gesundheit überhaupt. Und wenn sie ins Unbewusste verdrängt werden, schwären sie im Dunkeln weiter und greifen nicht nur unsere geistig-seelische, sondern auch unsere körperliche Gesundheit an. Erwiesenermaßen tragen sie wesentlich zu Leiden wie Asthma, Bluthochdruck, Herzkrankheiten, chronischer Erschöpfung, Magen- und Darmgeschwüren und vielen Hautleiden bei.

Der fatale Einfluss falscher Geistes- und Gefühlshaltungen auf die Gesundheit wurde in einem vor der American Medical Association gehaltenen Referat hervorgehoben. Darin hieß es unter anderem:

»Beim Durchschnittsmenschen, der hart arbeitet, um es zu etwas zu bringen, treten zahlreiche undefinierbare Krankheiten mit sehr akuten Symptomen auf. Ungewöhnlich viele Menschen, die gesellschaftlich hochzusteigen oder hochzustürmen versuchen, klagen über Magengeschwüre und eine Überfunktion der Schilddrüse. Viele Patienten mit Brechreiz sind keineswegs Opfer verdorbener Lebensmittel; sie können eine persönliche oder familiäre Situation, vor der sie stehen, nicht ›verdauen‹.

Vielleicht wird diese ›unverdauliche‹ Situation von einem trinkenden Ehemann verursacht, von einem untreuen Partner, einem zerbrochenen Liebesverhältnis; was immer es sein mag, es verursacht eine tiefe, um sich greifende Unzufriedenheit. Bei nicht wenigen Patienten, die über Hautausschläge klagen, lassen sich keine Infektionen feststellen; sie lassen zu, dass ihnen emotionelle Sorgen ›unter die Haut gehen‹. Unzählige Menschen sind krank, weil sie rein verstandesmäßig nach bestimmten opportunistischen Gesichtspunkten handeln und es unterlassen, ihrer moralischen Überzeugung zu folgen.«

Die heutige Medizin sieht den Menschen als eine einzige Einheit, die auf verschiedenen Ebenen funktioniert. Es gibt beispielsweise die biochemische Ebene, wozu unter anderem die Verdauung der aufgenommenen Nahrung gehört. Die mechanische Ebene betrifft die Bewegung der verschiedensten Körperteile wie etwa der Arme und Beine. Auf der physiologischen Ebene arbeiten die Drüsen, der Blutkreislauf und so weiter. Schließlich gibt es noch die psychologische Ebene, auf der das Gesamtwesen Mensch funktioniert. Die vier Ebenen überschneiden sich natürlich; sie können nicht voneinander getrennt werden.

Lange Zeit war die Medizin kaum mehr als ein Aberglauben; sie beruhte weitgehend auf dem, was einstige »Autoritäten« gemeint und gesagt hatten. Bevor sie zu der heute postulierten umfassenden Sicht des Menschen gelangen konnte, musste sie die autoritären Anmaßungen überwinden, von denen sie jahrhundertelang beherrscht worden war. Als dies gelungen war, begann eine Zeit des Experimentierens. Ärzte entdeckten neue Arzneimittel. Sie entdeckten den Blutkreislauf. Und das Mikroskop enthüllte ihnen, dass der menschliche Körper aus winzigen Zellen besteht.

Die Entwicklung der experimentellen, aber immer noch rein materialistischen Medizin erfuhr eine unerhörte Beschleunigung. Früher hatte man gemeint, Keime seien die Ursache fast aller Krankheiten. Um 1900 hatten die meisten Ärzte von der Krankheit eine ziemlich naive Vorstellung: Krankheit wird verursacht durch Veränderungen in den Körperzellen, ausgelöst hauptsächlich durch Keime, Verletzungen oder Gifte, die entweder vom Körper selbst erzeugt oder ihm von außen beigebracht werden.

Mittlerweile hat die psychosomatische Medizin einen überaus wichtigen neuen Gesichtspunkt aufgedeckt: Die Körperzellen können auch durch Angst, Ärger, Neid, Eifersucht, Hass und vor allem durch lang dauernde, nicht nachlassende Spannung verletzt werden. Ein Neurologenteam am College für Ärzte und Chirurgen der Columbia-Universität gelangte nach gründlicher Untersuchung beispielsweise zu dem Schluss, dass chronische Kopfschmerzen in vielen Fällen auf Anspannung und Sorgen zurückzuführen sind.

Die Gesundheit kann also sehr wohl von der Lebenseinstellung eines Menschen abhängen, von seinen Gefühlen im Hinblick auf das, was er tut oder nicht tut, und von der Art seiner Reaktion auf andere Menschen. Wichtig für die Gesundheit ist, wie man mit schwierigen Situationen im beruflichen und privaten Leben fertig wird. Oft wird die Gesundheit durch schon in der Kindheit entstandene Gefühlshaltungen beeinträchtigt. Welcher Körperteil jeweils betroffen ist, das wird zumindest in gewissem Maße von der körperlichen Konstitution bestimmt. Manche Menschen beispielsweise leiden unter einer Schwäche der Nasenschleimhaut oder der Nebenhöhlen, andere unter einer Schwäche des Verdauungstraktes, der Lunge, des Herzens oder des Blutkreislaufs.

Doch immer mehr Menschen machen die Erfahrung, dass sie, wenn sie bestimmte Leiden vermeiden oder von ihnen genesen wollen, ihre Einstellung und ihre Lebensweise ändern müssen. Sie entdecken die Heilkraft, die darin liegt, dass man sich wirklich selbst erkennt und sich dann im richtigen Verhältnis zum Universum sieht.

Dies tat ein Mann, der von seinem Hausarzt zu uns gesandt wurde, weil er sich buchstäblich zu Tode arbeitete. Er hatte vor Kurzem einen Anfall von Koronarthrombose (eine Herzkrankheit, die auf der Liste psychosomatischer Leiden ganz oben steht) erlitten. Sein Arzt hatte ihm eröffnet, wenn er nicht ruhiger werde und weniger arbeite, seien seine Tage gezählt. Der Mann war erschrocken, eine tiefe Furcht hatte ihn gepackt. »Ich habe Angst, im bisherigen Tempo weiterzumachen«, erklärte er verzweifelt, »aber ich weiß nicht, wie ich ruhiger werden und weniger arbeiten soll! Der Arzt sagt, ich müsse aufhören oder ich bringe mich um, aber ich weiß nicht, wie ich es anstellen soll aufzuhören!«

Das Herzleiden des Mannes war eine Folge fast ununterbrochener nervöser Hochspannung. Um die Ursache dieser Spannung aufzudecken und es ihm zu ermöglichen, sich von ihr zu befreien, mussten wir seine Lebensgeschichte untersuchen und herausfinden, warum er derart rastlos arbeitete.

Er war ein echter Selfmademan und hatte seine beruflichen Erfolge durch harte Arbeit errungen. Der Sohn verarmter Farmersleute aus den Südstaaten hatte während seiner ganzen Kindheit seinem Vater auf den Feldern geholfen. Er hatte sich durch die Schule und das College gekämpft. Später hatte er eine eigene Firma gegründet und diese zu einem bedeutenden, blühenden Unternehmen ausgebaut. Er versuchte jedoch weiterhin, das Unternehmen allein zu leiten; es ärgerte ihn, wenn er von irgendjemandem Rat oder Hilfe annehmen musste. Die Krise war dadurch beschleunigt worden, dass seine Direktoren einen von ihm ausgearbeiteten Expansionsplan abgelehnt hatten. In seinem Stresszustand war dies mehr, als er verkraften konnte. Dieser Umstand löste den Herzanfall aus.

Der Mann vernachlässigte seit Langem seine Gesundheit. Aus Mangel an körperlicher Betätigung war er ziemlich korpulent geworden. Er rauchte zu viel und trank täglich zehn bis zwölf Tassen Kaffee. Er lud sich ständig ein mörderisches Arbeitspensum auf und prahlte damit, dass er nie Urlaub machte. Obwohl er seine Frau gern hatte und ein schönes Haus besaß, vergönnte er sich nie, das Familienleben zu genießen.

Seine Arbeitswut und sein maßloser Ehrgeiz waren zu einem Bestandteil seines Charakters geworden. Arbeit und Ehrgeiz stellten für ihn die großen Lebensziele dar, und er hielt sie für außerordentlich löblich und über jede Kritik erhaben. Wie so viele seinesgleichen hatte er längst aufgehört, sich zu fragen, was er wirklich vom Leben haben wollte.

Es war, als trage er eine stark gespannte Feder in sich, die ihn gnadenlos antrieb. Wie ein aufgezogenes Spielzeug drehte er sich immer weiter. Was aber zog diese »Feder« in ihm auf? Ganz einfach: Er sah seinen Vater als Vorbild an – als Rivalen, sollte man wohl eher sagen –, und war, ohne sich dessen bewusst zu sein, fest entschlossen, es dem Vater nicht nur gleichzutun, sondern ihn zu übertreffen. Er hatte vergessen, dass sein Vater wegen großer Armut zu harter Arbeit gezwungen worden war. Darum trieb er sich, obwohl es ihm finanziell ausgezeichnet ging, auch jetzt noch unerbittlich an, als nagte er am Hungertuch.

Im Zuge unserer Behandlung wurde ihm zu Bewusstsein gebracht, dass ihn ein kindlicher Ehrgeiz, ein von Rivalitätsdenken geschürter Konkurrenzdrang beherrschte, der in keinem Verhältnis zu seinen derzeitigen Lebensbedürfnissen stand. Dann erklärte ihm einer unserer Geistlichen, dass er seine Lebensweise grundlegend ändern müsse, wenn er das wiederholte Auftreten von Herzattacken, unter Umständen einen völligen Zusammenbruch, vermeiden wolle.

Zufällig war der Mann in seiner Jugend eine Zeit lang nebenberuflich Sozialhelfer gewesen. »Vielleicht wussten Sie damals mehr über das Leben als heute«, sagte der Geistliche zu ihm.

»Ich fürchte, ich hätte gar nicht weniger wissen können«, entgegnete der Mann trübselig.

»Sie hatten nicht so viel Geld wie jetzt, aber auch keine Koronarthrombose, nicht wahr! Vielleicht sollten Sie zu den Weggabelungen Ihres Lebens zurückkehren und schauen, was Sie dort verloren haben und aus welchen Gründen. Warum setzen Sie sich nicht hin und fragen sich in aller Ruhe, was Sie eigentlich zu erreichen versuchen?

Planen Sie jede Woche eine bestimmte Zeit für vollkommene Entspannung ein. Dies kann lebenswichtig für Sie sein, kann über Leben oder Tod entscheiden.«

Um dem Mann bei der Planung zu helfen, schilderte er ihm, wie ein Sonntag zum echten Ruhetag wird: »Achten Sie darauf, dass Sie in der Nacht zum Sonntag reichlich Schlaf bekommen. Gehen Sie am Sonntagmorgen zur Kirche. Kommen Sie nicht zu spät, sonst finden Sie keinen Platz mehr. Nur weil Sie in letzter Zeit nicht in die Kirche gegangen sind, dürfen Sie nicht glauben, dass andere es auch nicht tun. Setzen Sie sich hin und sagen Sie zu sich: ›Ich bin im Hause Gottes. Was bei mir nicht stimmt, rührt daher, dass ich lange nicht im Hause Gottes war. Ich versuchte um jeden Preis etwas aufzubauen, das ich ganz sicher einmal nicht mitnehmen kann. Ich habe dabei lediglich meine Gesundheit beeinträchtigt. Jetzt bin ich an der Stätte des Friedens.‹

Bleiben Sie still auf Ihrer Bank sitzen, und denken Sie über den Frieden Gottes nach. Denken Sie möglichst nicht an Ihre Fehler. Bitten Sie Gott, Ihnen Ihre Ichbezogenheit und alle anderen Schwächen zu vergeben. Sagen Sie dem Herrn, dass Sie Reue darüber empfinden, und fragen Sie ihn, wie Sie sich in Ihrem Leben wertvoller erweisen können. Spielen Sie jedoch in dem Gespräch mit Gott das, was Sie getan haben, nicht herunter, weder das Schlechte noch das Gute.

Lassen Sie sich von den Lobgesängen anstecken; nehmen Sie das von ihnen ausgehende Gefühl des Glaubens und Vertrauens in sich auf. Bemerken Sie die Menschen in der Kirche, den Ausdruck echten Glücks in vielen Gesichtern.

Und sagen Sie sich, dass Sie das gleiche Glück auch verspüren können. Versuchen Sie, der Predigt etwas für Sie Beglückendes abzugewinnen.

Gehen Sie dann in aller Ruhe nach Hause. Tun Sie am Sonntagnachmittag nichts Geschäftiges. Unterhalten Sie sich mit Ihrer Frau. Vergessen Sie Ihre Firma. Vergessen Sie die Schlagzeilen in Ihrer Sonntagszeitung. Es wäre gut, wenn Sie in der Bibel läsen; falls Ihnen dies für den Anfang zu viel ist, lesen Sie ein Gedicht. Suchen Sie sich das kürzeste heraus, das Sie finden, das kürzeste und einfachste. Lesen Sie es. Welchen Zweck dies hat, sagt Ihnen der folgende Vers:

Ach, lies mir doch rasch ein Gedichtchen vor,
Ein paar einfache, innige Zeilen,
Damit sich die Unrast in mir beruhigt
Und des Tages Gedanken enteilen ...

Machen Sie einen kleinen Spaziergang und gehen Sie früh schlafen. Verzichten Sie auf die Mitternachtsnachrichten des Fernsehens oder des Radios.«

Der Geistliche lächelte und fragte: »Glauben Sie, dass Sie das schaffen?«

»Ich werde es probieren«, antwortete der Mann. »Es ist einen Versuch wert. Ich werde es ehrlich ausprobieren.«

»Tun Sie das«, sagte der Geistliche. »Lernen Sie, den einen von sieben Tagen ganz entspannt zu verbringen. Und behalten Sie das bei. Wenn Sie wieder zu Ihrem Hausarzt gehen, wird er Ihnen bestimmt sagen, dass Ihr Herz sich in besserem Zustand befindet und Ihr Blutdruck sich gesenkt hat.«

Einige Herzleiden, wie Koronarthrombose, sind sehr eng mit dem Gemütszustand verbunden. Wir wollen darum noch ein zweites, ähnliches Beispiel anführen, bei dem jedoch die Ursachen anders liegen.

Einen leistungsbesessenen Unternehmer, der hohen Blutdruck hatte, befielen plötzlich heftige Schmerzen in der Brust und im Arm. Er wurde ohnmächtig, und als er wieder zu sich kam, lag er zwischen den kühlen Laken eines Krankenhausbettes. Im Halbdunkel des Raumes hörte er nichts als die leisen Schritte mehrerer Krankenschwestern.

Dieser Mann hatte einen riesigen Industriekonzern aufgebaut, weitgehend »mit eigenen Händen«, wie er gern sagte. Er war überzeugt, nur er könne alles richtig machen, und niemand außer ihm hätte je etwas ganz richtig gemacht. Er delegierte zwar dem Schein nach die einen und anderen Aufgaben, in Wirklichkeit aber tat er es nicht; denn er blieb immer auf dem Sprung, beobachtete, machte Vorschläge, kritisierte und korrigierte, damit die delegierten Aufgaben auch bestimmt gemäß seiner Vorstellung durchgeführt wurden. Ohne Zweifel hatte er sich mehr aufgeladen, als er oder irgendjemand anderer bewältigen konnte. Und jetzt, mit sechsundvierzig, schien er am Ende. Obwohl er ruhig zwischen den Laken lag, kochte es in ihm. Er redete ungehalten auf den zur Visite gekommenen Arzt ein: »Was soll aus der Firmengruppe werden? Wenn ich weg bin, wird sie vor die Hunde gehen. Sie gehört zur Schlüsselindustrie. Wenn sie zumacht, müssen auch andere Firmen schließen; Hunderte werden ihre Arbeitsplätze verlieren, Tausende, vielleicht Hunderttausende! Und wenn so was schon passieren musste, warum ausgerechnet mir? Ich habe ein anständiges Leben geführt, ein beispielhaftes Leben. Das sage ich in aller Bescheidenheit.« Nach einer kurzen Pause fügte er hinzu: »Ein paar tausend Männer sind in unserer Stadt ganz sicher entbehrlicher als ich. Ich muss mich um den Betrieb kümmern, ich muss unbedingt wissen, was wird und werden soll!«

Der Arzt war ein geduldiger Mann; er reagierte auf diesen Ausbruch an Eitelkeit eher amüsiert als gereizt. Mit einiger Strenge in der Stimme sagte er: »Uns hier im Krankenhaus ist Ihr Betrieb ziemlich gleichgültig. Was uns Sorgen macht, ist Ihr eigener physischer Betrieb, Ihr Körper. Um den anderen Betrieb kümmern wir uns nicht, und Sie sollten ihn für eine Weile ebenfalls vergessen, sonst werden Sie nicht mehr lange unter uns weilen.« Nachdrücklich fügte er hinzu: »Sie sollten lieber Ihren Frieden mit Ihren allzu irdischen Wünschen machen und einiges davon aufgeben – oder gleich Harfe spielen lernen! Aber ich rate Ihnen eher, Ihren Frieden zu machen! Übrigens, Sie werden sogar auf den Luxus verzichten müssen, wütend auf mich zu sein, weil ich Ihnen das sage.«

Als der Arzt auf dem Krankenblatt sah, dass der Unternehmer angegeben hatte, zu unserer Gemeinde zu gehören, bat er uns, bei dem Patienten vorbeizuschauen – obwohl dieser überzeugt war, »keine Hilfe zu brauchen«.

Folgende Geschichte kam ans Licht: Der Unternehmer war das einzige Kind intelligenter, liebenswerter und liebevoller Eltern. Aus den äußeren Gegebenheiten hätte man folgern können, dass er eine geradezu ideale, glückliche Kindheit verlebt hatte. Doch er bekannte, wenn auch sehr zögernd, dass dies nicht der Fall gewesen war. Seine Mutter hatte von ihm erwartet, dass er in seiner Klasse immer der Beste sei, und sein Vater hatte ihn bereits zu Schulzeiten im Weißen Haus gesehen. Wenn er nun auf seine Kindheit zurückblickte, erkannte er, dass er eigentlich nie ein Kind gewesen war, sondern eine Art Symbol, etwas, das in die ordentliche, aber eintönige Welt seiner Eltern hätte Glanz bringen sollen.

»Zur Erläuterung nur zwei der Dinge, die für mein Leben charakteristisch waren: Jeden Morgen, wenn ich zur Schule aufbrach, kontrollierte meine Mutter in letzter Minute mein Taschentuch, um sicherzugehen, dass es blütenweiß war. Und jeden Abend, bevor ich ins Bett ging, hörte mein Vater mich ab, um sicherzugehen, dass ich meine Schulaufgaben einwandfrei beherrschte.«

Sogar die Hausangestellten, ein älteres Ehepaar, kontrollierten und erzogen ihn. Das alles geschah gut gemeint im Namen der Liebe. Einerseits störte es den Jungen und quälte ihn, andererseits aber gab es ihm ein Gefühl der Wichtigkeit, das in keinem Verhältnis zur Wirklichkeit stand. So war er aufgewachsen. Dann waren seine Eltern gestorben. Er hatte ein hübsches Mädchen geheiratet, das in seinem Leben kaum mehr als ein liebenswerter Schatten war. Das alte Ehepaar führte ihm weiterhin den Haushalt.

Wir begannen nach dem Anlass zu suchen, der unmittelbarer Auslöser des Herzanfalls gewesen war, und fanden zu einer sehr simplen Erklärung: Er hatte im Betrieb gehört, wie einer seiner Untergebenen etwas über ihn gesagt und ihn »den Alten« genannt hatte. Natürlich wusste er, dass dieser Ausdruck durchaus üblich für einen Firmenchef ist, doch für ihn hatte er einen vernichtenden Beiklang! Er hatte die Tür seines Büros zugemacht, und sich dann in eine regelrechte Rage hineingesteigert, denn er fühlte sich in seiner Jugendlichkeit und seiner Bedeutung für die Firma, ja für die ganze Welt zutiefst gekränkt. Als er zwei Stunden später aus dem Büro getreten war, hatte er befriedigt festgestellt, dass alle Köpfe tief über die Schreibtische gebeugt waren. Er hatte gedacht: »Ich werde denen zeigen, wer hier ›der Alte‹ ist! Und ich werde ihnen zeigen, ohne wen sie nicht zurechtkommen!« In diesem Augenblick hatten die Schmerzen eingesetzt, die ihn ins Krankenhaus brachten.

So, wie es aussah, hatten wir es hier mit einem Menschen zu tun, der, wenn überhaupt, nur langsam zur Einsicht kommen würde. Doch der Unternehmer war zu intelligent, um sich weiter selbst zu belügen. Nicht lange, dann grinste er kläglich und sagte: »Na, denen habe ich es schön gezeigt, was? Und wenn der Tod es jetzt nicht mir zeigt, werde ich mich wohl bessern müssen.«

Bald darauf wussten wir, dass er den Kampf halb gewonnen hatte, denn er sagte fast heiter: »Ich glaube an Gott. Warum ist mir nie klar geworden, dass Gott mir diesen Betrieb nicht gegeben hat, damit ich herumstolziere und meine Wichtigkeit beweise? Was würde passieren, wenn ich meinen Direktoren wirkliche Macht gäbe und zuließe, dass sie sie auch ausüben? Ich meine nicht: Was würde im Betrieb passieren?! Das weiß ich, dort würde alles genauso funktionieren, wenn nicht besser. Ich meine vielmehr: Was würde mit mir passieren? Würde nicht auch bei mir alles besser ›funktionieren‹?«

Eines Tages begrüßte er den Psychotherapeuten mit einem Grinsen und sagte: »Herr Doktor, ich habe beschlossen, nicht Präsident der Vereinigten Staaten von Amerika zu werden, selbst wenn man mir den Posten anbieten sollte! Und Sie können dem Geistlichen sagen, dass ich die ganze

Nacht hindurch versucht habe, mich an den Vers zu erinnern, in dem es heißt, dass es besser sei, sich selbst zu besiegen, als ein Königreich zu besiegen.«

Mit dieser Fallgeschichte soll natürlich nicht gesagt werden, angestrengtes Arbeiten und Ehrgeiz seien gefährlich oder falsch. Viele Männer und Frauen arbeiten unter starkem Druck, leisten Ungeheures und bleiben gesund. Doch zu solcher Leistung sind sie nur fähig, weil ihr Leben ausgewogen ist und auf solider geistig-seelischer Basis steht. Sie wissen, wann und wie sie Pausen machen und sich erholen müssen. Diese Menschen fordern sich aufs Äußerste, aber nie über die Grenze ihres Leistungsvermögens hinaus.

Vor Kurzem wurde uns von einem Arzt ein Diplomchemiker geschickt, der ein Magengeschwür hatte. Trotz seiner beruflichen Erfolge war der Mann, wie sein Verhalten zeigte, ein sehr abhängiger, unselbständiger und dazu griesgrämiger Mensch.

Immer wieder sagte er: »Sie müssen etwas für mich tun. Sie müssen sofort etwas tun.«

Der Psychotherapeut entgegnete ihm: »Sie sind in ärztlicher Behandlung, und Ihr Arzt tut, was er kann, um Ihre Schmerzen zu lindern. Auch wir tun, was wir können, um Ihnen zu helfen. Sie müssen Geduld haben, müssen uns Zeit lassen.« Doch ihn hätte wohl nur ein Wunder zufriedengestellt. Seine beharrlichen, anklagend erhobenen Forderungen verwiesen klar auf eine infantile Persönlichkeit. Seinen Gefühlsreaktionen zufolge war der Mann noch ein Kind.

Seine ausgeprägte Abhängigkeit hatte, wie wir herausfanden, einen eindeutigen Ursprung. Als eines von sieben Kindern hatte er nie das Gefühl gehabt, von seiner Mutter genügend Zuneigung zu erhalten. Um die Angst zu vertreiben, nicht richtig geliebt zu werden, hatte er ihr ein Übermaß an Aufmerksamkeit abverlangt.

Wie häufig in solchen Fällen konzentrierten sich seine Angst und übermäßige Abhängigkeit auf das Essen. Den einzigen Beweis für wirkliche Liebe sah er darin, richtig und gut verköstigt zu werden. Darum heiratete er eine Frau, die gern und so ähnlich wie seine Mutter kochte. Musste er verreisen, fühlte er sich immer sehr unbehaglich und war überzeugt, stets die falschen Speisen vorgesetzt zu bekommen.

Der Mann hatte die Abhängigkeit von der Mutter schlicht auf seine Frau übertragen. Er meinte tatsächlich, ohne ihre ständige Fürsorge nicht leben zu können. Doch auf diese Abhängigkeit – von der er vage spürte, dass sie ungesund war – reagierte er mit dem vehementen unbewussten Wunsch, vollkommen unabhängig von seiner Frau und sämtlichen anderen Menschen zu sein. Deshalb lud er sich immer neue Arbeit und Verantwortung auf, bis er es körperlich nicht mehr schaffte. Der Konflikt zwischen seiner infantilen Abhängigkeit und seinem wirklichkeitsfremden, glühenden Ehrgeiz äußerte sich in Form von beklemmender Angst.

Bei Menschen, die übermäßig abhängig sind – ein zweifellos neurotischer Zustand –, und die darüber hinaus eine neurotische Einstellung zum Essen haben, wirkt sich die Angst meist besonders nachteilig auf das Verdauungssystem aus. Infolge der Stimulierung bestimmter Nerven löst solche Angst eine übermäßige Zufuhr von Salzsäure in den Magen aus, und gleichzeitig verursacht sie eine heftige Muskelspannung. Diese und die überhöhte Säuresekretion wiederum verschlimmern die kleinste Verletzung der Magenschleimhaut und rufen so ein Geschwür hervor.

Der Diplomchemiker brauchte zur Heilung seines Leidens ärztliche Behandlung. Doch man konnte seine Genesung beschleunigen, indem man ihm half, sein Leben in vernünftigere Bahnen zu lenken. Um gesund zu werden und zu bleiben, musste er sich aus der neurotischen Abhängigkeit von seiner Frau befreien und lernen, reifere Beziehungen zu ihr zu knüpfen.

»Sie können nicht erwarten, dass Ihre Mutter oder Ihre Frau ewig leben und ständig an Ihrer Seite sind«, sagte der Geistliche zu dem verzweifelten Mann. Es ist nicht klug, in übergroße Abhängigkeit zu Fleisch und Blut zu geraten. Dies alles ist vergänglich. Sie sollten von heute an lieber auf Gott den Allmächtigen vertrauen, nicht auf die schwache menschliche Natur.«

Und er riet dem Mann, sich Gott als große Mutter vorzustellen, eine Idee, die ihn verblüffte, aber auch tröstete. Heißt es doch in der Bibel: »Ich will euch trösten, wie einen seine Mutter tröstet.« Und: »Sie werden weder hungern noch dürsten.« Von diesen Worten geht eine Geborgenheit aus wie von einer Mutter, die ihr Kind abends zu Bett bringt, es zudeckt, küsst und ihm leise zuflüstert: »Dir wird nichts geschehen. Hab keine Angst.«

»Unsere Mütter müssen uns eines Tages verlassen«, fügte der Geistliche hinzu, »aber Gott verlässt uns nie. Auf ihn können Sie bauen, von ihm können Sie abhängig sein. Er wird nie falsch zu Ihnen sein. Gott wird Sie nie enttäuschen.«

Er empfahl dem Mann, jeden Tag um die gleiche Zeit eine fünfzehnminütige Ruhepause einzulegen. In dieser Pause solle er sich, sagte er, durch nichts stören lassen und über Gott als große, gütige, wachsame Mutter meditieren. Außerdem solle er sich aus der Bibel möglichst viele Passagen heraussuchen, die von Gottes Schutz sprechen, und sie auswendig lernen. So könne er sich die Vorstellung von Gottes schützender Fürsorge zu eigen machen und seinem Unbewussten einverleiben.

»In dieser Ruhepause müssen Sie üben, nichts zu tun«, erklärte ihm der Geistliche. »Das ist eine schwere Aufgabe, aber Sie müssen die Kunst erlernen, sich geistig von jedem Gedanken an Ihre Probleme freizumachen. Lassen Sie Ihr Büro, Ihre berufliche Arbeit und die Ärgernisse des Tages aus Ihrem Geist entschwinden und sagen Sie dann zu sich: ›Mein Geist füllt sich jetzt mit dem Frieden Gottes.‹

Erinnern Sie sich zurück, so weit Sie können, und vergegenwärtigen Sie sich alle angenehmen Begebenheiten Ihres Lebens.

Verweilen Sie in Gedanken bei dem Angenehmen und lassen Sie alles andere ruhen, wirklich ruhen. Sind Sie je im Mondschein am Strand entlanggegangen und haben gesehen, wie die Wellen ans Ufer spülen? Wissen Sie noch, wie Ihre Mutter, wenn Sie unglücklich waren, Ihnen die Hand auf den Kopf legte? Gottes Friede enthält dies alles und noch viel mehr.«

Als der Chemiker begriff, dass seine Arbeitswut eine Schutzreaktion auf seine Angst vor Abhängigkeit war, und als es ihm gelang, sich in die vertrauensvolle Abhängigkeit von Gott zu begeben, musste er sich nicht mehr so vehement antreiben. Er verlor bald das Gefühl der Unsicherheit und entwickelte eine normale Fähigkeit, sich zu entspannen. So wurde es ihm möglich, den Weg zu Frieden und Gesundheit zu finden.

Vom Herz, diesem wichtigen Organ, können wir etwas sehr Wertvolles lernen. Das Herz schlägt von unserer Geburt bis zu unserem Tod in der Minute durchschnittlich zweiundsiebzig Mal. Und doch ruht es sich insgesamt acht Stunden täglich aus. Dieser scheinbare Widerspruch entsteht daraus, dass nicht das gesamte Herz ständig arbeitet. Zuerst arbeitet der obere Teil, dann der untere, und dann ruht das ganze Herz. Die Ruheperiode beträgt etwa ein Drittel der Zeit seines Funktionierens.

Als entspannt bezeichnen wir einen Menschen, der es versteht, entspannt zu arbeiten. Er ist nicht nur weniger hektisch, sondern arbeitet auch lockerer, weniger angespannt. Henry Kaiser, der bekannte amerikanische Erfinder und Großindustrielle, zählte zweifellos zu den mächtigsten Wirtschaftsführern der Welt. Er wappnete sich gegen Erschöpfung, indem er auch in den stressigsten Stunden des Tages eine entspannte Haltung bewahrte. Erhielt er beispielsweise einen wichtigen Telefonanruf, griff er gelassen nach dem Hörer und führte das Gespräch ganz ruhig, obwohl es sich um eine Angelegenheit von größter Bedeutung handelte. Er hob nie die Stimme und regte sich nie auf, sondern nahm die Dinge einfach, wie sie kamen. Henry Kaiser war die Verkörperung ruhiger Macht.

Billy Rose, ein bekannter amerikanischer Broadwaystar der 30er und 40er Jahre, kannte ebenfalls die Bedeutung einer Ruhepause, wenn er in Stress zu geraten drohte. Er ließ sich dann in einer Kutsche durch den Central Park fahren Er sagte immer: »Wenn wir schließlich umkehren und der Kutscher mit dem Zylinder mich vor dem Plaza Hotel absetzt, ist in der Regel alles bestens, und ich fühle mich topfit, statt angeschlagen zu sein.«

Ein Freund erzählte uns von einem Erlebnis, das er bei einem Arbeitsessen mit einer Gruppe von Geschäftsleuten hatte. Er wandte sich an seinen Nebenmann und fragte, um Konversation zu machen: »Verzeihung, was tun denn Sie?«

Der Mann hatte ruhig gegessen, ohne sich am Gespräch zu beteiligen. Jetzt hob er den Kopf und antwortete gelassen: »Oh, ich arbeite in einem Stahlwerk.«

»Und was arbeiten Sie dort?«

»Ich mache Büroarbeit.«

»Sind Sie ein leitender Angestellter?«

»Ja, das kann man sagen. Ich bin Präsident des Unternehmens.« Er nannte den Namen seiner Firma, ein großes, bekanntes Stahlwerk.

Die Neugier unseres Freundes wuchs. »Sagen Sie«, fragte er, »was waren Sie, bevor Sie Präsident wurden?«

»Ich fing in einem unserer Werke als Puddler an.«[2]

»Sie sind ein großartiges Beispiel für den erfolgreichen Amerikaner! Doch Ihr Erfolg scheint Sie selbst nicht sonderlich zu beeindrucken.«

»Wissen Sie«, erwiderte der Mann ruhig, »ich habe mich fast kaputtgearbeitet, um so weit zu kommen.«

»Was war Ihr erster Gedanke, als Sie Präsident wurden?«

»Mein erster Gedanke war«, antwortete er mit leisem Lächeln, »dass ich jetzt zum Angeln gehen könne, ohne jemanden um Erlaubnis fragen zu müssen.«

Dieser Mann, der berühmt war für seine ungeheure Arbeitsleistung, hatte aus harter Notwendigkeit gelernt, nicht um einen Posten zu kämpfen. Er wusste, dass man, wenn man von Zeit zu Zeit ausspannt, mehr erreicht und länger lebt.

---

[2] Die Puddler hatten die Aufgabe, das flüssige Eisen im Ofen mit langen Stangen stundenlang zu rühren. Auf diese Weise wurde das Roheisen »gefrischt«, das heißt, mit Sauerstoff angereichert. Durch die Oxidation wurde es von allen Beimengungen gereinigt und es entstand der heißbegehrte Stahl.

Ein Meister der Entspannung war auch William Jennings Byran, der politische Vortragsreisen unternahm, die die meisten Menschen beinahe umgebracht hätten; seine Begleiter waren jeweils zu Tode erschöpft. Byran musste häufig um drei oder vier Uhr früh umsteigen, er konnte nur selten seine Kleider ausziehen und in einem Bett schlafen, doch er besaß die Fähigkeit, sich im Zug hinzusetzen und sofort in so tiefen Schlaf zu sinken, dass ihn nichts stören konnte. Er nahm alles gelassen und überstand regelmäßig sein strapaziöses Programm, das ihn von Rede zu Rede hetzte, vollkommen unbeschadet.

Doch nicht nur seine Fähigkeit, unter selbst ungünstigsten Umständen zu schlafen, bewahrte ihn vor gesundheitlichem Schaden, sondern auch seine Gewissheit der Gegenwart Gottes. Sie ermöglichte ihm, sich zu entspannen und neue Kraft zu schöpfen, so dass er sein unglaublich anstrengendes Leben durchzuhalten vermochte.

Einmal lernten wir einen Schlafwagenschaffner kennen, der viele von uns lehren könnte, wie man kräftezehrende Anspannung vermeidet. Eines Nachts wurde infolge irgendeines Fehlers an seinen Zug statt eines Pullmanwagens mit Einbettabteilen ein altmodischer Schlafwagen mit nur zwölf Abteilen angehängt. Die erbosten Passagiere bedrängten den Schaffner mit ihren Forderungen nach den bestellten Abteilen, natürlich vergebens. Geduldig brachte der Schaffner die Passagiere in den Quartieren unter, die ihm zur Verfügung standen.

»Das war ein Abend für Sie, was!«, sagte später einer der Fahrgäste zu ihm. »Die haben Ihnen ganz schön schlimme Dinge an den Kopf geworfen. Aber Sie scheint das nicht berührt zu haben. Was für ein Geheimnis besitzen Sie, dass Sie so ruhig bleiben?«

»Mein Geheimnis ist ganz einfach«, antwortete der Schaffner. »Ich tue mein Bestes und lasse es dabei bewenden! Der Mann, der mich für meine Arbeit schulte, gab mir drei Regeln mit auf den Weg: ›Erstens‹, sagte er, ›arbeiten Sie hart; zweitens, seien Sie höflich; drittens, und das ist das Wichtigste, vertrauen Sie auf Gott.‹ Mit Gottes Hilfe gelingt es mir, sogar in den schwierigsten Situationen Ruhe zu bewahren.«

Die meisten Menschen wissen mittlerweile, dass sie, um gesund zu bleiben, eine ausgewogene Ernährung brauchen; sie essen vitaminbewusst und geben ihrem Körper die Vielfalt an Nahrungsmitteln, die er benötigt. Weit weniger bewusst ist ihnen jedoch, dass sie für ihr Wohlbefinden auch eine ausgewogene Vielfalt an Aktivitäten brauchen, die den Bedürfnissen ihres Gefühlslebens entgegenkommen und die nötigen Ventile öffnen.

Ein ausgewogenes Pensum bestehend aus Arbeit, Unterhaltung und Erholung ist für das Gesamtbild unserer Gesundheit von gleicher Bedeutung wie die ausgeglichene Aufnahme von Fetten, Proteinen und Kohlenhydraten. Der Mensch muss natürlich arbeiten, um zu leben. Doch er braucht auch Erholung in irgendeiner Form: Sport, Lesen, Theater- oder Kinobesuche, Spaziergänge, etwas, das ihm Freude bereitet und seine Gedanken von seinen Pflichten ablenkt. Die Ausschließlichkeit von Arbeit, ohne Unterhaltung, ohne Spiel, ohne Erholung, macht den Menschen nicht nur missmutig, sondern mit ziemlicher Wahrscheinlichkeit auch krank.

Größte Bedeutung kommt jedoch der emotionalen Atmosphäre zu, in der man sich befindet, während man arbeitet oder sich erholt. Selbstverständlich kann ein Mensch sich nicht entwickeln, wenn seine Welt von Ärger und Hass erfüllt ist. Aber genauso wenig – und dies ist eine gewichtige Erkenntnis – entfaltet man sich in einer gewissermaßen neutralen Welt, in der es weder Hass noch Liebe gibt. Es genügt einfach nicht, niemanden zu hassen; wir brauchen etwas Positiveres.

Eine der grundlegenden Lehren der Psychologie besagt, dass wir lieben müssen oder krank werden. Der Mensch benötigt Liebe und Wärme, das beglückende Geben und Nehmen echter Freundschaft. Wenn, wie wir wissen, Vitaminmangel in Extremfällen zu Krankheiten wie Skorbut oder Pellagra führt, ist jemand, der sich ein richtiges Maß an Gefühlsäußerungen verweigert, anfällig für eine Art »psychischer Skorbut«, wie man sagen könnte. Ganz bestimmt wird er ein Opfer chronischer Müdigkeit, einer körperlichen und geistig-seelischen Erschöpfung, die auch durch noch so viel Ausruhen nicht gelindert wird.

Ein interessanter Fall in dieser Hinsicht war Joan, eine junge Lehrerin, die als Halbinvalide bei uns erschien. Sie war ständig sterbensmüde. Ihren Unterricht konnte sie zwar halten, doch wenn sie nachmittags nach Hause kam, legte sie sich ins Bett und blieb bis zum nächsten Morgen liegen. Ihr Hausarzt untersuchte sie, fand jedoch keine organischen Schäden. Auf seinen Rat hin nahm sie ein halbes Jahr Urlaub; doch als sie wieder zu unterrichten begann, war sie sogar noch erschöpfter als zuvor.

»Sie müssen mir helfen«, bat sie verzweifelt. »Ich halte es nicht mehr aus, mich ständig so matt zu fühlen.«

Nach einiger Zeit wurde sie ruhig genug, um ihr Leben zu schildern. Sie hatte zwei ältere Schwestern, die beide außergewöhnlich schön waren. Als Kind und junges Mädchen schüchterte das gute Aussehen der beiden sie sehr ein. Sie fühlte sich nicht in der Lage, mit ihnen zu konkurrieren, also gab sie es auf. Es war, als hätte sie eines Tages die beiden angeschaut und zu sich gesagt: »Die sind einfach zu viel für mich. Sollen sie doch die Verehrer, die Verabredungen und das Übrige haben. Weil ich aber mindestens so intelligent bin wie sie, werde ich mich auf anderes konzentrieren.« Sie steckte die Nase in ihre Bücher und ließ sie jahrelang drin. In der Schule und auch später am College hatte sie ausgezeichnete Noten, doch keine Freunde.

Unbewusst vertiefte sich ihr frühkindliches Minderwertigkeitsgefühl gegenüber den Schwestern zu der Überzeugung, es habe keinen Sinn, irgendwelche dauerhaften gesellschaftlichen Beziehungen zu knüpfen. Sie unterdrückte ihr natürliches Bedürfnis nach Zuneigung, Freundschaft und Liebe. Ihr Leben war leer.

Sie wurde schließlich Lehrerin, machte ihren Magister Artium und dann den Doktor der Philosophie. Das Studium und der Unterricht waren für sie die einzigen Möglichkeiten, sich zu bestätigen.

Doch geistige Beschäftigung allein genügt nicht.

Nachdem der Berater ihr Vertrauen gewonnen hatte, sagte er: »Kein Mensch kann ein Programm durchhalten, das nur aus Arbeit besteht. Sie können nicht Freunde, Liebe, Unterhaltung und Spiel aus Ihrem Leben ausschließen, ohne zu leiden. Bei einem solchen Ausschluss entsteht nicht etwa ein Vakuum, sondern Angst!« Intensive Angst verbrennt sehr viel Energie. Es kommt zu einer psychischen Wirkung ähnlich der, die auf der körperlichen Ebene durch Zittern hervorgerufen wird; Zittern verbraucht in fünf Minuten genauso viel Energie wie die körperliche Arbeit mehrerer Stunden. Joan war als Folge ihrer gefühlsmäßigen Isolation ständig müde und erschöpft.

Sie brauchte dringend Entspannung und Erholung, um diejenigen Kräfte und Emotionen zu wecken, die sie so lange hatte verkümmern lassen.

Der Berater forderte Joan auf, als ersten Schritt in dieser Richtung ihre Schwestern vorübergehend zu vergessen und sich mehrmals täglich im Spiegel zu betrachten, damit sie sehe, dass sie eine sehr attraktive junge Frau sei. Er empfahl ihr, alle Möglichkeiten zu nutzen, die sie noch attraktiver machen könnten: ansprechendere, fröhlichere Kleider, eine Frisur, die ihr besser stand, Lippenstift und dergleichen mehr.

Sie hatte bald ein echtes Interesse daran, ihr Aussehen zu verbessern und auf diese Art Selbstvertrauen zu gewinnen. Nach einiger Zeit wurde sie zu gesellschaftlichen Veranstaltungen der Kirche eingeladen. Es wurde dafür Sorge getragen, dass sie in einen Kreis verständnisvoller junger Menschen kam. Bald entdeckte sie in sich die unvermutete Fähigkeit zu Freundschaft und sogar Fröhlichkeit. Das Interesse der anderen jungen Leute erweckte in ihr eine für sie völlig neue Lebensfreude. Zum ersten Mal machte es sie glücklich, mit anderen Menschen zusammen zu sein. Und weil man ihr dies anmerkte, wurde sie immer beliebter.

Im letzten Schritt dieses Entspannungsprozesses lernte sie von dem Geistlichen, sich in Gottes Hände zu begeben und zu glauben, dass Gott sie mit Frieden und immenser Kraft erfüllt.

Mit Joan ging eine echte Verwandlung vor. Sie hatte sich unglaublich nach dieser belebenden göttlichen Energie gesehnt und bald begann sie regelrecht zu strahlen! In ihr glühte das, was zum Beispiel die Quäker sehr zu Recht als »inneres Licht« bezeichnen und was als Schönheit und Glanz nach außen dringt. Wegen ihrer Schwestern brauchte sie sich nie mehr Sorgen zu machen, denn sie hatte ihren höchstpersönlichen, unübertrefflichen Charme – von innen kommenden, echten Charme seelisch-geistiger Strahlkraft.

Eines Tages erklärte sie uns voll Freude: »Sie sagen, dass ich wie ein neuer Mensch ausschaue – nun, ich fühle mich auch so!«

Joans Geschichte bestätigt, dass ein vernünftiges Gleichgewicht von Arbeit, Unterhaltung und Erholung in der Geborgenheit, die Freundschaft und Liebe sowie die Aufnahme göttlicher Energie verschaffen, wichtige Komponenten eines befriedigenden und sinnvollen Lebens sind. Daraus resultiert geistig-seelische und körperliche Gesundheit. Ohne sie ist der Krankheit Tür und Tor geöffnet.

Sogar die größten Skeptiker wissen, dass der Glaube an etwas, das sich außerhalb des eigenen Selbst befindet – wie immer man es nennen mag –, lebensnotwendig ist. Denn stirbt in einem Menschen erst einmal der Glaube, beginnt er ichbezogen von seinen eigenen Reserven zu leben. Die Welt ist jedoch zu groß und wartet mit zu vielen Problemen auf, als dass ein Mensch ganz allein, aus eigener Kraft, mit allen Problemen fertig würde. Seine Kraft reicht dafür einfach nicht aus.

Der Mensch denkt vielleicht, ohne Gottes Hilfe zurechtzukommen, doch dann holt ihn plötzlich das Leben ein; Sorgen und Enttäuschungen stellen an seinen Geist und seinen Körper Anforderungen, denen er nicht gerecht werden kann.

Sicherheit und Frieden existieren nur wirklich, wenn sie tief verwurzelt sind. Ein Leben ist nur erfolgreich, wenn es auf Glauben aufgebaut ist. Nur im Einklang mit Gott, der in uns ist, dürfen wir hoffen, ein erfülltes, gesundes und glückliches Leben zu führen.

Es gibt einige einfache Regeln, die man einhalten sollte, um seine Chancen auf psychische und physische Gesundheit zu steigern. Sie beruhen auf den gemeinsamen Erfahrungen verantwortungsbewusster Ärzte und Seelsorger und halfen schon vielen Menschen, auch unter großem Druck gesund und glücklich zu bleiben:

1. Sorgen Sie für ein Gleichgewicht zwischen Arbeit, Unterhaltung und Erholung beziehungsweise Ruhe.
2. Versuchen Sie sich selbst richtig einzuschätzen, damit Ihre Anforderungen nicht Ihre Kräfte übersteigen.
3. Stecken Sie sich Ziele und arbeiten Sie dann wirklich darauf hin, sie zu erreichen.
4. Legen Sie Ihre ganze Energie in Ihre Bemühungen und überlassen Sie alles Übrige Gott.

Wenn Sie dies beachten, ist kein Druck so groß, als dass Sie ihm nicht standhalten könnten. Wenn Sie dies tun, werden Sie feststellen, dass das Leben zu Ihnen strömt und nicht von Ihnen weg, dass Ihr Leben auf Gesundheit, Kraft und Harmonie ausgerichtet ist.

KAPITEL 6

Die Befreiung von Angst und Depression

Angst und Depression sind die Gegenspieler des Glücks. Depression kann man als ein Gefühl der Sinnlosigkeit und Hoffnungslosigkeit beschreiben, Angst als chronisch gewordenen Zustand der Furcht. Erstaunlich viele Menschen leiden unter Angst und Depressionen: mit diesen beiden Leiden haben wir weitaus am häufigsten zu tun.

Ein ängstlicher, depressiver Mensch ist immer traurig; er beginnt jeden Tag voll Furcht vor den Pflichten und Erlebnissen, die ihn erwarten. Für ihn ist das Leben trist, leer und sinnlos!

Viele depressive Menschen sind jung, intelligent und wären durchaus zu hervorragenden Leistungen fähig. Doch anstatt mit Begeisterung nach vorn zu schauen, machen sie sich selbst zum Opfer ihrer Stimmungen, die von Gereiztheit und Langeweile bis zu heftiger Erregung und Wut oder auch echter Melancholie reichen. Sie neigen dazu, ihre Probleme auf äußere Umstände in ihrem Leben zurückzuführen, während in Wirklichkeit der Grund für die depressive Gemütsverfassung, die jede Heiterkeit zerstört, nicht in der Außenwelt zu suchen, sondern in der Innenwelt des Unbewussten begründet ist. Es handelt sich um echte Geistes- und Gemütskrankheiten, die aus inneren Konflikten entstehen und in die das Opfer zumeist wegen tatsächlicher oder eingebildeter Verfehlungen gerät.

Ein Arzt, der in einem Lazarett Visite machte, blieb am Bett eines verwundeten jungen Leutnants stehen. Der Mann starrte apathisch, mit ausdruckslosem Gesicht an die Wand. Die Manschette seines linken Schlafanzugsärmels war hochgesteckt, denn man hatte ihm die Hand über dem Gelenk amputiert.

»Herr Leutnant«, sagte der Arzt ruhig, »möchten Sie mir erzählen, wie Sie Ihre Hand verloren haben?«

Der Leutnant schwieg lange. Dann antwortete er, ohne die Augen zu heben, mit leiser, bitterer Stimme: »Weil ich ein dreckiger, nichtsnutziger Feigling war. Ich habe eine Handgranate aufgehoben und mir die Hand abgesprengt, um nach Hause zu kommen.«

Fantasie eines kranken Geistes! Tatsächlich war die Handgranate neben ihm und sechs weiteren Männern gelandet; er hatte sie aufgehoben, um sie zum Feind zurückzuwerfen, und sie war in seiner Hand explodiert. In Wahrheit hatte er sich für seine Kameraden geopfert, doch er verdrehte die Bedeutung seines Handelns. Er fühlte sich gezwungen, die nicht ganz freiwillige Heldentat im Lichte schärfster Selbstkritik zu sehen. Natürlich kamen diese Vorwürfe nicht »von nichts«. Aber sie beruhten nicht auf Tatsachen, sondern auf Angst.

Der junge Mann hatte immer gefürchtet, feige zu sein, und in dem Sekundenbruchteil, bevor die Handgranate explodierte, hatte er gedacht: »Wenn ich jetzt die Hand verliere, kann ich nach Hause.« Alle seine Kameraden hatten bezeugt, dass er keine Zeit mehr gehabt hatte, die Handgranate zu werfen; Aufheben und Explosion waren praktisch gleichzeitig erfolgt. Doch weil er diesen Gedanken gehabt und dann tatsächlich die Hand verloren hatte, bildete er sich ein, es absichtlich getan zu haben.

Hier lag ein Extremfall tiefster Depression vor. In milderer Form findet man diesen krankhaften Zustand bei vielen Menschen. Die wirkliche Ursache von Depression oder Angst ist gewöhnlich dem Bewusstsein vollständig entzogen. Sie lässt sich nur sehr mühsam freilegen, weil sie oft an eine Situation gebunden ist, die scheinbar einen berechtigten Grund zu Deprimiertheit liefert.

Charakteristisch für Depressionen sind meist Selbstkritik und ein Gefühl tiefer Trauer und Hoffnungslosigkeit; dazu kann ausgeprägte Angst kommen. Eine andere Form dieses quälenden Leidens ist ein generelles Gefühl der Unruhe, für die es keinen bestimmten Anlass gibt. Sie ist einfach da. Ein Mensch erwacht am Morgen mit, sagen wir, dem dunklen Gefühl einer ungreifbaren Bedrohung, das er dann bestätigt sehen muss. Also läuft er umher, bis er etwas Geeignetes findet – vielleicht ist sein Arbeitsplatz in Gefahr, vielleicht seine Gesundheit oder die Welt schlechthin.

Angst dieser Art tritt in vielen Formen auf. Jemand fürchtet, einen Herzanfall zu erleiden. Oder er ist überzeugt, dass es eine Konjunkturkrise geben wird, dass er seine Stellung verliert, dass die Regierung ihn durch hohe Steuern um sein Geschäft bringt, dass seine Kinder krank werden ... Menschen, die sich übermäßige Sorgen machen, neigen typischerweise auch dazu, unfähig zu sein, die gegebenen Umstände zu verändern, deretwegen sie sich Sorgen machen.

Es gibt natürlich Menschen, die ihre Angst in eine bestimmte Richtung lenken, die beispielsweise fürchten, von Trinkgläsern eine Infektion zu bekommen. In ihrer Hysterie entwickeln sie oft zielgerichtet regelrechte Rituale, um sich gegen eingebildete Gefahren zu schützen. Sie waschen sich dutzendmal am Tag die Hände; oder sie fühlen sich gezwungen, ihre Kleider in einer bestimmten festgelegten Reihenfolge auszuziehen; oder sie räumen ihren Schreibtisch immer in genau der gleichen Weise auf; oder sie vermeiden es, auf die Risse im Teerbelag des Gehsteigs zu treten. Meist suchen diese Menschen irgendwann ärztliche Hilfe.

Wir sprechen hier jedoch von den weniger klar erkennbaren Fällen, in denen jemand die Ursache seiner Angst in der gegenständlichen Alltagswelt vermutet, während ihn in Wirklichkeit irgendein verdrängter Konflikt beunruhigt. Er projiziert Emotionen, die durch innere Konflikte ausgelöst werden, auf die Außenwelt.

Ein Beispiel hierfür ist der Vizepräsident eines Industrieunternehmens, der für seine Konzerngruppe, aber auch für sich persönlich große materielle Erfolge erzielt hatte, trotzdem aber überaus besorgt war im Hinblick auf die Zukunft. Er besaß alles, was er sich wünschte, nur nicht Zufriedenheit.

Als er zu uns kam, konzentrierte sich seine Angst darauf, dass er einen Streit zwischen der Unternehmensleitung und einer großen Gewerkschaft beilegen sollte. Er war überzeugt, die Sache würde schlecht ausgehen, was immer er tue. Die anderen leitenden Angestellten sagten ihm, er solle aufhören, sich zu quälen, und beginnen zu verhandeln; innerhalb eines Tages sei dann alles erledigt. Sie hielten es für sicher, dass er die Verhandlungen zu einem erfolgreichen Abschluss bringen würde.

Doch die Tatsache, dass seine Mitarbeiter seine Zweifel und Ängste nicht teilten, bedeutete keinen Trost für ihn. Im Gegenteil: Es schien seine Ängste noch zu vertiefen. Er war angespannt und gereizt, vertrug das Essen nicht mehr und fühlte sich bald so unglücklich, dass er, wie er sagte, am liebsten »von einer Brücke gesprungen wäre«. Auf den scherzhaft gemeinten Rat eines Kollegen kam er zu uns.

Nachdem er einem unserer Psychotherapeuten die Situation erklärt hatte, fragte er: »Nun, finden Sie nicht, dass meine Ängste berechtigt sind? Wenn nicht, warum bin ich dann so durcheinander?«

Die Antwort auf diese Frage lag nicht in der gegenwärtigen Situation des Mannes, sondern in seiner Vergangenheit. Im Gespräch mit ihm stellte sich bald heraus, dass sein Vater ein verantwortungsloser Mensch gewesen war, der gar nicht versucht hatte, Geld zu verdienen, und sich nur selten zu Hause hatte blicken lassen. Seine Mutter hatte für den Unterhalt der Familie arbeiten müssen und nur sehr wenig Zeit für ihren Sohn gehabt. Also hatte er weder vom Vater noch von der Mutter viel Liebe bekommen, obwohl die Mutter ihn zweifellos liebte.

Er sagte: »Ich erinnere mich sehr gut an das eine Mal in meiner ganzen Kindheit, da mir meine Mutter ihre Zuneigung wirklich zeigte. Ich war etwa zehn Jahre alt und weinte. Meine Mutter kam zu mir, legte die Arme um mich und zog mich fest an sich. Dieses eine Mal! Nur dieses eine Mal!«

Das Problem des Mannes war nicht die bevorstehende Verhandlung. Seinem Unbewussten erschienen die Gewerkschaftsbosse wie lieblose, unfreundliche Eltern, die keine

Sympathie für ihn empfanden. Er hatte Angst, von ihnen nicht akzeptiert zu werden. Im Grunde war seine Angst die eines kleinen Kindes, das sich von seinen Eltern zurückgestoßen fühlt, und das darauf zuerst mit Ärger und Wut auf sie, dann mit Entsetzen über seine Wut reagiert.

Was der Mann für eine schwierige, alarmierende Situation hielt, wäre einem besser angepassten Menschen als reine Alltagsangelegenheit erschienen. Dieser Mann aber erweckte in seinem Erwachsenendasein eine alte Kindheitstragödie immer wieder zum Leben und vermochte gegenüber seinen augenblicklichen Problemen keine unvoreingenommene Haltung einzunehmen, weil er als Folge eines in der Kindheit erzeugten Konflikts, der bei Liebes- und Hassgefühlen angesiedelt war, verquere Ansichten hatte. Sobald er im Umgang mit Menschen Enttäuschungen erlebte, wurden der alte Konflikt und damit auch die alte Angst- und Wutreaktion automatisch wieder lebendig.

Bei solchen deprimierten, ängstlichen Menschen scheint immer ein Gefühl der Entbehrung im Spiel zu sein. Es ist, als befänden sich die Deprimierten oder Überängstlichen ständig in einem Zustand der Trauer wegen irgendetwas Kostbarem, das unwiederbringlich verloren ist.

Was bewirkt eine todtraurige Gemütsverfassung, ein abgründiges Unglücklichsein? Es kann (und wird oft) durch den Verlust eines Ideals verursacht werden oder durch die Unmöglichkeit, einen Jugendtraum zu verwirklichen. In der Kindheit erscheint dem Menschen die Welt voller Möglichkeiten und voll Sicherheit; für den Erwachsenen sieht dann alles ganz anders aus! Vielleicht hat er ein Ziel, das er zu erreichen versucht, um das er kämpft, bis er den Mut verliert, weil es immer wieder in weite Ferne rückt. Weil er die Hoffnung verliert, seine Träume verwirklichen zu können, beginnt ihn Niedergeschlagenheit zu erfassen. Oder sein Gemütszustand rührt daher, dass er die Liebe eines Menschen, ohne den ihm das Leben unerträglich scheint, verloren hat.

Eines Tages kam ein Unternehmer zu uns, für den das Leben so sinnlos geworden war, dass es ihn nicht mehr kümmerte, ob er lebe oder sterbe. Er hatte die üblichen Depressionssymptome: Langeweile, Lustlosigkeit und das Gefühl, überflüssig zu sein. Dazu kam, dass nichts sein Interesse wecken oder Begeisterung in ihm entfachen konnte. Seine Freunde brächten ihm keine Ablenkung, sagte er. Sein Beruf sei ein Job, sonst nichts. Anderen gegenüber war er zynisch und sehr hart; seine Haltung könnte man, salopp gesagt, so charakterisieren: »Gib einem Anfänger nie eine faire Chance!« In geschäftlichen Dingen handelte er rücksichtslos und ging so weit, wie es die Grenzen der Anständigkeit gerade noch erlaubten. Seiner Frau und seinen Kindern gegenüber zeigte er sich gleichgültig. Er glaubte, niemanden zu lieben, und fühlte sich von niemandem geliebt.

Ein Mensch ohne Liebe wird unsicher, und sein Lebenswille schwindet. Der Mann hatte den Eindruck, über seinem Leben liege ein Grauschleier. Dies ist charakteristisch für die verbreitetste Form leichter, aber hartnäckiger Depression. Der Mann war wie ein müder alter Schauspieler, der lust- und mutlos seine Rolle runterspielt.

Vor einiger Zeit hatte er auf den Rat seines Arztes eine dreimonatige Ruhekur in einer Klinik gemacht, sich danach jedoch nicht besser gefühlt. Dann war er nach Florida gereist, war viel geschwommen, fischen gegangen und allein in seinem Wagen umhergefahren. Auch das hatte ihm nicht gutgetan. Daraufhin hatte ihn sein Arzt zu uns geschickt.

Es ergab sich der folgende Dialog: »Sie leben doch auf dem Land, was fangen Sie mit Ihrer Freizeit an? Arbeiten Sie im Garten, oder spielen Sie vielleicht Golf?«

»Oh, ich golfe ab und zu ein bisschen. Führe einfach die nötigen Bewegungen aus.«

»Hobbys, Interessen?«

»Nein, mir liegt wirklich an nichts etwas.«

»Ihr Betrieb?«

»Reine Routine. Ich weiß, was erforderlich ist, damit er floriert. Offen gesagt, es ist mir ziemlich egal, ob ich Geld verdiene oder verliere.«

»Sind Sie religiös?«

»Nein. Religion lässt mich kalt! Ich bin früher in die Sonntagsschule und in die Kirche gegangen, aber das gab mir nichts. Anderen mag es etwas geben, mir nicht.«

Seine Kindheitsgeschichte war in bestimmten wichtigen Punkten leider allzu typisch: Vollwaise mit sechs Jahren, aufgezogen von einer Tante, die pflichtbewusst, aber streng und lieblos zu ihm gewesen war. Sie hatte ihn zur Schule geschickt und ihm an materiellen Dingen gegeben, was er brauchte. Doch nie hatte er von ihr jene warme, liebevolle Fürsorge empfangen, die das Herz eines Kindes erfreut und stärkt.

Kein Wunder, dass seit frühester Jugend sein Wahlspruch lautete: »Jeder für sich, und den letzten sollen die Hunde beißen.« Dieses Motto hatte sein ganzes Leben beherrscht – und zerstört.

Sein Problem und dessen Lösung lassen sich in drei Punkten kurz zusammenfassen. Erstens: Der Hauptgrund für seine Depression war ein in der Kindheit erlittener Mangel an Liebe. Zweitens: Von anderen empfängt man nur Liebe, wenn man ihnen Liebe gibt. Drittens: Da er nie gelernt hatte, andere Menschen zu lieben, musste man ihm helfen, es jetzt zu lernen.

Wir wussten, dass es sinnlos war, ihm zu erklären, er müsse die Menschen lieben lernen. Man musste ihn vielmehr dazu anleiten. Wir sagten ihm, er solle als Erstes herauszufinden versuchen, wie andere Menschen überhaupt sind, und mit dem Entschluss beginnen: »Ich lerne meine Frau Anna verstehen, und ich lerne meine beiden Kinder richtig kennen.« Um ihm die Verwirklichung zu erleichtern, empfahlen wir ihm, mit diesen drei Menschen, auch wenn er sich dazu zwingen musste, Dinge zu unternehmen, die ihnen Freude bereiteten. Außerdem sollte er alle guten Eigenschaften und erfreulichen Züge, die er an ihnen entdeckte, auf ein Blatt Papier schreiben. Diese Liste sollte er ständig bei sich tragen, immer wieder lesen und laufend ergänzen. Sobald er sich über sich selbst zu ärgern begann, sollte er die Liste herausziehen und über die vermerkten Pluspunkte nachdenken statt über seine eigene Person.

Er gab zu, seine Mitarbeiter ziemlich hart anzufassen.Darum forderten wir ihn auf, sich ihnen gegenüber um eine wärmere, menschlichere Haltung zu bemühen und sich vorzustellen, er steckte in ihrer Haut. Das sollte er tun, bis die Zahl derer, die ihn wirklich interessierten, größer würde. Um sein Interesse zu fördern, rieten wir ihm, die Namen aller leitenden Angestellten seines Betriebes aufzuschreiben und unter jedem Namen sämtliche Fakten zu notieren, die er ermitteln konnte: Wie viele Kinder hatte der Betreffende? Wo wohnte er? Besaß er ein eigenes Haus? Was tat oder mochte er gern und was nicht? Welche Hobbys hatte er? Damit sollte er so lange fortfahren, bis er die anderen nicht mehr als bloße Schreibtischfiguren sah, sondern als Menschen mit charakteristischen menschlichen Zügen und Eigenschaften.

Wie sich bald zeigte, wurde dies für ihn zu einer fesselnden Beschäftigung. Er war ein intelligenter Mann, und um seine Studie zu vervollkommnen, beschloss er, seine Kollegen zu Hause zu besuchen, ganz zwanglos, als Freund. Er trug immer mehr Fakten über sie zusammen, schrieb diese ordentlich in ein Notizbuch und studierte ihre Lebensgeschichten, wenn er morgens mit der U-Bahn ins Stadtzentrum fuhr. Er las die Namen, stellte sich die Gesichter der Männer vor, sann über sie nach.

Eines Tages ertappte er sich dabei, dass er dachte: »Bill ist ein großartiger Bursche. Einfach wunderbar, wie er seinen kleinen Jungen liebt. Die Geschichte von dem Boot, das er für ihn baut, hat mich wirklich gerührt.«

An diesem Tag, so erzählte er uns, erkannte er schlagartig, dass er über den Berg war. Bald wurde ihm seine neue Denkweise zur Gewohnheit. Eines Tages rief er voll Begeisterung aus: »Wo war ich bloß mein ganzes Leben lang? Wo war ich bloß? Ich habe mir eingebildet, die Menschen seien langweilige, aufgeblasene Nullen. Was für ein Irrtum! Sie sind interessant! Sie sind wunderbar!« Er war auf dem besten Weg, seinen depressiven Zustand zu überwinden – durch das Verständnis für andere.

Vollends zur Besinnung brachten ihn die Worte eines Bekannten, der zu ihm sagte: »Sie können sich glücklich schätzen! Ich bin zeitlebens Junggeselle gewesen. Es muss wunderbar sein, eine Frau und Kinder zu haben, die einen so voller Liebe ansehen!«

Der nächste Schritt in seiner Behandlung war besonders wichtig. Menschen, die an Depressionen leiden, müssen unbedingt ihr Gefühl, überflüssig zu sein, durch das starke, positive Empfinden ersetzen, zu etwas Größerem, als sie selbst sind, zu gehören, von der Gesellschaft in einer ganz bestimmten Weise gebraucht zu werden. Vor allem aber muss man ihnen bewusst machen, dass sie unter dem Schutz und im Dienst Gottes auf dieser Erde sind, um sich nützlich zu erweisen und so sich selbst und andere zu erfreuen.

Der beste Weg, jemandem einen Gedanken nahezubringen, besteht darin, ihn aufzufordern, diesen Gedanken anderen Menschen nahezubringen. Darum baten wir den Unternehmer, unserer Hilfsorganisation zur Betreuung von Senioren beizutreten. Wir sagten zu ihm: »Viele alte Leute sind scheu und unsicher, haben Angst, sich zu entspannen. Oft wirken sie uninteressiert, teilnahmslos. Sie versuchen aber nur, ihre Schüchternheit zu verbergen. Wir möchten, dass Sie uns helfen, diesen Menschen zu helfen. Treten Sie dem Verein bei und übernehmen Sie die Rolle des ›Sprechers‹.«

»Ich? Als Sprecher?« Er war verblüfft, doch irgendwie freute ihn der Vorschlag.

»Halten Sie bei den Zusammenkünften nach schüchternen Männern Ausschau«, fuhren wir fort. »Suchen Sie sich die Schüchternen heraus. Gewöhnlich erkennt man sie an dem Zögern, mit dem sie sich einer Gruppe nähern. Beschäftigen Sie sich mit einem dieser Männer, demjenigen, der am schüchternsten aussieht. Fragen Sie ihn, was ihn interessiert. Locken Sie ihn aus seiner Reserve.«

Anfangs war es ein Spiel für ihn, wegen seiner eigenen zurückhaltenden Art jedoch kein leichtes. Trotzdem gefiel es ihm. Bald begann er seine neuen Freunde, »um ihnen zu helfen«, in den Gottesdienst mitzunehmen. Er vergaß, dass ihn die Religion angeblich kaltließ, und gelangte allmählich zu einer neuen Vorstellung von Gott. Er sah Gott endlich als

Vater und Inbegriff der Liebe und Güte und nicht mehr als strengen, strafenden Herrn. Und genau wie er gelernt hatte, zu lieben und sich von den Menschen seiner Umgebung geliebt zu fühlen, lernte er nun, sich von Gott geliebt zu fühlen. Es war ein beglückendes, bereicherndes Erlebnis. An die Stelle seines morbiden Zynismus trat ein wachsendes Gefühl der Sicherheit. Er gewann immer mehr Vertrauen zu sich selbst und zu seiner Zukunft; seine Depressionen verschwanden im Lauf der Zeit vollkommen.

Chronische Angst zerstört den Seelenfrieden. Immer wieder begegnen wir Männern und Frauen, die vom Morgen bis zum Abend, von einem Tag zum anderen, von einem Jahr zum anderen immer das Schlimmste erwarten und deshalb in nie endender Qual leben. Ihre äußeren Lebensumstände sind meist durchaus geordnet und zufriedenstellend; doch typisch für sie ist, dass sie sich trotzdem Sorgen machen und das unbestimmte, überwältigende Gefühl haben, ihnen drohe eine Katastrophe. Dies erinnert an Shakespeares Wort von dem »gefährlichen Zeug, das auf dem Herzen lastet«. Bei diesen unglücklichen Menschen ist das »gefährliche Zeug« die Angst.

Wir meinen natürlich nicht jene Angst, die man als Reaktion auf eine unmittelbar drohende äußere Gefahr empfindet. Auf eine Bedrohung von außen reagiert der Mensch normalerweise, indem er die bedrohlichen Umstände ändert, sofern er das kann, oder sich ihnen anpasst, wenn er sie nicht ändern kann. Wir sprechen hier von der chronischen Angst, die aus den Tiefen eines beunruhigten Gemüts aufsteigt.

Eine Frau in mittleren Jahren kam wegen quälender Depressionen zu uns. Das Leben hatte für sie allen Reiz verloren. In ihrer depressiven Stimmung empfand sie jeden Tag als reinste Quälerei, das Aufstehen am Morgen kostete sie unendlich Mühe. Mit gebrochener Stimme sagte sie, dass sie ihrem Mann das Leben vergälle und ihre Kinder vernachlässige. Sie fühlte sich wertlos, von Gott verstoßen; sie hasste sich selbst.

Objektiv lag kein Grund zu einer so harten Selbstbeurteilung vor, dennoch hielt die Frau sie für richtig.

Hier ihre Geschichte: Sie war in den amerikanischen Südstaaten geboren worden; ihr Vater, den sie zutiefst liebte, hatte sich dort als Landarzt niedergelassen. Als kleines Mädchen hatte sie nur den einen Wunsch gehabt, in die Fußstapfen des Vaters zu treten und Ärztin zu werden. Ihr Vater starb, als sie fünfzehn war, und sie wurde der Großmutter anvertraut, die kein Verständnis für ihren Berufswunsch hatte. Ein paar Jahre später heiratete sie und zog mit ihrem Mann nach New York. Irgendwann nach der Geburt ihres dritten Kindes verfiel sie in eine tiefe Depression, an der sie schon fast ein Jahr litt, als sie uns aufsuchte.

Wie sich zeigte, hatte sie den Verlust des Vaters nicht überwunden; sie trauerte noch immer um ihn. Und sie hatte nicht überwunden, dass ihr Wunsch, Ärztin zu werden und sich so mit ihm zu identifizieren, nicht in Erfüllung gegangen war. Unbewusst hatte sie diesen Wunsch nie aufgegeben.

Weil Mann und Kinder ihr in gewissem Sinne den Weg zur Verwirklichung ihres Anliegens blockierten, war sie wütend auf ihre Familie. Die ungerechte Wut auf ihre Familie wiederum erzeugte in ihr ein so starkes Schuldgefühl, dass sie depressiv wurde.

Ganz allmählich brachten wir sie zu der Erkenntnis, dass ein Verlustgefühl, wie sie es seit dem Tod des Vaters unvermindert empfand, starken seelisch-geistigen Schmerz verursachen konnte. Nach einer langwierigen, einfühlsamen Umerziehung vermochte sie endlich zu sagen: »Es ist wahr, dass ich etwas aufgeben musste, das ich mir aus tiefstem Herzen wünschte. Aber ich glaube, das müssen die meisten von uns. Bei mir ist etwas anderes an dessen Stelle getreten – meine Familie. Ich sehe jetzt, dass ich meinem Mann und meinen Kindern keineswegs das Leben schwer mache; in Wirklichkeit helfe ich ihnen, erfolgreiche Menschen zu werden.«

»Das ist richtig«, sagte der Psychotherapeut, »es besteht kein Anlass für Ihre Selbstkritik, die Tatsachen rechtfertigen sie einfach nicht. Aber von Ihren Depressionen werden Sie nicht frei, wenn Sie diese Probleme rein intellektuell angehen. Ein derart starker Wunsch wie der Ihre, Ärztin zu werden, muss sich irgendwie äußern können. Wenn es Ihnen ein bisschen besser geht, werden wir dafür sorgen, dass Sie irgendeine Teilzeitbeschäftigung finden, die dieses emotionale Bedürfnis befriedigt.«

Tatsächlich fand sie bald Arbeit bei einer sozialen Blutspendeinrichtung.

Die Frau war tief religiös, und ihre endgültige Heilung erfolgte infolge behutsamer religiöser Führung. Der Geistliche sagte zu ihr: »Da Sie so deprimiert, so voll düsterer Gedanken über sich selbst und Ihre Familie sind, haben Sie offensichtlich die Gnade und liebevolle Güte Gottes noch nicht erkannt. Vielleicht kommt Ihnen in Ihrer Verzweiflung ab und zu der Gedanke an Gott, aber das genügt nicht. Sie müssen Gott, indem Sie sich ihn bewusst vergegenwärtigen, aus den dunklen Winkeln Ihres Gefühlslebens hervorholen und in die Mitte Ihres Bewusstseins rücken. Sie müssen üben, an Gott zu denken. Und Sie müssen üben, Ihre Hoffnung auf Gott zu setzen. Ich unterstreiche das Wort *üben*.«

Er zitierte für sie eine Passage aus der Bibel, den 6. Vers des 42. Psalms, zweifellos eine der großartigsten Aussagen im Hinblick auf geistig-seelische Gesundheit: »Was betrübst du dich, meine Seele, und bist so unruhig in mir? Harre auf Gott! Denn ich werde ihm noch danken, dass er mir hilft mit seinem Angesicht.«

Der Geistliche erklärte, dass diese Worte ihre endgültige Heilung bewirken würden. »Zuerst weisen sie uns darauf hin«, sagte er, »wie sehr die Seele, das eigentliche Wesen des Selbst, deprimiert ist. Wir sind niedergeschlagen, mutlos, bedrückt! Dann bekommen wir nachdrücklich gesagt, dass wir uns darin üben sollen, auf Gott zu hoffen. Wir sollen beginnen, uns in dem Glauben zu üben, dass Gott uns helfen kann und helfen wird, unsere Probleme zu lösen. Als Folge davon schöpfen wir neues Vertrauen, und wenn wir beharrlich sind, erfüllt uns schließlich ein solches Leuchten, dass die neue Gesundheit unserer Seele auf unserem Gesicht und in unserer ganzen Persönlichkeit sichtbar wird.

Hoffnung allein wirkt schon heilend«, fuhr der geistliche Berater nach kurzer Pause fort. »Aber Hoffnung auf Gott verleiht eine neue Lebenszuversicht, die sich in Form einer tiefen Gelassenheit zeigt und eine neue geistige und gefühlsmäßige Gesundheit offenbart. Indem Sie den Gedanken an die Gegenwart und Hilfe Gottes in den Vordergrund Ihres Denkens rücken, werden Sie die schöpferische Kraft der Hoffnung erlangen.«

Der Geistliche forderte die Frau auf, regelmäßig in die Kirche zu gehen, denn zusammen mit anderen, die sich der gleichen spirituellen Hoffnung hingeben, so erklärte er, akzeptiere man leichter, dass Gottes Gegenwart lebendige Wirklichkeit ist: Man spürt die göttliche Kraft, und dem Betenden widerfährt etwas, das unbedingt eine im therapeutischen Sinn heilsame Wirkung hat.

Der Geistliche gab der Frau einen letzten Rat mit auf den Weg. Er wusste, dass sie sich in der Nacht und in den frühen Morgenstunden besonders niedergeschlagen fühlte und dass für sie der Tag bereits beim Aufstehen von düsteren Ahnungen und von Traurigkeit überschattet war. Darum empfahl er ihr, vor dem Schlafengehen zu beten, indem sie bekräftigte, dass Gott keinem von uns je fern ist. »Gottes Gegenwart gibt mir Geborgenheit.« Und dann sollte sie, statt über ihre Schlaflosigkeit nachzugrübeln, voll Überzeugung zu sich selbst sagen: »Ich werde die ganze Nacht hindurch ruhig schlafen und am Morgen frisch und voller Zuversicht erwachen.«

Die wirkliche Ursache der meisten Depressionen liegt nicht in äußeren Umständen, sondern im Unbewussten. Da bei manchen Depressionen eine Einlieferung ins Krankenhaus notwendig ist, werden alle Hilfesuchenden, die in unser Institut kommen, zunächst von einem Psychiater untersucht, der dann entscheidet, ob sie für unsere Form der therapeutischen Behandlung geeignet sind oder der Einweisung in eine Spezialklinik bedürfen.

Vor einiger Zeit wertete eine Gruppe von Ärzten ihre Fallgeschichten gemeinsam aus, um sich ein umfassendes Bild von dem zu machen, was man als »Sorgengewohnheiten«

ihrer Patienten bezeichnen könnte. Die Aufzeichnungen der Ärzte ergaben interessante Fakten: Siebzig Prozent der Menschen, die sie behandelten, führten unter ihren Beschwerden Sorgen an; vierzig Prozent machten sich Sorgen wegen vergangener Dinge, fünfzig Prozent wegen zukünftiger Dinge und nur zehn Prozent wegen augenblicklicher Schwierigkeiten.

Die Hälfte der Sorgen galt also Dingen, die noch nicht geschehen waren. Natürlich muss man sein Möglichstes tun, um Schwierigkeiten auszuschalten, indem man vorausplant. Aber konstruktive Planung der Zukunft ist etwas ganz anderes als die Sorge um die Zukunft; und ein vernünftiger Mensch, der seine Probleme wirklich bewältigen will, anstatt sich von ihnen überwältigen zu lassen, lernt es, sich mit ihnen auseinanderzusetzen, wenn sie auftreten, und wird sich von seinen Sorgen nicht halb umbringen lassen, bevor der Kampf überhaupt beginnt.

J. Arthur Rank, in den 40er und 50er Jahren ein bedeutender Filmproduzent, hatte angeblich eine Spezialmethode gegen Sorgen. Er beschloss, sich alle seine Sorgen an einem einzigen Tag pro Woche zu machen, nämlich immer mittwochs; da hielt er dann sein »Sorgenmittwochsymposium« ab. Bereitete ihm an einem anderen Tag irgendetwas Sorgen, schrieb er es auf und legte den Zettel in eine Schachtel. Wenn er am darauffolgenden Mittwoch im Beisein von Freunden die Schachtel öffnete, stellte er regelmäßig fest, dass sich die meisten besorgniserregenden Angelegenheiten bereits erledigt hatten. Die restlichen gab er wieder in die Schachtel, um sie sich am folgenden Mittwoch erneut anzusehen! Auf diese Weise heilte er sich von der Gewohnheit, sich Sorgen zu machen.

Als Jackie Robinson (1919–1972) in die oberste Baseball-Liga aufrückte, wusste er, dass das Spielen dort für ihn keineswegs leicht werden würde, denn er war der erste schwarze Spieler in dieser exklusiven Liga. Er äußerte seine Sorgen gegenüber Branch Rickey, dem Besitzer der Brooklyn Dodgers, der ihn verpflichtet und zur Vertragsunterschrift zu sich gebeten hatte.

»Das Ganze klingt wie ein wahr gewordener Taum, Mr. Rickey, nicht nur für mich, sondern für alle Afro-Amerikaner«, sagte er. »Aber es liegt Trouble vor uns, Schwierigkeiten stehen Ihnen bevor, mir, meinem Volk und dem Baseball.«

Robinson erzählte, dass Rickey die Worte »Trouble vor uns« genüsslich wiederholte, als ergötzte er sich an ihrem Klang! »Wissen Sie, Jackie«, entgegnete dann Rickey, »als ich ein kleiner Junge war, machte ich meine erste Reise mit der Bahn. Im selben Abteil saß ein altes Ehepaar, für das es auch die erste Reise war. Wir fuhren durch die Rocky Mountains. Der alte Mann, der am Fenster saß, schaute nach vorn, dann sagte er zu seiner Frau: ›Trouble vor uns, Ma. Wir sind an einem mächtig steilen Abhang! Wir sind hoch über einem Abgrund, Ma, und werden gleich runterbrausen.‹ Für meine kindlichen Ohren wiederholten die Räder: ›Trouble vor uns, Trouble vor uns …‹ Bis heute muss ich immer, wenn ich Eisenbahnräder höre, daran denken! Kurz nach den Worten des alten Mannes fuhr unser Zug in einen Tunnel – und sieh an! – wir kamen auf der anderen Seite des Berges wieder heraus ! So geht es auf dieser Welt mit dem meisten ›Trouble vor uns‹, Jackie, wenn wir den gesunden Menschenverstand und den Mut einsetzen, den Gott uns gegeben hat. Natürlich müssen wir die Risiken untersuchen und klug handeln.«

Rickey hatte keine Angst vor dem, was die Zukunft bringen mochte, denn seine Devise lautete: »Gott ist mit uns in allem!«

»Diese kleine Geschichte habe ich nie vergessen«, erzählte Jackie Robinson. »Sie half mir durch viele schwere Momente, mit denen ich fertig werden musste. Ich unterschrieb an dem Tag damals den Vertrag mit einem demütigen Gefühl großer Verantwortung. Ich betete darum, der Aufgabe gewachsen zu sein.«

Ein anderer großer amerikanischer Sportler, der ehemalige Boxweltmeister im Schwergewicht, Gene Tunney, berichtete, ihm habe der Glaube geholfen, seine Ängste »k. o. zu schlagen«. In einem Camp in den Adirondacks, einer reizvollen Gebirgsgruppe im Staate New York, bereitete er sich auf seinen Kampf gegen Jack Dempsey vor. Da er auch nur ein Mensch war, wollte er wissen, was die Sportberichterstatter über den bevorstehenden Kampf schrieben. Nicht viele der Zeitungsartikel waren günstig für ihn. Die meisten Reporter sagten voraus, er würde mörderische Prügel beziehen! Das beeindruckte ihn unwillkürlich und begann ihn zu verunsichern.

Eines Nachts wachte er plötzlich auf, weil sein Bett zitterte. Es war fast, als würde das Zimmer von einem Erdbeben erschüttert. Nach ein paar Sekunden merkte er, dass er heftig zitterte und er selbst sein Bett in Bewegung versetzt hatte. Er hatte einen Albtraum gehabt, in dem er sich auf der Bahre liegen sah, blutüberströmt und vollkommen erledigt. Die in seinem Gemüt bohrende Angst hatte ihn im Schlaf zum Zittern gebracht.

»Ich stand auf und beratschlagte mit mir«, erzählte Tunney. »Was konnte ich gegen diese Angst tun? Ihre Ursache konnte ich mir denken. Ich hatte vollkommen falsch über den Kampf nachgedacht. Ich hatte die Zeitungen gelesen, und in allen hatte gestanden, dass ich verlieren würde. Als Folge der Zeitungslektüre verlor ich den Kampf in meiner eigenen Vorstellung.«

Er beschloss auf der Stelle, keine Zeitungen mehr zu lesen und seine pessimistische Einstellung zu ändern! Dann setzte er sich auf die Bettkante und betete. Dabei fasste er den Entschluss, sich mit Gottes Hilfe eine geistige Mauer zu errichten, durch die keine Angst hindurchkommen würde! Diese Strategie führte ihn zum Sieg. Frei von Angst ging er in den Titelkampf gegen Dempsey, und er gewann.

Große Heilkraft birgt der Glaube an Gott, der sich in folgender Formel zusammenfassen lässt: »Wenn ich betrübt bin, so denke ich an Gott.« Vor Kurzem erzählte ein Bekannter, der mit unserer Arbeit in Verbindung steht, eine beeindruckende Geschichte darüber, wie ein derartiger Glaube einem Menschen helfen kann, eine persönliche Tragödie zu überwinden. Er besuchte im Zuge einer Vortragsreise im Mittleren Westen in einer Kleinstadt Iowas einen ans

Bett gefesselten Mann, den ein Unfall zum Invaliden gemacht hatte.

Im Laufe des Gesprächs erzählte ihm der Mann, wie der Unfall passiert war. Neun Jahre zuvor, auf einem Jagdausflug, war er in einer Scheune auf ein morsches Brett getreten und fast sieben Meter tief auf einen Steinboden gefallen. Monatelang hatte er im Krankenhaus gelegen. Den Kampf um sein Leben hatte er zwar gewonnen; aber er war von der Hüfte abwärts gelähmt. Der Mann besaß jedoch eine erstaunlich positive Lebenseinstellung. Er gehörte zu den Menschen, die eine Niederlage nicht hinnehmen. Als er aus dem Krankenhaus heimkam, ließ er sich ein genial konstruiertes Bett bauen, mit dem er durchs Zimmer fahren konnte. Und er lernte Maschineschreiben. Dann eröffnete er einen Laden, in dem er Zeitschriften verkaufte und Abonnenten warb, und baute das Geschäft, ohne an das Mitleid der Abonnenten zu appellieren, zu einem erfolgreichen Unternehmen aus.

Unser Bekannter musste dennoch immer wieder daran denken, wie schrecklich es sein müsse, unvermittelt so aus der Bahn geworfen zu werden und für den Rest seines Lebens im Bett liegen zu müssen. Er überlegte, was er selbst in einer solchen Situation tun würde. Ihn interessierte brennend, wie der Mann einen so vernichtenden Schlag hatte hinnehmen können, ohne in tiefste Depression und hoffnungslose Verzweiflung zu verfallen. Schließlich fragte er ihn danach.

Der Mann hörte sich die Frage ruhig an und antwortete dann: »Ich verstehe, worauf Sie hinauswollen. Es fiel mir sehr schwer, mich damit abzufinden, und eine Zeit lang meinte ich, das sei das Ende von allem. Aber ich fand mich damit ab, und ich will Ihnen erzählen, wie ich es schaffte. Als ich in mir selbst die Antwort nicht finden konnte, schaute ich einfach nach oben und sprach mit ihm dort droben. Zuvor waren er und ich nur oberflächlich bekannt gewesen. Aber jetzt lernte ich ihn wirklich kennen. Ich sagte: ›Herr, ich bin sehr elend dran und sehr rebellisch.‹ Und der Herr antwortete, so schien es mir: ›Ich verstehe dich, und ich werde dir helfen.‹ Das tat er auch – wahrhaftig. Er nahm die Depression von mir und schenkte mir inneren Frieden. Er erfüllte sogar mein Herz mit Glück. Darum bedauern Sie mich bitte nicht. Ich habe meine Antwort gefunden.«

Sein strahlender Glaube zeigte deutlich, dass die in der Bibel verkündete Heilmethode gewirkt hatte. Er hatte auf Gott »gehofft«, und an ihm war geschehen nach dem Wort: »Gott, tröste uns und lass leuchten dein Angesicht; so genesen wir.«

Einmal erhielten wir einen Brief, der in dramatischster Weise veranschaulicht, wie wirksam die Hoffnung auf Gott als Mittel zur Erlangung eines Vertrauens ist, das jede Angst vertreibt.

Der Brief stammte von einem jungen Universitätsabsolventen, der jahrelang an quälender Unsicherheit gelitten hatte. Er hatte das Gefühl gehabt, alles laufe schief und alles sei falsch, doch er hatte nicht gewusst, was er dagegen tun sollte.

»Während ich im College war«, hieß es in dem Brief, »beherrschte Angst jeden meiner Gedanken. Ich war ein überdurchschnittlich guter Student, doch in meiner Leistung stark beeinträchtigt. Als ich in den Semesterferien heimkam, machte ich auf meine Eltern den Eindruck, meine frühere Persönlichkeit verloren zu haben, und das bereitete ihnen große Sorgen.

Im Sport, der mir zuvor Spaß gemacht hatte, rutschte ich ins untere Mittelmaß ab. Während ich früher viele Freunde gehabt hatte, waren die Leute mir gegenüber jetzt oft abweisend; während ich bislang aufrichtig gewesen war, wurde ich jetzt immer öfter ausweichend.

Und ich stellte mir tausend ängstliche Fragen. Würde ich eine Stellung bekommen, wenn ich vom College abging? Was würde passieren, wenn sich die Konjunkturflaute noch verschlimmerte? Was würden meine Freunde von mir denken, falls ich ›mit ihnen nicht mehr mithalten‹ konnte?

Dann las ich Ihr Buch *Du kannst wenn du glaubst du kannst.* Ich fand mich fast in jedem Beispiel wieder! Ich erkannte mich, wie ich seit Jahren versuchte, Glück und Erfolg in meiner Arbeit zu erlangen, doch von einem entscheidenden Faktor behindert wurde, von Angst: Angst vor dem, was die Menschen über mich dachten, Angst vor der Möglichkeit, bei Prüfungen zu versagen, Angst vor der Aussicht, nach dem Studium in einer von erbarmungsloser Konkurrenz beherrschten Welt arbeiten zu müssen.

Und dann, als ich die Botschaften des Buches immer mehr verinnerlichte, erkannte ich, dass das, was ich all diese Jahre gesucht hatte, mir tatsächlich immer nahegewesen war – Gott ...

Mit Gottes Hilfe lerne ich jetzt, meine täglichen Probleme zu bewältigen und meine Ängste zu überwinden. Ich habe eine erstaunliche Veränderung durchgemacht und mir eine ganz andere Lebensauffassung zu eigen gemacht. Meine Anspannung hat stark nachgelassen, und stattdessen fühle ich mich in einem positiven Sinne energiegeladen und leistungsfähig wie noch nie. Ich bin jetzt wirklich an meiner Arbeit interessiert, und ich bin glücklich. Ich werde vermutlich nie eine Million Dollar verdienen (was für viele Menschen der Maßstab eines erfolgreichen Lebens zu sein scheint), aber ich glaube, dass ich etwas Schöneres, Befriedigenderes, Dauerhafteres erlangen werde: echtes Glück, wie es nur ein bewusst in der Geborgenheit und Freude der Gottesgegenwart lebender Mensch erfahren kann.«

Wir haben Möglichkeiten aufgezeigt, durch die Ängste und Sorgen erfolgreich bekämpft werden können. Im Folgenden haben wir Ihnen noch einmal die wichtigsten Ratschläge zusammengestellt, mit deren Hilfe Sie negative und depressive Gedanken überwinden können

1. Akzeptieren Sie die Tatsache, dass die Neigung, sich Sorgen zu machen Ihrer Persönlichkeit ungemein schadet und, generell gesehen, eine der schwerwiegenden Fehleinstellungen der Menschheit ist.
2. Machen Sie sich bewusst, dass diese Neigung zur Gewohnheit werden kann; dass sie, wenn man sich lange genug Sorgen macht, zu einem Bestandteil des Charakters wird. Denn wie der römische Kaiser und

Philosoph Mark Aurel in seinen berühmten *Selbstbetrachtungen* warnend sagte: »Die Seele nimmt die Farbe ihrer Gedanken an.«

3. Stellen Sie sich bewusst darauf ein, in der Vergangenheit begangene Fehler zu vergessen. Wiederholen Sie jeden Morgen und jeden Abend eines der wirksamsten Mittel für geistig-seelische Gesundheit: »Ich vergesse, was hinter mir liegt, und konzentriere mich auf das, was vor mir liegt, und bemühe mich mit aller Kraft, mein Ziel zu erreichen.«
4. Bekräftigen Sie jeden Tag Ihren Glauben an Ihre Zukunft und die Zukunft der Welt. Tun Sie dies beispielsweise mit den Worten: »Der Herr ist meine Kraft und wird mich auf meine Höhen führen.« Wenn die göttliche Vorsehung in der Vergangenheit über Sie gewacht hat, können Sie auch in Zukunft auf Gottes Schutz bauen.
5. Denken Sie häufig an die weise Aussage des Begründers der angewandten Psychologie William James: »Das Geniale besteht oft darin, dass man weiß, was man übersehen muss.« Mit anderen Worten: Lernen Sie zu erkennen, was man besser nicht beachtet, was man besser vergisst.
6. Lassen Sie sich in Ihren Überzeugungen nicht beirren. Schaffen Sie sich in der Mitte Ihres Geistes sozusagen einen schalldichten Raum, in dem Sie auch bei stärksten Einwirkungen von außen und innen unerschütterlich ruhig bleiben können, wenn Sie Ihre Pläne machen und kreativ Ihr Leben gestalten.
7. Unterstreichen Sie Bibelstellen, die mit Vertrauen zu tun haben, und lernen Sie sie auswendig, beispielsweise folgende: »Kauft man nicht zwei Sperlinge um *einen* Pfennig? Dennoch fällt deren keiner auf die Erde ohne euren Vater. Nun aber sind auch eure Haare auf dem Haupt alle gezählt. So fürchtet euch denn nicht; ihr seid besser als viele Sperlinge.« Wenn Gottes Gegenwart Sperlinge umfängt, dürfen

Sie sicher sein, dass seine Gegenwart auch Sie umgibt.

8. Üben Sie sich in dem Versuch, Ihren Geist leer zu machen. Sagen Sie zu sich selbst: »Ich mache nun meinen Geist vollkommen leer von Angst, Sorgen und Zweifeln.«
9. Füllen Sie dann Ihren Geist, indem Sie bekräftigen: »Gott füllt meinen Geist, meine Seele mit Frieden, Mut und Freude.«
10. Üben Sie sich darin, Gottes Gegenwart zu spüren. Tun Sie es mit den Worten: »Gott ist jetzt mit mir. Er ist mein ständiger Begleiter. Er wird mich nie verlassen.«

Vergessen Sie bei alledem nicht, dass Depressionen und Angstzustände, auch wenn sie durch äußere Ereignisse und Umstände scheinbar vollkommen gerechtfertigt sind, ihre zerstörerische Kraft einzig und allein aus inneren Konflikten beziehen. Derartige destruktive Reaktionen auf Probleme des täglichen Lebens kann man aber beseitigen, indem man sie an ihren Wurzeln anpackt. Als Erstes: Führen Sie, wenn nötig mit fachkundiger Hilfe, eine gründliche Untersuchung der wahren Ursachen durch. Als Zweites: Nehmen Sie an Aktivitäten teil, die Ihnen das Gefühl vermitteln, zu einer Gruppe zu gehören und ihr gegenüber Pflichten zu haben. Als Drittes und Letztes: Bauen Sie in sich mithilfe des Glaubens ein unbeirrbares Vertrauen auf Gott auf, wodurch Ihr Leben erst Sinn, Zweck und eine feste Richtung erhält.

KAPITEL 7

Der Schlüssel zu einer erfolgreichen und glücklichen Ehe

Mehr als ein Fünftel der Menschen, die zu uns kommen, möchte von uns wissen, wie sie ihre Ehe vor dem Scheitern bewahren können. Einst standen sie vor dem Altar und waren wie alle jungen Paare von romantischen Gefühlen und großen Hoffnungen erfüllt und voll Glauben an die gemeinsame Zukunft. Jetzt standen verwirrte, ratlose Menschen vor uns. Der Ehebund, den sie einst so freudig eingegangen waren und als edles Band ihrer Liebe aufgefasst hatten, war ihnen zu einer quälenden Fessel geworden. Betrachtet man die Lage solcher Menschen vor dem Hintergrund der tragisch hohen Scheidungsrate, kann man nur den traurigen Schluss ziehen, dass die Ehe eine der kompliziertesten Institutionen ist, die es je gegeben hat.

Ihre göttliche Sanktionierung aber sowie das Festhalten der Gesellschaft an ihr weisen jedoch darauf hin, dass sie als Institution unentbehrlich ist und dass sie berechtigt und glückbringend sein kann, wenn sie von Partnern getragen wird, die als Erwachsene vernünftig und reif agieren und reagieren.

Der Zweck, dem die Ehe dienen soll, ist logisch, klar und zwingend. Sie ist das einzige zufriedenstellende Abkommen, aufgrund dessen sich eine gegenseitige Liebe der Partner und die Liebe zwischen Eltern und Kindern verwirklichen lässt. Die Bedeutung der Ehe im Hinblick auf die Kinder ist wichtig. Die Ehe schafft (oder sollte es zumindest) eine für die Geburt und die Erziehung von Kindern ideale Atmosphäre, die geprägt ist von Regeln, die unsere Gesellschaft repräsentieren und an denen sie schon so lange festhält.

Als Plan für den Fortbestand der Menschheit wie auch für zwischenmenschliches Glück scheint die Ehe etwas sehr Einfaches zu sein. Doch ihre Erfüllung im Alltagsleben ist offenbar alles andere als einfach. Sie entspricht zwar den grundlegenden Bedürfnissen und Bestrebungen des Menschen, aber allzuoft werden Männer und Frauen von tief sitzenden, überaus zerstörerischen inneren Impulsen daran gehindert, in ihrem Leben diesen an und für sich vortrefflichen Plan zu verwirklichen. Ihre unbewussten Triebe führen dazu, dass sie aus einem Zwang heraus genau die Situation ablehnen, die ihr Bewusstdenken begrüßt. Sie betrachten die Ehe als eine auf gemeinsamen Lebenszielen und -idealen aufgebaute Partnerschaft, in der es für jeden von ihnen Pflichten, Vergnügungen, Bedürfnisse und Wünsche gibt, zu deren Erfüllung oder Befriedigung der Partner beiträgt. Doch in der Praxis stellen die an diesem Problem scheiternden Partner fest, dass ihre Ehe ein einziger unerfreulicher Wettstreit gegensätzlichen Wollens ist.

Die Folgen lassen sich aus den Protokollen der Scheidungsverfahren wie auch aus den Aufzeichnungen von Sozialhelfern, Psychologen und Ärzten herauslesen. Die Lektüre vermittelt ein umfassendes, aber ziemlich einförmiges Bild von Ehen, die wegen Untreue, sexueller Frustration oder Exzessivität, wegen Alkoholismus, Streit über Geld oder Verwandte, Auseinandersetzungen über sowohl ernste als auch ziemlich lächerliche Dinge und Ähnlichem mehr zerbrochen sind.

Ehen werden vielleicht bisweilen schon im Himmel geschlossen, aber bewähren müssen sie sich natürlich in der »Arena« des Alltagslebens; und der Grund, warum sie so oft nicht glücklich verlaufen, bleibt nur ein Geheimnis, wenn man die Mechanismen und die Kräfte des Unbewussten nicht berücksichtigt. Eheliche Konflikte sind nur selten das, als was sie erscheinen. Die Streitigkeiten erbitterter Ehepartner stellen meist ein unbewusstes Konglomerat aus Sinnvollem und Sinnlosem dar; sie widerspiegeln weit mehr die Konflikte der betroffenen Individuen als eine äußere Konfliktsituation. Primitive infantile Bestrebungen und Wünsche machen sich gegen die Interessen des Ehepartners geltend, oft auch gegen die eigenen besseren Impulse und im Widerspruch zu den eigenen Moralvorstellungen.

Die Ehe erfordert größere Kompromissbereitschaft als jede andere menschliche Beziehung. Sie ist eine Partnerschaft, in der jeder der Partner den Eigennutz zum beiderseitigen Nutzen aufgeben muss. In der Ehe ist kein Raum für unbeherrschte Ichbezogenheit, weder seitens des Mannes noch der Frau.

Wir machten die Erfahrung, dass das Verständnis der tiefsten eigenen Motive seitens des Ehemannes und der Ehefrau sowie aller beider entschiedener Entschluss, die Ehe zum Erfolg zu führen, die hartnäckigsten ehelichen Probleme zu lösen vermögen. Eine wichtige Voraussetzung dafür ist jedoch, dass die Ehe auf einer vernünftigen Basis eingegangen wurde und dass sie von überzeugtem religiösem Glauben getragen wird.

Die Notwendigkeit einer vernünftigen Basis bei der Partnerwahl scheint so offensichtlich, dass man darüber gar nicht sollte reden müssen. Doch oft scheinen die Menschen bei der Wahl eines Ehepartners so erstaunlich wenig nachzudenken, dass man als Außenstehender fast glauben könnte, das Denken sei in diesem Punkt ausdrücklich verboten. Würde man ein junges Paar vor der Hochzeit fragen, ob es geistig, seelisch und körperlich zusammenpasse, würden die beiden wahrscheinlich lachend antworten: »Wir lieben uns.« Das aber bedeutet in Wirklichkeit jedoch nicht einmal, dass sie körperlich zusammenpassen – auch wenn sie das als sicher annehmen sollten. Andererseits fördert die Freude über eine vollkommene körperliche Vereinigung zwar das eheliche Glück; es reicht allein aber nicht aus, um die Ehe dauerhaft zu machen. Für eine haltbare Ehe sind außerdem Freundschaft, gegenseitiges Verständnis und gegenseitige Achtung nötig, eine auf Gleichwertigkeit begründete echte Partnerschaft sowie gemeinsame Ziele, Wünsche und Ideale. In der Ehe, diesem diffizilsten aller menschlichen Wagnisse, gibt es keine Abkürzung auf dem Weg zum Erfolg.

Obwohl dies eigentlich klar sein müsste, stellen die Menschen bei der Wahl eines Lebenspartners oft weniger Überlegungen an als beim Kauf eines Wochenendhauses. Menschen, die nicht im Traum daran dächten, ein Wochenendhaus unbesehen zu kaufen, gehen eine Ehe ein, ohne den Partner überhaupt erst richtig kennengelernt zu haben. Sie glauben offenbar, ihre romantischen Gefühle füreinander würden als solche schon garantieren, dass sie ein für allemal gut miteinander auskommen könnten.

Ein bis über beide Ohren verliebter junger Mann heiratete ein Mädchen, dessen Schönheit ihn seine ihm sonst so wichtig erscheinende Vorsicht vergessen ließ. Er nahm als selbstverständlich an, dass das Wesen, der Charakter der jungen Frau ihm genauso gefallen würden wie ihr Aussehen, und dass sie selbstverständlich die gleichen Zukunftserwartungen hege wie er. Auf dem Schiff, mit dem das Paar in die Flitterwochen fuhr, sprach er zum ersten Mal mit ihr über seinen Traum vom künftigen gemeinsamen Leben. Wenn er von der Arbeit nach Hause komme, sagte er, werde sie ihn sicher mit einem kleinen köstlichen Essen erwarten. Sie und er würden ganz gewiss am glücklichsten allein sein, sich in ihrem Paradies von niemandem stören lassen. Und später dann würde sie die vollendete, liebevolle Mutter seiner Kinder sein.

Ruhig, aber unerbittlich holte sie ihn auf die Erde zurück. Was Kinder angehe, so wolle sie keine haben, entgegnete sie. Und was das Abendessen angehe, so habe er die Wahl, entweder eine Haushälterin anzustellen oder im Restaurant zu essen. Die Ehe der beiden hatte noch keine Woche gedauert, und schon starrte sie die reine Ernüchterung an. Die junge Frau war entsetzt über seine Vorstellungen, und er war nicht minder entsetzt über ihre Ansichten. Die Ehe zerbrach. Hätten sich die beiden vor der Hochzeit zwei oder drei Stunden zusammengesetzt, über ihre Gefühle gesprochen und sich gefragt, was jeder von ihnen von einer Ehe erwartete, wäre es gar nicht erst zur Heirat gekommen.

Zweifellos ist es vernünftig, genau in Erfahrung zu bringen, welche Interessen ein jeder der beiden Partner hat und ob diese einander nicht widersprechen, *bevor* man zum

Standesamt geht oder vor den Altar tritt. Das Fehlen gemeinsamer Interessen und Ideale bedeutet den Tod jeder Ehe, ob dieser nun durch eine Scheidung offiziell bestätigt wird oder nicht.

Doch selbst wenn im Überschwang und der übergroßen Zuversicht der ersten Verliebtheit eine solche Prüfung versäumt wurde, kann eine Ehe noch gekittet werden, wenn beide Partner aufrichtig gewillt sind, ihre unterschiedlichen Auffassungen im Geiste gegenseitiger Achtung und fairer Kompromissbereitschaft einander anzugleichen. Voraussetzung ist, dass sie miteinander reden. Kompromissbereitschaft ist hier, genau wie in allen anderen Beziehungen, das Schlüsselwort.

Anfangs sind die Unstimmigkeiten vielleicht unbedeutend, aber sie wachsen sich im Laufe der Zeit, wenn sie immer wieder von Neuem und aus den gleichen Gründen geschürt werden, zu gewaltigen Proportionen aus. Die explosive Energie, die durch unterschiedliche Anschauungen und Meinungen erzeugt wird, lässt sich nur auffangen, wenn das Ehepaar die Unterschiede nicht voll Feindseligkeit und mit gegenseitigen Beschuldigungen erörtert, sondern mit dem ehrlichen, leidenschaftlosen Wunsch, Kompromisse zu finden.

Mary war fünfundzwanzig und Arthur achtundzwanzig. Die beiden lieferten ein mehr oder weniger typisches Beispiel dafür, wie junge Liebe und zärtliche Zuneigung einer von Streitsucht geprägten Spannung weichen, dann einer tiefen Hoffnungslosigkeit und Verletztheit, schließlich dem Wunsch, das Band zu zertrennen, das ursprünglich hätte halten sollen, »bis dass der Tod uns scheidet«. Die Glückseligkeit zweier kurzer Jahre hatte sich in Bitterkeit verwandelt. Es mag unglaublich klingen, aber zum letzten Streit war es gekommen, weil Mary sich geweigert hatte, für Arthur eine Zitronentorte zu backen. Seine Mutter hatte ihm diese Torte zu besonderen Anlässen gemacht, und dies hatte er seiner Frau offenbar einmal zu oft gesagt. Sie packte ihren Koffer und ging.

Arthur war beunruhigt und hatte Gewissensbisse, weil Mary mit der Scheidung gedroht hatte. Doch er beteuerte, es sei alles nur ihre Schuld; er war gekränkt und ziemlich böse auf sie. Er behauptete, sie vernachlässige ihn, sie sei eine schlechte Hausfrau, das Haus sei nie so ordentlich, wie es sein sollte. Vor allem aber koche sie ihm nie die Speisen, die er wirklich gern habe. Kurz und gut, sie sei keine Ehefrau, wie er sie brauche!

Mary, die ihre Situation mit uns durchsprach, stellte die gleichen Umstände in ganz anderem Licht dar. Zornig sagte sie, ihr Mann sei nichts anderes als ein verzogenes Kind; er erwarte, dass sie ihn von vorn bis hinten bediene, als sei sie sein Dienstmädchen. Wenn er am Morgen zur Arbeit gehe, so sagte sie, sehe sein Zimmer, oft sogar die ganze Wohnung, wie das reinste Schlachtfeld aus.

Er werfe seine Kleider auf den Boden und die Zeitungen hinter einen Stuhl; das ganze Bad stehe unter Wasser und sei »ein weißgefliester Saustall«.

In Bezug auf seine Mahlzeiten gebärde er sich wie ein Tyrann, er reagiere äußerst gereizt, wenn sie nicht vollendet zubereitet waren und auf die Minute pünktlich serviert wurden. Mary behauptete, auch ein französischer Meisterkoch könne ihn nicht zufriedenstellen. Sie selbst versuchte es zwar, schaffte es aber natürlich nicht. Und um allem die Krone aufzusetzen, verglich er sie ständig zu ihrem Nachteil mit seiner Mutter.

In einem jedoch waren sich die beiden einig: Sie hatten einander bei der Hochzeit zärtlich geliebt und liebten sich trotz ihrer gegenwärtigen Schwierigkeiten immer noch. Beide wünschten sich verzweifelt zurück, was sie verloren hatten.

Anhand der uns bekannten Fakten gelangten wir zu dem Schluss, dass das Problem hauptsächlich beim Ehemann lag und eigentlich aus seiner Erziehung erwuchs. Seine Mutter hatte eine sehr harte Kindheit gehabt und sich deshalb vorgenommen, ihrem Sohn jeden Konflikt und Schmerz zu ersparen. Sie hatte ihn dadurch in einem Zustand kindlicher Abhängigkeit gehalten, ohne es zu wollen, und als Folge davon war er psychisch nicht gereift.

Noch als er zwölf war, hatte sie ihn zur Schule gebracht, weil sie fürchtete, ihm könnte ein Unfall zustoßen. Wenn andere Jungen ihn piesakten, protestierte sie heftig bei seinen Lehrern. Einmal war sie sogar auf die Straße gegangen und hatte ihn handgreiflich verteidigt. Sie machte viel Getue um sein Essen, brachte ihm den Wert einer perfekt ausgewogenen Kost übermäßig zu Bewusstsein. Und sie ermutigte ihn unabsichtlich zur Schlamperei, indem sie von morgens bis abends hinter ihm herräumte.

Überflüssig zu sagen, dass die Haltungen, die ein Kind gegenüber den Eltern entwickelt, sein Gefühlsleben prägen und womöglich mit gesteigerter Vehemenz im Erwachsenendasein zur Geltung kommen.

Arthur, der von seiner Mutter übermäßig verzärtelt worden war, konnte seine Gefühle der Abhängigkeit von ihr nicht abschütteln. Seine Ehe drohte hauptsächlich daran zu scheitern, dass er unbewusst von seiner Frau, auf die er diese Abhängigkeit übertragen hatte, die Übernahme der Mutterrolle forderte. Für sein Unbewusstes war sie fast ganz die Mutter. Da er aus diesem Grund unwirkliche, nicht zu erfüllende Erwartungen in sie setzte, konnte es nicht ausbleiben, dass er enttäuscht von ihr war.

Im Zuge anstrengender psychotherapeutischer Arbeit vermochte er allmählich sein Problem zu verstehen. Doch es auch zu akzeptieren, fiel ihm überaus schwer. Einerseits glaubte er dem Psychotherapeuten, andererseits leistete er gegen die Selbsterkenntnis Widerstand.

Eines Tages sagte er ziemlich gereizt zu dem Geistlichen: »Ich weiß, dass ich keinen einzigen stichhaltigen Grund habe, nicht zu akzeptieren, was man mir sagt. Aber es macht mich wütend, eröffnet zu bekommen, dass diese ganze Sache meine Schuld ist. Vielleicht bin ich stur oder blöd, aber ich kann einfach nicht anders.«

»Wir machen Sie nicht gern wütend«, entgegnete der Geistliche, »aber wenn Sie Ihre Beziehung zu Ihrer Frau retten wollen, müssen Sie an die Wurzeln dessen gehen, was nicht stimmt. Das ist zwar schmerzlich für Sie, aber der einzige Weg. Übrigens – sind Sie nicht vor allem wegen der Dinge wütend, die über Ihre Mutter gesagt wurden? Regen Sie sich darüber nicht auf. Sie müssen erkennen, dass Ihre

Mutter für Sie tat, was sie konnte, so gut sie es eben verstand. Man kann ihr nicht anlasten, dass sie es versäumte, Ihnen die nötige Reife für eine Ehe zu vermitteln. Wahrscheinlich wusste sie gar nicht, dass dies für Ihre Beziehung zu Ihrer Frau wichtig gewesen wäre. Außerdem haben Sie uns ja erzählt, dass Ihre Mutter hoffte, Sie würden ledig bleiben.«

So unerfreulich für Arthur der Einblick in sich selbst war, so wäre es, sagte er uns schließlich, für ihn noch schlimmer, seine Frau zu verlieren. Er erkannte, dass er sich selbst gegenüber ehrlich und objektiv sein und dann gegen seine Fehler angehen musste.

»Wenn Sie sich wirklich dazu in der Lage fühlen«, riet der Geistliche, »sollten Sie mit Ihrer Frau sprechen und ihr erklären, dass Sie jetzt zu wissen glauben, was zwischen Ihnen beiden nicht stimme. Gestehen Sie ihr ein, dass Sie ungerecht waren. Reden Sie nicht von den Fehlern Ihrer Frau, sondern nachdrücklich von den Ihren. Ihre Frau sieht dann die eigenen Fehler schon selbst. Gehen Sie einfach zu ihr und sagen Sie ihr, dass Sie einen neuen Anfang machen wollen. Ich bin überzeugt, dass sie mitmacht.«

Arthur bekam die Warnung mit auf den Weg, dass es trotz der Kenntnis der in seiner Kindheit erfolgten Prägungen nicht leicht sei, sich zu ändern. Er möge zwar jetzt, so sagten wir ihm, über seine Fehler und deren Ursachen Bescheid wissen, aber diese Fehler habe er schon so lange, dass sie zur Gewohnheit und zum Automatismus geworden seien. Um sie ein für allemal zu überwinden, müsse er eine tiefe emotionale Wandlung herbeiführen. Dafür brauche er spirituelle Hilfe. Der Geistliche sagte ihm, dass er, wenn er sein Problem aufrichtig in Gottes Hände lege und Gott um die notwendige Kraft bitte, die erbetene Hilfe erhalten werde.

Der Geistliche sprach natürlich auch mit der Frau und erklärte ihr den Gefühlskonflikt ihres Mannes. Ihr half die Erkenntnis, dass es sich bei seinem Verhalten nicht einfach um böse Absicht handelte, sondern um eine Geistes- und Gefühlshaltung, die behandelt werden konnte. Der Geistliche empfahl ihr, einerseits fest zu sein, andererseits aber verständnisvoll, mitfühlend und nicht zu anspruchsvoll, während Arthurs Haltung »umgepolt« wurde.

Zum Schluss empfahl er den beiden, ihr Problem zu beseitigen, indem sie, überzeugt vom guten Ausgang, gemeinsam beten sollten. Zielstrebig taten sie das, und ihre Ehe wurde mit jedemTag wieder glücklicher. Heute haben sie zwei Kinder.

Wir haben darauf hingewiesen, wie wichtig es ist, dass Ehepartner seelisch-geistig und körperlich, aber auch sexuell, zusammenpassen müssen. Mann und Frau müssen einander als Partner behandeln; sie dürfen den Partner nicht als eingebildeten Ersatz für Vater oder Mutter ansehen; dies ist von grundlegender Bedeutung für eine glückliche Ehe.

Die Johnsons erwogen, sich scheiden zu lassen. Der Mann sagte: »Ich weiß gar nicht, was mit meiner Frau los ist. Anfangs war sie ein prächtiger, liebevoller Mensch. Wir sind erst ein Jahr verheiratet, und jetzt ist ihr Verhalten die meiste Zeit einfach furchtbar. Ich ertrage das nicht!«

Hier bestand ein Problem, an dem beide Schuld hatten, doch die Ursache der meisten Schwierigkeiten lag, wie wir später herausfanden, bei der Frau. Der Mann war enttäuscht von seiner Frau, weil sie die hohen Ansprüche, die er mit Blick auf seine Mutter an sie stellte, nicht erfüllte. Die Frau wiederum ließ an ihrem Mann eine lang aufgestaute Wut auf ihren Vater aus. In gewissem Sinne lebten die beiden nicht miteinander, sondern mit ihren Erinnerungen – er an seine Mutter, sie an ihren Vater –, was natürlich kein Rezept für eheliches Glück ist.

Der Vater der Frau war sehr streng gewesen und hatte seine Kinder dementsprechend hart erzogen. Die junge Ehefrau erinnerte sich an einen Zwischenfall, der für sie das typische Verhalten des Vaters charakterisierte. Als sie etwa acht Jahre alt gewesen war, hatte sie sich zum Abendessen verspätet. Ihr Vater hatte mit der Faust auf den Tisch geschlagen und gebrüllt: »Du kommst zu spät! Was denkst du dir eigentlich?« Sie hatte geschwiegen und dann plötzlich in hochkommendem Trotz entgegnet: »Und was denkst du dir, so zu brüllen?« Worauf er, nach einem Augenblick der Verblüffung, geschrien hatte: »Hinaus, verschwinde auf dein Zimmer!«

Sie war gegangen, mit einer solchen Wut auf ihren Vater, dass sie sich nicht einmal verletzt gefühlt hatte. Diese Wut war ihr geblieben. Unbewusst hatte sie sein Geschimpfe als Zurückweisung ihrer Person und ihrer Liebe zu ihm empfunden und war deshalb unter dem Einfluss einer unbewussten Feindseligkeit gegenüber allen Männern herangewachsen. Ohne es zu wissen, wollte sie die Männer dafür bestrafen, dass ihr Vater sie als Kind so tief gekränkt hatte – schließlich sogar ihren Ehepartner.

Da ihr Mann seinerseits unreif war, verkraftete er ihre Animosität nicht, die er, obwohl sie sie zu verbergen versuchte, spürte. Er bekam zunehmend das Gefühl, in der Beziehung zwischen ihm und ihr fehle es an jeglicher Zärtlichkeit.

Die Frau sah schließlich ein, dass ihr kindlicher Zorn auf den Vater zwar berechtigt gewesen sein mochte, aber jetzt ihre Ehe zu ruinieren drohte und dass sie, solange sie diesen Zorn in sich trug, mit keinem Mann glücklich werden konnte.

Es kostete einen harten Kampf, sie zur Selbsterkenntnis zu führen. Bei jedem Gespräch machte sie ihrem Mann neue Vorwürfe.

Doch nach und nach, unter dem Eindruck behutsamen Zuredens, überwand sie ihren tief sitzenden Groll auf den Vater. Sie wurde ihrem Mann gegenüber zunehmend sanfter. Dies wiederum half ihm, ihr gegenüber eine unvoreingenommenere Haltung einzunehmen. Durch Einblick in das eigene Verhalten sowie in das des Partners und durch eine neue Entschlossenheit, miteinander auszukommen, gelang es den beiden, ihre Ehe zu retten.

Indem die Partner offen miteinander sprechen, können sie sogar die in so vielen Ehen auftauchenden lästigen finanziellen Probleme aus der Welt schaffen. Es ist erstaunlich, wie viele Paare in Geldangelegenheiten fast ständig verschiedener Meinung sind und deshalb erbitterte Auseinandersetzungen führen. Daher ist es empfehlenswert, zusammen Grundregeln aufzustellen, die den gemeinsamen privaten

Finanzen eine Struktur geben. Beispielsweise sollten sich beide Partner darüber einigen, ob jeder sein eigenes Konto hat, wer welche fixen Kosten wie Miete, Versicherungen und dergleichen übernimmt, und wie für Urlaube oder größere Anschaffungen gespart werden soll. Außerdem sollten sich Paare immer wieder ehrlich darüber austauschen, wofür jeder einzelne das Geld verwenden möchte. An der Erziehung der Kinder sollten beide Elternteile gleichermaßen beteiligt sein. Immer mehr Väter stellen fest, dass es angenehm und auch für sie persönlich lohnend ist, mit ihren Kindern zusammen zu sein, und dass sie für dieses Beisammensein durch ein Gefühl der Erfüllung belohnt werden. Es ist in unserer Zivilisation nur wenige Generationen her, dass der Vater fast genauso viel zu Hause war wie die Mutter. Die Geschäfte wurden im Laden oder in der Werkstatt unten im Haus getätigt. Der Bauer erledigte seine Schreibarbeiten auf dem Esstisch und lagerte die Saat fürs nächste Jahr in der Vorratskammer des Bauernhofes. Der Vater war zum Frühstück, Mittagessen und Abendessen stets daheim.

Heute müssen die Männer lernen, sich ernsthaft mit der Entwicklung und Erziehung ihrer Kinder zu beschäftigen; dies ist unter den gegebenen Lebensumständen nicht immer ganz einfach.

Von allen gesellschaftlichen Institutionen ist die Ehe derzeit wohl den tiefgreifendsten Veränderungen ausgesetzt. Dies bedeutet eine große, lohnende Herausforderung für uns. Kluge Paare wissen, dass eine gute Beziehung das Werk des Mannes *und* der Frau ist. Sie machen aus der Ehe eine echte Partnerschaft. Heute hört man oft die Klage, dass die moderne Gesellschaft die Familie zu sehr verkleinert hat, dass die zwischenmenschlichen Beziehungen, die für frühere Generationen selbstverständlich waren, in unserem Leben fehlen. Vor allem Frauen mit kleinen Kindern beschweren sich darüber, dass sie ans Haus gefesselt sind und kaum noch in die Gesellschaft anderer Erwachsener kommen. Auch viele Männer bedauern, dass die »glücklichen Großfamilien« für immer verschwunden sind. Nun, im Grunde sind die Menschen, die einst diese glücklichen Großfamilien (wenn sie das wirklich waren) bildeten, auch heute da! Es gibt weniger Kinder, das steht fest, aber es gibt Cousins und Cousinen, Schwestern, Mütter, Väter, die so isoliert leben, dass sie zu einem Problem für die Gesellschaft werden.

Könnten sich beide Probleme, wenn man sie mit Intelligenz anginge und sich um Verständnis bemühte, nicht gegenseitig lösen? Wie steht es beispielsweise mit den Beziehungen zu angeheirateten Verwandten? Könnte man nicht erwarten, dass Menschen verschiedenen Alters und verschiedener Erziehung das Familienleben eher bereichern als beeinträchtigen, vorausgesetzt sie bringen es fertig, sich wie reife Erwachsene zu benehmen?

Probleme mit der Verwandtschaft sind meist allgemeinmenschliche Probleme; sie werden in Wirklichkeit sehr selten von den Verwandten selbst verursacht. Auslöser ist gewöhnlich die Reaktion desjenigen Ehepartners, dessen leiblicher Verwandter in die Familie aufgenommen wird. Die selbstbewusste verheiratete Tochter geht plötzlich »heim zu Mami«, selbst wenn ihre Mutter nur zu Besuch kommt. Oder der Ehemann, der eingesehen hat, dass ihn die häuslichen Pflichten genauso angehen wie seine Frau, wird in Gegenwart seiner Eltern plötzlich wieder zum kleinen Jungen.

Es ist verhängnisvoll, dass Eltern bei ihren erwachsenen Kindern oft diese Wirkung auslösen. Doch ältere Menschen kann man ändern – viel leichter als vermutet. Manchmal braucht man sie nur auf das Problem hinzuweisen, und sie ändern sich dann sofort selbst. Das ist aber gar nicht immer nötig. Wenn eine ältere Frau mit ihrem erwachsenen Sohn in der Babysprache redet, ist dies eher komisch als beunruhigend. Aber kein bisschen komisch, sondern sehr, sehr traurig ist es, wenn der erwachsene Sohn in der Babysprache antwortet.

Und sofern seine Reaktion – die eines Sohnes, aber auch eines verheirateten Mannes – bedeutet, dass er wieder wie früher seine Kleidung auf den Boden wirft oder ungebührliche Aufmerksamkeit und Bedienung verlangt, dürfte zwischen den beiden betroffenen Frauen nicht mehr lange eine friedliche Beziehung bestehen.

Oft fängt gar nicht die Mutter oder der Vater mit dem »Babygehabe« an, sondern das erwachsene Kind, und Mutter oder Vater sind darüber genauso beunruhigt wie der Ehepartner. Einmal kamen zwei Frauen zu uns, die eine war etwa Mitte zwanzig und die andere Mitte fünfzig; die eine war die Ehefrau und die andere die Mutter eines gut aussehenden, intelligenten jungen Mannes mit vielversprechender Karriere im öffentlichen Dienst.

Die beiden Frauen wollten in unserem Institut ihr »Verwandtenproblem« erörtern. Etwa sechs Monate zuvor war der Mann der älteren Frau gestorben; weil ihr Sohn und dessen Frau nur zwei Kinder und sehr viel Wohnraum zur Verfügung hatten, schien es vernünftig, dass die Mutter zu ihnen zog, zumindest bis sie über die erste Zeit hinweg war und eine neue Betätigung gefunden hatte. Wie es manchmal so geht, hatten die beiden Frauen einander noch nie gesehen, bis die Mutter in ihrem mit einem Teil ihrer Habseligkeiten vollgeladenen Wagen vorgefahren war. Die beiden Frauen hatten einander auf den ersten Blick gemocht, und beide hatten instinktiv gewusst, dass sie trotz des Altersunterschiedes gute Freundinnen sein könnten.

Sie hatten jedoch nicht mit dem starken Drang nach Rückkehr in die Kindheit gerechnet, von dem viele Männer in Gegenwart ihrer Mütter erfasst werden. Der Ehemann hielt sich plötzlich nicht mehr an die ehelichen Abmachungen. Er ließ seine Wäsche herumliegen wie ein Kind, vergaß, den Thermostat zurückzudrehen, und lehnte sogar ab, die kleinen Aufgaben zu erfüllen, die er freiwillig, als seinen Anteil an den häuslichen Pflichten, übernommen hatte. »Wenn zwei so tüchtige Frauen da sind«, pflegte er zu sagen, »brauche doch ich meine müden alten Knochen nicht zu strapazieren.«

Kam es wegen irgendwelcher Dinge zu Reibungen, versuchte er nicht mehr, sich anzupassen, sondern lief wie ein kleines Kind zu seiner Mutter und quengelte: »Mami ist doch auf der Seite ihres lieben Jungen, nicht?!«

Oberflächlich betrachtet, schien die Situation amüsant, doch das Problem saß tiefer und war ernster, als die eher komischen Symptome vermuten ließen.

Ein Gespräch mit ihm über seine Beziehung zu seinem verstorbenen Vater lieferte den entscheidenden Anhaltspunkt. Sein Vater war ein sehr zurückhaltender Mann gewesen, der dem Sohn seine Zuneigung nicht recht hatte zeigen können, und der Sohn hatte, je älter er wurde, der Mutter zunehmend ihre hingebungsvolle Liebe zum Vater verübelt. Unbewusst wollte er nun endlich die Gelegenheit benutzen, die Kindheit zu genießen, der er immer nachgetrauert hatte. Er befand sich in einem heftigen Konflikt und war sich dessen auch einigermaßen bewusst. Schließlich machte er selbst den Vorschlag, seine Frau und seine Mutter sollten mit den Kindern für die Sommermonate ans Meer fahren. Er wollte unterdessen versuchen, sein Problem mit unserer Hilfe zu lösen. Dies schaffte er tatsächlich bis zur Rückkehr seiner Familie.

In seiner Fallgeschichte kam ein interessanter Punkt ans Licht: Bis zum Tod des Vaters war er hundertprozentiger Atheist gewesen. Beim Eintreffen der Todesnachricht dann hatte ihn, wie er sich ausdrückte, »große Verwirrung« in Bezug auf das Leben nach dem Tod und auf Gott erfasst. Darum hatte er sich darangemacht, voll großem Ernst die »Gründe«, die für religiösen Glauben sprachen, zu studieren. Das Ergebnis: Er glaubte auf einmal an einen persönlichen Gott als den weisen Vater, dessen Liebe er sicher sein konnte. Nach diesem Erlebnis war er zwar fähig, seine Beziehung zu seiner Familie zu analysieren; er reagierte aber gegenüber Gott genauso wie einst gegenüber seinem Vater. Da er nun den einen Vater verstand, konnte er auch den anderen verstehen und akzeptieren. Auch wenn diese Sicht Gottes zunächst sehr einseitig war, er befand sich auf dem richtigen Weg.

Wir bekamen noch mit einem weiteren »Verwandtenproblem« zu tun, an dem eine Familie zu zerbrechen drohte. Nach dem Tod des Vaters der jungen Ehefrau übersiedelte ihre Mutter zu dem Paar. Sie brachte alles durcheinander.

In diesem Fall brachte der junge Mann die beiden Frauen zu uns, nachdem sie sich bereit erklärt hatten, ihre Sache offen einem Berater vorzutragen. Das Problem war hier relativ einfach. Es war im Grunde kein »Schwiegermutterproblem«, sondern das einer sechzigjährigen Frau, die ihren Mann verloren hatte, die aus ihrer gewohnten Umgebung verpflanzt worden war und nun unter ernsten Anpassungsschwierigkeiten litt. Die verwitwete Frau hatte jahrelang ein an Aktivitäten und Pflichten reiches Leben geführt, und jetzt gab es für sie plötzlich nur noch bedrückenden Müßiggang. Wenige Minuten genügten, um den beiden jungen Leuten das klarzumachen. Sie gaben zu, dass sie zu sehr mit ihren eigenen Angelegenheiten beschäftigt gewesen waren und die der Mutter beziehungsweise Schwiegermutter vernachlässigt hatten.

In der Pfarrgemeinde gab es eine charmante ältere Dame, die gerade ein Enkelkind verloren hatte und dringend nach Ablenkung suchte. Ihr vertrauten wir, sozusagen als älterer Schwester, die heimatlos gewordene Witwe an und baten sie, sie am nächsten Tag zur Arbeit in der Kirchengemeinde mitzubringen. Nachdem die Witwe wieder eine sinnvolle Beschäftigung hatte, ließ ihr Selbstmitleid nach und hörte bald ganz auf. Und damit war auch das Problem des jungen Paares gelöst.

Der Drang nach sexueller Befriedigung, der bei allen erwachsenen Menschen vorhanden ist, bleibt nur selten unerfüllt, ohne dass ernste Folgen auftreten. Viele Menschen sublimieren ihn in anderer Weise, indem sie ihn etwa in geistige oder soziale Aktivität umsetzen. Doch in der Ehe führt die Nichterfüllung gewöhnlich zu nervösen Störungen, Untreue oder Scheidung.

Eine Scheidung löst allerdings das Problem nur selten, weil der innere Konflikt, an dem die Ehe zerbrach, unverändert besteht und alle neuen Beziehungen gefährdet. Menschen, die mit dem Gedanken an Scheidung spielen, brauchen gewöhnlich dringender einen Psychotherapeuten als einen Anwalt. Und was die eheliche Untreue angeht, so lehrt die Erfahrung, dass sie bei den meisten Menschen mehr Schuldgefühle als Befriedigung hinterlässt.

Wir erinnern uns an einen jungen Mann, der sich in eine charmante junge Frau verliebte und sie heiratete. Doch der Honigmond wich bald den Alltagssorgen. Die junge Frau hatte mit dem sehnlichen Wunsch geheiratet, Kinder zu bekommen. Sie wollte gleich im ersten Ehejahr ein Baby. Er widersetzte sich dem aus verschiedenen Vernunftgründen. In Wahrheit jedoch fürchtete er unbewusst, dass ein Kind ihm die Liebe seiner Frau stehlen könnte.

Seine Frau war das unschuldige Opfer seiner zwanghaften Haltung, die keiner der beiden verstand. Vier Jahre vergingen, in denen die junge Frau immer deprimierter und wütender wurde. Er fühlte sich zunehmend von ihr schikaniert und meinte voll Selbstmitleid, dass er kein Zuhause habe, wie er es verdiene.

Eines Tages lernte er auf einer Party ein Mädchen kennen und begann eine Affäre. Bald verbrachte er mit der anderen mehr Zeit als mit seiner Frau. Doch er hatte solche Gewissensbisse, dass er das außereheliche Verhältnis nicht zu genießen vermochte. Schließlich kam er zu uns, in der Hoffnung, wir könnten ihn vom Widerstreit seiner Gefühle, die ihn zu zerreißen drohten, und aus der unhaltbaren Lage befreien.

Viele Interviews waren erforderlich, um ihn zu der Einsicht zu bringen, dass sein Gefühl für die andere Frau weniger auf echter Zuneigung beruhte, sondern weit mehr aus dem Wunsch hervorging, seiner Frau zu entfliehen. Er verübelte ihr, dass sie zum Bemuttern ein Kind haben wollte – statt ihn, dem sie doch eine Mutter sein könnte! Natürlich konnte seine Frau diese Forderung, die er unbewusst an sie stellte, nicht erfüllen; und er verweigerte ihr aus seiner Muttersehnsucht heraus den natürlichen Wunsch und das natürliche Recht, Kinder zu haben.

»Nehmen wir einmal an«, sagte der Psychotherapeut, »dass Sie sich von Ihrer Frau scheiden lassen und Sie die andere Frau heiraten. Können Sie sich vorstellen, dass Sie mit ihr glücklich würden? Dass Ihr Gefühl für sie länger als einen Sommer oder vielleicht ein Jahr dauern würde?«

»Vielleicht nicht«, antwortete der Mann in kläglichem Ton, »aber das weiß ich doch jetzt nicht!«

»Ich prophezeie Ihnen etwas«, entgegnete der Psychotherapeut. »Sie würden sie heiraten und nach einer Weile bei ihr genau die gleichen Fehler entdecken wie bei Ihrer Frau! Irgendwann würden Sie dann wieder ein anderes Mädchen kennenlernen und von Neuem ein Verhältnis anfangen. Sie hätten genau die gleichen Schwierigkeiten wie jetzt. Das Vernünftigste ist also, Sie heiraten nicht eine andere Frau, sondern werden selbst anders.«

Eine Ehe kann man nicht mit Redensarten kitten, aber allzu viele Paare versuchen es. Einer der gefährlichsten Sprüche ist zweifellos: »Was man nicht weiß, macht einen nicht heiß.« Untreue ist für eine Ehe zweifellos schädlich, aber mindestens genauso verhängnisvoll sind die mit jedem Seitensprung verbundenen Lügen. Die Menschen sollten nichts versprechen, was sie nicht halten wollen oder nicht halten können; aber wenn sie glauben, das Versprochene halten zu können, und wenn sie dann scheitern, ist Offenheit – so schwer sie fallen mag – weniger schädlich als die Unsicherheit, die für den Partner das Zusammenleben mit jemandem, dessen Wort er nicht mehr trauen kann, mit sich bringt. Und erwiesenermaßen ist niemand ein so perfekter Lügner, dass er eines Tages nicht entlarvt wird, außer der Partner will sich gern täuschen lassen.

Die Frau dieses Mannes wusste, wie sich zu seiner Verwunderung herausstellte, über sein Verhältnis Bescheid; aber sie liebte ihn und wollte trotz allem versuchen, die Ehe zu retten. Sie war bereit, ihrem Mann zu verzeihen, wenn er wirklich bereit war, ihr künftig treu zu sein. Sie hatte begriffen, dass sein Handeln die Folge eines krankhaften Drangs gewesen war.

Die beiden wurden zu einem gemeinsamen Interview in unser Institut gebeten, und nachdem alles durchgesprochen worden war, beschlossen sie, es noch einmal miteinander zu versuchen. Der Mann gab zu, dass er seiner Frau gegenüber unfreundlich und ungerecht gewesen war; er bat sie um Verzeihung, und sie vergab ihm. Außerdem erklärte sie sich damit einverstanden, nie mehr über die Angelegenheit zu reden, was viel schwerer war! Die beiden versprachen einander, das Thema nicht mehr zwischen ihnen aufkommen zu lassen und, wenn es trotz ihrer Bemühungen wieder zu einem Problem werden sollte, sofort zu uns ins Institut zu kommen.

Die beiden weinten an dem Nachmittag bitterlich, doch dann gingen sie zusammen nach Hause, von neuer Hoffnung auf ihre Zukunft erfüllt. Wir blieben mit ihnen in Verbindung. Sie haben inzwischen zwei Kinder und sind nun schon seit fünf Jahren sehr glücklich miteinander.

Wer nicht in der Lage ist, seine starken unbewussten Wünsche unter Kontrolle zu bringen, gerät in größte eheliche Schwierigkeiten. Manchen Männern und Frauen ist es beispielsweise unmöglich, das Verlangen nach immer neuen Eroberungen zu unterdrücken; sie verspüren ein überwältigendes Bedürfnis nach Abenteuern und handeln entsprechend. Solchen Menschen mangelt es an emotionaler Reife. Getrieben von ihren Impulsen, bestehen sie wie Kinder darauf, dass jede Laune befriedigt wird, koste es, was es wolle. Sinn und Zweck einer Ehe sind aber Liebe, persönliches Wachstum, und nicht zuletzt natürlich Kinder. Niemand vermag die Ziele zu erreichen, wenn er von inneren Konflikten und ungelösten Zwängen beherrscht wird.

Ganz oben auf der Liste der Ursachen für das Scheitern von Ehen stehen sexuelle Unvereinbarkeit, Untreue und auch starkes Trinken. Immer wieder stoßen wir auf Ehepartner, die tiefe Liebe und Achtung füreinander empfinden, aber unfähig zu einer echten, freudebringenden sexuellen Vereinigung sind. Diese ist in der Ehe eine normale, gottgewollte Funktion; das wissen sie, lehnen sie aber dennoch ab.

Ist in einer Ehe schon kurz nach der Hochzeit »die Luft raus«, finden beide Partner den Geschlechtsverkehr oft sogar widerlich und abstoßend; sie meiden den körperlichen Kontakt unter diesem oder jenem Vorwand immer mehr – und eben dann kommt es oft vor, dass sie in außerehelichen Abenteuern die Befriedigung zu suchen beginnen, nach der sie sich sehnen, die sie jedoch in der Ehe nicht finden. Viele versuchen dann auch, ihre Enttäuschung und Frustration im Alkohol zu ertränken.

Die Entwicklung des Gefühlslebens und der Sexualität solcher Menschen wurde mit ziemlicher Sicherheit in der frühen Kindheit gehemmt. Die sexuelle Entwicklung ist von Kindheit an so starker emotioneller Belastung – Gemütsbewegungen und Gefühlen verschiedenster Färbung – ausgesetzt, dass sie allzu oft in eine falsche Richtung gerät. In der geistig-seelischen Verfassung des heranwachsenden Kindes findet häufig eine unheilvolle Verkettung zwischen Sexualität und starkem Schuldgefühl statt.

Einem Kind, das neurotische Eltern hat, gelingt es eben wegen dieses Umstandes häufig nicht, seine übertriebenen Vater- und Mutterbindungen auf andere, geeignete Personen zu übertragen. Die übermäßige Bindung an die Eltern besteht gewöhnlich hartnäckig fort und erzeugt ein Schuldgefühl, für das unbewusst, voll Angst, eine Bestrafung erwartet wird. Herrschen solche Bedingungen, bleibt ein Junge neurotisch an das Fantasiebild seiner Mutter und ein Mädchen an jenes seines Vaters gebunden. Und später belastet dann ein unbestimmtes Gefühl der Unvollkommenheit und Schuld jeden Versuch, in der körperlichen Liebe dauerhafte Erfüllung zu finden.

Zu den Schwierigkeiten solcher Kinder kommt noch hinzu, dass sie viele falsche Vorstellungen über das Geschlechtsleben entwickeln. Sie halten Sexualität für unerlaubt, schlecht oder schmutzig, weil sie diesbezüglich nur unzulängliche oder irreführende Informationen bekommen haben. Eltern sind vielfach zu gehemmt, zu verlegen, zu ungeschickt oder selbst zu uninformiert, um die Heranwachsenden richtig ins Bild zu setzen.

Alles in allem braucht man sich nicht zu wundern, dass so viele junge Menschen unfähig sind, im Rahmen einer Ehe, die stets hohe Anforderungen stellt und mit Schwierigkeiten verbunden ist, echte sexuelle Befriedigung zu finden. Sie sind Opfer einer Art Kettenreaktion, in der charakterliche Unvollkommenheiten von einer Familiengeneration an die nächste weitergegeben werden wie eine Erbkrankheit. Ein Kind, das in einer gestörten, unsicheren, konfliktreichen häuslichen Atmosphäre heranwächst, ist im Allgemeinen später als Erwachsener nicht imstande, für seine eigenen Kinder eine gesunde Atmosphäre zu schaffen. Folglich geben seine Kinder die gleichen neurotischen Eigenheiten an die nachfolgende Generation weiter.

Der letztliche Sinn einer jeden Ehe sind Kinder; doch viele Menschen haben bei der Erziehung ihrer Kinder kaum weniger Probleme als in der Liebe und im Zusammenleben. Ihre Ichbezogenheit bewirkt nicht nur, dass sie ihre sexuellen Bedürfnisse fälschlicherweise in außerehelichen, für ihre Liebesbeziehung sehr schädlichen Abenteuern zu befriedigen suchen; sie erschwert es ihnen auch, die Bedürfnisse ihrer Kinder zu erfüllen. Häufig fürchtet ein Elternteil, die Zuneigung des anderen zu verlieren, wenn ein Kind zur Welt kommt; und manchmal bringen der Vater oder die Mutter dem Neugeborenen tatsächlich so viel Liebe entgegen, dass sich der Ehepartner zurückgesetzt fühlt und unglücklich wird.

Selbst ein Paar, das den Wunsch nach Kindern teilt, bringt es trotz bester Absichten oft nicht fertig, seinen Kindern die ständige Aufmerksamkeit zu widmen, die sie brauchen und fordern. Dies verlangt eine Selbstaufopferung, zu der ein emotional unreifer Mensch nicht fähig ist. Das Eheleben, das bis dahin vielleicht ein sorgloser Glückstaumel gewesen war, wird infolge der Geburt eines Kindes verändert und eingeengt. Jemand muss das Baby füttern, versorgen und beruhigen, wenn es weint. Ist niemand anderer da, muss dies der Vater tun, und das macht ihn möglicherweise zunehmend gereizt, weil er auf eine Einladung zum Abendessen, auf eine Autofahrt oder einen Kinobesuch verzichten muss. Jeder Tag, jeder Monat, jedes Jahr erlegt den Eltern neue Beschränkungen auf.

Oft wird behauptet, Kinder hielten eine Ehe zusammen. Leider kann auch das Gegenteil der Fall sein. Nach unseren Beobachtungen gehen nicht wenige Ehen in die Brüche, weil ein Elternteil nicht gewillt ist, all die Opfer zu bringen, die beim Aufziehen der Kinder erforderlich sind. Die Versuche eines Ehepartners, sich vor der ihm zufallenden Belastung zu drücken und seinen Anteil an der Verantwortung abzulehnen, setzt die Ehe einer unerträglichen Belastung aus.

Ist die Beziehung von beiden Eltern jedoch von Liebe und Zuneigung gekennzeichnet, so vergrößern die Kinder ihr

Glück unermesslich. Für Eltern, deren Einstellung zueinander von der Übereinstimmung ihrer Ziele geprägt ist, ist es ein Leichtes, Kinder großzuziehen, die später ebenfalls in der Lage sein werden, eine wahrhaft bereichernde Beziehung zu führen.

Es gibt viele Kräfte, in uns selbst und in unserer Umwelt, die zerstörerisch auf Ehen wirken. Gegen diese Kräfte muss die ganze Energie eingesetzt werden, über die jeder Einzelne unserer Gesellschaft verfügt. Die wohl stärkste Bindekraft in der Ehe gewährt religiöse Überzeugung, vorausgesetzt man wendet sie praktisch an. Oft sind die Wiederbelebung des religiösen Glaubens und die neuerliche Anerkennung der von der Religion postulierten Prinzipien lebenswichtige Schritte zur Rettung einer von Auflösung bedrohten Ehe.

Ein junges Paar, das in einer amerikanischen Provinzstadt aufgewachsen war, übersiedelte nach Washington und blieb während des Vietnamkrieges dort. Die beiden gewannen viele Freunde, die aus sehr unterschiedlichen Kreisen kamen und eine ganz andere Moralauffassung hatten als sie.

Ihr Leben wurde unter dem Einfluss ihrer neuen Bekannten immer lockerer und ausschweifender. Sie gingen beide den Weg des geringsten Widerstands, was bedeutete, dass sie viel ausgingen und viel flirteten. Und beide Partner hatten eine Reihe kurzer Affären. Nie hielten sie inne, um sich zu fragen, ob ihnen das alles überhaupt gefiel und was es ihrer Ehe zufügte. Sie ließen sich einfach treiben, nicht weil ihnen dieses Leben besonders zusagte, sondern eher weil es in einer Zeit abgewerteter Moral so »schick« war.

Als der Krieg endete, zogen sie, wie viele ihrer neuen Freunde, nach New York, und machten genauso weiter wie vorher. Die junge Frau kam eines Tages völlig verzweifelt in unser Institut und sagte, wenn ihr Mann und sie nicht bald aufhören würden, sei ihre Ehe am Ende.

»So habe ich mir meine Ehe mit Bill ganz bestimmt nicht vorgestellt«, erklärte sie dem Geistlichen. »Mir gefällt nicht, was wir tun, und ich verabscheue mich selber, weil ich mitgemacht habe! Mir ist das Ganze zuwider, und ich bin ziemlich sicher, dass Bill es auch satthat.«

Der Geistliche entgegnete: »Als Erstes sollten Sie sich von Ihren sogenannten Freunden trennen, meinen Sie nicht auch? Sie wollen doch Freunde, die Sie fördern, und nicht Leute, die Sie herunterziehen!«

»Wir brauchen Freunde«, erwiderte sie. »Aber glauben Sie vielleicht, dass es in einer Stadt wie New York Menschen gibt, die so leben wollen, wie ich gern leben würde? Und falls es solche geben sollte, wo um alles in der Welt sollen wir sie kennenlernen?«

»Diese Fragen kann ich Ihnen leicht beantworten«, sagte der Geistliche. »Die Größe einer Stadt verändert die menschliche Natur nicht. In der Pfarrgemeinde unserer Kirche werden Sie Menschen finden, die genauso hohe Ideale haben wie Sie, Menschen, die glücklich und auch anziehend sind.«

Sie sah ihn zweifelnd an. »Wie verbringen die ihre Zeit? Jedenfalls klingt das alles so, als ob Bill es sehr spießig finden würde! Er hat in letzter Zeit sehr ausgefallene Ideen. Mich würde ein Versuch reizen, aber nicht ihn, da bin ich ziemlich sicher.«

»Warum lassen Sie das Bill nicht selbst entscheiden?«

Zu ihrer Überraschung ging Bill bereitwillig auf die Idee ein. Das Paar kam zu einem geselligen Beisammensein, das von der Kirchengemeinde veranstaltet worden war. Auch am Silvesterabend nahmen sie teil und gingen nicht in einen Nachtklub. Zu ihrer Verwunderung sahen sie sich von ein paar hundert entspannten, fröhlichen, ausgelassenen jungen Leuten umringt. Nur die wenigsten konsumierten alkoholische Getränke. Die jungen Leute brauchten das nicht. Ihre Lebensfreude genügte, um sie in Stimmung zu bringen.

Später fragte Bill den Geistlichen: »Was ist das Geheimnis dieser Menschen, das sie so unabhängig von äußeren Rausch- und Genussmitteln macht?«

»Die Religion«, antwortete der Geistliche, und er fügte hinzu: »Sie müssen lernen, sich Ihre Ehe als spirituelle Beziehung vorzustellen, als Vereinigung zweier in Gott ruhender liebender Herzen. Errichten Sie Ihr Zuhause auf einem spirituellen Fundament und machen Sie sich klar, dass für Ihr Wohlergehen tägliches Beten sehr wichtig ist.«

Es heißt, dass einem das Christsein nicht beigebracht wird, sondern dass man von seinen Segnungen erfasst wird. Genau dies widerfuhr den jungen Leuten, und erst von da an wurde ihre Ehe so, wie sie es sich immer gewünscht hatten.

Die Ehepaare sind es sich und ihren Kindern schuldig, mit aller Kraft zu versuchen, in ihrem Zuhause eine entspannte, freundliche, liebevolle Atmosphäre zu schaffen und allen Widrigkeiten zum Trotz aufrechtzuerhalten.

Die nachstehenden praktischen Ratschläge sollen Ihnen dies erleichtern:

1. Prüfen Sie vor der Heirat, ob Sie und Ihr Partner geistig und gefühlsmäßig zusammenpassen. Zwischen Ehepartnern muss von Anfang an Übereinstimmung der Überzeugungen, Einstellungen und Ziele herrschen. Unvereinbarkeiten, die Sie nach der Hochzeit feststellen, sollten Sie abbauen und nicht zu einem grundlegenden Problem werden lassen.
2. Wachsen Sie gemeinsam, wenn Sie in Ihrem Leben mit neuen Interessen und Standpunkten konfrontiert werden. Lassen Sie nicht zu, dass einer von Ihnen stehenbleibt, während der andere sich weiterentwickelt.
3. Vergessen Sie nie, dass eine Ehe kein Wettstreit unter Rivalen ist, sondern eine Partnerschaft, in der jedem der gleiche Anteil an den Freuden und auch an den Leiden zukommt.
4. Seien Sie klug und lernen Sie, alles offen miteinander zu besprechen. Einer der größten Philosophen sagte: »Es gibt keine Verletzung, die nicht durch ruhiges Reden geheilt werden kann.« Erörtern Sie Ihre Probleme ohne Zorn, ohne Aggressivität mit dem festen Willen, sie aus der Welt zu schaffen. Geraten Sie dennoch in Streit, sollten Sie den weisen alten Rat beherzigen, sich vor dem Schlafengehen zu versöhnen.

5. Seien Sie nicht schüchtern, wenn es um die Erörterung von Geldangelegenheiten geht. Nach der Heirat gehört Ihnen alles gemeinsam. Treffen Sie klare Abmachungen über Ihre finanziellen Angelegenheiten, damit Sie beide genau wissen, woran Sie sind. Reden Sie offen miteinander, wie Sie das bei jedem Geschäft unter Partnern auch tun würden.
6. Setzen Sie in Ihren Ehepartner nicht Erwartungen, die nicht objektiv gerechtfertigt sind und ihn überfordern würden. Ihre Frau kann Ihnen keine Mutter sein, Ihr Mann kein Vater.
7. Treues Zueinanderstehen ist unbezahlbar. Diskutieren Sie niemals mit Angehörigen oder Freunden über Ihren Ehepartner.
8. Behandeln Sie Ihre Kinder nicht wie Ebenbilder oder Ideenträger Ihrer eigenen Person, sondern als eigenständige Wesen. Helfen Sie ihnen, sich zu entwickeln. Wenn Sie und Ihr Ehepartner unsicher oder sich uneins im Hinblick auf Erziehungsfragen sind, sollten Sie einen Psychologen oder Ihren Geistlichen zu Rate ziehen. Vermeiden Sie jedoch, sich vor Ihren Kindern über solche Fragen oder über deren Probleme zu streiten.
9. Umgeben Sie sich möglichst mit Freunden, die ähnliche Ideale haben wie Sie und den gleichen Interessen und Zielen nachgehen.
10. Betrachten Sie die Ehe als ein Bündnis, das man eingeht und hält. Die Entschlossenheit, es zum Erfolg zu führen, ist von größter Wichtigkeit; der Erfolg, das heißt Ihr Glück, kann von dieser Einstellung abhängen.

Die Ehe ist wirklich keine leichte Aufgabe. Es hat keinen Sinn, eine Tatsache abzustreiten, die alle menschlichen Erfahrungen widerlegen. Doch unsere Erfahrungen zeigen auch, dass es durchaus möglich ist, die auftretenden Schwierigkeiten zu überwinden und zu der verheißenen

Erfüllung zu finden. Ehepaare können durchaus ein glückliches Leben führen und Kinder großziehen, die sich ihrerseits zu zufriedenen, wertvollen Menschen entwickeln. Sie können und werden es, wenn ihre Verbindung auf echtem Verständnis der eigenen Person sowie der Person des anderen aufbaut und wenn sie die Prinzipien ihrer Religion im Alltag anwenden. Die ernste Warnung der Bibel ist beherzigenswert: »Wo der Herr nicht das Haus baut, so arbeiten umsonst, die daran bauen.«

KAPITEL 8

Wie Alkoholiker ihr Problem lösen können

Normalerweise erhalten wir in unserem Institut keine Anrufe von der Polizei, doch Ausnahmen bestätigen die Regel. Eines Morgens rief uns eine Polizeidienststelle aus dem Westen der Stadt an und verlangte einen der Psychiater unseres Teams. Als dieser sich meldete, sagte der Polizeibeamte: »Wir haben hier einen James Brown festgesetzt, der behauptet, dass Sie ihn kennen. Wenn das stimmt und wenn Sie die Verantwortung für ihn übernehmen, können Sie ihn abholen. Wir wollen ihn hier nicht haben.«

Als James Brown dann aus der Zelle trat, in der er die Nacht verbracht hatte, sah man ihm in der Tat an, dass er die Betreuung durch einen Psychotherapeuten noch nie so nötig gehabt hatte wie eben jetzt. Er war vollkommen am Ende. Seine Hände zitterten; sein Smoking war zerrissen, sein weißes Hemd zerknittert und schmutzig; Kragen und Krawatte fehlten. Sein bleiches Gesicht war dreckverschmiert, an der Stirn hatte er eine riesige blau-rote Beule. Seine Augen waren blutunterlaufen und er sprach mit einer rauen, krächzenden Stimme.

James Brown, achtunddreißig, zählte zu den führenden Anwälten New Yorks. Er hatte eine attraktive Frau und drei Kinder, und besaß alles, was das Leben angenehm und schön machte. Dennoch steuerte er mit seinem Alkoholkonsum geradewegs in den Ruin. In seinen besten Jahren war James Brown ein Alkoholiker!

Seine Frau hatte ihn vor ein paar Tagen verlassen und die Kinder mitgenommen. Er verlor immer mehr Klienten, seine finanzielle Situation wurde immer bedrohlicher, und jetzt hatte ihn das letzte seiner vielen, immer zügelloser gewordenen Trinkgelage sogar ins Gefängnis gebracht!

Kaum hatte er sich von seinem Rausch etwas erholt, lag er als Gestrandeter am Ufer der Nüchternheit, zitternd vor Angst und voller Abscheu vor sich selbst. »Ich habe mich zu sehr geschämt, um jemand anderen anzurufen«, sagte er unsicher, als er am Arm des Psychiaters die Polizeiwache verließ. »Ich glaube, ich sollte Ihnen erzählen, wie das passiert ist.«

Am Abend vorher war er von einer Party weggegangen, auf der er nach einem Streit mit dem Gastgeber eine große Menge Whisky-Soda getrunken hatte. Aufgebracht und verärgert war er durch die Straßen gelaufen und hatte schließlich in einer billigen Bar nach einigen weiteren Whiskys, diesmal pur, den Barkeeper beschimpft; er wusste nicht mehr, warum. Der Barkeeper hatte ihn hinausgeworfen und ihn, nachdem er, völlig kopflos und aggressiv, erneut auftauchte, kurzerhand nochmals hinausbefördert.

Auf dem Gehsteig hatte ihn dann ein Mann niedergeschlagen und ihm die Brieftasche abgenommen. Auf sein Protestgeschrei waren Leute zusammengelaufen, aber auch zwei Polizeibeamte angekommen. Die Polizisten hatten ihn mit aufs Revier genommen.

»Das ist alles, woran ich mich noch erinnere«, sagte Brown. »Aber es reicht. Mir hätte Schlimmes passieren können. Und in meinem Geisteszustand hätte ich auch Schlimmes anstellen können.«

»Stimmt«, sagte der Psychiater, »das hätte leicht sein können! Was aber jetzt?« Er hatte sich den Bericht über die Geschehnisse des katastrophalen Abends geduldig angehört; die Einzelheiten als solche waren nicht sonderlich wichtig, denn eigentlich ging es nur darum, den Mann so weit zu bringen, dass er über die verborgenen Ursachen sprach, die zu den Ereignissen geführt hatten.

»Ich habe Angst! Dieses Trinken ist das Verrückteste, was ich je gemacht habe. Ich verliere meine Klienten, weil sie sich nicht mehr auf mich verlassen können. Meine Frau hat mich als hoffnungslosen Fall aufgegeben. Meine Kinder schämen sich wegen mir. Und jetzt das! Ich bin tief gesunken – tiefer geht es nicht! Aber jetzt ist Schluss. Mit dem Trinken ist bei mir ein für allemal Schluss!«

Der Psychiater schwieg.

»Ich weiß«, fuhr Brown fort, »das haben Sie schon öfter von mir gehört. Aber diesmal meine ich es ernst. Mit mir ist etwas geschehen. Wenn Sie mir helfen, wenn Sie weiter zu mir stehen, werde ich keinen Alkohol mehr anrühren, solange ich lebe.«

Seither sind fünf Jahre vergangen, und er hat sein Versprechen gehalten; wir sind überzeugt, dass er es auch künftig halten wird. Seine Standfestigkeit ist jedoch weniger auf Willenskraft zurückzuführen als vielmehr auf sein Verständnis des Problems und eine neue Sicht Gottes.

Ohne es zu wissen, hatte James Brown getrunken, um bestimmte, aus seinem Unbewussten aufsteigende Gefühle abzublocken, die ihre Wurzeln in seiner frühen Kindheit hatten, präziser, im endlosen Streit seiner Eltern über seine Erziehung. Seine Mutter hatte sich gewünscht, dass er religiös erzogen würde, und sein Vater hatte sich dem vehement widersetzt. Als der Junge acht gewesen war, hatten sich die beiden scheiden lassen, trotzdem aber unverändert um ihn gestritten. Der heftige Konflikt zwischen ihnen hatte in dem Jungen einen Konflikt erzeugt, den er nicht zu lösen vermochte, weil ihm die eigentliche Ursache verborgen blieb.

Er hatte beide Elternteile sehr geliebt; doch Gehorsam gegenüber dem einen hatte Ungehorsam gegenüber dem anderen bedeutet. Es war ihm unmöglich gewesen, beiden Freude zu machen oder zu gefallen, und dies hatten sie ihm dauernd zu Bewusstsein gebracht. Aus Enttäuschung, Verzweiflung und Wut hatte er beide genauso heftig zu hassen begonnen, wie er sie zuvor geliebt hatte. Der Stärke seines Hasses war er sich nie bewusst geworden, aber dieser Hass schwelte noch immer in ihm und loderte gelegentlich auf wie ein verborgenes Feuer. Brown hatte getrunken, so könnte man sagen, um das Feuer seines Hasses zu löschen – ein ebenso sinnloser und verhängnisvoller Versuch, wie wenn jemand Feuer mit Benzin löschen wollte!

Anfänglich hatte er nur selten und immer nur kleine Mengen getrunken. Häufigkeit und Menge hatten jedoch stetig zugenommen, bis er so weit gewesen war, dass er, wenn er einmal zu trinken anfing, nicht aufhören konnte, bevor er vollkommen betrunken war. Zu seinem Schaden hatte er erfahren müssen, wie es ist, wenn man schon vor dem Frühstück »einen harten Drink braucht, um den Tag überhaupt aushalten zu können«! Die »Kur«, die er gegen sein psychischen Probleme anwandte, kurierte ihn natürlich nicht; das Trinken steigerte sein Leiden nur, und schließlich konnten ihn weder Willenskraft noch beste Vorsätze mehr von seiner Sucht befreien.

Die Erlebnisse am Vorabend und die Nacht im Gefängnis jedoch bewirkten bei ihm eine Umkehr. Er war ganz unten angekommen. Zum ersten Mal wollte er wirklich Hilfe und konnte sie auch annehmen. Er hatte erkannt, dass er seinen unbewussten Konflikt nicht im Alkohol ertränken konnte, sondern sich selbst grundlegend ändern musste.

Jetzt war es möglich, ihn auf den Weg zu echtem Verständnis seines verborgenen Problems zu führen und ihm Einblick in seinen Gefühlskonflikt zu vermitteln. Ein großer Teil seiner Schwierigkeiten hatte seinen Ursprung aber auch in seiner falschen, dem Vaterbild entsprechenden Sicht Gottes, der richtet und straft. Erst der Glaube an Gott als Inbegriff verzeihender Liebe und allgegenwärtigen Schutzes gab ihm die Kraft, das Trinken ein für allemal aufzugeben.

Übermäßiges Trinken ist immer ein sicheres Anzeichen für seelische Probleme. Wissenschaftlich fundierte Schätzungen besagen, dass allein in den USA etwa 17,6 Millionen Menschen alkoholabhängig sind. In Deutschland schätzt man die Zahl der Alkoholiker auf 1,6 Millionen, was ungefähr zwei bis drei Prozent der Bevölkerung entspricht.

Alkoholiker sind Menschen, die in spezieller Weise auf ihre inneren Schwierigkeiten reagieren, auf ihr Gefühl der Unsicherheit und ihre Unfähigkeit, sich den Anforderungen der Umwelt zu stellen. Wie man diese Menschen auch immer einstufen mag, sie sind vor allem Kranke. Sie versuchen absurderweise, ihre psychischen Leiden mit Mitteln zu heilen, die ihre körperliche und geistige Gesundheit nur noch mehr schädigen.

Meist fehlt es ihnen nicht an hohen Prinzipien und Idealen, aber sie sind einfach Gefangene ihrer Sucht. Sie benötigen daher, wenn sie von ihrer Alkoholabhängigkeit frei werden sollen – von der Gewohnheit, die ihnen selbst oft genauso verabscheuungswürdig erscheint wie ihren Angehörigen und Freunden –, eine Lösung des Problems an der Wurzel.

Alkohol ist entgegen einer verbreiteten Annahme kein Anregungs-, sondern ein Beruhigungsmittel, das Sorgen, Angst und Depression dämpft. Alkoholkonsum unterdrückt vorübergehend die Fähigkeit des Menschen zur Selbstkritik, beseitigt für eine Weile seine Hemmungen und ermöglicht es ihm, impulsiv zu handeln, wie sein Verhalten beweist. Auf Dauer hat er jedoch eine verheerende Wirkung; sie ist etwa so, wie wenn man bei einem Auto die Bremsen lösen würde und es einen Berg hinunterfahren ließe.

Der ursprüngliche Impuls zu trinken kann von einem als unerträglich empfundenen inneren Konflikt ausgehen. Er kann aus dem Bedürfnis oder dem Wunsch entstehen, eine liebevolle Beziehung zu knüpfen, die unter normalen Umständen nicht erreichbar zu sein scheint. Und kurzfristig bringt Alkohol die Menschen tatsächlich oft ihrem Ziel näher. Doch dann tritt unweigerlich die gegenteilige Wirkung ein. In der Regel bietet der Betrunkene sehr bald das alarmierende Schauspiel eines Menschen, der außer Kontrolle geraten ist und nur noch auf seine primitivsten Bedürfnisse fixiert ist.

Der Alkohol verschlimmert also genau den Schmerz, den er beseitigen soll. Und der »Morgen danach« beschert mit dem »Kater« die unerträgliche Erinnerung, dass man sich unwürdig und peinlich benommen hat. Das schmerzhafte Gefühl von Schuld, Angst und Unsicherheit ist schlimmer denn je. Typisch für solche Stunden des »Katzenjammers« sind Selbstanklagen, Scham, Entsetzen und der Entschluss, »keinen Tropfen mehr zu trinken«. Leider werden derartige Entschlüsse vom Verlangen nach Alkohol bald wieder erstickt.

Willenskraft allein hilft wenig, auch wenn man sich noch so sehr anstrengt. Willenskraft erwächst aus den bewussten *und* den unbewussten Wünschen. Daher kann ein psychisch gesunder Mensch einen Entschluss fassen und dann dabei bleiben; bei ihm wirken Bewusstsein und Unbewusstes zusammen. Bei einem Menschen, der unter dem Einfluss infantiler, krankhafter Zwänge steht, funktioniert das nicht so einfach. Er kann sich mit verzweifelter Entschlossenheit vornehmen, einen bestimmten Weg einzuschlagen, aber sein unbewusstes Gefühlsleben, das seinen bewussten Wünschen entgegenarbeitet, unterminiert seinen Entschluss.

Deshalb muss ein Mensch, der sich von der Alkoholabhängigkeit heilen will, die eigentlichen Wurzeln seiner Probleme herausfinden und beseitigen. Und wie bei den meisten gefühlsbedingten Krankheiten ist die Heilung um so nachhaltiger, je früher sie einsetzt.

Ein hübsches, intelligentes junges Mädchen begann ein Jahr nach Beendigung des College-Studiums übermäßig viel Alkohol zu konsumieren; Jane betrank sich regelmäßig ein- oder zweimal in der Woche. Dieses krankhafte Verhalten rechtfertigte sie vor sich selbst damit, dass sie deprimiert sei und sich langweile. In ihrem Leben schien es nichts zu geben, das ihr Freude machte. Sie trank, wie sie sagte, weil sie »das Leben so satthatte, dass sie es nicht mehr ertrug«.

»Wie viel trinken Sie? Wie viel haben Sie beispielsweise gestern Abend getrunken?«

»Gestern Abend? Da habe ich … nun: vor dem Essen fünf Martinis getrunken und nachher acht Whisky.«

»Warum? Wissen Sie denn, warum? Warum tun Sie das?«

»Oh, ich habe mich so mies gefühlt! Ich musste mich einfach irgendwie aufheitern!«

Das junge Mädchen wohnte bei seiner Mutter, und wenn die beiden auch selten Streit hatten, so war zwischen ihnen doch ständig eine merkliche Spannung. Kam die Tochter spät nach Hause, mehr oder weniger betrunken, erwartete die Mutter sie und machte ihr Vorwürfe wegen ihres »unmoralischen, unverantwortlichen Verhaltens«. Gewöhnlich stritten die beiden dann, und am nächsten Morgen erwachte Jane regelmäßig mit einem Gefühl der Schuld und Reue wegen ihres Trinkens und der Dinge, die sie zu ihrer Mutter gesagt hatte. Doch ein paar Tage später tat sie genau das Gleiche wieder.

Das eigentliche Problem in Janes Leben war ihre Wut auf die Mutter, von dessen Stärke sie keine Ahnung hatte. Sie war zeitlebens von der Mutter dominiert worden. »Ich hasse es, bei meiner Mutter leben zu müssen«, sagte sie, »ich habe es satt! Sie besteht immer darauf, dass ich dies oder jenes tue, und sie kritisiert mich ständig, sie hat einfach immer etwas an meiner Lebensweise auszusetzen!« Die Tochter wollte von der Mutter weg, sich eine eigene Wohnung nehmen, hatte aber das Gefühl, es sei ihre Pflicht, daheim wohnen zu bleiben, »weil Mutter sonst allein wäre«. Wegen dieses Dilemmas befand sich Jane dauernd in einem Zustand unterdrückter Wut. Und das mit ihrer Wut einhergehende Schuldgefühl, das sie als Deprimiertheit empfand, verursachte einen psychischen Schmerz, vor dem sie im Alkohol Zuflucht suchte, genau wie viele Menschen wegen körperlicher Schmerzen Morphium einnehmen.

Weil sie nun Einblick in die wahre Ursache ihrer Probleme erhalten hatte, bekam sie ihre Alkoholabhängigkeit unter Kontrolle. Die Erneuerung ihres religiösen Glaubens half ihr zusätzlich, die letzten Gefühle von Feindseligkeit zu überwinden, und danach war es ihr auch möglich, ihre Lebensweise zu ändern. Sie nahm eine Stellung an, die sie finanziell unabhängig machte, und zog in eine eigene Wohnung. Schon bald war die Beziehung zwischen ihrer Mutter und ihr normal und freundlich. Kurze Zeit später lernte sie einen jungen Mann kennen und verlobte sich. Mit dem Trinken hörte sie ganz auf, was sie jetzt konnte, weil die eigentliche Ursache dafür beseitigt worden war.

Jane überwand ihre Abhängigkeit vom Alkohol relativ leicht und schnell. Sie gehörte zu den wenigen Glücklichen, denen dies gelingt. Ist das Trinken aber einmal zur festen Gewohnheit geworden, bedarf es normalerweise eines schweren Schocks und langwieriger Behandlung, bevor eine Heilung möglich wird.

So war es bei einem Mann, der in zehn Jahren seine in den davorliegenden fünfzehn Jahren aufgebaute berufliche Karriere durch das Trinken fast ruinierte. Er war zwar noch immer technischer Direktor in seiner Firma und als solcher ein wichtiger Mann, aber körperlich ziemlich am Ende. Infolge seiner ruinösen Lebensweise war er schon zweimal im Krankenhaus gewesen, und dort hatte man ihn gewarnt, dass, wenn er so weitermache, seine gesundheitlichen Schäden bald irreparabel werden würden.

Bis zu seinem dreißigsten Lebensjahr hatte der Mann nicht getrunken. Mit vierzig war er ein Gewohnheitstrinker. Typischerweise weigerte er sich, das zuzugeben. Doch als sein Alkoholismus solche Ausmaße annahm, dass seine Freunde sich ernstliche Sorgen machten, ließ er sich überreden, uns aufzusuchen.

Beim ersten Interview sagte er sehr wenig über seine Trinkgewohnheiten, dafür umso mehr gegen seine Frau und seine Kinder. Er behauptete, seine Frau interessiere sich nicht für seine Karriere und lege ihm sogar Steine in den Weg, weil sie es ablehne, Leute zu empfangen, die für ihn wichtig seien. Seinen Kindern machte er den Vorwurf, dass sie keinen Respekt vor ihm hätten.

»Wie können Sie erwarten, dass Ihre Kinder zu Ihnen aufschauen«, fragte der Berater grob, »wenn Sie betrunken nach Hause kommen und vor ihnen beleidigend zu Ihrer Frau sind? Seien Sie ehrlich, warum sollten die Kinder Sie achten?«

Nach einigem Hin und Her gab der Mann zu, wie viel und wie oft er trank. Er gab auch zu, dass er heftiges Verlangen nach Alkohol hatte; aber das sei auch alles, wirklich alles, erklärte er beschönigend.

»Hören Sie«, fragte der Psychotherapeut, »wissen Sie wirklich nicht, was mit Ihnen los ist?«

»Wie meinen Sie das?«

»Sie haben mir gesagt, dass Sie, obwohl Sie es versuchen, das Trinken nicht für längere Zeit unterlassen können. Sie kommen ein paar Tage ohne Alkohol aus, dann müssen Sie etwas trinken. Und wenn Sie zu trinken anfangen, kann nichts Sie aufhalten. Mäßigkeit gibt es für Sie nicht. Stimmt das?«

»Es stimmt«, antwortete er verlegen.

»Erkennen Sie denn nicht, dass Sie Alkoholiker sind?«

Alles hätte er zugegeben, nur das nicht! Wie die meisten Alkoholabhängigen glaubte er, er könne seinen Konsum leicht einschränken, wenn es nicht so viel Ärger und Probleme in seinem Leben gäbe. Dann würde er sich, so meinte er, zwei oder drei Drinks genehmigen und es dabei bewenden lassen. Aber, sagte er hinterlistig, es wäre ein Zeichen von Schwäche, mit dem Trinken ganz aufzuhören, denn dies käme dem Eingeständnis gleich, dass er hoffnungslos süchtig sei, und das ertrüge er nicht.

Auf der Suche nach den Gründen seiner Alkoholsucht musste man in seinem Leben weit zurückgehen. Er war ein Einzelkind gewesen und hatte mit sechs Jahren den Vater verloren. Nach dessen Tod hatte ihn die Mutter allein großgezogen. Er war ein sehr liebevoller, ihr übermäßig ergebener Sohn gewesen. Diese starke Abhängigkeit hatte er als Sechzehnjähriger abzuschütteln versucht, indem er von zu Hause weggegangen war. Obwohl er die Mutter nur noch selten gesehen hatte, obwohl er später auch geheiratet und beruflich eine bemerkenswerte Karriere gemacht hatte und damit in materiell-finanzieller Hinsicht unabhängig geworden war, hatte die übermäßige Mutterbindung fortbestanden.

In seinem sechzehnten Ehejahr dann war die Mutter gestorben. Dies hatte ihm einen schweren Schock versetzt, den er nicht überwand. Er hatte sich Vorwürfe verschiedenster Art gemacht, und sich beschuldigt, seine Mutter vernachlässigt zu haben. Seiner Frau gegenüber war er immer feindseliger und seinen Kindern gegenüber immer gereizter geworden. Schließlich hatte er zu trinken begonnen.

Es dauerte lange, ihn zu der Einsicht zu bringen, dass er sich unbewusst noch immer an das Bild der Mutter klammerte. Sein Ärger über seine Frau war nur eine Ausflucht: Er lud auf sie den Zorn ab, den er unwissentlich noch immer gegen seine Mutter hegte. Trotz dieses Zorns aber sehnte er sich im tiefsten Inneren nach mütterlichem Schutz und mütterlicher Liebe. Nun hatte er beides unwiederbringlich verloren; das war es, was ihn so beunruhigte und verunsicherte, dass er das Leben nur noch ertrug, wenn er seine Sinne mit Alkohol betäubte.

Er erkannte die Richtigkeit dieser psychologischen Erklärung, wollte jedoch noch immer nicht glauben, dass er mit dem Trinken Schluss machen musste, ein für allemal. »Das ist Unsinn«, sagte er ungeduldig. »Ich muss mit meinen Kunden ausgehen und natürlich ein oder zwei Gläser trinken. Was würden sie von mir denken, wenn ich das nicht täte?«

Der Mann begriff jedoch schneller als erwartet, dass ein Alkoholiker mit dem Trinken ganz aufhören muss.

Eines Morgens stellte er beim Aufwachen zu seinem Entsetzen fest, dass das Kopfkissen und die Bettdecke über und über mit Blut beschmiert waren, das von einer tiefen Schnittwunde in seiner Hand herrührte. Er konnte sich lediglich erinnern, dass er nach Büroschluss mit einem Geschäftsfreund gegessen hatte und anschließend auf eine Party gegangen war. Der Rest, bis zu diesem Augenblick, war absolute Leere. Er hatte nicht die leiseste Ahnung, wie er zu der Schnittwunde und in sein Bett gekommen war.

Er bekam Angst. War er in eine Schlägerei verwickelt gewesen? Hatte er vielleicht jemanden umgebracht? Er konnte sich vor Entsetzen nicht rühren, geschweige denn etwas tun, um herauszufinden, was passiert war. Er fürchtete, die Wahrheit sei noch schlimmer als die Ungewissheit.

Seine Frau kam nach mehreren überstürzten Telefonanrufen dem Rätsel auf die Spur: In der vergangenen Nacht hatte sich ihr Mann wieder einmal sinnlos betrunken und war dann in Depression und Selbstbemitleidung verfallen. In einem impulsiven Wutanfall hatte er ein Whiskyglas gepackt und auf dem Tisch zerschlagen. Eine Scherbe war ihm dabei tief in die Hand gedrungen. Irgendjemand hatte ihn verbunden und nach Hause gebracht. Es war also nichts Schlimmes passiert. Glücklicherweise aber genügte der Vorfall, um den Mann bis auf den Grund seiner Seele zu erschüttern.

Ein Gewohnheitstrinker gibt nie zu, dass er dem Alkohol gegenüber machtlos ist, solange er nicht etwas wirklich Erschütterndes erlebt hat. Der eine erreicht den Tiefpunkt nach einer wochenlangen Sauftour, der andere nach einer exzessiven Nacht in einer Bar, der dritte in der Stille seines Zimmers. Doch offenbar muss – zumindest ist es so in den meisten Fällen – ein Punkt erreicht werden, an dem dem Süchtigen etwas derart Beunruhigendes zustößt, dass er sich geschlagen gibt und sich eingesteht, krank und ein Alkoholiker zu sein. Und erst wenn er einräumt, Hilfe von außen zu brauchen, vermag er solche Hilfe auch anzunehmen.

Die Minuten, in denen der Mann fieberhaft zu rekonstruieren versuchte, was er getan hatte, brachten ihn endlich so weit, dass er sich selbst mit absoluter Ehrlichkeit betrachtete. Er sprach mit dem Geistlichen wie noch nie vorher. Niedergeschlagen gab er zu, dass er ein Trinker sei, und dass er das Trinken nicht kontrollieren könne. Jetzt hatte er begriffen, dass er ganz aufhören müsse. Endlich war er überzeugt, dass er nie mehr einen Tropfen trinken durfte.

Nachdem er diesen wichtigen Schritt getan hatte, erklärte ihm der Geistliche, für sein endgültiges Loskommen von der Alkoholsucht benötige er die Hilfe einer höheren Macht, mit der er zusammenarbeiten müsse. Wenn er sein Bestes tue, so wenig dies auch sein möge, könne er sich darauf verlassen, dass Gott das Seine tue. Der Mann war bereit, es zu versuchen. Das Vorgehen war einfach.

Erstens sollte er jeden Morgen um Gottes Hilfe beten, demütig, aber in der tiefen Überzeugung, dass sie ihm zuteil werde.

Zweitens sollte er jeden Abend Gott für die Hilfe danken, die ihm an dem vergangenen Tag gewährt worden war.

»Danken Sie Gott, und er wird Ihnen am nächsten Tag wieder helfen«, sagte der Geistliche zu ihm. »Mit anderen Worten: Erbitten Sie spirituelle Hilfe nach einem Vierundzwanzigstundenplan, also immer nur für einen Tag. Danken Sie dann abends, nachdem Sie den Tag mit Anstand hinter sich gebracht haben, der höheren Macht und bitten Sie Gott, Ihnen zu helfen, den nächsten Tag genauso oder noch besser durchzustehen. Leben Sie nicht in weiter Zukunft. Machen Sie sich keine Sorgen darüber, ob Sie heute in einem Jahr trinken oder nicht. Kümmern Sie sich immer nur darum, dass Sie ›heute‹ nicht trinken.«

Ein weiterer wichtiger Schritt war der in die Gemeinschaft. Der Mann wurde mit Menschen zusammengebracht, die wie er alkoholabhängig gewesen waren, ihre Sucht aber überwunden hatten. Wir wissen, dass in einer solchen Gruppe jeder vom anderen Kraft erhält. Das Teilen der Verantwortung vermittelt Stärke und Sicherheit.

Die psychologische Einsicht in sein Problem und die Bewusstmachung der Gegenwart und Hilfe Gottes bewirkten in dem Mann eine grundlegende Veränderung der Persönlichkeit. Daher hatte er auch die Kraft, seine Gewohnheiten grundlegend zu ändern. Er hielt sich an die Werte, die ihm nur eine tief religiöse Überzeugung zu geben vermochte, und so erhielt sein Leben einen neuen Sinn. Drei Jahre sind mittlerweile vergangen, und wir können berichten, dass er seither »trocken« ist.

Bevor ein Gewohnheitstrinker seine Abhängigkeit vom Alkohol aufgeben kann, muss bei ihm, dies sei noch einmal gesagt, eine Verwandlung des Unbewussten stattfinden. Doch nicht immer ist dafür die Kenntnis des psychologischen Problems erforderlich, mancher Mensch würde sie gar nicht ertragen. Wie jeder Psychologe weiß, gibt es Fälle, in denen die Überwindung von neurotischem Verhalten auch ohne Bewusstmachung der psychischen Konflikte möglich ist. Auf jeden Fall aber muss, bevor das Verhalten geändert werden kann, eine Änderung der Geisteshaltung und der Lebensumstände erfolgen, die das Unbewusste anspricht und verwandelt.

Die Erfahrung lehrt, dass oft ein tiefes religiöses Erlebnis eine solche Verwandlung bewirkt. Dies ist anhand vieler Fälle belegt. Als Beispiel sei hier die Geschichte einer jungen Ehefrau angeführt, die infolge ihrer Alkoholabhängigkeit die Kontrolle über ihr Leben völlig verloren hatte. Susan vernachlässigte ihren Haushalt, ihr Aussehen, ihren Mann und ihr kleines Kind. In der ganzen Wohnung hatte sie Flaschen versteckt: unter der Matratze, im Wäschekorb, zwischen ihren Schuhen, überall. Sobald ihr Mann morgens das Haus verlassen hatte, begann sie zu trinken, und sie tat kaum noch etwas anderes, bis sie abends betrunken ins Bett fiel.

Ihr Mann redete verzweifelt auf sie ein. Er bat sie flehentlich, an Gott zu glauben, »nur ein kleines bisschen«. Wenn sie das tue, erklärte er, könne sie gesund werden. Sie hörte ihm nicht zu. Einer unserer Geistlichen verwendete viele Stunden darauf, sie der Erkenntnis näherzubringen, dass Gebet und Glauben sie von ihrem schrecklichen Problem erlösen könnten. Alles vergebens. Sie hatte zwar den Wunsch, mit dem Trinken aufzuhören, doch ihr fehlte einfach die Kraft dazu. Und sie weigerte sich strikt, mit einem Psychologen oder einem Psychiater zu sprechen.

Eines Nachmittags dann klingelte es an der Wohnungstür. Als sie öffnete, sah sie sich einer etwa gleichaltrigen Frau gegenüber, die sagte: »Ich bin Mary Jones und komme von den Anonymen Alkoholikern. Ich ...«

Susan versuchte die Tür zuzuschlagen, doch Mary Jones stellte den Fuß zwischen Tür und Schwelle.

»Ich weiß, wie Sie sich fühlen«, sagte sie sanft, »aber Ihr Mann hat mich gebeten, Sie zu einem Treffen der Anonymen Alkoholiker mitzunehmen, und das werde ich tun – heute Abend. Ich kann Sie nicht mit Gewalt hinschleppen, aber ich werde hierbleiben, bis Sie einwilligen mitzugehen.«

Und sie blieb! Sie sprach voll Mitgefühl und Verständnis auf die junge Frau ein, erzählte ihr, dass sie selbst eine starke Trinkerin gewesen sei. Langsam entstand zwischen den beiden eine Art Einverständnis, obwohl Susan sich anfänglich gegen alles gesträubt hatte.

Mary Jones erläuterte, wer die Anonymen Alkoholiker waren und was sie für sie tun konnten. »Wenn Sie heute Abend mitgehen«, sagte sie, »werden Sie geheilt. Das versichere ich Ihnen, Sie werden geheilt! Sie werden Ihr Problem überwinden. Können Sie das nicht glauben?«

Susan schwieg lange. Dann sagte sie mühsam, fast flüsternd: »Doch, ich glaube es.«

»Ich hole Sie also um acht Uhr ab und nehme Sie zu unserem Treffen mit. Sie werden geheilt, heute Abend.«

Als die junge Ehefrau wieder allein war, trat sie vor einen Spiegel und schaute sich an. Sie musterte ihr strähniges, ungekämmtes Haar, ihren schmuddeligen Morgenrock, ihr blasses, erschöpftes, aufgequollenes Gesicht. Nach einer Weile setzte sie sich hin und versuchte darüber nachzudenken, wie es zu all dem gekommen war. Sie erinnerte sich an das, was ihr Mann und der Geistliche über den Glauben an Gott zu ihr gesagt hatten. Schließlich sagte sie staunend zu sich selbst: »Ja, heute Abend gehe ich mit ihr dorthin. Irgendwo tief in mir spüre ich, dass dieser Albtraum vorüber ist! Ich kann geheilt werden. Mary Jones ist geheilt worden, und ich kann auch geheilt werden, genau wie sie gesagt hat.«

Plötzlich schien das ganze Zimmer von Licht erfüllt. Sie selbst schien von strahlendem Licht erfüllt. Sie spürte Wärme und Licht in sich, spürte eine Gegenwart. Sie glaubte und glaubt heute noch, dass es die Gegenwart Gottes war. An jenem Abend ging sie zu dem Treffen, aber sie wurde nicht dort geheilt; die Heilung hatte bereits stattgefunden, in dem Augenblick der Erleuchtung in ihrer Wohnung!

Sie wurde aktives Mitglied der Hilfsorganisation der Anonymen Alkoholiker und hat in den vergangenen Jahren nichts getrunken, nicht einmal mehr Verlangen nach Alkohol gehabt. Was war geschehen? Als Mary Jones gegangen und Susan mit ihrer Verzweiflung allein zurückgeblieben war, hatte sie das spirituelle Erlebnis einer religiösen Bekehrung gehabt. Sie hatte im Geiste Gott gefunden und in diesem überwältigenden Gefühl ihren neurotischen Konflikt spontan überwunden.

Wenn so etwas stattfindet, erfolgt eine echte Heilung. Das einfache therapeutische Prinzip des Glaubens an Gott stellt die Hauptstütze der Anonymen Alkoholiker dar, dieser erstaunlichen Organisation, die so vielen Unglücklichen geholfen hat.

Zu den Begründern der Organisation zählt ein Mann, der selbst einen entsetzlichen Kampf gegen die Alkoholsucht führte. Er hatte sich das Trinken während des Ersten Weltkriegs im Übersee-Einsatz angewöhnt. In den stürmischen Nachkriegsjahren war der große, schlaksige, schlichte Neuengländer nach New York gekommen und hatte sehr erfolgreich an der Wall Street spekuliert. Als ihn 1929 der Börsenkrach ruiniert hatte, war er längst ein Gewohnheitstrinker gewesen. Er hatte nichts dabei gefunden, am Tag zwei Halbliterflaschen Gin zu leeren.

Schließlich war er in einen Zustand geraten, der nur noch in die psychiatrische Anstalt oder ins Grab führen konnte. Durch nichts hatte er sich von seinem zügellosen, tragischen Kurs abbringen lassen. Eines Tages hatte ihn ein alter Freund besucht, der seine eigene Alkoholabhängigkeit in der Hinwendung zu Gott überwunden hatte. Dieser Freund hatte ihn bedrängt, das Gleiche zu versuchen. Es sei einfach, hatte er erklärt: Seine Fehler bekennen, den Schaden wiedergutmachen, den man anderen Menschen zugefügt hat, und sich an Gott wenden mit der Bitte um Genesung von dieser Krankheit, die geistig-seelischer Natur sei.

Der Mann hatte den Vorschlag zunächst abgelehnt, weil er seit vielen Jahren Atheist war. Doch als er eines Tages in seinem hoffnungslosen Zustand, allein und zutiefst verstört in einem Krankenhausbett lag, hatte er laut zu sich gesagt: »Jetzt bin ich bereit, alles zu versuchen.« Und dann hatte er, der Atheist, voll Verzweiflung und inbrünstigem Verlangen gerufen: »Wenn es einen Gott gibt, wird er sich zeigen?«

Dies war der Anfang der Anonymen Alkoholiker (abgekürzt »AA«) gewesen. Denn Gott hatte in der Tat geantwortet. Vierzehn Jahre später hatte der Mann über die Organisation, deren Mitbegründer er war, schreiben können:

»Sechzigtausend Alkoholiker, die männlichen und weiblichen Mitglieder der AA, sind von ihrem zerstörerischen Drang zu trinken befreit worden. Jeden Monat machen sich weitere zweitausend auf den Weg in die Freiheit von der Sucht, einer so heimtückischen Sucht, dass von den Alkoholikern, die ihr verfielen, im Laufe der Jahrhunderte nur wenige überlebten. Wir Alkoholiker bringen verständlicherweise die Gesellschaft zur Verzweiflung, doch wenn wir unser Leben überhaupt nicht mehr in den Griff bekommen, verzweifeln wir an uns selbst, und das ist dann das Ende. Jetzt wissen wir, wie diese verhängnisvolle Krankheit geheilt werden kann. Jeder genesene Alkoholiker gibt seine Geschichte an den nächsten weiter. In vierzehn Jahren hat sich unsere Organisation nach dem Schneeballsystem in den USA, in Kanada und vielen anderen Ländern verbreitet.«

Wie Alkoholiker zu geistig-seelischer Gesundheit zurückfinden und ein glückliches und nützliches Leben führen können, ist den berühmten zwölf Schritten des AA-Wiederherstellungsprogramms zu entnehmen:

1. *Schritt:* Wir gaben zu, dass wir dem Alkohol gegenüber machtlos sind und unser Leben nicht mehr meistern konnten.
2. *Schritt:* Wir kamen zu dem Glauben, dass eine Macht, die größer ist als wir selbst, uns unsere geistig-seelische Gesundheit wiedergeben kann.
3. *Schritt:* Wir fassten den Entschluss, unseren Willen und unser Leben der Sorge Gottes – wie wir ihn verstanden – anzuvertrauen.
4. *Schritt:* Wir machten eine gründliche und furchtlose Inventur unseres Inneren.
5. *Schritt:* Wir gaben Gott, uns selbst und einem anderen Menschen gegenüber unverhüllt unsere Fehler zu.
6. *Schritt:* Wir waren bereit, diese Charakterfehler mit Gottes Hilfe zu beseitigen.
7. *Schritt:* Demütig baten wir Gott, die Last unserer Mängel von uns zu nehmen.
8. *Schritt:* Wir legten eine Liste aller Personen an, denen wir Schaden zugefügt hatten, und versprachen, den Schaden allen gegenüber wiedergutzumachen.
9. *Schritt:* Wir machten bei diesen Menschen alles wieder gut – wo immer es möglich war –, außer wir hätten dadurch die Betroffenen oder andere Menschen verletzt.
10. *Schritt:* Wir setzten die Inventur unseres Innenlebens fort, und wenn wir Unrecht hatten, gaben wir es sofort zu.
11. *Schritt:* Wir suchten durch Gebet und Meditation die bewusste Verbindung zu Gott – wie wir ihn ver-

standen – zu verbessern und baten ihn um die Kraft, dass alles nach seinem Willen geschehe.

12. Schritt: Nachdem wir auf diesem Weg der kleinen Schritte eine geistig-seelische Wandlung erlebt hatten, versuchten wir, diese Botschaft an Alkoholiker weiterzugeben und unser tägliches Leben nach diesen Grundsätzen auszurichten.

Die zwölf Schritte wurden zu Lebensrichtlinien für Abertausende von ehemaligen Alkoholikern, Männern und Frauen, die zu einem normalen Leben zurückfanden.

Aus Erfahrung wissen wir, dass die zwölf Programmpunkte einen Alkoholiker, der sie aufrichtig und ehrlich einhält, aus der Verzweiflung heraus- und zu neuem Lebensglück hinführen können. Doch bei den zwölf ersten Schritten, die er noch unsicher zurücklegt, muss ihn eine freundliche, mitfühlende Hand geleiten; die freundschaftliche, hilfsbereite Gemeinschaft spielt eine wichtige Rolle.

Bei Treffen der Anonymen Alkoholiker gibt es üblicherweise keine religiösen Rituale. Trotzdem liegt aber dieses undefinierbare Etwas in der Luft, das man als Gegenwart Gottes erkennt. Unter den Anwesenden können sich Menschen jeder Rasse, Herkunft und Religionszugehörigkeit befinden, die einander als Brüder und Schwestern begegnen. Viele kamen von ganz unten, manche hatten sogar schon mit ihrem Leben abgeschlossen, um verwandelt und befreit zu werden. Sie alle erlebten eine regelrechte Wiedergeburt.

Man muss sich die Menschen, die sich bei solchen Treffen der Anonymen Alkoholiker einfinden, nicht als selbstgefällige Frömmler vorstellen, denn jeder kennt nur zu gut die immerwährend lauernde Gefahr der Sucht und das Wunder der Verwandlung. Er war geschlagen, und das vergisst er nicht; und er wurde wiedergeboren, und auch das vergisst er nicht. Er wurde immer nur für einen Tag gerettet. Er glaubt bedingungslos, dass Gott dieses Rettungswunder jeden Tag wiederholen kann und wird; für ihn findet dieses

Wunder darum jeden Morgen neu statt und ist ihm jeden Abend von Neuem gegenwärtig.

Dies entspricht natürlich im Wesentlichen den Methoden, die auch wir in unserem Institut seit Langem anwenden – zur Behandlung nicht nur des Alkoholismus, sondern auch vieler anderer Persönlichkeitsstörungen, die gleichfalls in unbewussten Konflikten ihre Ursache haben.

Übermäßiger Alkoholkonsum gehört zweifellos zu den schlimmsten, zerstörerischsten Mitteln, zu denen ein Mensch greifen kann, um die Schmerzen psychischer Spannung zu lindern. Auch wenn es uns manchmal schwerfällt, müssen wir immer daran denken, dass der Alkoholiker krank ist, nicht etwa nur nur stur und engstirnig. Aus Kummer über den Schaden, den er sich selbst und anderen zufügt, könnten wir leicht die Geduld mit ihm verlieren und ihn hart verurteilen. Aber das würde nichts nützen. Er braucht die Erneuerung seines Glaubens an Gott und sich selbst, und er braucht unsere Hilfe. In Augenblicken, in denen wir versucht sind, ihm selbstgerechte Predigten zu halten, wäre es klug, über das Motto nachzudenken, das an vielen Versammlungsorten der Anonymen Alkoholiker zu lesen ist und von Friedrich Christoph Oetinger (1702–1782) stammt:

»Gott gebe mir die Gelassenheit, das hinzunehmen, was ich nicht ändern kann, den Mut, das zu ändern, was ich ändern kann, und die Weisheit, das Eine vom Andern zu unterscheiden.«

KAPITEL 9

Verständnis und Trost für Trauernde

Das erschütterndste Erlebnis für den Menschen ist der Verlust eines geliebten Angehörigen. Der Hinterbliebene hat das Gefühl, über eine leere, verlassene Ebene zu gehen, auf der alle vertrauten Wegzeichen, die ihm bisher Halt gegeben und die Richtung gewiesen haben, verschwunden sind. Sein Verlust erscheint ihm so endgültig und absolut, dass er ihn, auch wenn er noch so gut angepasst ist, anfäglich fast nicht erträgt.

Es gibt kein Rezept zur Linderung des unmittelbaren, überwältigenden Schmerzes, der uns nach einem solchen Verlust erfasst. Aber es gibt Wege, die aus dem ersten wilden Schmerzes hinausführen; und es gibt praktische Mittel, mit deren Hilfe man ihn mit größter Seelenstärke durchsteht. Ein bedeutender Philosoph schrieb: »Das Leben zu ertragen bleibt, nachdem alles gesagt ist, die oberste Pflicht aller Lebewesen.« In der schrecklichen ersten Zeit einer solchen Leiderfahrung erscheint einem tatsächlich schon das bloße Ertragen des Lebens als überschwere Last.

Es gibt auch ein altes Wort, das besagt, wer Frieden wünsche, müsse auf den Krieg vorbereitet sein. Das ist weniger überzeugend als die Abwandlung dieses Wortes: Um das Leben zu ertragen, muss man auf den Tod vorbereitet sein. Das ist in gewissem Sinne das Thema dieses Kapitels; es enthält Empfehlungen, mit deren Hilfe man sich am besten gegen die »Schlingen und Pfeile eines unerbittlichen Schicksals« wappnet.

Am grausamsten trifft der Tod eines Angehörigen die Menschen, die sich seiner Unausweichlichkeit verschließen. Wenn der Tod kommt, sind sie ihm wehrlos ausgeliefert. Wir müssen jedoch alle auf den Tod gefasst sein und brauchen, um ihm ruhig und fest ins Auge blicken zu können, eine Philosophie, aus der klar hervorgeht, dass wir weder für uns selbst noch für unsere Angehörigen etwas zu fürchten haben. Wie Shakespeare sagte: »Von hinnen müssen wir gehen, genau wie wir hierher gekommen sind. Alles ist Reife.« Und Sokrates sagte: »Einem guten Menschen kann nichts Böses widerfahren, weder im Leben noch nach dem Tode.«

Der Grundstein einer solchen Philosophie ist der Glaube an ein ewiges Leben. Wer diesen Glauben hat, kann den Tod nicht als angsterregendes, grausames Ende betrachten, sondern sieht in ihm einen natürlichen Entwicklungsschritt unseres Lebensablaufs.

Eine solche Philosophie befähigt den Menschen, große Siege über diese härteste aller Realitäten zu erringen, wie folgende Geschichte eines berühmten New Yorker Arztes zeigt, der unheilbar erkrankt war. Er war ein Mann, der über eine ungeheure Kraft und Energie verfügte. Doch nun war er dem Tode geweiht. Er erwartete ihn vollkommen ruhig. Nur wenige Jahre zuvor hatte er sein persönliches Credo in folgende Worte gefasst:

»Ich glaube, dass Wesenheit, Persönlichkeit, Gedächtnis und Liebe auf die andere Seite überwechseln, und ich pflichte der Verheißung bei, dass wir zufrieden sein werden. Der Beginn des Lebens ist das größte aller Wunder. Wir können kein Leben schaffen. Wir können es fortpflanzen, verlängern oder vernichten. Dennoch bleibt es ein Geheimnis, und es lässt sich nicht wirklich definieren. Wir kennen lediglich die Summe der Phänomene dessen, was wir Leben nennen.

Wenn dies schon in unserer irdischen Welt so ist, wie sollten wir da erwarten, mehr über das Ewige zu wissen? Der endliche Geist hat Grenzen; sicherlich wird der unendliche Geist fähig sein, viel weiter zu sehen. Folglich ist Glaube, wie er für uns im ›Buch der Bücher‹ definiert wird, die Substanz aller erhofften Dinge, die Evidenz aller unsichtbaren Dinge.

In dem Maße, wie wir an geistiger und emotionaler Kraft zunehmen, werden wir fähiger, das zu verstehen, was noch gestern über unseren Horizont ging. Niemand auf dieser

Erde kann alle Rätsel des Lebens ausloten. Auf dieses größere Wissen müssen wir warten, bis wir das jenseitige Leben erreichen.«

Der Arzt erkannte, dass er nun an der Schwelle zu diesem Leben stand. Und sein Glaube, den er in so schönen Worten zum Ausdruck gebracht hatte, half ihm auch in seinen letzten Stunden.

Seine Frau, die seinen Glauben teilte, bewahrte eine Haltung heiterer Würde und ruhigen Mutes, obwohl sie wegen des bevorstehenden Todes ihres Mannes schwer litt. Der Glaube, den die beiden teilten, stärkte sie in den herzzerreißenden Augenblicken am Tage des Sterbens. Bis dahin hatte keiner von ihnen das Bevorstehende erwähnt. Nun sagte er zu ihr: »Könnte sein, dass ich nicht mehr gesund werde.«

Sie erwiderte: »O könnte ich doch mit dir auf diese letzte Reise gehen wie auf so viele andere Reisen! Wenn du jetzt vor mir in das andere Land kommst, warte dort auf mich. Wirst du das tun?«

Er hob seine geschwächte rechte Hand mit erstaunlicher Kraft, legte sie ihr sanft auf den Kopf und antwortete: »Ich werde da sein!« Liebevoll lächelte er sie an und fügte hinzu: »Ja, wir waren sehr glücklich miteinander.«

Ruhig sagte sie: »Und jetzt wirst du eine Reise in ein Land machen, das du noch nie gesehen hast. Du wirst an jenem Ufer landen, und deine Mutter und dein Vater werden da sein; auch meine Eltern. Sie alle werden dich erwarten. Wenn du dorthin kommst, wird es nicht lange dauern, bis ich dir nachfolge, denn die Zeit ist anders dort, wohin du gehst. Dort wird es für uns eine wunderbares Wiedersehen geben.«

Seine Stimme war zuvor sehr schwach gewesen, weil er das Bewusstsein zu verlieren begann. Doch nun war er einen Augenblick wieder ganz der Alte. Mit seiner kräftigen Stimme antwortete er: »Ich werde auf dich warten. Ich werde da sein.«

Ein paar Stunden später starb dieser große Arzt und Wissenschaftler, der eine so zuversichtliche Lebenseinstellung gehabt und sie bis zum Ende nie in Frage gestellt hatte. Auch seine Frau tat das nicht. Sie war felsenfest überzeugt, dass er bei ihrer Ankunft »an jenem Ufer« da sein würde, wie er gesagt hatte.

Die Religion, die uns das ewige Leben verheißt, befasst sich seit jeher mit dem Problem des schmerzlichen Verlustes infolge des Todes eines Angehörigen. Im Laufe der Jahre sammelten wir zahlreiche Erfahrungen in der Behandlung von Menschen, die diese schwere Prüfung durchstehen müssen. Die meisten wenden sich auf ihrer Suche nach Trost, Rat und Hoffnung als Erstes an den Geistlichen. Und er sagt ihnen die ermutigenden, unsterblichen Worte des heiligen Paulus: »Tod, wo ist dein Stachel? Hölle, wo ist dein Sieg?« Der Dichter Carl Sandburg bezeichnete diese Worte als »Ruf aus den Festungswällen des Unbesiegbaren«.

In letzter Zeit haben die Psychologie und die Psychiatrie überaus wertvolles neues Wissen über die Dynamik von Kummer und Leid nach einem Todesfall erworben. Man kann daher heutzutage den Menschen viel besser helfen, sich an diese höchst schmerzliche Situation anzupassen.

Bei der Trauer, wie bei allen menschlichen Erfahrungen, spielt das Unbewusste des Geistes- und Gefühlslebens eine wichtige Rolle. Darum ist es oft notwendig, dem Rechnung zu tragen, wenn eine Linderung des Schmerzes möglich werden soll.

Haben zwei Menschen einander innig geliebt, ihre gegenseitigen Bedürfnisse befriedigt und sich aus ihrer Beziehung ein echtes Glück geschaffen, ist der Tod des einen für den anderen auf jeden Fall ein wirklicher, schwerer Verlust. Das lässt sich nicht abstreiten, und auch die ernsten Auswirkungen lassen sich nicht leugnen. Der geliebte Mensch ist nicht mehr im Haus und sitzt nicht mehr zum Essen am Tisch, die langjährige Gemeinschaft ist zerstört. Man sehnt sich nach der Berührung einer verschwundenen Hand und nach dem Klang einer verstummten Stimme. Im ersten niederdrückenden Schmerz wird die Welt als leer empfunden, und das Leben scheint sinnlos geworden zu sein.

Oft sind Trauernde beunruhigt wegen der Stärke ihrer Gefühle und der damit einhergehenden körperlichen Symptome. Manchmal fällt ihnen das Atmen schwer, als sei ihre Brust eingeengt; sie finden am Essen buchstäblich keinen Geschmack mehr; es ist ihnen unmöglich, sich für irgendetwas zu interessieren oder auch nur ihre täglichen Pflichten zu erfüllen. Der Schmerz über den unsäglichen, unwiederbringlichen Verlust erdrückt sie.

Ein Trauernder sollte seiner Trauer innerhalb der Grenzen des Normalen ohne Verlegenheit und ohne Bedenken Ausdruck verleihen, in Gedanken, Worten und Tränen. In solchen Zeiten ist eine starre Wahrung der äußeren Form keine Tugend; tatsächlich kann die Unterdrückung der natürlichen Emotionen schwere seelische Schäden verursachen. Die freie Äußerung der Trauer hingegen setzt heilende Kraft frei. Darum ist die Trauerzeit wünschenswert und notwendig. In ihr vollzieht sich eine lebenswichtige Neuanpassung, während das verwundete Gemüt sich von der Verletzung erholt, die es erlitten hat.

Wie psychiatrische Untersuchungen gezeigt haben, gibt es jedoch Umstände, die eine Ausdehnung dieses lebenswichtigen Prozesses weit über das normale Ausmaß hinaus verursachen. Ist dies der Fall, liegt das Problem oft darin, dass in der Beziehung zu dem verstorbenen Menschen – psychologisch gesprochen – irgendetwas nicht ganz gesund war.

Ein Beispiel soll dies veranschaulichen. Die junge Mutter eines außergewöhnlich klugen und hübschen Kindes hing so sehr an ihrem kleinen Mädchen, dass sie sich für nichts anderes mehr interessierte. Sie war überzeugt, ihr Kind zutiefst und selbstlos zu lieben, was sie in gewissem Sinne auch tat. Doch zu einem großen Teil war ihre Liebe egoistisch. Sie betrachtete die Tochter im Grunde nicht als anderes Wesen mit eigener Persönlichkeit, sondern als Zweitausgabe ihrer selbst. Dieses Phänomen kann man häufig beobachten. In ihrem Unbewussten identifizierte sie sich mit dem Kind. Sie liebte ihre Tochter nicht nur um deren selbst willen, sondern weil die Tochter für sie eine Erweiterung und Nachbildung ihrer eigenen Person war. Das Kind stellte für sie eine Art magischen Spiegel dar, in dem sie ihr eigenes Bild erblickte. Indem sie ihr kleines Mädchen liebte, liebte sie sich selbst.

Als das Kind plötzlich schwer erkrankte und starb, war die Mutter todunglücklich. Sie wollte nicht weiterleben. Sie konnte sich mit dem Verlust, mit der Tatsache des Todes, einfach nicht abfinden und ihr Kind nicht gehen lassen. Völlig verstört, mit rotgeweinten Augen lief sie umher wie ein Tier im Käfig. Dieser Zustand hielt wochenlang, sogar monatelang an. Schließlich kam sie in unser Institut und bat um Hilfe. Erst nachdem es uns durch lange, geduldige Erklärung gelungen war, ihr die Ursache ihrer unbewussten Gefühle gegenüber dem Kind klarzumachen und ihr eine gesunde spirituelle Einstellung zu vermitteln, erholte sie sich von ihrem Schmerz und konnte sich dem Leben wieder stellen.

Solches Festhalten an einem Menschen, mit dem man sich als Folge einer übermäßig engen Gefühlsbindung identifiziert, kann zu einer Katastrophe führen, wenn einem der Gegenstand derartiger Gefühle durch den Tod genommen wird. Manchmal offenbart sich diese Identifikation auf höchst dramatische Weise. Ein fünfzehnjähriges Mädchen, dessen Mutter ein paar Jahre zuvor gestorben war, hing sehr an ihrem Vater. Dieser bekam plötzlich eine unheilbare Krankheit. Das Mädchen ging nicht mehr in die Schule, um ständig bei ihm sein zu können. Etwa sechs Monate vor seinem Tod erblindete er infolge einer Netzhautblutung. Je näher sein Tod rückte, desto verzweifelter und verschlossener wurde das Mädchen. Es ließ sich von niemandem trösten, beistehen oder irgendwie helfen.

Der Vater starb. Wenige Tage nach der Beerdigung erblindete das Mädchen selbst. Eine ärztliche Untersuchung ergab, dass für die Erblindung keine organische Ursache vorlag. Nach einer langen Periode der Neuorientierung vermochte der Arzt sie zu der Erkenntnis zu bringen, dass ihre Augen vollkommen gesund waren, dass sie blind war, weil sie sich mit dem innig geliebten Vater identifizierte, und dass sie die Blindheit unbewusst dazu benutzte, trotz seines Todes irgendwie mit ihm vereint zu bleiben. Diese Erkenntnis behob die Blindheit vollkommen.

Eine Frau suchte uns auf, weil sie an unerträglichen Kopfschmerzen litt, für die es keine medizinische Erklärung gab.

In einem Interview erwähnte die Frau, obwohl ihre Kopfschmerzen für sie nicht damit im Zusammenhang standen, dass ihre Mutter vor Kurzem nach langer Krankheit gestorben war. Der Psychotherapeut fragte sie nach Einzelheiten über den Tod der Mutter.

Der Frau fiel es sehr schwer, darüber zu sprechen, doch schließlich sagte sie, die Mutter sei vor ihrem Ende mehrere Monate lang von einer Krankenschwester versorgt und gepflegt worden. Sie war sehr aufgebracht, als sie dem Psychotherapeuten eröffnete, die Krankenschwester habe ihr die Mutter entfremdet.

Kurz vor dem Tod der Mutter war sie mit ihr allein gewesen, hatte sich ans Bett gekniet, die Arme um die Kranke gelegt und gefragt: »Liebst du mich nicht, Mutter?«

»Doch. Doch, ich liebe dich sehr«, hatte die Mutter geantwortet, »mehr als irgendjemand anderen auf der Welt.« Das hatte die Frau sehr beruhigt.

Mit dem Tod der Mutter jedoch konnte sie sich nicht abfinden. Sie hatte ein Zimmer als eine Art Heiligtum eingerichtet und es mit Bildern, Fotos und Stickereien der Mutter eingerichtet. In dem Zimmer saß sie Tag für Tag.

»Sagen Sie«, erkundigte sich der Psychotherapeut, »hatte Ihre Mutter auch Kopfschmerzen?«

Sie sah ihn überrascht an. »Ja, doch«, antwortete sie zögernd. »Ja. Wissen Sie, Mutter hatte einen Schlaganfall. Von da an hatte sie starke Kopfschmerzen, sehr starke!«

Mit unserer Hilfe erkannte sie schließlich, dass sie an Kopfschmerzen litt, weil sie immer noch versuchte, die Mutter festzuhalten, so dass sie sogar deren körperliche Leiden übernahm. Es war ihr einfach nicht möglich, der Endgültigkeit des Todes ins Auge zu sehen. Anfangs versetzte diese Erkenntnis die Frau in ziemliche Erregung. Nach einer Woche jedoch kam sie wieder und berichtete, ihre Kopfschmerzen seien völlig weg. Bald war sie auch fähig, das Gedenkzimmer auszuräumen und wieder ein normales Leben zu führen.

Wenn geliebte Menschen sterben, dürfen wir nicht versuchen, sie festzuhalten, sie mit irdischen Banden an uns zu fesseln. Wir müssen sie freigeben, in ihre neue Welt der Schönheit, des Friedens und Glücks entlassen. Wenn wir diese Haltung einnehmen, statt uns unvernünftig an sie zu klammern, lindern wir unseren Schmerz und verhindern, dass er zu körperlichen oder seelischen Krankheiten führt. Es ist Gottes Wille und der Wille des Verstorbenen, dessen dürfen wir ganz sicher sein, dass wir unser Leben fortsetzen und unsere Fähigkeiten und Kräfte so gut wir können nutzen.

Ein vielleicht noch häufigerer und ganz sicher noch quälenderer Grund für unnatürlich ausgedehnte, hartnäckige Trauer ist das Schuldgefühl, das oft mit dem Verlust einhergeht. Auch in solchen Fällen haben unsere unbewussten Einstellungen zu dem geliebten Verstorbenen entscheidenden Einfluss darauf, wie sich unser Leid und unsere Trauer äußern.

In einem der vorigen Kapitel sprachen wir ausführlich darüber, dass der Mensch heftige Wut, Hass, ja sogar Todeswünsche gegenüber Menschen empfinden kann, die er innig liebt. Der Gedanke an solche Gefühle oder Wünsche ist uns unangenehm, weil wir meinen, aufgrund unserer Feindseligkeit unserer Liebe zu widersprechen. Deshalb versuchen wir die Feindseligkeit vor uns zu verbergen, sie zu verdrängen und so zu tun, als gäbe es sie nicht. In Wahrheit jedoch schließen Liebe und Hass einander nicht aus. So seltsam es erscheinen mag, wir sind, wie im ersten Kapitel dargelegt wurde, durchaus fähig, einen Menschen zugleich zu lieben und zu hassen. Die Unkenntnis der Mechanismen unserer Liebe und unseres Hasses ist oft der Grund für unser späteres Unglück, denn diese widersprüchlichen Emotionen erzeugen schmerzliche Gefühle der Schuld, Selbstverabscheuung, Depression und Angst. Das geschieht schon, während der geliebte Mensch noch lebt, und nach seinem Tod werden die Erinnerungen an Gefühle der Feindseligkeit zu einer erdrückenden Qual.

Wenn wir den Vater, die Mutter, den Ehemann oder die Ehefrau verlieren, fallen uns alle früher begangenen Ungerechtigkeiten und Unfreundlichkeiten, selbst wenn sie nicht schlimm waren oder wir sie gar nicht geäußert hatten, wieder ein und quälen uns. Im schlimmsten Fall müssen wir uns eingestehen, dass »wir nicht getan haben, was wir hätten tun sollen ...« Wir übersehen, dass es das Schicksal aller Menschen ist, so zu handeln, und wir erinnern uns zu unserem Leidwesen nur an die Augenblicke, in denen wir unfreundlich, gehässig oder selbstsüchtig waren. In der Rückschau neigen wir dazu, an unser Verhalten viel strengere Maßstäbe anzulegen als zu Lebzeiten des Verstorbenen.

Harte Worte und schlechte Gedanken zu Lebzeiten des geliebten Menschen waren schlimm genug, konnten jedoch leicht wieder gutgemacht werden. Jetzt, angesichts eines Toten, werden diese Worte und Gedanken unerträglich. Wir haben keine Chance mehr, sie zurückzunehmen oder zum Besseren zu ändern! Und wenn unsere Feindseligkeit, obwohl teilweise verdrängt, sehr stark war, ist jetzt unser Kummer über diese Tatsache entsprechend groß.

Bei uns suchte ein Mann Hilfe, der eine wesentlich jüngere Frau geheiratet hatte, vor allem weil er sich körperlich zu ihr hingezogen fühlte. Die Tatsache, dass sie nach seiner Meinung nicht besonders intelligent war, hatte ihn während der Zeit des Kennenlernens nicht gestört; nach der Hochzeit jedoch begann ihm das regelrecht zuzusetzen. Seine Frau interessierte sich nicht für Bücher, nur für Bridge. Sie mochte Gesellschaftsklatsch, aber kein richtiges Gespräch. Kunst, Theater, Politik oder irgendein anderes ernstes Thema waren für sie tabu. Auf Cocktailpartys, zu denen sie gern ging, trank sie meist zu viel, so dass sie redselig wurde, und das war ihm ungeheuer peinlich.

Er begann sie zu hänseln und sich scherzhaft darüber zu beschweren, sie sei dumm. Aus den harmlosen Sticheleien wurde allmählich Bissigkeit, und das führte zu so manchem Streit, keinem ernsten, doch die Auseinandersetzungen wurden immerhin so vehement ausgetragen, dass sich beide Ehepartner zu Grobheiten hinreißen ließen. Insgesamt jedoch war sie ihm eine gute Frau, und er liebte sie wirklich. Im Grunde führten die beiden ein recht glückliches Leben, man konnte ihre Ehe weder als sehr gut noch als sehr schlecht bezeichnen. Eines Tages dann erlitt die Frau einen Herzanfall, und eine Woche später war sie tot.

Ihr Tod stürzte den Mann in abgrundtiefe Verzweiflung. Sein Schmerz war maßlos und wurde infolge seiner Schuldgefühle ihr gegenüber ins Unermessliche gesteigert. Er wollte sterben! Er wollte sich umbringen! Er vergaß alle schönen Augenblicke des Zusammenlebens mit ihr und erinnerte sich nur an die vielen Streitigkeiten und Missverständnisse, die er jetzt sich allein anlastete.

Gequält bekannte er, dass es sogar Zeiten gegeben hatte, in denen »sie mich so wahnsinnig machte, dass ich wünschte, sie wäre tot!« Seine Reaktionen auf ihr Verhalten waren offensichtlich ebenso dramatisch übertrieben gewesen wie jetzt die Symptome seiner Trauer. Trotzdem konnte man ihm helfen, sein Verhalten psychologisch im richtigen Licht zu verstehen und sich mit der unabänderlichen Tatsache ihres Todes abzufinden.

In solchen Situationen ist es wichtig, dass wir unseren Frieden mit uns selbst machen und uns für begangene Verfehlungen entschuldigt fühlen. Es ist kindisch von uns, Strafe zu fürchten, weil wir nicht vollkommen sind. Wir müssen Gottes Liebe und Güte praktisch verstehen lernen, und wir müssen begreifen, dass uns unsere Lieben aufgrund ihrer Liebe zu uns jedes Unrecht verzeihen, das wir ihnen tatsächlich zugefügt haben. Wir müssen diese beruhigende Gewissheit akzeptieren, wenn wir uns von quälenden Schuldgefühlen befreien wollen, die so viel sinnloses Leiden verursachen können.

Der Tod erscheint nur als etwas so Endgültiges! Aber eben dies ist für die meisten Menschen schwer zu ertragen. Eines Tages kam ein bekannter Anwalt zu uns, der seit zwei Jahren unvermindert um seine Frau trauerte und seinen Schmerz einfach nicht überwinden konnte. Er quälte sich mit bedrückenden Erinnerungen. Er gab uns genügend Fakten an die Hand, so dass wir uns ein Bild von seiner Beziehung zu seiner Frau machen konnten. Sie war offensichtlich ein dominierender Mensch gewesen. Sie hatte sein Leben für ihn planen wollen, zwar ständig auf sein Wohlergehen und Glück bedacht, zugleich aber so viel Aufmerksamkeit und Zuwendung von ihm verlangend, dass seine Arbeit darunter gelitten hatte.

Der Anwalt hatte die Frau trotz allem geliebt. Und er hatte gewusst, dass sie ihrerseits ihn hingebungsvoll geliebt und ihm tatsächlich ihr ganzes Leben verschrieben hatte. Aber sie behinderte ihn in seiner Arbeit, die ihm immer wichtig gewesen war. Als Folge davon hatte er während seiner ganzen Ehe in einem ständigen Konflikt leben müssen. Mit der Zeit war er misslaunig und gereizt geworden und hatte ihr viele tiefe Verletzungen zugefügt.

Der Berater erklärte dem Mann, dass seine Erbitterung gegenüber seiner Frau vermutlich noch tiefer gegangen sei, als er ahne, dass aber auch die Unvereinbarkeit von Ehe und Arbeit nicht ganz gesund erscheine.

»Wir alle haben in unserer Natur eine primitive Seite«, erklärte er, »ein Erbe aus der Säuglingszeit und Kindheit. Diese Seite offenbarten Sie in Ihrem übermäßigen Interesse an Ihrer Arbeit sowie in Ihren heftigen Reaktionen gegenüber Ihrer Frau, Reaktionen, die der Auflehnung eines Kindes gegen die elterliche Autorität entsprechen. Ihre Frau war gut zu Ihnen, beherrschte Sie jedoch auch. In vieler Hinsicht war Ihre Persönlichkeit derjenigen Ihrer Frau unterlegen. Das ärgerte Sie. Und Sie gerieten in einen ernsten Konflikt, weil Sie zwischen Liebe und Hass hin und her gerissen wurden. Zweifellos erkannten Sie, unbewusst natürlich, dass diesen Konflikt nur der Tod Ihrer Frau lösen konnte.«

»Habe ich sie denn nicht geliebt?«, fragte der Mann.

»Natürlich haben Sie das. Und ganz bestimmt verstand sie, wenn auch vielleicht ebenfalls nur unbewusst, Ihre Ausfälligkeiten in Wort und Tat besser als Sie selbst und verzieh Ihnen! Jetzt, da Ihre Frau nicht mehr da ist und Sie den Konflikt verstehen lernen, der Sie so lange beunruhig hat, müssen Sie üben, sich an die guten und schönen Zeiten zu erinnern und nicht an ihre Unfreundlichkeiten.«

Nachdrücklich unterstrichen wir die Bedeutung dieses unerlässlichen ersten Schritts: gezielt die Erinnerungen an Unfreundlichkeiten durch glücklichere zu ersetzen. Wir empfahlen ihm, sich ganz bewusst an das Schöne ihrer gemeinsamen Jahre zu erinnern und die vielen kleinen Beweise seiner Liebe und all die Freundlichkeiten aufzuschreiben, die er seiner Frau vom Kennenlernen bis zum Tod erwiesen hatte: die ersten Pralinen oder Blumen, die er ihr überreicht hatte; die ersten zärtlich-liebevollen Worte; die ersten Liebkosungen ... Er sollte an den ersten gemeinsamen Kirchgang zurückdenken, an Theaterbesuche, gemeinsame Spaziergänge, Ausflüge. Er sollte sich die Geburtstagsgeschenke ins Gedächtnis rufen, die er ihr gemacht hatte. Kurz, er sollte alle glücklichen Augenblicke notieren, die er mit ihr erlebt hatte.

Als er das nächste Mal zu uns kam, zeigte er dem Geistlichen ein Notizbuch, in das er »die kleinen Beweise« geschrieben hatte, die jetzt groß vor ihm leuchteten und ein starker Trost für ihn wurden. »Hm, ich bin eigentlich viel besser, als ich geglaubt habe«, sagte er etwas linkisch.

Nach und nach verblassten seine Reuegefühle, sein Kummer verging, und er fand sich mit dem Tod seiner Frau ab.

Ein anderer Fall betrifft eine Frau, deren Trauer durch heftige Schuldgefühle kompliziert wurde. Sie hatte fast während der ganzen Zeit ihrer Ehe, bewusst und noch mehr unbewusst, Feindseligkeit gegenüber ihrem Mann empfunden. Er war ein vielbeschäftigter, ichbezogener Mensch gewesen, von dem sie sich oft vernachlässigt gefühlt hatte. Zwischen den beiden war es deswegen immer wieder zu Streit gekommen, doch es hatte auch noch andere Schwierigkeiten gegeben, und einmal hatten sie sich sogar getrennt. Sie hatten zwar wieder zueinandergefunden, aber die aufgestaute Erbitterung hatte weitergeschwelt.

Eines schicksalhaften Tages hatte ihr Mann während einer Geschäftsreise auf der Straße einen Herzinfarkt erlitten und war tot umgefallen. Ihr Schmerz über seinen Tod war unendlich.

Trotz der vielen Auseinandersetzungen hatte sie ihn wirklich geliebt. Das Mitgefühl und die Hilfsangebote ihrer Freunde lehnte sie ab. Immer wieder machte sie Pilgerfahrten zum Friedhof, warf sich auf das Grab ihres Mannes und blieb lange verzweifelt liegen.

Sie trauerte schon seit über einem Jahr auf diese übertriebene Art, als sie zu uns kam. Zunächst sprach einer der Psychotherapeuten mit ihr. Er machte ihr klar, dass ihre übersteigerte Trauer mit der Erinnerung an ihre Feindseligkeit gegenüber ihrem Mann zusammenhing. Sie meinte, ihr Hass, der immer wieder zu dem Wunsch ausgeartet war, ihr Mann möge sterben, sei zumindest teilweise an seinem Herzinfarkt schuld gewesen. Und dies war mehr, als sie ertragen konnte.

Dem Geistlichen gelang es, sie zu überzeugen, dass ihr Mann und sie sich trotz allem verstanden und geliebt hatten. Einmal waren sie auseinandergegangen, aber nicht für lange, weil nämlich keiner ohne den anderen hatte leben wollen. Und was die Grobheiten anbelangte, die sie sich im Streit gesagt hatten, so wies der Geistliche darauf hin, dass es höchst ungewöhnlich wäre, wenn ein Ehepaar in fünfzehn gemeinsamen Jahren nicht ab und zu Grund zu einem Streit hätte.

»Lassen Sie mich die Sache einmal so darstellen«, sagte er. »Ihr Mann befindet sich jetzt in einer höheren Welt des Geistes. Wenn Sie auf einen hohen Berg steigen und hinunterschauen, sehen Sie aus der Entfernung die kleinen Dinge nicht; Sie sehen nur die großen Dinge. Ihr Mann ist auf einem hohen Berg und blickt herunter. Die zurückliegenden Streitigkeiten sind die kleinen Dinge! Er sieht jetzt nur noch die Schönheit Ihres Charakters und die Größe Ihrer Liebe. Dies sind die großen Dinge! Alles Übrige ist verblichen, ausgelöscht, weg!«

Der Geistliche erklärte ihr, sie solle daran glauben, dass es ein Wiedersehen geben würde, und dass sie mit ihrem Mann in einer Welt höherer Realität vereint sein würde, die von den Unvollkommenheiten des Menschenlebens frei sei. »Sie haben keine Verzeihung nötig«, sagte er, »weil es nichts zu verzeihen gibt! Die Streitigkeiten, ohnehin meist nur oberflächliche Bagatellen, sind jetzt vorüber. Alle vergangenen Reibereien sind ausgeräumt. Es bleibt jetzt nur die Liebe, die jeder von Ihnen für den anderen empfand. Daran müssen Sie sich erinnern, daran müssen Sie ständig denken.«

Die Frau erfuhr an sich, wie so viele andere, dass das Verständnis der innersten Mechanismen unseres Geistes- und Gefühlslebens zusammen mit der Kraft des Glaubens das Leid zu bezwingen vermag, das mit dem Tod einhergeht.

Ausgehend von unseren gemeinsamen Erfahrungen, die wir auf dem Gebiet der Psychotherapie und des praktizierten Christentums gesammelt haben, möchten wir Ihnen nun ein paar Vorschläge unterbreiten, die dazu beitragen können, den ersten Schock nach dem Tod eines geliebten Menschen erträglicher zu machen und schließlich den Schmerz über den Verlust zu überwinden.

Erstens: Bringen Sie Ihre Trauer ungehindert zum Ausdruck. Lassen Sie Ihrem Kummer freien Lauf. Versuchen Sie nicht, »tapfer zu sein« und ihn zu unterdrücken. Seien Sie nicht beunruhigt über seine Heftigkeit; betrachten Sie ihn nicht als Zeichen der Schwäche oder als unzivilisierte Rührseligkeit. Ihr Schmerz ist eine natürliche Reaktion auf Ihren Verlust.

Zweitens: Vermeiden Sie nicht, über den verstorbenen lieben Menschen zu sprechen. Und versuchen Sie auch nicht, das Wort »Tod« und seine Abwandlungen zu umgehen mit Ausdrücken wie »verschieden«, »entschlafen«, »von uns gegangen«; sagen Sie schlicht und klar: »Er ist gestorben.« Oder: »Sie ist tot.« Das hilft Ihnen, sich damit abzufinden. Bemühen Sie sich, den Tod als natürliches Ereignis zu akzeptieren. Erinnern Sie sich an die glückliche Seite Ihres Zusammenlebens mit dem geliebten Menschen.

Folgende kleine Geschichte veranschaulicht, wie wir das meinen: Nach dem Tod ihrer Mutter bat eine Frau mehrere enge Freunde der Familie zu einer einfachen Gedenkfeier in ihr Haus. Sie wollte, dass die Freunde noch einmal das Erlebnis der Zusammengehörigkeit mit ihrer Mutter hatten, bevor diese zur Beisetzung weggebracht wurde.

Ihr Mann, ein bekannter Schriftsteller und Kommentator, hatte auf seine Schwiegermutter einen schönen Nachruf geschrieben, den ein Geistlicher bei der Feier verlas. Der Nachruf schilderte ihr Leben und berichtete viele kleine Episoden aus ihrer Mädchenzeit; so wurde erzählt, wie die Verstorbene und ihre Schwester als kleine Mädchen den ersten Zug, die erste riesige »Dampfraupe«, nach Nebraska kommen sahen und sogar ihre Sonnenschirme zumachten, um sie nicht zu erschrecken; erzählt wurde, wie die Nähmaschinenfirma Singer eine Misswahl veranstaltete, die erste ihrer Art, und die Verstorbene als Siegerin daraus hervorging. In ihrer Lebensgeschichte wurde sie auf liebevolle Art als der warmherzige, lebensprühende Mensch dargestellt, der sie gewesen war.

Die Angehörigen und Freunde der Toten empfanden ihren Verlust als sehr schmerzlich, doch diese einfache, menschliche Weise, ihrer nicht als Toter zu gedenken, sondern als Lebender im Strom eines ewigen Lebens, half allen Anwesenden, sich mit dem Verlust abzufinden. Und alle behielten die Feier als schönes, von Liebe geprägtes Erlebnis in Erinnerung.

Drittens: Versuchen Sie trotz Ihrer Trauer nach Möglichkeit, Ihre üblichen Aufgaben und Pflichten zu erfüllen. Man neigt nach einem Todesfall dazu, mit allem aufzuhören, nur dazusitzen und nachzugrübeln. Das ist ein Fehler, den Sie vermeiden sollten, auch wenn Ihnen das nicht leichtfällt. Das Vernünftigste ist oft, dass man sich in irgendeiner Weise körperlich betätigt, weil dadurch Spannungen abgebaut werden.

Im Krieg wurde ein Mann aufgefordert, seiner Nachbarin die traurige Nachricht zu überbringen, dass ihr Sohn gefallen war. Mit ein paar Freunden ging er zum Haus der Nachbarin. Die Männer trafen sie in der Küche an, wo sie auf den Knien den Boden schrubbte. Ruhig sagte der Mann: »Ich muss dir eine sehr traurige Mitteilung machen.« Er hielt kurz inne und fuhr dann fort: »Bill ist in Frankreich gefallen.«

Die Frau erstarrte. Nach ein paar Sekunden jedoch glitt ihre Bürste wieder auf dem Boden hin und her. Schließlich sagte sie: »Setzt euch doch, bitte. Ich mache euch eine Tasse Tee.«

Die Männer protestierten, aber sie bestand darauf. »Bitte«, sagte sie. »Ich möchte euch Tee machen! Mir ist danach zumute.« Und sie plauderte mit den Männern, während sie Wasser aufsetzte, Tee aufgoss, Kekse hervorholte, den Tisch deckte und ihren Gästen einschenkte.

Viel später, als sie den Verlust überwunden hatte, sagte der Nachbar zu ihr: »Ich habe immer bewundert, wie du die Nachricht vom Tod deines Jungen aufgenommen hast, aber verstanden habe ich es nie.«

»Weißt du«, entgegnete sie, »meine Großmutter hat einmal zu mir gesagt, man solle, wenn einen Leid überfällt, einfach das Nächstbeste tun, das man normalerweise tun würde. Als du mit den anderen Nachbarn kamst, war es nur normal, dass ich euch Tee anbot. Ich dachte, auf diese Weise könnte ich versuchen, durchzuhalten.«

Viertens: Greifen Sie nach dem Verlust eines geliebten Menschen zur Bibel. Ihnen wird in einer solchen Zeit durch sogenanntes panoramisches Lesen der Bibel viel Trost zuteil werden. Lesen Sie zusammenhängende Abschnitte wie etwa die *Bergpredigt* in einem Stück. Lesen Sie die *Psalmen* und halten Sie sich vor allem an das *Neue Testament.* Mit anderen Worten: Gewinnen Sie einen panoramischen Überblick über die Schmerzen und Leiden der Welt und den Sieg des Glaubens.

Ein bezauberndes achtzehnjähriges Mädchen ging zum Reiten, fiel vom Pferd und war auf der Stelle tot. Die Mutter hatte ihre Tochter mit leuchtenden Augen und strahlendem Gesicht fortreiten sehen, und nun brachte man sie ihr mit geschlossenen Augen und todesstarrem Gesicht wieder. Sie konnte sich nicht damit abfinden, verwand diesen schweren Schlag nicht.

Um zu vergessen, fuhr sie an einen ruhigen Ort auf dem Land, doch die schreckliche Erinnerung ließ sie auch dort nicht los. Eines Abends dann, als sie in ihrem Zimmer saß, holte sie ihre Bibel hervor und begann zu lesen. Sie las den ersten Psalm, den zweiten, nacheinander alle bis zum letzten.

Ruhig schloss sie das Buch und blieb nachdenklich sitzen. Nach einer Zeit lang sagte sie überzeugt zu sich selbst: »Die Männer, die diese Psalmen schrieben, verstanden etwas vom Leben! Sie mussten genau solches Leid durchmachen wie ich jetzt und fanden die Antwort. Ich habe sie auch gefunden.« In diesem Augenblick erhielt sie ihre alte Festigkeit zurück und konnte ihr Leben wiederaufnehmen.

Als wir sie fragten, was die Psalmen ihr denn genau gegeben hätten, sagte sie: »Die Antwort, die ich suchte. Und ich glaube sie. Dem Gott dieser Psalmen kann man trauen.« Die Bibel hatte ihr einen panoramischen Überblick vermittelt, das tiefe, tröstende Verständnis des Glaubens und die Erkenntnis seines Sinns.

Gegen den schmerzlichen Verlust nach einem Todesfall gibt es auch eine Langzeitstrategie. In ihrem Mittelpunkt steht der Rat, dass wir, um das Leben zu ertragen, uns mit dem Tod schon vor seinem Eintreffen befassen sollten.

Die richtige Sicht des Todes sollte tatsächlich schon in der Kindheit vermittelt werden. Kinder werden oft in übertriebener Weise gegen die Erkenntnis abgeschirmt, dass der Tod zu jeder Zeit jedes Lebewesen treffen kann. Man sollte Kindern schon in jüngsten Jahren behutsam klarmachen, dass der Tod genauso zum Leben gehört wie das Leben selbst: dass er eine Pflicht ist, die wir erfüllen müssen, eine Schuld, die wir zu begleichen haben.

Erklärungen über die Unausweichlichkeit des Todes sind wichtig, damit Kinder ihm gegenüber eine realistische Einstellung entwickeln können. Die brauchen sie, ob sie nun schon in der Kindheit mit ihm konfrontiert werden oder erst später als Erwachsene. Die Vermeidung des Wortes Tod und jedes Hinweises auf ihn in Gegenwart eines Kindes mag gut gemeint sein, kann dem Kind jedoch schweren Schaden zufügen.

Ein junger Mann erschien wegen eines solchen psychischen Konflikts in unserem Institut. Nicht lange nach seinem siebten Geburtstag war sein Vater bei einem Autounfall ums Leben gekommen. Wohlmeinende Freunde hatten das Kind rasch aus dem Elternhaus weggebracht. Niemand hatte ihm eine Erklärung darüber gegeben, was mit seinem Vater geschehen war. Seine Mutter war nervlich so angeschlagen gewesen, dass sie es anfangs nicht ertragen hatte, von ihrem

Mann zu sprechen; und nach einer Weile hatte sie unüberlegterweise gemeint, das Kind habe nichts gemerkt. Als Folge von all dem hatte der Junge nie mehr ein Wort über seinen Vater gehört. Der Vater war aus dem Leben des Jungen gelöscht worden.

Das fehlende Wissen hatte bei ihm das unbestimmte, quälende Gefühl ausgelöst, mit dem Verschwinden seines Vaters sei irgendetwas Unehrenhaftes oder Schändliches verknüpft. Doch er hatte nie einen Hinweis gefunden, was es sein könnte. Im Laufe der Jahre entwickelte sich daraus ein schwerer emotionaler Konflikt, der so tief saß, dass eine langwierige psychiatrische Behandlung erforderlich war.

Die richtige Einstellung gegenüber dem Tod muss auch das Wissen beinhalten, dass er jeden von uns jederzeit ereilen kann und wir deshalb geistig und seelisch auf ihn gefasst sein müssen. Wir dürfen nicht so tun, als würden unsere Lieben für immer bei uns bleiben. Wir sind letztlich auf uns allein gestellt und haben Aufgaben zu erfüllen. Wir sollten dankbar für unsere Liebsten und Freunde sein, solange wir sie haben; aber wenn sie sterben, ist es unsere Pflicht, weiter unseren Aufgaben nachzugehen. Denn alles ist ein Teil des Lebens.

Wird ein Familienkreis zerbrochen, bleiben die einzelnen Mitglieder oft in einem Zustand der Vereinsamung und Unsicherheit zurück, der ihre Trauer noch verstärkt. Wenn wir klug sind, vermeiden wir deshalb, dass Eltern, Ehepartner oder Kinder vollkommen von uns abhängig werden oder wir von ihnen. Solche Abhängigkeit ist schon zu Lebzeiten der Beteiligten eine Unglücksquelle, und stirbt einer von ihnen, wird sie zur verheerenden Katastrophe. Am besten nehmen wir dem Tod sein Unerbittliches durch den unerschütterlichen Glauben, dass es ein Wiedersehen geben wird. Bis jetzt konnte – das wollen wir hier klar herausstellen – noch nicht wissenschaftlich bewiesen werden, dass es das ewige Leben wirklich gibt. Aber auch das Gegenteil konnte nicht wissenschaftlich bewiesen werden. Wir müssen uns in dieser Hinsicht auf die Gewissheit unserer Seele und die Heilsbotschaft aller Weltreligionen verlassen und, nachdem wir Christen sind, auf die Frohe Botschaft Jesu.

John Erskine, ein bekannter amerikanischer Schriftsteller und Literaturprofessor, fasste seinen persönlichen Glauben in die wunderbaren Worte: »Ich glaube – vielmehr weiß ich aus persönlicher Erfahrung –, dass die Toten, die wir lieben, uns nicht verlassen, sondern in irgendeiner Weise weiter als getreue Gefährten hier bei uns weilen, uns stützen und inspirieren. Wir finden sie an vertrauten Orten, im Haus, im Garten, auf der Dorfstraße. Ich glaube, dass wir sie oft bei Beschäftigungen finden, in die wir uns einst mit ihnen teilten. Diese ständige Präsenz der Toten ist für mich eine einfache Tatsache, ist Teil meiner menschlichen Vertrautheit mit dem täglichen Geheimnis und der täglichen Schönheit des Lebens.«

Jeder von uns trägt im Herzen den tiefen Glauben, dass das Leben über den Tod erhaben ist. Dieser Glaube ist ein Grundbestandteil unseres menschlichen Erbes. Für den Christen brachte ihn am besten Jesus Christus selbst zum Ausdruck, bezeichnenderweise nicht vor den Reichen oder Gelehrten, sondern vor einer einfachen, gewöhnlichen Frau des Volkes, deren Bruder gestorben war. Sie hieß Martha. Klagend berichtete sie Jesus vom Tod ihres Bruders, und er sagte darauf die wunderbaren Worte, die viele Jahrhunderte überdauert und Millionen getröstet haben: »Ich bin die Auferstehung und das Leben. Wer an mich glaubt, der wird leben, ob er gleich stürbe; und wer da lebet und glaubet an mich, der wird nimmermehr sterben.«

Vielerlei Anzeichen stützen den Glauben, dass der Tod nicht das Ende von allem bedeutet, sondern eher einen Übergang von einer Realität des Lebens in die nächste. Wir haben von der Seele her den Eindruck, dass ein zärtlich geliebter Mensch nach seinem Tod weiterlebt, wenn auch in einer Realität, in die wir wegen der irdischen Begrenztheit unseres Verstandes nicht einzudringen vermögen. Die Trennlinie zwischen den beiden Welten ist zwar undurchdringlich, aber dünn. Es gibt bestimmte Augenblicke, in denen wir uns der Berührungspunkte der beiden Welten gewahr sind, in denen wir Hinweise auf die Unsterblichkeit erhalten.

Gordon Johnstone erzählte vor seinem Tod, wie er zu dem Text des berühmten alten Liedes von Geoffrey O'Hara »Es gibt keinen Tod« gekommen war, zu dem Refrain, der einen nicht mehr loslässt: »Ich sage euch, sie sind nicht tot.«

Johnstone hatte 1919 mit einem kanadischen Oberst gesprochen, dessen Truppe in blutigen Kämpfen aufgerieben worden war. Den Oberst hatte tiefe Verzweiflung gepackt, doch dann, als er durch die Schützengräben gegangen war, hatte er zunehmend das Gefühl gehabt, die Gefallenen scharten sich um ihn. Seine Verzweiflung hatte sich in einen unerschütterlichen Glauben verwandelt. Er hatte fast ihre Gesichter gesehen, fast die Berührung ihrer Hände gespürt! Er hatte sich von ihrer Gegenwart eingehüllt gefühlt! Daraufhin hatte sich dieser hartgesottene Soldat an Johnstone gewandt und erklärt: »Ich sage Ihnen, sie sind noch bei uns! Ich sage Ihnen, sie sind nicht tot.« Dieser Vorfall hatte Johnstone zu dem Liedtext inspiriert.

Der Glaube an das Weiterleben, der den großen Soldaten aufrecht hielt wie so viele andere, die sich dem Tod gegenübersahen, wurde von Robert Louis Stevenson in ein wunderbares Gedicht umgesetzt, und was er sagte, wird gestützt durch das Bibelwort: »Und das ist die Verheißung, die er uns verheißen hat: das ewige Leben.«

KAPITEL 10

Der Weg in ein zufriedenes und glückliches Alter

Ihr Haar war weiß, und ihre rosigen Wangen durchzog ein Netz tiefer Furchen. Das kleine Mädchen, das zu ihr auf Besuch gekommen war, musterte sie aufmerksam und fragte dann ernst: »Bist du eine alte Frau?«

»Nein, Schätzchen.« Ihre Augen, aus denen unbezwinglicher Lebensmut sprach, funkelten schelmisch. »Eigentlich nicht. Aber ich muss zugeben, dass ich schon sehr lange jung bin.«

Es ist wirklich schwer, alt oder, besser gesagt, älter zu werden, schwerer noch, als erwachsen zu werden. Die unvermeidliche Verlangsamung der Körperprozesse und der Verlust der körperlichen Elastizität lassen sich nicht aufhalten. Doch während wir die äußerlichen Zeichen der Jugend verlieren, können wir zu unserem Glück den unerschütterlichen, von Hoffnung und Vertrauen getragenen Lebensmut bewahren, der uns in jüngeren Jahren erfüllte. Gottlob muss es nicht sein, dass unsere wertvollsten Fähigkeiten, Liebe, Freundschaft, Kreativität, geistige Aktivität und tausend andere einfache Freuden des Lebens, im Laufe der Jahre abnehmen.

Eine Garantie dafür gibt es jedoch nicht. Dies ist vielmehr ein Ziel, auf das wir aktiv, mutig und entschlossen hinarbeiten müssen, vor allem aber mit dem festen Glauben, dass wir die Probleme meistern können, vor die uns das Leben stellt. Wenn wir altern, müssen wir, gründlicher als je zuvor, unsere Persönlichkeit kritisch prüfen und den ehrlichen Vorsatz fassen, all die Eigenschaften zu ändern, die bei der Prüfung zu wünschen übrig lassen. Tun wir das nicht, geraten wir in

Schwierigkeiten. Die Charakterfehler, die wir in unserer Jugend hatten, treten mit den Jahren immer deutlicher zutage, und ungelöste innere Konflikte werden, je älter wir werden desto belastender.

Es gibt in unserem Leben eine Spanne von Jahren, in denen Schwung und Energie bestimmte Eigenschaften wie Egoismus, Reizbarkeit oder das Verlangen nach Beherrschung anderer überdecken. Doch wenn der jugendliche Enthusiasmus oder die Blüte der Jugend verschwinden, werden die unangenehmen Eigenschaften verblüffend klar erkennbar. Ab der Lebensmitte kommen Persönlichkeitsmängel nicht nur schmerzhaft zum Vorschein, sondern sie verstärken sich gewöhnlich zunehmend, bis sie schließlich die ganze Persönlichkeit beherrschen.

Ein Mensch, der mit sechsundzwanzig die Angewohnheit hat, seine Witze endlos zu wiederholen oder überlange Geschichten zu erzählen, kann mit sechzig eine langweilige und jedermann ermüdende Nervensäge sein. Der aufbrausende, reizbare Jugendliche, den seine Freunde gerade noch tolerieren, wird, sofern er nicht aufpasst, ein hoffnungslos jähzorniger, cholerischer alter Mann, den alle meiden. Ein übertriebener, aber harmloser Hang zu Sparsamkeit in der Jugend kann sich zu dem zu Recht verachteten Altersgeiz entwickeln. Aus übermäßiger Neigung zu Besorgnis in jungen Jahren kann in den letzten Lebensjahren ein zerstörerischer und für alle Angehörigen unerträglicher Angstzustand werden.

Wir erinnern uns an einen Mann, der mit dreißig ständig gefürchtet hatte, nicht genügend Geld zu verdienen, um sich selbst und seine Familie zu ernähren. Die Tatsache, dass er erfolgreicher war als die meisten seiner Altersgenossen, linderte seine Angst um keine Spur. Zum Teil ließ sich zwar seine Angst darauf zurückführen, dass er in großer Armut aufgewachsen war und ziemlich exzentrische Eltern gehabt hatte. Sein wirkliches Problem war jedoch nicht die Armut, die Kindheit und Jugend überschattet hatte, sondern die tiefe emotionale Unsicherheit, die seine Eltern seinem Unbewussten eingepflanzt hatten; sie prägte sein Leben in jeder

Hinsicht und bewirkte paradoxerweise, dass seine Angst um so größer wurde, je mehr er verdiente.

Mit siebzig dann besaß er ein Vermögen von annähernd einer halben Million Dollar, das er so gut anlegte, dass es ihm allein an Zins und Zinseszinsen mehr als genug für alle nur denkbaren Bedürfnisse eintrug. Trotzdem konnte ihn nichts von der Überzeugung abbringen, dass er seine Tage als Almosenempfänger beschließen würde. Fast täglich rief er seinen Makler an, um sich ängstlich nach den Devisen- und Aktienkursen zu erkundigen und eine Änderung seiner Dispositionen vorzuschlagen. Was in seiner Jugend übertriebene Vorsicht in finanziellen Angelegenheiten war, wurde für ihn im Alter zu einer Manie, die ihm den Seelenfrieden raubte. Er entwickelte sich zu einem mürrischen, unangenehmen Griesgram, dem seine Bekannten aus dem Weg gingen.

Wenn wir die mittleren Jahre zwischen, sagen wir, vierzig und sechzig erreichen, sollten wir eine gründliche Bestandsaufnahme unserer eigenen Person machen. In diesem Alter ist es noch möglich, jene Charakterzüge zu ändern, die wir bisher kaschieren konnten, die uns jedoch, wenn wir sie nicht ändern, später viel Unglück bringen können. Und es ist noch möglich, all die Charakterzüge stärker zu entwickeln, die uns helfen, glücklich älter zu werden. Unser Glück und unser Wohlergehen hängen von Einstellungen ab, die uns die Liebe und Achtung unserer Angehörigen und Freunde sichern. Wir müssen großzügig sein, Güte, Selbstlosigkeit, Mitgefühl, Toleranz, Respekt vor jedem Menschen als Individuum und die Bereitschaft beweisen, unsere Mitmenschen anders denken und fühlen zu lassen als wir es tun, ohne böse auf sie zu werden. Und vor allem müssen wir die Fähigkeit zum Zuhören entwickeln. Diese Eigenschaften des Geistes und des Herzens werden die noch vor uns liegenden Jahre bereichern. Wenn sie tief in unserer Persönlichkeit verwurzelt sind, werden sie – im Gegensatz zu unseren körperlichen Kräften – nicht verschwinden. Wenn wir über diese Eigenschaften jedoch nicht verfügen, werden wir mit ziemlicher Sicherheit einsam und verbittert werden.

Tugenden vervielfältigen sich glücklicherweise mit den Jahren. Dies konnte man bei einem neunzigjährigen Greis beobachten, der sehr schwach geworden war. Wie es in fortgeschrittenem Alter manchmal geschieht, hatte der Abbau seiner Hirnzellen sein Gedächtnis derart beeinträchtigt, dass er nicht einmal die wenigen alten Freunde erkannte, die er noch besaß. In seiner Jugend war er überaus freundlich und charmant gewesen, ein Mensch, der es nie an Höflichkeit und selbstloser Liebenswürdigkeit hatte fehlen lassen. Diese grundlegende Charaktereigenart hielt über seine mitleiderregende körperliche Verfassung hinaus an. Kurz vor seinem Tod besuchte ihn ein Freund, er wurde von einer Schwester in sein Zimmer geführt. Der alte Mann stand sofort auf und sagte freundlich: »Möchten Sie nicht Platz nehmen, bitte? Wie geht es Ihnen?«

»Erinnerst du dich nicht an mich? Ich bin John«, entgegnete der Besucher.

Auf dem Gesicht des alten Mannes erschien nicht das kleinste Zeichen des Erkennens. Aber er lächelte und antwortete: »Doch, doch. Natürlich. Ich freue mich sehr, dich zu sehen.« Dann ergriff er eine auf dem Tisch stehende Pralinenschachtel, streckte sie dem Freund einladend hin und erkundigte sich nach seinem Befinden. Er erkannte ihn nicht, doch sein Impuls war wie eh und je, gastfreundlich zu sein und dem Freund anzubieten, was er eben gerade hatte. Obwohl er geistig sehr abgebaut hatte, besaß er unverändert die extrovertierten, liebenswürdigen Eigenschaften, die während seines ganzen früheren Lebens charakteristisch für ihn gewesen waren.

Um die Lebensmitte ist es unsere wichtigste, vordringlichste Aufgabe, zerstörerische Einstellungen durch aufbauende, schöpferische zu ersetzen und den Zynismus zu bekämpfen, der einen Menschen häufig in dieser Zeit befällt. Die gefährlichste Falle beim Älterwerden ist die zu Zynismus führende Enttäuschtheit und Glaubenslosigkeit. Vielleicht haben sich die Hoffnungen und Erwartungen aus der Jugendzeit nicht ganz erfüllt. Doch während man in früheren Jahren noch endlos Zeit zu haben schien, seinen Traum später einmal zu verwirklichen und alle Fehlschläge auszubügeln, muss man jetzt unweigerlich erkennen, dass dem nicht länger so ist. Man neigt dazu, sich in Illusionslosigkeit und Zynismus zurückzuziehen, als wolle man sagen: »Nicht ich habe das Leben verpasst, sondern das Leben hat mich verpasst.«

Es empfiehlt sich, jetzt alle Ziele, die wir uns früher gesetzt haben, einer neuerlichen Prüfung zu unterziehen. Wir träumten davon, bestimmte Erfolge zu erringen, die wir nach Kriterien wie Wohlstand, Besitz, Macht, Ansehen, Liebe oder einer Führungsposition im Berufs- oder öffentlichen Leben maßen. In unserer Jugend und noch im frühen Erwachsenenalter glaubten wir, alle unsere Ziele erreichen zu können. Wie denn auch nicht! Jetzt jedoch, nachdem wir dies nicht ganz geschafft haben, verleihen unsere scheinbaren Fehlschläge, die wir als unverdient empfinden, dem Wein im Becher der verstrichenen Jahre eine herbe Bitterkeit.

Wenn wir jedoch das Erreichte aus dem richtigen Blickwinkel betrachten, wenn wir wirklich fair und vernünftig sind, stellen wir fest, dass wir statt der Dinge, die wir anstrebten und nicht schafften, etwas anderes genauso Befriedigendes zustande brachten. Der einzige angemessene Weg für uns ist jetzt, in der Lebensmitte, unsere Ziele neu zu bewerten, die Zielsetzungen zu ändern und mit dem in Einklang zu bringen, was wir nach unserer bisherigen Erfahrung wirklich zu erreichen vermögen. Unsere Ziele sind dann vielleicht nicht mehr so hochgesteckt wie einst, wir haben aber den Vorteil, sie realistisch zu sehen. Vielfach machen wir sogar die Feststellung, dass wir einige der einstigen Ziele gar nicht mehr für erstrebenswert halten. Vielleicht sind die neuen Ziele sogar objektiv wertvoller und bringen uns subjektiv größere Befriedigung.

Manche der sichtbaren körperlichen Veränderungen, zu denen es in den Vierzigern kommt, bedeuten für viele Menschen einen harten Schlag, den sie schwerer verkraften als das Ausbleiben uneingeschränkten Erfolgs. Dies gilt besonders für Menschen, die stolz waren auf ihr Aussehen, ihren Charme, ihre Energie und Kraft. Haarausfall, graue Haare,

Falten, die ihr Netz von den Augenwinkeln auf die Stirn und dann allmählich über das ganze Gesicht ausbreiten, eine schlaffe Figur – all die Alterungssymptome, die man täglich im Spiegel beobachtet, werden als Beweis dafür genommen, dass die beste Zeit des Lebens vorüber ist. Unsere heutige Zivilisation legt viel zu großen Wert auf Jugend und Schönheit im Verhältnis zu den Werten, die sie anderen Vorzügen beimisst. Die Werbung aller Medien, Film, Funk, Fernsehen und ein großer Teil der gängigen Literatur hämmern uns heute die oberflächliche Vorstellung ein, äußere Schönheit sei das, worauf es ankomme und was zähle.

Männer, die das Nachlassen ihrer Kraft und Potenz spüren, behaupten oft beharrlich, sie seien »so fit wie eh und je«. Doch in körperlicher Hinsicht – natürlich nur in dieser – sind sie das nicht. Auch wenn sie sechsunddreißig Golflöcher oder sechs Sätze Tennis in brütender Sonne durchstehen, beweisen sie damit das Unbeweisbare nicht. Sie lassen sich durch ihr altersbedingtes Unterlegenheitsgefühl zu Leistungen anspornen, die leider oft zu körperlichen Schäden führen.

Ihre Angst, den Anschluss zu verlieren, kann sie auch auf anderen Gebieten zu einer Überkompensierung verleiten. So ist es beispielsweise nicht ungewöhnlich, dass Männer um die fünfzig mit scheinbarer Vorliebe mit viel jüngeren Frauen flirten. Männer, die ein anständiges, vernünftiges Leben geführt haben, lassen sich in diesem Alter häufig auf außereheliche Affären ein, mit denen sie gegen ihr Gewissen und die bisher von ihnen verfochtenen Moralvorstellungen verstoßen. Meistens suchen sie nur die trügerische Selbstbestätigung: Seht nur, ich bin noch jung!

In ihrer selbstverursachten Blindheit sehen sie die wichtigste Wahrheit nicht, die sie sicher durch die schwierige Periode des Altwerdens geleiten kann: echter, bleibender Charme, wirkliche weibliche Schönheit und überzeugende Männlichkeit sind weniger im Körper angesiedelt als im Geist und im Herzen. Das wirksamste Rezept für ein Altwerden in Erfolg, Glück und Würde ist die beharrliche Entfaltung der uns innewohnenden inneren Qualitäten.

Dem Club der Marble Collegiate Church gehörte eine bezaubernde alte Dame an, ein fröhlicher, strahlender Mensch. Die gebürtige New Yorkerin war unweit des Washington Squares in einem schönen Haus aus braunem Sandstein aufgewachsen. In ihrer Jugend hatte ihre Familie ein Dienstmädchen, mit dem sie sich angefreundet hatte. Die beiden Mädchen waren treue, unzertrennliche Gefährtinnen gewesen. Sie lebten auch jetzt, im Alter, noch zusammen; die beiden verband eine Freundschaft, der ihr unterschiedlicher sozialer Status nichts anhaben konnte.

Eines Tages sagte die alte Dame zu einer Freundin, die auf Besuch gekommen war: »Heute früh hatte ich ein höchst seltsames Erlebnis. Ich sah mich im Spiegel, wie ich mich noch nie gesehen hatte. Ich erschrak ziemlich. Ich betrachtete diese alte, diese uralte Person im Spiegel und sagte zu mir: ›Das bin doch nicht ich! So sehe ich doch nicht aus! Und so fühle ich mich ganz bestimmt nicht!‹ Ich war verblüfft! Nun endlich begriff ich, dass ich alt bin – eine alte Frau, wie vor mir meine Mutter. Dabei fühle ich mich kein bisschen anders als seit jeher.«

Ihre lebenslange Freundin erklärte der Besucherin, als diese ging: »Ich habe sie angeschaut heute früh, als sie das sagte. Sie hat sich wirklich nicht verändert; sie ist noch genauso wie an dem Frühlingsmorgen vor fünfzig Jahren, als ich sie kennenlernte.« Durch die Brille echter Zuneigung gesehen bleibt der Mensch gleich; er verändert sich zwar körperlich, nicht aber geistig-seelisch.

Der Mensch kann sich trotz der Einwirkungen der Zeit unverändert erhalten. Vorzeitiges Altern ist bei den meisten Betroffenen nicht auf ein Steifwerden der Gelenke oder Muskeln zurückzuführen, sondern auf ein Erstarren des Geistes in Intoleranz, Reizbarkeit und Selbstsucht. Doch solange der Geist wach, flexibel und tolerant bleibt, solange er sich nicht in Borniertheit und Feindseligkeit versteigt, kann er weit über die siebzig oder achtzig hinaus seine volle Leistungsfähigkeit bewahren.

Der Sportler gilt sehr früh als »alt«, weil bei ihm Muskelmaßstäbe angelegt werden. Der Geistesarbeiter hingegen, beispielsweise ein Musiker, Künstler, Techniker oder Wissenschaftler, muss überhaupt nicht »alt« werden. Das überragende Können eines Baseballstars schwindet jenseits der dreißig; dagegen zeigen Schriftsteller wie Goethe, Thomas Mann, Bernard Shaw oder Somerset Maugham, dass man noch mit mehr als siebzig Jahren überaus produktiv sein kann. Das gute Zusammenspiel von Auge, Muskeln und Nerven lässt vielleicht nach, aber der schöpferische Geist und die kreative Seele sammeln von Jahr zu Jahr mehr Erfahrung und werden immer erfinderischer und ergiebiger. Eine Voraussetzung hierfür ist freilich, dass der Mensch einsichtiger, bescheidener und vor allem sich selbst gegenüber ehrlicher wird.

Der kluge Mensch vervollkommnet also, wenn er »in die Jahre kommt«, seine schöpferischen Fähigkeiten und sein Urteilsvermögen, die mit zunehmendem Alter wachsen und reifen. Er nimmt eine Inventur seiner Persönlichkeit vor und ist sich darüber klar, dass diese seine Persönlichkeit im Alter so sein wird, wie sie jetzt ist, nur um ein Vielfaches ausgeprägter.

Stellen Sie sich folgende neun Bestimmungsfragen:

1. Bin ich selbstsüchtig? Oder berücksichtige ich neben meinen eigenen Wünschen und Bedürfnissen auch diejenigen anderer Menschen?
2. Bin ich anderen Menschen und Ansichten gegenüber intolerant? Oder gestehe ich anderen genau wie mir selbst das Recht auf eigene Gewohnheiten und Überzeugungen zu, kurz, gilt für mich »leben und leben lassen«?
3. Reizen und ärgern mich ständig irgendwelche großen und kleinen Dinge? Oder nehme ich die Dinge gelassen, wie sie kommen, und ohne viel Reibereien?
4. Halte ich unnachgiebig ein übertriebenes, Stress verursachendes Tempo durch? Oder habe ich er-

kannt, wie unschätzbar wertvoll es ist, jeden Tag eine bestimmte Zeit für völlige geistig-seelische und körperliche Entspannung einzuplanen?

5. Verfüge ich über eigene Fähigkeiten und innere Gaben? Oder versuche ich meinen Gedanken und Gefühlen ständig zu entfliehen und bin, um mich unterhalten und amüsieren zu können, auf andere angewiesen?
6. Ernte ich von meiner Umgebung Abweisung und Feindseligkeit, die mein Leben verbittern? Oder beherrschen Liebe, Zuneigung, Freundlichkeit und Wohlwollen meine Beziehungen zu anderen?
7. Bewirkt eine Bitte um Hilfe, dass ich Herz und Geldbörse verschließe? Oder bin ich großzügig mit meiner Zeit und meinem Geld, wenn es um eine gute Sache geht?
8. Nagen Sorgen und Schuldgefühle an meinem Seelenfrieden? Oder begnüge ich mich damit, mein Bestes zu tun und Probleme zu lösen, wenn sie sich stellen; und vergesse ich vergangene Verfehlungen?
9. Gebe ich im Hinblick auf die Prinzipien meiner Religion nur Lippenbekenntnisse ab? Oder sind diese Prinzipien ein praktischer, dynamischer Bestandteil meines täglichen, ja stündlichen Lebens?

Unser Gesundheitszustand kann uns sehr leicht übermäßig beunruhigen. Darum ist es klug, auch eine körperliche Inventur zu machen und uns weiterhin in regelmäßigen Abständen ärztlich untersuchen zu lassen. Nur allzu gern führt man körperliche Leiden auf geistig-seelische Angewohnheiten zurück und geistige oder seelische Störungen auf die körperliche Verfassung. Doch ein reifer Mensch kennt seine körperlichen Möglichkeiten und Grenzen. Unsere täglichen Gewohnheiten sollten in allen Dingen – wie Ernährung, Ruhepausen und Bewegungsausgleich – den Bedürfnissen unseres Körpers entsprechen. Der Körper braucht eine angemessene, vernünftige Pflege; wir dürfen ihn genauso wenig ablehnen wie alles Übrige hier auf unserer Erde. Wenn aber ein Mensch ungeachtet seines Alters gesund und attraktiv aussehen möchte, muss er unbedingt jeden Anflug von Besorgnis, Bitterkeit und Feindseligkeit besiegen, denn diese werden in seinem Gesicht und in seiner Haltung sichtbar.

Einem überholten puritanischen Vorstellungsbild zufolge sollte der Mensch, wenn er sich in Würde dem Ende seines Lebens nähert, mürrisch und verhärmt sein. Das wäre ein Verbrechen gegen die Frohe Botschaft Gottes, die uns Paulus so bestellte: »Freuet euch … Und abermals sage ich: Freuet euch!« Hat der Mensch um die Mitte des Lebens die göttliche Aufforderung zum Glücklichsein noch nicht gelernt, sollte er ab sofort üben, sich des Lebens zu freuen. Dies ist seine Pflicht, er ist es sich selbst, Gott und der Welt schuldig.

Sehr oft erzählen uns Menschen, dass sie jedes Jahr, wenn es wieder Frühling wird, wenn die Luft mild ist, der Boden sich unter der Sonne erwärmt und die Bäume Blätter treiben, traurig und in wehmütigem Verlassensein zu sich selbst sagen: »Ich werde jetzt alt. Es wird für mich nicht mehr oft einen solchen Frühling geben, nicht mehr viele Tage, an denen ich das wunderbare Gefühl habe, dass der Frühling wieder da ist!« Was für eine kleinmütige Art, den Frühling zu begrüßen!

Niemand kann sicher sein, dass er auch nur einen einzigen weiteren Frühling erlebt, aber das Nachgrübeln über die Vergänglichkeit unseres Erdendaseins nützt uns nichts. Überlassen Sie das Gott, denn Ihre irdischen Jahre liegen in seiner Hand. Nehmen Sie die Jahre, die er Ihnen gibt, dankbar an. Es ist eine gute Lebensphilosophie, jedem flüchtigen Augenblick die Freude und das Vergnügen abzugewinnen, die er uns bietet. Wir sollten für alle unsere Lebensabschnitte, vor allem aber für unsere späteren Jahre das Motto wählen: *Immer nur einen Tag auf einmal leben.* Wir müssen lernen, jeden Tag voll zu nutzen und über das froh zu sein, was er uns bringt. Jeder Tag ist eine Kostbarkeit und sollte allein schon als solche genossen werden. Schauen Sie weder zurück noch vor, sondern kosten Sie die Schönheit und das Gute der Gegenwart voll aus.

Ist der gegenwärtige Tag mit Schmerz und Schwierigkeiten angefüllt, sollten Sie das Wertvolle suchen, das in dieser Erfahrung liegt, und an das Wort des Herrn denken: »Ich bin mit dir.« Ein todsicheres Rezept für Verzweiflung und Bitterkeit im Alter ist die Unart, sich das Glück der Gegenwart durch Angst und Nachgrübeln über die Zahl der Tage, die einem noch verbleiben, zu verderben. Dies kann nur zu Zynismus, harter Rücksichtslosigkeit oder schädlicher Angst führen.

Wir müssen uns die Fähigkeit zu kindhaftem Staunen über die Geheimnisse und Schönheiten des Lebens bewahren, über die unvergänglichen und unser Verständnis übersteigenden alten, aber täglich neuen Wunder des Sonnenaufgangs und Sonnenuntergangs, der Geburt und des Todes, der aufblühenden Blumen im Frühling ...

Interessen und Hobbys, die keine übermäßige körperliche Anstrengung erfordern, tun uns gut, wenn unsere körperlichen Energien nachlassen. Wir können uns mit Fotografie beschäftigen, mit Musik, mit dem Zeichnen, im Garten arbeiten, Tischlern, Angeln, wir können Sportveranstaltungen wie Fußball- oder Basketballspiele besuchen. Gott hat diese wunderbare Welt erschaffen und unser Leben zugelassen, damit wir uns ihrer erfreuen. Das Altern nimmt uns nicht das Recht, die auf- und anregenden schönen Dinge zu genießen, die unsere Welt für uns bereithält. Menschen, die wissen, wie man Spaß am Leben hat, fühlen sich vom Alter nicht betrogen. Wir sollten in unserer Jugend lernen, an dem Fest, das Gott uns bereitet, teilzunehmen und nicht nur von fern zuzuschauen. Wenn wir ein echtes Geburts- und Lebensrecht in der Welt haben, in der wir leben, können wir sie genießen, gleichgültig, wie viele oder wie wenige Jahre uns noch verbleiben.

Unser Hauptinteresse gilt gewöhnlich uns selbst. Doch spätestens im Alter müssen wir dies ändern, denn es ist ein Luxus, den sich der alte Mensch nicht leisten kann! Durch Interessen, die vollkommen außerhalb unserer eigenen Personen liegen, können wir Wehwehchen, Schmerzen, Not und Elend verringern. Ichbezogenheit ist eine tödliche Krankheit, die den schöpferischen, nach Äußerung drängenden Teil unserer Persönlichkeit zerstört. Je mehr Stellen es gibt, an denen wir Kontakt mit unserer Umwelt haben, und je mehr Strahlen der Zuneigung wir aus unserem Herzen aussenden, desto geringer ist die Wahrscheinlichkeit, dass wir geistig-seelisch verkümmern.

Bei unserer psychotherapeutischen Arbeit können wir ständig beobachten, wie anders selbstversunkene Zyniker werden, wenn sie ein Interessensgebiet oder Ziel finden, dem sie sich mit uneigennütziger Begeisterung widmen können.

Ein etwa fünfzigjähriger Mann, der viel älter aussah, klagte über Nervosität und Schlaflosigkeit. Bei einer gründlichen ärztlichen Untersuchung waren keinerlei organische Schäden festgestellt worden. Der Mann war überaus unzufrieden mit seinem Leben und mit sich selbst; außerdem hatte er das Gefühl, seine Zeit sei beinahe abgelaufen. Es gab zweifellos nichts, was ihm echte Freude bereitete.

Er war verheiratet, hatte aber keine Kinder, und seine Frau war ihm vor Jahren wegen eines anderen davongelaufen. Seither war er voller Erbitterung gegenüber der Welt und den Menschen. Seit zehn Jahren lebte er allein, ganz für sich. Nach seiner Meinung konnte man niemandem über den Weg trauen. Er verabscheute das Leben, ertrug es mehr schlecht als recht und wartete auf den Tod.

Gesellschaftliche Kontakte hatte er eigentlich nur infolge der alljährlich stattfindenden Collegetreffen, die er besuchte, weil seine Collegezeit zu den wenigen Erfahrungen zählte, von denen er nicht völlig enttäuscht war. Nach mehreren Gesprächen schlugen wir ihm vor, etwas für sein College zu tun, beispielsweise ein Stipendium für einen Jungen auszusetzen, der sich die Studiengebühren nicht leisten konnte. Das gefiel ihm, und er tat es.

In ihm erwachte ein persönliches Interesse an dem ersten Jungen, dem er auf diese Weise half. Und weil er ein hohes Einkommen hatte, konnte er es sich leisten, seine neue Betätigung auszuweiten. Nicht lange, und er ermöglichte durch seine finanzielle Hilfe zwölf Jugendlichen das Collegestudium. Bald sah er darin den wahren Sinn seines Lebens. Er betrachtete die Jungen als seine »Söhne«, so nannte er sie, und er liebte sie wie Söhne. Im Laufe von zehn Jahren ließ er nicht nur fast hundert Jungen studieren, sondern verhalf vielen von ihnen auch noch zu einem beruflichen Start.

Mit ihm selbst ging dabei eine erstaunliche Veränderung vor. Seine Nervosität und Anspannung verschwanden völlig. Er schlief gut. Bald hatte er auch das Gewicht, das er haben sollte. Vor allem jedoch erlebte er echtes Glück. Dieses neue Interesse, das nicht seiner eigenen Person galt, bewirkte bei ihm eine körperliche sowie geistig-seelische Verjüngung und verwandelte sein ganzes Leben. Er vergaß sich selbst, aber an die hundert Männer werden ihn nie vergessen!

In unserem Institut haben wir viel mit Alleinstehenden im Alter zwischen vierzig und fünfzig Jahren zu tun, die nicht geheiratet haben und darum nun ihre Hoffnungen auf eine Familie und ein richtiges Zuhause ins Nichts entschwinden sehen. Die meisten leben völlig isoliert von der Umwelt. Da ihr Leben gewöhnlich nach innen ausgerichtet ist, neigen sie zu Verbitterung und Einsamkeit.

In der Regel kommen sie mit der Klage zu uns, sie hätten Angst, seien deprimiert und überzeugt, dass die Zukunft ihnen nichts mehr zu bieten habe. Weil sie für sich selbst zu viel Zeit haben und diese mit düsterer Vergangenheitsschau und endlosen, sinnlosen Grübeleien über ihre persönlichen Probleme verbringen, fallen sie psychosomatischen Leiden zum Opfer. Sie haben, ohne sich dessen bewusst zu sein, das sehnsüchtige Verlangen nach Beziehungen, in denen sie ihrer Liebe und Zärtlichkeit Ausdruck verleihen könnten.

Um diesen Menschen zu helfen, gründeten wir Klubs, die wir »Vierzig plus« und »Fünfzig plus« nannten; hier finden sie die Gesellschaft geistesverwandter Personen gleichen Alters und sehr oft auch gleicher Interessen. Meist genügt das, um ihnen das Gefühl zu nehmen, überflüssig zu sein. Sie bedürfen der Gemeinschaft. Der Mensch ist nicht zum Alleinsein geschaffen, sondern von seiner Anlage her ein Gruppenwesen. Der Verstoß gegen dieses Naturgesetz kann nur zu tiefer Verzweiflung führen.

Den ersten kritischen Punkt beim Altern erreichen wir mit Ende vierzig, wenn verschiedene körperliche Veränderungen sichtbar werden. Ein zweiter, ebenso kritischer Punkt erwartet uns Mitte, beziehungsweise Ende sechzig, wenn wir uns geistig und seelisch auf die »Schlussetappe« einstellen müssen.

Laut Statistik währt das Leben eines Menschen, der die sechzig erreicht hat, heute nicht mehr nur bis zu den biblischen siebzig Jahren, sondern seine Lebenserwartung beträgt bereits achtzig Jahre und je nach Kulturraum und Lebensweise sogar mehr.

Das erste Viertel unseres Lebens brachten wir damit zu, so schien es uns wenigstens, uns auf das Leben vorzubereiten. Es wäre eine Beleidigung des Schöpfers, wollten wir das letzte Viertel damit zubringen, uns auf den Tod vorzubereiten!

Natürlich müssen viele Menschen mit fünfundsechzig oder sogar früher aus dem Berufsleben ausscheiden und damit ihr Lebenswerk aufgeben, obwohl sie sich auf der Höhe ihrer Kraft fühlen. Das empfinden viele als furchtbare Tragödie. Eine der schwierigsten Situationen in diesem Alter ist zweifellos die Versetzung in den Ruhestand. Irgendwann wird der Tag kommen, da die Gesellschaft entsetzt sein wird über die Vergeudung erfahrener, geschulter Kräfte, zu der sie sich heute selbst verurteilt. Aber derzeit lässt sich kaum etwas dagegen tun; die Betroffenen müssen diese Tendenz unserer Zeit hinnehmen und sich mit ihr abfinden.

Diejenigen unter uns, die nach Erreichen eines bestimmten Alters in Rente gehen müssen, sollten sich schon vorher mit dieser Tatsache auseinandersetzen und für diese Zeit vorplanen, anstatt bis zum letzten Moment die Augen davor zu verschließen. Statt beunruhigt, zornig oder eifersüchtig auf unsere Nachfolger zu sein, sollten wir versuchen, die Sache mit philosophischer Gelassenheit zu nehmen und unsere Energien darauf zu konzentrieren, irgendein sinnvolles, interessantes Programm – nicht nur ein Hobby – zu entwickeln, das unsere letzten Jahre bereichern wird.

Diese letzte Lebensspanne sollte unbedingt im Voraus geplant werden. Nach unseren Beobachtungen unterschreiben Menschen, wenn sie in den Ruhestand treten und dann nichts mehr tun, beinahe ihr eigenes Todesurteil, wenn schon nicht für den Körper, dann zumindest für Geist und Seele.

Ein einflussreicher Manager einer großen Firma wurde mit fünfundsechzig pensioniert. Niedergeschlagen und wie benommen saß er zu Hause, er fühlte sich verlassen und verloren.

»Ich war zeitlebens ein vielbeschäftigter Mann«, erzählte er uns. »Ich war immer glücklich, Entscheidungen zu treffen, neue Unternehmungen zu planen und zu erleben, wie sie gediehen. Und jetzt habe ich ein ganzes Jahr lang überhaupt nichts von Bedeutung getan! Ab und zu besuche ich Freunde, die noch im Berufsleben stehen, doch sie scheinen einer anderen Welt anzugehören. Sie sind höflich, haben aber nicht viel Zeit für mich. In meinem Klub langweile ich mich. Meine Frau ist tot, meine Kinder sind erwachsen und führen ein eigenes Leben, in das ich mich nicht hineindrängen möchte. Was bleibt mir also? Sie fragen, was ich gern tun würde. Ich weiß es nicht. Das ist ja das Problem! Ich weiß es einfach nicht.«

Er kam zu weiteren Gesprächen, und eines Tages sagte er dann: »Ich habe nachgedacht. In meiner Heimatstadt gibt es eine kleine Bank, und wie ich höre, kämpft sie ums Überleben. Vielleicht sollte ich ein paar Aktien dieser Bank kaufen und als Direktor einsteigen.«

Er prüfte die Angelegenheit, kaufte die Aktien und wurde bald der neue »Motor« der Bank. In den acht Jahren, die ihm noch blieben, führte er ein sinnvolles, erfülltes Leben. Die Bewohner der Stadt gingen zu ihm, wenn sie Schwierigkeiten hatten. Manchen, die nicht die Voraussetzungen für einen Bankkredit erfüllten, lieh er aus der eigenen Tasche Geld. Und er half mehreren jungen Leuten beim Start ins Berufsleben. Er wurde zu einer so mächtigen und beliebten Instanz des

Guten, dass bei seinem Tod die ganze Stadt um ihn trauerte. Noch kurz vor seinem Tod hatte er gesagt: »Als ich in den Ruhestand ging, meinte ich, mein Lebenswerk sei abgeschlossen. Aber jetzt weiß ich, dass dies hier auch dazugehört.«

Ein anderer Mann, der sich ebenfalls nicht auf die Pensionierung vorbereitet hatte, kam in einem ähnlich nervösen Zustand zu uns und fand ebenfalls das Leben unerträglich. Wir sprachen mit ihm über seine vielseitigen Interessen und erfuhren, dass er unter anderem früher Jäger gewesen war. Jetzt jedoch verabscheute er, wie er sagte, das »Töten von Vögeln« und anderen Tieren. Darum schlugen wir ihm vor, sein Wissen über das Wild und sein Können anderweitig zu nutzen.

Er begann in einem Naturkundemuseum wissenschaftliche Untersuchungen über das Vogelleben anzustellen. Wenig später organisierte er bereits Exkursionen und Werbekampagnen zum Schutz der Zugvögel und zur Aufklärung der Öffentlichkeit über sie. Viele Jahre lang führte er ein faszinierendes, abenteuerliches Leben. Aber mehr noch: Er leistete einen echten Beitrag zur Erhaltung der Vogelvorkommen des Landes und für all die Menschen, die er dafür zu interessieren vermochte.

Generell ist es am besten, wenn Ehemann und Ehefrau sich gemeinsam hinsetzen und zusammen ein Programm für das Rentenalter ausarbeiten. Dabei sollte es nicht nur um den finanziellen Rahmen gehen, sondern vor allem um ein Beschäftigungsprogramm. Viele der von uns Beratenen befolgten bereits diesen Rat und bestätigten, dass er sich als sehr nützlich erwiesen hat.

Ein Automechaniker und seine Frau eröffneten als »Ruheständler« eine Tankstelle in einem Staat des Mittelwestens. Um achtzehn Uhr schlossen sie täglich ihre Tankstelle und gingen zusammen in die Abendschule, an der sie Kurse in Buchführung absolvierten.

Ein hoher Bankbeamter und seine Frau fahren jeden Nachmittag nach Bankschluss in die Stadt und besuchen eine Restaurantfachschule. Nach der Pensionierung des Mannes wollen sie ein Feinschmeckerlokal eröffnen.

Wie immer ein solches Programm aussehen mag, jeder Mensch sollte sich eine Beschäftigung suchen, die seine Zeit nutzbringend ausfüllt und seinen letzten Lebensjahren Sinn und Wert gibt. Auf diese Weise können die letzten Jahre die ersten und besten sein, was den gewonnenen Erfahrungsschatz anbelangt.

Man mag jedoch das Leben noch so schwungvoll angehen, sich noch so beharrlich gegen das Alter wehren, irgendwann kommt die Zeit, in der man sein Dasein als eintönig und schal zu empfinden beginnt. Solange man jeden Morgen beim Aufwachen voll Begeisterung an die großartigen Überraschungen denkt, die einem der anbrechende Tag bringen kann, ist man jung. Schlimm ist es, wenn der erste Gedanke beim Erwachen ist: »Wieder erwartet mich die alte Leier. Eine neue Runde derselben alten Dinge. Nichts Gutes oder Neues kann mir heute widerfahren, nur wieder dasselbe wie gestern!« Dann ist aus dem Leben etwas entschwunden. Wird diese Geisteshaltung zum Dauerzustand, hat das Alter den betreffenden Menschen wirklich besiegt, gleichgültig, wie viele Jahre er alt ist. Der schöpferische Prozess ist vorbei, weil die Lebensfeder ihre Spannung verloren hat.

In einer solchen Situation braucht der Mensch neue Ideen, denn er hat verzweifeltes Verlangen nach einem neuen Gefühl des Abenteuerlichen und der Begeisterung. Zur Wiederherstellung des alten Schwungs und der alten Lebensfreude ist eine regelrechte Entdeckung eines Neuen erforderlich. Der Grund dafür, dass man das Leben als fade empfindet, kann in familiären Belastungen liegen, in beruflichen Sorgen, in Routine, Monotonie oder schlichter Enttäuschung; doch das alles sind lauter Dinge geistig-seelischer Natur, und sie zeigen an, dass Geist und Seele in Schwierigkeiten sind.

Heilung bringt in solchen Fällen nur die Rückbesinnung auf die Quelle alles Guten, die Gott heißt. Man muss Gott in den Mittelpunkt des Lebens rücken. Wenn dies geschieht, werden die Vitalität und die Fähigkeit zum Staunen und zu grenzenloser Begeisterung wiederhergestellt.

An einer kleinen Universität lehrt ein Professor schon so lange, dass er ebenso zur festen Institution geworden ist wie das von wildem Wein überwucherte Gebäude.

»Ich möchte Ihnen etwas erzählen, was ich im Laufe der Jahre immer wieder festgestellt habe«, sagte er eines Tages zu seinen Studentinnen. »Ich bin ein alter Mann. Ich sehe euch Junge hierherkommen, studieren, euren Abschluss machen und fortgehen. Und später sehe ich euch wiederkommen. Manche von euch Mädchen sind hübsch, wenn sie weggehen, und kommen nach gar nicht so vielen Jahren abgehärmt und verbittert wieder. Manche von euch sind während der Studienzeit nicht sehr hübsch, kommen aber als wirkliche Schönheiten zurück.

Einige der hübschen Mädchen sind noch immer hübsch, wenn sie wiederkommen, und einige der reizlosen Mädchen sind noch immer reizlos. Aber ich sage Ihnen etwas: Diejenigen, die in späteren Jahren wirklich schön sind, haben gelernt, sich an Gott zu orientieren. Auf ihren Gesichtern steht ein Licht, in ihren Augen strahlt eine Schönheit, und sie haben eine Sanftheit und Süße an sich, die von nichts anderem herrühren kann. Wie die Rede geht: ›Schönheit leuchtet auf dem Antlitz, wenn Liebe im Herzen ist.‹ Das beste Kosmetikmittel auf der Welt ist eine liebende, herzensgute Seele.«

Eine fünfundfünfzigjährige Frau war seit fast einem Jahrzehnt teilinvalid. Sie schlief schlecht und hatte so stark abgenommen, dass sie einen mitleiderregenden Anblick bot. In dem College, an dem diese verbitterte, zynische und gehässige Frau arbeitete, hatte jedermann Angst, sie auch nur anzureden, weil sie mit Vorliebe beißende, demütigende Antworten gab.

Es ist seltsam, auf welche Weise in unserem Leben plötzlich große Dinge geschehen können. Eines Sonntags ging die Frau in die Kirche, zum erstenmal seit Jahren. Plötzlich entzündete die Predigt einen Funken in ihr und rührte in den Tiefen ihres Inneren etwas an. Sie erlebte eine starke Erschütterung, und diese löste eine echte spirituelle Wiedererweckung aus. Die Frau hatte das Gefühl, dass in ihr, wie sie sagte, Gefängnismauern schlagartig eingestürzt seien. Als

Folge davon veränderte sie sich grundlegend, zumal sich mit der Zeit die Kraft dieses starken religiösen Erlebnisses noch vertiefte und intensivierte. Auf ihrem Gesicht stand bald nicht mehr die hässliche Spannung, sondern ein schönes Strahlen. Innerhalb von drei Monaten nahm sie zwanzig Pfund zu, und sie schlief hervorragend. Sie war immer noch scharfzüngig, wenn es sein musste, aber nicht mehr bissig und gemein, sondern witzig. Und ihre einstige Bitterkeit war vollkommen verschwunden.

Bei einem Abendessen war der vitalste, faszinierendste Gast ein neunzigjähriger Herr mit schneeweißem Haar, ein vor Fröhlichkeit und Humor sprühender Mensch. Er lachte und redete, brachte andere zum Lachen und Reden. Als jemand versuchte, ein trauriges Thema anzuschneiden, gab er der Unterhaltung geschickt eine andere Richtung:

»Krieg? Krise? Schwere Zeiten? Wir wollen uns darüber Sorgen machen, wenn sie Wirklichkeit sind!«

Der neben ihm sitzende Gast staunte über die Vitalität des alten Herrn und sagte zu ihm: »Sie verstehen zweifellos zu leben! Sind Sie immer so glücklich?«

»Ja, natürlich«, antwortete der Greis. »Aber ich bekenne, dass ich es früher nicht war. Viele Jahre lang war ich ein sehr unglücklicher Mensch. Ich war krank vor Unglück. Doch dann wurde ich gesund. Vor fünfzig Jahren wurde ich geheilt! Wollen Sie wissen, wie? Ich fand einen Text in der Bibel. Einen großartigen, herrlichen Text! Ich beschloss, nach der Bibelmaxime zu leben, und das änderte mein ganzes Leben. ›Die aber, die dem Herrn vertrauen, schöpfen neue Kraft, sie bekommen Flügel wie Adler. Sie laufen und werden nicht müde, sie gehen und werden nicht matt.‹«

»Glauben Sie wirklich, dass ein paar Worte so etwas bei Ihnen vollbringen konnten?«, fragte einer der anderen Gäste.

»Glauben? Ich glaube es nicht nur, ich weiß es. Diese Worte sanken in die Welt meiner depressiven und negativen Gedanken und heilten meinen Geist. Als ich anders zu denken begann, wurde ich ein anderer Mensch. Ich lernte, dem Leben Freude abzugewinnen. Und sogar noch mit neunzig macht mich das Leben geradezu wunderbar glücklich.«

Um das Leben im Alter genauso erfolgreich anpacken zu können wie in der Jugend, müssen wir uns von den Überresten der Unreife befreien, die selbst gegen Ende des Lebens noch eine Barriere gegen unser Wohlergehen sein können. Wir müssen uns von unseren neurotischen Marotten befreien, die eine lediglich verzerrte Sicht auf die Welt zulassen, ihre Schrecken vergrößern und bewirken, dass wir uns kleinmachen und nicht mehr wehren können. Wen irrationale Schuldgefühle nicht mehr loslassen, wer permanent heftig zwischen Liebe und Hass schwankt und sich von Angst, Anspannung, Depression und der Furcht vor dem Tod beeinflussen lässt, oder, was am schlimmsten ist, wem es an Glauben mangelt, der vermag weder in der Jugend noch in mittleren Jahren, noch im Alter seiner Bestimmung gerecht zu werden und ein wirklich glückliches Leben zu führen.

Wir hoffen, dieses Buch kann den Weg zu einer Lösung für diese Probleme weisen. Wer Einblick in sein Geistesleben und sein – weitgehend unbewusstes – Gefühlsleben hat und zu einem festen, vertrauensvollen Glauben an Gott findet, kann jeder Lebensperiode und jedem Lebensproblem zuversichtlich entgegenblicken.

Ein Leben der Kraft und Selbsterfüllung zu führen setzt voraus, Gott aus den »schattigen Dunkelkammern« des Geistes und der Seele hervorzuholen und als Realität in unsere strahlende Mitte, in die Mitte unserer Persönlichkeit und unseres Lebens, zu rücken. Erst dann werden wir der Gottesgegenwart in uns und um uns gewahr, erst dann können wir unser Leben, wie immer es auch ist, in Freude und Heiterkeit genießen. Dies wünschen wir Ihnen und hoffen inständig, dass unsere »Aufforderung zum Glücklichsein« Ihnen dabei helfen kann, Ihr Leben voller Glück und Zuversicht zu verwirklichen.

Norman Vincent Peale

Du kannst wenn du glaubst du kannst

Wie sich alles zum Guten wendet

Aus dem Amerikanischen
übersetzt von Karin Hein

Inhalt

KAPITEL 1

Es ist immer zu früh, um aufzugeben

Der Alltag mit seinen Höhen und Tiefen, mit seinen großen und kleinen Problemen fordert in unserer komplizierten und schnelllebigen Zeit den ganzen Menschen – er fordert Entscheidungen, die wohldurchdacht und sinnvoll sein sollen, und eine entschlossene, erfolgreiche Handlungsweise. Das erwarten Ihre Ehe- und Lebenspartner, Ihre Kinder, Kollegen, Mitarbeiter, Vorgesetzte oder Geschäftspartner, das erwarten Freunde und Verwandte. Zumeist erwartet man es auch von sich selbst.

Angesichts solcher Erwartungshaltungen fühlen sich viele Menschen zunehmend überfordert, und jeglicher Mut scheint sie zu verlassen, wenn sie sich mit einem besonders schwierigen oder verwickelten Problem konfrontiert sehen. Dagegen gibt es eine stets gültige, wirksame Verhaltensregel, die es wert ist, dass Sie sie beherzigen, und die geradezu dafür geschaffen ist, dass Sie sich immer wieder an ihr orientieren. Diese Regel, die Sie jederzeit anwenden können, lautet schlicht und einfach:

Niemals aufgeben!

Wer den Mut verliert und aufgibt, der lädt die Niederlage förmlich ein. Haben Sie erst einmal aufgegeben und sich in Ihr scheinbar unvermeidliches Schicksal gefügt, dann werden Sie zwangsläufig dazu neigen, in ähnlichen Situationen wieder genauso zu reagieren. Mit jedem Aufgeben, mit jeder Niederlage wächst die Gefahr der Wiederholung; schließlich findet sich der Betroffene in den psychologischen Mechanismen eines wiederkehrenden Verhaltensmusters gefangen.

Beharrlichkeit als Lebensprinzip

Gewiss – manchmal glaubt man, in einer Sackgasse zu stecken. Doch selbst in einer schier ausweglosen Situation, selbst angesichts unlösbar scheinender Schwierigkeiten sollten Sie nie an ein Aufgeben denken. Wenn Sie stattdessen versuchen, Ihre Zwangslage aus einem ganz neuen Blickwinkel zu betrachten, so ergeben sich damit wie von selbst auch andere Perspektiven. Suchen Sie deshalb stets nach einem neuen Ansatz! Sollte der Erfolg zunächst ausbleiben (was oft ganz natürlich und deshalb kein Grund zur Entmutigung ist), dann nehmen Sie eben einen weiteren Anlauf und gehen das Problem wieder von einer anderen Seite an – und zwar so lange, bis Sie einen annehmbaren Weg gefunden haben. Einen Weg, soviel ist gewiss, gibt es immer in und aus jeder Lage, und es ist an Ihnen, ihn durch unbeirrbare und besonnene Suche zu finden. In dem Moment, in dem Sie nicht mehr bloß reagieren (falls Ihnen das überhaupt noch möglich ist), sondern agieren, verfügen Sie im Verhältnis zu Ihren Mitmenschen über ein deutliches Plus, denn viele sind gar nicht gewillt, in bestimmten Situationen selbst aktiv zu werden, sondern warten lieber auf denjenigen, der ihnen sagt, was sie zu tun und zu lassen haben.

Vor einiger Zeit musste ich wieder einmal über die Angewohnheit eines Freundes schmunzeln: Während unseres gemeinsamen Essens kritzelte er etwas auf das Tischtuch, um damit seine Gedankengänge zu unterstützen und zu verdeutlichen. Er berichtete von einem Mann, der – in eine nahezu ausweglose Situation geraten – mit einem spektakulären Erfolg aufwarten konnte.

Die Skizze auf dem Tischtuch zeigte einen Mann. Er stand vor einem hohen, zerklüfteten Berg, der unüberwindlich schien. Mein Freund wollte von mir wissen, wie der Mann auf die andere Seite gelangen könnte.

»Indem er um den Berg herumgeht?«, versuchte ich es mit dem nächstliegenden Vorschlag.

»Das ist zu weit«, wandte er ein.

»Also gut, dann gräbt er sich einen Tunnel unten hindurch«, schlug ich vor.

»Das ist zu tief und zu langwierig. Nein er *denkt* sich vielmehr über den Berg hinweg«, erklärte er seine Auffassung. »Wenn es dem Menschen dank seiner geistigen Fähigkeiten möglich ist, Maschinen zu erfinden, die ihn in mehr als zehntausend Meter Höhe über jeden Berg hinwegtragen, dann besitzt er auch die geistige Kraft, sich über noch so große Hindernisse selbst hinwegzusetzen.«

»Bill, das ist genial«, antwortete ich. »Allerdings ist mir dieser Gedanke früher schon einmal in folgenden Worten begegnet: ›Wenn jemand zu diesem Berg sagt: Hebe dich empor, und stürz dich ins Meer!, und wenn er in seinem Herzen nicht zweifelt, sondern glaubt, dass geschieht, was er sagt, dann wird es geschehen.‹«

»Genauso meine ich es«, stimmte mein Freund diesem Gedanken des *Evangeliums nach Markus* (11,23) zu. »Der Mensch muss es nur *denken* können – und er darf keine Zweifel hegen. Außerdem halte ich mich an den Grundsatz: Es ist *immer* zu früh, um aufzugeben!«

Wie recht er damit hatte, wurde mir vor Kurzem in einem Brief bestätigt, in dem mir ein junger Unternehmer seine Erfahrungen schilderte. Er hatte vor einigen Jahren ein System für Wandbauteile entwickelt, eine eigene Firma gegründet und sein ganzes Vermögen in das Unternehmen gesteckt. Doch dann lief alles ganz anders als geplant, und der junge Mann geriet in eine Schwierigkeit nach der anderen. Nachdem sich seine Lage dramatisch zugespitzt hatte, forderten ihn seine Partner eindringlich auf, das Unternehmen aufzugeben. Sie bedrängten ihn mehr und mehr, und der Druck, den sie auf ihn ausübten, wurde von Tag zu Tag stärker. Doch von Geschäftsaufgabe wollte der Jungunternehmer nichts wissen.

Dieser Mann bewies mit seiner Beharrlichkeit, mit der er sein einmal gestecktes Ziel weiterverfolgte, Durchhaltevermögen und Belastbarkeit. »Ich weigerte mich einfach«, schrieb er, »auch nur den leisesten Gedanken an ein Aufgeben zuzulassen.«

Seine positive Denkhaltung und sein unerschütterlicher Glaube gaben ihm die Kraft, nach neuen Wegen zu suchen. Er besann sich auf seine Fähigkeiten, überlegte und betrachtete seine Lage gründlich von allen Seiten, bis ihm die seiner Ansicht nach richtige Idee kam. Wenn jemand nicht gleich in Panik gerät, sondern alle realen Gegebenheiten und die daraus resultierenden Eventualitäten analysiert, so steht am Ende dieses Prozesses in den meisten Fällen eine sinnvolle Erkenntnis. Und die sah in dem vorliegenden Fall so aus: Der junge Mann fasste den Entschluß, sein Geschäft um ein Fertigungsprogramm für Bodenbauteile, die zu den Wandelementen passten, zu erweitern. Mit diesem Einfall hatte er das große Los gezogen! Eine bedeutende Herstellerfirma für Fertighäuser kaufte später zu einem bemerkenswert hohen Preis sein ganzes Geschäft auf.

Jeder von uns wird früher oder später Zeuge wahrhaft schwerer und tragischer Schicksale. Wir lernen Menschen mit hochfliegenden Plänen und Zielen kennen, wir beobachten, wie hart sie arbeiten und wie sie sich permanent einsetzen, wir sehen, wie sie nachdenken und hinterfragen – und wie sie auf der Suche nach einer inneren Kraft sind. Schließlich aber, sei es, weil die Anstrengungen zu groß sind, sei es, weil die Hindernisse kein Ende nehmen wollen, verlieren sie häufig den Mut und geben auf. Erst im Nachhinein erkennen sie, wie nahe sie ihrem Ziel bereits waren. Oft heißt es dann: »Hätte ich doch ein wenig mehr Voraussicht gehabt und ein noch größeres Beharrungsvermögen aufgebracht – alles hätte sich noch zum Guten wenden können!«

Das richtige Wort

Unser Beharrungsvermögen lässt sich ganz erheblich steigern, wenn wir stets einen positiven Verlauf anstelle eines negativen vor Augen haben. Daher ist es von großer Bedeutung, jede Schwarzmalerei zu vermeiden und die Vorstellung eines etwaigen Scheiterns gar nicht erst aufkommen zu lassen.

Als ich mich einmal in einer äußerst heiklen Lage befand, erreichte mich der Anruf eines mir völlig fremden Mannes. Er sagte: »Verlieren Sie nicht den Mut und machen Sie sich keine unnötigen Sorgen. Ich werde das ›gute Wort‹ für Sie sprechen.« Bevor ich fragen konnte, was das denn sei, hatte er schon wieder aufgelegt. Zwar habe ich bis heute den Sinn seiner Bemerkung nicht eindeutig enträtseln können, doch kam mir damals die Erkenntnis, dass ich selbst keine »guten«, hoffnungsvollen Wörter benutzte; meine Wörter und Gedanken waren von pessimistischen Vorstellungen durchsetzt. Ich begann also, nach positiven Inhalten zu suchen und Wörter wie »Hoffnung«, »Glaube«, »Vertrauen«, »Gelingen« in mein Denken und Sprechen zu integrieren. Bald darauf entdeckte ich eine wirksame Formel in dem Motto:

Ich kann es schaffen, wenn ich daran glaube!

Dieses Motto wurde zur Grundlage meines Handelns, meines Denkens und meiner Arbeit. Erproben auch Sie dieses Motto, und Sie werden sehen, wie sich mit der Zeit Erfolg und Gelingen einstellen!

In einem Artikel einer amerikanischen Journalistin fand ich eine mögliche Deutung dieser Vorstellung des »guten Wortes«. Sie erläuterte ihre Auffassung am Beispiel des kleinen Wortes *no,* also »nein«. Für sie sei es wie das Zuschlagen einer Tür; es impliziere Versagen, Scheitern, Ablehnung. Doch anders gelesen, ergebe es das Wort *on,* was soviel wie »auf«, »nach«, »voran« bedeutet; das wiederum vermittle Hoffnung, neuen Mut, positive Aufbruchsstimmung. So gelesen, enthält dieses kleine Wort die Anregung, vorwärtszustreben, weiterzumachen und über alle Schwierigkeiten »hinwegzusteigen«.

Hinter diesem Beispiel steckt folgende Erkenntnis: Durch einfache Umkehrung der Betrachtungsweise lässt sich ein negativer Sinn in einen positiven verwandeln! Und: unsere Probleme erscheinen in einem neuen Licht, sobald die negativen Aspekte nicht mehr im Vordergrund stehen, sondern das Denken eine positive Richtung erhält! Denn nur Gedankenmuster, die positiv ausgerichtet sind, ermöglichen es, Schwierigkeiten konstruktiv anzugehen – und schließlich zu überwinden.

Welche Gedankenmuster in Ihrem Denken vorherrschen, ob positive oder negative, können Sie oft schon aus der ersten Reaktion auf einen Fehlschlag erkennen. Lassen Sie sich entmutigen, oder kämpfen Sie weiter? Werfen Sie die Flinte ins Korn, oder halten Sie beharrlich an dem einmal gesteckten Ziel fest? Eine an diesem Punkt getroffene Entscheidung spiegelt aber nicht nur Ihre innere Haltung wider, sondern – was viel entscheidender ist – sie beeinflusst auch ganz maßgeblich den weiteren Verlauf der Ereignisse.

Die nachfolgende Erfolgsgeschichte von Hayes Jones, einem der bekanntesten Hürdenläufer der sechziger Jahre, kann dies hervorragend veranschaulichen.

Das Ziel vor Augen

Während über New York die Nacht hereinbricht ist, ist der Madison Square Garden, diese gewaltige Sportarena, in gleißendes Licht getaucht. Gebannt starren die Zuschauer auf die am Start kauernden Hürdensprinter. Die Pistole des Starters gibt das Signal: Die Athleten explodieren, überfliegen die erste Hürde – und nach wenigen Sekunden ist das Spektakel vorbei. Augenblicke später zeigt sich Hayes Jones, Freudentränen in den Augen, den stürmisch applaudierenden Zuschauern. Er weiß: Dieser Sieg – errungen in neuer persönlicher Bestzeit – ist der Lohn für die Mühen der letzten vier Jahre. Vier Jahre hartes Training, drei Stunden am Tag, sieben Tage in der Woche – und das nach der wohl bittersten Niederlage seiner Laufbahn …

Obwohl Hayes Jones nie im Besitz des Weltrekordes über die 110-Meter-Hürden war, galt er als ausgesprochener Siegläufer. Wo immer er sich gegen Ende der fünfziger Jahre mit den Besten maß, lief er als Sieger durchs Ziel. Bei den Olympischen Spielen 1960 in Rom konnte daher für die Fachwelt der Sieger auf der kurzen Hürdenstrecke nur Hayes Jones heißen, zumal der damalige Weltrekordler, der Deutsche Martin Lauer, wegen einer gerade erst auskurierten Verletzung etwas gehandikapt war. Jones bezwang auch den Weltrekordler, doch er gewann »nur« die Bronzemedaille. Seine Landsleute Lee Calhoun und Willie May liefen mit 13,8 Sekunden zwei Zehntelsekunden schneller als er.

Eine Niederlage kann etwas Schönes sein. Wer als krasser Außenseiter an den Start geht und als Zweiter oder Dritter durchs Ziel stürmt, für den ist der Erfolg überwältigend, für den ist die silberne oder bronzene Medaille vielleicht mehr wert als die goldene, die dem unangefochtenen Favoriten als Sieger um den Hals gehängt wird. Wer jedoch schon als Sieger gefeiert wird und sich dann mit einem dritten Platz begnügen muss – für den bricht eine Welt zusammen, für den ist diese Platzierung eine Enttäuschung, wie sie bitterer nicht sein kann.

Gerade der Sport liefert viele Beispiele, wie aus einem zuvor gefeierten ein geschlagener Mensch wird: Als Sieger gehandelt, mussten nicht wenige eine Niederlage hinnehmen, mit der keiner, am wenigsten die Athleten selbst, gerechnet hatten. Solch eine Enttäuschung sitzt tief: Viele zweifeln dann an ihrem Können, stellen sich selbst infrage und wollen ihre Schuhe – und den Sport – an den berühmten Nagel hängen.

Auch Hayes Jones wollte aufgeben, auch er sah sich nach einem Nagel für seine Schuhe um. Nach der bitteren Enttäuschung war seine erste Reaktion, mit dem Leistungssport aufhören und sich voll auf sein berufliches Weiterkommen konzentrieren zu wollen. Warum sich denn noch weiter quälen, vier Jahre lang, ohne Gewißheit, die ersehnte Goldmedaille zu erringen? Warum all die Strapazen auf sich nehmen, das Krafttraining, die langen Läufe, die für die Kondition unentbehrlich sind, die an die Substanz gehenden Sprints innerhalb des Intervalltrainings? Und doch: Der Traum vom Sieg, von dem ganz großen Sieg, der war noch da – und die Herausforderung, sich selbst und seine inneren Zweifel zu besiegen. »Wenn es um etwas geht, das man sein Leben lang ersehnt hat, handelt man nicht unbedingt vernünftig«, versuchte der Bronzemedaillengewinner von Rom einem Journalisten seinen Entschluss zu erklären, sich doch noch einmal weitere vier Jahre für sein Ziel, die Goldmedaille, zu quälen.

Und dann endlich: Bei den Olympischen Spielen von Tokio im Jahre 1964 mussten im 110-Meter-Hürden-Finale 13,6 Sekunden gelaufen werden, um die Goldmedaille zu erringen. Der Sieger hieß: Hayes Jones.

Aus dem letzten Vers eines Gedichtes des Kanadiers Robert W. Service, das Hayes Jones bei der Siegerehrung während eines Sportfestes vortrug, sprechen derselbe Kampfgeist und derselbe unbeugsame Lebenswille, die auch die eigene sportliche Laufbahn des Athleten stets begleiteten. Er lautet: »Doch das Leben zu leben heißt wagen.«

Der lange, von harten Kämpfen bestimmte Weg dieses Sportlers lässt mich an das folgende Wort Johann Wolfgang von Goethes denken: »Strenge Ausdauer, hart und beständig, kann der Geringste von uns ausüben; sie versagt uns selten den Dienst, denn ihre stille Kraft wächst unaufhaltsam mit der Zeit.« Allerdings, so will es manchmal scheinen, stehen Werte wie Ausdauer und Beharrlichkeit in unserer heutigen Zeit nicht mehr allzu hoch im Kurs. Ein Blick auf die Großen der Geschichte lehrt uns jedoch, dass gerade diese Eigenschaften den Grundstein für überragende Leistungen und Erfolge darstellen. Fast drei Jahrtausende – vom achten Jahrhundert vor Christi Geburt bis zur Mitte des neunzehnten Jahrhunderts unserer Zeitrechnung – war »Ausdauer« eines der Schlüsselwörter im Hinblick auf eine Erziehung, die es sich zum Ziel setzte, einen jungen Menschen im humanistischen Sinne zur Reife zu führen – drei Jahrtausende also, von den Anfängen der griechischen Kultur bis zur Zeit der Romantik. Erst mit Beginn der Industrialisierung und der daraus resultierenden rasanten Entwicklung der Technik, die gerade im physischen Bereich den Menschen entlastet, tritt die Eigenschaft »Ausdauer« mehr und mehr in den Hintergrund. Doch gerade diese Eigenschaft »Ausdauer« ist unerlässlich für die, die ihre Ziele erfolgreich verwirklichen und ihr Leben in schöpferischem Tätigsein gestalten wollen.

Steter Tropfen höhlt den Stein

Denker und Philosophen haben zu allen Zeiten auf die positive Wirkung von Ausdauer hingewiesen. »Gott ist mit den Standhaften«, rief der Prophet Mohammed, der Stifter des Islam, seinen Anhängern zu. William Shakespeare formulierte es so: »Viel Regen wäscht den Marmor aus.« Selbst der härteste Stein muss sich also dem Gesetz der Beharrlichkeit beugen. Bereits siebzehn Jahrhunderte vor dem großen englischen Dichter und Dramatiker war der Römer Lucretius mit seinem Ausspruch »Steter Tropfen höhlt den Stein« zu derselben Erkenntnis gelangt, und von Edmund Burke, dem bedeutenden britischen Staatsmann und Schriftsteller des achtzehnten Jahrhunderts, ist der unschätzbare Ratschlag überliefert: »Verzweifle nie; doch wenn du es tust, dann mach trotz deiner Verzweiflung weiter!«

Noch einen anderen Menschen will ich hier erwähnen, auch wenn dieser Mensch im Gegensatz zu den soeben Zitierten keinerlei Berühmtheit erlangte: meine Mutter. An Weisheit stand sie all den Großen und Berühmten sicherlich in nichts nach. Ihr Leben, in dem es vieles gab, womit sie sich auseinandersetzen musste, war nach dem Grundsatz des Durchhaltens ausgerichtet. Das Geld war bei uns stets knapp, und die Sorgen des Alltags verlangten immer aufs Neue nach Lösungen. Meine Mutter geriet jedoch nie an den Punkt, an dem sie aufgegeben hätte. Sie stellte sich vielmehr den Problemen, mit denen sie sich konfrontiert sah, wuchs geradezu an ihnen und konnte dann hart und unerbittlich sein.

Wenn ich an meine Kindheit denke, kommt mir eine Episode aus der Schulzeit in den Sinn. Zu dieser Zeit gab es etwas, das ich überhaupt nicht ausstehen konnte: Algebra. Einmal kam ich von der Schule nach Hause und sagte meiner Mutter, dass ich im Algebra-Unterricht nicht mehr mitkam. Ich beklagte mich dann auch dementsprechend: »Ich verstehe das alles nicht! Ich kann das nicht. So ist das nun mal. Ich kann es einfach nicht!« Da warf meine Mutter mir einen Blick zu, und es war gewiss kein weichherzig-mütterlicher Blick, der mich da traf. Ihre Stimme war scharf und knapp. Ich habe noch deutlich ihre Worte im Ohr, als sie einen gewissen William Edward Hickson zitierte: »Hast du beim ersten Versuch keinen Erfolg, probier es ein zweites, ein drittes und ein viertes Mal!« Dann fügte sie noch hinzu: »Du kannst es schaffen, wenn du daran glaubst, dass du es kannst!«

Du kannst, wenn du glaubst, du kannst – diese Worte führten mich zu einem neuen Selbstverständnis. Ich vertraute bald meinen eigenen Fähigkeiten und erfuhr so, wie sich beharrliches Bemühen, ungeachtet aller Fehlschläge, am Ende immer auszahlt.

Das Streben nach Einsicht

Ausdauer kann nur sinnvoll eingesetzt und wirksam werden, wenn sie mit einem weiteren unerlässlichen Grundsatz einhergeht, und zwar mit dem Streben nach Erkenntnis und Einsicht. Wer in einer Zwangslage aufgeben will oder aus einer verfahrenen Situation keinen Ausweg sieht, der benötigt in erster Linie neue Einsichten in die tieferen Ursachen seines bisherigen Scheiterns. Hier genügt es nicht, die äußeren Umstände der jeweiligen Situation zu analysieren, nein, es gilt vielmehr, die inneren Beweggründe, die zu dieser Situation geführt haben, zu verstehen. Wir brauchen intuitive Einsicht in uns selbst, und wir müssen erkennen, wie wir sind und was wir sind. Erst dann können wir unsere geistig-seelischen Kräfte sinnvoll zu einer erfolgreicheren Entwicklung unseres Selbst einsetzen.

Menschen, die immer wieder scheitern und dabei ihr Leben mehr und mehr in Unordnung bringen, verhalten sich zum größten Teil deswegen so, weil ihr Inneres in Unordnung geraten ist und ihnen die Erkenntnis fehlt, wer und was sie wirklich sind oder sein können. Die Redensart »Er ist sich selbst der ärgste Feind« trifft daher auf jene Menschen zu, die sich zwar Ziele setzen und auch hart dafür arbeiten, um diese zu erreichen, aber aus ungeklärter Ursache dennoch versagen. Hier liegen meist innere Störungen vor, die nicht leicht zu erkennen sind. Wer von uns kann schon behaupten, sich selbst von Grund auf zu kennen? Die eigene Persönlichkeitsstruktur ist oft schwerer zugänglich als die Wesenseigenschaften anderer Menschen. In uns allen sind psychologische Mechanismen am Werk, die viele der inneren Vorgänge vor unserem Bewusstsein erfolgreich verbergen – und aus Furcht, unliebsame Wahrheiten in uns zu entdecken, sind wir meist wenig bestrebt, uns genau kennenzulernen; stattdessen ziehen wir es vor, uns über unsere Mitmenschen den Kopf zu zerbrechen und deren Angelegenheiten zu unseren zu machen. Solch ein Verhalten bereitet natürlich kaum Schwierigkeiten, weil es keinen Mut erfordert; Mut ist erst dann nötig, wenn wir nicht länger vor uns selbst Ausflüchte suchen, sondern uns so sehen, wie wir wirklich sind: mit allen Schwächen und Fehlern. Das sind die eigentlichen Sternstunden im Leben.

Die meisten Menschen wären durchaus imstande, mit einer gegebenen Problemsituation fertig zu werden – und dennoch scheitern sie, weil sie von den geistig-seelischen Konflikten in ihrem Inneren zu sehr in Anspruch genommen sind. Solche inneren Konflikte und Zwiespälte sind jedoch nur zu lösen, wenn wir sie zunächst einmal erkennen und verstehen. Das bedeutet: Wir müssen nach Erkenntnis streben und uns einer kritischen Selbstprüfung unterziehen. Seien Sie mutig – schauen Sie in den Spiegel und verlangen Sie von sich: »Heraus mit der Sprache, ich will die Wahrheit über dich wissen!« Die meisten Menschen neigen dazu, sich dann einzureden, sie seien doch eigentlich ganz in Ordnung und außerdem gäbe es gar keinen Grund, so viel Aufhebens um die Frage der Selbsterkenntnis zu machen. Bei näherer Überlegung wird jedoch jeder einräumen: Am Anfang jeder Selbstverwirklichung muss auch eine gründliche Selbstprüfung stehen!

Noch heute erinnere ich mich gerne an eine lange zurückliegende Begegnung: Nach einem Vortrag in Washington – im Publikum saßen nicht wenige namhafte Persönlichkeiten aus Politik und Wirtschaft – lernte ich einen Mann kennen, von dessen Leistungen ich gehört hatte und den ich deshalb bewunderte. Während unseres Gesprächs, in dem mir vor allem seine Selbstsicherheit auffiel, fragte ich ihn nach den Gründen seines Erfolges.

Er blickte mich nachdenklich an.

»Nun«, begann er, »den entscheidenden Impuls für meine Karriere erhielt ich vor über fünfzehn Jahren.«

»Vor über fünfzehn Jahren?«

»Ja. Es war ebenfalls hier in Washington. Damals hatte ich zwar die besten Voraussetzungen für eine erfolgreiche Karriere: Meine Ausbildung war hervorragend, ich war voller Ehrgeiz, und mein Talent war offenkundig; aber dennoch lief so ziemlich alles, was ich anfing, schief. Irgendwie war meine Denk- und Handlungsweise seltsam konfus und verworren, und mir gelang es einfach nicht, meine zweifellos vorhandenen Fähigkeiten richtig umzusetzen. Da hörte ich Sie zum ersten Mal, und an jenem Abend, als ich gebannt Ihren Worten lauschte, geschah es ...«

»Was denn?«, wollte ich wissen, verständlicherweise neugierig geworden.

»Ich möchte mit einem Vergleich antworten: Ich stand in dunkler Nacht auf einem freien Feld und wusste nicht, wohin ich mich orientieren sollte. Plötzlich erhellte ein Blitz die ganze Landschaft – und jetzt sah ich meine innere Verfassung klar und deutlich vor mir liegen. Ich begriff, dass meine inneren Unstimmigkeiten die Ursache für meine ständigen Fehlschläge waren. Nun wusste ich mit einemmal, was zu tun war. Noch am selben Abend setzte ich mich sehr gründlich mit meinem Innersten auseinander. In der Folgezeit spürte ich eine innere Kraft, die ich zuvor nicht gekannt hatte, eine Kraft, die genährt wurde von einem tiefen Glauben, dem Glauben an mich selbst. Bald war ich felsenfest davon überzeugt, dass es möglich war, die unzusammenhängenden Bruchstücke in mir zu einem einheitlichen Ganzen zusammenzufügen. So geschah es dann auch. In der darauffolgenden Zeit wurde mir ein wunderbares, nie gekanntes Gefühl des Leistungsvermögens, der Harmonie und Kraft zuteil. Zwar gelang mir nicht alles auf Anhieb, doch von da ab ging es stetig bergauf.«

Ein Wandel wie der eben geschilderte vollzieht sich als Folge neu gewonnener Einsichten in das eigene Wesen. Weil der Mann imstande war, seine innere Verfassung ehrlich in Augenschein zu nehmen, bot sich ihm auch die Möglichkeit, eine Änderung einzuleiten. Er brachte Ordnung in sein inneres Chaos und entfaltete neue Kräfte, die es ihm ermöglichten, seine Pläne erfolgreich umzusetzen.

Ein rückhaltloses Streben nach Selbsterkenntnis kann häufig tiefgreifende Erlebnisse auslösen, die unser Innerstes schlagartig vor uns aufhellen. Solche Erlebnisse können uns befähigen, die schöpferischen Anlagen, die jeder in sich trägt, in die richtigen Bahnen zu lenken und zur vollen Entfaltung zu bringen.

Die Entfaltung des wahren Leistungsvermögens

Welche ungeahnten Möglichkeiten in jedem von uns angelegt sind, lässt sich an der Laufbahn eines der größten amerikanischen Basketballstars der Sechziger Jahre nachvollziehen:

Als Bob Pettit mit vierzehn Jahren auf die Oberschule kam, war er knapp einen Meter siebzig groß und wog ganze vierundfünfzig Kilogramm. Er war, nach seinen eigenen Worten, gelenkig »wie eine Kleiderstange«. Dieser schwächliche und zerbrechlich wirkende Junge kannte nur einen Wunsch, der jedoch war unwiderstehlich: Er wollte ein überragender Sportler werden! Hier lag eine intuitive Erkenntnis des eigenen, verborgenen Leistungsvermögens vor: Bob fühlte geradezu instinktiv, was in ihm steckte, obwohl augenscheinlich vieles dagegen sprach.

Als Erstes versuchte er sich im Football. Es gelang ihm jedoch nicht einmal, in die Schulmannschaft aufgenommen zu werden. Zwar erhielt er eines Tages die Chance, als Ersatzspieler einzuspringen, doch sein Gegenspieler überrumpelte ihn derart mit geschickten und technisch perfekten Angriffen, dass Bob nichts weiter als eine klägliche Figur abgab.

Daraufhin wandte er sich dem Baseball zu, doch auch diese »Karriere« fand schnell ihr Ende. Bob wechselte zum Basketball. Als für das Schulteam zwölf Jungen gebraucht wurden, bewarben sich siebzehn. Natürlich war Bobs Name nicht auf der endgültigen Liste. Klein und zart gebaut, hinterließ er beim Schultrainer keinen überzeugenden Eindruck. Wieder einmal schien sein Traum zerplatzt, und er auf die Rolle desAußenseiters festgelegt.

Bob sprach mit dem Pfarrer seiner Gemeinde, der sofort erkannte, was in dem schmächtigen Jungen steckte, und der ihn beschwor, unerschütterlich an sich und seine vorhandenen Fähigkeiten zu glauben, da gerade durch die Kraft des Glaubens die Verwirklichung eines erstrebenswerten Zieles erreicht werden kann. Bob befolgte den Rat des Geistlichen. Kurz darauf wartete der Pfarrer mit einer Idee auf: »Wir werden ein Gemeindeteam auf die Beine stellen«, versprach er dem Jungen. »Das wird andere Gemeinden dazu anregen, ebenfalls Mannschaften zu organisieren, die dann gegeneinander antreten können.« Die Idee des Pfarrers wurde – auch weil er an seine Idee glaubte – Wirklichkeit, und bald hatte fast jede Gemeinde in der näheren Umgebung ein Basketballteam aufgestellt, denen hauptsächlich die Jungen angehörten, die den Sprung in ihr Schulteam nicht geschafft hatten. Endlich war Bob stolzes Mitglied einer richtigen Mannschaft!

Es war das erste Mal in seinem Leben, dass er das Gefühl hatte, etwas zu tun, was bedeutsam war. Bob stürzte sich mit Feuereifer in sein Training – er bog sich einen Kleiderbügel aus Draht in Form eines Korbes zurecht, befestigte ihn an der Garagenwand, und übte fortan stundenlang, mit Tennisbällen in diesen improvisierten Korb zu zielen. Sein Vater, den die Ausdauer seines Sohnes stark beeindruckte, schenkte ihm bald einen richtigen Basketball sowie ein Korbbrett.

Jeden Nachmittag nach Schulschluss trainierte Bob das Körbewerfen. Nach dem Abendessen erledigte er rasch seine Schulaufgaben, um dann bis zum Einbruch der Dunkelheit weiterzuüben. Wenn er unterwegs war, nutzte er jede Gelegenheit, um Gegenstände in irgendwelche Behälter zu werfen; keinen Papierkorb, keinen Müllbehälter ließ er in seinem

Eifer aus. Bald war er in seiner Mannschaft unersetzlich; die meisten Punkte des Teams gingen auf sein Konto.

Bob war nun fest entschlossen weiterzumachen. Die Grundvoraussetzung hierfür, seine wichtigste innere Anlage, seine Antriebskraft, war zwar gegeben, doch die nötige physische Kraft, die für sein Weiterkommen unabdingbar war, war von Natur aus nicht vorhanden. Also ging er täglich den Kraftraum: Durch gezielte Übungen stärkte er die Muskulatur seiner Arme und Beine – eine Anstrengung, die nur mit einem starken Willen durchzustehen war. Schließlich wurde er auch ins Schulteam berufen – und der Trainer wunderte sich, wie sehr Bob sich verändert hatte.

Bei den folgenden Schulwettkämpfen war die Mannschaft um Bob nicht zu schlagen – nicht zuletzt dank ihm, der die meisten Körbe erzielte. Bald spielte er auch in der Universitätsmannschaft von Louisiana und später bei den »Saint Louis Hawks«. Wer Bob als kleinen schmächtigen Jungen gekannt hatte, der konnte über dessen körperliche Entwicklung nur staunen, und es dauerte nicht lange, bis Bob zu den größten Sportlern seiner Zeit gehörte. Neben seinen sportlichen Erfolgen achtete der umjubelte Star aber auch darauf, seine geistigen Interessen zu fördern – und Starallüren waren ihm ebenfalls fremd.

Bob Pettit hatte seine stolze Laufbahn der Anwendung zweier Prinzipien zu verdanken: Zu Beginn stand die *innere Erkenntnis,* die dann durch seine *Beharrlichkeit* unterstützt wurde. Erst durch das Zusammenwirken dieser beiden Prinzipien entstand eine fruchtbare Synthese. Die Erkenntnis beruhte in seinem Fall auf einem intuitiven Gespür für sein wahres Leistungsvermögen – und das bereits zu einem Zeitpunkt, als es noch tief in ihm verborgen war. Aber erst die zweite Stufe, der zielstrebige Einsatz, konnte dieses Leistungsvermögen zum Tragen bringen.

Wir brauchen jedoch nicht alle große Sportler zu sein, um diese beiden Prinzipien nutzbringend anzuwenden. Unser Alltag bietet hinreichend Gelegenheit, unsere Fähigkeiten zu positivem Denken und zu einer nie ermüdenden Beharrlichkeit unter Beweis zu stellen.

Hindernisse sind dazu da, um überwunden zu werden

Aus meiner persönlichen Erfahrung kann ich mit einem Beispiel aufwarten, das zeigt, warum es immer zu früh ist, um aufzugeben. Ich stellte fest, wie das konsequente Verfolgen eines Vorsatzes – und zwar trotz einer ausweglos scheinenden Situation, in der sich Hindernis über Hindernis auftürmte – zum Ziel führt.

Ich übernachtete in einem Ort namens Holland im Staate Michigan, von dem ich am folgenden Tag weiter nach Phoenix, Arizona, reisen wollte. Ich hatte geplant, am Vormittag von Grand Rapids nach Chicago zu fliegen, um dort die Anschlussmaschine nach Phoenix zu nehmen, wo ich gegen Abend einen Termin wahrnehmen musste. Unter normalen Reisebedingungen war es völlig unproblematisch, rechtzeitig Phoenix zu erreichen.

Als ich am Morgen der Abreise aus dem Fenster meines Motels schaute, konnte ich kaum das nächste Auto auf dem Parkplatz vor meinem Zimmer erkennen. Ein Telefonanruf beim Flughafen von Grand Rapids ergab, dass dort ebenfalls dichter Nebel herrschte, so dass vorläufig nicht mit Flügen zu rechnen war. Ich rief in Detroit an und erhielt dieselbe Auskunft. Selbst Chicago war von dieser Wetterlage betroffen, ebenso Minneapolis. Überall herrschte Nebel. Ich saß also fest, viele Hunderte von Kilometern von Phoenix entfernt.

In dieser Situation besann ich mich auf die Kräfte des positiven Denkens. Hier bot sich eine ausgezeichnete Gelegenheit, das Prinzip der Beharrlichkeit zur Anwendung zu bringen. Meinen Termin, den ich schon lange im Voraus vereinbart hatte, nun im letzten Moment abzusagen, kam für mich nicht in Frage. Ich wollte nicht achselzuckend resignieren. Zwar wäre ich in Phoenix auf Verständnis gestoßen, wenn ich mich dort mit der Begründung entschuldigt hätte: »Ich kann nicht kommen, da wegen dem Nebel kein Flugzeug startet«, aber den Termin wollte ich unbedingt wahrnehmen. So musste ich mir einen möglichen Weg suchen, doch noch nach Phoenix zu kommen. Ich mietete ein Auto und schlug die Richtung nach Chicago ein, in der festen Überzeugung, dass sich der Nebel bis zu meiner Ankunftszeit auflösen würde.

Ich hatte etwa hundert der über dreihundert Kilometer nach Chicago zurückgelegt, als der Motor zu stottern begann. Dies trug natürlich keineswegs zu einer Verbesserung meiner Reiseaussichten bei, doch ich zwang mich, meine optimistische Haltung zu bewahren. In der Nähe fand sich eine Autowerkstatt, wo ich auf einen der besten Mechaniker traf, die mir je begegnet sind. Im Handumdrehen nahm er den Motor auseinander, schabte hier, feilte dort, reinigte diverse Teile und setzte neue Zündkerzen ein. »Nun«, meinte er, »wird's wieder gehen.«

In der Zwischenzeit hatte ich noch einmal in Chicago angerufen. Die erste Auskunft war nicht gerade erfreulich: »Ihr Flug ist gestrichen«, hieß es. Doch dann fügte die junge Dame am anderen Ende der Leitung hinzu: »Wahrscheinlich wird um vier Uhr nachmittags wieder eine Maschine starten.« Nun sah die Lage schon bedeutend besser aus: Ein Vier-Uhr-Flug konnte mich gerade noch rechtzeitig nach Phoenix bringen! Ich setzte mich wieder ans Steuer, um weiterzufahren – doch der Wagen sprang nicht an. Schnell die Batterie aufzuladen, das war für den Techniker eine Kleinigkeit – er wünschte mir eine gute Fahrt, verabschiedete mich jedoch mit dem Rat: »Mit etwas Glück können Sie so bis nach Chicago kommen, aber stellen Sie unter keinen Umständen den Motor zwischendurch ab!«

Tatsächlich erreichte ich ohne Komplikationen den Flughafen von Chicago.

In der Halle warteten bereits Tausende von Fluggästen. Während ich noch überlegte, was zu tun war, trat ein junger Beamter des Bodenpersonals auf mich zu. Vermutlich kannte er mich von irgendwoher. »Was kann ich für Sie tun?«, fragte er zuvorkommend. Ich erklärte ihm meine Lage. »Unsere Gesellschaft hat alle Flüge eingestellt, aber eine andere Fluglinie wird vermutlich in absehbarer Zeit eine Maschine starten lassen. Also geben Sie die Hoffnung vorläufig nicht auf!« Er bedeutete mir, auf ihn zu warten, und entfernte sich. Als er nach einer halben Stunde zurückkehrte, informierte er mich, dass die geplante Maschine tatsächlich fliege, allerdings sei sie, was zu erwarten gewesen sei, bereits völlig ausgebucht. »Ich schlage vor, dass Sie zur Abflughalle gehen und darauf hoffen, dass einer der Passagiere nicht kommt«, war seine Anregung – und im letzten Moment konnte er mir mit breitem Lächeln mitteilen, dass ich noch einen Platz erhalten würde, weil tatsächlich jemand nicht erschienen war. Ich hatte es geschafft – und traf sogar noch eine Dreiviertelstunde vor meinem Termin in Phoenix ein.

Wenn alles schiefzugehen scheint, haben wir die beste Gelegenheit, unseren positiven Glauben zu erproben. Denn erst angesichts immer neuer Hindernisse zeigt sich, wie weit wir den Glauben an das Erreichen eines Zieles bewahren können. Hinzu kommt, dass wir in unseren Bemühungen nicht nachlassen dürfen – erst wenn wir nichts unversucht lassen, schaffen wir es auch!

Es lohnt sich also, den Gedanken an eine Wende des Geschehens zu unseren Gunsten festzuhalten und dementsprechend zu handeln. Jeder Zweifel und jedes Schwanken hingegen ziehen zum einen nur neue Hindernisse an, zum anderen verunsichern sie uns noch mehr hinsichtlich unserer Zielsetzung.

Ausflüchte in banale Erklärungen sind immer schnell zur Hand. Doch häufig dienen sie nur dazu, ein unnötiges Resignieren zu beschönigen. Wer vorankommen will, macht sich auf und sucht seinen Weg. Findet er geeignete Umstände und Bedingungen zunächst nicht vor, so wirkt er eben denkend und handelnd auf die Umstände ein! Diese Haltung wirkt bei der Überwindung von Schwierigkeiten wahre Wunder! Zum Aufgeben ist es immer zu früh – geben Sie daher nie auf!

Die wichtigsten Erkenntnisse dieses Kapitels sollten Sie sich noch einmal sorgfältig einprägen.

- Es zahlt sich am Ende stets aus, wenn Sie trotz wiederholter Fehlschläge nicht aufgeben.
- Machen Sie sich das Prinzip der Beharrlichkeit zu eigen, indem Sie sich an den Wahlspruch halten: »Es ist *immer zu* früh, um aufzugeben.«
- Sie können Berge von Schwierigkeiten überwinden, indem Sie sich darüber »hinwegdenken«.
- Benutzen Sie bejahende, ermutigende Redewendungen im Sinne des »guten Wortes«.
- Wenn Ihnen eine Situation ausweglos erscheint, dann sollten Sie sich der Worte von Robert W. erinnern: »Doch das Leben zu leben heißt wagen.«
- Streben Sie nach Erkenntnis und Einsicht, um Ihr wahres Potenzial kennenzulernen.
- Haben Sie beim ersten Versuch keinen Erfolg, probieren Sie es ein zweites, ein drittes und ein viertes Mal.
- Lassen Sie sich nicht vom Lauf der Ereignisse entmutigen. Kraft Ihres Denkens und Handelns können *Sie* auf die Umstände einwirken.
- Vertrauen Sie Ihrer inneren Kraft, die von Ihrer Seele gespeist wird!

KAPITEL 2

Probleme? Ziehen Sie Ihren Nutzen daraus!

»Jedes Problem enthält den Keim seiner Lösung«, sagte der große amerikanische Denker Stanley Arnold. Dieses Kapitel will Ihnen zeigen, wie Sie die Lösung eines Problems entdecken können, und es will Ihnen darüber hinaus Anleitungen geben, wie Sie Ihren Problemen und Schwierigkeiten erfolgreich begegnen können.

Fast ausnahmslos sind wir davon überzeugt, dass ein Problem grundsätzlich etwas Schlechtes sei. Genau das Gegenteil trifft jedoch zu: Ein Problem kann – und gewöhnlich ist es das auch – an sich etwas Gutes sein. Betrachten wir es einmal so: All das, was uns das Universum bietet, ist zunächst einmal wertvoll. Diese Schätze nehmen wir an, wir verfügen über sie, stellen sie in unseren Dienst. Vieles aber, was wir uns zunutze gemacht haben, wirft Probleme auf – denken wir nur an die Umwelt, die, auf einen einfachen Nenner gebracht, doch deshalb so bedroht ist, weil wir mit den Gaben, die wir vorgefunden haben, falsch umgegangen sind. Und doch haben wir die Möglichkeit, unsere Umwelt zu retten, indem wir, unter Aufbietung all unseres Wissens und Könnens, zum innersten Kern des jeweiligen Problems vordringen. Denn etwas, das in der Sache gut ist, das bleibt auch in der Sache gut, selbst wenn dieses Gute durch äußere Einwirkungen im Augenblick nicht sichtbar ist.

Bejahen Sie Ihre Probleme!

Tagtäglich hören wir, wie schön das Leben doch sein könnte, wenn wir nur weniger oder, noch besser, überhaupt keine Probleme hätten! Aber ginge es uns wirklich besser, wenn es keine Schwierigkeiten gäbe? Können wir uns wirklich ein Leben ohne alle Probleme vorstellen? So etwas muss jedenfalls meinem alten Freund George vorgeschwebt haben ...

Ich ging die Fifth Avenue in New York entlang, als ich ihn näher kommen sah. An seiner melancholischen, ja missmutigen Miene war unschwer zu erkennen, dass er nicht gerade vor Lebensfreude sprühte. Besorgt erkundigte ich mich nach seinem Befinden, was sich in diesem Fall jedoch als großer Fehler erwies. George nahm mich allzu wörtlich und klärte mich lang und breit darüber auf, wie schlecht es ihm ginge. Je länger er redete, desto miserabler fühlte auch ich mich.

Als ich nach der Ursache seines Kummers fragte, holte er erst richtig aus: »Diese Probleme! Immerzu nichts als Hindernisse ... Ich habe es satt. Ich will meine Ruhe vor diesen endlosen Problemen!« Er steigerte sich so sehr in sein Thema hinein, dass er ganz zu vergessen schien, mit wem er es zu tun hatte, denn seine Schimpfkanonade enthielt nicht wenige »theologische« Ausdrücke, die er allerdings keineswegs in einem theologischen Sinne benutzte.

»Norman«, flehte er mich an, »schaff mir diese elenden Probleme vom Hals. Wenn du mir hilfst, verspreche ich dir tausend Dollar – bar auf die Hand!« Nun gehöre ich nicht etwa zu denen, die solchen Angeboten gegenüber taub sind. Ich nahm ihn vielmehr beim Wort und begann, ernsthaft nachzudenken. Nach reiflicher Überlegung gab ich ihm meine Antwort, die einzig realistische, die ich finden konnte. Mein Freund George jedoch muss anderer Meinung gewesen sein, denn die versprochenen tausend Dollar habe ich bis heute nicht erhalten.

»Ich würde dir gern helfen, George«, sagte ich, »aber lass mich zuvor eines klarstellen: Verstehe ich dich recht, dass du von all deinen Problemen befreit werden willst?«

»So ist es«, bestätigte er. »Ich will nichts mehr sehen und hören. Ich habe ein für allemal genug davon!«

»Ich sehe eine Lösung, doch ich bezweifle, dass sie dir annehmbar erscheint ...«, fuhr ich fort. »Ich selber habe vor Kurzem, sozusagen aus beruflichen Gründen, einen Ort aufgesucht, wo niemand der Anwesenden auch nur ein einziges Problem zu beklagen hatte.«

Georges Miene hellte sich auf, und interessiert fragte er: »Das wäre etwas für mich! Was ist das für ein Ort?«

Meine Antwort, die einzig denkbare, lautete: »Der Friedhof – der Ort der ewigen Ruhe.«

Das ist nämlich die unbestreitbare Wahrheit: Vor dem Friedhof macht das Leben mit all seinen Träumen und wechselhaften Launen halt. Die Toten ruhen in Frieden. Für sie haben alle Aufregungen und Ärgernisse des Lebens ein Ende gefunden. Aber – es betrifft die Toten. Für uns Lebende gelten andere Gesetze. Wenn wir diesen Gedanken zu Ende verfolgen, müssen wir zwangsläufig den logischen Schluss ziehen, dass Probleme geradezu ein Zeichen von Leben sind. Sie sind die gesunde Herausforderung, die das Leben an uns stellt, ja, wir sind umso lebendiger, je mehr wir uns mit Problemen konfrontiert sehen – und somit steht jemand, der vielen Schwierigkeiten begegnen muss, in diesem Sinne viel fester im Leben als jemand, der nur mit zwei oder drei Problemen »gesegnet« ist. Wer daher der Meinung ist, überhaupt keine Probleme zu haben, sollte stutzig werden und sich fragen, ob ihn das Leben gar übergangen habe ...

Machen Menschen wie George es sich nicht zu leicht, wenn sie bei jeder Schwierigkeit nach einer einfachen Lösung verlangen? Wenn sie jammern und in Klagen ausbrechen und mitleidheischend nach einer Autorität rufen, die für sie sorgen soll? Bedeutet nicht diese Einstellung, die genährt wird von dem Glauben, durch ein grausames Schicksal gestraft zu sein, eine gewisse Gedankenlosigkeit und Oberflächlichkeit? Dabei genügt nur ein Blick auf die Geschichte, um zu begreifen, dass die menschliche Entwicklung – sei es die des einzelnen Individuums oder die ganzer

Völker und Nationen – sich stets an immer neuen Problemen und Aufgaben vollzieht.

Nicht nur die Großen der Geistesgeschichte, sondern jeder beliebige vernünftig denkende Mensch weiß, dass Probleme zur Natur des Universums gehören. Sie erkennen, dass es das Ziel der Schöpfung ist, leistungsfähige Menschen hervorzubringen, die die Fähigkeit besitzen, den Übeln der menschlichen Existenz erfolgreich zu begegnen. Es kann einfach nicht Sinn des Lebens sein, dass wir untätig oder gleichgültig die Hände in den Schoß legen, nein, es gilt vielmehr, das Leben in schöpferischer Weise in Angriff zu nehmen und seine Herausforderungen zu meistern. Der einzige Weg zur Entwicklung der eigenen Stärke führt jedoch über Schwierigkeiten und die konsequente Auseinandersetzung mit ihnen.

Durch erfolgreiche Überwindung von Not oder Elend erstarken wir geistig, erweitern wir unser Denkvermögen. Hierin liegt der erzieherische, der bildende Wert von Problemen. Sie fördern die menschliche Entwicklung, indem sie uns helfen, über uns selbst hinauszuwachsen und zu einem volleren, befriedigenderen Leben zu gelangen. Der Forscher und Erfinder Charles F. Kettering, den alle nur einfach den »Boss« nannten, wies auf diese Zusammenhänge hin, als er an der Wand seines Forschungslabors bei *General Motors* ein Schild mit den folgenden Worten anbrachte: »Kommt nicht mit euren Erfolgen zu mir – sie schwächen mich. Kommt mit euren Problemen – sie stärken mich.«

Unsere Einstellung zu Problemen und Hindernissen spiegelt unsere geistig-seelische Verfassung wider. Besteht die gewohnheitsmäßige Reaktion in Jammern, Verbitterung oder Auflehnung gegen ein »ungerechtes« Schicksal, in einer »Warum-ausgerechnet-ich«-Haltung, ist vielleicht Hilfe, zumindest aber ein Umdenken angeraten. Eine durch und durch positive Geisteshaltung, die das Leben bejaht und somit auch die Gesetze des Lebens anerkennt, liegt jedoch erst dann vor, wenn jedes auftauchende Problem als Teil der allgemeinen Lebensgesetze akzeptiert und ihm in dem vollen Vertrauen in die eigenen Kräfte entgegengetreten wird.

Der richtige Ansatz

Viele Menschen leiden an einer vagen, unbestimmten Form der Angst, die sich in dem Gefühl äußert, jeden Moment werde etwas Schreckliches geschehen. Dr. med. Smiley Blanton pflegte die Angst stets als »die große Plage unserer Zeit« zu bezeichnen. Ihm zufolge sind hier in den meisten Fällen tiefsitzende innere Konflikte mit im Spiel, die oft mit Gefühlen von Unzulänglichkeit oder Wertlosigkeit einhergehen. Die Hilfesuchenden werden in der Regel von der Vorstellung gequält, sie seien außerstande, ganz normale Probleme des menschlichen Lebens zu bewältigen, und deshalb alltäglichen Anforderungen nicht gewachsen.

Die folgende kleine Betrachtung soll diese Gesetzmäßigkeiten noch einmal verdeutlichen. In vielen Fällen versinnbildlicht die Sprache bestimmte psychologische Zusammenhänge und verleiht ihnen in anschaulichen Worten Ausdruck. So hat beispielsweise das englische Wort für Angst oder Sorge, *worry,* seinen Ursprung in dem alten angelsächsischen Wort für »strangulieren«, »erdrosseln«; auch das deutsche »würgen« entstammt derselben Wurzel. Wenn Sie sich nun vorstellen, Ihnen würde jemand mit beiden Händen den Hals zudrücken und Sie würgen, dann könnten Sie sich ganz drastisch vor Augen führen, wie es ist, wenn jemand auf lange Sicht von den Gefühlen der Angst und Sorge beherrscht wird.

Während meiner langjährigen Arbeit sowohl in klinischen als auch in anderen Bereichen fand ich immer wieder bestätigt, dass für die erfolgreiche Überwindung von solchen und ähnlichen Problemen im Wesentlichen drei Faktoren ausschlaggebend sind, und zwar: *Wissen, Denken* und *Glauben.*

Wenn jemand mit fundiertem Wissen die Wurzeln des Übels aufdecken kann, ist er der Lösung bereits einen großen Schritt nähergekommen. So ist es ihm möglich, nahezu jedem Problem mit Sachverstand, unterstützt durch seine Erfahrung, entsprechend entgegenzutreten. Erfolgreich ist er jedoch erst dann, wenn er das jeweilige Problem gründlich analysiert und einer kritischen Prüfung unterzieht, da es sonst nicht mehr kontrollierbar ist. So ist es also die Intelligenz, die den Einzelnen befähigt, stets zum Kern des jeweiligen Problems durchzudringen und nach sorgfältiger Überlegung eine Entscheidung zu treffen, die es ermöglicht, das Problem zu bewältigen. Während dieses Prozesses kristallisiert sich dann häufig heraus, dass ein Problem – wie komplex oder bedrohlich es zunächst auch erschien – bemerkenswerte Möglichkeiten zu einer schöpferischen Lösung in sich birgt.

Die schwache Stelle

In diesem Zusammenhang entsinne ich mich einer Unterhaltung mit dem Vorsitzenden einer großen amerikanischen Versicherungsgesellschaft, Mister W. Clement Stone. Anlässlich einiger Schwierigkeiten, die während eines gemeinsamen Projekts plötzlich auftauchten, wandte ich mich Hilfe suchend an ihn. Auf meine telefonische Mitteilung, ich sei auf ein Problem gestoßen, antwortete er mit einem: »Herzlichen Glückwunsch!«

»Aber«, versuchte ich zu erklären, »es handelt sich allen Ernstes um eine äußerst schwerwiegende Angelegenheit.«

Er blieb unbeeindruckt. »In dem Fall«, sagte er heiter, »doppelte Glückwünsche!« Dann fügte er hinzu: »Denken Sie daran, dass zu jedem Nachteil ein entsprechender Vorteil gehört!«

Er wollte nun von mir wissen, ob ich eine vollständige und gründliche Untersuchung der Angelegenheit vorgenommen hatte. War ich wissenschaftlich und streng sachlich vorgegangen? Hatte ich kompetenten Rat eingeholt? Kurz, hatte ich alles Wissenswerte über die Sache in Erfahrung gebracht? Oder hatte ich mich von der scheinbaren Bedrohlichkeit der Situation einschüchtern lassen? »Lassen Sie uns das Problem eingehend von allen Seiten betrachten, um herauszufinden, wo es hapert«, schlug er vor; »dann werden wir die einzelnen Bestandteile auf neue, harmonische Weise wieder zusammenfügen.« Und richtig: Diese anfangs recht hoffnungslos erscheinende Angelegenheit verlief schließlich höchst erfreulich. Nach eingehender Prüfung des Problems eröffneten sich ungeahnte Möglichkeiten (Möglichkeiten, auf die wir sonst nie gestoßen wären), so dass das gesamte Projekt mit einem bedeutend besseren Ergebnis beendet werden konnte als vorgesehen.

Dieses Beispiel zeigt Ihnen den richtigen Weg: Wenden Sie zunächst das Ihnen zur Verfügung stehende Wissen an, damit Sie Ihr Problem erst einmal richtig kennenlernen! Dann werden Sie es höchstwahrscheinlich nicht als Ihren Feind, sondern wohl bald als Ihren Freund ansehen!

In jungen Jahren wurde mir dieses Prinzip der Wissensanwendung von meinem unvergessenen Freund Harlow B. Andrews aus Syracuse im Staat New York vor Augen geführt. Andrews, ein bewundernswert scharfsinniger und weltkluger Mensch, verfügte über eine Menschenkenntnis, die in ihrer intuitiven Tiefe einzigartig war. Als junger Mann suchte ich häufig bei ihm Rat, denn ich wusste genau, dass ich mich mit allen Fragen und Lebensproblemen an ihn wenden konnte. Er hatte stets Antworten parat, die wirklich Antworten waren. Ein Universitätsprofessor beglückwünschte ihn einmal dazu, nie ein College besucht zu haben. »Ich fürchte«, bemerkte er lächelnd, »wir Akademiker hätten Ihre bewundernswerte natürliche Weisheit erstickt und Sie zu einem dieser mustergültigen Absolventen ›verformt‹.« War diese Bemerkung auch als Scherz gedacht, schien er sich doch der tieferen Bedeutung seiner Worte durchaus bewusst zu sein.

Eines Tages kam ich mit einem Problem zu Andrews, das mich bereits recht mutlos hatte werden lassen. Andrews hörte mir bei meinen Ausführungen sehr aufmerksam zu, während sein messerscharfer Verstand das »Material« gleichzeitig zu analysieren schien. Er begriff sofort, worum es ging. Fachmännisch begann er, mich mit Fragen anzuleiten. »Hast du alle dazugehörigen Faktoren gewissenhaft und ausführlich untersucht? Bist du genauestens im Bilde?«, fragte er und sah mich forschend an. »Hast du alle Gesichtspunkte klar und übersichtlich geordnet? Dann wollen wir doch mal sehen«, fügte er hinzu, »ob wir der Sache nicht beikommen können.«

Nun folgte eine seltsame Prozedur, die seine Worte auf sehr eindrucksvolle und wirksame Weise bildlich veranschaulichte. Er ging um den Tisch herum, wobei er eine Handbewegung ausführte, als wollte er alle Bestandteile des Problems vor sich auf dem Tisch auftürmen. Dann begann er mit seinem langen, knöchrigen Zeigefinger in diesen »Berg« hineinzustochern. Dazu sagte er: »Hör zu. Jedes Problem hat eine schwache Stelle. Alles, was du tun musst, ist, nach diesem Punkt zu suchen, und zwar so lange, bis du ihn gefunden hast. Ich glaube, ich habe die schwache Stelle deines Problems bereits entdeckt.«

Alsdann »gruben« sich seine Finger in das Problem; er »bearbeitete« es von allen Seiten, bis er es »geknackt« hatte; Teilstück für Teilstück bröckelte ab, bis sich schließlich die Bruchstücke zu einer neuen, geordneten, sinnvollen Struktur zusammenfügen ließen. »Sobald ein Problem auftaucht«, riet er mir, »musst du deinen Kopf gebrauchen. Untersuche alle Teilstücke, bis du die schwache Stelle entdeckt hast und es knacken kannst. Der Rest wird sich dann wie von selbst ergeben.«

Wenn Sie zielstrebige, erfolgreiche Menschen aufmerksam beobachten, werden Sie feststellen, dass ihnen allen ein ähnliches Vorgehen in der Behandlung von Problemen gemeinsam ist. Menschen, deren Leistungen von Erfolg gekrönt sind, lassen sich nicht von Schwierigkeiten überrumpeln oder gar einschüchtern, sondern sie untersuchen stattdessen nüchtern und gelassen alle Aspekte der Situation. Sie bohren und prüfen und nehmen den einzelnen Tatbestand gründlich auseinander, bis sie alle Einzelheiten genauestens erfasst haben. Daraus lässt sich folgern: Der Gebrauch unseres Verstandes führt zu neuen Einsichten, mit deren Hilfe sich jede Situation bewältigen lässt, wie undurchsichtig oder unüberwindlich sie zunächst auch scheinen mag.

Der gesunde Menschenverstand

Das zweite Prinzip ist das des Denkens, und zwar des einfachen, geradlinigen Denkens. Mit festem Willen, mit Ausdauer und Besonnenheit lässt sich in jeder Situation ein Weg »erdenken«. Unser Denken ist ein großartiges Werkzeug, das uns souveräne Herrschaft über noch so schwierige Situationen und widrige Umstände verleihen kann. Daher sollten Sie sich immer eines vor Augen führen: Es geht, wenn Sie denken, dass es geht – sofern Sie dabei unvoreingenommen und folgerichtig denken. *Du kannst, wenn du glaubst, du kannst!*

Thomas Alva Edison, der große amerikanische Erfinder, behauptete, unser Körper sei lediglich dazu da, unseren Verstand durch die Welt zu tragen. Als wichtigstes Organ des Menschen befinde sich das Gehirn, in eine schützende Schädeldecke eingebettet, an der höchsten Stelle des Körpers.

Dahinter steht der Gedanke, dass alle Belange der menschlichen Existenz – unser tägliches Leben, unser Erfolg, unser Glück, unsere Zukunft – vom Kopf her und somit vom menschlichen Geist bestimmt werden. Geistige Prozesse, ob es sich um Wahrnehmungen, Gemütsbewegungen oder Erkenntnisfähigkeit handelt, sind im Bereich des Gehirns angesiedelt – und nicht in dem des Herzens, wie viele noch heute glauben. Das Gehirn ist der Bereich der Erinnerungsprozesse, des Orientierungsvermögens und nicht zuletzt der Ideen, der Träume und Wunschvorstellungen. Mit seiner Fähigkeit zum Denken, Weltbegreifen und zielgerichteten Handeln ist es zugleich der Träger des wahren Wesens des Menschen, des geistigen Menschen, und birgt somit auch den Teil des Menschen in sich, den wir gemeinhin als Gemüt oder Seele bezeichnen.

Trotz unserer analytischen Denkfähigkeit reagieren wir aber gewöhnlich erst einmal emotional auf plötzlich auftauchende Probleme. Werden nämlich die geistigen Prozesse keiner vernunftbestimmten Regulierung unterworfen, senden sie bei Reizung Impulse an die Nervenzentren aus, die sich dann in gefühlsmäßigen Reaktionen bis zu Krankheit oder Panik steigern können. Dann werden wir nervös, der Magen verkrampft sich, wir wachen mitten in der Nacht schweißgebadet auf, der Mund wird trocken, das Herz flattert. »Warum ausgerechnet ich?«, möchten wir uns beklagen, und wir fragen uns in Selbstmitleid: »Wie soll es weitergehen? An wen soll ich mich wenden? Wer hilft mir?«

Natürlich sollen wir uns an unseren gesunden Menschenverstand wenden und uns auf die Kraft unseres Denkens besinnen. Alle Antworten sind im menschlichen Geist vorhanden, jedoch bleibt uns der Zugang zu ihnen verwehrt, wenn wir uns aufregen oder in Panik geraten. Unser geistiges Element kann nicht auf produktive Weise in Aktion treten, solange wir erhitzt und innerlich aufgewühlt sind. Wollen wir faktische und rationale Lösungen hervorbringen, bedarf es eines kühlen Kopfes und völliger Gelassenheit.

In den Tiefen unseres Unterbewusstseins finden immerfort Prozesse des Problemlösens statt. Antworten auf drängende Fragen oder neue Ideen versuchen ständig, in unser bewusstes Denken zu gelangen. Doch panische Reaktionen oder Hysterie, ja selbst weniger heftige Gefühlsäußerungen wühlen unsere Gedanken auf und bringen sie in einen Zustand der Unruhe. Sie verhindern, dass Einsichten, die uns zu Hilfe kommen wollen, aus den tieferen Schichten des Bewusstseins emporsteigen.

Wir müssen daher zunächst einmal zur Ruhe kommen und uns völlig entspannen. Das wiederum erfordert ein gewisses Maß an Disziplin, denn erst mit Disziplin können wir unsere Gedanken ordnen und besonnen reagieren. Es lohnt sich also stets, eine ausgeglichene Haltung zu erlangen und sie zu bewahren.

Bleiben Sie ruhig!

Die Aufforderung, »cool« zu sein, kann weit mehr sein als eine leicht dahergesagte Phrase, wenn wir sie in ihrem tieferen Sinn beherzigen. Wenn wir cool, also kühl und gelassen, an ein Problem herangehen, beginnt unser Verstand ungehindert zu arbeiten – und oft stellen wir dann fest: Es ist das Problem, das neue Ideen an die Oberfläche bringt.

Zum kühlen, rationalen Nachdenken ist eines besonders hilfreich: Die Unterstützung durch das Gebet. Wie die Gelassenheit zum bestmöglichen Funktionieren unseres Denkens beiträgt, so setzt das Gebet zusätzlich geistige Kräfte frei. Denn was ist das Gebet anderes als eine Form der konzentrierten Gedankenaussendung, die eine Verbindung zur göttlichen Kraft herstellt, was anderes als eine spirituelle »Kommunikationsleitung« zwischen unserem und dem göttlichen Geist, die Erkenntnisse, Intuitionen, Eingebungen weiterleitet.

Eines ist gewiss: Erst durch das Gebet haben wir teil am Universum, erst im Gebet schöpfen wir aus dem unendlichen Meer göttlicher Weisheit!

Was brauchen wir anderes als die Gewissheit, dass wir es können, wenn wir daran glauben, es zu können? Wir können uns darauf verlassen, dass alle Gedanken, die uns helfen und anleiten können, bereits in irgendeiner Form, sei es in unserem Inneren, sei es irgendwo außerhalb von uns, existieren und auch zugänglich sind. Wir sind imstande, die Kanäle der Kommunikation, durch die uns Ideen zufließen können, mithilfe der geschilderten Maßnahmen zu öffnen.

Einer derjenigen, die in der jüngeren Geschichte der Vereinigten Staaten ihren Platz haben, ist Henry Ford. Sein Biograf Garet Garett, der ihn als nüchternen Denker charakterisiert, schildert folgende Begebenheit:

»Ich fragte Henry Ford einmal, wo unsere Ideen und Gedanken seiner Ansicht nach herstammen. Er nahm eine vor ihm auf dem Tisch stehende Untertasse, drehte sie um und klopfte mit den Fingern leicht auf den nach oben gewölbten Boden. ›Sie wissen‹, sagte er, ›dass ein atmosphärischer Druck von etwa siebenhundertsechzig Torr auf diesen Gegenstand einwirkt, obwohl Sie ihn weder sehen noch spüren können. Sie haben einfach das Wissen, dass es so ist. Ähnlich ist es mit Gedanken. Die Luft ist erfüllt davon. Gedanken stoßen an Ihren Kopf und wollen in Sie eindringen. Sie müssen sie nur hereinlassen. Ich selbst gehe folgendermaßen vor: Sobald ich weiß, was ich will oder wonach ich suche, vergesse ich es sofort wieder und gehe meinen Geschäften nach. Dann, irgendwann, ganz unvermittelt, wird ein Gedanke versuchen, zu mir durchzudringen. Vorhanden aber war er die ganze Zeit.‹

Eines Tages erlebte ich, wie sein Konzept in der Praxis funktionierte. Während einer angeregten Unterhaltung zwischen Henry Ford, William J. Cameron, dem Leiter einer Rundfunkabteilung, und mir wurde Fords hagere Gestalt plötzlich starr. Sein bisher äußerst lebhaftes Gesicht nahm einen schlafwandlerisch abwesenden Ausdruck an. Ford murmelte vor sich hin, ohne jemanden direkt anzusprechen: ›Aha. Diese Sache habe ich also noch gar nicht richtig bedacht.‹ Ohne ein Wort der Erklärung erhob er sich und entfernte sich schnellen Schrittes.

Ein Gedanke war dabei, zu ihm durchzudringen, und Ford nutzte die Gelegenheit auf seine Art. Cameron, der ihn scheinbar recht gut kannte, kommentierte den Vorfall gelassen: ›So geht es oft mit ihm. Vielleicht wird er eine ganze Woche lang nicht wieder auftauchen.‹«

Nüchternes und sachliches Nachdenken führt zum Erfolg

Wie kühles, rationales Denken zu erfolgreichen Lösungen führt, zeigt eine Begebenheit aus dem Leben eines Oberschülers. Freddie, so hieß der begabte Junge, war damals gerade sechzehn Jahre alt. Als die großen Schulferien näherrückten, meinte er zu seinem Vater: »Daddy, diesmal will ich euch nicht mehr den ganzen Sommer über auf der Tasche liegen. Ich möchte arbeiten und Geld verdienen.«

Nachdem der Vater sich von seiner ersten Überraschung erholt hatte, willigte er ein. »Also gut, Freddie, ich werde versuchen, dir eine Stelle zu besorgen, aber einfach wird es sicher nicht. Du weißt, dass es zur Zeit nicht viele Stellenangebote gibt.«

»Du verstehst mich falsch, Daddy«, entgegnete Freddie. »Ich will nicht, dass du mir einen Job besorgst. Ich suche mir die Arbeit selbstverständlich selbst. Auch wenn die Stellen dünn gesät sind – warum bist du in dieser Hinsicht so pessimistisch? Ich werde schon etwas finden. – Weißt du, Daddy, es gibt nämlich Menschen, die stets ihre Ziele erreichen.«

»Und wodurch zeichnen sich diese Menschen aus?«, fragte der Vater zweifelnd.

»Nun, es sind Menschen, die nüchtern und sachlich nachdenken können«, lautete die erstaunlich reife Antwort des Sechzehnjährigen.

Freddie studierte die Stellenangebote in der Zeitung und fand schließlich etwas, das ihm zusagte. Die Bewerber sollten sich um acht Uhr am folgenden Morgen an der angegebenen Adresse einfinden. Freddie war bereits eine Viertelstunde vor der Zeit dort, doch nur um festzustellen, dass zwanzig andere Jungen denselben Gedanken gehabt hatten.

Wie sollte er es anstellen, dass gerade er die Stelle erhielt? Wie konnte er, der einundzwanzigste Junge in der Reihe, die nötige Aufmerksamkeit auf sich lenken? Ohne auch nur für einen Moment angesichts der großen Konkurrenz die Hoffnung zu verlieren, begann Freddie angestrengt nachzudenken. Es war nicht einfach, doch schließlich stellte sich eine Idee ein (wie es stets geschieht, wenn jemand wirklich konzentriert und ausdauernd nachdenkt): Er nahm ein Stück Papier, schrieb einige Zeilen darauf, faltete dann das Blatt zusammen, trat vor zur Sekretärin und sagte höflich: »Bitte, es ist sehr wichtig, dass Ihr Chef diese Nachricht sofort erhält.«

Die Sekretärin war erfahren genug, sein Manöver zu durchschauen. Doch statt ihn einfach mit den Worten »Schlag dir das aus dem Kopf und stell dich wieder hinten in der Reihe an« abzuweisen, zögerte sie. Sie spürte wohl, jemanden vor sich zu haben, der sich von den anderen abhob und der durchaus ernst zu nehmen war. Also schaute sie sich kurz an, was er geschrieben hatte, und überbrachte schließlich die Notiz ihrem Chef. Auf dem Zettel standen die Worte: »Sehr geehrter Herr, ich bin der einundzwanzigste Junge in der Reihe. Bitte unternehmen Sie nichts, bevor Sie mit mir gesprochen haben.«

Die Frage erübrigt sich, wer die Arbeit erhielt. Auch die Auskunft über Freddies weiteren Werdegang kann nur eine positive sein. Wer in jungen Jahren seine Fähigkeit zu richtigem Denken schon so eindrucksvoll unter Beweis stellt, der wird in vielen Lebenslagen zurechtkommen, hat er doch gezeigt, dass er zu sachlichem, ruhigem Problemlösen in der Lage ist.

Die angeführten Beispiele zeigen, wie es durch die *Kraft des positiven Denkens* möglich ist, *Probleme in Erfolge umzuwandeln.* Trotzdem mag der eine oder andere der Überzeugung sein, dass es unlösbare, ausweglose Situationen gibt, die eben nicht zu meistern sind, wie sehr wir uns auch anstrengen und alle erdenklichen Kräfte aufbieten. Das ist gewiss richtig. Ich selbst habe in all den Jahren mit Menschen in den verschiedensten Lebenslagen zu tun gehabt und habe lernen müssen, dass es auch dunkle, schmerzvolle, entmutigende Probleme und leidvolle Schicksale gibt. Es gibt immer auch Unvermeidliches im Leben, wofür scheinbar keine Alternativen bestehen, und es gibt so manches Leid, mit dem wir leben lernen müssen.

Sigmund Freud sagte einmal: »Die Hauptaufgabe des Menschen besteht darin, das Leben zu ertragen.« Dies ist eine wahrhaft heroische Einstellung, die hier zum Ausdruck kommt. Dies ist jedoch auch eine Einstellung, die das passive Ertragen, ja das Erleiden unerträglicher Situationen geradezu idealisiert. Ein recht trüber Ausblick, oder nicht? Die Hauptaufgabe des Menschen sollte vielmehr darin bestehen, das Leben zu meistern. Bei allen Schwierigkeiten und bei allem Schmerz werden uns positives Denken, intensives Gebet, durch das wir teilhaben an der unendlichen göttlichen Weisheit, und der daraus resultierende Glaube an unsere innere Kraft die Hilfe und die Unterstützung bringen, die wir benötigen, um allen Widrigkeiten erfolgreich zu begegnen. Dessen können wir sicher sein.

Eine Idee erregt weltweite Beachtung

Wer positives Denken anwendet, der verlässt sich darauf, dass es stets einen Ausweg gibt, der weiß, dass es gilt, in fester Entschlossenheit danach zu suchen. Damit spreche ich den dritten Faktor an, den *Glauben*. Wie der Glaube mit den bereits genannten beiden Faktoren, dem *Wissen* und dem *Denken*, zusammenwirkt, veranschaulicht das Beispiel des Ehepaares Hustead:

Der Apotheker Ted Hustead und seine Frau Dorothy, eine ehemalige Lehrerin, erwarben Anfang der dreißiger Jahre eine kleine Apotheke in der Ortschaft Wall in Süddakota. Wall zählte damals knapp dreihundert Einwohner. Dennoch entschieden sie sich für diesen Ort, weil es dort sowohl eine Schule als auch eine Kirche gab. Zudem konnte Wall voller Stolz auf einen eigenen Arzt verweisen, was für einen Apotheker ja sehr wichtig ist. Ansonsten bot der kleine Ort keinerlei Anziehungspunkte. Wall galt als der geografische Mittelpunkt eines Niemandslandes, und kaum jemand verirrte sich in jene Gegend. Diese Region, in der überwiegend Landwirtschaft betrieben wurde, war von mehreren Naturkatastrophen besonders hart getroffen worden: Dürren, Heuschreckenplagen, Missernten und Ähnliches mehr. Hinzu kam die allgemeine Verschlechterung durch die damalige erste große Weltwirtschaftskrise, so dass das Jahr 1932 für eine Geschäftsgründung alles andere als günstig war (selten findet jedoch derjenige, der handeln will, optimale Rahmenbedingungen vor).

In jenem Sommer bedeckten zentimeterhohe Staubschichten den ausgedörrten Boden. Wenn die Winde von den Badlands herüberfegten, wirbelten sie den Staub auf und verfinsterten den Himmel. Die wenigen Fremden, die durch diese Gegend reisten, litten unter der sengenden Hitze. Der Staub dörrte ihnen die Kehle aus, doch niemand besuchte die neu eingerichtete Apotheke.

Dorothy und Ted blieb viel Zeit, über ihre Situation nachzudenken und sich intensiv mit ihr auseinanderzusetzen. Die Kernfrage war, wie sie die müden und missmutigen Durchreisenden zum Verlassen der Hauptstraße und zu einem Besuch in Wall bewegen konnten. Tag und Nacht suchten sie den richtigen Weg, suchten auch Hilfe im Gebet, in dem festen Glauben, dass es diesen Weg gab.

Die Idee, die ihnen schließlich weiterhalf, bahnte sich in Form einer Frage an: Was würden sich diese müden, staubigen und verschwitzten Reisenden wohl am sehnlichsten wünschen? Die Antwort darauf fiel nicht schwer, und der Wunsch sollte in der Apotheke von Wall erfüllt werden, und zwar kostenlos.

Die Anzeigetafeln, mit denen sie am Ortsrand warben, brachten den Stein ins Rollen. Bald fanden sich die ersten potenziellen Kunden in ihrem Laden ein. Dadurch ermutigt, stellten sie weitere Schilder auf. Noch vor Ende des Sommers war die Durchgangsstraße über eine Strecke von fünfzehn bis zwanzig Meilen mit Schildern gesäumt, die verkündeten: »Kostenloses Eiswasser! Erhältlich in der Apotheke von Wall, Süddakota.«

Zwar pflegten Drogisten und Apotheker von jeher kostenlos eisgekühltes Wasser anzubieten, aber Ted und Dorothy waren die Ersten, die so verlockend damit warben. Der Erfolg gab ihnen recht: Ihr Umsatz stieg von Tag zu Tag, und die kleine Apotheke wurde schließlich bis weit über die Grenzen von Süddakota hinaus berühmt: Ihrem eigenen Unternehmungsgeist wie auch der begeisterten Unterstützung von Freunden und Fremden gleichermaßen war es zu verdanken, dass diese Werbetafeln bald das ganze Land überzogen. So unglaublich es klingt, die Schilder gelangten bis in die entlegensten Winkel der Welt. An den Wänden der kleinen Apotheke waren unzählige Fotografien zu sehen, die die Tafeln an so ausgefallenen Orten wie der Cheops-Pyramide zeigten. Auf einem Foto, vor dem Tadsch Mahal nahe der indischen Stadt Agra aufgenommen, war ein Schild mit einem richtungweisenden Pfeil zu sehen. Der Text darunter verkündete: »10 728 Meilen bis zur Hustead-Apotheke, Wall, Süddakota.«

Diesen phänomenalen Erfolg erzielten zwei Menschen, die in ihrer Notlage nicht emotional reagierten und sich nicht entmutigen ließen, sondern die sich stattdessen auf ihr Denkvermögen stützten und die Antwort im Gebet und im Glauben suchten.

Wenn Sie darauf vertrauen, dass jedes Problem auch eine Lösung hat, dann werden sich die richtigen Antworten auch zwangsläufig einstellen und Sie zu einem erfolgreichen Umgang mit Ihren Problemen anleiten. Ebenso wie Gedanken des Zweifels und des Misstrauens dem Erfolg im Wege stehen, helfen positive Gedanken, den Weg zum Erfolg zu ebnen.

Vertrauen als wirksames Rezept

In Hongkong lernte ich vor Jahren einen wohlhabenden chinesischen Geschäftsmann kennen. Chan, so sein Name, gehörte zu denen, die ganz unten anfangen mussten. Zwanzig Jahre zuvor war er mit seiner Frau und zwei kleinen Kindern von der Volksrepublik China nach Hongkong geflohen. »Unsere Füße wählten die Freiheit«, sagte er mir während eines Gesprächs.

Er gehörte zu dem Millionen zählenden Flüchtlingsheer, das seit Beginn unseres Jahrhunderts die ehemalige britische Kronkolonie überschwemmte. Allein die Beschaffung von Nahrungsmitteln für diese Menschenmassen, von angemessenem Wohnraum ganz zu schweigen, stellte eine ungeheure Belastung für die Stadt dar, denn im Hongkong der fünfziger Jahre waren die Lebensbedingungen der Flüchtlinge äußerst hart: Alles, von Verpackungskisten angefangen über Wellblechstücke bis hin zu Pappkartons, wurde notdürftig zusammengebaut, um sich vor Wind und Wetter zu schützen. Der seit 1954 forcierte Wohnungsbau führte schließlich zu einer allmählichen Reduzierung der Elendsquartiere.

Chan saß Abend für Abend niedergeschlagen vor seiner armseligen Hütte, nachdem er tagsüber vergebens nach Arbeit gesucht hatte. Die lebensnotwendigen Mahlzeiten erhielt seine Familie von der Armenküche. Chan fragte sich, was das Leben seiner Frau, seinen Kindern und nicht zuletzt ihm selbst zu bieten habe. Was für eine Zukunft erwartete sie? Wer verhalf ihm zu einer Arbeit? Wie waren diese tristen Verhältnisse zu ändern? Diese Fragen lasteten schwer und drückend auf ihm.

Auf ihrer Flucht hatte die Familie nur das Allernotwendigste mitnehmen können. Unter den wenigen Habseligkeiten ihres bescheidenen Gepäcks befand sich lediglich ein Buch, und zwar eine kleine Ausgabe des *Neuen Testaments*. In der schweren Zeit las Chan tagtäglich in dem Buch der Bücher. Eines Tages stieß er in den *Briefen des Paulus* (Philipper 4,13) auf eine Stelle, die ihn in ihren Bann zog: »Alles vermag ich durch ihn, der mir Kraft gibt.« Diese Worte elektrisierten ihn. »Alles zu vermögen« – das klang in seinen Ohren unvorstellbar, und dennoch begann er in diesem Moment daran zu glauben. Er spürte ein nie gekanntes Wissen in sich aufsteigen. Allerdings sah er auch die vielen Probleme in ihrem ganzen erdrückenden Ausmaß vor sich. Wie konnte er einen Anfang finden? Womit sollte er sein Brot verdienen? Was konnte er unternehmen?

Chan drang in sein Innerstes, dachte nach, lernte und glaubte. »Ich fand meine Formel«, berichtete er, »ein Rezept, das mir zu einem ersten bescheidenen Erfolg und zu etwas mehr Eigenständigkeit verhalf. Ich brauchte nur fest darauf zu bauen, das zu schaffen, was ich mir vorstellte. Laut sagte ich mir immer wieder die Worte: ›Warum auch nicht?‹ vor, obwohl sie mir kühn und verwegen erschienen. Meine weitere Suche nach Arbeit war von der festen Überzeugung geprägt, etwas zu finden. Ich fühlte die Kraft in mir, weiterzumachen, weiterzudenken, weiterzusuchen.

Meine erste vorübergehende Arbeit verrichtete ich so, als sei sie die wichtigste Aufgabe auf der Welt. Weitere hoffnungsvolle Worte (›Ich kann und werde!‹) halfen mir ebenfalls. Schließlich wurde diese Formel, die mein Leben völlig umgestaltet hat und anderen Menschen ebenso helfen kann, noch ergänzt von dem Zusatz: ›Ich habe es erreicht!‹«

Wie die angeführten Beispiele immer wieder zeigen, können wir unsere Probleme nicht nur bewältigen, sondern auch Nutzen aus ihnen ziehen.

- Ein Problem ist an sich nichts Schlechtes, wie gemeinhin angenommen wird, sondern durchaus etwas Gutes.
- Probleme sind ein Zeichen von Leben. Gehen Sie daher mit Mut und Energie an Ihre Probleme heran.
- Sammeln Sie über jedes anstehende Problem so viel an sachlichen Informationen wie irgend möglich. Sachkenntnis ist ein wichtiger Schlüssel zu einer erfolgversprechenden Lösung.
- Behalten Sie die Nerven, wenn Sie sich mit einem schwierigen Problem konfrontiert sehen. Bleiben Sie »cool«, damit Geist und Verstand in Ruhe und Gelassenheit funktionieren können.
- Denken Sie immer daran: Die Idee zur Lösung ist bereits in Ihnen angelegt!
- Festes Vertrauen kann erstaunliche Dinge geschehen lassen. Wenn Sie daran glauben, dass die Antwort sich einstellen wird, dann wird sie sich auch einstellen.

KAPITEL 3

Aus dem Stress zu dauerhafter Entspannung

Stress – das Wort ist in aller Munde, scheint es doch heutzutage die Verfassung so vieler Menschen treffend zu charakterisieren. Vermutlich gab es noch nie eine Zeit, die stressgeplagter war als unsere heutige, und es erscheint deshalb keineswegs abwegig, uns als die »Stressgeneration« zu bezeichnen.

Einer meiner Freunde, ein Angestellter einer Börsenhandelsfirma auf der Wallstreet, zeigte mir einmal einige Zeilen aus einem Gedicht von Virginia Brasier mit dem Titel *Zeitalter des verrückten Atoms,* in denen die zermürbende Hektik unserer Zeit zum Ausdruck gebracht wird:

Zeitungsseiten – halb gelesen.
Essen verschlungen, vom Tisch aufgesprungen.
Taghelle Nacht, Nervenfetzen in Lichterpracht.
Das Flugzeug bekommen – Zwischenlandung genommen.
Ein dröhnender Kopf, ein zerberstendes Herz.
Schlafverzicht, bis die Feder bricht.
Aus der Traum und das Leben vergeben.

Sind diese Verse nicht eine kennzeichnende Beschreibung unserer Zeit? Beherrschen nicht, auch wenn es vielleicht nicht ganz so schlimm um uns steht, Stress und Hektik weitgehend unser Leben? Wenn dem so ist: Was unternehmen wir dagegen? Viele unter uns greifen immer häufiger zu Tabletten. Bezeichnenderweise ist der Markt für Amphetaminerzeugnisse unvorstellbar groß. Es gibt Tabletten für und gegen alles: Wachmacher, Schlankmacher, Aufputschmittel und nicht zuletzt all die vielen Schlaf- und Beruhigungsmittel.

Früher wurde einfach Aspirin genommen. Die heutigen Mittel aber sind wesentlich stärker und führen häufig zur Abhängigkeit. Solche Medikamente dienen als Krücken, mit deren Hilfe wir vor der Auseinandersetzung mit einem Problem fliehen oder den Kampf zu seiner Überwindung meiden. Die Pillen helfen dabei, für eine Weile alles zu vergessen. Viele Menschen greifen deshalb zu allen möglichen Mitteln – in der Hoffnung, so ihre Probleme auflösen zu können, anstatt sich mit klarem Kopf den Erfordernissen zu stellen und schöpferisch eine geeignete Lösung zu suchen.

Die Ursachen unserer Überbelastung

Die Tatsache, dass das aus dem Englischen kommende Wort »Stress« in seiner heutigen umfassenden Bedeutung eine Neuschöpfung unserer Zeit ist, lässt darauf schließen, dass auch das Leiden selbst recht jungen Ursprungs ist. Die verhängnisvolle Entwicklung nahm in den dreißiger Jahren ihren Anfang. Zu dieser Zeit begründete auch der in Montreal lebende bedeutende Arzt und Forscher Hans Selye aufgrund seiner endokrinologischen Untersuchungen die wissenschaftliche Lehre vom Stress.

Was nun führte aber zu der eklatanten Überbelastung vor allem unserer Nerven und Gefühle? Gleich sind wir mit den Gründen bei der Hand; zu ihnen zählen der Erste und der Zweite Weltkrieg, die Kriegsereignisse im Nahen Osten und die weltweiten Unruhen; hinzu kommen die Weltwirtschaftskrisen der dreißiger und siebziger sowie achtziger Jahre, die Bedrohung durch steigende Arbeitslosenzahlen, Verunsicherungen durch den Siegeszug des Computers, weltweit um sich greifende Umwälzungen der gesellschaftlichen Verhältnisse, die stetige Abnahme religiöser Hinwendung des Menschen und – so banal es auch klingen mag – die ungeheure Zunahme des Lärms, eines uns ständig und überall umgebenden Lärms.

Es ist heute geradezu unmöglich, sich dem Einfluss dröhnender Motorengeräusche, eingeschalteter Fernsehgeräte oder plärrender Radios zu entziehen. Gerade der hohe Lärmpegel trägt maßgeblich zum Ansteigen von Spannungen und Stress bei – schließlich gilt die Lärmbelästigung heutzutage als Faktor der Umweltverschmutzung. Zum reinen Ärgernis tritt nachweislich eine gesundheitsschädigende Wirkung hinzu. In der Zeitschrift *US News & World Report* erschien ein Interview mit dem Vorsitzenden des amerikanischen Regierungsausschusses für Fragen der Umwelt- und Lebensqualität, in dem darauf hingewiesen wurde, dass eine lang anhaltende Einwirkung von Lärm ernste Stresssymptome verursachen kann. Mediziner konnten nachweisen, dass Lärm Nervenleiden oder sogar chronische Krankheiten wie Bluthochdruck oder Magengeschwüre hervorrufen kann. Bei dem uns heute umgebenden Lärm kommt erschwerend hinzu, dass es sich fast ausnahmslos um aufreizende, schrille, rasselnde und durch Maschinen verursachte Geräusche handelt. In diesem Zusammenhang erinnere ich mich an den Bericht einer jungen Frau, der eines Tages plötzlich bewusst wurde, dass jeder Apparat und jede Maschine in ihrem Haushalt auf vollen Touren liefen. Mit einem Schlag spürte sie die entsetzliche Dissonanz des Lärmkonzerts, das von allen Seiten auf sie eindrang: Die Spülmaschine gab zischende Geräusche von sich, die Waschmaschine gurgelte, das Küchenradio plärrte; aus dem Fernseher hallte der Kugelhagel einer Wildwestszene durch das Wohnzimmer, und das ganze Getöse wurde noch übertönt von dem Gebrüll ihrer drei Jungen; in diesem Augenblick klingelte die Türglocke, der Hund begann zu bellen, ein Motorrad röhrte vorbei, und der Rasenmäher »von nebenan« ließ sein stotterndes Geknatter vernehmen.

Seit der Lärm zu einem nicht mehr wegzudenkenden Faktor in unserem Leben geworden ist, hat sich das von ihm verursachte Unbehagen tief in unserem Unterbewusstsein eingeprägt und wirkt dort als Ursache gefühlsmäßiger wie auch körperlicher Störungen fort.

Ein glückliches Volk

Wie können wir Nervosität aus unserem Leben verbannen? Wie können wir den Stress wirksam beherrschen lernen? Wie können wir uns vor der Überbelastung schützen? Wenn wir nicht zu guter Letzt »die Nerven verlieren« oder einen Zusammenbruch erleiden wollen, müssen wir uns ernsthaft mit diesen Fragen beschäftigen, wobei die Betonung auf dem »Wie« liegt, denn wir wollen davon ausgehen, dass wir es können, wenn wir glauben, es zu können.

Natürlich könnten wir auch auswandern, nach Bali beispielsweise. Ich erwähne Bali in diesem Zusammenhang, weil mich diese Insel des indonesischen Archipels zutiefst beeindruckt hat. Bali ist auf unserem rast- und ruhelosen Planeten der friedlichste und entspannteste Ort, den ich kenne. Welch ein herrliches Land! Sanfte weiße Sandstrände mit sich wiegenden Palmen säumen korallenumkränzte Lagunen, während das leicht anschwellende Meer zu einer Harmonie beiträgt, die in den hektischen Industriestaaten nicht zu finden ist. In diesem Frieden muss jegliche Nervosität einfach dahinschwinden.

Eines Tages – eines glücklichen Tages, so lautet mein Vorsatz – werde ich einmal ein halbes Jahr lang auf Bali ausspannen. Selbst wenn das Leben auch dort die alltäglichen Probleme kennt, so steht Bali für mich immer noch an erster Stelle aller zufriedenen Gegenden, die es auf dieser Erde noch gibt. Die Bevölkerung der Insel macht durchweg einen glücklichen und sorglosen Eindruck. Bei meiner Suche nach den Ursachen hierfür erhielt ich im Wesentlichen stets die gleichen fünf Antworten: »Wir besitzen nichts«, »Wir führen ein einfaches Leben«, »Unsere Mitmenschen sind unsere Freunde«, »Wir haben genug zu essen«, »Wir leben auf einer wunderschönen Insel«.

Sehr wichtig im Leben der Menschen sind die folkloristischen Tanzveranstaltungen, an denen sich mehr oder weniger alle Dorfbewohner aktiv beteiligen. Die Tänze werden meist im Innengelände der Tempel aufgeführt. Gegen neun Uhr abends ist bereits alles vorüber, und kurze Zeit später hüllt sich die Insel in Schlummer, während das zeitlose Meer mit seinen Wellen sanft gegen das Korallenriff brandet und der Mond die Nacht mit seinem silbrigen Schein erfüllt.

Bali ist einer der wenigen Orte, wo der Fluch unserer Zivilisation noch nicht so deutliche Spuren hinterlassen hat. Zwar befindet sich ein Luxushotel auf der Insel, aber Bali ist bei Weitem noch kein Miami Beach. Die Insel mutet an wie ein Stück Himmel auf Erden, ein Paradies, in dem von der Hektik unserer Industrie- und Leistungsgesellschaft noch keine Rede sein kann.

Natürlich ist es Ihnen und mir nicht vergönnt, nach Bali zu übersiedeln. Wir stehen hier, in der uns umgebenden Umwelt, vor der Aufgabe, Mittel und Wege zu einem weniger hektischen und aufreibenden Leben zu finden. Der erste Schritt in diese Richtung ist schon getan, sobald wir an die Möglichkeit eines Lebens in mehr Ruhe glauben können.

Eine Möglichkeit wäre, den ganzen Lärm hinzunehmen und sich einfach damit abzufinden. Andere schaffen das schließlich auch, warum also sollten nicht auch Sie oder ich dahin kommen? Bei näherem Hinsehen erweist sich ein solcher Vorschlag natürlich als unzulänglich, da er am Kern des Problems vorbeigeht. Das beweist die nachfolgende Erfahrung, die ich mit einem Mann machte, der in der Einflugschneise des Kennedy-Airports wohnte und mir sein Leid klagte:

»Ich habe bereits alle möglichen Entspannungstechniken ausprobiert, um diesen unerträglichen Lärm nicht mehr wahrzunehmen, doch immer wenn ich gerade einschlafen will, donnert der nächste Düsenjet geradewegs über mich hinweg. Ich habe mich bemüht, Ihre Anleitungen zur Entspannung und Entfaltung innerer Ruhe in die Tat umzusetzen, aber wie kann ich unter diesen Umständen Erfolg haben?«

In meinem Bestreben, ihm zu helfen, dachte ich, dass für ihn der Gedanke tröstlich wäre, mit seiner Situation nicht allein zu sein. Daher sagte ich zu ihm: »Vor nicht allzu langer Zeit flog ich in einem Jumbojet von Amsterdam nach London. Als wir kurz vor der Landung tiefer auf Londons Flughafen Heathrow zuflogen, fiel mein Blick auf die historischen Türme des Schlosses von Windsor, dem Stammschloss und der Sommerresidenz des englischen Königshauses. Wir flogen schon recht niedrig, und der Lärm unserer Maschine war dort unten wohl unüberhörbar. Ich fragte mich, wie sehr sich wohl Königin Elisabeth durch dieses Getöse beeinträchtigt fühlt. Wie Sie sehen«, schloss ich, »sind Sie nicht der Einzige, der mit diesem Problem leben muss. Wenn die englische Königin im Schloss von Windsor übernachtet, wird auch sie von den über sie hinwegdröhnenden Flugzeugen belästigt.«

Der Mann hörte mir aufmerksam zu, aber ich vermochte ihm keinen rechten Trost zu spenden.

Stress muss nicht sein

Trotz alledem ist Stress nicht unvermeidlich. Dies zu behaupten wage ich deshalb, weil ich persönlich Menschen begegnet bin, die inmitten höchster Hektik und Anspannung leben können, ohne selbst in Mitleidenschaft gezogen zu werden. Ihre Erfahrungen beweisen, dass man den Stress tatsächlich ausschalten kann – wenn man nur daran glaubt, dass man es kann!

Im Herbst 1972 war ich zu Besuch bei dem damaligen US-Präsidenten Richard M. Nixon. Die Friedensverhandlungen mit Nordvietnam standen zwar kurz vor dem Abschluss, womit sich das Ende des dortigen Krieges abzeichnete, innenpolitisch jedoch konnte der Präsident keineswegs zufrieden sein – soziale und wirtschaftliche Schwierigkeiten sowie die ungelösten Rassenprobleme ließen das Land nicht zur Ruhe kommen.

Ich saß gerade im Büro des Präsidenten, als vor dem Weißen Haus etliche Demonstranten erschienen. Auf Spruchbändern und Plakaten waren wenig schmeichelhafte Parolen zu lesen, anstößige Schmährufe wurden laut, Särge wurden getragen und Nixon wurde als Mörder beschimpft. Der Krawall drang bis ins »Allerheiligste« des Weißen Hauses, bis ins Präsidentenzimmer. Ich beobachtete den Präsidenten. Es war halb fünf Uhr nachmittags, und er hatte den ganzen Tag mit den verschiedensten Regierungsgeschäften zugebracht. Ich schaute auf seine Hände (die Hände eines Menschen geben viel über seine innere Verfassung preis), nahm jedoch keinerlei Bewegung an ihnen wahr. Er hielt sie völlig ruhig. Auch sein Gesichtsausdruck blieb locker und entspannt, und seine Stimme klang leise und ruhig. Das erregte meine Neugier, und ich fragte den Präsidenten, wie er es schaffe, bei all den weltweiten Problemen und zudem noch angesichts des Tumultes, der sich vor seinen Augen und Ohren abspiele, so ruhig zu bleiben.

»Ganz einfach, weil ich ruhig bin«, war die Antwort.

Ich wollte wissen, wie er sich vor derlei Aufregungen schütze. Er erklärte mir: »Schauen Sie, die Leute dort draußen auf der Straße dürfen demonstrieren und rufen, ja, ihren Unmut geradezu herausbrüllen, soviel sie wollen – sie haben das Recht dazu. Wir leben in einem freien Land, und sie sind amerikanische Staatsbürger. Ich meinerseits handle so, wie ich es für rechtens erachte. Wenn man tut, was man für richtig befunden hat, gibt es doch eigentlich keinen Grund zur Aufregung.«

Ganz ähnlich erging es mir, als ich einst bei Präsident Harry S. Truman zu Gast war. Ich mochte Truman sehr gern, weil er so natürlich und menschlich wirkte. Mein Besuch fiel in eine Zeit großer Umwälzungen im Land wie auch in der übrigen Welt, und wer der Presse Glauben schenken wollte, musste den Untergang der Menschheit befürchten.

Ich fragte Präsident Truman, ob er denn nie aus der Fassung geriete. »Eine historische Heldengestalt aus einem Epos bin ich auf keinen Fall«, antwortete er. »Ich wurde in dieses Amt gewählt und beabsichtige, mein Bestes zu geben. Also begebe ich mich jeden Morgen hierher an meinen Arbeitsplatz und bleibe so lange, bis getan ist, was getan werden muss. Im Rahmen meiner Fähigkeiten bemühe ich mich natürlich, es so gut wie möglich zu machen. Wenn man sein Bestmögliches gegeben hat, dann gibt es nichts hinzuzufügen. Am Abend, wenn ich mich schlafen lege, vertraue ich mein Werk Gottes Führung an und stelle einmal getroffene Entscheidungen nicht mehr in Frage. Ich spreche mein Gebet, etwa so: ›Allmächtiger, ich habe versucht, mein Bestes zu geben, und bitte dich nun, von jetzt an mein Werk zu übernehmen.‹ Dann kann ich ruhig schlafen. Natürlich«, fügte er lächelnd hinzu, »machen die Wähler nach wie vor mich für alles verantwortlich. Darüber muss ich mir im Klaren sein.«

Beide Male verließ ich das Weiße Haus mit dem Gedanken: Wenn selbst der Präsident der Vereinigten Staaten von Amerika bei all den Unruhen und Problemen, die auf ihn einstürmen, das Gefühl zu bewahren vermag, es gäbe keinen Grund für Aufregung und Stress, wie sollte ich mich dann von meinen so viel geringeren Sorgen aus der Fassung bringen lassen?

Das richtige Rezept gegen Nervosität

Es ist in der Tat so, dass wir nicht zwangsläufig zu Stressopfern werden müssen. Wer sich aber bereits in einer solchen Verfassung befindet, kann gleichwohl neuen Mut schöpfen, denn es gibt ein wirksames Heilmittel gegen dieses Übel. Es ist freilich nicht in der Apotheke erhältlich, sondern es ist im *Evangelium nach Johannes* (14,27) nachzulesen: »Frieden hinterlasse ich euch, meinen Frieden gebe ich euch; nicht einen Frieden, wie die Welt ihn gibt, gebe ich euch. Euer Herz beunruhige sich nicht und verzage nicht.«

Auch die Natur kann mitunter solchen Frieden bringen. Ein Sonnenuntergang oder die Spiegelung des Mondlichtes im Wasser erfüllt uns mit einem Gefühl des Friedens. Ist die Sonne dann aber versunken oder das Mondlicht verloschen, wenden wir uns wieder unseren Problemen zu, und damit schwindet meist auch die friedliche Stimmung. Der Friede, den uns die materielle Welt schenkt, ist vergänglich – nur unsere Hinwendung zu Gott kann uns zu einem dauerhaften Frieden verhelfen.

Der vorstehend zitierte Bibelvers ist nicht nur von großer poetischer und philosophischer Schönheit, ihm kommt auch ein immenser therapeutischer Wert zu. Wer sich den suggestiven Inhalt dieser (oder ähnlicher) Worte fest ins Gedächtnis einprägt und sie sich immer wieder vergegenwärtigt, so dass sie tief ins Unbewusste einsinken können, dem erwachsen mit der Zeit aus dem Inneren spürbare Heilkräfte gegen Nervosität und Stress. Worte können bemerkenswerte therapeutische Kräfte freisetzen. Machen Sie von den wirksamen Heilmitteln aus der »Apotheke Gottes« Gebrauch!

Zweifellos hat vielen Menschen auch der *Dreiundzwanzigste Psalm* zum Abbau ihrer nervösen Leiden und ihrer Stressbelastung verholfen. Diesen Psalm, der Balsam für fieberhafte, erregte Gemüter sein kann, gibt es in einer in heutige Sprache umgesetzten Version, die der Japaner Toki Miyashina verfasst hat:

Der Herr bestimmt meine Schritte, ich brauche nicht zu hasten;
In stillen Pausen lässt er mich ausruhen und Kraft schöpfen,
Er beschenkt mich mit Bildern der Stille,
Die mir gelassene Heiterkeit bringen.
Er leitet mich an zu wirksamem Handeln
Durch die Ruhe meines Gemüts.
Frieden ist seine Führung.
Muss ich auch mannigfaltige Dinge
Tag für Tag zuwege bringen,
Werde ich nicht murren, denn ich bin ihm nahe.
Seine Zeitlosigkeit, seine Allgegenwart wird mich im
Gleichgewicht halten.
Er bereitet mir Erfrischung und Erneuerung
Inmitten meiner Betriebsamkeiten,
Er salbt mein Gemüt mit dem Öl seiner Stille,
Und mein Becher freudevoller Energie fließt über.
Gewiss werden die Früchte meiner Stunden
Harmonie und Leistung sein,
Denn ich bewege mich im Rhythmus meines Herrn
Und werde auf immer in seinem Hause wohnen.

Vielleicht klingt so ein Gedicht für Ihren Geschmack zu religiös? Es mag sein, dass Sie ähnlich empfinden wie die Frau, die mir schrieb: »Ich lese Ihre Bücher sehr gern, aber ich übergehe all dieses religiöse Zeug.« Allerdings fügte sie hinzu: »Ich versuche, das von Ihnen immer wieder empfohlene positive Denken auf mich und meine Situation anzuwenden, doch ich bin ein fürchterliches Nervenbündel. Was können Sie mir raten?«

Entspannung ist möglich

Als Antwort möchte ich hier das Schreiben einer anderen Frau anführen, die ebenfalls unter nervlichen Störungen litt, die aber dem »religiösen Zeug« nicht so abgeneigt war:

»Früher habe ich mich nie so richtig entspannen können. Ich wanderte von Arzt zu Arzt, wobei ich jedesmal von Neuem zu hören bekam: ›Sie müssen unbedingt entspannen!‹ Einer sagte mir: ›Sie sind ja so verkrampft und angespannt, als ob Sie eine Steinmauer einrennen wollten!‹ – ›Ich kann nicht anders‹, gab ich zur Antwort. Ab und zu griff ich zu Beruhigungsmitteln, um mir Erleichterung zu verschaffen.

Dann kam die kritischste Phase meines Lebens. Ich musste mich dem schwierigen Eingriff einer vollständigen Gebärmutterentfernung unterziehen. Im Anschluss an die Operation griff ich immer häufiger zu Beruhigungsmitteln; jede Nacht brauchte ich zwei Schlaftabletten. Ich war ein einziges Nervenwrack; wenn jemand mich nur ansah, brach ich schon in Tränen aus – kurz, ich war unausstehlich! Außer den engsten Angehörigen wollte ich niemanden sehen oder hören und schluckte viel zu viele Nerventabletten, immer in der Hoffnung, entspannen zu können.

Eigentlich hätte ich mit meinen drei Kindern und meinem liebevollen Ehemann glücklich sein müssen, doch verbrachte ich die meiste Zeit in ärztlichen Sprechstunden und lief herum wie eine Schlafwandlerin. Am Ende musste ich wieder für eine Woche ins Krankenhaus – wegen ›Medikamentenmissbrauchs und eines drohenden Nervenzusammenbruchs‹.

Mein Arzt sagte mir später, er hätte, falls sich zu diesem Zeitpunkt mein Zustand verschlechtert hätte, als Nächstes Elektroschocks einsetzen müssen. Gott sei Dank blieb mir das erspart!

Während meines Krankenhausaufenthaltes bekam ich vierzig Nervenspritzen – ich hatte mitgezählt – und vier Beruhigungstabletten pro Tag. Nach meiner Entlassung konnte die tägliche Gesamtdosis nach und nach verringert werden, bis ich mich auf die Einnahme von Tabletten beschränken konnte.

Als ich etwa eine Woche wieder zu Hause war und auf der Couch lag, um auszuruhen, kam etwas in mich – ich musste aufstehen und mich bewegen. Dabei gingen mir schreckliche Gedanken durch den Kopf. Das schlimmste war die Angst vor einem neuerlichen Rückfall. Damals war ich gewiss, mir beim nächsten Mal das Leben zu nehmen, so sterbenselend fühlte ich mich.

An jenem Tag schickte mir die Mutter meines Schwiegersohnes Ihr Buch *Aufforderung zum Glücklichsein* zu. Das war der Zeitpunkt, von dem an ich wieder auflebte. Besonders haben mir die Kapitel ›Wie Sie sich körperlich und geistig entspannen‹ und der dort zitierte dreiundzwanzigste Psalm geholfen. Ich hatte zwar noch viele Wochen hart zu kämpfen, doch heute – Gott sei's gedankt! – bin ich nicht mehr von Tabletten abhängig. Natürlich gerate ich gelegentlich noch in stressige Situationen, doch ich bin nun in der Lage, mich richtig entspannen zu können.

Wenn ich anderen von Ihren Methoden berichte, so antworten mir einige, sie hätten zwar versucht, Ihre Ratschläge zu beherzigen, doch sei der Erfolg letztendlich ausgeblieben. Meiner Meinung nach waren sie wohl nicht hartnäckig genug in ihrem Bemühen.

Später, als der Arzt sah, dass ich wieder obenauf war, wollte er den Titel Ihres Buches wissen und es in Zukunft auch anderen Patienten in ähnlicher Verfassung als Hilfe anbieten.«

Wie dieses ausführlich geschilderte Beispiel zeigt, kann »all das religiöse Zeug« zu einer spirituellen »Medizin« von großem therapeutischen Wert werden, falls nur die Bereitschaft da ist, sie »einzunehmen«.

Diese Auffassung teilt ein prominenter Herzspezialist mit mir, der mir einmal Röntgenaufnahmen von einigen seiner Patienten zeigte und erklärte, es handle sich um Herzaufnahmen zweier Männer und einer Frau, die alle drei zum Zeitpunkt der Aufnahme die Fünfziger schon überschritten hatten. Gleichzeitig machte er mich auf Einzelheiten an den Krankheitsbildern aufmerksam.

»Nach diesen Röntgenbildern müssten sie längst gestorben sein«, bemerkte ich.

»Keineswegs«, entgegnete er. »Die Patienten sind inzwischen über siebzig Jahre alt und stehen dabei noch aktiv im Leben.«

»Sie müssen ein Wunderdoktor sein«, sagte ich anerkennend.

»Durchaus nicht. Ich gab ihnen lediglich den Rat, sich die großen Wahrheiten und Heilsbotschaften ihrer Religion regelmäßig zu vergegenwärtigen und diese auch in ihrem Leben zu praktizieren. Der eine Patient war ein orthodoxer Jude, die anderen beiden waren Christen; es gelang ihnen, zu einem für sie neuen inneren Frieden und einer positiven Geistes- und Gefühlshaltung zu finden. Ihr Zustand besserte sich zusehends; sie wurden gesund und sind es bislang geblieben.«

So etwas kann auch Ihnen gelingen – vorausgesetzt, Sie glauben an Ihre eigenen Fähigkeiten und an das spirituelle Rezept, das diesen herzkranken Patienten half.

Ein etwas andersgearteter Fall, der die erfolgreiche Bewältigung von Stresssymptomen zeigt, wurde mir von dem Direktor eines Ingenieurbüros geschildert:

»Eine ungewöhnliche Wandlung ging in einem unserer tüchtigen, aber allzu ungestümen jungen Mitarbeiter unserer Firma vor. Phil – so hieß er – trug bereits die Verantwortung für zahlreiche Mitarbeiter. Leider war sein Führungsstil durch Druck, Härte und nochmals Druck gekennzeichnet. Er nahm weder auf die Nerven seiner Mitarbeiter noch auf seine eigenen Rücksicht.

Eines Tages bekam er innerhalb der Firma einen neuen Posten zugewiesen: Er sollte alte, verfehlte Geschäftspraktiken neu organisieren und die Abwicklung von Projekten umstrukturieren. In seinem maßlosen Ergeiz und mit seinem rücksichtslosen Durchgreifen steigerte er sich in einen Zustand hinein, der ihn an den Rand eines Nervenzusammenbruchs brachte.

Was er durchsetzen wollte, war an sich völlig richtig, aber mit Gewalt sind Mitarbeiter nicht umzustimmen, nicht für neue Ideen zu gewinnen, nicht zu führen. Mein Sohn gab ihm drei Bücher, in der Hoffnung, dass er sich wenigstens eines von ihnen anschaute. Eines Nachts erwachte Phil um drei Uhr – wie schon so oft in letzter Zeit – mit rasenden Kopfschmerzen. Er setzte sich im Bett auf. Einen Augenblick lang verspürte er den Drang, aufzustehen und sich sinnlos zu betrinken. Er erwog, seine Arbeit hinzuwerfen, um irgendwo neu anfangen zu können. Das war ein Verhaltensmuster, das sich in seiner beruflichen Laufbahn schon mehrmals wiederholt hatte.

Als er so hilflos dasaß, fiel sein Blick auf die drei Bücher. Er nahm das erste, schaute es flüchtig an und schleuderte es dann quer durch sein Zimmer. Mit dem zweiten Buch verfuhr er genauso. Beim dritten – das war Ihr Buch – hielt er inne ... vielleicht, weil es das letzte war. Blindlings schlug er es auf und begann planlos, hier und da etwas zu lesen. Doch dann vertiefte er sich ganz in ein bestimmtes Kapitel und ertappte sich schließlich dabei, wie er die dort angegebene Entspannungsformel vor sich hinmurmelte. Als er sich schließlich hinlegte, war er auch schon in der nächsten Sekunde eingeschlafen.

Am folgenden Morgen wachte er frisch und ausgeruht auf; aber seine Lektion hatte er noch nicht gelernt. Was seine Arbeit anging, machte er im gleichen nervenaufreibenden Stil weiter; neue Spannungen und stärkere Kopfschmerzen waren die Folge. Wieder wurde er nachts aus dem Schlaf gerissen; ein Dröhnen wie von Presslufthämmern erfüllte seinen Kopf. Als er sich aufsetzte, kam ihm das Buch wieder in den Sinn; doch er konnte es nirgends entdecken.

Seine Frau hatte tags zuvor das Haus auf Hochglanz gebracht; dieser Zustand sollte jedoch nur von kurzer Dauer sein. Auf seiner fieberhaften Suche nach dem Buch stellte Phil die ganze Wohnung auf den Kopf, bis er es schließlich gefunden hatte. Schnell begann er an der Stelle, an der er in der Nacht zuvor zu lesen aufgehört hatte, weiterzulesen. Wieder taten die Worte ihre heilsame Wirkung; und richtig, nach einem weiteren Kapitel kam der Schlaf ganz sanft und natürlich.

Nach dieser zweiten Erfahrung dämmerte es Phil, dass er ohne einen neuen Denkanstoß seine Schwierigkeiten nicht würde meistern können. Also begann er, weiterzulesen und über sich selbst nachzudenken, was längerfristig erstaunliche Wirkungen zur Folge hatte. Er hatte die Klippe umschifft und entwickelte sich zu einem erfolgreichen Organisator, der es verstand, seine Mitarbeiter so zu führen, wie er es lernte, sich selbst zu organisieren und zu führen.«

Ein weiterer Gesichtspunkt, der beim Abbau von emotionalen Spannungen eine große Rolle spielt, ist der, sich über die Ursachen oder Quellen der jeweiligen Spannung klar zuwerden. Die Wissenschaftler George S. Stevenson und Harry Milt von der *National Association for Mental Health* schreiben zu diesem Thema: »Reine Spannungen, also das Gefühl, dass die Nerven zum Zerreißen gespannt sind, treten selten unvermischt auf. Meist werden sie im Zusammenwirken mit anderen, die ganze Person betreffenden Gefühlsregungen empfunden. Wir reden zwar davon, nervlich ›angespannt‹ zu sein, aber wenn wir diesem Gefühl auf den Grund gehen, zeigt sich, dass wir eigentlich so verschiedene Regungen wie Trauer, Kummer, Aufregung, Besorgnis, Ärger, Gereiztheit oder mehrere Kombinationen derselben mit einbeziehen. Um uns ein klares Bild unserer eigenen Verfassung machen zu können, müssen wir daher zunächst prüfen, welche Arten von Gemütsbewegungen im Einzelfall einer nervlichen Spannung zugrunde liegen.«

Die Innenschau

Betrachten Sie einmal kritisch Ihre geistigen Einstellungen, Ihre Verhaltensweisen und Ihren Lebensstil. Fürchten Sie sich vor neuen, überraschenden Situationen? Haben Sie manchmal ein Gefühl der Unzulänglichkeit? Fühlen Sie sich gelegentlich deprimiert, ohne zu wissen, warum? Sind Sie fähig, die kleinen Freuden des Alltags zu genießen? Haben Sie dagegen stets das Bedürfnis nach Gesellschaft mit abenteuerlichen Menschen und nach »verrückten« Unternehmungen, um sich erst so richtig lebendig zu fühlen? – Schauen Sie einmal etwas tiefer in Ihr Innenleben. Vielleicht gelingt es Ihnen, mithilfe einer solchen Innenschau etwas zutage zu fördern, was Ihnen wertvolle Aufschlüsse über Ihre eigene Natur und Ihre Veranlagungen geben kann.

Vor langer Zeit war ein extrem nervöser Mensch einmal bei mir zu Gast. Er nahm ein Gummiband in die Hand und dehnte es bis zum Äußersten.

»So bin ich«, sagte er, »nervös und angespannt bis zum Letzten, genau wie dieses Gummi hier.«

»Die Elastizität des Gummis hat ihre Grenzen!«, gab ich zu bedenken. »Es kann nur ein gewisses Maß an Spannung aushalten. Das Gleiche gilt auch für Sie. Wie sind Sie nur in diesen Zustand geraten?«

»Ach, das Leben ist so kompliziert«, seufzte er.

»Ja, aber was ist es im Einzelnen?«, bohrte ich weiter.

»Ein Arbeitskollege hat meine Beförderung verhindert. Ich kann den Mann nicht ausstehen, schlimmer noch – ich hasse ihn regelrecht.« Nach einer kurzen Pause fügte er hinzu: »Und meine Frau versteht mich auch nicht.«

»Aber die andere Frau versteht Sie?«, wagte ich einen Schuss ins Blaue.

Er fuhr erschrocken zusammen. »Woher wissen Sie davon?«

»Nur eine Vermutung«, entgegnete ich.

Plötzlich traten ihm zu meiner Überraschung Tränen in die Augen, und seine aufgestauten Gefühle brachen aus ihm hervor: »Ich habe alles verpfuscht«, weinte er. »Das Leben ist mir unerträglich geworden. Ich weiß nicht mehr aus noch ein.«

»Das muss aber nicht sein, das wissen Sie sehr wohl«, entgegnete ich. »Zweierlei können Sie jetzt gleich in Ordnung bringen: Sie können aufhören, diesen Mann in Ihrer Firma zu hassen, und Sie können sich von der anderen Frau trennen. Ihre Nerven sind ja in einem derart zerrütteten Zustand, dass Sie weder zu echter Sammlung noch zu intensiver Entspannung imstande sind. Sie dürfen in Zukunft derartige Probleme nicht mehr vor sich herschieben, wenn Sie nicht wollen, dass sich die Schwierigkeiten wie Berge vor Ihnen auftürmen. Gehen Sie eines nach dem anderen an: Suchen Sie zunächst die Aussprache mit Ihrem Arbeitskollegen – Sie werden sich danach bedeutend wohler fühlen; besprechen Sie dann die Sachlage offen und nüchtern mit Ihrer Frau – geben Sie ihr die Gelegenheit, Verständnis für Sie aufzubringen.«

Ich schaute ihn prüfend an – seine Augen schienen Bereitschaft zu signalisieren.

»Und noch etwas anderes«, bemerkte ich abschließend, »Sie könnten versuchen, spirituellen Frieden zu finden.«

Meine eindringlichen Worte schienen ihre Wirkung nicht zu verfehlen. Lange saß er still da, und ein Gefühl der Ruhe erfüllte ihn. Das Gummiband baumelte locker an seinem Finger. Und so unglaublich es auch klingen mag: Später rahmte er es ein und hängte es in seinem Büro an die Wand. Unter dem Gummiband standen die Worte aus *Jesaja* (26,3) zu lesen: »Wer festen Herzens ist, dem bewahrest du Frieden; denn er verlässt sich auf dich.«

Nehmen Sie sich Zeit!

Eine weitere Methode zum Abbau von Spannungen, die sich stets als sehr hilfreich erweist, ist die Technik des »Sich-Zeit-Nehmens«. Nicht von ungefähr hat der Volksmund Weisheiten wie »Gut Ding will Weile haben« oder »Eile mit Weile« geprägt, die auch heute noch gegenwärtig sind. Ein arabisches Sprichwort behauptet sogar: »Eile ist des Teufels.« Wer von uns hat nicht schon irgendwann am eigenen Leibe erfahren, dass übereilte Entschlüsse und hastiges Handeln mehr schaden als nützen? Wenn wir uns die Zeit einteilen und auf ein zwar beherztes, aber nichts überstürzendes Tempo achten, es ferner verstehen, unsere Ungeduld im Zaum zu halten, dann werden wir mit der Zeit arbeiten – und nicht gegen sie.

Der Rabbiner Sam Silver aus Stamford im US-Staat Connecticut schilderte am Beispiel des Baseballstars Ron Blomberg, wie die praktische Anwendung und Durchführung des Zeitnehmens eine sportliche Karriere vor dem Scheitern bewahrte:

»Er wollte seine sportlichen Ziele schon aufgeben, da er es einfach nicht ertragen konnte, immer nur in der untersten Liga zu spielen«, schrieb der Rabbiner. »Zu Beginn seiner Karriere war Blomberg von seinen Fähigkeiten restlos überzeugt. Für ihn kam daher nur eine Mannschaft in Frage: die ›New York Yankees‹. Sie spielten damals in der obersten US-Liga. Als er nicht in dieses Team aufgenommen wurde, wurde er zunehmend ungehaltener und reagierte mit Trotz: Er schloss sich einer unbedeutenden Mannschaft an. Sein Ziel hieß: Ich bringe diese Mannschaft nach oben – ob als Pitcher, als Werfer, als Catcher (Fänger) oder als Batter (Schläger), das ist mir egal. Das Ergebnis: Ron scheiterte kläglich.

Nach diesem Misserfolg kehrte er niedergeschlagen in seine Heimatstadt Atlanta zurück. Dort führte er intensive Gespräche mit Dr. Harry Epstein, seinem Rabbiner, der ihm zum Schluss den Rat gab, sich Zeit zu nehmen: Bewahre die Ruhe, und halte deine Ungeduld im Zaum!

Ron Blomberg beherzigte die Mahnung, verlangsamte sein Tempo und lernte, auf seine Chance zu warten. Von Tag zu Tag fühlte er sich gelassener und entspannter. Als er schließlich doch noch in die Mannschaft der ›Yankees‹ geholt wurde, gelang ihm der große Durchbruch – er stieg zu einem der besten Spieler der obersten Liga auf.«

Wenn Sie es verstehen, sich stets genug Zeit zu nehmen, werden Sie erfahren, dass diese Fähigkeit erheblich zum

Abbau nervöser Spannungen beiträgt. Am Anfang muss natürlich die entsprechende geistige Haltung stehen, mit deren Hilfe Sie sich – sowohl in seelischer als auch in körperlicher Hinsicht – ein »entspanntes Tempo« zu eigen machen. Damit Sie diese Kunst auch erfolgreich anwenden können, ist es hilfreich für Sie, sich in meditativ-philosophische Gedanken zu versenken. Solche die Meditation anregende Gedanken finden Sie beispielsweise in den Werken des amerikanischen Philosophen Ralph Waldo Emerson, des geistigen Führers der amerikanischen Transzendentalphilosophen des neunzehnten Jahrhunderts, aber auch in den Niederschriften des Marcus Aurelius und anderer klassischer Autoren.

Ich nenne diese Methode der geistigen Versenkung die »Herbeiführung von Seelenruhe«, nämlich eines entspannten Zustandes seelischer Ausgeglichenheit. So sind beispielsweise Sätze wie die folgenden, die dem Werk des Marcus Aurelius, des Philosophen auf dem römischen Kaiserthron, entstammen, für die meditative Übung hervorragend geeignet:

> Die erste Regel ist, einen ungetrübten Sinn zu bewahren.
> Die zweite, den Dingen ins Gesicht zu schauen, um sie als das zu erkennen, was sie wirklich sind.
> Gräme dich nicht über den Lauf der Welt – die Welt kümmert sich nicht um deinen Gram.
> Wie lächerlich und weltfremd wirkt ein Erstaunen über irgendein Geschehnis, das im Leben auftreten mag.

Eine ähnliche Haltung ist in Emersons folgendem stoischen Ausspruch erkennbar: »Bleibe nur gelassen – in hundert Jahren wird alles eins sein.«

Vor Jahren traf ich in Hongkong auf ein altes chinesisches Sprichwort, dessen Weisheit mir immer wieder aufs Neue hilft, mit Erregungs- und Spannungszuständen fertig zu werden, besonders in plötzlich auftretenden Krisen und Notfällen, in denen die erste Reaktion oft übertriebene Hektik oder gar Panik ist. Dieses chinesische Sprüchlein, das zu tiefem Nachdenken anregen kann, lautet: »Gehe an eine Krise mit Muße heran.« Es will uns ermahnen, uns durch nichts in Bestürzung oder Erregung versetzen zu lassen, sondern gerade in Krisen einen kühlen Kopf und Gelassenheit zu bewahren; es will uns ferner darauf hinweisen, uns die Zeit zu nehmen, die wir benötigen, um bedächtig und umsichtig zu reagieren. Hektik führt fast immer zu unüberlegten Handlungen; ein Vorgehen in Muße aber führt dazu, den ersten Gefühlsaufruhr abflauen und vernunftgetragene Einsichten sichtbar werden zu lassen.

Einen weiteren wertvollen Gedanken enthält der Ausspruch des schottischen Essayisten und Geschichtsschreibers Thomas Carlyle, der vor mehr als zweihundert Jahren sagte: »Schweigen ist das Element, aus dem Großes geboren wird.« Die Reflexion dieses Satzes kann uns zu einem tiefgreifenden Verständnis des Wesens schöpferischer Stille führen!

In ähnlicher Weise wie die oben zitierten philosophischen Prosaworte sind es auch Gedichte, die uns berühren und eine Stimmung dauerhaften Friedens in uns erzeugen können, die jede Verspannung dahinschwinden lässt.

Verse wie die folgenden von Robert W. Service haben auf mich über Jahre hinweg eine solche Wirkung ausgeübt:

Als einstmals am Tor einer mächtigen Höhle ich stand,
Die voll war mit Stille und Schweigen bis oben zum Rand,
Da hab' ich die starke, die mächtige Sonne gesehn,
Ich sah sie dort blutrot und golden am Himmel sich drehn,
Und als dann der Mond hat die Gipfel zum Leuchten gebracht,
Da strahlten die Sterne hernieder in glitzernder Pracht.
Und ich, der ich dachte, dass dieses ein Traumbild nur sei,
Ich wusst' es genau: Uns're Welt ist hier friedlich und frei.[1]

Die Fähigkeit zur Entspannung, zu innerer Lockerung und Gelassenheit hängt allerdings von ausdauernder Übung und

[1] Robert W. Service: *Der Zauber des Hohen Nordens*. Verlag Erich Luft 1987

ständiger Pflege ab. Wir sollten uns daher vor der Vorstellung hüten, die souveräne Beherrschung unserer Gefühle sei allein durch die Lektüre dieses Buches oder durch zehn einfache Lektionen zu erlangen. Unsere Gefühle sind, besonders wenn wir ihnen schon zu lange freien Lauf gelassen haben, nicht ohne Kraftanstrengungen und eiserne Disziplin unter Kontrolle zu bringen. Doch mit festem Willen können wir zu neuen und förderlichen Denkmustern gelangen – vorausgesetzt, wir sind bereit zu Fleiß und Übung.

Die Kraft der Ruhe

Einem Admiral der US-Marine verdanke ich ein kostbares Stück Lebensweisheit. Dieser Admiral verkörperte den Inbegriff von Beherrschung und innerer Ausgeglichenheit.

Nachdem ich vor zweitausend jungen Soldaten, die in dem Marine- und Luftfahrtstützpunkt Pensacola, Florida, ausgebildet wurden, eine Rede gehalten hatte, nahm ich an der anschließenden Abendfeier teil. Zu vorgerückter Stunde erwähnte dann ein anwesender Offizier eine hochinteressante Episode aus der Laufbahn dieses Admirals.

Der Admiral, seinerzeit im Rang eines Kapitäns, befehligte einen Flugzeugträger und war von San Francisco nach Pearl Harbor unterwegs. Das Schiff führte einsatzbereite und vollgetankte Flugzeuge mit. Zusätzlich befanden sich riesige Mengen Reservetreibstoff auf dem Hangardeck. Während der Kapitän mit seinem Flugzeugträger durch die enge Reede auf den inneren Hafen zusteuerte, nahm zur gleichen Zeit ein Handelsschiff Kurs aufs offene Meer. Zwei Schiffe von so beachtlichen Ausmaßen aneinander vorbeizumanövrieren, erforderte unter diesen Bedingungen beachtliches Geschick und äußerste Umsicht – es kam auf jeden Zentimeter an. Gerade erreichte der Flugzeugträger unter der behutsamen Leitung des Kapitäns die Höhe des Handelsschiffes, als der leitende Offizier auf die Kommandobrücke stürzte und in Panik rief: »Kapitän! Auf dem Hangardeck ist ein Feuer ausgebrochen!«

Was könnte es Schlimmeres geben als einen Brand in der Nähe von Benzintanks! Jedem war klar: Gelänge es nicht, das Feuer rechtzeitig einzudämmen, bräche die Katastrophe über sie herein. Der Kapitän verzog jedoch keine Miene, sondern konzentrierte sich weiter voll und ganz auf das Manöver. In der Annahme, der Kapitän habe ihn nicht gehört, schrie der Offizier in höchster Erregung: »Feuer! Feuer auf dem Hangardeck!« Ohne die Stimme zu heben oder den Kopf zu wenden, antwortete der Kapitän: »Das habe ich bereits gehört. Geh und lösche es!«, während er weiter seine ganze Aufmerksamkeit darauf richtete, seinen Träger sicher in den Hafen zu steuern.

Zutiefst beeindruckt fragte ich den Admiral, der selbst an diesem Abend zugegen war, wie es ihm angesichts dieser Bedrohung möglich gewesen sei, so bewundernswert gelassen und beherrscht zu reagieren.

Seine Erklärung lautete: »Sehen Sie, meine Aufgabe bestand zunächst darin, den Flugzeugträger sicher in den Hafen zu steuern. Ferner war ich davon überzeugt, dass der leitende Offizier sehr wohl selbst in der Lage war, das Feuer zu löschen. Also zwang ich ihn, eigenverantwortlich zu handeln. Es gibt ja Menschen, die von sich aus keine Verantwortung übernehmen, solange es sich irgendwie vermeiden lässt. Und er gehörte wohl trotz seiner Fähigkeiten zu denen, die erst unter Druck ihr vorhandenes Potenzial entfalten.«

»Und wie«, fragte ich weiter, »haben Sie sich die innere Ruhe, die Sie ausstrahlen, erworben?«

»Nun, indem ich stets darum gerungen habe. Als ich Offizier wurde, begriff ich, dass ich niemals imstande wäre, Menschen zu befehligen, solange ich nicht fähig wäre, in Krisen und Notfällen kühlen Kopf zu bewahren. Also übte ich mich bei jeder Gelegenheit in dieser Kunst. Das war eigentlich schon alles.«

Ein Mensch, der Nervosität und Stress durch innere Ruhe ersetzen kann, wird nach außen hin als eine vernunftbestimmte und praktisch veranlagte Persönlichkeit auftreten, er wird seine Ziele kennen – und er wird wissen, wie er sie erreichen kann. Auch eine noch so bedrohliche Situation wird ihn nicht dazu bringen, sich unnütz aufzuregen oder sich übermäßig zu beunruhigen. Er hat sich selbst geistig und gefühlsmäßig in der Hand und wird in einem gleichmäßigen Tempo, ohne Hast und Hektik, zielstrebig seinen Weg gehen.

Es waren nicht allein ihre Romane, in denen sie vor allem den chinesischen Menschen im Konflikt zwischen Tradition und Moderne schilderte, die weltweite Beachtung fanden, nein, viele bewunderten ebenso die gelehrte Lebensphilosophie der 1973 verstorbenen amerikanischen Schriftstellerin Pearl S. Buck, deren dichterisches Werk mit der Verleihung des Nobelpreises für Literatur im Jahre 1938 seine höchste Auszeichnung erfuhr.

In einem Interview kurz vor ihrem Tode wurde sie nach dem Geheimnis ihres außergewöhnlich konstruktiven Lebens gefragt. Als Antwort darauf schilderte sie eine kleine Familienepisode, die bei aller tiefen Weisheit durch ihre Einfachheit bestach: Ihr Vater hatte in seiner Eigenschaft als Missionar in China aus der Heimat eine Geldsumme für den Bau einer Kapelle erhalten. Dr. Buck jedoch gab das Geld für die Anschaffung eines Flussbootes aus, um damit Lebensmitteltransporte in abgelegene Armengebiete möglich zu machen. Diese Entscheidung löste in seiner Heimat einen Sturm der Entrüstung und der Kritik aus. »Aber«, kommentierte Pearl S. Buck, »meinen Vater rührte das überhaupt nicht. Er ging einfach in Ruhe seinen Weg.« Dann fügte sie hinzu: »Und ich habe es in meinem Leben genauso gehalten. Ich bin einfach ganz ruhig meinen Weg gegangen.«

Ersetzen auch Sie Nervosität und Stress durch Gelassenheit und Ruhe. Gehen Sie in Ruhe Ihren Weg. Es wird Ihnen gewiss gelingen, wenn Sie glauben, es gelingt.

Abschließend noch einmal die wichtigsten Gesichtspunkte zum Abbau von Spannungen und zur Erlangung echter Entspannung:

- Stress ist nicht unvermeidlich. Sie können ihn beherrschen lernen. Glauben Sie daran – und Sie werden ihn beherrschen!
- Ein entspanntes und dabei doch kraftvolles Leben fällt uns nicht in den Schoß, sondern erfordert ständige Übung und Disziplin.
- Die »Herbeiführung der Seelenruhe« ist von unschätzbarem Wert. Sie können diese erlangen, wenn Sie offen sind für friedvolle Worte und Gedanken. Beschäftigen Sie sich daher intensiv mit Worten und Gedanken solchen Inhalts, lassen Sie sie an Ihrem inneren Auge vorüberziehen – und sie werden sich in Ihnen festsetzen. Denn: Worte haben – wie Gedanken – ungewöhnliche Heilkräfte!
- Vermindern Sie den Lärmpegel in Ihrer unmittelbaren Umgebung, wann immer sich Ihnen die Möglichkeit hierzu bietet!
- Durch religiöse Versenkung kann uns ein dauerhafter Seelenfriede zuteil werden, wenn wir uns nur bereitwillig diesem Quell der Ruhe öffnen.
- Schauen Sie nach innen, um die tieferen Ursachen nervöser Leiden und Spannungen aufzudecken!
- Nehmen Sie sich Zeit – und gehen Sie an jede Krise mit Muße heran!
- Vertrauen Sie getrost auf Gott, gehen Sie einfach in Ruhe Ihren Weg!

KAPITEL 4

Gestalten Sie Ihr Leben neu durch innere Motivation!

»Ich werde den Kerl feuern!« Der Mann war erzürnt. Er sprach von einem Handelsvertreter seiner Firma. »Er ist einfach zu langsam. Er hat kein Interesse an der Arbeit, ihm fehlt der Schwung, er ist träge – eine ausgesprochene Schlafmütze!«

»Wie wäre es«, entgegnete ich, »wenn du, statt ihn aus deinem Unternehmen hinauszufeuern, ihn ›hineinfeuern‹ würdest?«

»Wie meinst du das – ›hineinfeuern‹?« fragte er. »Meinst du, ich soll ihm die Hölle heißmachen?«

»Ganz und gar nicht«, erklärte ich, »sondern ein Feuer der Begeisterung in ihm entfachen. Wecke sein Interesse an der Arbeit. Motiviere ihn, verhilf ihm zu neuem Unternehmungsgeist!«

Das sollte sich, wie der weitere Verlauf bestätigte, als kein schlechter Rat herausstellen. Heute sagt mein Freund voll Bewunderung über seinen ehemals so unmotivierten Mitarbeiter: »Der Mann ist völlig verwandelt. Er ist ein einziges Energiebündel. Ich hätte nie geglaubt, dass er das Zeug dazu hätte.«

Tatsächlich können wir nie mit Sicherheit sagen, welche Anlagen in einem Menschen verborgen sind, bis sie nicht durch dynamische und schöpferische Motivation aus ihm herausgelockt werden.

Jeder Mensch lässt sich begeistern und zu größeren Leistungen anspornen, nur gilt es, die richtige Kombination zu finden, die das »Schloss knackt« und die wahre Persönlichkeit zum Vorschein kommen lässt.

Um die Motivation seines Angestellten zu wecken, also das verschlossene Schloss zu knacken, ging der Chef zwar hart, aber psychologisch äußerst geschickt vor. Er ließ den Mann zu sich kommen und sagte: »Nehmen Sie Platz, Jim, wir müssen uns dringend ernsthaft unterhalten. Ich hoffe, Sie können es vertragen, wenn ich Klartext rede. Es tut mir leid, das sagen zu müssen, aber Sie sind der erbärmlichste Vertreter, der mir je begegnet ist! Sie sind faul, Sie haben keinen Ehrgeiz, keine Energie, keine Fantasie! Ihnen ist alles gleichgültig, jegliches Interesse an der Arbeit geht Ihnen ab. Andererseits erwarten Sie von mir einen Vorschuss, obwohl Sie kaum genug Aufträge hereinbringen, um die Spesen zu decken. Aber das schlimmste ist, dass Sie das Zeug zu einem Spitzenverkäufer hätten. Sie könnten erstaunliche Leistungen bringen, doch stattdessen legen Sie lieber die Hände in den Schoß und drehen Däumchen. Vermutlich leisten Sie auch sonst nicht viel.«

Bei diesen Worten stieg dem jungen Mann die Zornesröte ins Gesicht, und seine Augen funkelten vor Wut. Er sprang auf und schlug mit der Faust energisch auf den Tisch. »Verflixt noch mal!«, brüllte er. »So können Sie mit mir nicht reden. Sie sollen mich kennenlernen!« Er ging auf die Tür zu. »Ich pfeife auf den Job!«

Der erstaunte Chef sprang auf und packte den jungen Mann an den Armen. »Großartig! Sie haben's in sich. Ich habe es immer gewusst, dass in Ihnen ein ganzer Kerl steckt, – wenn Sie erst einmal motiviert sind. Bleiben Sie so – so wie Sie jetzt in diesem Augenblick sind – und machen Sie sich an Ihre Arbeit! Sie sind nicht gefeuert, sondern angefeuert.«

Natürlich reichte dieses Gespräch allein nicht aus, um in Jim eine dauerhafte Wandlung herbeizuführen. Er erhielt von seinem Chef Literatur zur Lebensorientierung, wurde auf Tagungen geschickt und durfte ihn zu den jährlichen Messen und Kongressen begleiten, in deren Verlauf er die bedeutendsten Hersteller seiner Branche kennenlernte. Meinem Freund gelang es sogar, das Interesse des jungen Mannes für eine Kirchengemeinde zu wecken, die ein ungewöhnlich einsatzfreudiger Geistlicher betreute – das war Öl für sein inneres Feuer. Doch sein Chef erreichte noch mehr: Jim trat in seinen Golfclub ein, nachdem er angedeutet hatte, wie notwendig ein solcher Schritt sei, da er dort auf wichtige Geschäftspartner treffen würde. Die in Aussicht gestellten Begegnungen mit wichtigen Geschäftspartnern waren jedoch nur ein vordergründiges Argument – der ehemals als Schlafmütze titulierte Verkäufer sollte ein Gefühl für den ihn fordernden Wettkampf erhalten.

Jim hatte nie Golf gespielt, doch mein Freund, Jims Talent ahnend, sorgte dafür, dass er gegen die besten Golfspieler des Vereins antrat. »Zeigen Sie es den Burschen mal!«, stachelte er ihn an. Tatsächlich gelang Jim ein Erfolg nach dem anderen, bis er am Ende der Saison ganz oben auf der Vereinsliste rangierte.

Diese Strategie erwies sich als äußerst wirksam. Jim lernte, aus seiner Begeisterung für Sport und Wettkampf immer neue Energien zu schöpfen. Ungeahnte Anlagen entfalteten sich. Sein anfänglich so vages Interesse an neuen Aufgaben wurde zu echter Begeisterung. Er ging in seinen Aufgaben auf. Ob im Beruf, im Umgang mit Menschen, an sich selbst – er spürte sich getragen von der Kraft einer inneren Motivation.

Dieses Beispiel einer Wandlung kann unseren Glauben an das menschliche Potenzial bekräftigen. Es lehrt, nie jemanden abzuschreiben, da immer die Hoffnung besteht, zum Inneren eines Menschen vorzudringen und ihm zu einer der größten menschlichen Erfahrungen zu verhelfen, nämlich zu sich selbst zu finden und sich in einen neuen Menschen zu verwandeln, in dem alte Schwächen überwunden sind und der mit neuem Leben erfüllt ist.

Über »Drückeberger« und »Draufgänger«

Was für andere gilt, gilt erst recht für uns selbst. Der Erfolg ist bereits in uns angelegt und wartet nur auf seine Verwirklichung. Oft bedarf es lediglich eines richtigen Anstoßes, also einer Motivation, die unserem Wesen entspricht.

Doch warum bringen so viele Menschen scheinbar nichts Rechtes zuwege, obwohl es ihnen nicht an Fähigkeiten mangelt? Liegt es vielleicht daran, dass sie eher zu Drückebergerei als zu Draufgängertum neigen? Oder, anders formuliert: Liegt es daran, dass sie sich einer Sache nie ganz hingeben, sondern stets darauf bedacht sind, einen Teil ihres Wesens zurückzuhalten? So, als ob sie Angst davor hätten, ganz aus sich herauszugehen?

Es liegt auf der Hand, dass unsere Anlagen nicht zum Besten genutzt werden können, solange wir scheu und zaghaft an eine Aufgabe herangehen.

Zur Veranschaulichung dieses Gedankens möchte ich den Fall eines »Drückebergers« anführen, der am Ende, von einer mächtigen Motivation beflügelt, über sich hinauswuchs und sich sogar größere Ziele setzte, als er selbst jemals für möglich gehalten hätte.

Ich traf Charlie, so hieß der Mann, zum ersten Mal nach einem Vortrag auf einer Geschäftsversammlung in Chicago. Als ich mich in mein Hotelzimmer zurückgezogen hatte, klingelte das Telefon, und eine Frauenstimme, die keinen Widerspruch duldete, kündete an: »Ich komme mit meinem Mann, der Sie sprechen möchte.«

»Ich muss in wenigen Minuten gehen, um mein Flugzeug zu erreichen«, protestierte ich.

»Wenige Minuten werden reichen«, konterte sie unbeirrt. »Wir haben Sie reden hören und möchten Sie kurz sehen.« Damit legte sie auf.

Wenig später erschien eine burschikose kleine Person in Begleitung ihres verlegen lächelnden Mannes. »Ich bin Mabel«, stellte sie sich vor. »Und das ist mein Mann, Charlie, um den es geht.«

»Er scheint ein netter Kerl zu sein«, bemerkte ich.

»Das ist er«, sagte sie, »und das ist es ja gerade. Er ist einfach viel zu nett. Ihm fehlt jede Widerstandskraft, er hat keine Energie und kein Durchsetzungsvermögen. Also bitte, reden Sie mit ihm!«, befahl sie. Sie nahmen beide Platz.

»Nun, Charlie, wie sehen Sie selbst die Angelegenheit?«, begann ich.

»Mabel hat wahrscheinlich recht«, sagte Charlie, »vermutlich brauche ich tatsächlich Hilfe.«

Seine Frau fiel ihm ins Wort: »Er ist ein guter Mensch, er ist fähig und intelligent, aber er kann sich nicht zusammenreißen. Er lebt in einer Traumwelt und bringt es einfach zu nichts. Ich habe mich bemüht, ihm gut zuzureden, ihn anzuspornen, doch ohne Ergebnis. Als wir Ihren Vortrag hörten, kam mir der Gedanke, dass Sie ihm vielleicht ins Gewissen reden könnten.«

Ich mochte Charlie auf Anhieb. Mabel gefiel mir ebenfalls. Auf ihre aggressiv-dominierende Art drückte sie ihre Liebe zu ihm aus. Sie glaubte an ihn und wünschte ihm jeden Erfolg. Ich entschloss mich, den beiden zu helfen, soweit sich Gelegenheit dazu bot.

In den folgenden Monaten hatten Charlie und ich mehrere Unterredungen, in deren Verlauf mir etwas auffiel: Ich stellte fest, wie ihm des Öfteren Einfälle zur Verbesserung seiner beruflichen Tätigkeit kamen. Beispielsweise sagte er: »Ich hätte halbwegs Lust, dieses zu unternehmen.« Ein andermal hieß es: »Jenes erscheint mir halbwegs sinnvoll.« Erkundigte ich mich später danach, was aus seinem letzten Vorhaben geworden war, kam stets dieselbe Antwort: »Ach, das ... ja ... ach ... inzwischen habe ich mich eines Besseren besonnen.« Unweigerlich nahm er dann jedes Mal zu einem neuen Plan Zuflucht. »Aber jetzt habe ich eine großartige Idee. Ich will sie Ihnen einmal kurz erläutern, denn ich habe halbwegs Lust, das und das zu probieren.«

Nachdem sich dieses wiederkehrende Schema abgezeichnet hatte, lag die Schwierigkeit offen auf der Hand. Ich sagte ihm, sein Problem sei seine Halbherzigkeit. Er schaute mich sichtlich erstaunt an. »Ja«, wiederholte ich, »so kommen Sie nicht weiter. Sie gehen am Erfolg vorbei, weil Sie so halbherzig bei der Sache sind.«

»Ich verstehe nicht ganz«, murmelte Charlie ratlos.

»Ich will es Ihnen erklären. Die meisten Menschen kämpfen mit dem gleichen Problem wie Sie, das in einer Aufsplitterung der Person und ihrer Kräfte besteht. Sobald Sie die Vielschichtigkeit Ihres Wesens verstehen lernen, können Sie an sich arbeiten und eine Änderung herbeiführen. In Ihrem Fall nämlich ist ein Teil von Ihnen unternehmungslustig nach außen gewandt, besitzt Ehrgeiz, steckt voller Ideen, während ein anderer Zug Ihres Wesens vor jeder Initiative scheut, ja, sie letztendlich vermeidet. Deshalb erwarten Sie unterbewusst im Voraus bei jedem neuen Unterfangen einen Fehlschlag. Es mangelt Ihnen an Selbstvertrauen, und Sie fürchten sich vor dem Risiko. Doch wenn Sie im Leben mehr erreichen wollen, als Sie bisher erzielt haben, dann müssen Sie auch einmal etwas aufs Spiel setzen. So wie Sie jetzt sind, stehen Sie nur halbherzig hinter Ihren Plänen. Kein Wunder, dass nichts Rechtes dabei herauskommt.

Jener Teil in Ihnen, der schöpferische Ideen entwickelt, macht Ihr wahres, Ihr eigentliches Selbst aus. Der Zug an Ihnen, der vor dem Handeln zurückscheut, ist eine zerstörerische Tendenz, die stets passende Entschuldigungen anführt, warum Sie Ihre Pläne nicht weiterverfolgen sollten. So mag beispielsweise der Gedanke auftauchen, der richtige Zeitpunkt sei noch nicht gekommen oder die Sache habe einen Haken. In Wirklichkeit fehlt Ihnen nur eine Motivation, die stark genug ist, Ihr kreatives Wesen zum Zuge kommen zu lassen.

Die Lösung Ihres Problems, so wie ich es sehe, besteht darin, dass Sie diese halbherzige Haltung überwinden müssen. Stellen Sie sich mit ganzem Herzen hinter Ihre Ideen!«

Ich erinnerte ihn dann an einen vielversprechenden Plan, den er wiederholt erwähnt hatte, und sagte: »Sie sehen selbst, wie Sie sich mit dieser halbherzigen Haltung immer wieder Knüppel zwischen die Beine werfen. Führen Sie Ihr Vorhaben doch einfach aus! Sicher wird es Mut und Vertrauen von Ihnen erfordern, aber ohne Wagnis gibt es auch keinen Gewinn. Befreien Sie sich aus dem Teufelskreis dieses ewigen Hin- und Herschwankens, indem Sie handeln. Am besten noch heute! Tun Sie es nicht, werden Sie Ihr ganzes Leben auf der Reservebank verbringen und von Ihren großen Taten nur träumen. Doch Sie können das ändern. Bitten Sie Gott um seinen Beistand – und machen Sie sich ans Werk!«

Charlie nahm meinen Ratschlag an. Auch wenn die Durchführung seines Plans nicht ohne Risiko war – er handelte und nahm das Wagnis in Kauf. Sein Unternehmen nahm schließlich eine noch günstigere Wendung, als er je zu hoffen gewagt hatte. Damit war der Bann gebrochen. Schon bald darauf nahm er ein neues konstruktives Vorhaben in Angriff, und es dauerte nicht mehr lange, bis seine Unentschlossenheit der Vergangenheit angehörte. Charlie wurde zu einem Menschen voller Motivation und Unternehmungsgeist.

»Es gibt kaum eine traurigere Gestalt«, schrieb der Philosoph und Psychologe William James, der richtungweisendste Vertreter des amerikanischen Pragmatismus, »als die, der nichts außer der eigenen Unentschlossenheit zur Gewohnheit geworden ist.« In diesen Worten ist einmal mehr die Mahnung enthalten, keine Halbherzigkeiten aufkommen zu lassen. Unsere Gedanken und Pläne wollen unter ganzem Einsatz der Person zur Durchführung gebracht werden. Wenn wir aus uns herausgehen und uns fest hinter unseren Entschluß stellen, dann werden wir auch sehen, wie die Pläne letztendlich Wirklichkeit werden.

Ein Erlebnis, das uns tief innerlich motiviert und unserem Wesenskern entspricht, kann einschneidend und nachhaltig die Zukunft bestimmen. Es empfiehlt sich daher, für solche motivierenden Erlebnisse stets empfänglich zu sein. Öffnen wir uns also immer wieder neuen Anregungen und suchen wir nach belebenden Einflüssen, insbesondere solchen, die uns geistig beflügeln können. Als wertvolle Anregung in diesem Sinne dient beispielsweise Lesestoff lebensbejahender Art, etwa die Biografien herausragender Persönlichkeiten der Weltgeschichte, die dank ihres außergewöhnlichen Könnens schwerste Probleme lösten. Solche Lebensbeschreibungen veranschaulichen die Prinzipien erfolgreichen Handelns. Bücher, die der wachen Intelligenz Nahrung bieten und uns neue Bereiche erschließen, sind in diesem Zusammenhang von unschätzbarem Wert. Oder lernen Sie Menschen kennen, deren Erfolge und überragende Leistungen Ihnen ein Beispiel sein können. Achten Sie auf deren Geisteshaltung und Lebensphilosophie, sobald Sie mit ihnen ins Gespräch kommen. Sie werden vieles entdecken, was Sie selbst für Ihr Handeln übernehmen können. Und nicht zuletzt sollten wir auch unsere spirituellen Bedürfnisse nicht vernachlässigen, denn gerade aus solchen Quellen empfängt die Motivation die allerstärksten Impulse.

Lassen Sie mich hierzu ein persönliches Erlebnis schildern. Ich erinnere mich noch gut, dass ich während meiner Collegezeit kein wirkliches Ziel, keine konkreten Pläne hatte, wenn ich auch viele Möglichkeiten in Betracht zog. Am ehesten interessierte mich Journalismus, doch die echte, tief greifende Motivation fehlte auch hier.

Eines Tages besuchte ich als Abgesandter in der *Memorial Hall* in Columbus, Ohio, ein Treffen großen Stils, eine Veranstaltung der seinerzeit weitverbreiteten Jugendorganisation der »Student Volunteers«. Es handelte sich um eine religiöse Bewegung, die damals Amerikas Universitäten erfasst hatte.

In dem riesigen, bis auf den letzten Platz besetzten Saal herrschte eine unbeschreibliche Atmosphäre, deren Intensität sich niemand entziehen konnte. Über der Bühne war ein weithin sichtbares Banner angebracht, auf dem in riesigen Lettern zu lesen war: DIE JUGEND VERKÜNDET DER WELT DAS EVANGELIUM! Ich wurde von einer tief greifenden Regung erfasst. Ob es die Atmosphäre war oder die schlichte und doch so mutige Darbietung dieser Botschaft, die in meinem Inneren ihre Wirkung taten, das weiß ich heute nicht mehr zu sagen – auf jeden Fall sah ich mit einemmal mein Lebensziel in aller Klarheit vor mir. Vor meinen Augen stand die Lebensaufgabe, die, so spürte ich es in diesem Augenblick, meinem innersten Wesen entsprach. Ich wollte alle Kraft aufbieten, meine Mitmenschen auf ihre großartigen, von Gott verliehenen Talente hinzuweisen, ich wollte ihnen zeigen, wie sie in der Entfaltung ihrer wunderbaren Fähigkeiten zu einem erfüllten, glücklichen Leben finden. Diese Motivation, so kann ich rückblickend sagen, hat mich mein Leben lang begleitet und mit immer neuer Kraft beseelt.

Seither habe ich alle möglichen Mittel und Wege genutzt – sei es durch Bücher oder Zeitschriften, sei es von der Rednertribüne oder der Kanzel, sei es durch Fernsehen oder Rundfunk –, die Menschen anzusprechen und zu motivieren. Ob im Zwiegespräch oder vor großen Zuhörerschaften, ich bemühte mich stets, den Menschen zu zeigen, wie sie über ihre bisherigen Leistungen hinauswachsen können, sobald sie von einer Motivation ergriffen werden, die wirklich motiviert.

Jeder, der ernsthaft bestrebt ist, seinem Leben einen tiefen Sinn abzugewinnen, sollte ähnlich bedeutsame und anspornende Erfahrungen suchen, denn sie können von einem planlosen, oberflächlichen Dasein zu einem Leben in Erfüllung und Begeisterung führen.

Vielleicht sind Sie der Meinung, dass Ihnen selbst so etwas wenig sagen kann, da Sie sich wie »ein ganz gewöhnlicher Durchschnittsmensch« fühlen? Vielleicht wollen Sie einwenden, dass Sie einer ganz gewöhnlichen Beschäftigung nachgehen, die keinerlei Ansprüche an besondere Motivation oder Begeisterung an die Aufgabe stellt? Doch die Botschaft, die ich meine, wendet sich in erster Linie an Menschen wie Sie und ich, da gerade sie uns Anleitungen gibt, wie wir das weniger spektakuläre Alltagsleben leichter bewältigen können. Sie will uns zeigen, wie wir die Einstellung zu unserer Arbeit, zu unseren »gewöhnlichen« Aufgaben und Pflichten ändern können, um mehr daraus zu machen.

Gehen wir also motiviert und mit Begeisterung an unsere Arbeit setzen wir uns voll dafür ein, dann gewinnt auch unser Leben an Bedeutung. Die Aufgaben wachsen mit uns und halten in dem Maße Anregungen bereit, wie wir selbst uns regen.

Entdecken Sie Bergeshöhen!

Eine junge Frau, die Ratgeber- und Selbsthilfebücher im Versandgeschäft vertreibt, sagte während einer Unterhaltung zu mir: »Unglaublich, was eine tiefe Motivation ausmachen kann. Ich bin richtig in Fahrt gekommen, seit ich die Bergeshöhen entdeckt habe.«

»Was meinen Sie mit Bergeshöhen?«, fragte ich.

Sie klärte mich auf: »Wie Sie sehen, sitze ich hier und vertreibe Bücher im Direktversand, eine alltägliche Arbeit. Doch ich glaube an die Botschaft dieser Bücher und freue mich, wenn sie ein weites Publikum finden. Kürzlich schickte mich mein Chef zu einem einwöchigen Seminar über die Möglichkeiten des Versandgeschäfts ...«

Sie schäumte über vor Begeisterung. Wer würde erwarten, dass ein Mensch so viel Schwung und Elan von einem Marketingkurs mitbringt wie diese junge Frau? Offensichtlich waren ihr die ungeheuren Möglichkeiten, die das Versandgeschäft bietet, in diesem Kurs zu Bewusstsein gebracht worden – sie hatte gelernt, wie man das Interesse der Leser weckt, wie man die Kunden gezielter ansprechen kann, kurz, wie man den gesamten Verkaufsprozess effektiver gestalten kann.

»Als ich zurückkam«, fuhr sie mit ihrer Schilderung fort, »schwebte ich förmlich über dem Boden. Wie herrlich das Leben sein kann! Wenn ich daran denke, was ich für Möglichkeiten habe ...« Ihr Gesicht glühte. Sie war Feuer und Flamme – ein überzeugendes Beispiel für das Feuer der Begeisterung. *»Das* sind Bergeshöhen!«, wiederholte sie. »Was wäre das Leben ohne solche Höhen? Leider ist es uns ja nicht vergönnt, ständig in solchen Höhen zu verweilen, da die eintönigen Pflichten des Alltags uns dieses Hochgefühl allzu schnell wieder vergessen lassen. Doch wenn mich negative Gefühle überkommen oder wenn die Eintönigkeit der täglichen Routine jede Kreativität abwürgt, versetze ich mich im Geiste zurück auf die Bergeshöhen. Ich tue alles, um die Motivation, die mir zeigte, was ich wirklich sein und tun kann, wieder aufleben zu lassen.«

»Ihre Einstellung ist bewundernswert«, sagte ich. »Sie verkörpert eine Lebensphilosophie, die schon vor über zweitausend Jahren in der Bibel, in einer der herrlichsten Passagen, die ich kenne, mit den folgenden Worten beschrieben wurde: ›Die aber, die dem Herrn vertrauen, schöpfen neue Kraft, sie bekommen Flügel wie Adler ...‹ Das sind die Bergeshöhen, die Sie meinen. Doch es geht noch weiter: ›Sie laufen und werden nicht müde ...‹ Und selbst das ist noch nicht das Ende: ›... sie gehen und werden nicht matt.‹«

Wenn wir die Botschaft dieser Worte aus *Jesaja* (40,31) auf unsere Situation übertragen, so bedeutet sie doch wohl: Derjenige, der einmal die Bergeshöhen der Motivation kennengelernt hat, der kann auch die leidige Eintönigkeit des Alltagslebens ertragen, ohne seine einmal gewonnene Kraft zu verlieren.

Das Feuer der Begeisterung kann jedoch nicht ewig brennen, wenn wir es nicht schüren und ab und zu ein paar neue Scheite auflegen. Ohne Erneuerungsprogramm wird selbst die stärkste Motivation schwächer, bis sie schließlich verglimmt. Eine Erneuerung der Motivation kann beispielsweise so aussehen, dass wir – wie bereits angedeutet – inspirierende Lektüre zur Hilfe nehmen, anregende Gesellschaft und die Nähe begeisterungsfähiger Menschen suchen. Zynikern, Nörglern und Negativisten sollten wir hingegen aus dem Weg gehen, denn solche Menschen haben uns nichts Konstruktives zu bieten.

Ein Motivationserlebnis kann auch durch eine besondere innere Eingebung ausgelöst werden – in Form eines »magischen Wortes«. Solche Momente lassen sich allerdings nie vorhersehen oder vorausplanen, deshalb ist es ratsam, unsere Sinne und vor allem unser Denken für solche neuen Impulse stets offenzuhalten. Das »magische Wort« vermag tatsächlich Änderungen herbeizuführen, die mitunter das ganze Leben neu gestalten.

Steve Carlton ist ein Beispiel dafür. Carlton war der Starspieler der Baseballsaison von 1972, obwohl er in einer völlig unbedeutenden Mannschaft, bei den »Phillies«, spielte.

Zwei Jahre zuvor spielte Carlton als Aufschläger bei den »Saint Louis Cardinals«. Auch in dieser Spielzeit war er in aller Munde: Er verlor nämlich regelmäßig! Eines Tages erreichte ihn dann das magische Motivationswort. Es stand in einem Brief eines Baseballfans, der ganz offen und direkt Carlton seine Meinung schrieb. Er sei überzeugt, schrieb er, dass er die Anlagen zu einem Bombenspieler habe, doch scheinbar fehle ihm die richtige positive Einstellung. Diese

Worte setzten einen Prozess in Gang, der dem bislang so mittelmäßigen Spieler zu einem großartigen Erfolg verhalf.

»Von dem Zeitpunkt an war ich wie verwandelt«, sagte Steve Carlton. Durch einfache, jedoch überaus motivierende Worte spornte er sich zu überragenden Leistungen an. Steve gewann in dem gleichen Jahr vier der restlichen fünf Spiele, und im folgenden Jahr ging es mit neuen Rekorden weiter.

»Verlieren? Ich denke einfach nicht mehr daran«, sagte Carlton. Er verdankte seinen Erfolg allerdings nicht allein seiner neugewonnenen positiven Denkweise. Ein Weiteres kam hinzu, das ihm die bahnbrechenden Siege einbrachte: ein harter Aufschlag, der jeden Ball am Gegner vorbeisausen ließ; ein gedrallter Schnittball, der dem Gegenspieler den Kopf verdrehte; und ein schnittiger Flachschlag, der unter mehrmaligem Aufprallen die ganze Strecke bis zum Ziel zurücklegte. Willie Stargell, Mannschaftskapitän der »Pittsburgh Pirates«, der häufig gegen Carlton antreten musste, bemerkte grimmig, der Versuch, Carltons Aufschlag zu treffen, sei so hoffnungslos wie das Unterfangen, Kaffee mit der Gabel zu löffeln.

Schon als Carlton noch zu den Verlierern zählte, besaß er die technischen Voraussetzungen zu einem Starspieler. Was ihm jedoch fehlte, das war der innere Ansporn, diese Fähigkeiten auch wirklich voll einzusetzen. Nachdem aber die Motivation, die innere Beteiligung, erst einmal erwacht war und er sich in einem neuen Licht gesehen hatte, gelang ihm auch die überzeugende Umsetzung seiner spielerischen Fähigkeiten.

Das »magische Wort«

Das magische Wort, also das Wort, das eine tief greifende Motivation auslösen kann, wirkt auf wunderbare, ja geheimnisvolle Weise. Wer seine Sinne für eine solche Erfahrung wach hält, befindet sich auf dem Wege zu neuen Entwicklungen. Wir können uns öffnen, indem wir unser Denken einsetzen, Interesse entfalten, Gebete verrichten und unsere Träume bewahren – und eines Tages kann uns ein magisches

Motivationswort erreichen und zu unserem Inneren sprechen.

Welche großartigen Veränderungen sich daraus für das weitere Leben ergeben können, zeigt der folgende Fall eines Mädchens aus ärmsten Verhältnissen:

Mary B. Crowe, um die es hier geht, war täglich damit beschäftigt, die rußverschmierten Overalls ihres Vaters zu waschen. Die Arbeitskleidung ihres Vaters, der als Bergmann unter Tage sein Geld verdiente, musste täglich gewechselt werden. Unter den ärmlichen Verhältnissen jener Zeit, in der Mary aufwuchs, stand ihr nichts als eine Schüssel und ein Waschbrett zur Verfügung. Es gab weder Waschmaschine noch Wäschetrockner, die die harte Schrubberei erleichtern konnten.

Eines Tages, als Mary die schmutzstarrenden Kleidungsstücke durchwalkte, geschah das Außergewöhnliche. In ihrem Kopf, dem Schauplatz erstaunlicher Vorgänge, nahm das magische Wort Gestalt an und wurde von ihren wachen Sinnen und ihrem empfänglichen, gläubigen Charakter aufgenommen. Während des Schrubbens blitzte eine Eingebung vor ihrem geistigen Auge auf und drang ihr klar und deutlich ins Bewusstsein mit dem Wort: *College!*

Woher kam nun dieser plötzliche Einfall, dieses magische Wort? Aus der Luft? Aus den Tiefen des Unterbewusstseins? Von Gott? Ein Gedanke, den sie nie zuvor gehegt hatte, war mit einemmal da und ließ sie nicht mehr los.

Mary Crowe sah bereits vor sich, wie sie in Hut und Talar auf das Podest zuschritt, um ihr Diplom entgegenzunehmen, ein Collegediplom! Wie töricht sie war! Ohne Geld, ohne jede Unterstützung – es war völlig aussichtslos. Niemand aus ihrer Familie hatte je ein College besucht. Aber, so unvorstellbar es war, sie hielt dennoch an diesem Gedanken fest. Eine Motivation, die sich in dieser bildhaften Vorstellung in ihr regte, hatte ihre Begeisterung entfacht. Zugleich fühlte sie Mut und Kraft in sich strömen. Und Kraft würde sie benötigen, um ihren Plan weiterzuverfolgen.

Während sie weiter tagein, tagaus die schmutzigen Overalls wusch, besuchte sie nebenher die Oberschule. Schließlich kam die Abschlussprüfung, die sie mit Auszeichnung bestand! Der Gemeindepfarrer ließ Mary zu sich kommen. In einem Umschlag, den er seit mehreren Jahren in seinem Schreibtisch aufbewahrt hatte, überreichte er ihr das begehrte Stipendium für das *St. Mary of the Springs College*! Ein entscheidender Schritt auf die Verwirklichung ihres Ziels zu war getan.

Mary besuchte das College mit wahrer Begeisterung. Nebenher arbeitete sie als Kellnerin, als Hausmädchen, als Köchin, als Mädchen für alles, um für ihr Studium das erforderliche Geld aufzutreiben. Sie verlor ihr Ziel nie aus den Augen und schaffte schließlich ihren Abschluss. Dann absolvierte sie noch einen Aufbaukurs im Versicherungswesen, um sich für die Anstellung bei einer Versicherungsgesellschaft zu qualifizieren. Als sie sich das erste Mal bei einer Versicherungsagentur bewarb, rümpfte der Direktor nur die Nase: »Was wissen Sie denn schon über Lebensversicherungen? Was über das Verkaufsgeschäft?« Außerdem, und das war der springende Punkt, sei sie eine Frau. Die Antwort war ein deutliches Nein. Mary gab jedoch nicht auf und sprach immer wieder bei ihm vor, mit der Bitte, ihr doch eine Chance zur Bewährung zu geben. Schließlich wurde es dem Direktor zu dumm – er willigte aus schierer Verzweiflung ein: »Also gut, hier haben Sie die Tabellen der Prämiensätze und einen Schreibtisch, aber Sie können weder mit einem Spesenkonto noch mit sonstiger Unterstützung rechnen. Von mir aus können Sie hier verhungern!« Den Gefallen tat sie ihm jedoch nicht – vielmehr wartete sie bereits ein paar Tage später mit ihrer ersten Versicherungspolice auf.

Fünfundzwanzig Jahre nach ihrer ersten hart erkämpften Anstellung wurde sie von ihren Kollegen bei einem Abendessen anlässlich ihres Jubiläums als eine der erfolgreichsten Vertreterinnen des Versicherungsgeschäftes gefeiert. Das Erfolgsrezept, das sie auf ihrem Weg begleitet hatte, hieß: bildhaftes Vorstellen, Glauben, Beten, positives Denken, unterstützt durch Begeisterung und Motivation.

Ändern Sie Ihr Denken!

»Jeder kann sein Denken und dadurch sein Leben ändern«, sagt Mary Crowe. »Der Mensch befindet sich fortwährend in einem Zustand des Werdens, und er wird so, wie er denkt. Will er sein Leben ändern, muss er zunächst sein Denken in neue Bahnen lenken. Das wird erreicht, indem er lebendige Bilder in sein Unterbewusstsein einsinken, indem er positive Bildvorstellungen an die Stelle negativer treten lässt.« Allerdings kann diese Philosophie nicht bedeuten, dass ein Leben ohne alle Probleme verläuft. Doch sie betont, dass der Mensch jedem Problem voller Vertrauen entgegentreten kann, da er in sich die Anlagen trägt, es vermöge der Kraft des Denkens auch zu meistern.

Mary Crowe und ihre Geschäftspartnerin Gladys Bowen sind der beste Beweis dafür. Sie haben beide ihr Leben lang die Methode des bildhaften Vorstellens praktiziert, und der Erfolg hat ihnen recht gegeben. In einem Brief jüngeren Datums schildert Mary Crowe Einzelheiten ihres Erfolgsrezeptes:

»In den vergangenen zehn Jahren sind Wunder geschehen, eine Folge der praktischen Anwendung der Lebensweisheit, die sagt: ›Glauben ist sehen.‹ Lassen Sie mich unsere Methode kurz erklären. Wir entwickeln zunächst ein Bild oder eine Vorstellung dessen, was wir brauchen oder wünschen. Wir bringen diese Gedanken dann zu Papier und halten sie uns täglich wieder vor Augen. Dann verinnerlichen wir die Vorstellung und glauben fest an sie. Was ebenso wichtig ist, wir handeln stets so, als ob das Ergebnis bereits Wirklichkeit sei. Unerlässlich ist jedoch eine echte Begeisterung an der Sache, weshalb wir uns auch immer um die ›richtige Wellenlänge‹ bemühen. Sind alle diese Faktoren vorhanden, begeben wir uns an die Arbeit und tun alles, was uns zur Erreichung unseres Zieles erforderlich erscheint.

Unsere Gesundheit hat sich mit zunehmendem Alter erstaunlicherweise ständig verbessert. Allein schon diese Tatsache erfüllt uns mit Optimismus – wenn man bedenkt, dass wir beide die sechzig schon überschritten haben! Wir denken uns in eine Vorstellung vollständiger Gesundheit hinein (ein Zettel an der Kühlschranktür dient als ständige Erinnerung). Außerdem sind wir beide begeisterte Naturkostanhänger. Wir führen unsere blühende Gesundheit und nie nachlassende Schaffenskraft darauf zurück, dass wir strikt darauf achten, was in unseren Magen, aber auch was in unsere Seele gelangt.

Im Jahre 1957 beispielsweise litt ich an einer unerklärlichen Entzündung der Rippenmuskulatur, die mir höllische Schmerzen verursachte, sobald ich auch nur einen Arm etwas bewegte. Damals besaß ich keinen roten Heller, und die Zukunft sah schier trostlos aus, weil ich meiner Arbeit nicht mehr nachgehen konnte. Andererseits wollte ich niemandem zur Last fallen. Da fiel mir ein Buch über die Macht unserer Denkprozesse in die Hände, in dem ausführlich geschildert wurde, wie wir unsere Gedankengänge selbst steuern können. Das Buch war Gold wert! Es lehrte mich positives Bilddenken, und dadurch fand ich den Weg zur richtigen Behandlung meines Leidens und zu einer erstaunlich schnellen Genesung.

Die Anwendung positiver Bildvorstellungen auf unser Versicherungsgeschäft hat uns erstaunliche Rekorde eingebracht. In den vergangenen zwölf Jahren haben wir zwei Frauen mehr Policen im Wert von einhunderttausend Dollar verkauft als alle männlichen Kollegen zusammen. Kein schlechtes Ergebnis, wenn man bedenkt, dass uns am Anfang unserer Karriere niemand einstellen wollte, mit dem Argument, dass wir keine sechs Monate überstehen würden!«

Mary Crowes Bericht bestätigt einmal mehr, wie eine kraftvolle Motivation zum richtigen Einsatz des Denkens und damit zum Gelingen führt. Gilt es für sie, so gilt es auch für jeden von uns. Wenn wir offen sind für das magische Motivationswort, dann werden wir es auch vernehmen und uns über alle vermeintlichen Grenzen hinwegsetzen.

Hindernisse: ein Synonym für Ansporn

Die überaus harten Schicksalsschläge – wer fürchtet sie nicht? Wer kennt nicht die Situationen, die uns ratlos werden lassen, die uns dazu verleiten, all das aufzugeben, was uns lieb und teuer ist, wofür wir gearbeitet, wofür wir Entbehrungen auf uns genommen haben? Doch jeder noch so harte Schicksalsschlag trägt den Kern des Ansporns in sich, jedes noch so große Hindernis kann das Signal zu gesteigerten Anstrengungen geben. William A. Ward formulierte dies treffend mit den Worten: »Am Unglück zerbricht so mancher – ein anderer aber bricht Rekorde.« In dem gleichen Sinne ließ William Shakespeare uns wissen: »Süß sind die Früchte der Not.« Er schien zu wissen, welcher Ansporn zu immer größeren Leistungen dem starken Menschen aus einer Notlage erwachsen kann.

Ich fragte einmal J. C. Penney nach dem Geheimnis seines Erfolges. Ohne Zögern erwiderte er: »Hindernisse! Aus mir wäre nie etwas geworden, wäre ich nicht stets gezwungen gewesen, den steilen, dornigen Pfad emporzuklimmen.« An diesen Ausspruch wurde ich wieder erinnert, als ich vor einiger Zeit die Nathan Road in Kowloon, Hongkong, entlangging und in einem Fenster die Miniaturnachbildung eines alten, teuren Freundes, des berühmten Colonel Harland Sanders, entdeckte.

Dieser Colonel hatte einen weiten Weg zurückgelegt, und zwar nicht allein in geografischer Hinsicht. Wie weit hatte er den verhängnisvollen Tag damals in Corbin, Kentucky, hinter sich lassen können! Welch eindringlicher Beweis einer starken Motivation, als er nach einem vernichtenden Schlag, den er im Alter von fünfundsechzig Jahren hinnehmen musste, noch zu einer weltweit bekannten Persönlichkeit wurde!

Der Vater war Bergmann gewesen, die Mutter hatte in einer Hemdenfabrik gearbeitet. Als eines von vielen Geschwistern, die die Mutter im Haushalt unterstützten, war es die Aufgabe des jungen Harland, für die ganze Familie zu kochen (was sich später bezahlt machen sollte).

Harland Sanders war harte Arbeit von klein auf gewohnt; die Schule musste er mit Abschluss der sechsten Klasse verlassen. In jener Zeit herrschte in den Bergen von Kentucky große Armut: Wie so viele andere war auch Harland hiervon betroffen. Arbeitslosigkeit, Armut, Hunger – diesen Teufelskreis, der sich mit unerbittlicher Regelmäßigkeit wiederholte, konnten nur die wenigsten durchbrechen. Harland gehörte zu den wenigsten; er eröffnete schließlich ein Restaurant (»Die Menschen müssen immer essen«, so seine Überlegung). Doch mit der Überlegung allein war es nicht getan; viele Jahre knochenharter Arbeit musste er investieren, bis sein Geschäft einen bescheidenen Ertrag abwarf. Als aber dann der nahe gelegene Highway durch ein anderes Gebiet geführt und die alte Trasse stillgelegt wurde, blieben die Gäste aus. Harland Sanders stand vor einem Scherbenhaufen; er verlor alles. Zu jenem Zeitpunkt war er bereits fünfundsechzig Jahre alt.

Da saß er nun auf seiner Veranda in Corbin, Kentucky, Mitte sechzig, bankrott und mittellos, auf die monatlichen einhundertfünfzig Dollar Sozialrente vom Staat angewiesen. Doch als Sozialfall wollte sich Colonel Harland nicht sehen. Es musste doch einen Weg geben, so überlegte er, aus eigener Kraft etwas für seinen Lebensunterhalt zu tun. Die Kraft der Motivation begann in ihm zu arbeiten. Er dachte lange und tief nach und stieß am Ende auf eine Lösung – die Idee der »Kentucky Fried Chicken« war geboren.

Ihm war das Spezialrezept seiner Mutter für gebratene Hähnchen in den Sinn gekommen, ein altes Familienrezept, das er immer als etwas Besonderes angesehen hatte. Wie wäre es, wenn er versuchte, Lizenznehmer für dieses Brathähnchenrezept zu finden? Colonel Sanders machte sich gleich an die Verwirklichung dieser Idee und fand schließlich, nachdem er zuvor von zahllosen Restaurants abgewiesen worden war, seinen ersten Interessenten. Die erste Lizenz, die an ein Restaurant in Salt Lake City vergeben wurde, brachte prompt einen Riesenerfolg. Zehn Jahre später, im Alter von fünfundsiebzig Jahren, verkaufte er seine Anteile an dem Unternehmen, blieb aber als Ehrenpräsident weiter tätig. Heute sind die Schnellrestaurants von »Kentucky Fried Chicken« bis weit über die Grenzen der USA hinaus international bekannt.

Nicht der enorme finanzielle Erfolg des Colonels ist so bemerkenswert, sondern es ist vielmehr sein Lebensweg, der uns zeigt wie jemand nie aufzugeben braucht, ganz gleich, in welchem Lebensabschnitt er sich befindet. Colonel Harland Sanders hat nämlich eines bewiesen: Das Leben hält stets Möglichkeiten für uns bereit, die den Grundstein für einen Neubeginn legen können – sofern wir die richtige Motivation aufbringen.

Hier noch einmal im Überblick die wesentlichen Anhaltspunkte zur Erlangung und Bewahrung einer inneren Motivation, die uns unsere Fähigkeiten aufzeigt und uns die Kraft gibt, sie in die Tat umzusetzen:

- Was immer Sie tun, tun Sie es nie halbherzig.
- Suchen Sie anregende, Begeisterung fördernde Gesellschaft.
- Bewahren Sie Ihre Motivation auch angesichts eines Hindernisses oder eines Unglücks, denn aus jeder Not erwächst etwas Neues, Gutes.
- Formen Sie eine bildhafte Vorstellung von Ihrem Ziel und halten Sie diese im Bewusstsein lebendig, bis Sie Ihr Ziel erreicht haben.
- Seien Sie empfänglich für ein magisches Motivationswort. Es kann zu einer Neugestaltung Ihres ganzen Lebens führen.
- Lassen Sie sich von positiven Gedanken, etwa aus geeignetem Lesestoff, zu neuen Taten beflügeln.
- Die stärkste aller Motivationen erwächst uns aus dem spirituellen Bereich. Wer sich den spirituellen Einflüssen öffnet, dem wird die Kraft der Motivation immer aufs Neue zuteil.

KAPITEL 5

Der Schlüssel zu gesundem Selbstvertrauen

»Der Mensch ist zum Erfolg und nicht zum Scheitern geboren«, sagte der amerikanische Schriftsteller Henry D. Thoreau, ein radikaler Nonkonformist.

Und Ralph Waldo Emerson verkündete: »Selbstvertrauen ist der erste Schritt zum Erfolg.«

Doch wie vielen Menschen mangelt es an gesundem Selbstvertrauen! Wie viele unter uns misstrauen ihren eigenen Fähigkeiten und werden von quälenden Zweifeln geplagt! Millionen von Menschen leiden unter Minderwertigkeitsgefühlen, fühlen sich wertlos und unzulänglich. Sie stehen sich häufig selbst im Wege und verhindern mit ihrer »Ich bin zu nichts zu gebrauchen«-Einstellung jegliche Weiterentwicklung.

Neulich erreichte mich ein Anruf aus Übersee. Eine mir unbekannte Männerstimme sagte in einem halb verängstigten, halb klagenden Tonfall: »Ich stecke in einer Klemme, in einer Situation, der ich nicht gewachsen bin. Ich weiß, diesmal ist es zu viel für mich. Ich kann damit nicht fertig werden. Ich ... ich schaffe es nicht ...« Hier brach die Stimme verzweifelt ab.

»Halten Sie sich selbst für normal?«, nahm ich das Gespräch auf.

»Meinen Sie, ob ich geistig gesund bin? So etwas bin ich noch nie gefragt worden, aber ich bin nicht verrückt oder so.«

»Gut. Sind Sie krank, haben Sie körperliche Gebrechen?«, fragte ich weiter.

»Ganz und gar nicht. Ich bin jung und kerngesund.«

»Wunderbar. Wie steht's mit Ihrer Ausbildung?«

»Ich habe einen Universitätsabschluss, und meine Zeugnisse waren eigentlich immer ganz gut.«

»Also gut, junger Mann, lassen Sie mich Ihre Lage einmal näher betrachten. Sie sind sowohl in geistiger als auch in körperlicher Hinsicht ein gesunder Mensch, und Sie haben eine gute Ausbildung vorzuweisen. Was veranlasst Sie, das viele Geld für ein Ferngespräch über den Atlantik zum Fenster hinauszuwerfen, nur um mir mit schwacher, verängstigter Stimme mitzuteilen, dass Sie in einer Klemme stecken, die Sie vermeintlich nicht bewältigen können?«

»Wissen Sie, bei dem Gedanken an meine bevorstehenden Schwierigkeiten überkam mich plötzlich ein Gefühl der Ausweglosigkeit, das mich völlig erdrückte. Ich wusste mir keinen Rat mehr. Da fiel mein Blick auf eines Ihrer Bücher. Ich nahm es aus dem Regal und begann zu lesen. Schließlich rechnete ich mir aus, dass es bei Ihnen in New York ungefähr Mittag sein muss – und kurz entschlossen griff ich zum Telefon. Fünf Minuten später waren Sie bereits in der Leitung, und nun spreche ich mit Ihnen persönlich! Ist das nicht großartig?«

»All das«, entgegnete ich, »lässt eine beachtliche Entschlussfreudigkeit Ihrerseits vermuten. Ihr schnelles Handeln zeugt von einer gesunden Tatkraft. Sie haben sich nicht lange gefragt, ob Sie es wagen sollten, anzurufen, oder was wäre, wenn ich nicht zu Hause wäre, oder ob ich Sie womöglich für einen ›Spinner‹ halten würde. Solche oder ähnliche Zweifel kamen Ihnen zum Glück erst gar nicht. Sie fassten einen Entschluss, den Sie ohne langes Zögern in die Tat umsetzten. Und das verrät mir die Wahrheit über Sie. Ihre einleitende Behauptung, Sie seien Ihrer jetzigen Lage nicht gewachsen und würden mit der bevorstehenden Schwierigkeit nicht fertig, entspricht nicht Ihrem eigentlichen Wesen. Ich will aber keineswegs abstreiten, dass Ihr Problem äußerst schwierig ist. Vielleicht wird es Ihnen sogar alle Kraft abverlangen, die Sie nur aufbringen können. Doch Sie sollten sich eines klarmachen: Wie hart es auch werden mag, Sie können diese Situation bewältigen. Zum Schluss noch eine andere Frage : Glauben Sie an Gott?‹

»Doktor Peale«, entgegnete er, »wie könnte ich Sie, einen Theologen, um Rat bitten, wenn ich nicht an Gott glaubte?«

»Großartig. Dann lassen Sie uns einfach, hier am Telefon, ein Gebet sprechen. Wahrscheinlich wird es das kostspieligste Gebet werden, das Sie je gehört haben, aber sei's drum.«

Ich formulierte ein Gebet, in dem ich Gott in einfachen Worten bat, ihm bei der Überwindung seiner Verunsicherung und seiner Zweifel beizustehen und sein Selbstvertrauen wiederherzustellen. Ich dankte Gott dafür, dass er den jungen Mann mit Gesundheit und Entschlusskraft ausgestattet hatte, die ihm bei der Bewältigung seiner Aufgabe eine große Hilfe sein würden. Abschließend brachte ich die Vermutung zum Ausdruck, dass sich seine Wandlung innerlich bereits vollzogen habe.

»Schreiben Sie mir bei Gelegenheit«, sagte ich abschließend, »wie Sie Ihre Schwierigkeiten bewältigt haben. Denken Sie daran, dass Sie es schaffen, wenn Sie daran glauben, dass Sie es schaffen!«

Einige Zeit später meldete er sich mit einem erfreulichen Bericht, der erste Erfolge andeutete und seine veränderte Einstellung durchschimmern ließ. »Nachdem Sie mir gezeigt hatten, dass ich mir vertrauen kann«, schrieb er, »kam meine Zuversicht zurück. Ich lenke meine Gedanken in eine positive Richtung und verlasse mich darauf, dass sich die Kraft, mit den Problemen umgehen zu können, einstellen wird.«

Jeder kann seine Schwierigkeiten bewältigen, und zwar in dem Maße, wie er lernt, Vertrauen in die eigene Person zu entwickeln. Mit einem genügend starken Selbstvertrauen sind wir im Besitz des Schlüssels, der uns die Tür zum Erfolg öffnet. Trauen wir uns den Erfolg zu, indem wir an uns selbst glauben, dann wird er sich auch zwangsläufig einstellen.

Sie können gelegentlich an Ihren Mitmenschen beobachten, wie sie überragende Leistungen vollbringen, wenn sie erst einmal an ihre eigenen Fähigkeiten glauben. Gleichzeitig ist ein gesundes Selbstvertrauen, ein wirklichkeitsnaher und uneigennütziger Glaube an die eigene Person auch für ihre Umgebung von großem Wert, denn diese positive Haltung ist ansteckend und überträgt sich auf alle, die damit in Berührung kommen.

Setzen Sie sich mit Ihrer ganzen Kraft ein!

Wann immer ich über die Frage des Selbstvertrauens nachdenke, kommt mir der Footballcoach Vince Lombardi in den Sinn. Er war ein wunderbarer Mensch, der mich ebenso in seinen Bann zog, wie er auch Spieler und Zuschauer stets begeisterte. Als langjähriger Bewunderer dieses großartigen Trainers wusste ich um seinen Ruf, ein ausgemachter »Schinder« zu sein, der seine Spieler mit unerbittlicher Härte trainierte. Bis ich ihn persönlich kennenlernte, stellte ich ihn mir daher als einen ziemlich schroffen und harten Menschen vor. Doch dann musste ich feststellen, dass er äußerst warmherzig, freundlich und ausgesprochen gesellig sein konnte. Als ich diesen Eindruck einem seiner Spieler schilderte, knurrte der nur: »Ja, aber Sie gehören ja auch nicht zu seiner Mannschaft!«

»Eines habe ich mir immer sehnlicher gewünscht als alles andere«, sagte mir Lombardi, »und das war zu gewinnen. Was für einen Sinn hat das Spiel, wenn ich mir nicht den Sieg zum Ziel setze? Alles, das Spiel, die Arbeit, das Denken, sollte stets auf Gewinnen ausgerichtet sein.« Über seine Aufgabe als Footballcoach sagte Lombardi: »Es geht darum, aus diesen Jungen ganze Kerle zu machen, die gewinnen wollen und die bereit sind, ihre gesamte Physis und Psyche nur auf dieses eine Ziel auszurichten. Sie sollen an sich selbst und an ihre Mannschaft glauben – ihr Denken muss stets von Zuversicht geprägt sein. Echtes Vertrauen überrollt alle Hindernisse.«

Vince Lombardi war von der Bedeutung einer gewissen Härte sowie strikter Regeln überzeugt. »Wenn ihr für mich arbeitet«, sagte er seiner Mannschaft in entschiedenem Ton, »darf es für euch nur drei Dinge geben, um die sich eure Gedanken drehen: euren Glauben an Gott, an eure Familie und an eure Mannschaft – und zwar in dieser Reihenfolge.«

Jerry Kramer, ein ehemaliger Abwehrspieler der »Green Bay Packers« hielt seine Erinnerungen an die Zeit unter diesem großartigen Trainer in einem Buch fest. Er hat beispielsweise nicht vergessen, wie Lombardi eines Tages seinen Angriffsspielern sagte: »Das Spiel verlangt euren ganzen Einsatz. Ihr müsst mit völliger Hingabe spielen. Schert euch um nichts und niemanden. Je tiefer ihr in die gegnerische Hälfte eindringt, desto größer soll euer Eifer werden. Und nichts, kein Panzer, keine Mauer, keine noch so dichte Abwehr darf euch davon abhalten, den Ball über die Torlinie zu bringen!« Ist es da ein Wunder, wenn diese Mannschaft unter Lombardis Führung die Fans immer wieder in Erstaunen versetzen konnte?

Wenn wir einen Vergleich zu unserer eigenen Arbeit ziehen, ist es nicht auch unser Ziel, die uns gestellten Aufgaben in der hier geschilderten Art und dem beschriebenen Geist zu erfüllen? Gewöhnlich geben wir uns nicht damit zufrieden, an einer Arbeit stümperhaft herumzupfuschen. Wir wollen einfach keine halbfertige Aufgabe vor uns herschieben, sondern setzen alles daran, ein vorgestecktes Ziel auch zu erreichen. Hierzu befähigt uns ein gesundes Selbstvertrauen. In dem Maße, wie wir unseren Fähigkeiten vertrauen, werden wir erfahren, dass der Glaube an die eigenen Fähigkeiten wie ein kraftvoller Magnet wirkt, der erfreuliche Resultate und positives Gelingen unweigerlich anzieht.

Eine gewinnbringende Erfolgsformel: Glauben und handeln!

Auf einer Handelstagung erzählte mir einmal ein junger Verkäufer, welch positive Wandlung ihm widerfuhr, als er eines Tages die Bedeutung echter Hingabe begriff. Er lernte, aus sich herauszugehen und sich mit seiner ganzen Person für seine Aufgaben einzusetzen. Heute zählt er zu den Spitzenkräften seiner Verkaufsgruppe. Er habe sich, so versicherte er mir, im Vergleich zu früher in sein genaues Gegenteil verwandelt.

»Jahrelang war ich ein ausgesprochener Versager. Ich war verbittert, beklagte mich bei jeder Gelegenheit und hatte das Gefühl, vom Leben ungerecht behandelt zu werden. Immer ließ ich den Kopf hängen und wartete auf eine Veränderung. Doch nichts geschah, und allmählich verlor ich jeglichen Glauben an mich selbst. Ich sah keine Zukunft vor mir. Eines Tages hörte ich durch Zufall folgende Bemerkung: Es habe keinen Zweck, untätig nur zu warten, vom Leben etwas geschenkt zu bekommen, denn nichts geschähe, bis der Einzelne nicht selbst etwas unternähme und etwas in sein Leben investiere! Da verstand ich, dass das Leben uns nur so viel geben kann, wie wir selbst an das Leben gegeben haben. Die große Frage, die das Leben an jeden von uns stellt, lautet: ›Bist du dabei? Bist du bereit, dich zu geben? Glaubst du aufrichtig an dich selbst?‹ Nur wer sich vertrauensvoll dem Leben stellt, bekommt auch etwas zurück.

Genau das aber war mein wunder Punkt. Ich hatte alles andere als Zutrauen zu meinen eigenen Fähigkeiten und konnte mir so natürlich keine Sporen verdienen. Plötzlich sah ich mich in einem völlig neuen Licht und erkannte, welch klägliche Figur ich bis dahin abgegeben hatte. Hier Abhilfe zu schaffen war – wenn es mir anfangs auch nicht leichtfiel – letzten Endes gar nicht allzu kompliziert. Ich setzte mir in den Kopf, mich mit allem Elan, den ich aufbringen konnte, meinen Aufgaben zu widmen. Ich brachte den Willen auf, an meine Arbeit und an mich selbst zu glauben. Seither lebe ich nach dem Motto: ›Glauben und handeln!‹

Was nützt jedoch ein Glauben ohne entsprechendes Handeln? Ich beschloss also, zu handeln. Das begann damit, dass ich am nächsten Morgen eine Stunde früher als gewöhnlich aufstand. ›Heute werde ich mich einmal richtig ins Zeug legen‹, sagte ich laut vor mich hin. Ich warf einen Blick auf meine Kundenliste und machte mich auf den Weg. Bei der ersten Adresse war ich angelangt, bevor das Geschäft geöffnet hatte. So hatte ich Gelegenheit, dem Inhaber beim Öffnen behilflich zu sein, was mir erstaunlicherweise sogar Spaß machte. Ich begann mich für sein Geschäft zu interessieren, und schon bald waren wir in eine angeregte Unterhaltung über seine Arbeit vertieft. Die Folge war, dass ich meinen ersten Geschäftsabschluss bereits zu einem Zeitpunkt hinter mich gebracht hatte, zu dem ich früher noch im Bett gelegen hatte. Es lief plötzlich alles wie von selbst.

Den ganzen Tag über ging es so weiter. Die Welt schien wie verwandelt. Ich staunte. Zugegeben, später musste ich oft genug dagegen ankämpfen, nicht in meinen alten Trott zu verfallen, doch mit der Zeit wurde ich gegen meine frühere Schwäche immun. Heute macht mir meine Arbeit große Freude, und ich merke, es lohnt sich einfach. Nachdem ich einmal entdeckt habe, wozu ich fähig sein kann, fühle ich mich wie beflügelt. Alles sieht so anders aus. Vielleicht«, fügte er gedankenvoll hinzu, »weil ich mich selbst geändert habe.«

Diese Beobachtung ist richtig. Wenn Sie eine Veränderung Ihrer Lage wünschen, können Sie sie wahrscheinlich dadurch herbeiführen, dass Sie sich selbst ändern. Entdecken Sie Ihren Glauben an sich selbst und bauen Sie Ihr Handeln auf der realistischen Zuversicht auf, dass Sie die Fähigkeiten und Kenntnisse besitzen, genau das zu tun, was getan werden muss.

Ein zuverlässiges, souveränes Selbstvertrauen, das uns auch in heiklen Situationen nicht im Stich lässt, stellt sich allerdings nicht von heute auf morgen ein. Es setzt vielmehr ein gewisses Maß an praktischer Erfahrung im Umgang mit unseren geistigen Vorgängen voraus. Wir müssen uns die Fähigkeit erwerben, unsere geistigen Kräfte in eine sinnvolle Richtung zu steuern. Es wird gesagt, Geist sei alles. Ob Sie dem ohne Einschränkung zustimmen wollen oder nicht, die Erfahrung bestätigt jedenfalls immer wieder aufs Neue, dass geistige Prozesse den Verlauf der Geschehnisse deutlich beeinflussen und mitgestalten.

Die schöpferische Erwartungshaltung

Wie entscheidend die eigene geistige Haltung den Ablauf des Geschehens wie auch das schöpferische Leistungsvermögen beeinflusst, kann das Beispiel eines jungen Mannes veranschaulichen, dessen Entwicklung ich über längere Zeit hinweg aus nächster Nähe verfolgen konnte:

Er hatte schon allen Glauben an sich verloren. Seine Selbstsicherheit war ihm abhanden gekommen, was in gewisser Weise verständlich war, denn eine mehrjährige Erfahrung wiederholten Scheiterns und immer neuer Fehlschläge lag bereits hinter ihm. Eine Anstellung nach der anderen hatte er verloren. Der besorgte Vater bat uns wegen der vielen Misserfolge seines Sohnes um Rat. »Ich habe ihn aufs College geschickt. Ich machte meinen Einfluss geltend, um ihm eine gute Anstellung zu besorgen, doch er verlor sie. Ich besorgte ihm eine neue, aber binnen kürzester Zeit verlor er die ebenfalls. Bei einem Dutzend weiterer Stellenangebote war es immer dieselbe traurige Geschichte. Jedes Mal versagte er, und inzwischen ist er schon fast dreißig Jahre alt.« Der Vater war der Verzweiflung nahe.

Wir leiteten zunächst die Teilnahme an einem umfassenden Berufseignungstest in die Wege. Den Ergebnissen zufolge besaß er Begabung für die Arbeit im Personalbereich. Hiervon überrascht, erklärte sich der junge Mann bereit, einen Versuch in dieser Richtung zu unternehmen. Der beratende Psychologe vertrat die Ansicht, in seinem Fall sei außer dem Wechsel der Fachrichtung noch etwas grundlegend anderes erforderlich – was er dringend lernen müsse, sei eine schöpferisch-konstruktive Erwartungshaltung. Andernfalls bestünde die Gefahr, dass sich seine alten Verhaltensmuster des Versagens weiter fortsetzten, wenn auch unter jeweils neuen Vorzeichen.

Schöpferische Erwartungshaltung ... ich hörte diesen Ausdruck zum ersten Mal. Der Psychologe erklärte: »Das Fatale an diesem jungen Mann ist, dass er immer das Schlimmste befürchtet. Seine Gedanken haben die Tendenz, sich die jeweils negativste Möglichkeit auszumalen, was natürlich einem Scheitern Tür und Tor öffnet. Er muss umdenken und positive Ergebnisse erwarten lernen. Eine schöpferisch-konstruktive Erwartungshaltung bedeutet, sich voller Zuversicht in das eigene Potenzial bessere Möglichkeiten auszumalen und ihr Eintreffen fest zu erwarten.« Eigentlich ist es eine Binsenweisheit, dass jeder das erhält, was er innerlich erwartet. Es sind ebendiese inneren Erwartungshaltungen – ob wir uns ihrer bewusst sind oder nicht –, die die entsprechenden Ereignisse auch herbeiführen.

In dem Maße, wie der junge Mann eine positive Erwartungshaltung methodisch anzuwenden lernte, nahm auch seine Entwicklung den Weg zum Positiven. Hatte er früher in den Tag hineingelebt, in der ständigen Befürchtung, wieder neues Unheil anzurichten, so begannen sich jetzt neue, schöpferische Vorstellungen in ihm zu regen. Er bemühte sich um eine zuversichtliche Denkweise, bis ihm allmählich, trotz anfänglicher Rückschläge, das neue Verhaltensmuster zur festen Gewohnheit geworden war. Die Einsicht, dass man etwas kann, wenn man erwartet, dass man es kann, machte einen ganz neuen Menschen aus ihm.

Inzwischen sind seit seiner bemerkenswerten Wandlung einige Jahre vergangen. Heute bekleidet er als Vorgesetzter über eine große Zahl Angestellter einen verantwortungsvollen Posten. »Das Prinzip der schöpferischen Erwartungshaltung ist Gold wert«, erklärte er mir. »Es hat nicht nur meine berufliche Laufbahn gerettet, sondern obendrein mein Privatleben unsagbar bereichert. Die Hinwendung meiner Gedanken zum Positiven hat mir den richtigen Weg gewiesen. Aus einem verzagten Menschen, der in ständiger Furcht vor dem nächsten Fehlschlag lebte, wurde jemand, der sein Leben erfolgreich in die Hand nahm.«

Ebenso wie in den exakten Wissenschaften der Mathematik oder Physik gilt auch für alles Denken und Handeln die Gesetzmäßigkeit von Ursache und Wirkung. Alles im Leben läuft nach festumrissenen Kausalgesetzen ab. Machen wir uns daher die gesetzmäßige Verknüpfung zwischen geistiger Haltung und deren Folgen zunutze, indem wir mit einer schöpferischen Erwartung sowie einem gesunden Selbstvertrauen positive Wirkungen herbeiführen. »Die größte Entdeckung meiner Generation«, sagte einer der Wegbereiter der modernen Psychologie, William James, »ist die, dass die Menschen auf ihr Leben einwirken können, indem sie ihre geistigen Einstellungen gestalten und ändern.«

Erreichen Sie Ihr Ziel durch bildhaftes Vorstellen!

Ein Mensch, der sich vor seinem geistigen Auge bildhaft ausmalt, wie er etwas vollbringt und wie er es vollbracht hat, statt aufzugeben und zu versagen, und der sich dabei nicht scheut, den Preis intensiver Arbeit und großer Mühen zu zahlen, der wird beständig in Richtung auf sein Ziel Fortschritte machen. Das Erzeugen von Bildvorstellungen ist für unsere persönliche Entwicklung und für den Erfolg im Leben von großer Bedeutung. Wie wir uns selbst sehen, was wir denken, was wir uns bildlich ausmalen – das gibt uns Aufschluss über den eingeschlagenen Weg und führt uns ans Ziel.

Manche unscheinbaren Begebenheiten oder Erzählungen hinterlassen in unserem Denken einen bleibenden Eindruck, weil sie uns zu irgendeinem Zeitpunkt vielleicht einen neuen Anstoß lieferten oder eine neue Botschaft übermittelten. Einen solchen Stellenwert hat für mich die folgende Begebenheit, die mich noch Jahre danach beschäftigte:

Ein berühmter Trapezkünstler unterrichtete einmal eine Gruppe junger Leute, die genug Ehrgeiz und Lust am Risiko mitbrachten, um die gleiche Laufbahn wie er anzustreben. Zunächst studierte die Gruppe einfachere Kunststücke ein. Nach einigen Monaten war dann der entscheidende Zeitpunkt gekommen: Jeder sollte sein Können auf dem Hochseil unter Beweis stellen. Alle bestanden die Probe, doch als der letzte Anwärter an die Reihe kam, schaute er zum Trapez auf – und erstarrte. Unvermittelt drängte sich ihm eine negative Bildvorstellung auf: »Der geringste Patzer – und ich stürze in die Tiefe!« Er war unfähig, auch nur einen Muskel zu bewegen, so stark sah er das Bild seines Versagens vor sich. Schreckensbleich stammelte er: »Ich kann es nicht. Ich sehe mich bereits hinunterfallen. Ich wage es nicht.«

»Wäre ich nicht sicher, dass du dazu imstande bist, würde ich es nicht von dir verlangen, oder?«, sagte sein Lehrer. »Ich will dir sagen, wie du es anstellen musst. Wirf dein Herz über die Trapezstange dort droben, und dein Körper wird wie von selbst nachfolgen!« Mit diesen Worten brachte der Meister zum Ausdruck, dass der Junge sein Vertrauen einsetzen und die Vorstellung der vollbrachten Leistung über das Hindernis »vorauswerfen« sollte, da die Umsetzung in die Tat sich dann mit Leichtigkeit einstellen würde. Es war ein sehr weiser Rat. Das Denken des jungen Artisten erwachte aus seiner Erstarrung, sein gedankliches Bild nahm nach und nach neue Gestalt an, bis er schließlich in der Lage war, die Probe ohne Zwischenfall hinter sich zu bringen.

Jeder von uns muss Krisen durchmachen! Doch die Befürchtung eines Unheils versetzt uns in eine seelische Erstarrung, die uns der Fähigkeit beraubt, richtig zu handeln. Setzen wir an dieser Stelle die Gabe der Fantasie und des bildlichen Vorstellens ein, »werfen« wir also Verstand und Herz über das Hindernis, dann werden wir die Krise überwinden. Der geistige Anstoß zieht die tatsächliche Ausführung nach sich. Was Sie geistig vollzogen haben, werden Sie auch handelnd bewältigen!

Doch schon weit Geringeres als ein Trapez in luftiger Höhe kann den Menschen in Erstarrung versetzen. Wenn jemand einen schwerwiegenden Fehler begangen oder sich ausgesprochen töricht verhalten hat, so kann dies schnell zu einer verheerenden Störung des Selbstbewusstseins führen, zu Selbstvorwürfen, zu Selbstanklagen. Fragen wie »Warum habe ich das nur getan?«, oder »Warum habe ich nicht jenes unternommen?«, tauchen dann unweigerlich auf und unterhöhlen unser Selbstvertrauen ganz erheblich. Doch statt uns selbstquälerisch mit einem einmal begangenen Fehler auseinanderzusetzen, ist es bedeutend hilfreicher, den Blick bereits auf den nächsten Schritt zu lenken – in dem Bewusstsein, dass das Geschehene zwar nicht mehr rückgängig zu machen ist, die Zukunft aber neue Herausforderungen zu unserer Bewährung bereithält – und damit die Chance, es besser zu machen.

Das nachfolgende Beispiel berichtet daher von einem Menschen, dessen Selbstvertrauen wegen eines begangenen Fehlers zunächst tief erschüttert worden war, dem es jedoch gelang, zu neuer Zuversicht und zu neuem Glauben an sich selbst zu finden, nachdem er seine Einstellung neu überdacht hatte.

Der neunundzwanzigjährige Mann, der vor mir saß, war verzagt und mutlos. Eine an Verzweiflung grenzende Niedergeschlagenheit hatte sich seiner bemächtigt. »Wie konnte mir nur so ein schrecklicher Fehler unterlaufen?«, wiederholte er immer wieder. »Was für eine beispiellose Dummheit! Ich hatte eine einmalige Chance, und was habe ich daraus gemacht? Alles ist verpfuscht, meine Zukunft ist hin! Wozu bin ich überhaupt noch zu gebrauchen?«

Wegen dieses Fehlers war ihm, der eine ausgezeichnete Stellung bekleidet hatte, gekündigt worden. Der Vorfall ging ihm sehr nahe, und er war völlig verzweifelt, weil er meinte, seine berufliche Laufbahn sei nun unwiderruflich zu Ende.

»Gewiss«, musste ich zustimmen, »das ist ein harter Schlag für Sie. Doch vielleicht sollten Sie, statt nur zu jammern, einmal Ihre Fehlerphilosophie neu überdenken.« Ich machte ihn darauf aufmerksam, dass es uns Menschen nicht gegeben ist, ohne Fehler durchs Leben zu gehen: »Mitunter können Fehler sogar sehr kostspielig sein, doch grundsätzlich gilt, dass wir aus nichts bessere Lehren ziehen können als aus unseren eigenen Irrtümern. Der Persönlichkeitstyp, der vorwärtskommt und Leistungen erbringt, ist auch imstande, sich zusammenzureißen und jeweils neue Einsichten aus einmal begangenen Fehlern abzuleiten. Er trägt die Konsequenzen, sammelt die Scherben auf und nimmt unverdrossen das nächste Projekt in Angriff. Jede Bestrebung aber, Fehler vermeiden zu wollen, verhindert den wirklichen Erfolg. Ich will Ihnen hierzu ein Beispiel erzählen: Ein namhafter Firmenchef betrieb eine aus dem gewöhnlichen Rahmen fallende Personalpolitik. Er manövrierte junge Mitarbeiter absichtlich in heikle Situationen hinein, in denen sie ohne Anleitung oder Unterstützung einer höheren Instanz ungewöhnliche Aufgaben und Problemstellungen bewältigen mussten. Dabei stellte sich heraus, ob der fragliche Mitarbeiter den Nerv besaß, einen Fehler zu riskieren. Fehlte ihm der Mut zum Risiko, kam er nicht länger für höhere, leitende Positionen in Betracht, da die übermäßige Vorsicht ihn als zu wenig entschlussfreudig kennzeichnete. Mit dieser Methode erzielte der Direktor überdurchschnittliche Erfolge in der Ausbildung selbstsicherer und leistungsstarker junger Leute.«

Ich wies meinen niedergeschlagenen Besucher nun auf folgenden Gesichtspunkt hin: Während Fehler im Normalfall aus Unerfahrenheit resultieren, entspringen manche Fehler jedoch aus einem im Denken angelegten Muster, sozusagen aus einem Hang zu Fehlern oder zu Fehlleistungen. Diese Fehleranfälligkeit äußert sich beispielsweise darin, dass derselbe Fehler immer wiederholt wird. In einem solchen Fall ist eine unter psychologischer Anleitung vorzunehmende Untersuchung der inneren Haltungen und Reaktionsmuster angebracht. Immer jedoch liegt die Hauptbedeutung von Fehlern für uns darin, aus ihnen etwas lernen zu können. Unsere Erfolge bestätigen uns, dass wir etwas richtig gemacht haben – in gleicher Weise enthalten begangene Fehler die Lehre, dass wir etwas falsch gemacht haben. Sie zeigen uns, wie wir es nicht machen sollen.

»Sobald Sie einen Fehler begangen haben«, sagte ich zu meinem Besucher, »sollten Sie herauszufinden versuchen, welche Lehren Sie daraus ziehen können. Nun, da Sie eine erweiterte Kenntnis der Lage besitzen, sollten Sie einen neuerlichen Versuch unternehmen.« Grove Patterson, ein Zeitungsverleger aus Ohio, hatte vor Jahren einen Leitartikel mit dem Titel »Wasser unter der Brücke« verfasst, der mir nun zufällig in den Sinn kam. Da ich hoffte, dieser Bericht könne dem jungen Mann etwas vermitteln, las ich ihn laut vor, denn ich fühlte, dieser nahezu klassische Beitrag zur Wiederherstellung eines erschütterten Selbstwertgefühls würde seine Wirkung nicht verfehlen:

»Ein Junge lehnte am Geländer einer Brücke und schaute in die Strömung des unter ihm dahinrauschenden Flusses. Ein Ast, ein Stück Treibholz, ein Blatt schwammen vorüber. Die Oberfläche des Wassers glättete sich wieder. Das Wasser floss unaufhörlich dahin, wie es schon seit Jahrtausenden, vielleicht seit Jahrmillionen geschah. Mitunter nahm die Strömung an Heftigkeit zu, um dann wieder abzuschwellen, in immerwährendem, unaufhaltsamem Fluss. An jenem Tag wurde dem Jungen eine Erkenntnis zuteil – keine Entdeckung materieller Art, so dass er sie mit den Händen hätte fassen oder mit den Augen hätte sehen können, sondern ein Gedanke, der sich unvermittelt, aber doch ganz sanft in seiner Vorstellung bildete. Es war die Erkenntnis, dass eines Tages alles in seinem Leben vorübergeflossen und verschwunden wäre – wie das Wasser dort unten im Fluss. Die Vorstellung ›wie Wasser unter einer Brücke‹ gefiel ihm. Sie begleitete ihn auf seinem weiteren Lebensweg und leistete ihm gute Dienste. So konnte er in schwierigen Situationen stets auf diesen Vergleich zurückgreifen: Das Leben geht weiter, es fließt unaufhörlich dahin. Wenn er einen nicht vermeidbaren Fehler begangen oder etwas Kostbares unwiederbringlich verloren hatte, wenn Sorgen vor einer ungewissen Zukunft sich seiner zu bemächtigen drohten, stets half ihm dieser einfache Gedanke: ›Wie das Wasser unter einer Brücke.‹«

Der junge Mann saß lange in tiefem Schweigen da. Schließlich erhob er sich. »Also gut«, sagte er, »wie das Wasser unter einer Brücke ... Ich werde einen neuen Versuch unternehmen.«

Dieser neue Versuch war von Erfolg gekrönt, weil er die tiefe Wahrheit begriffen hatte, dass kein Versagen endgültig ist. Kein Scheitern, kein Fehler, kein Misslingen besagt, dass es uns am nötigen Sachverstand oder an grundlegenden Fähigkeiten mangelt. Es ist einfach eine Tatsache des Lebens, dass jeder mitunter ins Stolpern geraten kann. Nur dürfen wir daraus eines nicht folgern: Mit mir stimmt etwas nicht. Sammeln wir also die Scherben auf und kehren der Vergangenheit den Rücken! Das Geschehene ist vorbei und braucht uns nichts von unserem Selbstvertrauen zu nehmen! Richten wir einfach zuversichtlich unseren Blick auf den nächsten Schritt, auf die Zukunft!

Ein bedeutsames Kriterium in dem weiteren Werdegang dieses jungen Mannes war, dass er zu sich selbst fand. Er lernte sich selbst kennen und entdeckte das schlummernde Potenzial in seinem Inneren. Eine neue Selbstsicht und ein neues Selbstverständnis brachten bislang brachliegende Fähigkeiten zur Entfaltung und verhalfen ihm zu einer harmonischen Selbstverwirklichung. Der Prozess der Selbstentdeckung, des Zu-sich-selbst-Findens, kann häufig schon durch bestimmte Gedanken ausgelöst werden, wie etwa durch die Vorstellung, das zu verwirklichen, was wir uns vorgestellt haben. Solche oder ähnliche Gedanken können in uns wie ein geistiger Funke aufglimmen und zu einem Leitgedanken werden, der unser ganzes Leben erhellt.

Denken Sie stets an das Senfkorn!

In Australien waren meine Frau und ich einmal bei einer Versammlung des »International Rotary Club« zu Gast, als wir im Anschluss an die Feierlichkeiten von einem Ehepaar eingeladen wurden. Diese erste Begegnung mit dem Ehepaar – er war Generaldirektor einer großen Ladenkette – legte den Grundstein für eine langjährige Freundschaft.

Ihr ausnehmend stilvolles Haus lag an dem Küstenstreifen des Hafens von Sydney, von dem aus sich dem Betrachter eine unbeschreiblich schöne Sicht über die Stadt und ihre Wasserwege bietet. Entlang prachtvoller exotischer Pflanzen führte von der Höhe der Straße aus eine Miniaturzahnradbahn bis zu ihrem Haus. Obwohl in Australien gerade die sogenannte Winterzeit war, stand alles in üppiger Blüte. Von der großzügigen Terrasse schlängelte sich ein Weg hinunter bis zu einer Anlegestelle, wo die kleine Jacht des Eigentümers vor Anker lag.

Unsere charmanten Gastgeber waren auf entwaffnende Art bescheiden. Ihren einflussreichen Platz im Leben hätten sie, wie sie beteuerten, einem einfachen Erfolgsprinzip zu verdanken. »Ich bin überzeugt davon«, sagte der Mann, »dass dieses Prinzip, welches bei mir Wunder bewirkte, für jeden anderen die gleiche Bedeutung gewinnen kann, sofern er bereit ist, es wirklich anzuwenden und danach zu leben.«

Am folgenden Tag stattete er mir einen Besuch in meinem Hotel ab. »Ich bin ein ganz gewöhnlicher Durchschnittsmensch«, gestand er. »Mein Vater schickte mich auf eine Schule nach der anderen, aber da ich scheinbar nur mit einem äußerst mittelmäßigen Verstand begabt war, kam nicht viel dabei heraus. Im Gegenteil, ich hatte eine beachtliche akademische Durchfallquote vorzuweisen. Schließlich, um meinen Lehrern weitere Qualen zu ersparen, verließ ich die Schule mit einer halbfertigen und unzureichenden Ausbildung. Im späteren Berufsleben ging es im gleichen Stil weiter – ich versagte bei einer Stelle nach der anderen. Mir schien jede besondere Begabung abzugehen, vor allem aber fehlte mir der Glaube an mich selbst. Ich erhielt schließlich eine Anstellung bei der australischen ›National Cash Register Company‹, aber dennoch blieb ich ein potenzielles Opfer des eingefahrenen und sich stets wiederholenden Versagensschemas, bis eines Tages eine entscheidende Wende eintrat: Aus der Zentrale der Firma in den Vereinigten Staaten von Amerika kam ein energiegeladener Manager zu einer Vortragsreise in unser Land. Er vertrat die Ansicht, der grundlegende Faktor für jeden Erfolg sei *positives Denken.* Davon hatte ich bislang noch nie gehört. Er kleidete sein Konzept in eine bestechend einfache Wendung:

›Du kannst, wenn du glaubst, du kannst!‹

Diese Worte trafen mich tief in meinem Inneren. Ich war wie elektrisiert. Der Redner appellierte an uns, uns von unseren Wunsch- und Zielvorstellungen ein geistiges Bild zu formen und daran zu glauben, dass wir sie verwirklichen können. Auf der Stelle beschloss ich, dass ich ein erfolgreicher Mensch sei. Ich begann, mich in diesem neuen Licht zu sehen.«

Später besuchte mein australischer Freund im Zuge eines Fortbildungsprogramms die Vereinigten Staaten. Während seines dortigen Aufenthaltes war er auch bei der New Yorker Gemeinde der *Marble Collegiate Church zu* Gast. Durch Zufall las er in dem Kirchenblatt etwas von einem Schlüsselanhänger, der als »Senfkornerinnerung« bezeichnet wurde. Es handelte sich schlicht um eine Plastikkugel, die ein kleines Senfkorn enthielt. Als er mir davon erzählte, holte er ebendiesen Anhänger aus der Tasche, um ihn mir zu zeigen. Er hatte ihn seither stets bei sich getragen. Die Plastikoberfläche wies bereits zahlreiche Kratzspuren auf, doch das Senfkorn war noch deutlich zu erkennen. »Ich begriff die Worte des Evangeliums nach Matthäus (17,20): ›Wenn euer Glaube auch nur so groß ist wie ein Senfkorn ... dann wird euch nichts unmöglich sein.‹ Die Botschaft war zu mir durchgedrungen, und ich begann, den spirituellen Lehren zu folgen. Ihnen zu ›folgen‹ bedeutete für mich, sie zu ›befolgen‹ und auf mich persönlich anzuwenden.«

Seine neue Glaubenshaltung hatte ganz erstaunliche Auswirkungen auf sein weiteres Leben, und nicht zuletzt durch sie stieg er zum Generaldirektor seiner Firma auf. »Ich setzte mir Ziele und glaubte daran, dass sie zu verwirklichen waren. Ausgerechnet ich, der ich doch nur einen mittelmäßigen Verstand besaß! Später befasste ich mich mit dem Warenvertrieb, und heute haben wir Absatzmärkte im ganzen Land und konnten unser Geschäft bereits um einundzwanzig Filialen erweitern.«

Nachdem ich mir den Bericht seines Werdeganges – von den Anfängen eines sich wiederholenden Versagensmusters bis zu den schließlich überragenden gesellschaftlichen und wirtschaftlichen Erfolgen – zu Ende angehört hatte, wollte ich noch eines klarstellen. »Bert«, sagte ich zu ihm, »Sie waren nie ein gewöhnlicher Durchschnittsmensch mit einem mittelmäßigen Verstand! Sie hielten sich nur dafür. Es war das Bild, das Sie von sich selbst entworfen hatten. Dabei war in Ihnen von vornherein eine ungewöhnliche Persönlichkeit mit vielen überragenden Begabungen angelegt. Es bedurfte nur eines Funkens, eines Auslösers, um Sie auf den richtigen Weg zu bringen und die schlummernden Kräfte freizusetzen.«

Welch große Anerkennung unserem einstigen »Durchschnittsmenschen« schließlich weit über die Grenzen seines Heimatlandes hinaus zuteil wurde, lässt sich wohl auch daran ablesen, dass Königin Elisabeth II. ihn mit der Verleihung des Titels »Sir« adelte. Und im Grunde verdient jeder diesen Ehrentitel eines »Sir« oder einer »Lady«, der, in seinem bescheidenen Rahmen, sein Leben in Glauben und Vertrauen meistert.

Nachfolgend finden Sie die wichtigsten Punkte des Kapitels noch einmal zusammengestellt:

- Selbstvertrauen ist der erste Schritt zum Erfolg.
- Denken Sie an die Richtlinien, die der Footballtrainer Lombardi seinen Spielern mit auf den Weg gab: Gehen Sie das Leben mit Hingabe an, und setzen Sie Ihre *ganze* Person, Ihre *ganze* Kraft ein.
- Praktizieren Sie die »schöpferische Erwartungshaltung« und vertrauen Sie darauf, dass Ihre Gedanken das Gute und nicht das Schlechte anziehen werden.
- Entwickeln Sie geeignete bildhafte Vorstellungen, die auf Gelingen ausgerichtet sind.
- Kein Fehler soll Sie je in Ihrem zuversichtlichen Glauben an sich selbst erschüttern können. Lernen Sie aus Fehlern, um sich weiterzuentwickeln.
- Versuchen Sie, zu sich selbst zu finden. Dann werden Sie sich auch mögen, und das mit gutem Grund.
- Denken Sie stets an das Gleichnis vom Senfkorn, nutzen Sie die Kraft, die aus Ihrem Glauben erwächst: Handeln Sie aus der Überzeugung: Du kannst, wenn du glaubst, du kannst!

KAPITEL 6

Sie können, was Sie zu denken vermögen

George Reeves, Lehrer der fünften Klasse an der Williams Avenue School in Norwood, Ohio, war ein fabelhafter Mensch, der seinen ehemaligen Schülern – ich war einer von ihnen – unvergessen bleiben wird. Lehrer Reeves war einen Meter neunzig groß und an die zwei Zentner schwer. Sein Gesicht war von Wind und Wetter zerfurcht, aber er konnte strahlen wie der Sonnenschein und uns alle mit seiner Begeisterung anstecken. Ebenso eindrucksvoll wie seine Statur war seine Persönlichkeit, und seine oberste Aufgabe sah er darin, aus uns Kindern Erwachsene zu machen, die auf eigenen Beinen stehen konnten. Tatsächlich gab er seinen Schülern Lebensregeln mit auf den Weg, an die sie sich noch Jahrzehnte später erinnerten und die sie auch anwandten.

Manchmal unterbrach Lehrer Reeves ganz unvermittelt seinen Unterricht und befahl absolute Ruhe, die sich auch prompt einstellte, wenn wir merkten, dass es ihm ernst war. Dann schrieb er in großer Schrift an die Tafel: ICH KANN NICHT und schaute uns dabei erwartungsvoll an. Wir wussten bereits, worauf er hinauswollte, und riefen im Chor: »Das NICHT muss verschwinden!« Mit einer ausladenden Handbewegung wischte Reeves das Wörtchen NICHT aus, so dass nunmehr groß und deutlich die Worte ICH KANN auf der Tafel zu lesen waren. »Merkt euch das!«, sagte er dann jedesmal, während er sich die Kreide von den Fingern klopfte. »Aus euch sollen starke und tüchtige Menschen werden, die an sich selbst, an ihr Vaterland und an Gott glauben. Haltet euch nicht für klein und schwach. Ihr könnt stark sein und etwas Großes aus euch machen.

Vergesst nie die Grundregel für jeden Erfolg: Ihr könnt, wenn ihr glaubt, ihr könnt.«

Damit wir diese Regel auch bestimmt im Gedächtnis behielten, trichterte er sie uns wieder und wieder ein. Gleichzeitig mit diesem Wahlspruch übertrug sich seine feste Überzeugung von der Wahrheit dieses Prinzips auf uns Kinder, denn eines spürten wir: Unser Lehrer lebte nach diesem Prinzip!

Eine erstaunliche Aussage

Die Formel des *Du kannst, wenn du glaubst, du kannst* setzt natürlich stillschweigend voraus, dass jeder Mensch die hierfür erforderlichen Fähigkeiten bereits in sich birgt. Diese Voraussetzung kann gar nicht genug betont werden, denn wir haben tatsächlich mehr Talente und Begabungen, größere Anlagen und größeres Leistungsvermögen in uns, als wir glauben. Thomas Alva Edison war als Vertreter der exakten Naturwissenschaften sicher kein Mensch, der sich zu oberflächlichen oder leeren Behauptungen hinreißen ließ, und doch war er es, der einmal sagte: »Führten wir alles aus, wozu wir imstande sind, würden wir buchstäblich über uns selbst staunen.«

An diese Bemerkung anknüpfend, stellt sich für jeden von uns die Frage: Habe ich schon einmal die Gelegenheit wahrgenommen, mich selbst mit meinen Leistungen in Erstaunen zu versetzen? Haben Sie sich diese Frage noch nicht gestellt? Dann wird es Zeit! Denn Sie können es nämlich, wenn Sie glauben, es zu können!

Bei einem dramatischen Zwischenfall während des Koreakrieges setzte ein junger amerikanischer Matrose seine Umwelt in Erstaunen, als er in einer lebensbedrohlichen Situation im entscheidenden Moment die richtige Lösung lieferte. Es war ihm gelungen, die tief in seinem Inneren angelegten Kräfte zur rechten Zeit nutzbar zu machen, was in seinem Falle sogar über Leben und Tod entschied ...

Doch zu unserem Bericht: Während des Koreakrieges lag im Hafen von Wonsan ein amerikanischer Zerstörer vor

Anker. Es war eine klare Nacht, erhellt durch den Mond, und es war sehr still. Der Quartiermeister machte gerade seinen Routinegang auf dem Schiff, als er plötzlich erstarrte: Ein großer schwarzer Gegenstand trieb langsam mit der abebbenden Flut auf das Mittelschiff zu – eine Kontaktmine, die sich vermutlich aus einem Minengürtel losgerissen hatte! Entsetzt rief der Quartiermeister über Sprechfunk den wachhabenden Offizier, der sofort zum Schauplatz gestürzt kam. Der Kapitän wurde benachrichtigt und allgemeiner Alarm gegeben. Im Nu war die ganze Schiffsbesatzung auf den Beinen.

Offiziere wie Mannschaft starrten entgeistert auf den langsam sich nähernden Sprengkörper. Fieberhaft wurde versucht, das drohende Unheil abzuwenden. In rasender Eile prüften die Offiziere alle Möglichkeiten. Sollten sie den Anker lichten? Nein, dazu blieb keine Zeit mehr. Sollten sie die Maschinen starten, um die Position des Schiffes zu verändern? Das war ebenfalls nicht möglich: Die Schiffsschrauben würden durch den Sog, den sie verursachten, die Mine nur noch rascher heranziehen. Sollten sie die Mine durch Beschuss zum Explodieren bringen? Das kam auch nicht in Frage, weil sie sich schon zu nah am Schiffsmagazin befand. Aber was dann? Ein Boot zu Wasser lassen und versuchen, den Sprengkörper mit Stangen vom Schiff fernzuhalten? Unmöglich, da es sich um eine Kontaktmine handelte, die bei der leisesten Berührung explodieren würde. Die Katastrophe schien unabwendbar.

Ein einfacher Matrose übertraf alle seine Vorgesetzten an Geistesgegenwart, als ihm der rettende Einfall kam. »Holt die Feuerwehrschläuche!«, rief er. Jeder begriff, wie sinnvoll der Vorschlag war. Der Wasserstrahl wurde aufs Meer gerichtet, und die so entstehende Strömung trug den Sprengkörper in entfernteres Gewässer, wo er sicher zur Explosion gebracht werden konnte.

Dieser ungewöhnliche Einfall eines gewöhnlichen Matrosen verdient Bewunderung. Wir alle wissen, wie schwer es ist, in einer Gefahrensituation einen kühlen Kopf zu bewahren und sich nicht verwirren zu lassen. Doch der Matrose verließ sich auf sein nüchternes Denken – allein seiner Besonnenheit war die rettende Lösung zu verdanken.

Die Anlagen zu erstaunlichen Leistungen sind grundsätzlich in jedem Menschen vorhanden; sie nutzbringend zu entfalten, dazu bedarf es der richtigen Einstellung; so kann auch eine positive Selbsteinschätzung ungemein förderlich sein.

In diesem Zusammenhang denke ich an den Fall eines deutschen Jungen, der sich in den Vereinigten Staaten mit seiner Rolle als Ausländer anfangs nicht abfinden konnte. Hans, so hieß er, wollte gern das College besuchen, doch Minderwertigkeitsgefühle und Zweifel an seinem Können standen ihm im Wege. Er fürchtete, die neue Sprache werde ihm Schwierigkeiten bereiten und seine Mitschüler würden ihn wegen seines fremden Akzentes hänseln. Der starke Wunsch nach einer College-Ausbildung und der nötige Ehrgeiz waren zwar vorhanden, doch seine geringe Selbsteinschätzung hatte ihn zutiefst verunsichert.

Während einer Unterhaltung mit dem Jungen erinnerte ich mich an ein Zitat des Literaturnobelpreisträgers Rudyard Kipling: »Wir haben vierzig Millionen Erklärungen für ein Versagen, aber keine einzige echte Entschuldigung.« Ich sagte ihm, er brauche sich vor nichts und niemandem zu fürchten, schon gar nicht vor sich selbst, schließlich sei er intelligent und lernfähig. »Male dir nie einen Misserfolg aus«, riet ich ihm, »weil solche Gedanken zur Verwirklichung streben. Stell dir stattdessen vor, dass du erfolgreich sein wirst. Du wirst es schaffen, wenn du dir vorstellst, dass du es schaffst. Auch gibt es keinen Grund, dich wegen deines deutschen Akzentes minderwertig zu fühlen. Lachen deine Mitschüler über dich, so lache einfach mit ihnen. Du wirst sehen, sie werden dich mögen.«

Hans ließ sich zum Collegebesuch überreden und entwickelte sich zu einem zuversichtlichen, selbstbewussten Schüler. Er war bei seinen Klassenkameraden sehr beliebt und fand viele Freunde. Auch seine Lehrer waren mit seinen schulischen Leistungen sehr zufrieden.

Wohl kaum etwas kann größere Qualen bereiten als Gefühle der eigenen Minderwertigkeit! Dabei ist das Leiden völlig unnötig. Gleichgültig, wie lange jemand schon von diesem Übel geplagt wird, er kann sich von ihm befreien. Die Heilung beginnt, sobald er den festen Entschluss gefaßt hat, sich zu ändern.

Das Gefühl der Unzulänglichkeit resultiert zumeist aus einem Mangel an Kenntnis unserer wahren Fähigkeiten, aus einer viel zu geringen Selbsteinschätzung, deren Folge Zweifel und Unsicherheit sind. Es ist doch meist nur unsere Vorstellung, die alle möglichen Hindernisse erzeugt. Haben wir aber erst einmal unsere wahren Fähigkeiten entdeckt, weichen die alten Minderwertigkeitsgefühle einem neuen Selbstbewusstsein. Wollen wir also die nagenden Zweifel an unserem Können erfolgreich aus unserem Denken fernhalten, ist es wichtig, ihnen schon im Entstehen ganz bewusst und willentlich positive Gedanken an ein Gelingen entgegenzusetzen. Tritt dann einmal ein wirkliches Hindernis auf, können wir es, im Vertrauen auf das eigene Können, mit kühlem Kopf untersuchen und auf seine Beseitigung hinarbeiten.

Die Parabel vom Adler

Kennen Sie die Parabel vom Adler, der glaubte, er wäre ein Huhn?

Eines Tages kletterte ein unternehmungslustiger Junge unweit der elterlichen Farm in die Berge, wo er auf einen Adlerhorst stieß. Vorwitzig stahl er ein Ei aus dem Nest und trug es behutsam nach Hause. Dort legte er es zwischen die Eier einer Bruthenne.

Als die Eier ausgebrütet waren, schlüpfte ein Adlerjunges zusammen mit den anderen Küken aus. Es wuchs mit den Hühnern auf, ohne im entferntesten zu ahnen, dass es anders war als sie. Als der Vogel jedoch größer wurde, verspürte er zunehmend ungewohnte Regungen in seinem Inneren. Dann und wann dachte er: ›Ich bin mehr als ein gewöhnliches Huhn.‹ ... Eines Tages, als ein gewaltiger Adler über den Hühnerhof hinwegflog, spürte er, wie sein Herz wild zu pochen begann.

Noch während er den majestätischen Vogel in der Ferne entschwinden sah, kam ihm die Erkenntnis: Das bin ich! Meine Bestimmung liegt nicht in diesem Hühnerhof, sondern in der Weite des blauen Himmels.

Seine Flügel bebten in ungeahnter Kraft. Obwohl er nie in seinem jungen Leben geflogen war, breiteten sich seine Schwingen nun wie von selbst aus und hoben ihn in die Luft. Die neue Kraft trug ihn zu einem nahe gelegenen Hügel. Unendlicher Jubel erfüllte ihn, als er höher und höher stieg, bis er den höchsten Gipfel eines gewaltigen Berges erreichte. Er hatte sein ureigenstes großartiges Selbst gefunden.

Bedenken Sie bitte eines: Niemand kann Ihr Leben so gut leben wie Sie selbst. Wenn Sie, wie der Adler in der Geschichte, Ihr wahres Selbst entdecken, werden Sie wissen, wozu Sie fähig sein können. Um die kleine Parabel abzurunden: Wie denken Sie darüber, sich nicht länger mit einem »Hühnerdasein« zufriedenzugeben und den »Adler« in sich zu entdecken? Es könnte ein großes Abenteuer werden!

Wer daran zweifelt, dass diese Parabel auf sein eigenes Leben übertragbar ist, weil er meint, nichts Überdurchschnittliches an sich entdecken zu können, oder wem es zu vermessen scheint, sich für etwas Besonderes zu halten, der sollte bedenken, dass in jedem Menschen sehr wohl etwas Besonderes angelegt ist – wie es auch unser gutes Recht ist, hohe Erwartungen an unser Schicksal zu stellen! Auch sollten wir nicht vergessen, dass wir uns mit unseren Erwartungen auf eine bestimmte Handlungsebene festlegen. Wer sich mit niedrigen Erwartungen begnügt, schränkt sich selbst in seiner Entfaltung ein, während derjenige, der seine Ansprüche stets höherschraubt, den Weg zu immer neuer Weiterentwicklung ebnet.

Weigern wir uns doch einfach zu glauben, dass es Dinge außerhalb unserer Reichweite gibt, und stecken wir unsere Ziele entsprechend höher! Die größten Erfolge der Menschheit waren schließlich denjenigen zu verdanken und werden stets diejenigen erreichen, die in der Verfolgung noch so großer Ziele und noch so schwerer Aufgaben nie an ihren eigenen Fähigkeiten zweifeln, sondern einfach handeln.

Ein Handikap braucht kein Handikap zu sein

Ein anschauliches Beispiel für unbeschwertes Handeln frei von allen Komplexen liefert uns Tom Dempsey, ein Footballstar, der gegen Ende der sechziger Jahre mit einem sensationellen Rekordschuss die Sportwelt verblüffte.

Toms rechter Fuß war von Geburt an verkrüppelt, ebenso wie seine rechte Hand. Seine Eltern ließen ihn sein Handikap jedoch nie auf unangenehme Weise spüren, so dass er frei und unbekümmert aufwuchs und sich ebenso verhielt wie andere Jungen seines Alters. Wenn die Pfadfinder beispielsweise eine Wanderung über zehn Meilen unternahmen, war Tom dabei. Im Grunde fehlte ihm ja auch nichts, und er war ebenso kräftig und geschickt wie seine Freunde.

Eines Tages überraschte er seinen Vater mit dem Wunsch, sich einer Footballmannschaft anzuschließen. Seine Eltern unterstützten auch in diesem Fall den Jungen und ließen für ihn einen Spezialschuh anfertigen. Bald entdeckte Tom, dass er den eiförmigen Ball sogar weiter schießen konnte als die meisten seiner Kameraden. Ohne je einen Gedanken an seine Missbildung zu verlieren, erschien er im Trainingslager, um Weitschießübungen mitzumachen. Der Leiter versuchte ihm so schonend wie möglich beizubringen, dass er sich doch besser etwas andres als ausgerechnet Football aussuchen sollte, doch Tom ließ sich nicht beirren. Er bewarb sich bei der Mannschaft der »New Orleans Saints«. Obwohl der Trainer große Bedenken hatte, gab er dem Jungen eine Chance und nahm ihn in seine Mannschaft auf, nicht zuletzt wohl auch deshalb, weil ihn Toms starkes Selbstvertrauen mächtig beeindruckte.

Zwei Wochen später erzielte Tom Dempsey während eines Freundschaftsspiels ein Tor mit einem Schuss über fünfundfünfzig Meter! Von nun an wurde er regelmäßig als Kicker eingesetzt, und bereits in seiner ersten Saison brachte er den »Saints« neunundneunzig Punkte ein.

Seine große Stunde kam, als ihm vor über sechzigtausend Zuschauern der neue Rekord gelang. Jeden Augenblick wurde der Abpfiff erwartet, als den »Saints« noch ein Freistoß zugesprochen wurde. Es schien jedoch aussichtslos: Über sechzig Meter lagen zwischen Ball und gegnerischem Tor, und aus dieser Entfernung war noch nie ein Tor erzielt worden. Den weitesten je gemessenen Torschuss in der Geschichte des amerikanischen Footballs hatte ein gewisser Bert Rechichar mit fünfundfünfzig Metern erzielt. Der Trainer feuerte Dempsey an: »Los, Tom, Direktschuss!«

Tom rannte los und trat mit ganzer Wucht zu. Atemlos verfolgten die Zuschauer den Ball, der hart und gerade auf das fünf Meter fünfzig breite Tor zuschoss. Hatte er genügend Durchschlagskraft? Da zeigte auch schon der Linienrichter den gelungenen Treffer an. Der Ball hatte haarscharf die Latte passiert und damit den »Saints« den Sieg eingebracht. Auf den Tribünen tobte alles vor Begeisterung: Sieg durch Rekordschuss! Und dazu von dem Spieler mit dem halben Fuß!

Tom Dempsey war überglücklich. Voller Liebe und Dankbarkeit dachte er in diesem Augenblick an seine Eltern. Sie hatten ihm nie einzureden versucht: »Das kannst du nicht« oder: »Das ist zu schwer für dich«, sondern ihn stets ermutigt und in seinen Plänen bestärkt.

Wenn wir uns einreden, etwas nicht zu können, wird uns das mehr behindern als jedes Handikap. Sagen wir uns aber, dass wir etwas können, ist schon der erste und wichtigste Schritt getan. Wenn wir allen Ernstes an unser Können glauben und auch damit verbundene Mühen nicht scheuen, wird jedes Vorhaben gelingen.

Diese Behauptung ist nicht übertrieben, selbst wenn immer wieder eingewendet wird: »Das ist einfach nicht machbar!« Solche oder ähnliche Äußerungen werden dann laut, wenn die echte Motivation fehlt. Wer aber von einer starken Motivation getragen ist, wird erfahren, dass sich das Motto »Du kannst, wenn du glaubst, du kannst« selbst in unvorstellbar schwierigen oder entmutigenden Situationen bewährt – wie auch das folgende Beispiel wieder zeigt:

Ein besonders tragisches Unglück widerfuhr einem Mann namens John McWethy, als er am 22. Februar des Jahres 1971 die Schnellstraße bei Saint Louis entlangfuhr. Auf der eintönigen Fahrstrecke war er am Steuer eingenickt. Die Folge: Der Wagen überfuhr den Mittelstreifen, geriet ins Schleudern und überschlug sich. John McWethy erlitt erhebliche Verletzungen, und es grenzte an ein Wunder, dass er überlebte.

McWethy blieb von der Brust abwärts gelähmt. Er konnte seine Hände nicht mehr gebrauchen, und der größte Teil seines Körpers war empfindungslos. Der Unfall hatte ihn völlig bewegungsunfähig gemacht!

Es folgte ein Stadium abgrundtiefer Verzweiflung. Er schwankte zwischen Angst, Hoffnungslosigkeit und Selbstmitleid. Doch in dieser ohnmächtigen Lage entdeckte er in sich neue Lebenskraft. In mutiger Entschlossenheit trat er seinen mühsamen Wiederaufstieg aus der Verzweiflung an. So erstaunlich es klingt: Knapp ein Dreivierteljahr nach seinem verhängnisvollen Unfall nahm er seine Arbeit als Abteilungsleiter des *Wallstreet Journal* wieder auf. Auch wenn er an den Rollstuhl gefesselt blieb und offiziell als Vollinvalide galt, so fand er doch den Weg zurück in ein aktives, erfülltes Leben, und sein anerkannter Platz in der Gesellschaft stand nie in Frage.

Es finden sich immer und überall Pessimisten, die gerne dieses positive Lebenskonzept anzweifeln und betonen, dem Menschen seien seine Grenzen gesteckt. Sie behaupten etwa, der Mensch könne seinem Schicksal nicht entgehen; er könne sich nicht aus seiner Armut befreien; oder er könne ein körperliches Gebrechen nicht ungeschehen machen. Doch wie schnell müssen solche Stimmen angesichts der vielen John McWethys dieser Welt verstummen! Zahllose Beispiele von Menschen, die an sich und an ihre innere Kraft glauben, belegen immer wieder, wie die Macht positiver Gedanken jedes Schicksal meistern kann.

Auch Schicksalsberge sind zu bezwingen

Betrachten wir noch ein ähnlich gelagertes Beispiel, die Geschichte des jungen Ben B. Franklin aus Topeka in Kansas:

»Ich war achtzehn Jahre alt, als der Berg mich bezwang. Bis zu diesem Erlebnis wähnte ich mich als Bezwinger der Berge. Bergsteigen war meine große Leidenschaft. Jeden Sommer bestieg ich neue Gipfel, und im Winter träumte ich bereits wieder vom nächsten Sommer und neuen Bergtouren.

Am 14. April 1963 geschah das Unglück, während ich mit zwei Studienkameraden von der Colorado University auf einer Bergtour war. Wir befanden uns an einer Steilwand, als plötzlich das Seil riss und ich wohl an die zwanzig Meter in die Tiefe stürzte.

Ich hatte das Gefühl, in schwarzer Watte zu schweben. In meinem Schmerz kam mir nur ein Gedanke: Das Seil! Was ist mit dem Seil? Die verzweifelten Rufe meiner Freunde drangen nur undeutlich an mein Ohr. Als der Rettungstrupp ankam, lag ich bereits im Fieberwahn. Sie trugen mich auf einer Tragbahre die Schlucht hinunter und luden mich in einen Krankenwagen. In halsbrecherischem Tempo rasten sie dann die dreißig Meilen bis zur Klinik nach Denver.

In einer mehrere Stunden dauernden Operation setzten die Chirurgen mein zertrümmertes Becken wieder zusammen und behandelten die Rückgratverletzungen. Als ich aus der Intensivstation entlassen worden war und die Schmerzen langsam nachließen, begannen die eigentlichen Qualen.

Das Betttuch lag unbeweglich auf meinem Körper. Ich konnte die Finger krümmen und die Handgelenke drehen, doch – welch ein Entsetzen! – mein Körper war von der Hüfte abwärts leblos! Meine Beine, dieselben Beine, die mich auf so viele Berge getragen hatten, waren nicht mehr zu gebrauchen!

Eine Woge ohnmächtigen Zorns überkam mich. Ich versuchte mit Gewalt, einen Muskel zu bewegen. Ich musste die tödliche Stille unter meiner Decke durchbrechen. Ich strengte jede Faser meines Willens an, um eine Bewegung zu erzwingen. Doch nichts rührte sich.

Meine Hoffnung schwand in dem Maße, wie meine Beine zusehends an Kraft verloren. In meiner Verzweiflung begann ich zu beten und überantwortete mein Schicksal dem Willen Gottes.

Nachdem ich mit allen mir zu Gebote stehenden Mitteln vergebens um Besserung gekämpft hatte, musste ich erkennen, dass mein eigener Wille und meine eigene Kraft in dieser Lage nichts vermochten. ›Wenn nicht mein Wille, Herr‹, betete ich, ›so möge dein Wille geschehen.‹

Ich fiel in einen tiefen, erfrischenden Schlaf und hatte zum erstenmal seit der Bergtour wieder friedvolle Träume. Meine Hilflosigkeit wich heiterer Gelassenheit. Von dem Zeitpunkt, da ich meinen Widerstand aufgab und mein Schicksal der Führung Gottes überließ, erfüllte mich ein Gefühl tiefen Friedens.

Am darauffolgenden Abend bewegte sich eine Zehe. Ich traute meinen Augen nicht. War ich einer Sinnestäuschung zum Opfer gefallen? Gebannt starrte ich auf das Betttuch und versuchte, die Bewegung zu wiederholen. Und richtig, die Decke bewegte sich wieder! Ekstatische Freude überkam mich. Ich lachte und schrie, schrie und lachte, bis eine besorgte Schwester ins Zimmer stürzte. Vor lauter Jubel hätte ich sie umarmen können.

Tränen der Freude und Dankbarkeit liefen mir über die Wangen, als ich Gott im Gebet für alles dankte.

Das Glück, das mir in jener Nacht zuteil wurde, hat mich seither nicht wieder verlassen. Bereits nach einem Jahr im Rollstuhl konnte ich wieder gehen, wenn ich auch Krücken zur Hilfe nehmen musste. Ich machte mein Examen und begann, im Unternehmen meines Vaters zu arbeiten. Heute reise ich als Veranstaltungsorganisator auf meinen Krücken um die ganze Welt.

Ich bin dankbar für jeden Schritt, den ich tun darf. Ich bin sogar dem Berg dankbar, der mich in jungen Jahren lehrte, dass es ein weit größeres Glück als das Bergsteigen gibt.«

Nichts ist unmöglich

Im Zusammenhang mit dem Wort »unmöglich« muss ich an den bedeutenden Autor Napoleon Hill und seine wissenschaftlich erarbeitete Erfolgsphilosophie denken.[2] Hill verspürte schon in jungen Jahren den Wunsch, Schriftsteller zu werden. Sein ehrgeiziges Ziel setzte natürlich die meisterhafte Beherrschung der Sprache voraus – und Hill war von einem fest überzeugt: Die geschickte Wahl der Worte würde eines Tages sein Markenzeichen sein. In ärmlichen Verhältnissen aufgewachsen und ohne höhere Schulbildung bekam er jedoch von sogenannten »wohlmeinenden Freunden« immer wieder zu hören, sein Vorhaben sei »unmöglich«.

Der junge Napoleon Hill sparte jeden Cent. Bald kaufte er sich das beste und vollständigste Wörterbuch, das es auf dem Markt gab. Alle Wörter, die er jemals benötigen würde, standen in diesem einen Buch, und er hatte sich in den Kopf gesetzt, sie meisterlich zu beherrschen und anzuwenden. Nun tat er etwas sehr Merkwürdiges: Er suchte das Stichwort *unmöglich* und schnitt den ganzen Eintrag mit der Schere aus dem Buch. Den kleinen Papierschnipsel warf er fort. Durch diese symbolische Handlung brachte er sich in den Besitz eines Buches, in dem der Begriff des »Unmöglichen« fehlte!

Welch herrliche Grundlage für eine Karriere, wenn jemand wie er von der Voraussetzung ausgeht, dass nichts unmöglich ist für den, der weiterkommen, weiterlernen und über sich hinauswachsen will!

Natürlich brauchen Sie jetzt nicht zur Schere zu greifen, Ihre Bücher durchzublättern und das Wort »unmöglich« aus ihnen zu entfernen. Zum einen wäre das – je nach Umfang Ihrer Bibliothek – sehr zeitaufwändig, zum anderen schade um die Bücher. Außerdem können Sie sich bedeutend besser helfen: Streichen Sie dieses Wort aus Ihrem Wortschatz, aus

---

[2] Vgl. Napoleon Hill: *Erfolg durch positives Denken.* Ariston im Heinrich Hugendubel Verlag 2005, sowie *Denke nach und werde reich. Die 13 Gesetze des Erfolgs.* Ariston im Heinrich Hugendubel Verlag 2006

Ihren Unterhaltungen, aus Ihren Gedanken und Meinungen. Haben Sie es erst einmal erfolgreich verbannt, werden Sie feststellen, wie überflüssig es im Grunde ist. Um wie vieles lebensfroher ist dagegen der Ausblick auf das »Mögliche«, impliziert es doch, dass es geht, wenn Sie glauben, es geht.

Den gleichen Gedanken finden Sie in dem schon zitierten Bibelwort des *Evangeliums nach Matthäus* (17,20) wieder: »Wenn euer Glaube auch nur so groß ist wie ein Senfkorn ... dann wird euch nichts unmöglich sein.« Um diese Botschaft stets gegenwärtig zu haben, könnten Sie diese Weisheit beispielsweise auf eine Karte schreiben und sie immer bei sich tragen. Noch besser aufgehoben sind die Worte allerdings, wenn Sie sie tief in Ihr Gedächtnis einprägen. Machen Sie sie zu einem ständigen Begleiter auf Ihrem weiteren Lebensweg – und Sie werden Schritt für Schritt, in dem Maße, wie Sie immer neue Möglichkeiten verwirklichen, ihren tiefen Sinn enthüllen.

Wenn etwas als »unmöglich« abgetan wird, ist ein gesundes Misstrauen angebracht. In meiner Jugend war beispielsweise die Redewendung »Das ist genauso unmöglich wie eine Reise zum Mond« noch sehr beliebt, um etwas als »Ding der Unmöglichkeit« abzustempeln. Solche Behauptungen, hinter denen sich oftmals nur Unkenntnis der wahren Zusammenhänge verbirgt, werden stets irgendwann von der Wirklichkeit eingeholt – im Fall der »Reise zum Mond« spätestens durch die Raumfähre »Apollo 11« und deren Besatzung: Am 20. Juli 1969 setzten die amerikanischen Astronauten Neil Armstrong und Edwin Aldin als erste Menschen ihren Fuß auf den Erdsatelliten.

Bei jedem Problem, dessen Bewältigung zunächst unmöglich erscheint, muss an erster Stelle eine sachliche und nüchterne Untersuchung aller Eventualitäten stehen, da ein Urteil wie: »Es ist unmöglich!« zumeist vorschnell von einer gefühlsbetonten Warte aus gefällt wird. Ein rationales, kritisches Überdenken des Sachverhalts, ohne Beteiligung der Emotionen, wird dagegen das »Unmögliche« ad absurdum führen, wie es beispielsweise die Techniker und Wissenschaftler der NASA gezeigt haben.

Anstatt uns von dem Mythos des »Unmöglichen« – und es ist ja tatsächlich nichts weiter als ein Mythos, wie die Tatsachen am Ende stets beweisen – die Hoffnung rauben zu lassen, können wir, jeder Einzelne von uns, uns auf die Seite der Menschen schlagen, die das »Unmögliche« möglich machen.

Der starke Lebenswille

Vor Jahren berichteten die amerikanischen Zeitungen über die Ernennung Irwin W. Rosenbergs zum Konteradmiral. Was jedoch nicht in den Zeitungen stand, war die Lebensgeschichte dieses bewundernswerten Mannes, die der Krönung seiner Laufbahn vorausgegangen war.

In jungen Jahren, noch als Marineoffizier, musste er wegen eines Krebsleidens aus dem Dienst der US-Streitkräfte ausscheiden. Eine Zeit schwerer Krankheit folgte, in der er mehr als einmal den Tod vor Augen hatte. Die Ärzte, die mit ihm um sein Leben rangen, gaben ihn bereits auf. Doch sein Lebenswille blieb stärker als die Krankheit, und nach langen, schweren Kämpfen kam der Krebs gegen jede Erwartung doch noch zum Stillstand.

Rosenberg lebte, doch seine Laufbahn war zerstört. Sein Lebensziel war ihm genommen, da die Vorschriften der Marine es nicht zuließen, einen Mann mit einer Krankengeschichte wie der seinen wieder in den Dienst aufzunehmen. Seine hartnäckigen Bemühungen schienen völlig aussichtslos, als er eines Tages erfuhr, dass nur ein neuer Kongresserlass die bestehenden Vorschriften ändern konnte. Rosenberg war aber nicht der Mann, der angesichts dieser Sachlage resignierte. Er trug sein Anliegen an höchster Stelle vor und führte seinen Kampf auf Kongressebene weiter, mit dem Ergebnis, dass der erforderliche Sondererlass genehmigt wurde und er seinen Dienst wieder aufnehmen konnte.

Für Admiral Rosenberg, Befehlshaber der siebten Flotte, gab es kein »unmöglich«. Er gehört zu den Menschen, die ihre Lebensziele, nachdem sie sich einmal dafür entschieden haben, mit eisernem Willen und unermüdlichem Einsatz verfolgen. Er lebte nach der Erkenntnis, dass weniger die äußeren Umstände als vielmehr die eigene innere Einstellung zum Leben, also unser Denken, Wollen und Handeln, letzten Endes den Ausschlag gibt.

Zur Kinderlosigkeit verurteilt

Diese bewundernswerte Einstellung ist aber keineswegs Wissenschaftlern und Admiralen vorbehalten. Unzählige Menschen beweisen tagtäglich, dass sich jeder – unterstützt durch einen starken Willen und festes Gottvertrauen – tatsächlich über die Barrieren des »Unmöglichen« hinwegsetzen kann. Das zeigt auch der nachstehende Bericht einer zutiefst gläubigen jungen Frau:

»Nach drei Jahren kinderloser Ehe ließ ich mich ärztlich untersuchen, denn ich wünschte mir nichts sehnlicher, als ein Kind zu bekommen. Die Ärzte stellten eine unterentwickelte Gebärmutter fest. Zudem hatte ich die seltene Blutgruppe A/PH(D)-negativ, die eine gesunde Schwangerschaft ausschloss, wie mir ein Arzt nach dem anderen bestätigte. Mein Mann war sehr verständnisvoll und versuchte mich zu trösten, doch ich konnte mich mit dieser Diagnose nicht abfinden.

Als mir der Arzt wieder einmal die Aussichtslosigkeit meines Kinderwunsches vor Augen führte, sagte ich zu ihm: ›Dann richte ich die Hoffnung auf den Einen, der mehr vermag als Sie.‹ Ich fand das Bild eines wunderhübschen kleinen Babys, eines Mädchens mit zarten Locken, und betrachtete es immer wieder. Das Bild half mir, die Vorstellung eines eigenen Kindes lebendig zu halten. Was spielte es da für eine Rolle, dass es einer Reklame für Babynahrung entnommen war? Mit dem Bild dieses kleinen Lebewesens vor Augen richtete ich mein Gebet an Gott und überließ das Geschenk eines Kindes seinem Willen.

Ich wurde schwanger. Als ich mit dieser Neuigkeit zu meinem Arzt ging, nahm er mich anfangs nicht ernst. Er glaubte mir nicht. Um so mehr verblüffte ihn das Untersuchungsergebnis. Meine Erklärung lautete nur: ›Ich wandte mich an den großen Arzt, den ich bei meinem letzten Besuch erwähnte.‹

Der Arzt teilte meine Zuversicht jedoch nicht. Er hatte ernste Bedenken – seiner Meinung nach würde ich das Kind nicht länger als drei Monate austragen können. Allen Erwartungen zum Trotz behielt ich es aber. Auch später, während der Arzt immer noch eine Früh- oder Fehlgeburt befürchtete, verlief die Schwangerschaft ohne größere Komplikationen.

Ich brachte ein gesundes Mädchen zur Welt! Wir stellten voller Dankbarkeit fest, dass es nicht meine seltene Blutgruppe, sondern die seines Vaters geerbt hatte. Wie kann ich nach einer solchen Erfahrung jemals daran zweifeln, dass Gott unsere Nöte kennt und unsere Gebete erhört?«

Die meisten Menschen begehen den Fehler, sich viel zu früh geschlagen zu geben. Aber auch kämpferische Naturen erleben, wie Sorgen und Misserfolg sie langsam zermürben. Wir brauchen also einen Quell, aus dem wir immer neue Kraft schöpfen können, um auch auf langen Durststrecken durchzuhalten. Wer einmal zu einem tiefen Gottesglauben gefunden hat, der kennt den Weg zu dieser Quelle, die nie versiegt.

Keine Angst vor der Angst!

Am Neujahrstag des Jahres 1972 starb der berühmte französische Chansonnier und Filmschauspieler Maurice Chevalier. Mit seinem kecken Strohhut, seiner warmen, einschmeichelnden Stimme und seinem schelmischen Lächeln hatte er sich die Herzen von Millionen erobert. Er konnte jedes Publikum mit seinem Charme bezaubern, und jeder spürte: die Begeisterung und Lebensfreude, die er ausstrahlte, das war nicht gespielt, das war echt.

Ebensosehr wie sein schauspielerisches Können verdienen sein unumstößliches Vertrauen in das Gute und seine mutige Einstellung zum Leben unsere Bewunderung. Mut kann viele Gesichter haben. Das Geheimnis eines echten Lebensmutes besteht jedoch darin, dass man sich seine Ängste eingesteht und trotzdem handelt. Solange man sich nicht fürchtet, fällt jedes Handeln leicht. Wie viel schwerer ist es dagegen, Taten zu vollbringen, die uns Angst einflößen!

Eines Abends überkamen Maurice Chevalier unmittelbar vor seinem Auftritt heftige Schwindelgefühle. Sein Kopf schien in Flammen zu stehen und keinen einzigen klaren Gedanken mehr zuzulassen. In diesem Zustand hoffnungsloser Verwirrung vermochte er seinen Faden nicht wiederzufinden. Stichworte, die hilfreiche Kollegen ihm zuraunten, drangen nicht zu ihm durch. Von der weltmännischen Leichtigkeit des großen Künstlers war an jenem Abend nichts geblieben. Er musste sich unter Stocken und Stammeln über seinen Auftritt hinwegquälen.

Sein Arzt Dr. Robert DuBois empfahl ihm, sich in Südfrankreich während einer Kur von diesem traumatischen Versagenserlebnis zu erholen. »Ich bin erledigt«, beschrieb Chevalier dem Arzt seine Gefühle. »Dieses Erlebnis hat mir Angst gemacht. Wie kann ich meine Karriere fortsetzen, wenn ich mich vor einem neuerlichen Versagen fürchte?« Chevalier befolgte schließlich den Rat seines Arztes und unternahm lange Spaziergänge, ruhte viel aus und suchte erholsame Zerstreuung in der Natur. Dennoch fand er seine frühere Ruhe und Unbeschwertheit nicht wieder. Als der Arzt glaubte, er sei so weit wieder hergestellt, seine Arbeit aufnehmen zu können, schlug er vor, einen Auftritt vor einer kleinen Dorfgemeinde zu wagen. Chevalier entgegnete: »Schon der Gedanke an einen Auftritt versetzt mich in Angst und Schrecken. Wer kann mir garantieren, dass der Schwindel und die Verwirrung nicht wiederkehren?«

Freimütig entgegnete der Arzt: »Niemand kann Ihnen etwas Derartiges garantieren. Das Einzige, das ich Ihnen aufrichtig raten kann, ist folgendes: Gehen Sie gegen Ihre bedrückenden Gefühle vor, indem Sie sich Ihre Angst eingestehen. Lassen Sie die Angstgefühle ruhig zu, denn sie sind real. Verdrängen Sie nichts, aber gehen Sie trotzdem auf die Bühne. Angst ist kein Grund, die Flucht zu ergreifen, wenn sie auch oft als Entschuldigung herhalten muss. Haben Sie keine Angst vor der Angst, sondern machen Sie einfach trotz der Angst weiter!«

Chevalier kämpfte noch lange mit sich, bevor er, den Rat seines Arztes befolgend, auf der Bühne des Theaters der Kleinstadt eine erste Vorstellung gab. Die Aufführung verlief ohne Zwischenfall. Das Publikum applaudierte begeistert. Unbeschreibliche Freude und Erleichterung erfüllten ihn, auch wenn er sich durchaus bewusst war, dass er die Angst noch nicht ein für allemal überwunden hatte. »Ich gestand mir die Angst ein und machte trotzdem weiter«, sagte er.

Wie seine lange, von Erfolg gekrönte Karriere zeigt, trat er noch viele Jahre in den großen Sälen der Welt auf. »Es gibt immer Momente der Angst«, gestand er, »und, wie mein Arzt so richtig sagte, es gibt nie eine Garantie gegen ein Versagen. Aber seit meiner ersten Begegnung mit der Angst ergriff ich nie wieder die Flucht vor ihr.«

Wie die Erfahrungen dieses beliebten Künstlers zeigen, ist es mitunter unumgänglich, sich trotz seiner Angst zum Handeln zu entschließen. Denn eines ist sicher: Wollte jeder stets darauf warten, bis alle Fehlerquellen ausgeschaltet sind und keinerlei Gefahr mehr droht, würde wohl kaum ein Berg bestiegen und kaum ein Rennen gewonnen werden. Nichts würde geschehen, und niemand würde Glück und Erfüllung in neuen, großen Taten finden.

Stärkung und Trost liegen im Glauben

Der Mensch, heißt es, ist die Krone der Schöpfung. Besagt das nicht, dass wir alle, als Gottes Geschöpfe, Anlagen zu wahrer Größe und Seelenstärke in uns tragen? Jeder von uns hat seine Fehler und Schwächen, gewiss. Wir sind kleinmütig, verstricken uns in Widersprüche und weisen viele unrühmliche Charakterzüge auf. Doch wir sind auch imstande, kraft einer tief in der menschlichen Natur verankerten Würde, über uns hinauszuwachsen und Größe zu beweisen. Ein kleines Beispiel mag dies verdeutlichen:

Ich ließ mich eines Nachmittags im Taxi vom New Yorker Kennedy-Airport ins Stadtzentrum fahren. Mein Fahrer war ein freundlicher, herzlicher Mensch, mit dem ich gleich ins Gespräch kam. Als wir an einer roten Ampel warten mussten, drehte er sich um und fragte mich nach meinem Namen. Wie sich herausstellte, war ihm meine Stimme aus Radiosendungen bekannt. Er sagte: »Ich freue mich, Sie persönlich kennenzulernen. Was für Zufälle das Leben doch manchmal bereithält!«

Dann kam er auf seine Frau zu sprechen, die erst vor einigen Tagen gestorben war. Seine Stimme verriet Kummer und Schmerz, als er fortfuhr: »Gestern ist sie beerdigt worden. Wir waren dreißig Jahre verheiratet. Sie war eine liebe, herzensgute Frau. Sie war so gut zu mir ... Wie kann ich ohne sie weiterleben?«

Ich versuchte, ihm ein paar tröstende Worte zu sagen: »Im Grunde brauchen Sie nicht wirklich ganz ohne sie weiterzuleben, denn in einem höheren Sinn wird sie weiter mit Ihnen sein, wie auch Sie in Gedanken bei ihr sein können. Ihre Liebe zueinander wird weiterbestehen.«

Nachdem er eine Weile in Schweigen versunken war, nahm er das Gespräch wieder auf: »Ist das Leben nicht voller Kummer und Sorgen? Nehmen Sie meine fünf Kinder. Über vier von ihnen will ich nicht klagen, aber der fünfte macht uns schon seit Längerem Kummer. Er treibt sich in schlechter Gesellschaft herum, hat, soviel ich weiß, auch schon Drogen genommen, ist widerspenstig und stur. Was soll aus ihm werden? Er lässt sich einfach nichts sagen, nimmt keine Ratschläge an. Und nun stehe ich mit dieser schwierigen Erziehungsaufgabe ganz allein da.« Er nahm meine Antwort vorweg: »Ich weiß, was Sie sagen wollen. Aber machen Sie sich um mich keine Sorgen. Ich weiß, dass ich auf Gottes Beistand bauen kann. Mit Gottes Hilfe werde ich es schaffen.«

Am meisten imponierten mir seine abschließenden Worte, als er sagte: »Der Mensch kann stärker sein als alles, was ihm je zustoßen mag.« Welche Charakterstärke, welche Seelengröße sprach aus diesen Worten! Hier war ein Mensch, dem weder der Kummer um den missratenen Sohn noch der schmerzliche Verlust eines geliebten Menschen den Lebensmut rauben konnte. Gleich ihm tragen wir alle die Gottesgabe seelischer Größe in uns und ruhen in einer Kraft, die uns selbst über unsägliches Leid hinweghilft.

Nachfolgend sind noch einmal die Schwerpunkte dieses Kapitels zusammengefasst:

- Sie können vollbringen, was Sie zu denken vermögen. Denken Sie also, dass Sie es können, und Sie werden es können.
- Thomas Alva Edison erinnerte uns an unsere verborgene Größe, als er sagte: »Führten wir alles aus, wozu wir imstande sind, würden wir buchstäblich über uns selbst staunen.«
- Wie Rudyard Kipling sagte, haben wir »vierzig Millionen Erklärungen für ein Versagen, aber keine einzige echte Entschuldigung«.
- Vertrauen Sie der Botschaft der Adler-Parabel. Sie können sich zu Höherem aufschwingen.
- Streichen Sie das Wort »unmöglich« aus Ihrem Wortschatz, um so das »Unmögliche« möglich zu machen.
- In der Schnellebigkeit unserer heutigen Welt wird der, der behauptet, etwas könne nicht verwirklicht werden, schon wieder Lügen gestraft von dem, der es in die Tat umsetzt.
- Sie können stärker sein als alles, was Ihnen im Leben je zustoßen mag.

KAPITEL 7

Befreien Sie sich von Angst und Sorge!

Nach der Bestandsaufnahme einer amerikanischen Nervenklinik gibt es über hundert Formen krankhafter Ängste. Ängste (in der medizinischen und psychologischen Fachterminologie *Phobien* genannt), so heißt es, können sich erstrecken von der Agoraphobie, das heißt der Angst vor offenen, weiten Räumen, über die Akrophobie, die Angst vor großen Höhen, oder die Klaustrophobie, die Angst in geschlossenen Räumen, bis hin zur Xenophobie, der Angst vor Fremden und Fremdartigem. So unglaublich es scheinen mag, auf dieser stattlichen Liste sind noch über hundert weitere Ängste erfasst. Allein diese zahlenmäßige Betrachtung macht deutlich, um welch weitverbreitetes Phänomen es sich hier handelt. Kleine und große Ängste beeinträchtigen viele in ihrer Funktionsfähigkeit und behindern ihre natürliche Entfaltung, so dass der Überwindung von Angst und angstbeherrschtem Verhalten immense Bedeutung zukommt.

Dr. Charles H. Mayo, der 1889 mit seinem Bruder in Kochester, Minneapolis, eine der bedeutendsten Kliniken der Welt gründete, sagte einmal: »Sorgen drücken auf den Blutkreislauf, auf die Drüsenfunktionen, ja auf das gesamte Nervensystem; insbesondere aber beeinträchtigen sie unser lebenswichtiges Organ, das Herz«; und der mehrfache Pulitzer-Preisträger Robert Frost schrieb: »Dass mehr Menschen an ihren Sorgen als an ihrer Arbeit zugrunde gehen, liegt einfach daran, dass sie sich mehr sorgen als sie arbeiten.«

Ohne Psychologe oder Psychotherapeut zu sein oder sein zu wollen, bin auch ich seit Jahren bemüht, Menschen bei der Befreiung von zwanghaften und übersteigerten Ängsten zu helfen. Und das soll auch das Anliegen dieses Kapitels sein, nämlich praktische Wege zu skizzieren, die zeigen, wie wir unsere Ängste bewältigen können.

Am Anfang steht die Frage, wovor wir uns fürchten oder worüber wir uns Sorgen machen. Sind nicht im Grunde genommen die meisten Ängste und Sorgen unnötig und überflüssig? Ich jedenfalls bin der Ansicht, dass wir die meisten unserer Angstvorstellungen über Bord werfen können. Wir können Angstgefühle durch ein Gefühl des Vertrauens und des Glaubens ersetzen, denn die Kraft des Glaubens, wenn es sich um aufrichtigen, festen Glauben handelt, ist allemal stärker und umfassender. Wir können uns auf die Kraft des Glaubens verlassen, und zwar nicht allein im Sinne des Trostes oder der Linderung, sondern als wirkliches, dauerhaftes Heilmittel gegen die Angst.

Sowohl die Angst als auch der Glaube sind außerordentlich starke Kräfte, die beide um die Oberherrschaft über unsere Gedanken und über unser Gemütsleben ringen. Doch wir können verhindern, dass die Angst den Sieg davonträgt, wenn wir an der Überzeugung festhalten, dass der Glaube die stärkere Macht darstellt. Wir haben es nicht nötig, uns von der Angst beherrschen zu lassen – das zeigen die Erfahrungen unzähliger Menschen. Ein Glaube entscheidet oftmals nicht nur zwischen Zufriedenheit und Leid, sondern sogar zwischen Leben und Tod.

Wer sich völlig auf seinen Glauben verlässt, wird ein Gefühl der Freude und des Losgelöstseins kennenlernen, vergleichbar mit den Empfindungen eines Fallschirmspringers, wie sie sich in der folgenden Schilderung andeuten: »Als ich das erste Mal aus einem Flugzeug springen musste, leistete jede Faser in mir heftigen Widerstand. Alles, was mich vor dem sicheren Tod bewahrte, war ein Stück Kordel und ein kleines Päckchen Seidengewebe. Ich muss zugeben, dass ich ganz erbärmliche Angst empfand. Doch wie kann ich das wunderbare, einzigartige Gefühl beschreiben, das mich durchflutete, als ich erlebte, dass dieses unscheinbare Stück Seide mich tatsächlich trug? Ich empfand eine nie gekannte, unsagbare Freude, weil es plötzlich nichts mehr auf der Welt gab, wovor ich mich fürchtete.

Die Überwindung der Angst machte mich so glücklich, dass ich gar nicht wieder auf die Erde hinunter wollte.«

Solange wir zögern und zaudern, einem uns so seidig und luftig erscheinenden Gebilde wie dem Glauben unser ganzes Vertrauen zu schenken, werden uns Furcht und Angst verfolgen und einholen. Doch wagen wir, wie der Fallschirmspringer, den Sprung, werden wir erfahren, wie diese geheimnisvolle, unfassliche Kraft uns sicher trägt. Diese Erfahrung kann uns ein größeres Glück bescheren, als wir jemals für möglich hielten – ungeahnte, neue Kräfte werden uns durchfluten.

Die richtige Adrenalinspritze

Welch außerordentliche Kraft aus dem Glauben erwachsen kann, zeigt das dramatische Erlebnis einer jungen Mutter, die eine tief verwurzelte Angst vor dem Wasser hatte. Diese Frau hatte nie schwimmen gelernt, und obwohl die Familie am Ufer eines reißenden Wildbaches wohnte, hatte sie ihr ganzes Leben lang um jedes Wasser einen großen Bogen gemacht. Aber lassen wir sie ihr Erlebnis in ihren eigenen Worten erzählen:

»Es war ein sonniger Tag, und meine drei kleinen Kinder spielten im Hof, wo ich sie vom Küchenfenster aus im Auge behalten konnte. Marijane, die Dreijährige, kam ins Haus, weil sie sich schmutzig gemacht hatte. Also vertauschten wir das dunkelbraune Kleid gegen ein frisches, orangefarbenes. Es war nicht ganz einfach für mich, ihr beim Umziehen zu helfen, da ich mit einer Hand, bedingt durch einen Unfall wenige Wochen zuvor, etwas behindert war.

Marijane lief wieder nach draußen; sie wollte zu ihrer Schaukel. Mein Mann kam herein, drückte mir einen Kuss auf die Wange und verschwand mit den Worten: ›Ich gehe mal eben zum Laden … bin gleich zurück.‹ Kurz darauf läutete es; eine Freundin schaute vorbei. Wir plauderten einige Minuten auf der Veranda, dann musste sie wieder fort. Da fielen mir die Kinder ein. Benicia, die Fünfjährige, und Lee, der Vierjährige, spielten auf dem Hof. Doch wo war Marijane geblieben? ›Sie wollte eine Ente fangen‹, erzählte Benicia und zeigte in Richtung des Wildbaches!

Das Ufer war menschenleer. Ich schaute ins Wasser: Brodelnde, anschwellende Wassermassen strömten auf einen nicht weit entfernten Wasserfall zu. Ich wollte erleichtert aufatmen, da meine Kleine offensichtlich nicht hier war. Doch da – bewegte sich dort hinten nicht etwas Orangefarbenes im Wasser? Im ersten Moment der Panik nahm ich weder Körperschwere noch Zeit und Raum wahr – eine Woge blinder, übermächtiger Angst überschwemmte mich.

Ich musste Hilfe holen! Ich rannte los bis zum Häuserblock und schaute mich nach allen Seiten um. Doch niemand war zu sehen, die Straße menschenleer. Ich hetzte zurück, durch Büsche und Dornensträucher – und sprang ins Wasser. Eiskalt schlug es über meinem Kopf zusammen, meine Füße erreichten keinen Grund! Warum hatte ich nie schwimmen gelernt!? Ich sendete unwillkürlich ein Stoßgebet zum Himmel: ›Lieber Gott, hilf mir!‹ An einigen alten, brüchigen Wurzeln fand ich Halt. Die Wirbel in der Mitte des Wildbaches waren am gefährlichsten, doch näher zum Ufer hin floss das Wasser gemächlich und ruhig. Dort war meine Tochter. Auf dem Rücken liegend, trieb sie auf dem Wasser. Sie sah aus, als ob sie schliefe. Ihre Augen waren geschlossen, und ihr Gesicht hatte eine bläulichrote Färbung angenommen. ›Lieber Gott, steh uns bei!‹ Ich befand mich nur noch wenige Zentimeter von ihr entfernt. Mit einer Hand klammerte ich mich an die Wurzeln, mit der anderen, der verletzten, griff ich nach ihr. Ich spürte weder Schmerzen noch Schwäche. Meine Hand ergriff Marijane und zog sie aus dem Wasser.

Ich musste sie in Sicherheit bringen! Das rettende Ufer ragte einen halben Meter über mir auf, doch ich spürte kaum das Gewicht meiner kleinen Tochter, als ich sie anhob und auf den Uferboden legte. Ihr kleiner Körper schlug dumpf auf, doch zu meinem Entsetzen glitt er langsam wieder wasserwärts. Abermals bekam ich sie mit meiner verletzten Hand zu fassen, und es gelang mir, sie auf die Uferböschung zurückzuschieben. Sie gab ein Geräusch, ein leises Wimmern von sich, während ich mich an den Wurzeln aus dem Wasser zog. Als ich die Kleine hochhob, wurde das kaum hörbare Wimmern zu einem deutlichen Weinen. In dem Moment war es für mich das herrlichste Geräusch der Welt!

Undeutlich drangen Schreie an meine Ohren. Ewigkeiten später wurde mir klar, dass es meine eigenen waren. Ich erkannte allmählich die Umrisse einer Frau, die mir die kleine Marijane abnahm. Sanitäter waren gekommen. Mein Mann war auch da, kreidebleich. Konnte sich das alles in der kurzen Zeit abgespielt haben, in der er kurz im Laden drei Straßen weiter gewesen war? Er stieg dann in den Rettungswagen, der Marijane ins Hospital brachte.

Ich kann mich nicht erinnern, wie ich nach Hause kam. Das Erste, was ich wahrnahm, war die schemenhafte Frauengestalt an meiner Seite. Eine Stimme sprach von ›Schockwirkung‹, ›heißes Bad‹ und Ähnlichem. Das verschwommene Gesicht der Frau nahm erst allmählich klare Umrisse an, während sie mir beim Ausziehen der triefenden Kleider behilflich war.

Erst jetzt bemerkte ich, dass ich barfüßig war. Nun begann ich auch den brennenden Schmerz zu spüren, in meiner Hand und in beiden Beinen. Die Wurzeln und Sträucher hatten lange, blutige Striemen in meine Haut gerissen. Für mich waren es dieselben gesegneten Wurzeln, die mir den lebensrettenden Halt geboten hatten.

Als sie aus dem Krankenhaus zurückkamen, trug mein Mann das Kind sanft auf seinen Armen ins Haus. Aus ihrer Körpertemperatur von weniger als vierunddreißig Grad hatte der Arzt geschlossen, dass sie etwa dreißig Minuten im Wasser gelegen haben musste. Dennoch war sie mit dem Leben davongekommen.

Nachdem sie friedlich in ihrem Bett eingeschlafen war, kniete ich an ihrer Seite und beobachtete sie. Nie zuvor hatte ich es als so wunderbar empfunden, ein kleines Kind atmen zu sehen. Tiefe Dankbarkeit erfüllte mich.«

In dieser Situation höchster Gefahr, in der das Leben ihrer kleinen Tochter auf dem Spiel stand, schöpfte eine Mutter eine Kraft aus ihrem Inneren, die alle Angst besiegte und die ihr übermenschliche Stärke verlieh. Gewöhnlich aber behalten unsere Ängste die Macht über uns, machen uns schwach und lassen unsere inneren Kräfte nicht zur Entfaltung gelangen. Erst wenn eine lebensbedrohliche Krise auftaucht, wie das vorliegende Beispiel gezeigt hat, offenbaren sich diese bislang verborgenen und brachliegenden Kräften in ihrer ganzen Macht und verhelfen uns zu Leistungen, die wir unter normalen Umständen nie für möglich halten würden.

Seitdem die Wissenschaft zu Beginn des Zwanzigsten Jahrhunderts das im menschlichen Nebennierenmark erzeugte Hormon Adrenalin entdeckte und in der Folgezeit künstlich herstellen und anwenden konnte, weiß man, dass dieser Wirkstoff im menschlichen Körper Erstaunliches auszulösen vermag: In Gefahren- und Stresssituationen mobilisiert er den Stoffwechsel – er steigert den Grundumsatz, den Blutzuckerspiegel, die Durchblutung der Bewegungsmuskulatur und der Herzkranzgefäße sowie die Leistung des Herzens. Doch um wie vieles stärker als jede Adrenalinspritze ist der Zustrom an Kraft, der von einem Glaubensakt ausgelöst wird und der, wie diese junge Mutter uns vor Augen führt, jede noch so große Angst besiegen kann.

Wenn der Mensch in höchster Not auf diese Weise reagieren kann, warum sollte er dann nicht in den weniger aufregenden Routinesituationen unseres Alltags Ähnliches vollbringen können? Wir ahnen es: Dies ist möglich! Dies können wir auch lernen, indem wir durch stetige Übung eine vertrauensvolle Glaubenshaltung zur Gewohnheit werden lassen. Denn wenn wir unsere Gedanken stets auf diese Möglichkeit ausrichten, dann werden wir in der Tat Erstaunliches vollbringen. Ist der Glaube, den wir der Angst entgegenhalten können, stark genug, gibt es eigentlich nichts mehr, was uns verletzen oder Schaden zufügen kann.

Hilfe in höchster Not

In einem Interview mit der amerikanischen Presseagentur *Associated Press* erinnerte sich Captain Jeremiah A. Denton an seine Zeit in einem Kriegsgefangenenlager in Nordvietnam. Seine Erfahrung der Macht des Glaubens grenzt an Wunderbares:

»Zurückblickend auf all die Härten und schweren Prüfungen, die ich als Kriegsgefangener erlebt habe, gelange ich zu der Überzeugung, dass die eigentliche Erklärung für mein Überleben im spirituellen Bereich zu suchen ist, denn es waren nicht zuletzt die Gebete, sowohl meine eigenen als auch die der anderen, die mir halfen, das Schreckliche zu ertragen.

Ich glaube, dass die meisten ehemaligen Kriegsgefangenen ähnlich empfinden. Viele von uns haben es mit Gottes Beistand geschafft, ihre Erlebnisse zu bewältigen und inneren Frieden zu finden. Die größte Einsicht, die uns zuteil wurde, war wohl die, dass die menschliche Natur in höchstem Leiden und größter Not zu ganz außergewöhnlichen Leistungen fähig ist.

Es war im Oktober 1966. Ich befand mich im ›Zoo‹, wie wir unser Lager nannten, und musste unsägliche Folterungen über mich ergehen lassen. Einer der Aufseher, ein finster dreinschauender Offizier, hatte begonnen, verstärkt Druck auf mich auszuüben, und zwar wegen Aufwiegelung meiner Mitgefangenen. Er ging zu immer härteren Maßnahmen über, die in einer fünftägigen Folterbehandlung gipfelten, während der ich grausame Schmerzen aushalten musste. Ich sollte unsere Informationswege preisgeben und Aussagen darüber machen, wie wir Lagerinsassen miteinander kommunizierten.

Am Ende dieser qualvollen Folterung verfasste ich einen Bericht, in dem ich einige harmlose Einzelheiten über unseren Informationsaustausch erwähnte, von denen ich annahm, sie wären den Vietnamesen ohnehin bekannt. Ich hoffte, sie würden sich damit zufriedengeben, denn schließlich hätten sie ja ihr Gesicht gewahrt, da sie mich durch die Tortur zur schriftlichen Preisgabe von Informationen bewegt hatten. Meine Hoffnung war vergebens: Sie ließen sich nichts vormachen.

Ich wurde in die Folterzelle zurückgebracht und musste die gleiche fürchterliche Tortur noch einmal erleiden. Schließlich war ich mit meinen Kräften am Ende. Nach weiteren fünf Tagen wäre meine gesamte Willenskraft gebrochen gewesen – ich hätte alles verraten, was sie von mir wissen wollten. Das war der Zeitpunkt, zu dem ich mein Schicksal ganz in Gottes Hand legte. Mit dem letzten Rest an Kraft, der mir verblieb, richtete ich mein Gebet an Gott.

Nie in meinem Leben sind meine Gebete auf wunderbarere Weise erhört worden! Ich spürte unmittelbar, wie sich ein Mantel des Trostes auf mich herabsenkte und mich einhüllte. Und ich empfand keine Schmerzen mehr! Von da an konnten sie auf mich einschlagen, wie sie wollten, konnten bis an die Grenzen des Erträglichen gehen – ich spürte die Qualen nicht mehr!«

Wir können uns auf die kraftspendende Realität des Glaubens verlassen, wie die Erfahrung des Jeremiah Denton auf so dramatische Weise bestätigt. Der Glaube ist wahrhaftig kein Feind, sondern ein Freund, der uns zu leben hilft und der unseren Ängsten die Gewalt über uns nimmt. Auch in der weniger sensationellen Welt des alltäglichen Lebens brauchen wir uns nicht von der Angst beherrschen zu lassen.

Angst: die Chance zum Handeln

Die Memoiren eines alten Mannes aus dem amerikanischen Westen, der in der Pionierzeit als Funker auf einer einsamen Telegrafenstation arbeitete, bieten ein interessantes Beispiel für einen erfolgreichen Kampf gegen die Angst.

Gleich zu Beginn seiner Arbeit bekam er die Nachtschicht zugeteilt.

Seine Dienstzeit begann abends um sieben und endete am folgenden Morgen ebenfalls um sieben Uhr. Jeden Abend erreichte er mithilfe des Güterzuges die in den Bergen gelegene Station.

Immer dann, wenn der Zug unter Pfeifen und Rattern allmählich in der Ferne verschwand, fühlte der Mann ein vages Unbehagen in sich aufsteigen. Er war ganz allein an diesem verlassenen Ort. Eine alles einhüllende Stille umgab ihn. Der Gedanke, meilenweit von jeder anderen menschlichen Behausung entfernt zu sein, erfüllte ihn mit Unruhe und Ängstlichkeit. Sobald er in seine Dienststube trat, schaltete er alle Lichter an, schloss die Tür hinter sich, verriegelte sie, ließ nervös die Rolläden herunter, um sich so für die Nacht in seinem Stationshäuschen zu verbarrikadieren, aus Angst vor der ihn umgebenden Dunkelheit, aus Furcht vor der Einsamkeit.

Während der Nacht vernahm er die seltsamsten Geräusche. Er fürchtete sich und malte sich aus, wie ihn wilde Tiere oder Banditen überfielen. Sehnsüchtig erwartete er jedes Mal den Tagesanbruch und mit ihm das helle Licht des neuen Morgens. Das werde ich nicht durchhalten, dachte er. Dennoch gab er sich große Mühe, mit der Situation fertig zu werden. Aber mit jeder weiteren Nacht schien seine Angst nur noch größer zu werden.

Schließlich, als eines Morgens sein Kollege zur Schichtablösung kam, gestand er ihm: »Bill, ich kann diesen Posten nicht beibehalten. Es hat keinen Zweck, dass ich mir etwas vormache. Ich habe einfach Angst, diese Dunkelheit und Einsamkeit hier treiben mich in den Wahnsinn.«

»Das kann ich verstehen«, antwortete Bill, »doch vielleicht liegt es daran, dass du die Dunkelheit nicht wirklich kennst. Du hast dir noch nie die Mühe gemacht, die Nacht richtig kennenzulernen. Sie ist kein Feind. Halte noch eine Nacht durch, und bemühe dich diesmal, die Dunkelheit zu verstehen. Schließ dich dabei vor allem nicht ein, verkriech dich nicht wie ein verängstigtes Tier. Es gibt nichts, wovor du Angst haben müsstest.«

Er nahm sich den Rat zu Herzen und ließ in der nächsten Nacht trotz seiner Angst Türen und Fenster weit geöffnet. Es sollte eine lohnenswerte Erfahrung für ihn werden. Zu seiner angenehmen Überraschung nahm er neue, unbekannte Eindrücke wahr. Die Atmosphäre der Nacht mit ihren fremdartigen Gerüchen drang in sein Zimmer. Nach einer Weile wagte er sich sogar vor die Tür. Er stand im Freien und schaute in die dunkle Weite des Sternenhimmels über sich. Der Mond erhellte die Nacht mit seinem silbrigen Schein. Wie großartig war die Natur bei Nacht! Dieses Erlebnis blieb ihm unvergessen. Er hatte den Mut aufgebracht, sich seinen Ängsten zu stellen. Indem er sich in die Nacht hinausbegab, lernte er die Dunkelheit kennen und verstehen. Es war ihm gelungen, die lauernden Schrecken, die die Dunkelheit bis dahin für ihn barg, zunichte zu machen.

Die Hauptaufgabe im Umgang mit unseren Ängsten besteht darin, sie beherrschen zu lernen. Dieser Meinung war auch Thomas Carlyle: »Die erste Pflicht des Menschen ist immer noch die, seine Angst zu überwinden.« Ein bewährter Weg zur Überwindung unserer Ängste liegt in entschlossenem Handeln. Wer gegen seine Ängste mit zielgerichtetem, mutigem Handeln vorgeht, wird bald schon die Oberhand über sie gewinnen. Kein Geringerer als Theodore Roosevelt, der sechsundzwanzigste Präsident der Vereinigten Staaten von Amerika, ein Mann großer Willenskraft, meisterte seine Ängste auf diese Weise: »Wie oft hatte ich Angst in meinem Leben«, gestand er, »aber ich gab ihr nicht nach. Ich zwang mich, so zu handeln, als ob ich keine Angst verspürte. Das brachte meine Ängste mehr und mehr zum Verschwinden.«

Wenn wir uns vor etwas fürchten, ist es besonders wichtig, uns nicht in lähmende Fantasien und Angstvorstellungen zu verstricken. Als Gegenmittel können wir die Flucht nach vorn antreten: Je eher wir zum Gegenangriff übergehen, also trotz der vorhandenen Angst zu handeln beginnen, desto schneller wird sich die Angst auflösen.

In einer Stadt des Mittelwestens wurde ich einmal von einem energischen jungen Vertriebskaufmann vom Flughafen zu meinem Hotel begleitet. Unterwegs kamen wir auf seinen unerwartet raschen beruflichen Aufstieg zu sprechen. Schließlich bekleidete er in seinen jungen Jahren bereits eine leitende Position.

Erst wenige Jahre zuvor hatte er seine Laufbahn in der Verkaufsabteilung einer größeren Firma begonnen. Der Einstieg wurde dem neuen Mitarbeiter keineswegs leichtgemacht: Der Verkaufsleiter wies ihm gleich zu Anfang einen Kundenkreis zu, der aus völlig neuen Kontakten resultierte und den es erst durch Besuche und Betreuung zu gewinnen galt.

Der junge Mann studierte seine Kundenliste am Abend vor Beginn der neuen Tätigkeit und entwarf seine Route für den kommenden Tag. Am nächsten Morgen jedoch fanden sich plötzlich viele Gründe, warum es besser war, die geplanten Besuche zu verschieben: Er war noch nicht richtig vorbereitet; der Zeitpunkt war ungünstig, da die Ferien bevorstanden; seine Route war nicht gut genug durchdacht – eine Entschuldigung nach der anderen kam ihm in den Sinn. Am darauffolgenden Tag war es wieder das Gleiche. Er fühlte sich nicht wohl, hatte Kopfschmerzen und konnte schon aus diesem Grunde keinen guten Eindruck erzielen.

»Ich war sogar so weit«, berichtete er, »dass ich mich wieder ins Bett legte und meiner Frau vorstöhnte, wie schlecht es mir ginge; ich müsse mich wohl erkältet haben; womöglich hätte ich sogar eine ernsthafte Grippe. Meine Frau jedoch äußerte unumwunden den Verdacht, dass ich wohl nur Angst vor meiner neuen Aufgabe hätte. Sie zeigte mir ihre Enttäuschung über mich und nannte mich einen Versager und einen Feigling. Ich war ausgesprochen verärgert über ihre Bemerkungen und wies ihre Behauptungen entrüstet zurück, doch das machte keinen Eindruck auf sie. Sie fragte lediglich, warum ich mich dann nicht wie ein Mann benehmen könne.

Allerdings musste ich mir selbst eingestehen, dass meine Frau nicht ganz unrecht hatte. Ich hatte tatsächlich Angst vor diesen Besuchen, fürchtete mich vor dieser direkten, aggressiven Verkaufsmethode. Voll innerer Empörung fragte ich mich, warum ich mich – bei meiner Ausbildung und meinen Qualifikationen – als ›Klinkenputzer‹ hergeben sollte. Schließlich strebte ich einen höheren Posten in der Verwaltung an und wollte nicht einsehen, nun unterwürfig von einem potenziellen Kunden zum nächsten jagen zu müssen, wie es – so dachte ich damals – jeder andere auch tun könnte.

In dieser Situation erhielt ich ein Stellenangebot für eine angenehme Bürotätigkeit. Die Bezahlung sah nicht allzu reizvoll aus, aber immerhin hätte ich so meine vermeintliche Ehre retten können. Ich war drauf und dran, diese Stelle anzunehmen. Als ich meiner Frau von dem Angebot erzählte, sah sie mir ins Gesicht und sagte nur: ›Also hast du immer noch Angst?‹

Da rang ich mich endlich dazu durch, Angst hin oder her, diese Verkaufsbesuche hinter mich zu bringen. Allerdings kostete es mich große Überwindung, den ersten Schritt zu tun. Ich musste mich zusammenreißen und mich regelrecht dazu zwingen, die Kundenbesuche auch wirklich durchzuführen.

Natürlich musste ich Ablehnungen hinnehmen, doch mit den ersten erfolgreichen Abschlüssen nahm auch der Mut zum Weitermachen zu. Ich empfand auf einmal Spannung und Neugier, ja, es machte mir Spaß, kritische, verschlossene Kunden zu überzeugen. Ich lernte auf diese Weise etwas äußerst Wichtiges: Wenn man sich vor etwas fürchtet, gibt es nur eines, nämlich das zu tun, wovor man sich fürchtet. Tut man das, hat man die Angst schon bald vergessen!«

Er hat nicht unrecht mit dieser Beobachtung, denn wenn wir gerade das in Angriff nehmen, wovor wir Angst haben, haben wir einen sicheren Weg zur Überwindung der Angst eingeschlagen.

Der Ursprung unserer Ängste

Es gilt heutzutage als unbestrittene Tatsache, dass ein Großteil unserer Ängste auf Kindheitserfahrungen zurückzuführen ist. Frühe Erlebnisse prägen unsere Gefühlsstruktur und lassen sich oft bis ins Erwachsenenalter weiterverfolgen. Um die tieferen Zusammenhänge von Problemen dieser Art aufzudecken, ist es angeraten, sich ärztlicher Anleitung und Hilfe anzuvertrauen.

Ein Flugzeugpassagier, mit dem ich einmal ins Gespräch kam, steht beispielhaft für viele, die Gefahr laufen, von ihren Ängsten regelrecht erdrückt zu werden. Ihm war es am Ende jedoch gelungen, aus diesem Teufelskreis auszubrechen.

Selten ist mir jemand begegnet, der so ungeheuer erleichtert, ja befreit wirkte und vor Lebensfreude überschäumte. »Ich habe eine herrliche Erfahrung machen können«, strahlte er, »meine quälenden Ängste sind verschwunden. Früher wurde ich von der Vorstellung verfolgt, jeden Moment würde etwas Schreckliches über mich hereinbrechen. Glauben Sie mir, es ist ein wunderbares Gefühl, diese Ängste los zu sein!«

Er war ein freundlicher Mann Mitte dreißig, der, wie es schien, den größten Teil seines bisherigen Lebens in ständiger Angst und Sorge verbracht hatte. Dabei handelte es sich oft um Angstgefühle, die jeder vernünftigen Grundlage entbehrten. Ohne ersichtlichen Anlass wurde er von Beklemmungen gequält, wobei er sich dann einredete, etwas Schlimmes würde geschehen. Schließlich begab er sich wegen seines Zustandes in ärztliche Behandlung. Erst mit der Anleitung eines erfahrenen Therapeuten gelangte er zu einem tieferen Verständnis der Ursachen seiner Angst.

Seine Mutter hatte ihn mit übertriebener Liebe und Fürsorge fast erstickt, wobei sie selber ein Opfer ihrer vielen Ängste zu sein schien. Sie hatte die schlechte Angewohnheit, mögliche Gefahrenquellen und angsterzeugende Situationen ins Uferlose aufzubauschen. Ob dies daran lag, dass sie selbst ein übersteigertes Liebesbedürfnis oder dass sie einen unbewussten Hang zur Dominanz hatte – wie auch immer die zugrunde liegende psychodynamische Struktur ihrer Persönlichkeit ausgesehen haben mochte: Die ständige Belastung und Anspannung übertrug sich jedenfalls auf den Sohn und erzeugte in ihm ein Gefühl schwelender Unsicherheit.

Die Mutter erging sich ständig in vagen Andeutungen über den Vater des Jungen, der scheinbar recht zwielichtigen Geschäften nachging und undurchsichtige Affären mit anderen Frauen hatte. Der Junge erfuhr allerdings nie etwas Konkretes, denn in der Gegenwart seines Vaters waren diese Themen tabu. Der Junge hatte jedoch das unbehagliche

Gefühl, dass etwas nicht stimmte. So bemerkte die Mutter oft mit unheilvoller Miene: »Mit deinem Vater wird es kein gutes Ende nehmen. Du wirst schon sehen.« Diese Äußerungen riefen in dem Kind eine unterschwellige Angst hervor, seinem Vater könne etwas zustoßen, und vermehrten gleichzeitig seine eigene Unsicherheit.

Die Mutter bekam, wahrscheinlich als Folge ihrer Ängste und Spannungen, ein Herzleiden. Doch sie dramatisierte ihre Schwäche gern, besonders den Kindern gegenüber. Mit theatralischer Miene verkündete sie dann: »Ihr müsst damit rechnen, dass mir jederzeit etwas zustoßen *kann*. Ich mag euch zwar gesund erscheinen, bin es aber in Wirklichkeit nicht. Wenn eines Nachts der Arzt gerufen werden muss, werdet ihr verstehen, dass etwas Ernstes geschehen ist. Wenn ihr außer Haus seid, solltet ihr damit rechnen, dass euch eines Tages die Nachricht vom Tode eurer Mutter erreicht. All dies sage ich euch jetzt schon, damit ihr für den Ernstfall gewappnet seid.«

Jahre später, als aus dem Kind längst ein Mann geworden und er als Handelsvertreter häufig auf Reisen war, lag er oft nächtelang im Hotelzimmer wach und fand keinen Schlaf. Unbewusst fürchtete er stets das Klingeln des Telefons, konnte dies doch die Nachricht vom tragischen Tod seiner Mutter bedeuten.

Schließlich wirkte sich diese unerbittliche, zwanghafte Angst auch auf seine körperliche Verfassung aus. Er fürchtete, selbst eine Herzschwäche zu haben, und suchte einen Arzt auf. Dieser riet ihm, sich in psychotherapeutische Behandlung zu begeben und auch geistlichen Rat zu suchen. Ganz allmählich gewann der junge Mann Einblick in seinen Zustand. Er lernte sich selbst und seine Ängste besser verstehen, entlarvte sie bald als Phantome, die von dem Selbstmitleid und den Komplexen seiner Mutter heraufbeschworen worden waren und in seinem Unbewussten ihr Unwesen trieben. Allmählich gewann er sein Vertrauen zurück. In einem neugewonnenen Glauben fand er die Kraft, seine Ängste zu besiegen. Die alten Schreckgespenster wichen einer neuen Zuversicht, und er fühlte sich glücklich und frei.

Chronische Angstzustände haben ihre Wurzeln häufig in der Kindheit. Kleine Kinder nehmen in ihrem offenen Wesen positive wie auch negative Schwingungen auf, also auch die in ihrer Umwelt vorherrschenden Ängste. Ebenfalls können in der Kindheit erzeugte Schuldgefühle vielfach zu Ängsten führen, die uns bis ins Erwachsenenalter weiterverfolgen. Den Betroffenen ist es selten möglich, sich mit eigener Kraft aus dem feingesponnenen Netz der Ängste und Komplexe zu befreien. Daher ist es in solchen Fällen notwendig, sich an einen erfahrenen Psychiater zu wenden. Therapeutische Gespräche dienen zum Verständnis der tieferen Zusammenhänge der krankhaften Zustände und legen somit den Grundstein für eine erfolgversprechende Behandlung des Problems.

»Selbsterkenntnis ist der erste Schritt zur Weisheit«, heißt es. Auf jeden Fall aber muss die Selbsterkenntnis am Beginn jeder Heilung stehen. Um die endgültige Heilung aber auch herbeizuführen, müssen die alten Ängste und die mit ihnen verknüpften eingefahrenen Verhaltensmuster nicht nur erkannt, sondern auch durch etwas Neues ersetzt werden. Etwas Positives muss an ihre Stelle treten, damit sie nicht wieder auftreten oder gar neue, andere Ängste ihren Platz einnehmen. Das positivste, das diesen Platz einnehmen kann, ist natürlich ein fester Glaube. Scheuen wir uns daher nicht, zur Erlangung eines tiefen Glaubens auch geistlichen Beistand zu suchen. Erfüllt uns die Kraft des Glaubens, muss jede Angst unweigerlich die Macht über uns verlieren. Wir alle wissen aus Erfahrung, welch gewaltige Macht Ängste zuweilen über uns ausüben können, aber dennoch bleibt der Glaube die stärkere Kraft und wird mit der Zeit jede Angst besiegen.

Welch großartiger geistiger Gesundheit könnten wir alle uns erfreuen, wenn uns von Geburt an jegliche Form von Angst oder Angstneurose erspart bliebe! Doch es ist nun einmal so, dass wir bereits im Kindesalter die Ängste anderer aufnehmen und verinnerlichen. Ohne böse Absicht übertragen Erwachsene ihre Ängste auf Kinder, die dann ihrerseits mit diesem seltsamen Leiden zu kämpfen haben, bis sie sich – sei es aus eigenem Antrieb oder mit ärztlicher oder seelsorgerischer Hilfe – kraft einer gesunden, im Glauben gefestigten geistigen Haltung davon wieder befreien können.

In diesem Zusammenhang muss ich an die Worte eines Gynäkologen denken, der ein etwas ungewöhnliches Entbindungsritual praktiziert (es wäre sicher nicht verkehrt, wenn sein Beispiel Schule machte). Er nimmt das Neugeborene aus dem Schoß der Mutter entgegen und redet ihm beruhigend zu, während er die Entbindung zu Ende führt: »Hallo, mein kleiner Erdenbürger, willkommen in unserer Welt! Hier bist du nun, hineingeboren in eine wundervolle Welt, in der du gewünscht und geliebt bist. Hab keine Angst, mein Kleines. Gott wird stets für dich sorgen.«

Es ist wohl müßig, darüber zu spekulieren, ob diese wohlmeinenden Worte in irgendeiner Form das Bewusstsein des Neugeborenen erreichen können. Doch wäre es so, wie segensreich wäre eine solche erste Grundlage für eine vertrauens- und glaubensvolle Lebenshaltung!

Selbstvertrauen gegen Versagensangst

Über die oft sehr schmerzlichen Begleiterscheinungen der Ängste und Nöte Heranwachsender kann ich einiges aus eigener Erfahrung beitragen. Es fehlte mir zwar nie an einer ausreichend starken Motivation zum Handeln, doch wurde ich stets auch von einem starken Zweifel an mir selbst geplagt, der jegliche Impulse bremste. Ich fühlte mich unzulänglich, redete mir ein, nicht viel zu taugen; ich schien nicht besonders klug zu sein und hatte kein gewinnendes Auftreten; ich war zurückhaltend, verlegen, schüchtern. Das Wort »schüchtern« kennzeichnet den Zustand, in dem ich mich damals befand, besonders treffend, da jemand, der schüchtern ist, sowohl ängstlich als auch scheu reagiert. Meine damalige Verfassung trug also nicht gerade zu einem gesunden Selbstvertrauen bei, da auch andere meine Ansichten über meine Person teilten (tatsächlich sehen unsere Mitmenschen uns meist so, wie wir selbst uns sehen – sie übernehmen unsere eigene Meinung über uns).

Am Vorabend meiner Examensprüfung fand im Haus unserer Studentenverbindung eine Abschiedsfeier statt, zu der der Präsident des College, Dr. John W. Hoffman, als Ehrengast geladen war. Dr. Hoffman beeindruckte durch seine starke Persönlichkeit, und seine einnehmende, offenherzige Art sowie seine hervorragende Menschenkenntnis imponierten besonders. So erkannte er die Stärken und Schwächen seiner Mitmenschen auf den ersten Blick. Bei alledem war er ein großer Menschenfreund, voller Liebe und Zuneigung für jeden.

Als die Gesellschaft zu vorgeschrittener Stunde langsam aufbrach, sagte Dr. Hoffman zu mir: »Begleite mich noch ein Stück des Weges, Norman, ich möchte mit dir sprechen.« Da packte mich die Angst. Wollte er mir schonend beibringen, wie schlecht es um meine Prüfungschancen bestellt war? Eigentlich konnte das nicht sein, weil ich befriedigende Vornoten erzielt hatte und mein Name bereits auf der Liste der Examenskandidaten offiziell ausgedruckt war.

Wir gingen durch die klare Mondnacht. Er sprach zunächst über das Leben allgemein, dann darüber, wie jeder Einzelne seinem Leben durch rechtes Denken Sinn und Richtung geben könne. Als wir vor seinem Haus angekommen waren, entstand eine kleine Pause. Dann legte er die Hand auf meine Schulter und sagte: »Weißt du, Norman, ich glaube an dich. Du hast gute Anlagen in dir, du brauchst sie nur freizusetzen und entfalten zu lernen. Ich bin überzeugt, du hast das Talent dazu, in der Öffentlichkeit aufzutreten ...« Er sah mich lange an.

»Aber«, fuhr er fort, »es ist wichtig, dass du selbst an dich glaubst. Ich denke, es ist an der Zeit, dass du deine Ängstlichkeit, deine Gefühle der Wertlosigkeit, deine Zweifel an dir selbst ablegst. Du brauchst keine Angst vor irgendjemandem oder irgendetwas zu haben, schon gar nicht vor dir selbst.«

Er knuffte mich in die Rippen: »Ich mag dich sehr gern, mein Junge, und werde stets an dich glauben. Denke daran, es gibt keinen Grund zur Angst. Hab Mut, Mut zum Leben!«

Auf dem Rückweg schwebte ich wie auf Wolken. Dieser großartige Mann, unser aller Idol, glaubte an mich! Plötzlich waren Schüchternheit und Hemmungen wie verflogen! Ich fühlte mich frei! Natürlich waren meine Ängste nicht endgültig beseitigt – es sollten mir vielmehr noch einige innere Kämpfe bevorstehen –, doch in jener Nacht, als dieser verständnisvolle Mann mir nahelegte, dass ich meine Zweifel ablegen sollte, mir zeigte, dass ich an mich glauben konnte, wurde der Grundstein für die Bewältigung meiner Ängste gelegt.

Etliche Jahre später erreichte mich die Nachricht, dass Dr. Hoffman unheilbar an Kehlkopfkrebs erkrankt war. Da er nicht mehr lange zu leben hatte, fuhr ich nach Pasadena in Kalifornien, um ihn ein letztes Mal zu sehen.

Seine so wunderbare Stimme, die uns stets begeisterte, war nun verstummt. Doch auf seinen Gesichtszügen lag noch das altvertraute Lächeln. Zur Begrüßung drückte seine große Hand die meinige in dem gewohnten festen Griff. Da er nicht mehr sprechen konnte, musste er zu Papier und Bleistift greifen, um sich mit mir zu unterhalten. »Ich freue mich, dich wiederzusehen!«, schrieb er auf einen Zettel. »Ich bin stolz auf dich und auf deine Entwicklung.« Ich kämpfte mit den Tränen, worauf er die Unterhaltung in andere Bahnen lenkte und an die alten Zeiten erinnerte. Bald kam uns eine Anekdote nach der anderen in den Sinn, und unser Lachen verdeckte die wenigen Tränen, die uns an den bevorstehenden Abschied gemahnten.

Schließlich ergriff ich seine Hand und sagte: »Dr. Hoffman, erinnern Sie sich an den Abend damals, als wir vor Ihrem Haus standen und Sie mir auf so wundervolle Weise Mut zusprachen? Ich werde nie vergessen, wie Sie mir damals geholfen haben, mit meinen vielen Ängsten fertig zu werden … Sie sollen wissen, wie dankbar ich Ihnen bin.«

Ich wusste, ich würde ihn nicht mehr wiedersehen. Ein letztes Mal berührte ich ihn leicht mit meiner Hand. »Ich mag dich sehr gern, mein Junge«, schrieb er, »und ich werde bis zum Letzten an dich glauben. Sei ohne Furcht. Möge Gott dich stets behüten.«

An der Tür schaute ich mich noch einmal um. Er hatte die verschränkten Hände zum Gruß erhoben und schenkte mir als letzte Erinnerung sein wundervolles Lächeln, das mir so vertraut war.

Bei der Bewältigung unserer Ängste, insbesondere bei der Überwindung übersteigerter Angstgefühle, wird uns eine Besinnung auf die hier noch einmal zusammengestellten Gesichtspunkte eine gute Hilfe sein.

- Zwei große Kräfte, die Angst und der Glaube, sind in uns wirksam. Wenn auch die Angst sehr mächtig sein kann, ist der Glaube doch stets die stärkere Kraft.
- Die Kraft des Glaubens kann, ähnlich einem Adrenalinschub, in einer Gefahrensituation einen sehr starken Zustrom an Energien auslösen. Diese Energien sind latent bereits vorhanden. Bedienen Sie sich ihrer – auch ohne unmittelbar in Gefahr zu schweben!
- Lernen Sie Ihre Ängste näher kennen – und erkennen Sie, dass sie in Wirklichkeit nichts als Phantome und bloße Schreckgespenster sind!
- Wenn Sie gerade gegen das ankämpfen, das Ihnen die größte Angst einflößt, dann werden Sie Ihre Angst am ehesten verlieren.
- Einsicht in die Ursachen der Angstmechanismen ist der erste Schritt zu ihrer Bewältigung. Liegen tiefer gehende Angstprobleme vor, sollten Sie sich auf keinen Fall scheuen, psychologischen oder seelsorgerischen Rat zu suchen.
- Ein fester Glauben, aus einer gesunden Gemütsverfassung erwachsen, wird jede Angst vertreiben.
- Prägen Sie sich die Botschaft des vierunddreißigsten Psalms (Vers 5) ein, um sie immer wieder ins Gedächtnis rufen zu können: »Ich suchte den Herrn, und er hat mich erhört, er hat mich all meinen Ängsten entrissen.«

KAPITEL 8

Wie *Sie* Wunder wirken können

Der Ladeninhaber war mit dem Auspacken einer Warensendung aus England beschäftigt. Die Art der Briten, ihre Waren stets so kunstvoll zu verpacken, noch dazu mit hochwertigen Kordeln und erlesenen Packmaterialien – all das bewunderte er immer wieder. Doch was war das? Auf dem Paketinhalt lag eine Karte. Er nahm die Karte, las sie – und stutzte erneut. »Erwarten Sie ein Wunder«, war da zu lesen! Erwarten Sie ein Wunder? Was bedeutete das? Unschlüssig legte er die Karte auf seine Ladentheke. Später, als er das Packpapier wegräumte, fiel sie ihm erneut in die Hände. Wie war die Karte in das Paket geraten? Handelte es sich um eine Verwechslung? War sie jemandem aus der Tasche gefallen? Oder war es etwa ein Versuch, ihm eine Botschaft zukommen zu lassen?

Am Abend zeigte er die Karte seiner Frau, die, nicht minder erstaunt, die rätselhafte Angelegenheit jedoch von ihrer praktischen Seite sah: »Im Grunde wäre das genau das, was wir brauchen. Bei all unseren Problemen käme ein Wunder gerade recht.«

Die rätselhafte Botschaft beschäftigte das Paar noch lange, denn es hatte tatsächlich mit einigen Sorgen zu kämpfen, und eine sehr kritische Angelegenheit war derzeit besonders nervenaufreibend. Sie überlegten hin und her, wägten dies und das ab. Wäre es eventuell möglich, dass sich diese problematische Situation wie durch ein Wunder auflöste, wenn sie nur recht darauf hofften? Schließlich schlug die Frau vor: »Lass uns das Wunder aufrichtig erwarten. Wir haben schließlich nichts zu verlieren. Wir werden sehen, ob etwas geschieht.«

Der Mann war noch skeptisch: »Meinst du, wir sollen an Zauberei glauben?«

»Nun, ich weiß nicht recht, was ich glauben soll«, erwiderte sie. »Vielleicht tritt ein Wunder in Form neuer Gedanken, in Form einer neuen Anregung oder etwas Derartigem ein. Wer weiß, vielleicht findet sich wirklich eine Lösung. Warten wir es ab.«

Es geschah tatsächlich einiges. Als die beiden die Lösung ihres Problems in den Bereich des Möglichen rückten, hatten sie mit ihrer positiven Erwartungshaltung bereits den wichtigsten Schritt zur Problembewältigung unternommen. In der Folgezeit ereigneten sich seltsame Zufälle (oder besser: Fügungen?), die hier und da den Lauf der Ereignisse veränderten und einige der kleineren Sorgen des Ehepaars buchstäblich in Luft auflösten. Auch ihr größtes Problem verlor mehr und mehr an Gewicht. Das eigentliche Wunder aber betraf die Wandlung, die die beiden selbst vollzogen: Ihr ganzes Denken gewann eine zusehends hoffnungsvollere und optimistischere Grundlage.

»Warum man uns wohl diese Karte geschickt hat?«, grübelte der Ladeninhaber immer wieder. »Ich habe so eine Vermutung«, sagte seine Frau mit sanfter Stimme, »obwohl der, an den ich denke, seine Botschaften gewöhnlich weder auf Karten druckt noch in schön verpackten Paketen versendet ...«

Tatsächlich sind wir es selbst, die wir, durch eine entsprechende Erwartungshaltung, Wunder bewirken. In der Erwartung des Positiven konzentrieren und sammeln wir die uns innewohnenden geistigen Kräfte und stimmen sie sozusagen auf die »Wellenlänge« des Wunderwirkens ein. Senden wir aber negative Gedanken aus, stoßen wir das Gute nicht nur ab, sondern vergeuden auf diese Weise auch noch wertvolle Energien.

Wenn von Wundern die Rede ist, mag das bei dem einen oder anderen die verschiedensten Assoziationen wachrufen. Wie ein Blick ins Lexikon zeigt, trägt das Wort durchaus nicht ausschließlich die Bedeutung »eines durch die Naturgesetze nicht erklärbaren Phänomens«. Vielmehr dient es im weiteren Sinne zur Bezeichnung solcher Ereignisse, die besondere, aus dem üblichen Rahmen fallende Merkmale oder Eigenschaften aufweisen und dadurch unsere »Bewunderung« hervorrufen. Unter einem Wunder können wir eine »große, überragende Leistung« verstehen, der wiederum »bewunderungswürdige und überragende Fähigkeiten« zugrunde liegen. Und diese Fähigkeiten sind es, die uns in diesem Zusammenhang interessieren. Es geht um die wunderbare Kraft des menschlichen Geistes, der Wunder (im Sinne der überragenden Leistungen) nicht nur für möglich halten, sondern auch herbeiführen kann.

Die unbegrenzten Möglichkeiten

Ein noch sehr junger Mann aus Kansas City mit künstlerischen Ambitionen wünschte sich nichts sehnlicher, als bei einer Zeitung eine Anstellung als Zeichner oder Cartoonist zu finden. Er zog von Redaktion zu Redaktion, doch die Antworten waren stets die gleichen: Er besäße nicht genügend Talent, er solle sich die Sache besser aus dem Kopf schlagen.

Doch er hielt an seinem Traum, an seinem Lebensziel fest. Für einen Hungerlohn fand er schließlich bei einem Gemeindepfarrer eine Anstellung. Seine Arbeit bestand darin, Werbezeichnungen für kirchliche Anlässe zu gestalten. Als Atelier diente dem angehenden Künstler eine alte, zur Kirche gehörigen Scheune, die von einer großen Anzahl von Mäusen als ihr Zuhause angesehen wurde. Dort wohnte und arbeitete er. Wer hätte damals geahnt, dass diese Mäuse dem jungen Mann zu Weltruhm verhelfen würden! Der Künstler war niemand anderer als Walt Disney, und eine kleine Maus eroberte bald die ganze Welt. Ihr Name: *Mickey Mouse!*

Schon der attische Redner und Staatsmann Demosthenes war überzeugt: »Es sind oft die kleinen, unscheinbaren Anlässe, die zu wahrhaft großen Unternehmungen führen.« Jene Aussage, vor nahezu zweieinhalbtausend Jahren gemacht, zeigt, wie zeitlos eine wahre Erkenntnis wie diese ist – bestätigt auch auf anschauliche Weise durch den Werdegang dieses genialen Künstlers. Aus den ersten bescheidenen Anfängen in einer von Mäusen bevölkerten Scheune entwickelte sich ein Unternehmen von Weltruf. Mit den liebenswerten Fantasiefiguren der Comicserien wurde schließlich ein in der Welt neuartiges Genre, der Zeichentrickfilm, ins Leben gerufen, der sich nicht nur bei Kindern anhaltender Beliebtheit erfreut. Die Krönung dieses beispiellosen Erfolges sind die Disney-Parks, groß angelegte Vergnügungsparks, von denen es weltweit mittlerweile 13 gibt, und in denen Kinder und Erwachsene gleichermaßen vom Zauber dieser märchenhaften Wunder- und Abenteuerwelt fasziniert und begeistert sind.

In jenen Tagen aber, als der junge Walt Disney keine zwei Fünfcentmünzen in der Tasche hatte, und er nirgends Anerkennung fand, hätte er auch einen anderen Weg einschlagen können. Es war genau die Situation, in der viele junge Menschen Verbitterung und Auflehnung gegen unsere Gesellschaft und gegen die bestehende Ordnung entwickeln, deren Vorteile ihrer Meinung nach fast ausschließlich den Privilegierten zugute kommen. Doch Walt Disney gehörte nicht zu denen, die sich von ihren Gefühlen hinreißen lassen; er bewahrte seinen Glauben an sich selbst und fuhr beharrlich in seinen Bemühungen und in seiner Arbeit fort; er gab seine Träume nicht auf, sondern arbeitete Schritt für Schritt deren Erfüllung entgegen.

Denken wir also an das Vorbild, das uns Walt Disney gegeben hat. Wir alle können wunderbare Möglichkeiten verwirklichen, wenn wir den Glauben an unsere Träume und an Wunder bewahren und dabei auch die zur Durchführung erforderliche Arbeit nicht scheuen.

Das Erfolgsprinzip

Wollen Sie sichergehen, dass Ihr Arbeitsaufwand auch den gewünschten Erfolg nach sich zieht, können Sie sich gewisser Richtlinien und Prinzipien bedienen, die im Folgenden beschrieben sind.

Am Anfang steht, als erster und wichtigster Schritt, die richtige Zielsetzung. Begnügen Sie sich nicht mit vagen, verschwommenen Vorstellungen, sondern setzen Sie sich ein klar definiertes Ziel. Sie müssen wissen, in welche Richtung Sie gehen, was Sie tun und wie Sie es tun wollen. Auch müssen Sie sicher sein, mit Ihrer Wahl die richtige Entscheidung getroffen zu haben (schließlich kann auch der beste Skiläufer nicht gewinnen, wenn er beim Abfahrtslauf vermeintliche Slalomstangen umkurvt). In diesem Zusammenhang ist es ausgesprochen heilsam, die richtige Einsicht durch die Versenkung in das Gebet zu suchen.

Haben Sie Ihr Ziel formuliert, müssen Sie sich in Ihrem bewussten Denken so lange mit ihm beschäftigen, bis es, durch eine Art »intellektueller Osmose«, tief in Ihr Unterbewusstsein eingedrungen ist. Sobald es dort festen Boden gewonnen hat, sind Sie mit Ihrer Zielsetzung eins und können sie in ungeteilter Aufmerksamkeit und unter Einsatz der ganzen Person verfolgen.

An diesem Punkt kommt der Art des Denkens entscheidende Bedeutung zu. Stellen Sie negative Gedanken hinter Ihre Zielsetzung, setzen Sie zerstörerische Kräfte frei und ziehen unweigerlich jegliches Missgeschick und Unglück an. Denn: Negative Gedanken versetzen die Umwelt in negative Schwingungen, die auf den »Sender« zurückgeworfen werden. So besagt ja das Gesetz der Anziehung, dass sich Gleiches zu Gleichem gesellt – wie Vögel der gleichen Art in einem Schwarm zusammen fliegen, werden sich auch Gedanken ähnlicher Beschaffenheit gegenseitig anziehen.

Umgekehrt bringt der positiv denkende Mensch seine Umwelt in positive Schwingungen. Gute, optimistische Gedanken ziehen weitere, ähnliche Gedanken nach sich, so dass positive Ergebnisse nicht mehr lange auf sich warten lassen, wenn mit dem bejahenden Glauben auch entsprechendes Handeln einhergeht.

Diese Botschaft sollten Sie tief verinnerlichen. Ziele, die von echter Motivation getragen sind, werden Wirklichkeit. Das gilt für jeden von uns. Erwarten auch Sie ein Wunder!

Mancher Leser mag hier vielleicht einen Einwand erheben, etwa diesen: »Das Beispiel von Walt Disney ist schon großartig, doch was kann ich für mich persönlich damit anfangen? Disney war ein Genie, aber ich bin nur ein Durchschnittsmensch ohne jegliche besondere Begabung. Wie sollte ich da Ähnliches erwarten können?« Hierauf gibt es nur eine Antwort: »Doch, das Gleiche gilt auch für Sie! Wie auch immer Ihre Zielsetzungen aussehen mögen, die Durchführung gelingt in jedem Fall, sofern Sie daran glauben, sie gelingt!«

Wie wir gesehen haben, hat auch der große Walt Disney klein angefangen. Wunder gibt es in jeder Größenordnung, angefangen bei kleinen Besonderheiten bis hin zu den großen weltbewegenden Ereignissen. Beginnen auch Sie im Kleinen – und in dem Maße, wie sich der Erfolg einstellt, werden Sie sich bald an Größeres heranwagen. Auf diese Weise können Sie sich Schritt für Schritt Ihren Weg nach oben bahnen.

Das eigentliche Hindernis liegt in einer zu geringen Selbsteinschätzung. Wer sich selbst nichts zutraut, wird auch entsprechend wenig zuwege bringen. Sie verurteilen sich gleichsam dazu, auf einer niedrigen Stufe zu verharren, wenn Sie Ihre Möglichkeiten gering einstufen. Aus diesem Grunde spielen der Glaube an die eigenen Fähigkeiten und die Hoffnung auf größere Leistungen eine bedeutende Rolle. Lenken Sie daher Ihre Gedankenprozesse in eine positive Richtung – und Sie werden die vielfältigen Möglichkeiten entdecken, die in Ihnen, in Ihrem Tun und in Ihren Aufgaben angelegt sind. Denn Sie sind dazu imstande, wunderbare Ergebnisse regelrecht herbeizudenken!

Was die Kraft hoffnungsvollen Denkens tatsächlich bewirken kann, zeigt das folgende Beispiel:

In der Geschäftskonferenz eines großen Unternehmens tauchte ein schier unlösbares Problem auf. Die versammelten Direktoren, eine Frau und fünf Männer, untersuchten die Angelegenheit unter jedem möglichen Gesichtspunkt, jedoch ohne Erfolg. Die verantwortlichen Herren kamen schließlich zu dem Schluss, hier sei einfach nichts mehr zu machen.

Doch da war noch die bemerkenswerte Geschäftsfrau in ihrer Mitte, die Folgendes zu bedenken gab: »Was heißt überhaupt Problem? Es handelt sich einfach um ein Zusammenwirken ungünstiger Umstände, und deshalb sehen wir vordergründig keinen Ausweg. Doch in Wirklichkeit gibt es immer eine Lösung, und unsere Aufgabe ist es, diese Lösung zu finden und Abhilfe zu schaffen.« Ihre Kollegen lächelten über diese ihrer Meinung nach recht naive Bemerkung.

»Meine Herren«, fuhr sie fort, »der erste und wichtigste Schritt auf die Lösung zu besteht in einer optimistischen Einstellung. Vermeiden wir also jedes Katastrophendenken, da es uns nur schaden wird. Lassen Sie uns vielmehr daran glauben, dass die Lösung nicht nur vorhanden ist, sondern geradezu darauf wartet, entdeckt zu werden. Es bleibt uns überlassen, unseren Verstand so einzusetzen, dass wir auf die gesuchte Antwort stoßen!«

Diese zielgerichtete, positive Argumentationsweise brachte frischen Wind in die Diskussion. Alle um den Tisch Versammelten begannen noch einmal von vorn, die Sache zu durchdenken. Die düsteren Erwartungen wurden nicht mehr beachtet, und stattdessen nahm ein nüchternes, analytisches Denken ihren Platz ein. Das Problem wurde Schritt für Schritt untersucht, bis die systematische Überprüfung tatsächlich einen Fehler zutage förderte, der bisher völlig übersehen worden war. So war es einem positiv denkenden Menschen in ihrer Mitte zu verdanken, dass der Fehler berichtigt und das Problem behoben werden konnte.

Eine tüchtige Unternehmerin bewies ihren männlichen Kollegen, dass es geht, wenn man denkt, es geht. Deshalb sollten wir nie vorschnell etwas als zum Scheitern verurteilt abschreiben, sondern uns gerade in solchen Situationen auf unsere geistigen Fähigkeiten verlassen. Sie werden uns nicht im Stich lassen, wenn wir uns voller Hoffnung an Schwierigkeiten heranwagen. Solange wir anstelle negativer Befürchtungen das Vertrauen auf unsere Fähigkeiten und den Glauben an einen guten Ausgang in die Waagschale werfen, werden wir die Probleme auch meistern – und kein Fall kann uns zu Fall bringen.

Verhindern Sie eine geistige Lähmung!

In diesem Zusammenhang muss ich an eine interessante Begegnung in Tokio denken. Dort traf ich einen Amerikaner aus Pennsylvania, der, obwohl an den Rollstuhl gefesselt, eine Reise um die Welt unternahm. Trotz seiner Lähmung war er außerordentlich unternehmungslustig und stets offen für neue Eindrücke und Erfahrungen. Mir fiel auf, dass er nie schlecht gelaunt oder niedergeschlagen war. »Wo denken Sie hin«, war sein Kommentar, »die Lähmung hat zwar meinen Körper ergriffen, aber keineswegs meinen Geist.«

Doch wie viele Menschen leiden an einer geistigen Lähmung, hervorgerufen durch Furcht, Zweifel an sich selbst und Gedanken der Unzulänglichkeit! Gerade diese Gedanken machen sie blind für die schöpferischen Möglichkeiten des Geistes, die somit buchstäblich von einer Lähmung ergriffen werden. Ein wirksames Gegenmittel ist und bleibt die Kraft des Optimismus. Optimistische Vorstellungen beseelen uns mit neuen Energien und erwecken ungenutztes Potenzial zu neuem Leben. Ein gesundes Selbstvertrauen und positive Erwartungen tragen dazu bei, jede Lähmung aus dem menschlichen Geist, diesem unvergleichlichen Werkzeug, fernzuhalten.

Besonders die junge Generation wird heute von einer negativen Grundeinstellung zum Leben beherrscht. Die jungen Leute werden vielfach schon mit der Auffassung groß, dass diese Welt grundsätzlich schlecht sei. Sie sind voller Misstrauen und Ablehnung, unfähig, das Gute zu sehen. Der weitverbreitete Zynismus und Negativismus vonseiten vieler Pädagogen, aber auch vonseiten der stets pessimistisch eingestellten Medien haben nicht zuletzt dazu beigetragen, dass den jungen Menschen eine lebensfrohe Perspektive weitgehend abhandengekommen ist. Doch das ist ein Verbrechen an der Jugend, weil es ihre natürliche Begeisterungsfähigkeit und ihre Kreativität zerstört. Es ist unverantwortlich, den jungen Menschen das Recht auf ihre Träume und Hoffnungen zu nehmen, die das Leben erst lebenswert machen.

Allerdings erreichen mich in letzter Zeit wieder zunehmend Schreiben auch von jungen Menschen, die zu neuer Hoffnung Anlass geben. Es ist wohltuend, zu lesen, wie engagiert manche von ihnen nach einem tieferen Sinn im Leben suchen und sich ihren Aufgaben stellen. Betrachten wir beispielsweise das Schreiben einer siebzehnjährigen Schülerin, in dem sie schildert, wie sie sich aus einer negativen, hoffnungslosen Lage befreit hat:

»Vor einiger Zeit ging es mir ziemlich schlecht. Woher das kam, weiß ich nicht, aber ich wurde zusehends deprimierter und zynischer. Ich las einen Menge, unter anderem ein Buch über Geisteskrankheiten. Auf einmal stürmte alles, was ich je zu diesem Thema gelesen hatte, auf mich ein und verfolgte mich Tag und Nacht. Ich bildete mir ein, an einer Paranoia zu leiden.

In dieser Zeit sollte ich ein Referat über das Thema ›Freude am Leben‹ schreiben. Welche Ironie! Doch dann geriet ich bei meinen Nachforschungen zum ersten Mal in meinem Leben an Bücher zur Lebensorientierung, unter anderem auch an Ihre. Es hat mich unglaublich beflügelt, so ermutigende Sätze zu lesen wie: ›Wer Großes erwarten kann, kann es auch vollbringen!‹ Oder ›Bauen Sie sich mit Ihren Hoffnungen und Erwartungen ein neues Leben auf. Erwarten Sie ein Wunder!‹ Besonders die Aufforderung: ›Bleiben Sie nicht in der Sackgasse des Selbstmitleids stecken, sondern unternehmen Sie selbst etwas, beispielsweise, indem Sie eine Neugliederung Ihrer Gedankenmuster vornehmen‹, öffnete mir die Augen. Die Lektüre rüttelte mich wach und gab mir neue Hoffnung. Ich sah, wie ein Weg aus meiner Lethargie hinausführte. In der Dunkelheit der Verwirrung erreichte mich das Licht einer neuen Zufriedenheit. – Mein Referat wurde übrigens mit einer Eins plus bewertet!«

Wie aus dem Schreiben hervorgeht, war das Mädchen neuen Impulsen gegenüber aufgeschlossen. Sie ließ sich auf das Abenteuer ein, ein Wunder zu erwarten, und es gelang ihr durch Fleiß und Arbeit, das Erwartete eintreffen zu lassen.

Wunder sind durchaus nicht immer aus dem Stoff, aus dem die Träume sind. Oft setzen sie sich aus banalen, kleinen Alltagsdingen zusammen. Schon der feste Wunsch, mehr aus seinem Leben machen zu wollen, oder das starke Verlangen, dem Leben mehr Sinn abzugewinnen, ist der Stoff, aus dem Wunder entstehen können. Das Wunder ist ja im eigentlichen Sinne das, was wir als hervorragende Leistungen an anderen bewundern. Das Wunderbare, das Bewundernswerte, das über das normale Maß hinausgeht, erscheint uns so viel wertvoller als die bedrückende Selbsteinschränkung, die sich beispielsweise in dem folgenden Argument ausdrückt: »Mehr kann ich nicht tun, mehr ist mir nicht gegeben.« Wer so gering denkt, der wird auch nur Geringes erreichen. Wer jedoch zu einem verstärkten Einsatz bereit ist, zu einem Mehraufwand an Energieeinsatz und Denkanstrengung, der lässt diese Haltung hinter sich und erreicht das Wunderbare.

Wenn die Rede auf das Wunderbare, Bewundernswerte kommt, wandern meine Gedanken unweigerlich zu der Familie der Dolans, zu dem Ehepaar Helen und Paul Dolan, zu deren Töchtern Pan und Pye und nicht zuletzt zu Mrs. Lindström, Helens Mutter.

Die Dolans betrieben ein Schnellrestaurant an der Autobahn A 22 bei Patterson, New York. Ich ließ keine Gelegenheit aus, in diesem gemütlichen, fröhlichen Lokal ein ausgezeichnetes Essen zu genießen. Mrs. Lindström, von allen nur »Mama« genannt, war Köchin und Bäckerin des Hauses. Ihre Pasteten, Kuchen und Reispuddings waren unvergleichliche kulinarische Genüsse. Das Lokal forderte als ein echter Familienbetrieb den harten Einsatz aller. Dennoch wäre es höchst ungewöhnlich gewesen, einen von ihnen in schlechter Laune zu erleben. Für jeden Gast gab es ein freundliches Lächeln. Helen Dolan beispielsweise war eine hübsche, äußerst charmante Frau mit perlendem Lachen und elegantem Auftreten. Man musste sie einfach lieb gewinnen. Sie und ihr ebenso unermüdlich arbeitender Mann hatten früher gemeinsam ein Mülltransportunternehmen geführt, sich aber dann entschlossen, die Firma aufzugeben und ins Gaststättengewerbe überzuwechseln. So bauten sie sich die kleine Autobahnraststätte auf, die den Namen »Custard Castle« erhielt. Allein die Annonce in der Zeitung, mit der die Eröffnung angezeigt wurde, war ein wahres Kunstwerk: Durch wenige wohlgesetzte Worte wurden die einladende Gastlichkeit und fröhliche Atmosphäre des Restaurants lebendig.

Bei meinem allerersten Besuch in der neuen Gaststätte fiel mein Blick auf den herrlichen, bis zur Decke reichenden Kamin. Schmale, perfekt angeordnete Ziegel zierten ihn bis obenhin. Voller Bewunderung für die meisterhafte Arbeit wollte ich den Namen des Kaminbauers erfahren. »Das war ich selbst«, antwortete Helen fröhlich, »ich habe jeden einzelnen Ziegel eigenhändig angebracht.« Ihre vielseitigen Talente beeindruckten mich. »Mülltransportunternehmerin, Managerin, Köchin, Ehefrau und Mutter – und nun auch noch Ziegelsetzerin! Gibt es auch etwas, was Sie nicht können?« Das Kompliment schien sie zu freuen, und sie erklärte: »Paul und ich machen immer alles in eigener Regie. Wir lieben unsere Arbeit, weil wir es lieben, etwas Neues aufzubauen und kreativ zu sein, nicht zuletzt, um anderen Menschen Freude zu bereiten.«

Diese Familie steht exemplarisch für alle die Menschen, die mit ähnlicher Begeisterung kraft ihres Denkens und Handelns das Leben positiv gestalten und zum Allgemeinwohl beitragen wollen. Ihre Einstellung fasste Helen in der Bemerkung zusammen: »Wir glauben an das Wunderbare und erwarten, dass unsere Pläne Wirklichkeit werden – und sie werden es.«

Das Beispiel der Dolans zeigt noch etwas anderes! Es zeigt wie die vielbeklagte Kluft zwischen den Generationen ad absurdum zu führen ist. Hier ist eine Familie, in der Alt und Jung in Harmonie zusammenleben und zusammenarbeiten, in der alle am gleichen Strang ziehen.

Auch wenn eine solche Lebensphilosophie heutzutage vielfach als spießbürgerlich abgestempelt wird, ich stehe hinter dieser Einstellung, deren etwaige Benennung mir völlig gleichgültig ist. Denn ich fühle mich all den Menschen zugehörig, die nach Leistung und Erfolg streben, die mit Begeisterung stets neue Wunder erwarten und an ihrer Verwirklichung arbeiten.

Wege zu größerem Ideenreichtum

Ein weiteres, stets aufs Neue faszinierendes Wunder ist die Entdeckung neuer Facetten der eigenen Persönlichkeit. Welch ein mitreißendes Abenteuer, wenn wir Fähigkeiten und Begabungen in uns entdecken, von deren Existenz wir bisher nichts ahnten, und uns ganz neue Dimensionen erschließen!

Der New Yorker Werbefachmann Alex Osborne entwarf ein praktisches Rezept zur Entfaltung neuer Ideen, das er »angewandte Fantasie« nannte. Ich selbst habe es erfolgreich erprobt und an viele Ratsuchende weiterempfohlen. Sein Rezept lautet:

1. Schreiben Sie Ihre drei größten Wünsche in der Reihenfolge von eins bis drei auf ein Blatt Papier. Rufen Sie sich diese Aufstellung täglich ins Gedächtnis.
2. Verbringen Sie eine Stunde täglich mit der Analyse Ihrer Arbeit, um sich gezielt in Ihrem Fachgebiet weiterzubilden. Bei konsequenter Durchführung des Programms werden Sie sich in weniger als fünf Jahren zu einem anerkannten Fachmann in Ihrem Bereich entwickelt haben.
3. Verbringen Sie eine Stunde täglich vor einem leeren Blatt, um alle Gedanken, die Ihnen kommen, festzuhalten. Sie werden staunen, wie viele überraschende Ideen Sie haben werden, die sowohl der Verbesserung Ihrer Arbeit als auch Ihres Privatlebens dienen.

Ein anderer Ideenexperte, M. O. Edwards, schildert ein ähnlich kreatives Verfahren zur Entwicklung größeren Ideenreichtums:

»Nehmen Sie einmal an, es gäbe ein zuverlässiges Rezept zur Steigerung, ja Verdoppelung Ihres Ideenreichtums! Und in der Tat haben sich inzwischen Tausende von Menschen davon überzeugt, wie die Anwendung einfacher, aber wissenschaftlich fundierter Regeln den immensen Reichtum an Gedanken und Einfällen in uns wecken und nutzbar machen kann.

Nehmen Sie ein Blatt Papier zur Hand und schreiben Sie einmal innerhalb der nächsten drei Minuten alle Gedanken und Einfälle auf, beispielsweise zu der Fragestellung, wie Sie einen Tischkalender verbessern würden. Anschließend schauen wir uns das Ergebnis an. Wie viele Gedanken sind Ihnen gekommen? Waren es fünfzehn oder mehr, so sind Sie bereits genial. Zehn bis fünfzehn Antworten wären ein ausgezeichnetes Ergebnis. Fünf bis zehn Einfälle wären eine gute Leistung. Viele unter Ihnen werden wahrscheinlich weniger als fünf Antworten zu Papier gebracht haben, was aber keineswegs bedeutet, dass es Ihnen an Begabung mangelt; vermutlich gehören Sie zu den Menschen, die jeden Gedanken gleich im Entstehen prüfen und viele Einfälle wieder verwerfen, weil sie ihnen zu unpraktisch, zu wenig originell oder zu weithergeholt erscheinen. Sie haben vermutlich jeden Gedanken, der in Ihrem bewussten Denken auftauchte, sofort einer Zensur unterzogen. Viele Ideen halten einer anspruchsvollen Prüfung nicht stand; sie scheinen nicht vernünftig oder bedeutsam genug, sie zu Papier zu bringen. Doch diese automatische Zensur ist ein weitverbreiteter Fehler, der jeden spontanen Gedankenfluss hemmt.

Daher lautet die erste und wichtigste Regel: ›Erst denken, dann urteilen.‹ Schreiben Sie wirklich alles und jedes auf, was Ihnen in den Sinn kommt, wie lächerlich oder banal es Ihnen auch vorkommen mag. Lassen Sie Ihre Gedanken frei und ungehindert fließen, indem Sie Kritik und Beurteilung für später aufheben. Jeder Gedanke, den Sie notieren, löst durch die assoziativen Prozesse wieder einen neuen aus, solange Sie die Zügel der Zensur einmal locker lassen.

Der Weg zu einer brillanten Idee führt über viele Ideen. Je mehr Einfälle Ihnen kommen, desto größer muss auch der Prozentsatz guter Ideen darunter sein; deshalb ist es von außerordentlicher Bedeutung, sich an den Grundsatz der aufgeschobenen Beurteilung zu halten.«

Kehren Sie mit »Wolken des Ruhmes« zurück!

Den oben geschilderten Grundsatz wandte ich bereits an, lange bevor ich den Wortlaut des »Erst denken, dann urteilen« kennengelernt hatte. Einmal erprobte ich dieses Prinzip zusammen mit einer charmanten Dame, einer gewissen Louise Williamson, die in ihrem Heimatort in Mississippi allgemein als »Miss Lou« bekannt war. Miss Lou suchte mich in meinem Hotel bei Point Clear auf, um meinen Rat einzuholen.

Die elegante, zierliche Dame, die erst kürzlich Witwe geworden war, fand sich vor einem zweifachen Problem: Auf der einen Seite musste das Finanzielle geregelt werden, und auf der anderen Seite stand sie vor der Frage, was sie nun, wo sie allein geblieben war, mit ihrem Leben anfangen sollte. Ich machte den Vorschlag, zunächst alle Ideen auf einem Blatt Papier zu sammeln, um anschließend zu überlegen, was am geeignetsten wäre und am ehesten zu verwirklichen sei.

»Es ist zu dumm, aber ich tauge zu gar nichts«, behauptete sie. »Ich habe keinen Beruf erlernt. Mein Mann nahm mir stets alle Entscheidungen ab. Was Arbeit angeht, bin ich völlig unerfahren.«

Das konnte ich nicht gelten lassen. »Als intelligente und gebildete Frau kann Ihnen doch nicht jegliche Begabung abgehen. Sicher ist in Ihnen bereits die Lösungsidee vorhanden und braucht nur noch an die Oberfläche zu steigen. Ich bin sogar überzeugt: Diese Idee wird Ihnen ein erfülltes Leben bescheren!«

So und ähnlich redete ich auf sie ein, damit sie ihre innere Zensur zunächst zurückstellen und ihre Einfälle einfach ungehindert fließen lassen sollte. Doch Miss Lou wollte sich anfangs nicht auf diese Methode des »Erst denken, dann urteilen« einlassen. Sie prüfte jeden Gedanken im Entstehen, um ihn dann gleich wieder zu verwerfen: »Aber nein, das ist unmöglich. Das liegt mir nicht.« So oder ähnlich lauteten ihre Kommentare. Nach langem Hin und Her brachten wir den Stein dann schließlich doch noch ins Rollen …

»Wie wär's mit Arbeit in einem Geschäft?«, fragte ich.

»O nein, das geht nicht. Wissen Sie, als Südstaatlerin aus besserem Hause bin ich mit bestimmten Vorstellungen groß geworden, die ich nicht so leicht über Bord werfen kann. In unseren Kreisen würde es einfach als nicht schicklich erachtet, wenn eine Frau meines Standes einer Lohnarbeit nachginge. Sie werden das für sehr altmodisch halten, doch mir ist es zu sehr in Fleisch und Blut übergegangen, als dass ich mich noch ändern könnte.«

»Wie wäre es dann mit Porzellanmalerei oder Blumenstecken?« Beides schien mir schon eher mit ihrer vornehmen Herkunft zu harmonieren. Doch auch das kam nicht in Frage, weil sie in dieser Richtung keinerlei Talent hatte. Dann schlug ich Modeschneiderin vor, worauf sie antwortete: »Ach, du liebe Zeit, ich kann nicht einmal einen Knopf annähen. Für derlei Dinge gab es bei uns das Personal. Obwohl die Zeiten nun für mich vorbei sind, bei der finanziellen Belastung des Grundstücks ...«

»Kochen Sie gern?«, wagte ich einen weiteren Versuch. »Ich bin sicher, dass Sie eine ausgezeichnete Köchin sind. Ich kann förmlich schon den Duft Ihrer frisch gebackenen Maisfladen oder Tortillas riechen.«

Sie lachte: »Wenn ich Wasser kochen kann, ist das schon sehr viel.«

Doch ich gab nicht auf und drang weiter in sie. »Nun«, zögerte sie, »es gibt da eine erwähnenswerte Kleinigkeit. Ich kann Konfekt herstellen. Früher bekam ich viel Lob für meine selbstgemachten Süßigkeiten.«

Ich war aufrichtig begeistert. Gleich machte ich mich an die Planung ihres zukünftigen Geschäfts. Ich malte ihr aus, wie sie ihr Konfekt in großen Mengen herstellen und überall zum Verkauf anbieten könne, als sie mir auch schon ins Wort fiel und zu bedenken gab, es sei für eine Dame ihres Standes unmöglich, selbstgemachte Pralinen so anzubieten, vielmehr wäre es in ihren Kreisen üblich, sie an Freunde und Verwandte zu verschenken.

Auf diesen Einwand hin sah ich mich gezwungen, ihr die Gegebenheiten des heutigen Lebens etwas deutlicher vor

Augen zu führen. Schließlich konnte sie ihre wirtschaftliche und finanzielle Situation nicht länger ignorieren. Ich versuchte, ihr schonend beizubringen, dass sie bereit sein musste, einige ihrer überkommenen Verhaltensmuster aufzugeben. Da sie nunmehr, was ihren Lebensunterhalt anging, auf sich selbst gestellt war, konnte sie ihre »Spitzenhäubchenromantik« unmöglich weiter aufrechterhalten. »Sie haben die Wahl, entweder Geld zu verdienen oder letzten Endes bei der Sozialfürsorge vorsprechen zu müssen«, redete ich ihr ins Gewissen.

Dann bat ich sie, mir doch einmal eine Schachtel ihres besten Konfekts zu schicken, und bot mich an, ihr mein ehrliches Urteil darüber abzugeben, schließlich sei ich sozusagen Fachmann für alles, was Süßes angehe. Wenige Tage später bekam ich ein über zwei Pfund schweres Päckchen mit dem köstlichsten Konfekt, das ich je gegessen habe. Ich musste bestätigen, dass es nur so auf der Zunge zerging. Es war ihr so herrlich gelungen – ich konnte einfach nicht widerstehen, die ganze Schachtel innerhalb eines Tages wegzunaschen.

Ich überredete sie, das vordere Zimmer ihres Hauses als Laden einzurichten. Es bot sich an, da es von der Straße aus gut zu sehen war. Ein Schild an der Hauswand und ein weiteres an der befahrenen Durchgangsstraße wiesen auf die Leckereien hin. Kurz entschlossen nannte sie ihr Geschäft »Die süße Kiste am Highway 88«, und es dauerte nicht lange, bis sie und ihre Süßwaren überall im weiten Umkreis bekannt und begehrt waren. Zu dem Zeitpunkt hatte sie bereits unzählige neue, eigene Ideen. Nachdem ihre Begeisterung erst einmal geweckt war, fand sie immer neue Projekte.

Welche erstaunlichen Ergebnisse sie erzielte, ja, welche Wunder sie vollbrachte, spiegelte sich nicht zuletzt in ihrer stetig wachsenden Beliebtheit wider. Nur wenige Jahre nach den ersten Anfängen wurde sie in Vicksburg zur Frau des Jahres gekürt, und später erhielt sie die gleiche Auszeichnung noch einmal – durch den Gouverneur des Bundesstaates Mississippi! Doch das war nicht allein ihrem Geschäftserfolg zu verdanken, sondern in erster Linie ihrem nimmermüden

Engagement für das Allgemeinwohl, um das sich die kleine, fröhliche Person in steigendem Maße verdient machte.

Kurz nachdem sie so geehrt worden war, zeichnete die Handelskammer der Vereinigten Staaten sechs Personen aus: Wegen ihrer besonderen Verdienste für die Nation wurden sie zu Ehrenbürgern ernannt. Die Wahl fiel auf fünf Männer und eine Frau – Mrs. Louise Williams!

Wenn sie auch heute nicht mehr lebt, so ist doch ihr Andenken geblieben. Ein Dichter sagte einmal: »Mit Wolken des Ruhms kommen wir hernieder von Gott, der unsere Heimat ist.« Auf Miss Lou angewandt, möchte ich das Bild umkehren und sagen: »Mit Wolken des Ruhmes kehrte sie in ihre göttliche Heimat zurück.«

Jeder, der wie sie das Wunderbare zu verwirklichen anstrebt, wird in der Kraft des Glaubens eine unerschöpfliche Quelle immer neuer Stärkung finden. Was, wenn nicht ein fester Glaube, könnte eine noch so begeisterte Motivation auf Dauer lebendig halten? Schließlich wird jeder, der sich auf das herrliche Abenteuer des Wunderwirkens einlässt, auch die Kraft zur Überwindung großer Schwierigkeiten finden – und woher könnte uns ein größeres Durchhaltevermögen erwachsen als aus unserem Glauben?

Wunderbares kann Wirklichkeit werden

Jedes Mal, wenn ich in San Francisco bin, statte ich dem dortigen Spezialitätenrestaurant »Omar Khayyam« einen Besuch ab. Mit seinem Besitzer George Mardikian verbindet mich eine langjährige Freundschaft. George war als Achtzehnjähriger zusammen mit Familienangehörigen aus seiner Heimat geflohen, um in den Vereinigten Staaten ein neues Leben anzufangen. Als Armenier gehörten sie einem Volk an, das von den Türken verfolgt und zum Teil auch brutal ermordet wurde. Durch die Flucht nach Amerika konnte George einem ähnlichen Schicksal entgehen. Für ihn waren die Vereinigten Staaten der Inbegriff der Freiheit. Er kam ohne jegliche Habe hier an, doch er brachte etwas mit, das wertvoller ist als jeder materielle Besitz, nämlich Hoffnungen, Ideale, Träume. Mit einem unerschütterlichen Glauben an sich selbst und an die Möglichkeiten, die ihm die Vereinigten Staaten bieten würden, betrat er seine neue Heimat.

In seiner alten Heimat hatte er seiner Mutter oft bei der Zubereitung der Mahlzeiten zugeschaut, weil ihn alles, was in der Küche vorging, schon seit frühester Kindheit lebhaft interessierte. Nun wollte er auf dem erworbenen Wissen und Können sein Leben aufbauen. Sein größter Wunsch war es, eines Tages ein Restaurant zu eröffnen, um seinen amerikanischen Landsleuten die besten Gerichte aus seiner Heimat servieren zu können.

Nach seiner Ankunft in San Francisco fand er zunächst eine Anstellung in einem viertklassigen Lokal mit dem Namen »Coffee Dan«. Die Arbeit war ebenfalls viertklassig: Zwölf Stunden am Tag musste er Geschirr spülen und nebenbei lernte er Englisch. Später fand er in einem anderen Restaurant eine Stelle als Oberkellner und bezog immerhin fünfzig Dollar Wochenlohn. Kurze Zeit darauf bat er seinen Chef, als Koch arbeiten zu dürfen. Er beharrte auf seinem Wunsch, selbst als er erfuhr, dass die Arbeit eines Kochs nur mit sechsunddreißig Dollar bezahlt wurde.

Der Lebensweg meines Freundes aus Armenien führte über viele Jahre härtester Arbeit stetig weiter aufwärts, bis George schließlich seinen Traum vom eigenen Restaurant verwirklichen konnte – er war glücklich in der neuen Heimat.

Als ich wieder einmal in seiner Gaststätte zu Besuch war, erzählte mir George, wie er sein »Omar Khayyam« erworben hatte. Eines Tages hatte er seiner Frau einen Scheck über zehntausend Dollar ausgestellt, als Geschenk an sie. »Aber George«, hatte sie entsetzt ausgerufen, »wir haben doch gar keine zehntausend Dollar!« Er hatte sie beruhigt: »Ich weiß, doch ich möchte, dass du diesen Scheck aufhebst, bis wir das Geld haben. Eines schönen Tages werden wir mit diesem Geld eine wundervolle Reise um die Welt machen – als unsere zweiten Flitterwochen.«

In der Zwischenzeit ging das Leben seinen gewohnten Gang. George arbeitete, sparte, arbeitete. Schließlich war es so weit und er hatte das Geld zusammen. Der große Moment war gekommen! Während seine Frau die letzten Besorgungen für die bevorstehende Reise machte, schaute George wie zufällig noch einmal im alten »Coffee Dan« vorbei. Als er in dem Lokal stand, in dem er einst als Tellerwäscher angefangen hatte, überkam ihn der übermächtige Wunsch, es zu kaufen. Kurz entschlossen verhandelte er mit dem Besitzer, und das Geschäft wurde an Ort und Stelle besiegelt.

Als seine Frau mit den Einkäufen zurückkam, wollte er sein Geständnis beginnen. Sie schaute ihn nur an. Wie die meisten Frauen kannte auch sie ihren Mann besser, als er sich selbst kannte. »Ich kann mir denken, was du mir sagen willst«, sagte sie. »Du hast unsere zehntausend Dollar ausgegeben – und ich weiß auch, wofür. Du hast von dem Geld ein Restaurant gekauft!« Schuldgefühle überkamen ihn, wo doch das Geld für sie beide, für ihre zweiten Flitterwochen bestimmt war. Doch seine Frau sagte voller Verständnis und Zuneigung: »George, ich freue mich für dich, ja, ich bin stolz auf dich!«

An dem Abend saßen und plauderten wir noch lange in seinem »Omar Khayyam«, vormals »Coffee Dan«, und ließen alte Erinnerungen wieder aufleben. George erzählte weitere Begebenheiten aus seinem Leben.

Während des Zweiten Weltkrieges war einmal der Befehlshaber eines großen Truppenübungslagers an George mit folgendem Problem herangetreten: Seine Soldaten verweigerten das Essen! Obwohl in der Küche nur die ausgesuchtesten Lebensmittel verarbeitet wurden, schmeckte es ihnen einfach nicht. Vermutlich lag es an der Zubereitung. Selbst das feinste Zucchini-Gemüse wanderte jedesmal von den Tischen geradewegs in den Abfall.

George schaute sich in der Armeeküche um und kam zu folgendem Schluss: »Das eigentliche Problem liegt in der schlechten Einstellung des Küchenpersonals. Sie empfinden keinen Stolz bei ihrer Arbeit und sind vollkommen desinteressiert.« Daher schlug er dem General vor: »Gebt ihnen weiße Kittel und Mützen, damit sie sich mit ihrer Arbeit identifizieren können. Und verseht den Sergeanten, der für die Kantine zuständig ist, mit einem zusätzlichen Rangabzeichen, um ihm mehr Einfluss zu verleihen.« Was das Kochen selbst betraf, vermittelte George dem Personal die Feinheiten einer guten Küche – und Zucchini zählte bald zu den Lieblingsgerichten von allen.

George war stets ein hilfsbereiter Mensch, der sich mit seiner ganzen Person für seine Mitmenschen einsetzte. Schließlich fanden seine Leistungen sogar landesweite Anerkennung: Das Weiße Haus ehrte ihn für seine Verdienste mit einer Feier. Als er sich beim anschließenden Diner gemeinsam mit dem Präsidenten der Vereinigten Staaten von Amerika an einem Tisch wiederfand, erfüllte ihn Freude und Dankbarkeit. Wenn er daran zurückdachte, wie er damals als Flüchtling ohne jede Habe in dieses Land gekommen war, dann grenzte es an ein Wunder, welchen Verlauf sein Leben seither genommen hatte!

Doch es sollten noch weitere Auszeichnungen folgen! George Mardikian erhielt von der Universität Brigham die Ehrendoktorwürde. Ich war glücklich und stolz, die Feierveranstaltung gemeinsam mit ihm verbringen zu dürfen, denn auch mir wurde diese Auszeichnung zuteil. Als George nach der Ehrung von der Bühne heruntertrat, um wieder neben mir Platz zu nehmen, standen Tränen in seinen Augen. Ich schüttelte ihm die Hand und sagte: »George, Sie sind ein wundervoller Mensch!« Er entgegnete nur: »Gott hat mir geholfen – und dieses gesegnete Land!«

Das ist gewiss richtig. Doch: Bevor das Wunderbare Wirklichkeit werden kann, bedarf es eines Menschen wie George Mardikian, um die Träume zu hegen und sich die Ziele zu setzen. Es bedarf eines Menschen, der die erforderliche Motivation aufbringt, für seine Pläne hartnäckig zu kämpfen. Und nicht zuletzt bedarf es der Kraft des Glaubens, um uns über alle Schwierigkeiten hinwegzutragen.

Anhand der folgenden Zusammenstellung können Sie sich noch einmal die Hauptgedanken zum Thema des Wunderwirkens ins Gedächtnis rufen:

- Erwarten Sie das Wunder, und bewahren Sie den Glauben an das Wunderbare!
- Wunder sind nicht nur aus dem Stoff, aus dem die Träume sind, sondern sie tragen oft ein recht alltägliches Gewand, nämlich das Gewand unermüdlichen Fleißes und harten Einsatzes.
- Lassen Sie sich, getreu dem Beispiel Walt Disneys, weder Ihre Träume noch Ihr Selbstvertrauen nehmen – auch nicht unter den widrigsten Umständen!
- Sie können sich erfolgreich gegen jede geistige Lähmung zur Wehr setzen, indem Sie sich stets auf optimistische, hoffnungsvolle Gedanken besinnen.
- Nutzen Sie die Wege zu größerem Ideenreichtum, um immer neue Facetten Ihrer Persönlichkeit zur Entfaltung zu bringen!
- Besinnen Sie sich darauf, dass jeder Mensch ein Wunder der Schöpfung ist. Und jeder Mensch kann weitere Wunder geschehen machen, wenn er seine von Gott verliehenen Anlagen in der richtigen Weise entfaltet.
- Die Grundlage jedes Wunderwirkens liegt in der Überzeugung, dass Sie es können, weil Sie daran glauben können.

KAPITEL 9

Führen Sie ein Leben ohne Frustration und Langeweile!

Niemand braucht unter den Gefühlen der Leere, Unzufriedenheit oder Lustlosigkeit zu leiden. Menschen, die ein sinnvolles, ausgefülltes Dasein führen, können bestätigen, wie spannend, interessant und wundervoll das Leben sein kann. Warum sollten nicht auch Sie zu jenen gehören, die an jedem neuen Tag Begeisterung und Erfüllung finden?

Gewiss bleiben niemandem schmerzliche Erlebnisse und schwere Augenblicke, Kummer und Leid erspart. Mitunter nehmen Probleme und Enttäuschungen überhand. Hinzu kommt die Eintönigkeit der Alltagsroutine, der langweiligen Pflichten, die immer aufs Neue erledigt werden müssen. Aber da das Leben nun einmal so beschaffen ist, tun wir gut daran, uns damit abzufinden, denn auf der anderen Seite hält es Erfüllung und Glück, Begeisterung und Freude für uns bereit. Wir haben es in der Hand, über unsere Probleme hinauszuwachsen und der grauen Alltagsroutine neuen, belebenden Sinn zu verleihen. Nutzen wir die seelisch-geistigen Kräfte in uns, um mit unseren Schwierigkeiten umzugehen und sie zu bewältigen! Wer sein Gefühlsleben richtig zu organisieren versteht, wer logisch denken kann und sich lohnenswerte Ziele setzt, braucht niemals eine innere Leere zu empfinden.

Es gibt wirksame Mittel gegen das Leiden der »Langeweile«, gegen diese Leere, die sich zu Lebensüberdruss, und sogar zur Lebensmüdigkeit steigern kann. Auch die mit der Langeweile häufig einhergehenden Gefühle von Frustration, Lustlosigkeit und Enttäuschung, lassen sich erfolgreich bekämpfen, wenn wir die in diesem Kapitel aufgezeigten Möglichkeiten zu innerer Bereicherung anwenden.

Der Autor Eric Hoffer trifft den Nagel auf den Kopf mit seiner Feststellung, dass die Menschen sich vor allem dann langweilen, wenn sie mit sich selbst unzufrieden sind. An diesem Punkt sollte sich jeder selbst bei der Hand nehmen und nach neuen Anregungen suchen, vielleicht auch eine innere Neugestaltung seines Lebens vornehmen. Ständig wird über Langeweile geklagt, wird über die Eintönigkeit oder Sinnlosigkeit des Lebens nachgegrübelt, finden Gefühle der Unzufriedenheit in immer neuen Phrasen Ausdruck. Dr. Donald Curtis machte sich in seinem Buch über Wege zur Problemlösung die Mühe, Beispiele von resignierten und entmutigenden Redensarten aufzuzählen:[3]

»Ich komme um vor Langeweile!«
»Immer dieselbe alte Leier!«
»Es ist alles so sinnlos!«
»Das Leben ist ein einziges Chaos.«
»Das lässt mich völlig kalt!«
»Was hat mir das Leben schon zu bieten?«
»Ich habe die Nase voll!«
»Der Ärger macht mich fertig!«

Solche und ähnliche Aussprüche hören wir täglich. Wahrscheinlich ertappen wir uns selbst dabei, wie uns die eine oder andere missmutige Äußerung über die Lippen kommt, wenn auch vielleicht nur leichtfertig oder gedankenlos dahingesagt. Wir sollten uns jedoch hüten, den Ton der ewig Unzufriedenen nachzuahmen, wenn wir nicht wollen, dass solche missmutigen, deprimierenden Wendungen sich in unserem Denken festsetzen und uns schließlich beherrschen. Wenden wir unsere Aufmerksamkeit lieber auf die optimistischen und lebensbejahenden Äußerungen, die einen ganz anderen Ton anschlagen, wie etwa die folgenden:

[3] Donald Curtis: *Wie man Probleme löst.* Herbig 1994

»Ich freue mich, dass ich lebe!«
»Meine Arbeit füllt mich aus und befriedigt mich!«
»Wie schön das Leben doch sein kann!«
»Ich bin in großartiger Stimmung!«
»Welch ein aufregendes Erlebnis!«
»Heute ist alles wunderbar!«
»Schlechte Laune ist ein Fremdwort für mich!«

Schon diese kleinen Beispiele positiven Denkens können Mut machen. Wie wir die solchen Äußerungen zugrunde liegende lebensbejahende Einstellung erlangen und bewahren können, wird uns im Folgenden beschäftigen. Wir wollen uns fragen, wie wir der schleichenden Gefahr der Langeweile und Demotivation entgehen können und worin das Rezept derer besteht, die sich nie von dem Schlechten und Negativen um uns herum anstecken lassen.

Die Antwort finden wir in den fantastischen Kräften unseres Geistes. Weder der von den Medien geschürte Pessimismus noch die um sich greifende Gefühlskälte unserer hochindustrialisierten und technisierten Welt brauchen der positiven, gestaltenden Fähigkeit des Geistes etwas anzuhaben. Der richtige Einsatz unserer geistigen Kräfte befähigt uns zu einer Haltung, die uns immer wieder über die zermürbenden Einflüsse des täglichen Lebens erhebt. Halten wir uns daher von desinteressierten Miesmachern fern, um stattdessen mit denen zusammen zu sein, die Lebensfreude ausstrahlen und uns mitreißen können; suchen wir die Gesellschaft derer, die Schwierigkeiten als Herausforderung ansehen, als ein Abenteuer, das es zu bestehen gilt.

Freude und Glück sind unser verbrieftes Recht. Besinnen wir uns in diesem Zusammenhang daher auf die Botschaft des Petrus *(Erster Brief des Petrus 1,8),* der verkündete: »... ihr werdet euch aber freuen mit unaussprechlicher und herrlicher Freude.«

Die Epidemie der Langeweile

Der Journalist Peter T. Cherr vom *National Observer* hat die Behauptung aufgestellt, wir seien von einer Epidemie der Langeweile befallen. Unter anderem schrieb er in seinem Bericht:

»Verhaltensforscher weisen darauf hin, dass in unserer Industriegesellschaft chronische Langeweile grassiert. Unser ›Land der Freiheit‹ wurde zur ›Heimat der Langeweile‹.

Psychologen stimmen einhellig darin überein, dass Frustration und Langeweile als emotionelle Reaktion auf die uns überall umgebende Monotonie entstehen. Unsere superschnellen Autobahnen sind monoton. Unsere Supermärkte, unsere Superstädte, unsere Supertechnologien erzeugen Monotonie. Unsere Superfirmen degenerieren zu eintönigen Arbeitsstätten, und selbst unsere Freizeitbeschäftigungen drohen immer eintöniger und stumpfsinniger zu werden. Eine Gesellschaft verödet und verblödet langsam vor Bildschirmen: zu Hause vor dem Fernsehgerät, im Büro vor dem Computer.

›Die meisten meiner Patienten leiden einfach nur an Langeweile‹, stellte ein Psychiater fest.

Der Schauspieler George Sanders hinterließ eine Notiz, derzufolge der Grund für seinen Freitod in übermächtiger Langeweile und Lebensüberdruss zu suchen sei.

›Man stumpft immer mehr ab‹, sagt Fließbandarbeiter Dale Sirakis. Seine Aufgabe besteht darin, den ganzen Tag lang im Vierzig-Sekunden-Rhythmus Klammern an den Unterseiten vorbeikommender Autokarosserien anzubringen.

Ein Psychiater gab zu bedenken, dass derjenige, der an chronischer Langeweile leidet, selbst ein äußerst langweiliger Mensch sein muss.«

Was aber wäre nach Meinung des hier zitierten Journalisten gegen das Übel der Langeweile zu unternehmen? Eine Möglichkeit sieht er im Verzicht auf ein allzu seichtes, verweichlichendes Leben. Er beruft sich auf eine Stellungnahme des Vorsitzenden der Abteilung für Psychiatrie und Neurologie an der Medizinischen Fakultät der Universität Tulane, Dr. Robert G. Heath: »Die Überhandnahme der Langeweile in unserer Zeit steht in direkter Beziehung zu unserer verzärtelten Lebensart. Uns fehlt der Ausgleich harter körperlicher Betätigung. Wir sind es nicht mehr gewohnt, uns zu verausgaben. Sport betreiben wir meist nur noch vom Zuschauersessel aus. All dies trägt entscheidend zur Verbreitung von Langeweile und Teilnahmslosigkeit bei.«

Einen weiterführenden Gesichtspunkt in Verbindung mit diesem »weichen« Lebensstil nennt der Psychiater Henry Ward: »Die Monotonie mag uns zwar überall umgeben, doch das eigentliche Problem liegt im Menschen selbst.« Unumwunden erklärt er seinen Patienten: »Unser Leben ist nun einmal so beschaffen, dass wir einen Großteil der Zeit entweder Angst empfinden – oder aber Langeweile.« Er ist der Meinung, ein Leben, das uns nicht ausreichend fordert, könne auch keine Erfüllung bieten. Daher sei es auch grundverkehrt, wenn wir es unseren Kindern allzu leicht machen wollen. Damit wächst nur eine »Null-Bock-Generation« heran.

Wie ernst es ihm war, als er seinen von Langeweile geplagten Patienten den folgenden Rat gab, sei dahingestellt. Seine Empfehlung lautete jedenfalls: »Ich rate Ihnen, sich ins Bett zu legen und erst aufzustehen, wenn Sie sich mit wahrer Begeisterung an ein Vorhaben machen können. Anschließend gehen Sie am besten wieder ins Bett zurück!« Natürlich befolgte niemand seine Anweisung.

Doch was wäre andererseits verloren, wenn wir, solange das Leben uns nur Langeweile und Frustration bringt, im Bett blieben und uns nicht von der Stelle rührten? Diejenigen aber, die dem Bett der Gefühlsträgheit und Lustlosigkeit entfliehen wollen, finden auch Mittel und Wege zu einer dauerhaften Überwindung der Langeweile. Die Antworten auf die Frage, wie wir zu echter Anteilnahme und Begeisterung am Leben zurückfinden, sind weder kompliziert noch an den Haaren herbeigezogen.

Das Glück des Seelenfriedens

Lassen Sie mich von einer Begegnung mit einem jungen Menschen berichten, der bereits mit der in seiner Generation vorherrschenden existenziellen Langeweile groß geworden war und das bekannte »No future«-Syndrom erkennen ließ.

Wir trafen uns im Flugzeug. Ich hatte mich schon auf meinen Platz am Fenster gesetzt, als ein junger Mann Anfang zwanzig neben mir Platz nahm; lange, zerzauste Haare verdeckten einen Teil seiner Gesichtszüge, er trug eine Brille mit Metallfassung; Lederjacke, Bluejeans und Turnschuhe ergänzten die übliche »Uniform«.

Während ich an diversen Papieren arbeitete, vertiefte er sich in eine Zeitung. Wenig später ließen mich eine Reihe von Verwünschungen hochfahren. Mein junger Sitznachbar hatte in einem spontanen Anfall von Ärger die Zeitung zerknüllt und auf den Boden geschleudert. »Eine lausige Welt!«, lautete sein zusammenfassendes Urteil.

In diesem Moment bemerkte ich von meinem Fensterplatz aus den Zauber eines prächtigen Sonnenuntergangs über den Wolken. Der große rote Feuerball tauchte für kurze Zeit alles in ein strahlend goldenes Licht. »Die Welt hat auch ihre guten Seiten«, gab ich meinem Nachbarn zu bedenken und wies aus dem Fenster.

»Ach das«, entgegnete er. »Stimmt – das haben die Menschen noch nicht zerstören können.«

Nach einer Weile des Schweigens nahm der junge Mann das Gespräch wieder auf: »Darf ich fragen, wozu Sie sich mit diesen Papieren beschäftigen?«

»Ich arbeite«, entgegnete ich.

»Hm, aber was bringt Ihnen die Arbeit ein?«

»Ohne Arbeit wäre ich nicht ausgefüllt.«

»Aha. Establishment«, war sein ganzer Kommentar, mit dem er mich als einen etablierten Vertreter der herkömmlich-bürgerlichen Gesellschaftsordnung abklassifizierte.

»Wenn Sie so wollen ...« Mir lag nichts an einer politischen Auseinandersetzung.

Wieder herrschte Schweigen, bis er erneut begann: »Darf ich Sie noch etwas fragen? Warum haben Sie so kurze Haare?«

Obwohl die Frage zugegebenermaßen überraschend kam, war ich dennoch nicht um eine Antwort verlegen: »Wissen Sie, ich betrachte mich als Nonkonformist von unabhängiger, wenn nicht sogar revolutionärer Gesinnung. Deshalb trage ich mein Haar so, wie es mir gefällt!«

»Sie haben vermutlich etwas gegen lange Haare?«, bohrte er weiter.

»Wie kommen Sie darauf?«, entgegnete ich, »Ich habe keinen Ton über Ihre Haare gesagt. Mir ist es, ehrlich gesagt, völlig egal, wie Sie oder andere ihr Haar tragen. Vielleicht übertragen Sie aber unbewusst Ihre eigene Verunsicherung auf mich?«

Unsere seltsame Unterhaltung geriet ins Stocken, und der junge Mann hing seinen Gedanken nach. Schließlich unternahm er einen weiteren Anlauf: »Sie machen einen zufriedenen, ja glücklichen Eindruck. Finden Sie das Leben denn nicht trostlos und langweilig?«

»Aus welchem Grund sollte irgendjemand sich gelangweilt fühlen, wo die Welt so viele Möglichkeiten zur Faszination bietet? Nein, mir gefällt das Leben, genauer gesagt, ich liebe es. Echte, schlimme Langeweile habe ich eigentlich nie kennengelernt, wenn ich auch Tiefpunkte und Krisenzeiten durchgemacht habe.«

»Unglaublich …« Er sah mich überrascht an. »Uns wird die Langeweile schon auf dem College eingeimpft.«

Ich erwiderte nur: »Ein lausiges College, wenn Sie mich fragen!« Er grinste.

Mit seiner nächsten Frage nahm die Unterhaltung eine überraschende Wende.

»Sie sehen aus, als hätten Sie inneren Frieden gefunden. Stimmt das?« So voller Zwiespälte und innerer Auflehnung der junge Mann auch war, bewies die Frage doch seine aufrichtige Suche nach einem tieferen Sinn des Daseins.

»Sie äußern eine Vermutung und stellen eine durchaus berechtigte, wenn auch sehr persönliche Frage. Ich kann sie bejahen, doch, ich habe meinen Seelenfrieden gefunden. Es hat viele Jahre gedauert, bis ich den Zugang zu diesem inneren Frieden fand, aber seither hat er mich nicht mehr im Stich gelassen. Ich wünsche Ihnen, dass auch Sie Ihren Weg dahin finden.«

»Wie sah Ihr Weg aus?« Seine Frage kam leise und eindringlich.

Ich zögerte mit einer direkten Antwort. »Ich bin nicht sicher, ob Sie mich verstehen würden. Schließlich handelt es sich um eine ganz persönliche Erfahrung.«

»Warum sollte ich Sie nicht verstehen? Ich bin nicht auf den Kopf gefallen.«

»Sie sind nicht der Typ, eine einfache Antwort zu akzeptieren. Sie machen eher den Eindruck einer, sagen wir, äußerst vielschichtigen und widersprüchlichen Persönlichkeit. Außerdem gehören Sie einer Generation an, die in mir nichts weiter als einen ›alten Spießer‹ sieht. Was mir inneren Frieden gebracht hat, mag Ihnen vielleicht gar nichts sagen.«

»Ich habe Verstand genug, um einfach sein zu können«, widersprach er mit einer im Grunde sehr tiefsinnigen Bemerkung.

»Sie möchten also meine ganz persönliche Antwort erfahren?« Er nickte. Seine Aufrichtigkeit hatte mich überzeugt. »Also gut, ich werde es Ihnen sagen. Aber kommen Sie mir nicht mit irgendwelchen Argumenten. Meine Antwort heißt Jesus!«

Er verstummte. Schließlich wiederholte er: »Jesus … Jesus scheint wiederzukommen …«

»Ich wüsste nicht, dass er jemals fortgegangen wäre«, erwiderte ich, worauf wir beide lachen mussten.

Der Zeitpunkt der Landung war gekommen; das Flugzeug rollte aus. Der junge Mann erhob sich; plötzlich wandte er sich mit einem nachdenklichen Gesicht noch einmal um und bot mir die Hand an. Der Langhaarige und der Kurzhaarige tauschten einen Händedruck aus. Er verabschiedete sich mit den Worten: »Ich werde mir die Sache mal durch den Kopf gehen lassen … Auf Wiedersehen!«

Ob es einen Sinn hatte, ihm diese Antwort zu geben? Würde ihm der Hinweis auf Jesus bei seiner Suche nach echtem Seelenfrieden helfen können? Es war müßig, darüber zu spekulieren. In Glaubensdingen muss jeder seinen eigenen Weg gehen, seine eigene Antwort finden. Seine aufrichtige, geradlinige Art hatte mir gefallen, und so hatte ich ihm eine ebenso aufrichtige Antwort gegeben, das war alles. Immerhin schien er aufgeschlossen genug, das Thema Religion nicht völlig abzulehnen, sondern es durchaus einmal in Betracht zu ziehen.

Mir selbst erging es in meiner Jugend im Grunde ähnlich. Ich war verwirrt und verunsichert und suchte nach einem Lebensinhalt. Als ich mich in die Botschaft Jesu vertiefte, fand ich einen Hinweis im *Evangelium nach Johannes* (15, 11): »Das sage ich euch, damit ... eure Freude vollkommen werde.« Ich ahnte die tiefe Weisheit hinter diesen Worten und begann, weiter nachzudenken. Was war es denn, das er uns sagte? Ich fand die Schlüsselbegriffe für den Weg zu dieser vollkommenen Freude, nämlich Glaube, Hoffnung, Liebe! Auf dieser Basis versuchte ich mein Leben einzurichten, mein Denken und Wollen. Das war die Botschaft, die mir half, meinem Leben Sinn und Richtung zu geben.

In dem Maße, wie ich diese Werte verinnerlichen konnte, blieb auch kein Raum mehr für Gefühle der Leere, der Trostlosigkeit oder Langeweile.

Das Leben lieben

In einem Fernsehinterview mit Arthur Rubinstein, einem der weltweit gefeiertsten Pianisten unserer Zeit, der besonders als Interpret der Werke Chopins begeisterte, fiel einmal ein wundervoller Ausspruch, den ich nie mehr vergessen habe. Die Reporter hatten Rubinstein nach seinem Erfolgsgeheimnis gefragt. Auf die Routinefragen, ob er den Erfolg in erster Linie seinem Talent, dem Glück oder womöglich den wirksamen Werbemaßnahmen zu verdanken habe, gab Rubinstein zur Antwort: »Meine Erfahrung war stets die:

Wenn wir das Leben lieben, zahlt uns das Leben in gleicher Münze zurück.«

Diese Erfahrung steht uns allen offen. Lieben Sie das Leben, und das Leben wird Sie wieder lieben! Gehen Sie in Offenheit und Begeisterung auf das Leben zu, und Elan und Erfüllung werden die Folge sein. Die innere Haltung, die wir dem Leben entgegenbringen, wird entsprechende Erfahrungen auf uns zurückwerfen. Wer einmal den Stellenwert einer gesunden, lebensbejahenden Einstellung erkannt hat, kann bewusst mit der Kultivierung positiver Denkmuster beginnen und braucht sich seine Lebensfreude nicht mehr durch Pessimismus oder Trübsinnigkeit schmälern zu lassen.

Meine Frau und ich besuchten regelmäßig die Schweiz, um dort unseren Urlaub zu verbringen. Wir beide lieben die Berge und wandern leidenschaftlich gern. Auf einer unserer Wanderungen durch das herrliche Lauterbrunnental, in dem sich ein von den Gipfeln hinunterströmender Gletscherfluss seinen Weg bahnt, entdeckten wir ein kleines Seil, kaum dicker als ein Bindfaden, das von den Mürrener Höhen herunterzuführen schien. Was es mit diesem Seil auf sich hatte, konnten wir vorläufig nicht enträtseln. Später, als wir noch einmal an derselben Stelle vorbeikamen, hing dort bereits ein wesentlich dickeres Seil. Zu einem noch späteren Zeitpunkt war es durch ein starkes Kabel ersetzt worden. Schließlich klärte sich das Rätsel auf: Wir waren Zeugen eines großen Bauvorhabens geworden – die längste Seilbahn der Alpen, die Schilthornbahn, sollte hier entstehen.

Bei unserem letzten Besuch in der Schweiz fuhren wir mit dieser Bahn zum Schilthorn hoch, beginnend bei einer Höhe von etwa achthundert Metern bis zur Bergstation in dreitausend Metern Höhe. Die Fahrt war ein unvergessliches Erlebnis. Dreißig Minuten lang schwebten wir geräuschlos in unserer Gondel über dem Bergpanorama dahin. Von der Spitze des Schilthorns bot sich eine der großartigsten und umfassendsten Aussichten, die man sich nur denken kann. Das Panorama erstreckte sich vom Schwarzwald bis zum Massiv des Montblanc. Ein Gipfel reihte sich an den anderen. In dieser einsamen Höhe, die bis vor nicht allzu langer

Zeit noch den Gemsen vorbehalten war, erfüllte uns ehrfürchtiges Staunen vor der Großartigkeit der Natur. In den Fels eingefasst, befindet sich eine bronzene Tafel mit folgender Inschrift: »Groß und wunderbar sind Deine Werke, Herr, allmächtiger Gott.«

In solchen Naturerlebnissen können wir die ursprüngliche Ehrfurcht vor allem Leben wiederfinden. Das Wunder der Schöpfung kann uns mit Andacht und Liebe erfüllen. Die Natur ist ein bewährtes Heilmittel gegen Langeweile, Ärger und Verdruss, weil sie uns hilft, den Sinn für das Schöne und Erhebende wiederzuentdecken und unsere innere Erlebnisfähigkeit zu bereichern. Deshalb sollten wir den Lärm und die Monotonie unserer gefühlsarmen Städte meiden, wann immer sich Gelegenheit dazu bietet, um die Schönheit und den Frieden der Natur in uns aufzunehmen. Ob wir der Brandung des Meeres an einem menschenleeren Strand lauschen, ob wir einen murmelnden Gebirgsbach entlangwandern oder ob wir auf einer Wiese traumverloren den weißen Wolken am Himmel nachschauen, stets werden diese Erfahrungen uns mit neuer Kraft beleben. Sie sind Nahrung für unser geistiges Erleben, sie bauen uns wieder auf und besiegen jeden Stumpfsinn und Verdruss.

Ein unvergessliches Abenteuer

Wenn ich gelegentlich die ersten Anzeichen einer schleichenden Lustlosigkeit verspüre, lasse ich als Gegenmittel gern ein unvergessliches Erlebnis in meiner Erinnerung aufleben. In einem kleinen Hubschrauber überflogen wir – wir, das waren meine Frau Ruth und ich und unser langjähriger Freund Arthur Gordon – die Schweizer Alpen. Es wurde zu einem Erlebnis wahrhaft erhebender Art, und zwar in doppelter Bedeutung, angefangen von den überwältigenden Sinneseindrücken bis hin zu einer tiefen seelischen Erfahrung. Da ich unser Abenteuer selbst schon mehrfach geschildert habe, möchte ich hier der so viel anschaulicheren Version meiner Frau Ruth den Vorrang geben:

»Wir befanden uns in Zermatt, dem beliebten Schweizer Urlaubsort, in einer Talmulde am Fuße des Matterhorns. Die felszerklüftete Granitwand des Matterhorns ragte mit ihren fast viereinhalbtausend Metern wie ein riesiges Messer steil in den Himmel. Nicht weit entfernt erhob sich der Monte Rosa, der höchste Gebirgszug der Schweizer Alpen, der jedoch wegen seines allmählichen Anstiegs einen weniger atemberaubenden Anblick bietet als das allein stehende Matterhorn. Seine steilen Wände sind auch im Sommer von Eis- und Schneenarben gezeichnet. Nach einem alten Volksglauben ist der Berg von Teufeln und Dämonen bewohnt, die jedem Sterblichen, der sich zu nahe heranwagen sollte, Felsbrocken und Blitze entgegenschleudern. Das Matterhorn sei nicht einfach ein Berg, hörte ich einmal sagen, sondern eine Gegenwart.

Während unseres Aufenthaltes in Zermatt wohnten wir im Ferienhaus unseres guten Freundes Theodor Seiler, des Direktors einer Hotelgruppe. Theo Seilers Großvater hatte das erste Hotel des Ortes in Betrieb genommen, das ›Monte Rosa‹, in dem 1865 der englische Bergsteiger Edward Whymper bewirtet worden war, der erste Bezwinger des Matterhorns. Eine Gedenktafel neben dem Hoteleingang erinnert an diese erfolgreiche und zugleich tragische Erstbesteigung – drei von Whympers Begleitern kamen damals ums Leben.

Um uns ein Erlebnis ganz besonderer Art zu bieten, das seiner Meinung nach am ehesten an die großartige Erfahrung einer Bergbesteigung herankäme, riet unser Gastgeber Theo Seiler zu einem Hubschrauberflug um die Spitze des Matterhorns. Außerhalb von Zermatt standen zwei Hubschrauber der Bergwacht bereit, mit denen schon einige aufsehenerregende Rettungsaktionen durchgeführt worden waren; der kleinere der Helikopter konnte vier, der größere sechs Personen befördern. Theo erbot sich, einen Flug für uns zu arrangieren; allerdings müssten wir so lange warten, bis das Wetter unser Abenteuer zuließe.

Ich war erst einmal in meinem Leben mit einem Hubschrauber geflogen, zur Besichtigung eines Farmgeländes, und der Gedanke an einen Flug über die Gipfel des gigantischen Berges flößte mir ein wenig Angst ein. Doch es sollte ein wunderbares Ereignis werden!

Zunächst blieb das Wetter unbeständig. Dunkle Wolken verhüllten das Matterhorn. Riss die Wolkendecke einmal für kurze Zeit auseinander, konnten wir erkennen, dass an den Hängen unterhalb des steilen Gipfels wieder Neuschnee gefallen war.

Erst am vorletzten Tag unseres Aufenthalts änderte sich das Wetter. Der Wind drehte nach Norden, ein ›Gut-Wetter-Bote‹, wie Theo Seiler sagte. Tatsächlich bescherte uns der nächste Tag das herrlichste Sommerwetter. Nicht eine einzige Wolke war am kobaltblauen Himmel zu sehen. Die Straßen von Zermatt mit ihren lustig flatternden Fähnchen, bunten Markisen und Blumenkästen voller Geranien und Petunien leuchteten im Sonnenlicht.

Wir riefen die Bergwacht an und erfuhren, die Aussichten für einen guten Flug seien blendend. Um elf sollten wir uns am Landeplatz einfinden. Da außer für Norman und mich im Hubschrauber noch ein weiterer Platz frei war, überredeten wir unseren Freund Arthur Gordon, der sich zu der Zeit ebenfalls in Zermatt aufhielt, mitzukommen.

Nach einem zehnminütigen Spaziergang erreichten wir den nördlich der Stadt gelegenen, in den Berghang eingebauten Hubschrauberlandeplatz. Ein hohes siloartiges Bauwerk beherbergte den Aufzug zu der höher gelegenen Landefläche. Der betonierte Platz hatte etwa die Größe eines halben Fußballfeldes. Ein aufgemalter Kreis mit einem großen »H« in der Mitte diente den Piloten zur Orientierung bei der Landung. Durch die geöffnete Hangartür konnten wir die Reparaturarbeiten am größeren der beiden Hubschrauber beobachten. Die kleinere Maschine, mit der wir fliegen sollten, war noch auf einem Patrouillenflug unterwegs. Wir warteten im grell strahlenden Sonnlicht. Meine Gefühle schwankten zwischen Angst, Aufregung und Erwartung bei dem Gedanken, in Kürze in einer kleinen Seifenblase von der vertrauten Erde abzuheben. Nichts weiter als ein kleiner Motor und zwei wirbelnde Flügelpaare würden uns in der Luft halten. Während wir noch auf die Ankunft unseres

Hubschraubers warteten, unterhielten wir uns am Beispiel Whympers und der Bergsteigerei darüber, was der Mensch nicht alles auf seiner Suche nach Glück und Erfüllung für Gefahren auf sich nimmt.

Als Erstes hörten wir das regelmäßige Knattern des Hubschraubers. Plötzlich schwebte er wie eine riesengroße Libelle vor uns und drehte gegen den Wind. Unter den heftigen Böen des Hangwindes kam die Maschine auf dem markierten Platz zu stehen. Der Pilot stellte den dröhnenden Motor ab, und die Flügel liefen langsam aus. Der Tank wurde nachgefüllt und die Rettungsausrüstung ausgeladen, um für uns Platz zu machen. Ehe wir uns versahen, saßen wir bereits angeschnallt in den Sitzen. Arthur saß vorne links neben dem jungen Piloten, während Norman und ich hinten Platz genommen hatten. Der Pilot machte einen unbekümmerten und selbstsicheren Eindruck. ›Wohin möchten Sie?‹, fragte er.

Der Flugwart, der draußen neben dem Hubschrauber stand, sprach ein paar Worte in Deutsch zu dem Piloten. Wir verstanden nicht, was er sagte, doch ich hatte das ungute Gefühl, dass er den Piloten zu waghalsigen Kunststücken überreden wollte. Der Pilot, der zunächst nicht einverstanden schien, gab schließlich auf das Drängen des Flugwarts mit einem Achselzucken nach.

Die Tür wurde geschlossen, und der Pilot setzte seine Kopfhörer auf. Mit der rechten Hand hielt er den Steuerknüppel, mit der linken betätigte er den Startknopf zwischen den beiden Vordersitzen. Der Hubschrauber begann zu vibrieren und hob ab. Mit einem Satz, der mir das Herz stocken ließ, sprangen wir senkrecht von der Betonfläche ins Leere.

Wir flogen das Tal entlang, kaum sechzig Meter über dem Erdboden. Der Pilot und Arthur konnten senkrecht hinunterschauen, doch ich war froh, dass mir die Sicht verwehrt war. Ich beobachtete das Armaturenbrett. Die Nadel des Geschwindigkeitsmessers bewegte sich bei achtzig Stundenkilometern. Der Höhenmesser zeigte an, dass wir uns etwa zweitausend Meter über dem Meeresspiegel befanden und weiter aufstiegen.

Wir flogen zwischen steil sich auftürmenden Felswänden höher aus dem Tal empor, vorbei an sprühenden Wasserfällen, über saftige Almen voller wilder Bergblumen. Im steilen Kurvenflug ging es höher und höher, während unter uns Zermatt mit seinen Chalets und Hotels auf die Dimension einer Spielzeugstadt zusammenschrumpfte. Ein- oder zweimal schien es mir, als hätten wir nicht genug Höhe, um einen vor uns auftauchenden Grat zu überfliegen. Doch jedes Mal glitten wir mit genügend Abstand über das Hindernis hinweg. Weit unter uns erspähte ich die orangenfarbenen Wagen einer Zahnradbahn, die wie Marienkäfer zwischen den Masten dahinkrochen. Nun wich das satte Grün der Nadelwälder den Braun- und Grautönen des zerklüfteten Felsgeländes oberhalb der Baumgrenze. Vor uns zu unserer Linken lagen mehrere Gebäude – die Endstation der Zahnradbahn von Zermatt zum Gornergrat. Hier befand sich ein Ausflugsziel, das wegen seines überwältigenden Panoramas auf Berge und Gletscher sehr beliebt war. Doch kaum ein Tourist würde je so einen atemberaubenden Ausblick auf die Gipfel haben wie wir hier oben. Binnen Kurzem überflogen wir den eigentlichen Gorner-Gletscher, einen mächtigen Strom aus blendend weißem Eis mit bizarren Narben und Furchen. Wo der Gletscher endete, brach ein grauer Sturzbach unter der Eisdecke hervor. Zu unserer Rechten erhob sich der stolze Gipfel des Stockhorn. Der Höhenmesser zeigte jetzt dreieinhalbtausend Meter an, und in diesem Augenblick erinnerte ich mich vage daran, dass bei Flügen über dreitausend Meter Höhe Sauerstoffmasken mitgeführt werden sollten – wir flogen jedoch ohne diese Ausrüstung.

Mit sechzig Knoten ging es über den Gletscher. Öde, wie diese Eiswüste auch sein mochte, war es ein beruhigendes Gefühl, sie nur an die hundert Meter unter uns zu wissen. Irgendwie tröstete mich der Gedanke, dass wir bei einem Ausfall des Motors hier zumindest auf festem Boden niedergehen und auf unsere Rettung warten könnten, die, so malte ich mir aus, in Gestalt eines gutmütigen Bernhardiners nahen würde.

Plötzlich endete der Gletscher. Nicht nur der Gletscher, sondern auch das Bergmassiv, ja die ganze Welt schien mit einem Mal zu enden! Als Letztes sah ich die feine, messerscharf gezogene weiße Trennlinie auf uns zustürzen – und dann schossen wir geradewegs in einen ungeheuren Abgrund der Leere. Ich stemmte meine Füße gegen den Boden, als ob ich uns so zurückhalten könnte. Die Wand hinter uns stürzte senkrecht über tausend Meter ins Bodenlose. Wir schwebten buchstäblich über dem Nichts. Der endlos tiefe Boden unter uns war nur purpurnes Dunkel. Mein Verstand sagte mir, dass wir ebenso gut einen Abgrund wie einen Gletscher überfliegen könnten, aber die Empfindung in meiner Magengegend ließ sich scheinbar nicht überzeugen. Ich bemerkte, wie Arthur sich an der Seitenwand des Hubschraubers festklammerte. Zweifellos suchte auch er irgendeinen Halt in dieser Bodenlosigkeit. In jenem Moment fragte ich mich, was wir vier winzigen, unbedeutenden Menschenkinder hier oben in dieser erhabenen und zugleich beängstigenden Welt überhaupt zu suchen hatten.

Der Pilot blieb unbekümmert. Er steuerte uns am Doppelgipfel des Monte Rosa vorbei, der uns noch immer überragte, obwohl wir schon fast viertausend Meter Höhe erreicht hatten. Tief unten auf den Schneefeldern suchten sich einige Ameisen mühsam einen Weg. ›Bergsteiger‹, sagte unser Pilot. ›Ein gefährliches Unternehmen für jeden, der sich nicht genau auskennt.‹ Er wies auf Löcher, die wie Höhlen aussahen. ›Wer da hineinfällt, ist verloren, denn niemand kann den wieder herausholen.‹

Er entdeckte etwas am Kamm eines der Bergzüge. Es hätte ein Mensch sein können, der im Schnee lag. ›Wir sehen besser mal nach‹, sagte er und lenkte uns steil nach unten, wobei die Rotoren dumpfe Geräusche in der Luft erzeugten. Ich griff unwillkürlich nach Normans Hand. ›Nur ein Zelt‹, erklärte der Pilot, als wir über den dunklen Gegenstand hinwegflogen. ›Manche Bergsteiger nehmen sich den Monte Rosa und das Matterhorn für eine Tour vor und machen dann dort unten für die Nacht Zwischenstation.‹ Ich versuchte mir auszumalen, wie es wohl sei, unter der kleinen

Zeltplane zu liegen, während draußen der Wind in der eisigen Dunkelheit heulte. Meine Vorstellungskraft reichte dafür jedoch nicht aus …

Aus der Ferne ist das Matterhorn beeindruckend, aus nächster Nähe aber ist es schier überwältigend. Wir waren nun so nahe, dass wir die Spalten und Risse in den aufragenden Felswänden erkennen konnten. Vereinzelte Kletterer, die am nackten Felsgestein hingen, nahmen sich dagegen wie winzige Farbtupfer aus. Eine kleine Berghütte saß wie ein Adlerhorst am Rande eines gähnenden Abgrundes. ›Hier übernachten die Bergsteiger‹, erklärte unser Pilot, ›um beim Morgengrauen weiterzuklettern.‹

Auch wir kletterten noch weiter. In einer engen Spirale kreisten wir dreimal um das Matterhorn. Das Motorengeräusch klang anders als vorher, wie ein Keuchen in der dünnen Luft. Ich hatte Atembeschwerden, und wie ich sehen konnte, erging es Norman nicht besser. Wir waren nun viertausendvierhundert Meter hoch, also fast auf gleicher Höhe mit der Gipfelspitze. Ich sah das eiserne Kreuz, das die Stelle markiert, auf der Whymper damals gestanden hatte. Wir schraubten uns noch höher, bis wir auf den Gipfel hinabschauen konnten. Dort standen drei winzige Gestalten in der schwindelerregenden Höhe und winkten uns zu. Tiefe Bewunderung erfüllte mich für diese Menschen, die in ihrem rastlosen, unstillbaren Drang nach Abenteuer die höchsten Gipfel bezwangen.

Bald bewegten wir uns wieder abwärts durch die klare Luft. Das Matterhorn verschwand in der Ferne. ›Schlucken Sie kräftig‹, riet der Pilot, ›um den Druck in den Ohren auszugleichen.‹ Schon sahen wir Zermatt friedlich im Sonnenlicht vor uns liegen. Wir flogen noch eine letzte Runde, gerieten in den Aufwind und setzten schließlich im vorgezeichneten Kreis des Landeplatzes auf. Der Flug war vorüber, aber unser Erlebnis wirkte noch lange nach.

Als ich aus dem Hubschrauber geklettert war und die ersten Schritte ging, war mir, als schwebte ich auf Wolken. Ich fühlte mich so leicht, so glücklich wie noch nie in meinem Leben. Eine ähnliche Zufriedenheit spiegelte sich auf den

Gesichtern meiner beiden Begleiter, ja, die ganze Welt schien in ihrem wunderbarsten Glanz zu erstrahlen. Wir erlebten eine nie gekannte Hochstimmung, die noch tagelang anhielt.

Theo Seiler ließ uns in der luxuriösen Pferdekutsche des Hotels abholen. Unter fröhlichem Glockengeklingel kehrten wir in den Ort zurück. Noch ganz unter dem Zauber unseres Höhenflugs, sprachen wir kaum ein Wort. Der unerwartete Übergang vom Hubschrauber zu der altertümlichen Kutsche entrückte uns der Wirklichkeit des zwanzigsten Jahrhunderts.

An jenem Tag – wie noch viele Male später – durchlebte ich immer wieder diesen unvergesslichen Augenblick, als wir über den Gletscherrand in die bodenlose Leere flogen. Ähnlich stelle ich mir die Todeserfahrung vor: Als einen Sturz in das grenzenlose Reich des Ungewissen, wo wir nichts erkennen können, wo es keinen Halt gibt und wo wir dennoch auf wunderbare Weise über das unergründliche Nichts hinweggetragen werden.

Ist Ihnen diese Vorstellung zu fantastisch, zu unwirklich? Ich weiß nicht, aber an jenem Abend, als wir Gott in unseren Gebeten für die wunderbare Erfahrung dankten, war all das für uns so wirklich, so lebendig gefühlt, dass es durchaus nichts Fantastisches hatte.«

So weit die Schilderung unseres Abenteuers aus der Sicht meiner Frau Ruth. Wer einmal ein ähnlich tiefgehendes Erlebnis hatte, wird bestätigen, dass eine von solchen Hochgefühlen belebte Gemütsverfassung das bewährteste Mittel gegen die schleichende Gefahr der Langeweile und Teilnahmslosigkeit darstellt. Doch wir brauchen deshalb nicht unbedingt zu Gipfelstürmern im wörtlichen Sinne zu werden. Was zählt, ist die innere Erfahrung der »Bergeshöhen«. Vermöge der Kraft unserer Gedanken können wir uns über die tägliche Alltagsroutine erheben und selbst bei den eintönigsten Arbeiten unsere Begeisterung und Lebensfreude wachhalten. Alles verändert sich, alles nimmt ein neues Gesicht an, wenn wir die Welt mit neuen Augen sehen.

Eine erstaunliche Wandlung

Wie anders alles aussehen kann, wenn wir selbst uns zu einer Änderung aufraffen, kann ein junger Angestellter namens Larry aus eigener Erfahrung bestätigen.

Als ich ihn das erste Mal traf – es war während einer Handelstagung in Chicago –, war er die Lustlosigkeit in Person. Sein Chef hatte mich bereits vorgewarnt und gleichzeitig gebeten, doch einmal mit seinem lethargischen Mitarbeiter, auf den er im Grunde große Stücke hielt, zu reden und, soweit möglich, ihn zu mehr Interesse und aktiver Teilnahme am Geschäftsgeschehen zu bewegen.

Der junge Mann, ein schlaksiger, baumlanger Kerl, stellte sich mir gleich mit seinem Spitznamen vor. »Ich bin der, den alle Larry Lustlos nennen«, begann er. »Mein Chef hat gesagt, Sie könnten mich motivieren, Sie hätten ein Rezept, wie man Schwung und Begeisterung entfaltet. Er schien aufrichtig überzeugt, dass Sie mir zeigen können, wie ich mehr aus meinem Leben und aus meiner Arbeit mache.«

Wir gingen in mein Hotelzimmer, und ich bat ihn zunächst, Platz zu nehmen. Er ließ sich regelrecht in den Sessel fallen, streckte die Beine von sich und rutschte tiefer und tiefer. Seine Arme hingen schlaff über den Seitenlehnen.

Ich fragte ihn: »Können Sie auch anders sitzen? Etwa in aufrechter Position, so dass Ihr Rückgrat die Sitzlehne berührt?«

Er richtete sich unter Protest auf. »Ich sehe nicht ein, was das mit unserem Thema zu tun hat!«

»Sehr viel«, erwiderte ich. »Sie sind als lustlos bekannt, wie Ihr Spitzname besagt und wie Ihre Körperhaltung bestätigt.«

»Dr. Peale«, widersprach er, »ich bin doch eigentlich ganz in Ordnung. Ich glaube an Gott, bin aktives Mitglied in einem Club, liebe meine Frau und führe ein anständiges Leben. Im Grunde also bin ich ein guter Mensch.«

»Es gibt einen Unterschied zwischen gut sein und zu nichts gut sein«, bemerkte ich, doch er nahm diesen Seitenhieb mit Humor und grinste. »Larry«, fuhr ich fort, »es geht um Ihre innere Beteiligung am Leben. Wie es ein chinesischer Weiser einmal formulierte: ›Unsere Lebendigkeit steht in proportionaler Beziehung zur Anzahl unserer Berührungspunkte mit dem Leben.‹ Ein gleichgültiger Mensch, ein Mensch ohne echtes Engagement ist also nur teilweise lebendig. Lernen Sie die Begeisterung kennen, und Sie werden den Unterschied zu Ihrer Lustlosigkeit verstehen!«

An dem Morgen war mir ein Geschenk in Form einer kunstvoll arrangierten Obstschale übersandt worden. Nun fiel mein Blick auf die makellosen, vollreifen Früchte. »Sehen Sie diesen Apfel?«, fragte ich. »Ist er nicht herrlich? Vielleicht stammt er aus der Hochebene Oregons, wo die kalten Nächte das Fruchtfleisch fest und saftig werden lassen. Oder aus einer der New Yorker Plantagen, die berühmt für ihre wunderbaren Züchtungen sind? Und die Orange ... ist in ihr nicht die Wärme der kalifornischen Sonne eingefangen? Was meinen Sie?

»Mag sein«, murmelte Larry, »doch warum machen Sie so viel Aufhebens um ein paar Früchte?«

»Weil das die richtige Art ist, den Dingen zu begegnen! In der richtigen Verfassung erkennen wir die Harmonie, das Wunder der Schöpfung auch im Kleinen, im Belanglosen. Wenn wir die Augen öffnen, sehen wir, welche Schönheit in allem verborgen ist!«

»Sie glauben an das, was Sie da sagen, nicht wahr?«, fragte Larry.

»Natürlich! Schauen Sie beispielsweise den Michigansee dort draußen an, wie er im Sonnenlicht glänzt! Ein herrlicher Anblick voller Schönheit und Harmonie. Warum sollte er mich nicht erfreuen? Lernen auch Sie, das Gute und Schöne zu sehen. Mit dieser Haltung können wir allem und jedem begegnen. Sie führt uns aus dem Trübsinn zu echter Begeisterung. Ich bin überzeugt, das ist auch in Ihnen angelegt. Und noch etwas«, fügte ich hinzu: »Die Gelangweilten und Frustrierten haben ihre intellektuelle Müdigkeit zu einer Mode erhoben; es gilt als schick und als ›in‹, sich bei allem zu langweilen. Doch letzten Endes befinden jene sich auf einem Abstellgleis, das nirgendwohin führt. Sie aber haben die Möglichkeit, sich dem Strom des Lebens anzuschließen.«

»Sie meinen«, fragte Larry nachdenklich, »ich solle mich mit meinem Denken in diese Art Begeisterung hineinversetzen? Mich bemühen, Lebensfreude auszustrahlen und selbst im Belanglosen nach Interessantem und Schönem zu suchen? Vielleicht werde ich es einmal ausprobieren ...«

Monate später traf ich ihn in seiner Heimatstadt wieder. Er war zum Flughafen gekommen, um mich abzuholen. Seine Begrüßung war herzlich: »Wie ich mich freue, Sie zu sehen! Kommen Sie, ich will Ihnen die Stadt zeigen. Es gibt eine Menge zu sehen!« Da ich den ganzen Tag unterwegs gewesen war, hatte ich eigentlich keine Lust auf einen Stadtrundgang, und winkte dankend ab: »Am liebsten würde ich gleich ins Hotel fahren und mich ausruhen. Schließlich muss ich heute Abend noch eine Rede in der Handelskammer halten.«

»Was soll das heißen, ausruhen?«, protestierte ein völlig verwandelter Larry. »Wo sind der Enthusiasmus, die Energie, wo sind all die guten Eigenschaften, die Sie so vehement vertreten haben?«

Kleinlaut musste ich ihm recht geben. Wir begaben uns also auf die von ihm beabsichtigte Besichtigungstour. Mit Elan und Begeisterung führte er mich durch die Stadt, zeigte mir sehenswerte öffentliche Einrichtungen, interessante Gebäude, fortschrittliche Industrieanlagen. In überschwänglichen Kommentaren lobte er die neue Hochschule, die wunderschöne Parkanlage mit ihren großzügigen Ballspielflächen, das mit modernsten technischen Mitteln ausgestattete Ortskrankenhaus. Schließlich hielten wir an einem hübschen kleinen Wohnhaus mit einem gepflegten Vorgarten, in dem die vielen Blumen in voller Blüte standen. »Wie gefällt Ihnen mein Haus?«, fragte er. Ehe ich antworten konnte, hatte er mich jedoch schon hineingezogen, um mir seine Frau vorzustellen. »Ist sie nicht ein Schatz?« Er umarmte und küsste sie. Seine Frau strahlte mich an. »Larry ist wie verwandelt in der letzten Zeit. Er ist immer so froh und voller Elan, er ist ...«, sie suchte nach einem passenden Wort, »... einfach mitreißend!«

Wie es schien, hatte er seine alte Trägheit und Lustlosigkeit überwinden und durch geistige Wachheit und Regsamkeit ersetzen können, und zwar in einem solchen Maße, dass sich seine Munterkeit und Lebensfreude gleichfalls auf seine Mitmenschen übertrug.

Die lebensbejahende Grundstimmung

Wir alle können uns eine ähnliche Begeisterungsfähigkeit aneignen und sie zu einer Gewohnheit machen, die wir nicht mehr missen möchten. Eine solche Gewohnheit etwa wurde dem früheren Gouverneur von Connecticut, Wilbur L. Cross, nachgesagt. Wenn er im Kreise seiner Familie allen einen guten Morgen wünschte, pflegte er stets hinzuzufügen: »Heute ist ein herrlicher Tag dafür!« Welcher Sinn auch immer in diese etwas rätselhafte Bemerkung hineinzudeuten ist, eine Aufgabe erfüllte sie auf jeden Fall: Sie versetzte den Gouverneur in eine lebensbejahende Grundstimmung, mit der er jeden neuen Tag voller Tatendrang und Lebensfreude begann. Wen wundert es da, wenn sein Enkel den Großvater als besonders aktiven und unternehmungsfreudigen alten Herrn in Erinnerung hat, den er nie in verdrießlicher und missmutiger Stimmung erlebte? Wem es gelingt, in ähnlichen Bahnen zu denken wie der alte Gouverneur, der wird erfahren, wie jeder Tag tatsächlich »ein herrlicher Tag dafür« sein kann.

Nun mag zwar einleuchten, dass es bei der Überwindung von Langeweile und innerer Leere auf die entsprechende geistige Haltung ankommt, dennoch scheitern manche an der Frage, wie sie eine negative Haltung zum Positiven ändern können. Solange wir nämlich unkontrollierten Gefühlsreaktionen unterworfen sind, sei es Ärger, Wut, Hass oder auch Selbstmitleid, wird es uns sehr schwerfallen, eine geeignete positive Sichtweise zu entwickeln. Deshalb ist es so wichtig, heftige Gefühlsreaktionen negativer Art im Zaum zu halten und an ihre Stelle ein nüchternes klares Denken zu setzen, wie es im gesunden Menschenverstand angelegt ist.

Was für ein unsinniges Chaos die Emotionen mitunter in uns anrichten können, macht das Beispiel eines Mannes deutlich, der mich in seiner Niedergeschlagenheit anrief und um Rat bat. Das Leben habe jeden Sinn für ihn verloren, klagte er. Er war aufs Höchste verzweifelt, und den einzigen Weg aus seiner Misere sah er darin, sich das Leben zu nehmen!

Es gelang mir, ihn zu beruhigen und zu einem Gespräch unter vier Augen zu überreden. Der Mann bot einen traurigen Anblick, wie er da vor mir saß, die Hände vors Gesicht geschlagen, und stöhnte: »Es ist hoffnungslos, alles ist aus! Nichts, nicht der kleinste Hoffnungsschimmer ist mir geblieben. Das Leben ist eine einzige Qual …«

Ich unterbrach ihn: »So dürfen Sie nicht reden! Lassen Sie uns stattdessen Ihre Lage einmal nüchtern und objektiv betrachten!« Ich nahm ein Blatt Papier und teilte es mit einem senkrechten Strich in zwei Spalten. »Was halten Sie davon, wenn wir nun auf der linken Seite alles aufschreiben, was Ihnen verloren ging, und auf der rechten alles Positive gegenüberstellen, das Ihnen noch geblieben ist?«, schlug ich vor.

Mit Weltuntergangsmiene entgegnete er: »Eines steht fest, die rechte Spalte werden Sie nicht brauchen, denn mir ist nichts Lebenswertes geblieben, absolut nichts!«

»Also gut, wann hat Ihre Frau Sie verlassen?«

Erstaunt hob er den Kopf: »Wie kommen Sie denn darauf? Meine Frau würde mich nie verlassen. Sie liebt mich!«

»Umso besser, das wird also der erste Punkt auf unserer Liste sein: Ehefrau ist geblieben.« Dann fragte ich nach seinen Kindern. Waren sie verunglückt, waren sie straffällig geworden? Er musste verneinen, und ich notierte als zweiten Punkt: Kinder gesund und wohlerzogen. »Ich vermute«, fuhr ich fort, »Sie leiden bei all Ihrem Kummer an chronischer Appetitlosigkeit?«

»So schlecht es mir auch geht«, gestand er, »mein Appetit hat nicht gelitten. Das Essen schmeckt mir so gut wie eh und je.« Das war bereits das dritte Stichwort auf unserer Liste: Gesunder Appetit. Auf diese Weise wurde die Liste länger und länger, bis er schließlich verstand, worauf ich hinauswollte. »Seltsam, wie anders alles aussieht, wenn Sie es so betrachten!«

»Sie haben zugelassen, dass Ihre destruktiven Gefühle Sie beherrschen. Doch wie unsere Bestandsaufnahme zeigt, haben Sie keinen echten Grund, sich das Leben zu nehmen. Statt sich umbringen zu wollen, sollten Sie Ihren Kopf lieber gebrauchen, um einen Ausweg aus Ihrer Situation zu finden!« Meine Worte hatten ihn nachdenklich gestimmt. Er machte den Eindruck, als ob er das Schlimmste bereits überstanden hätte, und wie sich später herausstellte, konnte er diese Krise recht bald hinter sich lassen.

Die seltenen Augenblicke

Wenn wir gegen Langeweile und Frustrationen nicht mit geeigneten Mitteln angehen, droht die Gefahr, dass sie zu ernst zu nehmenden Leiden anwachsen, die uns große Qualen zufügen und in Einzelfällen sogar in den Selbstmord treiben können. Mit diesem Schicksal können wir schon in jungen Jahren konfrontiert werden, ja, wie die Statistiken belegen, sind gerade junge Menschen hierfür besonders anfällig.

In diesem Zusammenhang muss ich an einen Studenten denken, der mit seinen dreiundzwanzig Jahren bereits jede Perspektive und jeden Lebensmut verloren hatte.

In einer schnoddrig-lässigen Art beschrieb er mir sein Lebensgefühl: »Um nicht lange um den heißen Brei herumzureden, will ich Ihnen gleich sagen, wie es um mich steht. Ich bin mit dem Leben fertig! Ich hab's satt! Es ist alles so schrecklich, es ekelt mich an.«

»Sie haben für Ihr Alter sicher schon einiges mitgemacht«, vermutete ich. »Wie alt sind Sie jetzt?«

»Dreiundzwanzig«, war die Antwort.

»Und Sie haben das Leben bereits bis zum Überdruss satt?«

»Sie sagen es«, entgegnete er. »Ich habe alles mitgemacht. Was immer Sie aufzählen können, ich habe es ausprobiert:

Sex, Drogen, Alkohol, alles! Und jedes Mal bin ich wieder reingefallen. Was hat das ganze elende Dasein überhaupt für einen Sinn?«

»Ich meine, das Leben hat sehr wohl einen Sinn. Es gibt eine Antwort auf alle Lebensfragen, auf die Sie und viele andere Ihrer Generation allerdings bislang nicht gekommen sind, obwohl Sie meinen, bereits alles hinter sich zu haben.«

»Und was soll das sein?«, fragte er.

»Die Antwort finden wir in Gott.«

Er schüttelte den Kopf. »Für mich gibt es keinen Gott! Das ist doch alles nur Aberglaube, leere Illusion!«

»Da irren Sie gewaltig! Gott ist nur für all jene Illusion, die ihn leugnen, weil sie ihn verloren haben. Für alle, die ihn finden, ist er sogar noch wirklicher als alles andere im Leben!«

Er winkte ab: »Es hat keinen Zweck, Gott ins Spiel zu bringen. Das ganze Gerede über Glauben und Gott lässt mich völlig kalt.«

»Warum wenden Sie sich dann an mich, einen Geistlichen, und suchen um Rat? Es muss Ihnen doch bewusst sein, dass ich an Gott glaube, oder?« Ich ließ ihn nicht zu Wort kommen, sondern nannte ihm selbst den Grund: »Zwar lehnen Sie in Ihrem bewussten Denken alles ab, was irgendwie mit Religiosität zusammenhängt, doch in den Tiefen Ihres Unterbewusstseins suchen Sie nach Gott. Wenn Sie sich ehrlich prüfen, werden Sie sehen, dass es Ihr unbewusstes Verlangen nach dem Frieden mit Gott ist, das Sie ausgerechnet zu mir geführt hat!«

»Nein!«, protestierte er ärgerlich. »Lassen Sie mich in Ruhe mit Ihrem Gott!« Er erhob sich und verschwand in der Dunkelheit der Nacht.

Der weitere Verlauf der Ereignisse nahm eine unerwartete Wende. Es gibt seltene Augenblicke im Leben, die, wie die Erfahrungen unzähliger Menschen bestätigen, auf wunderbare Weise unseren innersten Wesenskern ansprechen und unserem Leben eine neue Richtung geben können.

Als der junge Mann mich verlassen hatte und in die kalte, regnerische Nacht hinausgegangen war, geschah es: Er ging gerade durch ein trübes, dunkles Viertel der Innenstadt, durch eine verlassene Gegend alter Lagerhallen und grauer Hinterhöfe, und schimpfte noch immer aufgebracht vor sich hin: »Immer die alte Leier! Wenn ihnen nichts mehr einfällt, kommen sie mit Gott, Gott und nochmals Gott!« Plötzlich hörte er sich selbst ausrufen: »O Gott, wenn es dich gibt, so hilf mir!« Diese verzweifelten Worte waren ein Gebet im echten Sinn, weil sie einer tiefen inneren Empfindung entsprangen.

Kaum hatte er es ausgesprochen, hatte er eine völlig fremdartige Wahrnehmung. Es war, als ob ein Feuer in seinem Kopf explodierte und sich langsam über seinen ganzen Körper ausbreitete. Ein Leuchten erfüllte die Welt um ihn herum. Die tristen Gebäude schienen ihm wie Paläste, die Gesichter der wenigen nächtlichen Passanten strahlten ein inneres Licht aus. Selbst das Straßenpflaster hatte einen glänzenden Schein angenommen.

Von Entsetzen gepackt, wohl weil er fürchtete, wahnsinnig zu werden, stürzte er in mein Büro zurück. »Mein Gott, was geschieht mit mir?«

Ich ließ ihm Zeit, wieder zu sich zu kommen. Es gelang ihm, diese Erfahrung der göttlichen Kraft in sein weiteres Leben zu integrieren. In der Folgezeit entfaltete er eine unglaubliche Wachheit der Sinne allem Dasein gegenüber und lernte, in nie gekannter Offenheit des Bewusstseins, sein Leben völlig neu zu strukturieren. »Die alte, todbringende Langeweile und die Leere in meinem Inneren«, sagte er, »fielen von mir ab – wie die verdorrten Blätter eines Baumes im Herbst.«

Reservieren Sie in Ihrem Leben keinen Platz für die Langeweile!

Ein einfaches, aber hochwirksames Rezept gegen das Unausgefülltsein und die Langeweile liegt in der eigenen Aktivität. Je tatkräftiger wir auf die Umstände einwirken, desto größer wird auch unser Interesse, unsere innere Beteiligung an ihnen werden. Wie körperliche Aktivität unsere Abwehrkräfte und unser Leistungsvermögen stärkt, so stärkt die geistige Aktivität unsere Daseinsfreude und Begeisterungsfähigkeit. Freude am Denken, Neugier, geistige Regsamkeit und Arbeitseifer sind der goldene Schlüssel zu einem stets aufs Neue faszinierenden Dasein.

Wohl niemand verkörpert diese Tugenden besser als ein alter Freund von mir, der mit seinen fünfundsiebzig Jahren noch wahre Wunder an Aktivität vollbringt. Wird er gefragt, wann er sich denn zur Ruhe setzen wolle, lacht er nur und sagt: »Ich fühle mich außerordentlich wohl bei der Arbeit, und sei sie noch so hart. Mein Geist ist rege wie eh und je. Es sieht aus, als sei ich für die Arbeit geschaffen!«

Der alte Mann braucht kaum Zerstreuung. Er spielt kein Golf wie die jüngeren Kollegen. Zur Erholung geht er entweder schwimmen oder unternimmt lange Spaziergänge. Jede neue Idee kann ihn in helle Begeisterung versetzen, selbst wenn sie wieder neue Arbeit und Verantwortung nach sich zieht.

Selten habe ich einen Menschen gesehen, der in diesem Alter noch so voller Unternehmungsgeist steckt. Er reist zu Tagungen, hält Vorträge im ganzen Land, verfasst Zeitschriftenartikel, leitet ein Immobiliengeschäft und ist in mehreren weiteren Unternehmen als aktives Vorstandsmitglied tätig.

Ich fragte ihn einmal, was ihn am meisten langweile oder ihm Unlust bereite. Er überlegte. »Langeweile? … Ja, einmal ließ ich mich zum Nichtstun überreden und beschloss, ein ganzes Wochenende auszuspannen und abzuschalten.« Bei dieser Erinnerung schüttelte er den Kopf. »Es war eine Qual! Diese Erfahrung war die schlimmste, die ich jemals hatte. Doch abgesehen von diesem Erlebnis, war in meinem Leben kein Platz für Langeweile!«

Lesen Sie nun noch einmal die wichtigsten Anhaltspunkte zur erfolgreichen Bekämpfung der Langeweile:

- Gehen Sie stets von der Voraussetzung aus, dass Langeweile und alle ihre Begleiterscheinungen vermeidbar sind.
- Suchen Sie nach anregenden Motivationen, die keinen Platz für Langeweile lassen.
- Die beständigste Quelle immer neuer Begeisterung und Lebensfreude ist im Glauben zu finden, denn nicht umsonst lässt uns Petrus wissen: »... ihr werdet euch aber freuen mit unaussprechlicher und herrlicher Freude.«
- Lieben Sie das Leben, und das Leben wird Sie wieder lieben!
- Schöpfen Sie aus den Kraftquellen der Natur. Genießen Sie ihren Frieden und ihre Schönheit!
- Eine innere geistige Haltung, die das Schöne und Gute im Leben sieht, trägt entscheidend zu einem erfüllten Dasein ohne Langeweile bei.
- Sie bereichern Ihre Erlebnisfähigkeit in dem Maße, wie Sie sich körperlich und geistig aktiv am Geschehen beteiligen.

KAPITEL 10

Das Gesetz erfolgreichen Handelns

Es war eine stürmische Winternacht in Cleveland. Ein Schneetreiben peitschte über die Euclid Avenue. Sicher in meinem Taxi sitzend beobachtete ich den Tanz der glitzernden Schneekristalle im Lichtkegel der Straßenlaternen.

Als der Wagen an einer Ampel hielt, fiel mein Blick auf eine schräg gegenüberliegende Tankstelle, wo der Sturm ein überlebensgroßes Spruchband hin- und herzerrte. Es war eine Reklame für eine bestimmte Sorte Motoröl, die in riesigen Lettern verkündete: »Ein sauberer Motor bringt Höchstleistungen.«

Diese Formulierung gefiel mir so gut, dass ich auf der Stelle beschloss, sie in meine bevorstehende Rede vor einer Verkaufsbelegschaft einzuflechten. Im Kernstück der Rede wollte ich darüber sprechen, dass unrichtige oder unwichtige Gedanken häufig unser Denk- und Leistungsvermögen herabsetzen. Der Tankstellenslogan nun ließ sich wunderbar auf mein Thema übertragen: »Ein sauberer Geist bringt Höchstleistungen.« Jeder weiß: Ein Motor oder eine Maschine leisten bei Verschmutzung oder Verunreinigung nicht die volle Kraft – und jeder wird daher für eine angemessene Reinigung sorgen. Parallel dazu wollte ich betonen, wie wichtig es ist, auch unseren geistigen »Motor« reinzuhalten, wenn wir das uns zur Verfügung stehende Potenzial in vollem Umfang nutzen wollen.

Die Verunreinigungen der geistigen »Maschinerie« bestehen in erster Linie in so negativen Empfindungen wie Hass, Wut, Groll oder Verbitterung. Aber auch Gefühle der eigenen Minderwertigkeit oder überholte Gedankenmuster sind außerordentlich schädlich und zehren an unseren Kräften.

Wollen wir ein reibungsloses Funktionieren unserer Schaffenskraft gewährleisten, empfiehlt sich also als Erstes ein geistiges »Großreinemachen«, um alle unnützen, störenden oder schwächenden Gedanken gründlich fortzuspülen.

Im Anschluss an den Vortrag stürmte ein Mann von Anfang dreißig aufgeregt auf mich zu. »Da haben Sie mich auf etwas gestoßen!« sagte er. »Als Sie das Bild des geistigen ›Motors‹ gebrauchten, ging mir plötzlich ein Licht auf, warum ich geschäftlich und privat so oft versagt habe. Es lag an den – wie Sie es nannten – Verunreinigungen meiner geistigen Maschinerie! Während Sie weitersprachen, betete ich zu Gott, er möge mir helfen, mich von den negativen Gedankeneinflüssen zu befreien. Ich bin sicher: Mein Gebet wurde erhört – denn ich spüre bereits etwas in mir arbeiten.« Voller Zuversicht schloss er mit den Worten: »Ja, ich bin ein neuer Mensch geworden!« Wenn dem so war, dann war das eine ungewöhnlich schnelle Wandlung, doch warum sollte ich andererseits an seinen begeisterten Worten zweifeln? Er hatte eine neue Einsicht gewonnen, die ihm sicher helfen würde, in Zukunft alte Fehler zu vermeiden. Deshalb bestärkte ich ihn in seinem Optimismus. »Nun werden Sie es schaffen, weil Sie glauben, dass Sie es schaffen!«, versicherte ich ihm.

Von dem ehemaligen britischen Kabinettsmitglied und Verleger Lord Beaverbrook erhielt ich einmal eines seiner Bücher zur Ansicht, in dem er zu Themen wie Leistung und Erfolg Stellung nahm. Seiner Auffassung nach gibt es drei Schlüssel zum Erfolg: Urteilsvermögen, Fleiß und Gesundheit. Er schrieb dazu: »Wer mit zwei dieser drei Eigenschaften gesegnet ist, wird es weit bringen. Doch die höchsten Ziele wird nur der erreichen, der alle drei in gleichem Maße einsetzen kann. Zu dieser Regel fällt mir allerdings eine Ausnahme ein: Franklin Delano Roosevelt.

Roosevelt war trotz mangelnder Gesundheit ein wahrhaft großer Mann. Wer weiß, was er noch alles geleistet hätte, wenn seine Krankheit nicht gewesen wäre! Sir Winston Churchill hingegen, dessen überaus vielseitiges Lebenswerk als einmalig in der Geschichte dasteht, vereinigte alle drei

Qualitäten in einer Person: Er hatte ein scharfes Urteilsvermögen, einen unermüdlichen Fleiß und beste Gesundheit.«

Wenn wir Lord Beaverbrook, der selbst zu den erfolgreichsten Männern seiner Zeit zählt, Glauben schenken wollen, liegt also der Schlüssel zum Erfolg in den drei genannten Eigenschaften, von denen dem Urteilsvermögen die größte Bedeutung zukommt. Deshalb soll uns dieser Aspekt hier auch in erster Linie beschäftigen; Einzelheiten zum Thema Gesundheit werden Sie im zwölften Kapitel nachlesen können; und was die Rolle des Fleißes, des Einsatzes und der Arbeit angeht, nun, sie ist bereits verschiedentlich angesprochen worden, weil sie überall mit hineinspielt.

Das Vermögen, Urteile zu fällen und Entscheidungen zu treffen, basiert – als geistiger Prozess – auf der Fähigkeit eines nüchternen, logischen und folgerichtigen Denkens. Die Ausbildung einer guten Urteilskraft trägt zur Verminderung von Irrtümern und Fehlentscheidungen bei. Da jeder Erfolg, langfristig gesehen, von der Summe richtig getroffener Entscheidungen und Urteile abhängt, ist es von vorrangiger Bedeutung, alles auszuschalten, was sich störend auf den Urteilsprozess auswirken kann. So wird beispielsweise jede ungezügelte Gefühlsreaktion auf Menschen oder Situationen das gesunde Urteil behindern, wenn nicht sogar im Einzelfall völlig blockieren.

Das Ausbleiben des erwarteten Erfolges ist nur allzu häufig auf einen Mangel an Gefühls- und Affektbeherrschung zurückzuführen, wie es auch der Fall war bei einem jungen Mann namens Bill, der mich während einer Industrietagung um Rat bat. Nachdem seine Frau und er meinen Vortrag über das Thema »Warum positives Denken stets positive Ergebnisse herbeiführt« mitverfolgt hatten, kamen sie zu mir, und er platzte gleich mit der Frage heraus: »Warum gelingt es mir dennoch nie, positive Ergebnisse zu erzielen? An meinen Erfolgen gemessen bin ich ein völliger Versager.« Bei diesen Worten fiel ihm seine Frau ins Wort: »Nein, Bill, du darfst dich nicht als Versager bezeichnen. Du steckst zur Zeit in einer schwierigen Phase, doch sie wird vorübergehen.« Sie erklärte mir, ihr Mann habe eine ausgezeichnete

Schulbildung genossen und könne auf einschlägige Berufserfahrung zurückblicken, sei sehr kompetent in seinem Fach und gelte allgemein als »kluger Kopf«. Aber er hatte ein großes Handikap: Er wurde allzu leicht zum Spielball seiner Launen und Stimmungen; er geriet äußerst schnell in Rage; er war überempfindlich, jähzornig und nachtragend. Um die Wahrheit zu sagen, war er für seine Mitmenschen in seiner Unfreundlichkeit manchmal schier unerträglich. »Im Grunde aber«, schloss sie ihren Bericht, »macht sich der arme Kerl nur selbst das Leben schwer.«

Aufgrund seines unermüdlichen Einsatzes, seines Engagements und Fleißes erhielt er immer größere Verantwortlichkeit, bis er schließlich die Aufgaben des Stellvertretenden Direktors übernahm. Doch die hohe Position stellte sich als eine erhebliche nervliche Belastung heraus: er war nervös und aufbrausend und verlor leicht die Fassung, wenn seine Meinung einmal infrage gestellt wurde. So war es kein Wunder, dass er in seiner Firma nicht beliebt war, ja, dass er sich auf seinem Weg nach oben nicht wenige Feinde gemacht hatte.

Sein größter Fehler war sein Mangel an Sachlichkeit. Wenn es um geschäftliche Entscheidungen ging, die andere Kollegen mitbetrafen, ließ er sich von Gefühlseindrücken oder persönlichen Neigungen leiten. »Das ging lange Zeit gut so«, erklärte seine Frau, »weil er ein ausgesprochenes Geschick besitzt, Fehlentscheidungen zu verschleiern oder plausibel zu machen.«

Als der derzeitige Firmendirektor aus dem Dienst ausschied, kam es, wie es kommen musste. »Bill rechnete fest damit, sein Nachfolger zu werden«, sagte seine Frau, »doch der Vorstand überging ihn einfach und stellte für den Posten jemand anderen ein. Da verlor Bill die Beherrschung. Er tobte, er schrie und verfeindete sich mit allen. Anstatt seinen Zorn erst einmal abflauen zu lassen und den neuen Stand der Dinge in Ruhe zu durchdenken, um vielleicht Konsequenzen für sein zukünftiges Handeln daraus abzuleiten, machte er seinem aufgestauten Ärger und seiner blinden Wut Luft.

Damit aber war das Maß voll. Er erhielt die Kündigung. »Wir sehen ihn mit Bedauern gehen, denn er hat stets fabelhafte Arbeit geleistet, aber er war einfach zu launisch und zu unbeherrscht« – so der Kommentar zu seiner Kündigung.

»Wie sehen Sie selbst die Sache, Bill?«, fragte ich ihn.

Er starrte vor sich hin und antwortete in einem eiskalten Ton: »So etwas haben sie mir angetan! Aber denken Sie nicht, dass ich es denen nicht zeigen werde. Am liebsten brächte ich jeden Einzelnen von ihnen auf der Stelle um, mit meinen eigenen Händen.«

Mir lief ein Schauer über den Rücken. Der Mann war krank vor Hass. Ich konnte mir kaum vorstellen, dass dies derselbe Mensch sein sollte, dessen berufliche Leistungen so hoch angesehen waren, dass er eine Führungsposition innegehabt hatte. Wie kann jemand, der von solchem Hass besessen ist, sein nüchternes Denken bewahren? Musste nicht sein Urteilsvermögen durch all die Wut erheblich getrübt sein?

Ich fragte ruhig weiter: »Haben Sie danach irgendwelche neuen Beziehungen angeknüpft?« Er antwortete, dazu fühle er sich gegenwärtig noch nicht imstande – er sei innerlich noch viel zu aufgewühlt. Diese Beschreibung seines Zustandes war zweifellos richtig. »Sie werden auch so lange dazu nicht imstande sein, bis Sie Ihr kühles, sachliches Denkvermögen wiedergewonnen haben«, fuhr ich fort. »Um sich zu fangen und neu anfangen zu können, müssen Sie Ihre cholerische Art unter Kontrolle bringen. Was halten Sie davon, Ihre Wutausbrüche und Ihren unmäßigen Jähzorn durch nüchternes, sachbezogenes Denken zu ersetzen, wie es von einem Mann in Ihrer Position zu erwarten wäre? Wie auch immer die Vergangenheit aussieht, Sie können sich wieder in den Griff bekommen – vorausgesetzt, Sie glauben, dass Sie es können. Mit Ihren fünfundvierzig Jahren haben Sie eine hochentwickelte Intelligenz, aber Ihre Gefühlsreaktionen sind die eines kleinen Kindes. Haben Sie das jemals bedacht? Sie sind, was Körper und Intellekt betrifft, erwachsen, doch gefühlsmäßig verhalten Sie sich wie ein Kind.«

Diese letzte Bemerkung traf ihn schwer. Er verstummte. »So habe ich es noch nie gesehen«, räumte er schließlich ein.

»Doch eben, als Sie die Dinge so unverblümt beim Namen nannten, konnte ich auf einma sehen, wie ich wirklich bin. Das ist ein sehr schwieriges Problem. Ich bin ein erwachsener Mann – doch was mein Gefühlsleben betrifft, so fehlt mir jede Reife. – Was mache ich nun? Mein Leben ist ruiniert!«

»Das ist es keineswegs«, entgegnete ich, »wenn Sie sich wieder auf Ihr nüchternes Denk- und Urteilsvermögen besinnen. Sagen Sie mir eines: Als Geschäftsmann, der es gewohnt ist, sachliche Urteile abzugeben, kann Ihnen da Ihre gegenwärtige Haltung irgendwelche Vorteile bringen?«

Zum ersten Mal lächelte er. »Natürlich bringt sie mir nichts ein.«

»Die nächste Frage wäre, was Sie stattdessen unternehmen könnten«, bohrte ich weiter. »Denken Sie hierüber einmal in aller Sachlichkeit nach, ohne hitzige Gefühle aufkommen zu lassen. Ich bin sicher, Ihnen wird ein vernünftiger Gedanke kommen ...«

Bill dachte angestrengt nach. Es dauerte nicht lange, bis er zu einem Schluss gekommen war: »Ich sehe die Lösung vor mir. Es ist die einzige Möglichkeit, so peinlich sie auch ist. Mir wird nichts anderes übrigbleiben, als zu dem neuen Firmendirektor zu gehen und ihn um ein Gespräch unter vier Augen zu bitten. Ich werde ihm wohl oder übel erklären müssen, dass die Ursachen für mein vergangenes Verhalten in meiner gefühlsmäßigen Unreife lagen. Dann werde ich ihn bitten, mir meinen alten Posten zurückzugeben, oder ...«, er schluckte, »... falls das nicht mehr möglich ist, mir einen anderen Posten innerhalb des Betriebes zu geben, denn ich habe einiges wiedergutzumachen – ich möchte unter Beweis stellen, dass ich mich wirklich zu meinem Vorteil geändert habe.«

Gewöhnlich stellt sich eine Wandlung nicht so plötzlich, nicht so ohne jegliche inneren Kämpfe ein, doch bei Bill gewann ich den Eindruck, dass der kurze Augenblick seiner Selbstanalyse tiefgreifend genug gewesen war, um eine Änderung zum Positiven einzuleiten. Daher gab ich mich auch keineswegs skeptisch, sondern beglückwünschte ihn von Herzen zu seinem neuen Kurs.

Bill sollte tatsächlich eine Gelegenheit zur Bewährung erhalten. Sei es wegen seiner früheren guten Arbeitsleistungen, sei es aus Mitleid, der neue Direktor stellte ihn jedenfalls wieder ein, wenn auch nur auf Probe. Er sollte es nicht bereuen, denn Bill lernte, seine Gefühle im Zaum zu halten. Er legte jeden Hochmut ab und trat offen und sachlich auf. Im Umgang mit seinen Arbeitskollegen stand von nun an sein gesundes Urteilsvermögen an erster Stelle.

Finden Sie zu sich selbst!

In dem soeben dargestellten Beispiel fand ein Mensch zu sich selbst – noch im Alter von fünfundvierzig Jahren. Der Zeitpunkt einer Selbstfindung hängt natürlich von vielen Faktoren ab – ob wir uns bereits in frühen Jahren oder erst sehr spät finden, das kann niemand vorhersagen. Eines aber ist sicher: Wir müssen uns selbst begegnen, wenn wir uns entsprechend unseren inneren Anlagen selbst verwirklichen wollen. Wir müssen uns an irgendeinem Punkt selbst gegenübertreten und erkennen, wie wir sind, warum wir so und nicht anders sind und worin unsere Vorzüge und Nachteile bestehen. Nur so können wir die innere Zerrissenheit beseitigen und zu einem erfüllten Leben gelangen.

Vom Glück begünstigt muss selbstverständlich derjenige scheinen, den bereits in jungen Jahren ein Erlebnis zur Selbstfindung führt, wie es etwa bei dem Oberschüler Mike der Fall war ...

Mike war ein nachdenklicher Junge voller ungelöster Konflikte, feindselig seiner Umwelt gegenüber, schweigsam und verbittert. In dieser Phase half ihm das Verhalten seines Schulleiters unerwartet zu einem neuen Anfang. Der Schulleiter ließ Mike eines Tages zu einer persönlichen Unterredung zu sich kommen. Voller Widerspenstigkeit erschien der Junge in dem gefürchteten Direktorzimmer, in trotziger Erwartung einer scharfen Strafpredigt. Der Schulleiter lehnte sich in seinem Stuhl zurück und sah den Jungen aufmerksam, aber keineswegs unfreundlich oder gar streng an. Schließlich sagte er: »Zeig mit doch mal deine Hände, Mike.« Verblüfft streckte Mike sie ihm entgegen. Der Schulleiter schaute sich die Hände des Jungen lange prüfend an. Schließlich sagte er langsam: »Das sind starke, empfindsame Hände ... die Hände eines Chirurgen ...?« Er sah Mike an: »Vielleicht ist dir in die Wiege gelegt worden, Arzt zu werden? Wer weiß, was in dir steckt ...?« Das war alles.

Völlig verwirrt verließ Mike das Direktorzimmer. Er begriff einfach nicht, warum die gefürchtete Strafpredigt ausgeblieben war. Langsam ging er die Stufen hinunter. Dann blieb er stehen und betrachtete seine Hände – und in diesem Augenblick ging in seinem Inneren etwas Sonderbares vor: In einem jener seltenen Erlebnisse ungewohnter Selbsterfahrung, die zuweilen in unser Bewusstsein dringen, sah er sich plötzlich in einem neuen Licht. Er spürte, nein er wusste: Er hatte das Zeug zu einem Arzt! Er konnte, nein er wollte Arzt werden, ein guter Arzt werden! Gleichzeitig mit diesem Entschluß erwuchs ihm ein nie gekanntes Vertrauen in die eigenen Fähigkeiten.

Anerkennung und Dank gebührt aber auch dem Schulleiter, der als wahrer Pädagoge seine Aufgabe darin sah, die Schüler, und besonders die »schwarzen Schafe« unter ihnen, zur Selbstverwirklichung anzuleiten, indem er ihre Motivation weckte und ihnen half, bislang verborgenes Potenzial freizulegen.

Die geistige Disziplin

Das Geheimnis eines gesunden und reifen Urteilsvermögens beruht auf geistiger Disziplin. Der menschliche Geist, dieses wunderbare Werkzeug, wurde uns gegeben, um uns zu dienen. Wie jedes Werkzeug bei unsachgemäßer Bedienung jedoch Schaden zufügen kann, so können sich auch die geistigen Kräfte gegen uns richten, wenn wir nicht diszipliniert mit ihnen umgehen. Haben wir sie aber unter Kontrolle, werden sie uns stets gute Dienste leisten. Mit ihrer Hilfe können wir erstaunliche Leistungen vollbringen und das Leben meistern.

An dieser Stelle muss ich an eine Bodenstewardess denken, die auf mich in ihrer ganzen Art einen tiefen Eindruck machte. Ich bewunderte ihre Ausstrahlung und innere Festigkeit. »Das verdanke ich meinem Mann«, erklärte sie lächelnd. Allein diese Bemerkung war ungewöhnlich in einer Zeit, in der den Ehemännern so gern eine untergeordnete Rolle im »Kampf der Geschlechter« zugedacht wird. »Sie sollten meinen Mann einmal kennenlernen. Er hat sich völlig in der Gewalt«, fuhr sie fort. »Das verdankt er seiner geistigen Disziplin. Wissen Sie, mein Mann hatte vor einiger Zeit einen schweren Unfall und litt lange unter starken Schmerzen. Schließlich besann er sich auf die Kraft seines Geistes und ging gegen sein Leiden an. Er besiegte den Schmerz dank seines starken Willens und seiner Selbstkontrolle. Es ist einfach wunderbar, wie er alles durch die innere Steuerung seiner Gedankenkräfte erreicht.«

»Und Sie«, fragte ich, »verstehen Sie sich ebenfalls auf diese innere Disziplin?«

Sie nickte.

»Es ist ein herrliches Gefühl, sein Leben selbst zu steuern. Das erleben wir tagtäglich an uns selbst.«

Eine ähnliche Meisterung der Lebensumstände durch die Kraft geistiger Diziplin kommt auch in einem Schreiben zum Ausdruck, das mich einmal erreichte. In knappen, kurzen Sätzen schildert ein Mann einige markante Stationen seines Lebensweges:

»Vor etwas mehr als zehn Jahren herrschte in meinem Leben noch ein grenzenloses Chaos. Ich hatte alle Ersparnisse verloren, war mit fünfundzwanzigtausend Dollar verschuldet und konnte keine Arbeit finden. Da stand ich nun, ohne Einkommen für mich und meine Familie. Ich verlor mein Haus und musste bei Verwandten wohnen. Zu all dem ließen mir meine Gläubiger keine Ruhe – die Prozesse, die ich bei Gericht durchzustehen hatte, wollten kein Ende nehmen.

Schließlich fand ich eine Aushilfsarbeit bei einem Wirtschaftsprüfer. Nach einiger Zeit lieh er mir Ihr Buch *Die Kraft positiven Denkens,* nicht ohne mir dabei eindringlich ans Herz zu legen, es auch wirklich zu lesen – wenn mir ein Buch helfen könne, behauptete er, dann dieses. So machte ich zum ersten Mal in meinem Leben die Bekanntschaft mit Ihrem Konzept des positiven Denkens – und ich machte eine total neue Erfahrung: Mir wurde bewusst, dass es meine negative innere Haltung gewesen war, die zu all den Fehlschlägen geführt hatte. Schließlich öffnete ich mich: Ich spürte eine intensive spirituelle Kraft und fand zu einer nie vorher erfahrenen inneren Stärke – aus mir wurde ein neuer Mensch.

Heute lebe ich mit meiner Familie in einem hübschen Eigenheim auf einer meerumspülten Landzunge. Schulden sind für mich ein Fremdwort, mein Gehalt erlaubt mir und meiner Familie einen gewissen Luxus, und die Summe auf meinem Sparbuch wächst stetig. Das eigentlich Wunderbare ist jedoch, dass ich zu mir selbst gefunden habe. Sie glauben gar nicht, welche Freude es bereitet, wenn man spürt, dass man aus dieser Stärke heraus auch anderen Menschen helfen und Beistand leisten kann! Vielen Dank für alles!«

Dieser Bericht verdeutlicht, wie zu Beginn einer Veränderung der äußeren Lebensumstände stets die innere Wandlung steht. In einer Erfahrung der Innenschau lernte dieser Mann sich selbst kennen und verstand die Kausalzusammenhänge zwischen den negativen Denkmustern und den daraus resultierenden Fehlschlägen. Mit geistiger Disziplin gelang es ihm schließlich, eine positive Richtung einzuschlagen und diese auch zu bewahren.

Die innere Organisation

Wenn wir erfolgreiche Menschen beobachten, um von ihnen mehr über das Geheimnis einer gelungenen Lebensgestaltung zu erfahren, werden wir feststellen, dass solche Menschen stets gut »organisiert« sind. Hier ist natürlich in erster Linie die innere Organisation gemeint, also ein geordnetes Ineinanderspielen von Willen, Bestrebung, Fähigkeiten, Neigungen und Denken. Die vielfältigen Facetten der Persönlichkeit wirken bei ihnen harmonisch zusammen und ergänzen sich gegenseitig. Wer hingegen innerlich zerrissen ist, heute so und morgen so denkt, und seine unterschiedlichen Bestrebungen nicht auf eine Sache konzentrieren kann, der kann noch so große Anstrengungen unternehmen – sein gestecktes Ziel wird er nie erreichen.

Die innere Organisation setzt voraus, dass wir uns im wahrsten Sinn des Wortes »zusammenreißen«, dass wir unsere Kräfte um einen Mittelpunkt sammeln, von dem aus wir ein einheitliches Handeln anstreben.

Schauen wir uns beispielsweise die Situation eines Handelsvertreters an, der auf einem Flug mein Sitznachbar war: Er war ausgesprochen mutlos und niedergeschlagen. Wie er mir sagte, belastete ihn das Gefühl, nicht einen Schritt voranzukommen. Anscheinend hatte er ein großes Bedürfnis danach sich Luft zu machen, denn er war ausgesprochen redselig und hörte gar nicht mehr auf zu jammern. Aus all seinen Äußerungen klang jedoch das wiederkehrende Motiv eines nagenden Selbstzweifels – ihm fehlte jedes Vertrauen in seine Fähigkeiten, und er fühlte sich äußerst unwohl in seiner Haut.

»Ist es nicht im Grunde eine entwürdigende Tätigkeit, wenn man wie ein Hausierer von Tür zu Tür geht und seine Waren anpreist?«, fragte er mich um meine Meinung.

»Womit handeln Sie eigentlich?«, fragte ich zurück.

»Zur Zeit vertreibe ich keine Produkte«, entgegnete er, »sondern ich werde in Kürze in Seminaren und Tagungen die Arbeitsmoral und die Motivation unserer Nachwuchskräfte fördern.«

Ich musste laut lachen. »Was müssen Sie für Vorgesetzte haben, die einen Mann wie Sie mit einer solchen Aufgabe beauftragen!«

Er war empört: »Auf meine Firmenleitung lasse ich nichts kommen! Sie weiß sehr wohl, was sie tut.«

»Demnach sehen Ihre Chefs vermutlich etwas in Ihnen, was Sie selbst noch nicht entdeckt haben, nämlich Begeisterung für Ihre Arbeit, die Fähigkeit, andere durch Ihren Elan anzustecken – was jedoch Ihre Einstellung zu Ihrem Beruf angeht, so will ich Ihnen einmal meine aufrichtige Meinung dagegenhalten: Wo stände denn unsere freie Marktwirtschaft ohne die Handelsvertreter und Verkaufsexperten? Sind sie nicht ein unentbehrliches Glied in der Kette zwischen Produktion und Endverbraucher? Sie sollten stolz auf Ihren Beruf sein! Sie sind ein Vertreter eines bedeutenden und geachteten Berufszweiges, denn ohne Sie wäre die Verteilung der Produktionsgüter und der ständige Dialog zwischen der produzierenden Industrie und dem Konsumenten gar nicht denkbar!«

Er schwieg.

Doch ich war noch nicht fertig: »Glauben Sie daher an Ihre Aufgabe, vertreiben Sie Ihre Zweifel, finden Sie die richtige Einstellung zu Ihrem Beruf! Dann werden Sie auch den Nachwuchs – welch eine herrliche Aufgabe! – entsprechend motivieren können! Und noch eines: Glauben Sie an Ihre zweifellos vorhandenen Fähigkeiten!«

Als ich ihn später einmal zufällig wiedertraf, begrüßte er mich freudestrahlend: »Erinnern Sie sich an damals, im Flugzeug? Dank Ihrer Hilfe bin ich ein anderer Mensch geworden. Ihre appellierenden Worte haben dazu geführt, dass ich mich intensiv mit mir auseinandergesetzt habe. Dies wiederum hat bewirkt, dass ich Ordnung in mein Inneres gebracht habe.«

Um unsere Kräfte konzentrieren und uns innerlich organisieren zu können, ist eine zielgerichtete Motivation unerlässlich: Wir müssen wissen, was wir wollen! Wie wir bei jeder Reise zunächst entscheiden müssen, wohin wir wollen, und uns dann überlegen, wie wir am besten dorthin gelangen, so verhält es sich auch mit unserer erfolgreichen Lebensreise: Wir müssen uns darüber klar werden, was wir unternehmen wollen und wozu wir uns am ehesten eignen. Natürlich darf die Bereitschaft zu unermüdlichem Handeln, darf auch die Ausdauer nicht fehlen. Wer sein Ziel wirklich erreichen will, der gibt nie auf. Die Essenz dieses Gedankens findet sich in der folgenden prägnanten kleinen Weisheit. »Wer aufgibt, siegt nicht, und wer siegt, gibt nicht auf.«

Planvolles Handeln

Vor etlichen Jahren unterhielt ich mich einmal mit einem jungen Mann. »Ich möchte die Welt kennenlernen und vorwärtskommen«, verkündete er. »Wie mache ich das am besten?«

»Nun«, entgegnete ich, »was möchten Sie kennenlernen, und welchen Weg möchten Sie einschlagen?«

Er zögerte unschlüssig. »Also ... ich weiß noch nicht so recht.« Offenbar hatte er sich noch keine genauen Vorstellungen gebildet.

Ich versuchte einen anderen Ansatzpunkt: »Was können Sie am besten? Auf welchem Gebiet liegen Ihre besonderen Begabungen?«

Auch auf diese Frage gab er eine ausweichende Antwort. Seine Vorstellungen waren vage und ungenau. Zudem gewann ich den Eindruck, dass er sich nicht allzu viel zutraute.

»Wenn Sie sich eine Beschäftigung wünschen könnten«, fragte ich weiter, »was würden Sie am liebsten tun?«

Er schüttelte ratlos den Kopf: »Darüber habe ich noch nicht nachgedacht.«

Dieser junge Mann steht stellvertretend für die vielen Menschen, die in sich den Drang verspüren, »die Welt kennenzulernen« und etwas Wunderbares zu unternehmen. Was ihm allerdings noch fehlte, war eine konkrete Zielsetzung. Er hatte bei aller Schwärmerei etwas Fundamentales übersehen: Am Anfang jedes sinnvollen Handelns muss ein klar umrissenes Ziel stehen, das wir uns im Einklang mit unseren Begabungen und Interessen ausgewählt haben!

Im Gegensatz zu dem jungen Mann hatte das frisch verheiratete Ehepaar, von dem das nächste Beispiel handelt, seine Ziele, noch dazu recht anspruchsvolle, klar vor Augen. Aber lassen wir die junge Frau in ihren eigenen Worten berichten:

»Im neunten Schuljahr kam ich mit unserer Schulband zum ersten Mal nach New York. Eines Tages besuchten wir einen Ihrer Vorträge. Ihre Worte enthielten eine Botschaft für mich. Ich fühlte, dass in mir viele große Möglichkeiten verborgen lagen, dass ich Ziele verwirklichen könnte, von denen ich nicht zu träumen gewagt hatte. Der menschliche Geist ist wie ein unendlicher Strom, der ungestüm dahinfließt und über seine Ufer tritt, wenn man nicht steuernd eingreift. Man muss seinen Wünschen und seinem Handeln eine Richtung geben, um diesen kraftvollen Strom in richtige Bahnen zu lenken. Positives Denken half mir, meine Richtung zu erkennen und nicht mehr aus dem Auge zu lassen.

Ich heiratete einen wundervollen Mann, dessen Wesen sich vor allem durch Begabung und Ehrgeiz auszeichnete. Er wollte einen College-Abschluss machen, um Jura zu studieren und später Rechtsanwalt zu werden. Ich identifizierte mich mit seinem Ziel, obwohl mir klar war, dass ein langer Weg mit viel Mühsal vor uns lag.

Damals besaßen wir kein Geld, doch wir vertrauten auf unsere Kraft und auf Gottes Beistand. Anfangs arbeitete ich als Näherin in einer Kleiderfabrik. Wer Akkordarbeit am Fließband nicht kennt, der sollte einmal Charlie Chaplins Film *Moderne Zeiten* ansehen – und er wird begreifen, welche körperliche Belastung das unerbittliche, ewig gleiche Arbeitstempo hervorruft. Vier Jahre lang nähte ich tagtäglich achtzig Dutzend Jeansvorderteile!

Insgesamt war die Studienzeit meines Mannes eine Zeit der Entbehrungen und des Kampfes: Bis vor zwei Jahren schliefen wir beispielsweise noch in einem Bett, das aus Orangenkisten zusammengezimmert war! Jahrelang mussten wir von zweihundert Dollar im Monat leben, dabei waren wir inzwischen schon zu dritt. Unser kleiner Sohn, der heute sieben Jahre alt ist, hat sechs Jahre Armut mitgemacht.

Doch das ist nun vorbei! Unsere Zukunftspläne sind Wirklichkeit geworden! Mein Mann schloss sein Studium erfolgreich ab und erwarb in zwei Bundesstaaten Zulassungen vor Gericht. Er plant, sich mit einer eigenen Kanzlei selbständig zu machen. Dann kann ich ihn unterstützen, indem ich als Sekretärin mitarbeite. Alles in allem blicken wir sehr optimistisch in die Zukunft. Mit dem Glauben an uns, unterstützt durch Gottes Hilfe, werden wir unser Ziel erreichen!«

Diese junge Frau vereinigt mehrere bewundernswerte Eigenschaften in einer Person. Ihre Opferbereitschaft und ihr Fleiß sind genauso beispielhaft wie ihr Glauben an ihren Mann, an sich selbst und an ihre gemeinsamen Ziele. So hart der Weg auch war, ließ sie sich dennoch nie entmutigen. Eine positive Einstellung zum Leben wie die ihre ließ auch in schlechten Zeiten nie einen Gedanken an ein mögliches Scheitern oder Versagen aufkommen.

Wie Sie sich erinnern, nannte Lord Beaverbrook den Fleiß als eine von drei Komponenten für den Erfolg, um in diesem Sinne kontinuierlich gute Leistungen erbringen zu können. Solange Sie ein lohnenswertes Ziel vor Augen haben und wissen, wofür Sie sich trotz aller Entbehrungen einsetzen, werden Sie den erforderlichen Mut und das nötige Durchhaltevermögen bewahren können, selbst wenn das Ziel zunächst auch in noch so unerreichbarer Ferne liegt wie im Fall dieses Ehepaares.

Die Dynamik positiver Vorstellungen

Der beste Weg, einen drohenden Fehlschlag zu vermeiden, führt über positive Vorstellungen. Wie bereits erwähnt, gilt das Sprichwort »Gleich und gleich gesellt sich gern« auch für den Bereich der Gedanken. Negative Vorstellungen ziehen entsprechende negative Auswirkungen nach sich, während umgekehrt ein positiver, hoffnungsvoller Gedanke positive Resultate herbeiführt. In diesem Sinne ist auch die Äußerung eines Psychologen zu verstehen, der sagte, die Menschen neigten ihrem Wesen nach stets dazu, sich gemäß ihrer Vorstellungen zu entwickeln.

Diese Vorstellungen, die, wie das Wort besagt, Bilder sind, die wir vor unser geistiges Auge stellen, beeinflussen also ganz entscheidend die Richtung unserer weiteren Entwicklung. Prüfen wir daher das Bild, das wir von uns haben. Sehen wir uns selbst in einem ungünstigen Licht? Enthält das Bild von uns Züge von Zweifeln, von Minderwertigkeit? Denken wir, dass uns die richtige Begabung fehlt oder dass wir Misserfolg haben werden? Dann sollten wir damit beginnen, die Vorstellungen zum Positiven hin zu ändern, was jederzeit möglich ist. Gedanken von Misserfolg können durch Erfolgsgedanken ersetzt werden, Befürchtungen an ein Scheitern durch Hoffnung auf ein Gelingen.

Der Philosoph und Psychologe William James vertrat schon Anfang des letzten Jahrhunderts die Ansicht, dass der Mensch sein Leben ändern kann, indem er seine geistigen Einstellungen ändert. Wie recht er damit hatte, kann im Folgenden eine Anekdote aus der Gründungsgeschichte der *Guideposts,* eines amerikanischen überkonfessionellen Magazins, verdeutlichen:

Es begann im Jahre 1945, als bei einem Treffen namhafter Persönlichkeiten der Vorschlag laut wurde, eine Zeitschrift ins Leben zu rufen, deren Anliegen es sein sollte, Menschen aller Glaubensrichtungen zu der Entfaltung ihres oft wunderbaren Potenzials anzuregen. Die Idee wurde begeistert aufgenommen, und ich wurde als Herausgeber vorgeschlagen, während mein Freund Raymond Thornburg als Mitbegründer auftreten sollte. Zwar freute ich mich sehr, zum führenden Kopf eines noch nicht vorhandenen Magazins auserkoren worden zu sein, aber dennoch kamen mir gleich die ersten Bedenken. Ich erinnerte die Anwesenden daran, dass ein solches Vorhaben auch Kapital erfordere und dass von daher jeder Beitrag zu einer finanziellen Beteiligung mehr als erwünscht sei. Erstaunlich rasch löste sich nun die Gesellschaft auf, weil jeder feststellte, wie spät es plötzlich schon sei, und sich eilig entfernte. Zur Ehrenrettung der Anwesenden sei hinzugefügt, dass sie sich zu einem späteren Zeitpunkt, nach reiflicher Überlegung, sehr großzügig zeigten und sowohl Zeit als auch Geld in das gemeinsame Projekt investierten. Doch an jenem Tag stand ich da, ohne jedes Wissen über das Verlagswesen, ohne Ausrüstung, ohne Geldmittel.

Ich war nahe daran, die ganze Sache aufzugeben, doch die Idee hatte mich gepackt und ließ mich nicht mehr los. Es blieb also die dringende Frage, wie die nötigen finanziellen Mittel zu beschaffen waren. Es galt, jemanden zu finden, der nicht nur wohlhabend, sondern dabei noch spendabel war. Leider sind beide Eigenschaften selten in einer Person vereinigt. Schließlich machte der Zeitungsverleger Frank Garnett den Anfang mit einem Beitrag von siebenhundert Dollar. Damit war der Stein ins Rollen gebracht. Weitere Geldgeber fanden sich, bis unser Startkapital auf siebentausend Dollar angewachsen war.

Da wir die Zeitschrift ohne Werbeanzeigen finanzieren wollten, hing alles von der Zahl der Käufer beziehungsweise der Abonnenten ab. Das Geschäft lief sehr langsam an. Als die Zahl der Abonnenten auf zwanzigtausend angewachsen war, wurde unser gemietetes Büro durch einen Brand zerstört, und wir mussten noch einmal von vorn anfangen. Schließlich, als wir bei vierzigtausend Abonnenten angelangt waren, mussten wir feststellen, dass die laufenden Kosten bedeutend schneller in die Höhe geklettert waren als die Einnahmen. Die finanzielle Situation war schließlich sogar so bedrohlich, dass wir mit der Möglichkeit eines Konkurses rechneten.

Eine außerordentliche Vorstandssitzung wurde anberaumt, um die Lage zu klären und, wenn möglich, eine Lösung auszuarbeiten. Die Stimmung war ausgesprochen düster. Niemand aus dem Vorstand konnte mit einer Idee aufwarten; es war, als wären alle von einer geistigen Lähmung befallen. Eine Dame, die früher einmal fünfundzwanzigtausend Dollar für das Unternehmen gespendet hatte, nahm ebenfalls an der Vorstandssitzung teil; vielleicht war sie bereit, uns ein weiteres Mal zu unterstützen? Doch dem war nicht so; die Stimmung sank fast bis auf den Nullpunkt, als sie gleich zu Beginn erklärte: »Meine Herren! Um von vornherein jeden Zweifel auszuräumen: Von meiner Seite ist kein einziger Cent mehr zu erwarten!«

Damit war uns allen klar: Das Magazin würde keine Zukunft mehr haben!

»Aber«, fuhr sie fort, »vielleicht kann ich etwas beisteuern, was für Sie am Ende wertvoller ist als jeder Geldbetrag.«

Niemand unter uns konnte sich angesichts der vielen unbezahlten Rechnungen auf dem Tisch vorstellen, was in dieser Situation wertvoller wäre als Geld.

»Ich werde einen Vorschlag beisteuern, der Ihnen alle Mittel an die Hand geben kann, die zum Fortbestehen des Magazins erforderlich sind.«

Daraufhin begann sie mit einer Bestandsaufnahme der Situation. Sie fragte, wie viele Abonnenten wir nach unserer Schätzung benötigten, damit das Magazin eine solide finanzielle Basis bekäme. Ohne mir sicher zu sein, nannte ich als geschätzte Zahl einhunderttausend, was bedeutete, dass ein Weiterbestehen nur möglich schien, wenn wir noch etwa sechzigtausend Abonnenten gewännen.

»Sehen wir den Fakten ins Gesicht«, sagte die energische Frau. »Es fehlt uns an allem möglichen, an Geld, Abonnenten, Ausrüstung, Fantasie, Ideen. Und woran liegt das ? Ich werde es Ihnen sagen: Unserem Unternehmen fehlt deswegen so vieles, weil wir uns ständig nur damit beschäftigen, was uns fehlt. Unsere negativen Gedanken und ständigen Befürchtungen haben zu dieser Lage geführt.«

Diese Betrachtungsweise war für uns alle damals nicht nur neu, sie erschien uns sogar, um ehrlich zu sein, ziemlich unwahrscheinlich. Allerdings mussten wir zugeben, dass sich unser Denken tatsächlich in negativen Bahnen bewegte.

»Was raten Sie uns also?«, fragte ich.

»Ganz einfach«, lautete die Antwort, »unternehmen Sie etwas gegen diese schädlichen, zerstörerischen Gedanken. Verbannen Sie sie aus Ihren Köpfen!«

»Geht denn das?«, erwiderte ich. »Besteht nicht die Gefahr, dass sich unsere Gedanken um so tiefer in unserem Bewusstsein einnisten, je mehr wir uns anstrengen, sie zu vertreiben? Können wir denn auf unsere Gedanken einwirken? Oder sind es nicht vielmehr die Gedanken, die auf uns und unser Handeln einwirken?« Kaum hatte ich diese Meinung geäußert, klang sie mir bereits wenig überzeugend.

Eine Mischung aus Verachtung und Mitleid lag in ihrem Blick, als sie entgegnete: »Diese willensschwache Einstellung ist nicht gerade schmeichelhaft für Sie. Kennen Sie nicht die Worte des großen Platon?«

Heute sind mir Platon und die Werke dieses bedeutenden Philosophen selbstverständlich ein Begriff; damals aber war es um meine Kenntnisse der griechischen Klassiker weniger gut bestellt; doch um meinen Mangel an Bildung nicht eingestehen zu müssen, antwortete ich mit einer Gegenfrage: »Auf welchen der vielen bekannten Aussprüche Platons spielen Sie an?«

»Ich spiele auf ein Zitat an, das Sie vermutlich noch nie gehört haben. Es lautet nämlich: ›Nimm deine Gedanken an die Zügel, und du wirst sehen, dass sie sich ganz nach Wunsch lenken lassen.‹«

Die Wahrheit dieser Behauptung bestätigte sich noch am selben Tag, denn wir lernten im weiteren Verlauf der Sitzung, sie uns zunutze zu machen. Nicht als ohnmächtige Wesen, die ihrem Schicksal schutzlos ausgeliefert sind, sind wir erschaffen worden; vielmehr sind wir mit Intelligenz ausgestattet, dank derer wir unser Leben selbst bestimmen können; wir haben es in der Hand, unser Denken – und damit auch unser Handeln – in die von uns gewünschten Bahnen zu lenken.

Doch zunächst herrschte noch Ratlosigkeit. »Wie können wir das bewerkstelligen?«, fragte ich.

»Verbringen Sie die nächste Viertelstunde damit, jeden Gedanken an ein Scheitern zu vertreiben. Machen Sie sich völlig leer. Dann ist es wichtig, neue schöpferische Gedanken an die Stelle der alten zu setzen, denn der Zustand der Leere lässt sich nicht lange aufrechterhalten. Die alten Gedankenmuster lauern geradezu darauf, ihren Platz wieder einnehmen zu können. Deshalb müssen wir in unserer Vorstellung nach konstruktiven Bildern suchen, die wir uns stattdessen vor Augen halten. In unserem Fall können Sie sich beispielsweise ein Bild von den zukünftigen sechzigtausend Abonnenten machen. Stellen Sie sich Menschen vor, die an unserem Magazin interessiert sind, die es lesen wollen und die natürlich auch« – und hier zeigte sie ihren Sinn fürs Geschäftliche – »bereit sind, dafür zu zahlen.«

Mein erster Impuls war der, ihr zu entgegnen, ich könne mir das nicht so recht vorstellen, als sich unsere Blicke begegneten. Ihre großen dunklen Augen funkelten. Im selben Augenblick »sah« ich in ihren Augen die hunderttausend

Abonnenten. Ihre Begeisterung und ihre Überzeugung übertrug sich auf uns, und ich sagte: »Ich kann sie sehen.«

Daraufhin fuhr sie fort: »Wenn wir sie erst sehen, bedeutet es auch, dass wir sie haben.«

Ihre Zuversicht und Begeisterung steckte uns alle an: Der Bann war gebrochen, und der Vorstand erwachte aus seiner Lähmung. Plötzlich kamen uns jede Menge Ideen und Lösungsvorschläge. Wenn sich auch der größte Teil der Gedanken und Einfälle als unbrauchbar erwies, so blieb dennoch ein kleiner Rest an nützlichen, wertvollen Ideen – und dieser kleine Rest reichte völlig, einen neuen Anfang zu finden.

Diese Sitzung war der Wendepunkt. Mittlerweile zählt das Magazin *Guideposts* zu Amerikas 15 Top-Magazinen, es hat über zwei Millionen ständige Abonnenten und wird insgesamt von knapp acht Millionen Menschen gelesen.

An dieser Entwicklung haben sich – die Zahlen belegen es – wieder einmal die Erfolgsprinzipien des positiven Denkens bewahrheitet.

Lassen Sie uns nachfolgend nun die wichtigsten Anhaltspunkte auf dem Weg zum Erfolg noch einmal wiederholen:

- Stecken Sie sich stets konkrete und genau definierte Ziele.
- Scheuen Sie sich nicht, Hilfe im Gebet zu suchen, wenn Sie bei Ihrer Zielsetzung die richtigen Entscheidungen treffen wollen. Denn durch das intensive Gebet haben Sie teil an der unendlichen göttlichen Weisheit.
- Beschäftigen Sie sich immer wieder in Ihrem bewussten Denken mit dem einmal gesteckten Ziel, bis es auch Ihr Unterbewusstsein durchdrungen hat, damit Sie ganz mit ihm eins werden.
- Widmen Sie der Verwirklichung Ihres Zieles Ihre Gedanken, Ihren Fleiß, Ihre ganze Schaffenskraft.

- Geben Sie auch in widrigen Umständen nie auf – machen Sie weiter mit Ihren Bemühungen, in dem Wissen, dass Sie das Ziel erreichen werden, weil Sie daran glauben, es zu erreichen.

KAPITEL 11

Entdecken Sie neue Kraftreserven in Ihrem Inneren!

Alle Kraftreserven, die wir jemals benötigen, sind bereits in uns vorhanden. Sie sind da für uns, damit wir uns ihrer bedienen. Die Tragweite dieser Wahrheit und ihre Bedeutung für die menschliche Existenz lässt sich an vielen Beispielen aufzeigen – mehr als jede Beschreibung von Erfahrungen Dritter wird uns jedoch die eigene Erfahrung überzeugen können. Mir selbst verhalf eine kleine Episode in meiner Jugend zu dieser Erkenntnis:

Die unerschöpfliche Quelle

Ich hatte gerade mein Studium auf dem College abgeschlossen und stand am Anfang meiner beruflichen Laufbahn, als ich gebeten wurde, in meiner Eigenschaft als Kaplan zu einem Gedenkfeiertag, dem Memorial Day, bei einer groß angelegten Feier ein kurzes Bittgebet zu sprechen.

Als ich mich an jenem Maitag im Prospect Park in Brooklyn einfand und die riesigen Menschenmengen sah, bekam ich es mit der Angst zu tun. Ein Ordnungshüter schätzte die Anzahl der Versammelten auf etwa fünfzigtausend! Ich bahnte mir einen Weg nach vorn zur Tribüne, um mich dem Hauptredner des Tages, dem Sohn des ehemaligen Präsidenten Roosevelt, Colonel Theodore Roosevelt, vorzustellen. Beiläufig erwähnte ich, dass ich während der Veranstaltung ein kurzes Gebet zu sprechen hatte. Das ausgelegte Programmheft belehrte mich jedoch schnell eines Besseren. Zu meinem großen Entsetzen musste ich feststellen, dass ich als Vortragsredner aufgeführt worden war, und zwar direkt vor Colonel Roosevelt. Schwarz auf weiß verkündete das Programm: »Ansprache von N. V. Peale, Kaplan der *American Legion of Kings County*«.

Ich schluckte, schluckte nochmals, erstarrte. Natürlich hatte ich nichts in dieser Richtung vorbereitet. Was sollte ich nur tun? Aufgeregt lief ich zum Programmleiter: »Das muss ein Irrtum sein. Ich sollte ein kurzes Gebet sprechen, und nun, hier im Programm, bin ich mit einer Ansprache angekündigt!«

»Wenn Sie für eine Rede vorgesehen sind«, entgegnete er lapidar, »werden Sie auch eine halten müssen!«

Ich war verzweifelt: »Aber das ist völlig unmöglich! Ich habe kein Konzept, kein Thema, nichts! Außerdem«, fügte ich hinzu, »schauen Sie sich diese Menschenmenge an! Jemand anderes wird für mich einspringen müssen ...«

Colonel Roosevelt, der den Wortwechsel verfolgt hatte, wandte sich mir zu: »Was ist los mit dir, mein Junge? Hast du Angst?« Es war ihm nicht entgangen, dass mich diese Menschenansammlung in helle Panik versetzt hatte.

»Ich habe doch überhaupt nichts vorbereitet. Wie soll ich denn jetzt noch so schnell eine Rede entwerfen?«, stöhnte ich.

»Es wird gehen«, beschwichtigte er mich. »Und ich werde dir auch sagen, wie. Als Erstes musst du aufhören, dir selber Angst zu machen. Und noch etwas ist wichtig: Du musst aufhören, dich selbst zu bemitleiden. Konzentriere deine Aufmerksamkeit lieber auf die Menschen dort unten.« Er führte mich ein Stück an der Rednertribüne entlang und machte mich auf eine Gruppe Frauen im Publikum aufmerksam. »Weißt du, warum diese Frauen hier sind?« Es waren, das wusste ich, Mütter, von denen jede einen Sohn im Krieg verloren hatte. »Sie trauern um ihre Söhne. Versetz dich in ihre Lage, versuche, ihren Kummer nachzuempfinden, und dir werden im richtigen Moment die geeigneten Worte einfallen, mit denen du sie in deiner Ansprache erreichen kannst. Denke während deines Auftritts nur nicht über die eigene Situation nach, sondern richte deine ganze Aufmerksamkeit auf das Publikum, um mit den Menschen zu fühlen, zu denen du sprichst.«

Als er mein unschlüssiges Gesicht sah, wiederholte er mit Nachdruck: »Es wird gehen!« Die Begründung, die er dann lieferte, habe ich bis heute nicht vergessen: »Hör zu, Norman! Alle Kraftreserven, die du jemals brauchst, sind bereits in dir vorhanden! Du musst sie nur zum richtigen Zeitpunkt herausholen! Jegliche Kräfte und Fähigkeiten, also auch die Gedanken und Worte, die du für deine Rede brauchst, sind schon in dir angelegt. Entspann dich – und hör auf, dir Sorgen zu machen; nur so können deine Kräfte ungehindert wirksam werden.« Er schlug mir liebevoll auf die Schulter. »Nur Mut!«

Ich holte tief Luft und fügte mich in mein Schicksal. »Also gut, Colonel, ich werde es versuchen. Aber es wird sicher eine sehr kurze Rede werden.«

»Je kürzer sie ausfällt, desto besser für alle!«, entgegnete Roosevelt. »Vergiss nur nicht, deine Aufmerksamkeit und dein Mitgefühl ganz dem Publikum zu widmen, dann ist kein Platz mehr für irgendwelche Ängste.«

Im Anschluss an meine bescheidene Rede kam Roosevelt noch einmal auf mich zu, um mich zu beglückwünschen. »Das war großartig! Alle haben dir wie gebannt zugehört!« Wenn er auch maßlos übertrieb, so war ich ihm doch unendlich dankbar für seine aufbauenden Worte.

Seine Ratschläge hatten sich als nützlich erwiesen. In dem Maße, wie wir unseren geistigen Kräften vertrauen, werden sie auch zu gegebener Zeit die erforderlichen Resultate erzielen. Allerdings müssen wir uns selbst, unsere egoistischen Ängste und kleinlichen Sorgen vergessen können. Wenn wir uns einer Aufgabe stellen, sie annehmen, uns mit ihr auseinandersetzen, wenn wir uns in sie vertiefen, ihr also unsere ganze Aufmerksamkeit widmen, ja, unsere gesamte Persönlichkeit auf sie konzentrieren, dann wird uns folgende Wahrheit, auf die wir uns in dieser Situation voll und ganz verlassen können, bewusst werden: *Die Macht unseres Unterbewusstseins stellt eine unerschöpfliche Kraftquelle dar!*

So lautet übrigens auch der Titel eines der berühmtesten Bücher innerer und äußerer Entfaltung: *Die Macht Ihres Unterbewusstseins* – von Dr. Joseph Murphy, das von Millionen Menschen gekauft und mit größtem Gewinn gelesen wurde.[4]

Denken Sie stets daran: *Die Macht Ihres Unterbewusstseins stellt eine unerschöpfliche Kraftquelle dar.* Aus ihr können Sie schöpfen, wenn Sie nach dem Grundsatz handeln: *Du kannst, wenn du glaubst, du kannst.* Denn was Sie zu denken vermögen, können Sie auch in die Tat umsetzen!

Das Wesen des Menschen äußert sich jedoch nicht allein in mechanischen Denkvorgängen. Vielmehr ist es so, dass sich Bewusstsein und Unterbewusstes ergänzen, dass sie unmittelbar zusammenwirken, eine Symbiose bilden. Wenn Sie an die Ihnen innewohnenden Kräfte glauben, dann sollten Sie sich ihnen auch anvertrauen, um somit bewusst zu erleben, wie Sie dadurch mit der unendlichen göttlichen Weisheit verbunden sind. Dieses geistige Element in uns Menschen ermöglicht es uns demnach, dass wir die Verbindung zu Gott und zur göttlichen Kraft herstellen können. Wenn es im *Evangelium nach Lukas* (17,21) heißt: »Denn sehet, das Reich Gottes ist inwendig in euch«, so ist hier die Rede von ebendieser Wahrheit der göttlichen Kraft, an der wir durch unseren Geist teilhaben. Die Aussage, alle Kräfte seien bereits in uns angelegt, fußt also auf dieser Grundlage und ist gleichzeitig ein Bekenntnis zur göttlichen Wirklichkeit in uns. Lassen wir daher die Kräfte frei fließen – hervorgerufen durch spirituelle Versenkung und den festen Glauben an diese Wirklichkeit!

---

[4] Dr. Joseph Murphy: *Die Macht Ihres Unterbewusstseins.* Ariston im Heinrich Hugendubel Verlag 2005

Der innere Quell geistiger Kraft

Daniel Negris war von Kindheit an ein musikalisches Genie. Er improvisierte Melodien und Rhythmen am Klavier wie kein anderer. Im Alter von fünfzehn Jahren spielte er bereits in Jazzbands mit. Auf der Höhe seiner Karriere trat er sogar mit namhaften Größen des amerikanischen Jazz wie Billie Holliday, Dizzy Gillespie oder Coleman Hawkins auf.

Daniel war noch keine zwanzig, als er zum ersten Mal mit Drogen in Berührung kam. Eines Abends spielte ein neuer Saxophonist in seiner Band mit, der in der Pause eine schlanke, überlange Zigarette aus seiner Hemdtasche holte und dem jungen Daniel anbot – es war Marihuana. Da er sich seine Unerfahrenheit nicht anmerken lassen wollte, griff Daniel zu und nahm einen tiefen Zug. Erst spürte er gar nichts, doch nach einer Weile überkam ihn eine seltsame Benommenheit.

Nach diesem ersten Mal schien er dazuzugehören. Wenn der Joint kreiste, machte er mit. Er rauchte immer häufiger Haschisch und war schließlich morgens schon high.

Es dauerte nicht lange und er probierte auch Heroin. Mit jeder Spritze ging es weiter bergab. Er ließ sich gehen, bis er jede Kontrolle über sich verlor und in einen Zustand der Gleichgültigkeit versank. In den wenigen Momenten, in denen er klar denken konnte, verfluchte er das Heroin, verfluchte er seine Sucht, doch Augenblicke später war der Drang nach der nächsten Spritze wieder da; die Droge ließ ihn nicht mehr los. Immer häufiger erschien er zu spät bei den Proben; er verlor seinen Job. Die nächsten Engagements glichen eher Gastspielen, die zudem immer kürzer wurden; der Teufelskreis schien sich geschlossen zu haben.

Daniel Negris merkte, dass es so nicht weitergehen konnte. Er brauchte Hilfe, doch an wen konnte er sich wenden?

Seine Mutter hatte es sich zur Angewohnheit gemacht, ihrem Sohn eine Bibel in den Koffer zu legen, wann immer er auf Reisen ging. Daniel benutzte sie nie, doch er ließ seine Mutter gewähren.

Eines Tages, in einem billigen, tristen Hotelzimmer, überkam ihn die ganze Hoffnungslosigkeit seiner Lage. Er fühlte sich ausgebrannt und mutlos. Er wollte nicht mehr weiterleben. Er starrte vor sich auf den Boden, als ihm die Bibel in seinem Koffer einfiel. Er packte sie aus und begann zu blättern. Zufällig schlug er das *Evangelium nach Matthäus* auf. Er las (11,28): »Kommt her zu mir alle, die ihr mühselig und beladen seid; ich will euch erquicken.« Ihm war, als würden sich diese Worte direkt an ihn wenden! Er wurde überwältigt von einer tiefen Scham und von Reue über sein Verhalten, das ihn in diese prekäre Situation gebracht hatte. Schließlich sprang er abrupt auf und spülte seinen ganzen Vorrat an Drogen die Toilette hinunter.

Daniel fiel auf die Knie, weinte, betete. Da geschah etwas mit ihm. Er fühlte sich »durchdrungen vom Geist Christi«, wie er selbst sagte, und »innerlich gereinigt von Gottes Liebe«. Später schrieb er: »Seit jener Nacht habe ich nie wieder Drogen angefasst. Meine Abkehr vom Rauschgift war total.«

Die psychische Kraft, den dramatischen Wendepunkt herbeizuführen und aus dem Teufelskreis auszubrechen, schöpfte er aus der inneren Quelle geistiger Kräfte, als er sich ihr öffnete und sich glaubend und vertrauend auf sie einstimmte.

Der Vorteil in jedem Nachteil

Jeder Zweifel und jedes Misstrauen in unsere inneren Kraftvorräte kann deren freie Entfaltung hemmen, kann den Zustrom an Kraft blockieren. Umgekehrt aber trägt der Glaube an diese Kräfte dazu bei, sie in bislang ungekanntem Ausmaß freizusetzen. Auch der Begründer der angewandten Psychologie, William James, bekannte sich zu der Ansicht, dass der Glaube und das Denken Tatsachen schaffen. Schon aus diesem Grund ist es so wichtig, jeden Zweifel, jedes Misstrauen, alle negativen Gedanken aus dem Bewusstsein fernzuhalten. »Blockiere dich nicht selbst!«, pflegte ein alter Freund von mir stets zu sagen.

Andererseits liegt es selbstverständlich in der menschlichen Natur, gelegentlich den Mut zu verlieren und alles in Zweifel zu ziehen, besonders dann, wenn wir uns dem Lauf der Dinge ausgeliefert fühlen und wenn zu viele Probleme auf uns einstürmen. Doch gerade in solchen Momenten sollte man sich an die folgende unumstößliche Wahrheit erinnern: Alle erforderlichen Kräfte tragen wir bereits in uns! Nur dürfen wir diese wunderbaren Gaben in unseren geistigen Tiefen nicht durch übergroße Skepsis blockieren, was beispielsweise dann geschieht, wenn wir uns von Gefühlen der eigenen Wertlosigkeit überwältigen lassen und uns eine großartige Leistung nicht zutrauen.

In jedem von uns steckt viel mehr, als wir ahnen! Es bedarf nicht einmal einer lebensbedrohlichen Krise, um das in uns schlummernde Potenzial freizusetzen – vielmehr können wir auch zur Bewältigung von Alltagssituationen auf jene Kräfte in uns zurückgreifen. Je mehr wir uns diesen Kräften anvertrauen, desto sicherer und gelassener werden wir auch auftretende Schwierigkeiten meistern.

Wie diese vertrauensvolle Haltung in einer Krise aussehen kann, kam recht deutlich in Franks Verhalten zum Ausdruck, als er plötzlich arbeitslos wurde: Ich erkundigte mich beiläufig nach seinem Befinden, und er antwortete ebenso beiläufig, er habe seine Arbeitsstelle verloren. Es war erstaunlich, wie ruhig und gefasst er trotz eines solchen Schlages blieb. Soviel ich wusste, hatte er eine gut dotierte Position in seiner Firma bekleidet.

Auch hatten bisher alle Anzeichen auf eine erfolgreiche Karriere hingedeutet. Was immer der Grund für seine plötzliche Entlassung war, ob betriebsinterne Querelen oder eine geänderte Personalpolitik, jedenfalls wurde er zusammen mit einem weiteren Kollegen von heute auf morgen entlassen.

»Einfach so«, sagte er, »und nun stehen wir beide auf der Straße.« Er tat mir aufrichtig leid, doch bevor ich ihm noch Mut zusprechen konnte, fügte er schon in zuversichtlichem Ton hinzu: »Keine Angst, ich werde schon damit fertig.« Seine Haltung war bewundernswert.

»Doch was werden Sie jetzt machen?«, fragte ich besorgt.

»Ein fertiges Konzept habe ich noch nicht. Ich muss erst einen neuen, konstruktiven Denkansatz finden. Ich werde Sie auf dem Laufenden halten«, versprach er zum Schluss.

Ob er ganz bewusst oder eher instinktiv seinen Kräften vertraute, auf jeden Fall war er voller Zuversicht, einen Weg zu finden. Natürlich begnügte er sich nicht mit einer theoretischen Hoffnung, sondern begann zu handeln. Zunächst fing er damit an, seine negativen Gefühle in Bezug auf seine ehemalige Firma unter Kontrolle zu bekommen. Dem gekränkten Stolz setzte er als positives Gegengewicht die Überzeugung entgegen, dass aus jedem Nachteil ein neuer Vorteil, aus jedem Unglück ein Gewinn erwachsen kann. Er dachte intensiv nach und hatte schließlich eine ausgezeichnete Idee: Er entschloss sich, eine Bewerbung ganz besonderer Art abzufassen und an alle in Frage kommenden Unternehmen in seiner Gegend zu verschicken. Dem in sachlichem Ton gehaltenen Schreiben fügte er die üblichen Unterlagen bei, aus denen seine Ausbildung und seine beruflichen Qualifikationen zu erkennen waren. Doch er tat noch etwas anderes, etwas Ungewöhnliches: Er nannte ganz offen auch seine schwachen Seiten. Zum Schluss schrieb er, er hoffe, dass seine Mitarbeit in einem der Betriebe vielleicht von Interesse und Nutzen sein könnte.

Von den etwa hundert angeschriebenen Unternehmen zeigten sich mehrere interessiert, so dass er die Auswahl zwischen verschiedenen vielversprechenden Angeboten hatte. Die Stellung, für die er sich dann entschied, stellte sich am Ende als viel aussichtsreicher heraus als die Position, die er verloren hatte – sowohl was seine Aufstiegsmöglichkeiten als auch den Tätigkeitsbereich selbst betraf.

Franks Kollege kam besonders anfangs bedeutend schlechter mit seiner Situation zurecht. Die plötzliche Kündigung hatte ihn dermaßen aus der Bahn geworfen,dass er begonnen hatte, regelmäßig zu trinken. Er geriet dadurch allmählich in einen Teufelskreis, aus dem ein Ausbruch immer schwieriger wurde. Als er sich keinen Rat mehr wusste, begab er sich in psychotherapeutische Behandlung. Durch fachkundige Hilfe gelang es ihm endlich doch noch, einen Neubeginn zu wagen. Mit dem ersten neuen Job, den er schließlich fand, gewann auch er seine Hoffnung zurück, und es ging langsam wieder bergauf.

Charles F. Kettering, das große Erfindergenie, sagte einmal: »Was interessiert mich die Vergangenheit? Mein Interesse gilt der Zukunft, denn dort werde ich den Rest meines Lebens verbringen!« Diese Zukunft, das Leben, das noch vor uns liegt, können wir durch unsere Denkweisen und geistigen Einstellungen bestimmen und gestalten. Rückschläge, so bitter sie mitunter auch sein mögen, muss jeder von uns erleiden. Doch wer sich einmal davon überzeugen konnte, wie jeder Fehlschlag wieder zum Guten, jeder Nachteil wieder in einen neuen Vorteil verwandelt werden kann, der braucht nicht länger der Vergangenheit nachzutrauern, sondern kann seinen Blick zuversichtlich in die Zukunft richten, und sich auf all die Möglichkeiten konzentrieren, die sie für ihn bereithält. Auf dieser Grundlage können wir gestaltend und lenkend auf den Lauf der Ereignisse einwirken, und unsere Kraft wird uns nicht im Stich lassen.

Die geistige Kopfwäsche

Vielfach stehen wir uns jedoch mit einer unrichtigen, weil negativen Einstellung selbst im Wege. Das Kräftereservoir in unserem Inneren ist für uns nämlich so lange nicht zugänglich, wie wir geistige Blockaden aufgebaut haben. Irrtümer oder übertriebenes Nachgrübeln über vergangene Fehler und Misserfolge wirken in uns wie Fremdkörper und Barrieren, die den freien Fluss unserer großartigen Kräfte blockieren. Aber wir können unser Denken durch stetiges Lernen und Üben schulen, so dass sich im Laufe der Zeit ein immer schärferes Urteilsvermögen einstellt, was die beste Grundlage für immer mehr richtige Entscheidungen bietet. Um unsere geistigen Kräfte also frei und ungehindert zu entfalten und uns ihrer richtig zu bedienen, müssen wir zunächst eventuell vorhandene Fremdkörper und Blockaden beseitigen und uns von unnötigem, hemmendem Ballast befreien. Dieser Prozess kann sich kontinuierlich und allmählich vollziehen, er kann aber auch auf drastische Weise, in Form einer plötzlichen Selbsterkenntnis, auftreten, wie es bei einem meiner engsten Freunde, Louis, geschah: Louis war ein Mensch, der alle Höhen und Tiefen des Lebens auskostete – am Anfang seiner Laufbahn allerdings mehr die Tiefen. In Krisenzeiten kam er ständig zu mir, um mir sein Leid zu klagen. Warum, fragte er, liefe denn immer alles schief, was er nur anfasse? »Warum kommt nie etwas Vernünftiges bei meinen Unternehmungen heraus? Bin ich zu dumm? Oder woran liegt es?« Was er von mir zu erwarten schien, war wohl so etwas wie eine psychologische Gesprächstherapie. Deshalb empfahl ich ihm auch immer wieder, sich mit seinen Problemen doch an einen guten Therapeuten zu wenden, der sich, anders als ich, entsprechend viel Zeit für ihn nehmen und vielleicht auch zu einer Lösung beitragen könnte. Doch Louis zog es scheinbar vor, sein Herz bei mir auszuschütten.

Einmal, als er wieder über sein Lieblingsthema, das ewige Scheitern, sprach, fügte er einen neuen Gedanken hinzu: »Außerdem schmerzt es mich.«

»Es schmerzt?«, fragte ich erstaunt, denn ich konnte mir nicht vorstellen, dass Louis an Schmerzen litt, weil er recht gesund aussah.

»Ich meine keine körperlichen Schmerzen, sondern eher die geistig-seelischer Art. So etwas wie Schmerzen im Denken.«

Das war ein merkwürdiges, aber vielleicht sehr treffendes Bild seiner inneren Verfassung. Mir fiel eine Parallele dazu ein, die ich ihm nun schilderte: Ein Mann in Neuengland befand sich in zahnärztlicher Behandlung. Der Arzt war gerade dabei, den kranken Zahn für eine Plombierung vorzubereiten, als durch einen unglücklichen Zufall der Bohrer abbrach. Sorgfältig und peinlich genau entfernte der Zahnarzt alle Bruchstücke aus dem schadhaften Zahn, und der kleine Zwischenfall war bald wieder vergessen. Monate später bekam der Patient Schmerzen im Nacken. Noch dachte niemand an einen Zusammenhang mit dem Vorfall in der Zahnarztpraxis. Erst viel später, als die Schmerzen stetig weiterwanderten, in die linke Schulter und weiter bis in die Arme, machte man eine Röntgenaufnahme, die als Ursache der peinigenden Schmerzen einen winzigen Fremdkörper entlarvte, der sich bei näherer Untersuchung als ein Splitter des zerbrochenen Bohrers herausstellte.

Diesen Vorfall nahm ich nun zum Anlass, meinen Freund Louis darauf hinzuweisen, dass er vielleicht in einem ähnlichen Sinne einen Fremdkörper in seinen Geist hatte eindringen lassen, der nun so etwas wie eine geistige Infektion verursachte, die vielleicht die Ursache seiner »Schmerzen« war.

»Beispielsweise ein nicht ganz lupenreines Geschäft?«, gab ich ihm zu bedenken.

»Von denen gibt's in meinem Leben 'ne ganze Menge«, war die entwaffnend ehrliche Antwort.

Die Ärztin Sarah Jordan von der Lahey-Klinik wies auf die Bedeutung einer seelisch-geistigen Hygiene hin, indem sie ihren Patienten stets empfahl: »Machen Sie täglich auch eine geistige Kopfwäsche!« In diesem Sinne drang ich nun auf Louis ein, das unterschwellig lauernde Problem doch besser zu lösen. Wie sich bald herausstellte, war er sich durchaus im Klaren, was es war. Als er die Sache wenig später in Ordnung gebracht hatte, verschwanden auch seine seltsamen Schmerzen.

Ansonsten lief jedoch alles auf den eingefahrenen Gleisen weiter, und seine beharrlichen Besuche und Klagen verfolgten mich wie eh und je. Es war immer dasselbe Lied: »Was ist nur los mit mir? Warum geht immer alles schief?«

Eines Nachmittags, als ich gerade nach Pennsylvania aufbrechen wollte, um dort einen Redetermin wahrzunehmen, lief Louis mir auf der Straße vor meinem Haus über den Weg. Kaum hatte ich ihm erklärt, dass ich mich gerade im Aufbruch befand, fiel er mir schon ins Wort: »Dann komme ich eben mit!« Ohne meine Antwort abzuwarten, stieg er in den bereitstehenden Wagen. Es blieb mir nichts anderes übrig, als ihn mitzunehmen. Da ich mir vorgenommen hatte, unterwegs noch über meine bevorstehende Rede nachzudenken, schlug ich nun vor: »Also gut, Louis, aber du fährst, ich habe dann etwas Ruhe und kann an meinen Unterlagen arbeiten.« Er setzte sich ans Steuer – aber es war hoffnungslos, denn er konnte keine fünf Minuten schweigen. Unentwegt bekam ich auf der über zweihundert Kilometer weiten Fahrt die alte Leier zu hören. Auf der Rückfahrt war es das Gleiche. Immer nur ging es um die eine Frage: »Warum läuft alles nur so verkehrt mit mir?«

Es war schon spät, als wir beschlossen, noch einen Imbiss zu uns zu nehmen. Wir kehrten in einem kleinen, gemütlichen Lokal ein und nahmen auf Barhockern an der Theke Platz. Plötzlich, aus heiterem Himmel, als wäre wer weiß was in ihn gefahren, schlug Louis mit der Faust heftig auf die Theke, so dass Geschirr und Bestecke klirrten. »Ich hab's!«, rief er immer wieder lautstark aus. »Wie konnte ich nur so begriffsstutzig sein? Nun weiß ich, warum alles so verkehrt läuft! Ich selbst war innerlich völlig verkehrt!«

Die anderen Gäste drehten sich nach uns um und starrten uns mit großen Augen an. Louis schien das jedoch nicht im Geringsten zu kümmern – er war viel zu sehr mit sich selbst und mit seiner plötzlichen Einsicht beschäftigt.

Für den Rest der Heimfahrt war er ausgesprochen heiter. Er war buchstäblich so in Fahrt, dass ich ihn wiederholt ermahnen musste, etwas langsamer zu fahren. Scherzhaft bemerkte ich: »Wer hätte geahnt, dass ein kleiner Imbiss einen Menschen derart beflügeln kann!«

Louis beschrieb mir sein Erlebnis so: »Es war, als ob ein Vorhang vor meinem Inneren plötzlich beseitegeschoben worden wäre. Eine ganz neue Sicht tat sich vor mir auf. Glaub mir, wenn es auch nur einen Sekundenbruchteil dauerte, so reichte dieser Moment, mir zu der Einsicht zu verhelfen, dass in mir viel mehr Möglichkeiten angelegt sind, als ich bisher ahnte. Du wirst schon sehen, wie es von nun an anders laufen wird!«

Er sollte recht behalten mit seiner optimistischen Prophezeiung. In der Folgezeit hatte ich oft Gelegenheit, über seine fantastischen Leistungen zu staunen. Es war wirklich bemerkenswert, wie sich seine ganze Haltung von Grund auf geändert hatte. Auf einmal hatte er sich völlig in der Hand, und was er auch anfasste, am Ende stand immer der Erfolg. – Hier hatte ein Mensch sich selbst gefunden und entfaltete fortan sein inneres Potenzial auf wunderbare Weise!

Die »Wenn nur«-Haltung

Der amerikanische Schriftsteller Arthur Gordon schildert eine eindrucksvolle Etappe aus seiner eigenen Entwicklung, die zeigt, wie er lernte, sich auf seine geistigen Kraftquellen zu besinnen:

»Es war ein winterlicher, verregneter Nachmittag in Manhattan. Ich saß in einem kleinen französischen Restaurant. An dem Tag fühlte ich mich deprimiert und niedergeschlagen, weil ein Plan, auf den ich meine ganzen Hoffnungen gesetzt hatte, gescheitert war. Selbst der Gedanke an die bevorstehende Verabredung mit einem guten Freund, den ich immer nur voller Zuneigung den ›Alten‹ nannte, konnte meine trübsinnige Stimmung nicht heben. Ich starrte nur vor mich hin auf das karierte Tischtuch, während ich in Gedanken dem Unglück, das geschehen war nachhing.

Schon von Weitem sah ich den ›Alten‹ auf das Lokal zukommen. Er trug einen vorsintflutlichen Regenmantel, und sein alter, verbeulter Filzhut war tief in die Stirn gezogen. Sein Erscheinungsbild ließ kaum vermuten, dass es sich um den bedeutendsten Psychiater der Gegend handelte. Seine Praxis befand sich sogar ganz in der Nähe. Ich wusste, dass er erst jetzt seine Sprechstunde beendet hatte. Obwohl der alte Mann schon auf die achtzig zuging, stand er mit beiden Beinen noch voll im Leben.

Kaum hatte er mich erblickt, fragte er auch schon, ohne lange Einleitung: ›Nun, junger Freund, was liegt dir auf dem Herzen?‹ Seine scharfe Beobachtungsgabe und Menschenkenntnis waren mir vertraut, deshalb überraschte mich seine Frage nicht weiter. Vielmehr kam ich gleich zum eigentlichen Thema und erzählte ihm von meinen Sorgen. Ich versuchte, nichts zu beschönigen, denn ich selbst trug ja die Schuld an dem Scheitern. Also schilderte ich ihm die Einzelheiten, meine falschen Urteile, meine Fehlentscheidungen. Wenn ich ehrlich bin, empfand ich bei meinen Selbstbezichtigungen sogar einen seltsamen Stolz, den Stolz des Verlierers.

Nachdem der ›Alte‹ mir eine Viertelstunde geduldig zugehört hatte, schlug er vor: ›Lass uns zu mir ins Büro gehen. Dort werde ich dir etwas zeigen.‹ In seinem Sprechzimmer angekommen, griff er zielstrebig nach einer Schachtel, die mehrere Tonbandkassetten enthielt, und legte eine von ihnen in sein Tonbandgerät. ›Auf diesem Band‹, erklärte er, ›sind Aufzeichnungen dreier Patienten, die bei mir in Behandlung waren. Ich möchte, dass du dir diese Aufnahmen aufmerksam anhörst. Vielleicht fällt dir etwas auf, das allen dreien gemeinsam ist, etwas an ihrer Art zu reden.‹ Er lächelte mich an: ›Schau nicht so verdutzt. Ich habe schon meine Gründe.‹

Was den Stimmen auf dem Band vor allem anderen gemeinsam zu sein schien, war ihr geradezu hörbares Unglücklichsein. Als Erstes vernahm ich eine Männerstimme, die von einem Verlust berichtete. Der Mann beschuldigte sich, nicht vorausschauend genug gewesen zu sein und nicht hart genug gearbeitet zu haben. Die Frau, deren Stimme ich danach hörte, bedauerte voller Selbstmitleid die zahlreichen Ehechancen, die sie ungenutzt hatte verstreichen lassen. Der Grund für ihr Verhalten lag in einem falsch verstandenen Pflichtgefühl ihrer alleinstehenden Mutter gegenüber, die von ihrer Tochter erwartete, ständig für sie da zu sein. Die dritte Stimme war die einer Mutter, deren Sohn bereits als Jugendlicher straffällig geworden war. Sie machte sich endlose Vorwürfe, seine Erziehung vernachlässigt zu haben.

Der ›Alte‹ schaltete das Band aus und lehnte sich in seinem Sessel zurück. ›Sechsmal insgesamt ist auf dem Band eine Redewendung benutzt worden, die voller Gift steckt – ist sie dir aufgefallen?‹

Ich schüttelte den Kopf.

›Vielleicht hast du nichts gemerkt, weil dir die Wendung selbst so vertraut ist?‹

Er nahm die Schachtel, warf sie mir zu und forderte mich auf, die fein säuberlich in roter Tinte geschriebene Beschriftung zu lesen. Da standen nur die zwei Worte: *Wenn nur …*

›Das sind die traurigsten Worte, die man benutzen kann‹, war seine Meinung. Sicher sprach er aus Erfahrung. ›Wie oft habe ich mir hier in diesem Zimmer solche Wendungen anhören müssen, wie oft beginnen die Patienten ihre Klagen mit diesen zwei Worten! *Wenn* ich *nur, so* sagen sie, etwas anderes unternommen hätte. *Wenn* ich *nur* meine Beherrschung nicht im falschen Moment verloren hätte, *wenn* ich *nur* nicht gelogen hätte, *wenn* ich *nur* klüger gewesen wäre. *Hätte, wenn* und *aber. Wenn nur* mein Egoismus mich nicht zu dieser Tat veranlasst hätte, *wenn nur* die Umstände andere gewesen wären … Manchmal gebe ich den Leuten ihre eigenen Aufnahmen zu hören, damit ihnen diese negative Art zu reden bewusst wird. Oft kann schon allein die Bewusstmachung dieser Denkweise zu einem neuen Anfang führen.

›Ein solches Denken‹, fuhr der ›Alte‹ fort, ›ist nämlich deshalb so schädlich, weil man damit doch nichts ändern kann. Es fixiert uns nur auf die falsche Richtung. Unsere Aufmerksamkeit bleibt auf die Vergangenheit anstatt auf die Zukunft gerichtet, was nichts anderes als eine Zeitvergeudung darstellt. Wird diese Art zu denken zur Gewohnheit, entpuppt sie sich als Blockade, durch die jede neue Initiative im Keim erstickt wird.‹

Er zog die Parallele zu mir: ›Nimm deinen Fall. Deine Projekte scheiterten, weil du gewisse Fehler gemacht hast. Doch was ist schon dabei? Schließlich machen wir alle Fehler. Sie sind da, aus ihnen zu lernen. Solange wir aber nur klagen und jammern, wie du vorhin im Restaurant, können wir keine neuen Einsichten gewinnen.‹

›Wieso bist du da so sicher?‹, fragte ich zurück, wohl um einen Versuch zu meiner Verteidigung zu unternehmen.

›Weil‹, sagte der ›Alte‹, ›du in der Vergangenheit stecken bleibst. Nicht einmal hast du die Zukunft erwähnt. Außerdem – wenn du vor dir selbst offen und ehrlich bist – hast du es irgendwie genossen, im vergangenen Unglück zu schwelgen. Es ist ein weitverbreiteter Grundzug des Menschen, sich selbst allzu gern in den Vordergrund zu spielen. Selbst wenn es sich um ein Unglück oder eine Enttäuschung handelt, selbst wenn wir die Verlierer sind und eine klägliche Figur abgeben, rücken wir uns dennoch gern ins Rampenlicht.‹

Ich spürte, wie recht er hatte. ›Doch was kann ich dagegen unternehmen?‹ fragte ich ratlos.

›Ändere deinen Blickwinkel‹, war die prompte Antwort. ›Ersetze jedes ›Wenn‹ und ›Aber‹ durch zukunftsorientierte Wendungen, und deine Gedanken werden eine neue Richtung einschlagen.‹

Ich bat ihn um ein Beispiel.

›Wie wär's, wenn du jedes ‚Wenn nur', jedes ‚Hätte ich doch' durch ein ‚Nächstes Mal' ersetzt?‹

Es schien zu einfach.

Der ›Alte‹ bekräftigte seinen Vorschlag: ›Ich habe die Wirkung oft genug miterlebt, und zwar hier in diesem Zimmer. Solange sich ein Patient mit Begriffen wie *wenn* und *aber* aufhält, wühlt er nur im vergangenen Schmerz. Doch sobald er den Blick hebt und vom *nächsten Mal* zu sprechen beginnt, hat er den Weg zur Besserung eingeschlagen. Solche zukunftsorientierten Worte sind das Erkennungsmerkmal, dass sich der Patient innerlich durchgerungen hat, die Lektion aus den vergangenen Fehlern zu beherzigen und sich auf die Zukunft, auf das nächste Mal hin orientiert. Es bedeutet, dass die Barrieren, die wir uns mit unserem Bedauern über das Geschehene und mit unserem Selbstmitleid errichtet hatten, beiseitegeräumt sind. Der Weg ist frei für einen neuen Anfang, für die ersten Schritte in die Zukunft.‹

Mein Freund verfiel in Schweigen. Das leise plätschernde Geräusch eines sanften Regens drang von draußen an die Fensterscheiben. Ich beschloss, seinem Rat zu folgen und mich auf zukunftsorientierte Gedanken zu konzentrieren. Die etwas bizarr anmutende Vorstellung von einem laut einrastenden Klickgeräusch half mir dabei, die positiven Wörter in meinen Kopf aufzunehmen.

Der trübe, verregnete Nachmittag in Manhattan liegt nun schon mehr als ein Jahr zurück, doch diese Methode des Umschaltens habe ich mir bis heute bewahrt. Wenn ich mich ertappe, in die alten Bahnen des *Wenn nur, Hätte* und *Aber* hineinzurutschen, vertausche ich sie ganz bewusst mit Gedanken an ein *Nächstes Mal,* wobei ich mir jedes Mal dieses leise Klicken vorstelle.«

Wie Arthur Gordon können wir uns alle mit einem solch einfachen Vorgehen von einer schal gewordenen Vergangenheit befreien und den Blick für die Möglichkeiten der Zukunft öffnen. Wir können uns den Gedanken an das *Nächste Mal* zur Gewohnheit werden lassen und voller Hoffnung und Mut neue Aufgaben in Angriff nehmen.

Richten wir daher unser Leben nach der Devise ein: Bewältige eine Aufgabe auf einmal, und lebe einen Tag auf einmal. Das mag selbstverständlich klingen, ist es aber keineswegs. Wie die Erfahrung zeigt, versuchen wir viel zu oft, in der Vergangenheit oder in einer fernen Zukunft zu leben, oder bemühen uns sogar verzweifelt, Vergangenheit, Gegenwart und Zukunft auf einmal zu leben.

Warum sollten wir unsere Energien aber an Grübeleien über zurückliegende Fehler verschwenden oder uns mit Sorgen über Bevorstehendes – was zudem meist gar nicht eintrifft – belasten? Die richtige Art zu leben besteht in einem Aufgehen in der Gegenwart, der wir den größten Teil unserer Aufmerksamkeit widmen sollten. Statt in eine Vergangenheit zurückzublicken, die wir nicht mehr ungeschehen machen können, sollten wir in der Gegenwart leben und uns immer nur eine Aufgabe auf einmal vornehmen – nur so werden wir in der Zukunft Erfüllung finden!

Die alten Dummheiten vergessen!

Wie vergeblich und unnütz jedes Nachtrauern um einmal Geschehenes ist, kann uns jederzeit die eigene Erfahrung bestätigen.

Als ich als junger Mann begann, öffentlich aufzutreten und Reden und Vorträge zu halten, plante ich stets alles sorgfältig im Voraus. Ich gliederte meinen Stoff und fertigte einen schriftlichen Entwurf an. Da eine frei gesprochene Rede viel wirkungsvoller und ansprechender ist, lernte ich sie dann auswendig – wie ich es bis heute beibehalten habe. Das freie Sprechen erzeugt tatsächlich einen viel persönlicheren Kontakt zum Publikum, weil es die Zuhörer mit einbezieht.

Freies Sprechen ist nicht nur schwieriger als stures Ablesen vom Blatt, mir persönlich bereitete es auch noch endlose Qualen. Ich litt nicht nur unter dem Lampenfieber vor jedem Auftritt, sondern erst recht unter den nachträglich auftauchenden Gewissensbissen. In Gedanken ging ich alles Gesagte noch einmal durch, wobei mir meine Schnitzer und Dummheiten dann regelmäßig ganz besonders bewusst wurden.

Aber es gab auch den umgekehrten Fall: Wie oft fielen mir im Nachhinein tausend witzige, einfallsreiche Bemerkungen ein, die ich an bestimmten Stellen hätte einflechten können. Meine Grübeleien bewegten sich zwischen: »O je, warum habe ich nur so etwas Dummes gesagt?«, und: »Hätte ich doch lieber das gesagt anstatt dieses und jenes zu erwähnen!« Stundenlang plagten mich derartige Gedanken. Sie kreisten immer wieder um die gleichen Fehler, die vielen Versprecher, um die kleinen Unterlassungssünden – sie waren einfach nicht aus meinem Kopf zu bekommen.

Der beste Rat in solch einer Situation kann eigentlich nur so lauten, wie ihn ein älterer, sehr erfahrener Vortragsredner einmal formulierte: »Geben Sie Ihr Bestes, während Sie den Vortrag halten! Doch vergessen Sie alles sofort wieder, sobald Sie das Podest verlassen haben! Ihre Zuhörer werden es wahrscheinlich ebenso schnell vergessen!« Dem ist nur zuzustimmen, denn: Sind die Worte einmal gesagt, lassen sie sich auch nicht mehr rückgängig machen. Es ist also gar nicht ratsam, sich noch stunden- oder gar tagelang mit Gewissensbissen und Selbstvorwürfen zu quälen. Das Einzige, was damit bewirkt wird, ist eine unnütze Vergeudung wertvoller Energien, die bedeutend nutzbringender auf die Planung des nächsten Projektes angewendet werden können.

»Beenden Sie jeden Tag mit dem Gedanken, dass er nun vorüber ist«, riet Ralph Waldo Emerson. »Sie haben getan, was in Ihrer Macht stand. Zweifellos haben Sie Fehler und Ungeschicktes begangen, das ist unvermeidlich – doch vergessen Sie die alten Dummheiten so schnell wie möglich! Schleppen Sie die Last des Vergangenen nicht in den nächsten Tag. Beginnen Sie jeden neuen Morgen vielmehr heiter und mit frischem Mut. Denken Sie an die guten und schönen Möglichkeiten, die er für sie bereithält – er ist zu kostbar, als dass Sie auch nur einen weiteren Gedanken an ein misslungenes Gestern verschwenden sollten.«

Wenn wir uns die Einstellung, die aus den Worten Emersons spricht, zu eigen machen, wird sie zu einer echten Lebenshilfe, die uns befähigt, auch schmerzliche oder hochpeinliche Erlebnisse sehr bald mit Gelassenheit hinter uns zu lassen.

In diesen Zusammenhang passt eine Begebenheit, an die ich mich noch sehr lebhaft erinnere:

Es war an einem 12. Februar, dem Geburtstag von Abraham Lincoln, der seinerzeit noch alljährlich mit großen Feierlichkeiten begangen wurde. Ich war gebeten worden, vor einer Versammlung in New Jersey, die von einer Industrieorganisation veranstaltet wurde, im Rahmen eines großen Festprogramms eine kurze Rede über Lincoln zu halten, diesen großen Präsidenten der Vereinigten Staaten von Amerika, der am 15. April 1865 dem Attentat eines Rassenfanatikers zum Opfer gefallen war. Während ich mit der Stadtbahn zum Ort der Feier fuhr, überflog ich noch einmal meine Notizen und Stichpunkte. Ein Mitreisender fragte mich, ob ich – ebenso wie er auch – im Vortragsgeschäft tätig sei; dann erwähnte er, er sei zu seinem Auftritt bei einem großen Unternehmen unterwegs. Der Name der Organisation machte mich hellhörig; es handelte sich nämlich um dieselbe Veranstaltung, zu der ich auch geladen war. Der Mann zog eine Broschüre aus seiner Aktenmappe, die ihn als den »größten Kabarettisten der Welt« ankündigte, als den Mann, »der Sie Tränen lachen lässt«!

»Sie müssen ungewöhnlich begabt sein«, bewunderte ich ihn. »Da bleibt mir nur zu hoffen, dass ich meinen Lincoln-Vortrag nicht nach Ihnen halten muss ...«

Im Festsaal hatten sich über zwölftausend Gäste eingefunden. Laut Programm war mein neuer Bekannter der erste Vortragende, und unmittelbar nach ihm sollte, wie ich es befürchtet hatte, meine Ansprache über Lincoln folgen. Der Conferencier, der den Kabarettisten anzusagen hatte, ließ sich zu einer überschwänglichen Lobpreisung hinreißen, die für meinen Geschmack etwas zu dick aufgetragen war (es gehört sowohl Fingerspitzengefühl als auch ein Gespür für das jeweilige Publikum dazu, bei der Ansage den passenden Ton und die passenden Worte zu finden; werden nämlich die Vorzüge des auftretenden Künstlers zu sehr herausgestrichen, kann die interessierte und erwartungsvolle Haltung des Publikums leicht in ihr Gegenteil umschlagen; genau das geschah in diesem Fall).

Der Kabarettist eröffnete seine Vorstellung mit einer seiner besten Pointen und erntete nicht mehr als ein mäßiges Gelächter. Mit jedem weiteren Witz wurde die Stimmung im Saal verhaltener. Von den angekündigten Lachsalven konnte keine Rede sein. Schließlich war nur noch hier und da ein vereinzeltes, dünnes Lachen zu vernehmen. Ich selbst lachte mit, so laut ich nur konnte, in dem verzweifelten Bemühen, die anderen anzustecken. Dem Kabarettisten standen dicke Schweißperlen auf der Stirn, als er schließlich von der Bühne abtrat und mir zuraunte: »Ein äußerst zähes Publikum, das kann ich Ihnen sagen! Es war fürchterlich!«

Wer des Öfteren vor einem Publikum steht, weiß um die seltsamen psychologischen Vorgänge, die sich zuweilen abspielen. An einem Abend kann die Energie frei fließen, und der Auftretende wird das Publikum begeistern und mitreißen. Es ist dann, als ob die Begeisterung gleichsam in der Luft liegt. Beim nächsten Mal, selbst bei einer ganz ähnlichen Zuhörerschaft und der gleichen Rede, den gleichen Pointen, scheint plötzlich etwas zu fehlen. Die Atmosphäre ist nicht mehr dieselbe, und die erhoffte Wirkung bleibt aus. Was immer dem zugrunde liegt, ich habe es nie enträtseln können.

Nachdem das Publikum dem Kabarettisten, dessen Pointen übrigens wirklich geistreich und originell waren, nur sehr verhaltenen Höflichkeitsapplaus gespendet hatte, beschloss ich, meinen eigenen Vortrag diesmal ganz nüchtern und trocken zu halten, ohne alle Versuche, das Thema mit humorvollen Randbemerkungen aufzulockern, obwohl ich stets ein paar amüsante Anekdoten für solche Zwecke parat habe. Und nun musste ich eine ähnliche Erfahrung machen wie mein Vorgänger, nur mit umgekehrten Vorzeichen: Das Publikum reagierte auf meine ernstgemeinten Bemerkungen mit schonungslosem Gelächter!

Schweißgebadet und um einiges klüger fuhren wir beide anschließend wieder gemeinsam mit dem Zug zurück. Doch mein Begleiter schien das Geschehene auf die leichte Schulter zu nehmen. »Schwamm drüber!«, mahnte er. »Der Auftritt ist vorbei. Das Einzige, was uns bleibt, ist, die ganze Sache zu vergessen. Nur kein Wenn und Aber.« Im gleichen Atemzug fragte er: »Haben Sie morgen Abend wieder einen Termin?« Als ich bejahte, nickte er und bemerkte, ihm ginge es ebenso. Mit unbeugsamem Optimismus fügte er hinzu: »Und das ist gut so! So brauchen wir uns nicht mit dem heutigen misslungenen Abend zu beschäftigen. Es gibt immer ein nächstes Mal, das zählt!«

Kraft im Glauben

Wer den unermesslichen Reichtum der geistigen Kraftreserven kennengelernt hat und in richtiger Weise anzuwenden versteht, kann die wunderbarsten Dinge vollbringen, Dinge, die weit über das gewöhnlich für möglich gehaltene Maß hinausgehen. Die Kräfte, die wir uns im Alltag bei unseren normalen Aktivitäten zunutze machen, sind nur ein Rinnsal im Vergleich zu dem gewaltigen Strom in unseren geistigen Tiefen. Wir beschränken uns im gewöhnlichen Leben durch unsere eigenen eng gesteckten Erwartungen, die keinen Raum für das Außergewöhnliche lassen. Wenn wir jedoch, im Gegensatz zu der weithin üblichen Selbstbeschränkung, Erwartungen und Vorstellungen entwickeln lernen, die alles Bisherige in den Schatten stellen, so ist das keineswegs nur affektierte Schwärmerei. Es ist vielmehr die Haltung, die den Weg zu größerer Leistung ebnet und die dazu beiträgt, den Umfang unseres Kräftepotenzials zu vergrößern. Allerdings erfordert eine solche Haltung ein gesundes Maß an Optimismus – wie der Autor Basil King uns riet: »Gehe an deine Aufgaben mit Kühnheit und Schwung heran, und du wirst sehen, wie unerwartete Kräfte dir zu Hilfe kommen!« Eigenschaften wie Initiative und Risikobereitschaft wirken in diesem Sinne wie Katalysatoren, die ungeahnte Kräfte in uns entfachen und zur Entfaltung bringen.

Ein ungewöhnliches Beispiel hierfür ist der Lebensweg der berühmten Missionarin Gladys Aylward:

Ich lernte Gladys Aylward bei einem Besuch in der taiwanesischen Hauptstadt Taipeh kennen. Die kleine Frau, eine gebürtige Britin, saß mir in einem stilvollen chinesischen Gewand gegenüber, während sie mir von ihren Erlebnissen berichtete.

Gladys Aylward stammte aus einer armen Familie in einem Londoner Arbeiterviertel. Ihre erste Arbeit fand sie als Hausmädchen bei einer wohlhabenden Familie der Oberschicht. Eines Tages traf sie in der Londoner Innenstadt auf eine Straßenkundgebung der Heilsarmee. Sie blieb stehen und lauschte der Musik. Anschließend hielt der Prediger der Gruppe eine Ansprache. Sie spürte instinktiv, dass hier die Botschaft verkündet wurde, nach der sie bisher gesucht hatte. Gleichzeitig mit dieser neuen Glaubenserfahrung erwachte in ihr der Wunsch, Missionarin zu werden. Sie wollte an der Verbreitung von Gottes Wort mitwirken. Doch wie sollte sie, ein Mädchen aus ärmsten Verhältnissen, das noch dazu völlig ungebildet war, diesen Wunsch je verwirklichen können?

In dem stattlichen Bibliothekszimmer der Familie, bei der sie arbeitete, entdeckte Gladys faszinierende Bücher über China, die sie mit Feuereifer zu studieren begann. Sie erzählte mir, wie sie der Hausherr eines Tages mit einem Buch in der Hand überraschte und sie scharf zurechtwies. Doch nachdem sie ihn von ihrem aufrichtigen Interesse an diesem faszinierenden Land überzeugt hatte, zeigte er sich verständnisvoll und erlaubte ihr, auch weiterhin die Bibliothek zu benutzen. »Natürlich nicht, ohne mich zuvor noch einmal an mein sonstiges Arbeitspensum zu erinnern«, erinnerte sich Gladys.

In unermüdlichem Fleiß erwarb sie sich ein umfangreiches Wissen über das ferne Land, und mit diesem Wissen nahm auch ihr Missionswunsch konkrete Formen an. China war das Land, wo sie tätig werden wollte! Schließlich bewarb sie sich bei der Missionsleitung der Heilsarmee und bat darum, nach China gehen zu dürfen. Da sie jedoch die geforderte Prüfung wegen ihrer mangelnden Schulbildung nicht bestehen konnte und somit die Voraussetzungen nicht erfüllte, wies man sie ab.

Gladys ließ sich jedoch nicht entmutigen. Jahrelang sparte sie eisern, bis sie schließlich das Geld für die weite Reise zusammenbekommen hatte. Unerschrocken setzte sie ihr Vorhaben in die Tat um – sie wanderte auf eigene Faust nach China aus und begann, in den Straßen Nankings und Pekings die Gottesbotschaft zu verkünden. Ihr Mut und ihre Entschlossenheit erregten einiges Aufsehen, und ihr Name war bald weit über die Grenzen Chinas hinaus bekannt.

Welche unvergleichliche Kraft die außergewöhnliche Gladys Aylward aus ihrem Glauben schöpfen konnte, offenbarte sich an einem dramatischen Zwischenfall, der sie auf die wohl härteste Probe ihres Lebens stellte.

In einem Gefängnis war ein Aufstand ausgebrochen. Schwerverbrecher und Mörder hatten sich zusammengetan, die Wachen überwältigt und große Verwüstungen angerichtet. Das Gefängnis war von außen abgeriegelt, so dass niemand entkommen konnte, doch die blutigen Kämpfe tobten im Innern weiter. Einer der Gefängnisinsassen, der sich in den Besitz eines riesigen Fleischermessers gebracht hatte, lief Amok und stach auf alle ein, die ihm in den Weg kamen.

In dieser Situation ließ der Gouverneur der Provinz die ausländische Missionarin zu sich rufen, von der er schon viel gehört hatte. Er bat sie, ihm dabei zu helfen, den gefährlichen Amokläufer im Gefängnis zu entwaffnen. Der Gouverneur setzte seine ganze Hoffnung auf sie, denn wie er gehört habe, spreche die Missionarin von einem ungewöhnlich mächtigen Gott, der die Menschen nie im Stich lasse.

Er sagte also zu ihr: »Bitte gehen Sie ins Gefängnis, und nehmen Sie dem Mann das Messer weg!«

»Das kann nicht Ihr Ernst sein!«, antwortete sie, von Entsetzen gepackt.

Doch der Gouverneur meinte es ernst. »Sie sprechen von einem Gott, der Ihnen große Kraft verleiht. Sie verkünden die Botschaft eines allmächtigen Gottes, der dem Glaubenden in jeder Not helfen kann.«

Gladys versuchte einzuwenden: »Das ist ein Missverständnis, Euer Exzellenz.«

»Mit anderen Worten: Sie haben nicht die Wahrheit gesprochen? Ich selbst habe Ihre Worte gehört. Bin ich also leerem Gerede zum Opfer gefallen?«

Bei diesen Worten des Gouverneurs wurde Gladys schlagartig bewusst, dass er recht hatte. Er verlangte nichts anderes von ihr als den Beweis, dass sie wirklich hinter ihren Aussagen stand und auch zu entsprechendem Handeln bereit war. Wenn sie jemals auch nur einen dieser fremden Menschen von der Wirklichkeit Gottes zu überzeugen hoffte, musste sie nun, in dieser Situation, ihre Worte durch Taten untermauern.

Sie ließ sich von einem Wärter in den Gefängnishof führen und war kaum durch das Tor gegangen, als es auch schon wieder hinter ihr verriegelt wurde. Da entdeckte sie den außer Kontrolle geratenen Sträfling, der wie toll über den Hof rannte und dabei die anderen Häftlinge mit seinem

Messer bedrohte, während sie verzweifelt versuchten, sich vor ihm zu retten.

Plötzlich war der Mann bei ihr. Sie sah in seine Augen: Ein wildes Feuer loderte in ihnen. Nach einem kurzen Moment streckte sie ihm die Hand entgegen und sagte mit sanfter, fester Stimme: »Gib mir das Messer!« Völlig verwirrt stand der Mann vor ihr – und überreichte ihr zögernd die Waffe.

Auch die anderen Häftlinge ließen sich von Gladys überreden, ihren Widerstand aufzugeben. Damit war die Revolte beendet, und binnen Kurzem ließ sich dank ihrer Mithilfe und Vermittlung die Ordnung in dem Gefängnis wiederherstellen.

Es ist sicherlich nicht übertrieben, Gladys Aylward als wahre Heldin zu feiern. Es war ihre Courage, die ihr half, ihr Leben völlig in Gottes Hand zu legen und auf seine Kraft und Hilfe zu vertrauen – selbst angesichts der mörderischen Gewalt eines Wahnsinnigen.

An dieser dramatischen Wende des Geschehens offenbarten sich die spirituellen Kräfte, die immer vorhanden sind und in unser aller Leben merklich oder unmerklich eingreifen können. Übernehmen wir also den Lebensmut der tapferen Gladys Aylward, auch wenn wir nur weit weniger abenteuerliche Alltagsaufgaben zu bestehen haben. Die Kraftreserven in unserem Inneren helfen uns – jedem in seinem Rahmen –, die Prüfungen, die das Leben an uns stellt, erfolgreich zu bestehen. Die Prüfungen des Lebens sind nicht dazu da, uns zu zerstören – sie sind da, damit wir uns an ihnen bewähren!

Nachfolgend noch einmal einige wesentliche Anhaltspunkte dieses Kapitels:

- Alle Kraftreserven, die Sie jemals benötigen, sind in Ihnen bereits angelegt.
- Das Wesen der Menschen äußert sich nicht allein in mechanischen Denkvorgängen. In den Tiefen des Unterbewusstseins liegen die Kräfte, die uns teilhaben lassen an der unendlichen göttlichen Weisheit.

- Wenn Sie mit wahrem Mut an ein Vorhaben herangehen, werden Ihnen die erforderlichen Kräfte im richtigen Moment zufließen.
- Aus jedem Nachteil kann wieder ein neuer Vorteil erwachsen, aus jedem Verlust ein Gewinn, aus jedem Unglück eine neue Chance.
- Vergeuden Sie Ihre Kräfte nicht in einer unnützen »Wenn nur«-Haltung, sondern wenden Sie Ihren Blick auf das »nächste Mal«.
- Der Glaube ist das Instrument, das Ihnen die unerschöpflichen Kraftquellen des Geistes erschließt.

KAPITEL 12

So fördern Sie Ihre Gesundheit und Schaffenskraft

Eine Frau Anfang dreißig suchte wegen ihres labilen Gesundheitszustandes einen Arzt nach dem anderen auf, eine eindeutige Ursache ihrer Leiden konnte jedoch nicht festgestellt werden. Trotz der Bemühungen der hinzugezogenen Ärzte verschlechterte sich ihr Allgemeinbefinden mehr und mehr.

Eines Tages stieß sie im Rahmen einer Vortragsreihe auf einen für sie völlig neuen gedanklichen Ansatz. Der Vortragende sprach davon, wie verschiedene Geistes- und Gefühlshaltungen unseren Gesundheitszustand beeinflussen. Er schilderte, wie eine positive Einstellung zum Leben unsere natürliche Lebenskraft stimuliert, während eine pessimistische Haltung an unseren Kräften zehrt und uns krank macht. Mit dieser Auffassung bewegte sich der Sprecher auf dem Boden der *psychosomatischen Medizin,* die von der Einheit des Körpers und der Seele ausgeht *(Psyche* = Seele; *Soma* = Körper) und daher den seelischen Komponenten auch im körperlichen Krankheitsverlauf große Bedeutung beimisst. Was er darlegte, war nichts anderes als die grundlegende Erkenntnis, dass unser Denken und Fühlen entsprechende Auswirkungen auf unsere Körperfunktionen haben, weshalb auch die psychosomatische Medizin die geistig-seelische Verfassung eines Patienten bei der Diagnose und bei der Therapie organischer Erkrankungen immer mitberücksichtigt.

Die junge Frau wurde nachdenklich. Die neue Betrachtungsweise der Zusammenhänge zwischen der emotionalen Verfassung und dem körperlichen Gesundheitszustand blieb nicht ohne Wirkung. Wenig später, während eines Spaziergangs mit ihrem Mann in einem Stadtpark, blieb sie in einer ruhigen Ecke unter einigen mächtigen Bäumen stehen und sagte mit fester Stimme: »Ich verstehe endlich, dass wir als Gottes Geschöpfe mit Leben beseelt sind, mit einer uns durchströmenden Lebenskraft. In der Vergangenheit habe ich viel zu oft zugelassen, dass negative Gedanken und Gefühle diesen Energiestrom hemmten, sogar blockierten. Ich fühle die vitale Kraft zurückströmen und ihre Wirkung aufs neue entfalten. Ich spüre bereits, wie gesundes Denken und Handeln in harmonischer Weise zu meiner Heilung beitragen. Ich glaube an die Energie der vitalen Kraft, die uns leben lässt und gesund erhalten will.«

Wenn sich auch ihre völlige Genesung nicht über Nacht einstellte, gewann doch allmählich ihre positive Einstellung mehr und mehr die Oberhand. Ihre Gedankenmuster nahmen eine neue Ordnung an. Die junge Frau war nicht mehr darauf fixiert, ständig neue Ärzte zu konsultieren, und sie reduzierte ihre Medikamenteneinnahme auf ein vernünftiges Maß.

Gesunde Seele, gesunder Körper

Dieser als Einleitung zu unserem Kapitel geschilderte Fall der jungen Frau lässt vermuten, dass eine gesunde Seele die beste Grundlage für einen gesunden Körper bietet. Der Schweizer Arzt Dr. Paul Tournier sagte einmal: »Die physische Gesundheit hängt ebenso wie die psychische in großem Maße von der geistig-seelischen Verfassung eines Menschen ab.« Hieraus folgt, dass alles, was zu geistiger, emotionaler und spiritueller Stabilität des Menschen beiträgt, auch für die Gesundheit des Körpers maßgebend ist.

Häufig hören wir Formulierungen wie »krank vor Ärger« oder »der viele Kummer macht mich ganz krank«. Solche und ähnliche Redewendungen sind keineswegs immer als Übertreibungen zu verstehen, denn wir können in einem ganz wörtlichen Sinn vor Kummer, Sorge, Angst, Ärger oder Hass krank werden. Ein Arzt stellte einmal fest, dass bei etwa fünfzig Prozent seiner Patienten deutliche Angstsymptome das Krankheitsbild bestimmten. In diesem Zusammenhang sei noch einmal an den Ausspruch von Dr. Smiley Blanton erinnert: »Angst ist die große Plage unserer Zeit.« Ängste und Sorgen, Ressentiments, Wut und Bosheit sind erwiesenermaßen krankmachende Gefühle, die unsere Gesundheit und Vitalität angreifen.

Ein mir gut bekannter Arzt sagte einmal nach dem Tode eines seiner Patienten, der Kranke sei an »Ärgeritis« gestorben. Dies war keineswegs im Scherz gemeint, denn der Arzt hatte miterlebt, wie der Patient sich durch jahrelangen unversöhnlichen Ärger und Groll selbst zugrunde richtete. »In einem allmählichen Verfallsprozess wurde seine Gesichtsfarbe bleicher und zusehends gelblicher«, berichtete der Arzt. »Seine Augen verloren jeden Glanz, seine Organe führten ihre Funktionen immer mangelhafter aus, sein Atem roch nach Fäulnis.« Dem Arzt zufolge war die Ursache hierfür tatsächlich in seinen negativen Gefühlen zu sehen, denn sie schwächten seine natürlichen Widerstandskräfte und ließen ihn anfällig werden für Krankheitserreger aller Art.

Wenn das oben genannte Beispiel auch ein extremer Fall sein mag, lässt sich doch nicht leugnen, dass unzählige Menschen an chronischem Energiemangel leiden und sich ohne ihre natürliche Schaffenskraft müde und lethargisch durchs Leben schleppen. In erster Linie liegen solchen Symptomen seelische Störungen zugrunde, die die gesunde Stimulation des Körpers verhindern und ihn für alle möglichen Krankheiten anfällig werden lassen. Das soll jedoch nicht heißen, jeder Krankheit lägen ausschließlich psychische Ursachen zugrunde. Doch wir tun gut daran, die Rolle der psychischen Komponente im Krankheitsbild nicht unterzubewerten. Ein bedeutender kanadischer Arzt, der den Stress als Hauptursache einer schlechten Gesundheit ansieht, kam zu der Überzeugung, dass heute bei ausnahmslos allen Erkrankungen die seelische Stressbelastung einen wesentlichen Teil beiträgt.

Krank machender Hass

Wie leicht wir zum Spielball unserer Emotionen werden können, veranschaulicht der Fall einer Frau, die mich wegen ihres Juckreizes um Rat fragte. Seit drei Jahren und immer dann, wenn sie den Gottesdienst besuchte (sie zählte zu den regelmäßigen Kirchgängern in ihrer Gemeinde), verspürte sie ein äußerst lästiges, ja schmerzhaftes Jucken am ganzen Körper. Sie konnte sich nicht erklären, warum der Juckreiz ausgerechnet in der Kirche so heftig zum Ausbruch kam.

Im Verlauf unseres Gespräches hörte ich allerdings heraus, dass die Frau ein unterschwelliges Hassgefühl gegen ihre Schwester hegte. Als Verwalterin des väterlichen Vermögens habe ihre ältere Schwester sie um einen beachtlichen Teil des rechtmäßigen Erbes betrogen, behauptete sie. Ich begann mich zu fragen, ob sie nicht unbewusst Schuldgefühle wegen ihres ständig latent vorhandenen Hasses empfinden musste? Und gab es vielleicht eine Verbindung zwischen dem Hass- und Schuldkomplex und ihrem Juckreiz?

Ich bat sie um ihr Einverständnis, mit ihrem Arzt über die Angelegenheit sprechen zu dürfen, und sie willigte ein. Der Arzt, der bisher noch nichts von ihren Hassgefühlen gewusst hatte, zeigte sich sehr interessiert. Seine Erklärung lautete: »Man könnte sagen, der Hass wirkt wie eine Art inwendiges Ekzem und führt dazu, dass die Frau sich nicht wohl fühlt in ihrer Haut, was sich äußerlich in diesem seltsamen Juckreiz niederschlägt.« Der Arzt hielt es für angebracht, das Übel bei der Wurzel zu packen. Er wollte die Frau dazu bewegen, mit ihrem Hass ins Reine zu kommen. Er war optimistisch, dass dann auch die äußeren Symptome abklingen würden.

Der Arzt sprach lange mit seiner Patientin, um ihr die inneren Zusammenhänge klarzumachen. Schließlich führte er ihr vor Augen, dass sie ohne eine grundlegende Änderung der Haltung zu ihrer Schwester kaum mit einer Besserung rechnen konnte.

Anfangs musste sie große innere Widerstände zu überwinden, denn der Hass saß tief. Als sie aber ihrer Schwester erst einmal vergeben hatte und vergessen konnte, was zu jener Zeit vorgefallen war, gab es auch keinen Grund mehr für Schuldgefühle, sobald sie eine Kirche betrat. Erleichtert stellte sie fest, dass der quälende Juckreiz nachließ, bis er schließlich ganz verschwand. Zum Schluss sei noch bemerkt, dass ihre neugewonnene innere Haltung auch auf die Schwester einen positiven Einfluss ausübte, die als ihren Beitrag zur Versöhnung die finanzielle Streitfrage noch einmal aufrollte und dann zur beiderseitigen Zufriedenheit regelte.

Dieser Frau, die ihren Hass besiegte, gebührt unsere aufrichtige Bewunderung, denn es ist kein leichter Prozess, die alten, eingefahrenen Gefühls- und Denkstrukturen in eine positive Richtung zu lenken. Hass, Missgunst und Neid sind Empfindungen, die sich nicht so ohne weiteres wieder ablegen lassen – im Gegenteil, sie setzen sich immer tiefer in uns fest, wenn wir nichts dagegen unternehmen. Viele unter uns wissen aus eigener Erfahrung, wie schwer es mitunter werden kann, einem anderen Menschen zu verzeihen oder schwelende Konflikte beizulegen. Leider gibt es keine Arznei oder Ähnliches, was man nur zu schlucken braucht, um schlechte Gefühle wieder loszuwerden. Doch so einfach wird es uns nicht gemacht. Wir müssen schon ein großes Maß an Selbstdisziplin aufbringen, wenn wir diese negativen Emotionen erfolgreich vertreiben wollen.

Spannkraft durch Harmonie

Ich erinnere mich an einen Mann, der, ohne an einer bestimmten Krankheit zu leiden, mit einem auffällig schlechten Allgemeinbefinden zu kämpfen hatte. Er fühlte sich ständig übermüdet und kraftlos. Für die Ärzte war die Diagnose klar: Sein Körpertonus, also die Spannkraft des Organismus, die auch in Ruhe den natürlichen Spannungszustand der Muskulatur und des Körpergewebes aufrechterhält, war erheblich gestört. Ein Arzt gab ihm den geheimnisvoll klingenden Rat: »Wenn Sie selbst richtig gestimmt sind, stimmt auch Ihr Tonus wieder.«

Der Mann fragte mich nach meiner Meinung über diese Bemerkung. Ich vermutete, der Sinn des »Richtig-gestimmt-Seins« sei in einer harmonischen Einstimmung auf die Umwelt zu suchen (wenn wir unsere Gedanken anspannen und aufeinander einstellen – vergleichbar mit dem Stimmen der Saiten einer Gitarre –, wird sich das positiv auf unseren Gesundheitszustand auswirken).

Er solle sich doch einmal vornehmen, schlug ich vor, einen Tag lang nur harmonische, schöne Gedanken zu denken. Er solle, unter Ausschaltung jedes negativen Gedankens oder Gefühls, den ganzen Tag über insistieren, es gehe ihm gut und er sei ein zufriedener, glücklicher Mensch. »Versuchen Sie es, um herauszufinden, ob es eine Auswirkung auf Ihren Gesundheitszustand hat!« Doch meine Idee schien ihn wenig zu begeistern. »Was sind schon vierundzwanzig Stunden«, argumentierte ich, »gemessen an den siebenhunderttausend Stunden, die einem Menschen, grob gerechnet, bis zum Alter von fünfundsiebzig Jahren zur Verfügung stehen? Probieren Sie es aus, es ist eine ausgezeichnete Therapie!« Da ich so sehr darauf bestand, willigte er ein und versprach, es gleich am folgenden Tag einmal zu versuchen.

Nach dem Vorbild der drei Affen bemühte er sich redlich, den ganzen Tag lang nichts Böses zu denken, zu hören, zu sprechen. »Sie haben keine Ahnung, wie schwer das ist!«, gestand er, als er das nächste Mal bei mir war. »Eine ungeheure Selbstdisziplin ist nötig, wenn man nicht automatisch wieder in die alten Gedankenbahnen zurückfallen will. Man muss ständig auf der Hut sein, damit sich kein negativer Gedanke einschleicht. Nun, heute verteilte ich so viele Komplimente wie noch nie und versuchte, an allem nur das Gute zu sehen.« Immerhin fühlte er sich am Ende dieses einen Tages so zufrieden, dass er beschloss, das Experiment am nächsten Tag noch einmal zu wiederholen.

Die Anstrengung war der Mühe wert, denn er begann, sich im Vergleich zu vorher erstaunlich gut zu fühlen. Doch, wie er mir später berichtete, gab es noch viele Kämpfe, und es kostete ihn noch einige Selbstüberwindung, die neue Einstellung beizubehalten. »Dieses optimistische, positive Denken erschöpft mich mitunter so sehr, dass ich mir eine Verschnaufpause gönnen muss – und schon werden die alten Dissonanzen wieder laut«, sagte er. »Doch im Großen und Ganzen habe ich den Eindruck, mich geändert zu haben. Schließlich fühle ich mich um so vieles besser und gesünder seither, sowohl was meine Gemütsverfassung als auch meine körperliche Spannkraft und Leistungsfähigkeit angeht.«

Das Geheimnis des Sich-gesund-Denkens

Die letzten Beispiele haben deutlich gezeigt, welch enorme Bedeutung unsere Denkweise für unsere Gesundheit und unser Wohlbefinden hat. Bis zu einem gewissen Grad können wir uns krank oder aber gesund denken. »Die Seele«, sagte Marcus Aurelius, »nimmt die Färbung ihrer Gedanken an.« In einem sehr tiefen Sinne sind wir das, was wir denken. Wer ständig negative Gedanken hat, wird viel von seiner Gesundheit einbüßen. Gleichermaßen können erfrischende, belebende Gedanken zu unserer Stärkung, ja sogar zur Heilung beitragen.

Der Arzt Dr. Joseph Krimsky vertrat die folgende Ansicht: »Das stärkste Bollwerk gegen alle gefährlichen Krankheitserreger sind immer noch die inneren Abwehrmechanismen des Menschen, die *vis medicatrix naturae,* also die natürlichen Heilkräfte in uns, die gegen die feindlichen Horden der Krankheitskeime, gegen Bazillen und Viren aller Art zu Felde ziehen: das Immunsystem. Heute belegt man dieses Kräftespiel meist mit dem Ausdruck *psychosomatisch,* womit das ständige Ineinanderwirken von Seele und Körper gemeint ist. Es ist längst wissenschaftlich erwiesen«, fährt Dr. Krimsky fort, »dass emotionale Spannungen, Stress und seelischer Druck Depressionen und Krankheiten hervorrufen, bei gleichzeitiger Verminderung der körperlichen Abwehrkräfte gegenüber einer Ansteckung oder Erkrankung. Lang anhaltende Sorgen und Ängste, unkontrollierte Leidenschaften und Gefühlsausbrüche, ebenso wie die hohen Leistungsanforderungen und das schnellebige Tempo unserer Zeit, verursachen degenerative Veränderungen an Herz, Nieren, Leber und anderen Organen; die genannten Faktoren sind auch verantwortlich für Bluthochdruckkrankheiten und Arteriosklerose. Angst oder Aggressionen vergiften den Körper in der gleichen Weise wie chemische Schadstoffe.«

Gesundes Denken führt zur Regeneration brachliegender Kräfte und trägt zu einer ausgewogenen und gesunden Funktion des Organismus bei. Wer seine Gedanken stets um Misserfolge und mögliches Versagen kreisen lässt, wird Entsprechendes ernten; umgekehrt wird derjenige, der sich den Erfolg ausmalt und an ihn glaubt, ihn auch herbeiführen. Dasselbe gilt für unsere Gesundheit und unsere Schaffenskraft.

Denken wir uns gesund, indem wir in unseren Gedanken ein gesundes Bild von uns erzeugen! Wenn wir uns unseren Organismus als kraftvoll und vital vorstellen und dieses Bild stets vor Augen haben, wird jene Art zu denken eine gesunde Entwicklung auslösen.

Ein afro-amerikanischer Taxifahrer in Chicago, ein unglaublich energiegeladener junger Mann, belehrte mich einmal, dass man dieses Prinzip positiver Gedankenvorstellungen wirklich auf alles und in jeder Situation anwenden kann.

Meine Frau und ich hatten in einem Chicagoer Motel übernachtet. Der nächste Morgen war unfreundlich und bitterkalt. Der Portier berichtete uns, dass die Temperaturen auf den Nullpunkt abgesunken waren. Außerdem hatte der Wetterbericht eisige Sturmwinde angesagt.

»Es muss schrecklich kalt sein«, sagte ich an der Tür zu meiner Frau. Bei dem Gedanken, ins Freie zu treten, wurde mir äußerst ungemütlich.

»Zweifellos ist es kalt«, entgegnete meine Frau, »aber wir sind ja warm genug angezogen und haben Wolldecken dabei. Außerdem haben wir, was viel wertvoller ist, unsere Gesundheit. Wir werden die Kälte schon vertragen.«

Das Moteltaxi kam vorgefahren, und der junge Fahrer stieg mit einem fröhlichen »Guten Morgen!« aus. »Ist es nicht ein herrlicher Tag heute?«, fuhr er in seiner unglaublich guten Laune fort.

Ein eisiger Wind schlug mir ins Gesicht, und ich murmelte nur: »Hm, ja, aber es ist so furchtbar kalt.«

»Das schon«, strahlte er, »aber ist die Kälte nicht herrlich?« Während er unser Gepäck verstaute, fuhr er fort: »Ich hoffe, es hat Ihnen bei uns im Motel gefallen? Und wie fühlen Sie sich heute Morgen?«

»Danke, es geht«, antwortete ich ohne allzu große Begeisterung.

»Es geht? Das ist nicht genug!«, wandte er ein.

»Und Sie? Wie fühlen Sie sich?«, fragte ich zurück, obwohl unschwer zu erkennen war, dass er sich blendend fühlte.

»Mir geht es großartig!«, antwortete er. »Ich fühle mich einfach wunderbar!«

Während der Fahrt erwähnte ich, dass ich einen Vortrag über Wege zu einer besseren Gesundheit geplant hatte. »Ich bin froh, Sie getroffen zu haben«, sagte ich, »denn Sie sind ein ausgezeichnetes Beispiel für innere Gesundheit und Vitalität. Sie haben eine gesunde Einstellung zum Leben.«

Er nickte: »Seit ich herausgefunden habe, dass gesunde, optimistische Gedanken die beste Grundlage für gute Gesundheit sind, geht es mir in jeder Hinsicht ausgezeichnet!«

Es gibt zahllose Skeptiker, denen dies alles zu einfach scheint. Durch gesunde Gedanken sein Wohlbefinden steigern? Selbst wenn jemand nicht nur einfach schlechte Laune hat, sondern ernstlich krank ist? Das mag durchaus absurd klingen. Doch gerade dann ist es umso nötiger, den ohnehin geschwächten Organismus mit neuen Kräften zu stimulieren, was bedeutet, dass wir zusätzlich, beispielsweise zu einer medizinischen Behandlung, unsere Gedanken, unseren Willen und unseren Glauben auf die Genesung ausrichten und gesunde, kraftspendende Vorstellungen entwickeln.

Solche Gedanken, die auf der Grundlage eines festen Glaubens ruhen, erweisen sich gerade in schweren Fällen oft als außerordentliche Kraftquelle. Hierzu ein Beispiel:

Ich besuchte eine schwer krebskranke Frau im Memorial Hospital in New York. Als ihr Mann das Krankenzimmer verlassen hatte, sagte sie zu mir: »Ich leide an Krebs im fortgeschrittenen Stadium, und die Chancen einer Heilung sind äußerst gering. Doch meine Hauptsorge zur Zeit gilt meinem Mann. Er befürchtet täglich das Schlimmste und machte sich und mir mit seinen düsteren Gedanken das Leben schwer. Er verhält sich mir gegenüber beinahe so, als ob er mich bereits verloren hätte. Er behandelt mich wie eine Sterbende. Doch ich lebe noch – und es bleibt abzuwarten, ob ich nicht stärker bin als der Krebs!«

Ich fragte mich anfangs, ob die Frau nicht die Augen vor der Wirklichkeit verschloss, denn laut Aussagen der Ärzte gab es kaum noch Hoffnung für sie. Vielleicht aber war es auch ihr starker Glaube, ihre Zuversicht dem Leben gegenüber, die sie den Tod nicht fürchten ließen.

Einige Wochen später traf ich sie auf der Straße wieder. Mit energischen Schritten kam sie auf mich zu und fragte: »Erinnern Sie sich noch an mich?« Ich hatte sie keineswegs vergessen, im Gegenteil, sie hatte mich mit ihrer zuversichtlichen Einstellung damals tief beeindruckt. »Ihrem Aussehen nach müsste es Ihnen wieder bedeutend besser gehen«, bemerkte ich, worauf sie entgegnete: »Ja, mir geht es ausgezeichnet! Vielleicht, weil ich daran geglaubt habe, mit Gottes Hilfe wieder gesund zu werden!«

Auch von wissenschaftlicher Seite wird die Psyche wieder verstärkt in den Gesundungsprozess miteinbezogen, nachdem sich die Medizin lange Zeit auf die äußere Beeinflussung der Krankheit durch Medikamente und andere technische Hilfsmittel konzentriert hatte. Aber auch eine noch so hoch entwickelte Medizintechnik muss jedoch einseitig bleiben. Zu einer ganzheitlichen Behandlung gehört stets auch die Einbeziehung der geistig-seelischen Faktoren, deren Relevanz für jeden Heilungsprozess heute unbestritten ist.

Lassen Sie mich an dieser Stelle ein persönliches Beispiel zu unserem Thema beitragen, wenn auch ein gänzlich undramatisches:

Über Jahre hinweg wurde ich jeden Winter regelmäßig von einer schweren Grippe heimgesucht. Nun wäre das nicht weiter tragisch gewesen, wenn nicht jedes Mal meine Stimmbänder in Mitleidenschaft gezogen worden wären, so dass ich vor Heiserkeit kaum noch sprechen konnte. Da ich ständig Vortragstermine wahrzunehmen habe, die zudem meist schon Monate im Voraus geplant sind, brachte mich meine alljährliche Erkältung mehr als einmal in ernste Verlegenheit.

Einmal war es besonders schlimm. Bei meiner Ankunft in der Stadt, wo ich noch am selben Abend vor etwa zehntausend Menschen sprechen sollte, brachte ich kaum noch ein Flüstern zustande. Ich lutschte alle Sorten von Hustenbonbons, die ich kannte, pumpte mich voll mit Vitamin C, trank große Mengen Flüssigkeit, kurz, ich unternahm all das, von dem gemeinhin angenommen wird, es könne bei Grippe und Erkältung helfen.

Am Nachmittag suchte ich einen Hals-Nasen-Ohren-Arzt auf, einen älteren, besonnenen Menschen. »Herr Doktor, bitte helfen Sie mir!« Ich krächzte wie ein Rabe. »Ich muss heute Abend eine vierzig Minuten lange Rede durchstehen.«

Zu meiner Überraschung fragte er: »Nun, was möchten Sie, dass ich mit Ihnen machen soll?«

Darüber hatte ich mir natürlich keine Gedanken gemacht, also antwortete ich: »Sie sind doch der Arzt – machen Sie mit mir, was Sie für richtig halten. Den Rachen ausspülen, gurgeln, Halstabletten verschreiben.«

»Wenn Sie meinen, dass Sie sich dann besser fühlen …« Er behandelte mich gründlich und unterzog mich der üblichen Prozedur. »Nun«, er schaute mich über seine Brillengläser hinweg an, »sind Sie auf dem Weg der Besserung. Doch ich möchte Ihnen gern noch ein anderes Rezept mit auf den Weg geben, und zwar das Folgende: Sagen Sie sich, dass Sie genug Stimmkraft aufbringen werden, um Ihre Rede durchzustehen. Sehen Sie dem Abend in dieser positiven Erwartung entgegen. Außerdem würde ich an Ihrer Stelle den Rest des Nachmittags im Bett verbringen. Legen Sie sich hin, um sich zu entspannen. Zur Zeit sind Sie viel zu verkrampft. Denken Sie nicht an heute Abend. Machen Sie sich vor allem keine Sorgen über Ihre Stimmbänder. Wenn Sie sich selbst lockern, werden auch Ihre Stimmbänder wieder lockerer. Es hilft, wenn Sie sich ausmalen, wie Ihre Stimmbänder locker und geschmeidig werden. Tun Sie das, und legen Sie sich dann schlafen, und zwar bis kurz vor Ihrem Termin. Ich bin sicher, dass Ihre Stimme Sie nicht im Stich lässt, wenn Sie meinen Rat befolgen und sich vorher noch genügend Ruhe gönnen!«

Was es auch war, die beruhigende Art des Arztes, die Gebete, die ich nachmittags noch gesprochen hatte, oder die Entspannung durch die Bettruhe – jedenfalls hielt ich die vierzig Minuten Redezeit mit vernehmlicher Stimme durch. Von da an begann ich mich zu fragen, wieso ich eigentlich jedes Jahr ungefähr um die gleiche Zeit im Februar eine Grippe bekam. Lag es vielleicht daran, dass ich sie insgeheim schon erwartete? Wenn es mir damals auch ziemlich unwahrscheinlich schien, dass sich eine Erkältung auf die bloße Erwartung hin einstellen kann, so beschloss ich dennoch, das Experiment zu machen, eben keine Grippe mehr zu erwarten. Ich beschloss, fest daran zu glauben, dass ich sie im nächsten Jahr nicht bekam. Natürlich unterstützte ich meinen Plan mit geeigneten Maßnahmen, unter anderem mit regelmäßigen Entspannungsübungen. Von den Schreckensmeldungen der Tagespresse, etwa über eine neue gefährliche Grippewelle, ob sie nun Honkong-Grippe, London-Grippe oder wie auch immer genannt wurde, ließ ich mich nicht mehr beirren. Ich verscheuchte jeden Gedanken an eine neue Erkältung und wandte meine Aufmerksamkeit anderen Dingen zu. Schließlich hatte mir der alte Arzt an jenem Nachmittag auf einfache, praktische Art eine wertvolle Lektion erteilt, die ich nur zu beherzigen brauchte: Durch die richtige Einstellung kann jeder sehr wohl auf seine körperliche Verfassung einwirken!

Das höchste Gut des Menschen, seine geistige und körperliche Gesundheit, ist Gottes Vermächtnis an uns. Wie ein goldener Faden zieht sich das Thema Gesundheit durch die Botschaft der *Heiligen Schrift*. Mein ehemaliger Klassenkamerad Lawrence Blackburn wies in seinem Buch *God Wants You To Be Well* darauf hin, dass sich jeder siebte Vers in den Evangelien des *Neuen Testaments* in irgendeiner Weise auf Heilungen bezieht. Bernard Martin fand insgesamt achtundvierzig Stellen in den Evangelien, wo Jesus als Krankenheiler auftritt, ferner achtzehn Beispiele von Massenheilungen.

Mit der Bibel heilen? Ja! Denn sicher hat es seinen guten Grund, dass die Bibel nicht nur Moral- und Glaubenslehren überliefert, sondern in erheblichem Umfang die Botschaft von Krankengenesung und Heilung zum Gegenstand hat. Natürlich kann uns niemand garantieren, dass wir ohne Krankheiten und Schmerzen durch unser ganzes Leben gehen, doch die Botschaft der Bibel verkündet, dass es die Heilung gibt. Wer krank ist und leidet, sollte auf jeden Fall zum Arzt gehen und sich behandeln lassen, auch das ist Gottes Wille – doch zusätzlich kann er im Glauben wunderbare Kräfte finden, Kräfte, die die Gesundung beschleunigen und erschöpfte Energien neu beleben.[5]

Das Wunderbare einer Heilung

Der Präsident eines großen Industriekonzerns fragte mich einmal während eines Geschäftsessens nach meiner persönlichen Meinung zu den biblischen Heilsgeschichten. Es war sicher ein ungewöhnliches Gesprächsthema für eine solche Versammlung, bei der führende Persönlichkeiten aus Indusrie und Wirtschaft zu einem Erfahrungsaustausch zusammengekommen waren. Dennoch fragte er mich laut und deutlich: »Glauben Sie daran, dass Jesus Christus Menschen heilen kann?«

Ich bejahte.

»Sie haben keinerlei Zweifel daran?«, bohrte er weiter. »Sie glauben gar nicht, wie viele Theologen mir auf diese Frage ausweichende Antworten geben!«

Nachdem ich mich eindeutig zu meiner Überzeugung bekannt hatte, erzählte er seine Geschichte:

Vor einiger Zeit war er krank gewesen, sehr krank sogar. Er hatte den Eindruck, dass die Ärzte ihn bereits aufgegeben hatten und dass ihm nichts mehr blieb, als, hilflos im

[5] Vgl. Kurt Allgeier: *Mit der Bibel heilen*. Droemer Knaur 1992

Bett liegend, sein letztes Stündlein zu erwarten. In dieser Not fragte er seine Frau nach einer Bibel. Sie war erstaunt über die ungewöhnliche Bitte, denn er hatte sein Leben lang nicht einmal das »Buch der Bücher« zur Hand genommen. Doch sie besaß eine alte Bibel, die noch von ihrer Mutter stammte und die sie in einer Schreibtischschublade im Gästezimmer aufbewahrte. Also erfüllte sie ihm den Wunsch und holte die Bibel hervor. »Ich hatte keine Ahnung, wie ich an die Bibel herangehen sollte«, gestand er. »Ich öffnete sie einfach und fing an, hier und da zu lesen. Vieles schien mir uninteressant, doch als ich begann, die Evangelien zu lesen, erwachte mein Interesse. Der Text zog mich auf magische Weise in Bann. Ich spürte, dass hier eine Botschaft ganz besonderer Art zu finden war. Bei Matthäus, Markus, Lukas und bei Johannes las ich, wie Jesus Kranke wieder gesund machte. Ich begann nachzudenken. Wenn die Bibel uns verkündet, wie Jesus Kranke heilt, ja Tote wieder zum Leben erweckt, so muss all das auch einen Sinn für unsere Zeit haben. Wie zur Bestätigung meiner Gedanken las ich an einer Stelle, dass Jesus Christus immer derselbe bleibt, gestern, heute und morgen.

Wenn Jesus damals die Macht hatte, Menschen zu retten, dachte ich, so hat er dieselbe Macht auch heute, also gilt dieselbe Botschaft auch für uns! Ich begann, zu ihm zu beten und begab mich vollkommen in seine Obhut.«

»Und was geschah dann?«, fragte ich.

»Sehen Sie mich an!«, entgegnete er. »Was meinen Sie? Sehe ich nach einem todkranken Menschen aus?«

Seinem strahlenden Aussehen nach zu urteilen, schien er wirklich völlig genesen zu sein.

»Dass ich wieder gesund wurde, ist aber nicht alles. Meine Krise war ein Weg, zu Gott zu finden. Ich las weiter regelmäßig in der Bibel und fand immer neue Hinweise, wie man ein besseres Leben führen kann. Sie kennen vielleicht die Stelle, an der es heißt, wer immer sein Leben retten will, wird es verlieren, und wer sein Leben gibt, wird es gewinnen, oder? Nun, diese Worte nahm ich zum Anlass, mein bisheriges Verhalten zu überdenken. Ich hatte nie zu denjenigen gehört, die geben, im Gegenteil: Weder für die Kirche noch für andere wohltätige Zwecke hatte ich jemals auch nur einen Cent hergegeben. Ich hatte mich aufs Nehmen verlegt: Von reiner Profitgier beherrscht, war ich immer nur auf meinen Vorteil bedacht. Doch nun verstand ich die Zusammenhänge: Mein Leben rann mir durch die Finger, ich war ernsthaft in Gefahr, es zu verlieren, weil ich nie etwas gegeben hatte, weder Geld noch Zeit, noch mich selbst.

Nach meiner Genesung hatte ich Gelegenheit, mein Verhalten grundlegend zu ändern. Sie ahnen gar nicht, wie viel Lohnenswertes es gibt, für das man sich einsetzen, ja sich hergeben kann! Ob ich durch materielle Beiträge oder durch persönlichen Einsatz anderen helfe, stets bekomme ich etwas zurück. Jede Aktivität, die man aus nichtegoistischen Motiven heraus unternimmt, trägt auf wundervolle Weise zur eigenen inneren Bereicherung bei.«

Eines ist wohl sicher: Dieser Konzernchef, der mir so freimütig seine Glaubenserfahrung schilderte, muss ein Gefühl tiefer Dankbarkeit empfunden haben, als ihm das Leben wiedergeschenkt wurde. Und nicht zuletzt war es diese Dankbarkeit, die in einem hohen Maß zu seinem von Grund auf veränderten Lebenswandel beigetragen hatte.

Die Besinnung auf unsere Lebenskraft

Als Gott den Menschen schuf, blies er ihm seinen Atem ein, die pulsierende Kraft des Lebens, die uns ein Leben lang begleitet – oder wie es in der *Apostelgeschichte* (17,28) heißt: »Denn in ihm leben, weben und sind wir.«

Wenn wir unsere Vitalität und Schaffenskraft einbüßen, liegt es vielleicht daran, dass wir mit dieser ursprünglichen Lebenskraft nicht richtig umgehen, weil wir sie entweder sinnlos vergeuden oder sie an ihrer Entfaltung hindern. Wie wir uns intensiv auf dieses Urgesetz des Lebens einstimmen können, offenbart uns die Bibel. Die Grundlage zur Einstimmung auf die göttliche Kraft liegt stets in unserem Glauben, denken wir nur an die Worte *Jesajas* (40,31): »Die auf den

Herrn vertrauen, bekommen neue Kraft, dass sie sich aufschwingen mit Flügeln wie Adler ...«

Einer meiner Freunde schilderte mir, wie ihm eine tiefgreifende Erfahrung zur Besinnung auf seinen Glauben und seine gottgegebene Lebenskraft verhalf:

Als er sich eines Tages bei seinem Arzt einfand, um die Ergebnisse der kurz zuvor durchgeführten Untersuchungen zu erfahren, schaute ihn der Arzt sehr besorgt an: »Die Befunde deuten darauf hin, dass Sie nicht mehr lange zu leben haben, da will ich Ihnen nichts vormachen.« Mein Freund erschrak zutiefst. Natürlich konnte der Arzt keine präzisen Angaben darüber machen, wie viel Zeit ihm noch bliebe; er war aber der Ansicht, es würde sich nur noch um wenige Monate handeln.

»Gibt es denn gar keine Hoffnung?«, fragte mein Freund in tiefer Verzweiflung.

»Es gibt immer eine Hoffnung«, entgegnete der Arzt, »vorausgesetzt wir sind imstande zu hoffen. Bedenken Sie Folgendes: Wir Ärzte arbeiten mit Gott zusammen. Zwar behandeln wir den Patienten, aber Gott ist es, der ihn heilt. Wenn Sie Frieden mit Gott schließen, mag einiges anders aussehen. Ich würde mich auf jeden Fall sehr freuen, wenn sich meine jetzige Prognose als unrichtig erwiese.«

Als mein Freund die Praxis verlassen hatte, wurde er sehr, sehr nachdenklich. Er ging langsam die Park Avenue entlang. Es war April, und die ersten Anzeichen des Frühlings machten sich bemerkbar. An Blumen und Sträuchern waren schon zarte Knospen zu sehen, und an den Bäumen zeigte sich das frische Grün neuer Triebe. Da durchfuhr ihn ein völlig neuartiger Gedanke: Ist es nicht merkwürdig, wie jeder Baum und Strauch, wie die gesamte Pflanzenwelt ein untrügliches Wissen um die Jahreszeiten in sich birgt? Alles in der Natur erwacht im Frühling immer wieder zu neuem Leben. Er überlegte weiter: Gibt es zu den Mechanismen der Natur nicht auch eine Parallele im menschlichen Dasein? Es wäre doch auch denkbar, dass dieser Wiederbelebungsprozess nach den endlos langen Wintermonaten genauso auf uns zutrifft, oder?

In diese Überlegungen vertieft stand er da, und plötzlich verspürte er das starke Verlangen, seine Empfindungen in Worte zu fassen; und ohne sich um sein ungewöhnliches Verhalten Gedanken zu machen, sprach er auf der Stelle ein Glaubensbekenntnis: »Ich glaube an eine Wiederbelebung durch die göttliche Lebenskraft. Ich glaube, dass die Mechanismen der Naturkräfte ihre Entsprechung ebenso in meinem Körper finden. Ich bekenne mich zu der Kraft, die mir das Leben schenkt und mich gesund werden lässt.« Diese Worte wurden zu seinem Gebet. Er machte sie zum Gegenstand regelmäßiger meditativer Versenkung und ließ sie täglich aufs Neue vor seinem geistigen Auge lebendig werden.

Bei den nachfolgenden Untersuchungen nickte der Arzt immer häufiger zufrieden mit dem Kopf. Eines Tages konnte er meinem Freund mitteilen, dass das Krankheitsbild, wie er es einige Monate zuvor gesehen hatte, nicht mehr vorhanden war: »In meinen Augen befinden Sie sich auf dem Weg der Genesung und können wieder gesund werden.«

Wie diese Geschichte beweist, tragen die Gedanken eines Menschen, sein Glaube und sein Beten ganz erheblich zum Heilungsprozess bei. Daher ist es immens wichtig für unsere Gesundheit, dass wir uns von negativen, trübsinnigen und schädigenden Gedanken befreien, indem wir sie gewissermaßen aus unserem Geist hinausschwemmen. Erinnern wir uns an dieser Stelle an die Worte der Ärztin Sarah Jordan aus Bostons Lahey-Klinik: »Nehmen Sie jeden Tag auch eine geistige Kopfwäsche vor!« Würde jeder das beherzigen, hätten wir bedeutend weniger Patienten in unseren Hospitälern. Doch so lange wir nichts gegen das ungesunde Denken unternehmen, so lange wird es an unseren Kräften zehren und unsere Gesundheit beeinträchtigen.

Es war in New York. Meine drei Begleiter und ich fuhren mit einem Taxi durch die Innenstadt. Als wir eingestiegen waren, hatte ich beiläufig zu unserem Fahrer bemerkt: »Ein schöner Tag heute, nicht wahr?«, worauf er nur verdrießlich gebrummt hatte: »Mag sein, aber es wird noch Regen geben, vielleicht sogar Schnee …« Er schien durch und durch ein Pessimist zu sein, denn auf der Fahrt machte er noch mehrere ähnliche Bemerkungen. Während er sich seinen Weg durch das Verkehrsgewühl bahnte und wir uns unterhielten, fiel ab und zu das Wort »Doktor«, wenn einer meiner Begleiter mich anredete, was den Taxifahrer wohl zu der Annahme verleitete, ich sei Mediziner. Schließlich drehte er sich zu mir um und begann, mir sein Leid zu klagen: »Doktor, ich habe in der letzten Zeit dauernd Schmerzen im Rücken. Woran könnte das wohl liegen?«

»Ein Mann in Ihrem Alter sollte eigentlich keine Schmerzen haben«, entgegnete ich.

Doch er zählte noch weitere Symptome auf. Er leide häufig an Magenschmerzen und habe Schwierigkeiten mit der Verdauung, kurz, sein allgemeiner Gesundheitszustand sei miserabel.

Ich ließ ihn in dem Glauben, einen Arzt vor sich zu haben, und versuchte, meine Rolle so gut wie möglich weiterzuspielen. »Nun, ein Taxi ist vielleicht nicht der richtige Ort für eine Sprechstunde, aber ich habe dennoch eine erste Diagnose für Sie. Wenn mein Verdacht zutrifft, leiden Sie an einer Psychosklerose.«

Der Taxifahrer wäre um ein Haar gegen die Bordsteinkante gefahren, so sehr hatte ihn meine Bemerkung in Angst versetzt. »Psychosklerose?«, fragte er. »Was ist denn das?«

Wenn ich ehrlich sein sollte, wusste ich es ebenso wenig wie er, doch ich improvisierte weiter: »Sie haben vielleicht schon einmal etwas von Arteriosklerose gehört? Das ist eine ernste Erkrankung, bei der die Arterien von einer fortschreitenden Verhärtung befallen sind. Bei der Psychosklerose hingegen droht eine zunehmende Verhärtung des Denkens, die ebenso ernste Folgen haben kann.«

Sichtlich beunruhigt fragte er, was er dagegen tun könne. Ich schlug ihm vor, zu mir zur Behandlung zu kommen und reichte ihm meine Karte. »Na so was! Sie sind ja gar kein Mediziner! Sie sind Doktor der Theologie!«

»Vielleicht ist das die Art von Doktor, die Ihnen am ehesten helfen kann …«, sagte ich zum Abschied.

Später suchte er mich tatsächlich auf, und wir erarbeiteten gemeinsam einige Grundsätze, die ihm helfen sollten, ein gesundes Denken zu entwickeln. Auf dieser Grundlage – das sei abschließend noch erwähnt – gelang es ihm, sich nach und nach (und ohne einen Mediziner zu Rate zu ziehen) von seiner »Psychosklerose« zu befreien.

Unzählige Menschen öffnen mit ihrer ungesunden Denkart körperlichen und seelischen Schmerzen Tür und Tor, ohne zu wissen, wie sie sich dagegen zur Wehr setzen können. Dabei ist die Antwort denkbar einfach. Sie liegt in einem Bekenntnis zu der großartigen Lebenskraft, die in uns allen pulsiert. Stress und Ärger sind ebenso vermeidbar wie die zerstörerischen Hassgedanken, sobald wir uns auf die Liebe besinnen. Die heilsamsten Gedanken der Welt sind die von Liebe getragenen Gedanken. Bemühen wir uns daher stets, unsere Mitmenschen zu lieben. Verwenden wir unsere Zeit darauf, Gutes von anderen zu denken. Lassen wir die negativen Emotionen und Gefühle, zu denen auch die Zweifel und das Misstrauen gehören, gar nicht erst zu Wort kommen, damit die positiven Gedanken genügend Raum finden. Gesundes Denken lässt den Menschen gesund werden und an Leib und Seele erstarken.

Natürlich mag eine radikale Umstellung des Denkens anfangs sehr schwerfallen. Doch wenn wir zunächst langsam und behutsam vorgehen und nichts überstürzen, dann wird sich auch der Erfolg schrittweise einstellen. In dem Maße, wie sich unser Wohlbefinden steigert, werden wir auch die Kraft finden, weitere Anstrengungen für ein gesundes, lebensbejahendes Denken auf uns zu nehmen – und das Experiment wird gelingen.

Ein gesundes Herz

Auch Wissenschaft und Forschung legen ihr Hauptaugenmerk verstärkt auf den Menschen und seine Bedürfnisse. Nicht zuletzt seit der besorgniserregenden Zunahme von Herzerkrankungen aller Art, die seit einigen Jahrzehnten in den Industrienationen zu verzeichnen ist, bemüht sich die medizinische Forschung intensiv um neue Erkenntnisse, sowohl was die Ursachen der zahlreich auftretenden Herzleiden als natürlich auch deren erfolgreiche Behandlung betrifft. Mary McSherry berichtete vor Jahren in einem Artikel mit dem Titel »Warum einige Menschen länger leben als andere« in der Zeitschrift *Woman's Day* von einer großangelegten Untersuchung über mögliche Ursachen von Herzerkrankungen:

»Die Medizinische Fakultät der Harvard University erstellte in Zusammenarbeit mit einem Forschungsteam des Trinity College in Dublin eine mehrjährige Studie über die Auswirkungen der Ernährung auf den Gesundheitszustand des Herzens. Unter der Leitung des prominenten Ernährungswissenschaftlers Dr. Frederic J. Stare wurde in diesem Projekt ein Vergleich zwischen einer in Amerika und einer in Irland lebenden Personengruppe durchgeführt. Bei den untersuchten Personen handelte es sich um 575 in Irland geborene Geschwisterpaare, von denen jeweils ein Geschwisterteil im Erwachsenenalter nach Amerika auswanderte, um sich in der Gegend von Boston anzusiedeln. Über einen Zeitraum von insgesamt neun Jahren wurden Ernährungsstil, Lebensweise und Herzfunktion aller Beteiligten beobachtet und für den Abschlussbericht der Studie ausgewertet.

Bei den Geschwisterpaaren handelte es sich weitgehend um Brüder und alle waren in Irland, also unter ähnlichen Lebensbedingungen, aufgewachsen. Für den Vergleich des späteren Gesundheitszustandes war relevant, dass die Brüder sich jeweils gleich ernährt hatten, in der gleichen Umwelt groß geworden waren und die Erziehung ebenfalls gleich gewesen war.

Man ging von der Vermutung aus, dass Faktoren der Ernährung bei krankhaften Veränderungen am Herzen eine Hauptrolle spielen. Schließlich gelten Herzkrankheiten berechtigterweise bis zu einem gewissen Maß auch als Wohlstandskrankheiten. Ein gewisser Lebensstandard bringt es mit sich, dass man größere Mengen gesättigter Fettsäuren zu sich nimmt, was zu einer Erhöhung des Cholesterinspiegels im Blut führt. Gerade das Cholesterin aber ist längst als ursächlicher Faktor bei vielen Herzerkrankungen entlarvt, weil es Ablagerungen an den Arterienwänden bildet und zu einer Verengung der Blutgefäße führt. Als Folge davon droht Herzinfarkt, ja Herzversagen. Daher hat auch das Interesse der Bevölkerung an einer bewussten Ernährung stetig zugenommen, beispielsweise wird zunehmend Wert auf eine fettarme und dafür proteinreiche Ernährung gelegt.«

Nun ergab aber die nähere Untersuchung, dass in Irland überwiegend Lebensmittel wie Fleisch, Kartoffeln, Milch, Sahne und dick mit Butter bestrichenes Brot den Speiseplan ausmachten. Salate und Gemüse nahmen im Vergleich dazu einen viel geringeren Raum ein. Trotzdem stellten sich die Herzen der untersuchten Iren als viel gesünder und leistungsfähiger heraus als die ihrer amerikanischen Brüder. Andere Aspekte der Untersuchung offenbarten, dass sie sehr viel körperlicher aktiv waren und ihre Muskelkraft gebrauchten, während die Brüder in Boston zur Passivität neigten. Sie hatten sich angewöhnt, mit dem Auto zu fahren, mit dem Fahrstuhl, mit der U-Bahn, mit dem Taxi. Hinzu kam ein bedeutend stressigerer Alltag, wohingegen die in Irland Gebliebenen wesentlich entspannter lebten.

Wie sich also herausstellte, war die Hauptursache für die häufigeren Herzerkrankungen der Amerikaner in erster Linie in ihrem veränderten Lebensstil zu sehen.

Hierzu schrieb Mary McSherry weiter: »Dr. Stare vertrat die Meinung, die Amerikaner könnten sehr viel in puncto Gesundheit von den Iren lernen. Es handelt sich allerdings weniger um Dinge, die tabellarisch zu erfassen oder rechnerisch nachzuweisen sind, doch sie sind nichtsdestoweniger ebenso real vorhanden, wie die Ergebnisse deutlich machen. Was die Iren uns Amerikanern voraushaben, ist ihre Einstellung zum Leben überhaupt. Die Untersuchung hat gezeigt, dass die hierzulande weit verbreitete Haltung, sich über alles Sorgen zu machen und aufzuregen, entschieden nachteilige Folgen für den Gesundheitszustand des Herzens hat, während der große Optimismus der irischen Bevölkerung mit dazu beiträgt, Herzerkrankungen vorzubeugen. Nicht nachzuweisen, jedoch anzunehmen ist ferner, dass die Lebensfreude und Zufriedenheit der Iren aus einer tief verwurzelten

Religiosität und einem Gottvertrauen herrühren, also aus einer Glaubenshaltung, die sie sich in viel größerem Maße als der Durchschnitt der amerikanischen Bevölkerung bis heute bewahrt haben.«

Das Fazit dieser Studie bestätigt ebenfalls die Erkenntnis, dass weit mehr als alle äußeren Faktoren die innere Einstellung, der Lebensstil und die Gemütsverfassung eines Menschen für seine Gesundheit verantwortlich sind.

Zusammenfassend noch einmal eine Übersicht über die wesentlichen Gedanken des Kapitels:

- Am Anfang jeder gesunden Entwicklung steht die Erkenntnis, dass wir selbst das meiste zu unserer Gesundheit beitragen können.
- Besinnen Sie sich auf die Quelle der Lebenskraft in Ihrem Inneren, die Sie beseelt und gesund erhalten will.
- Wenn Sie selbst richtig »gestimmt« sind, stimmt auch Ihre Gesundheit.
- Vermeiden Sie nach Möglichkeit alle negativen Gedanken und Empfindungen, wie beispielsweise Hass, Ärger oder Sorgen, denn sie können Sie auch organisch krank machen.
- Seele und Körper bilden eine Einheit. Eine gesunde Seele ist daher die beste Grundlage für einen gesunden Körper.
- Besinnen Sie sich auf die Heilkraft des Glaubens, denn die Ärzte behandeln uns Menschen zwar, Gott aber heilt uns.

KAPITEL 13

Heitere Gelassenheit und Humor bereichern Ihr Leben

Auf unserer Farm bei Quaker Hill, nahe der Grenze nach Connecticut, steht ein alter Apfelbaum, der, wie der Gutsverwalter meinte, weit über neunzig Jahre alt sei. Einst muss es ein stattlicher Baum mit weit ausladenden Ästen gewesen sein, doch heute ist der kräftige Stamm an vielen Stellen hohl geworden, die Rinde ist knorrig, und die Äste sind trocken und brüchig.

Dieser Apfelbaum ist mehr für mich als nur eine sentimentale Kindheitserinnerung. Für mich ist er das Sinnbild eines einfachen und natürlichen Lebens. Was kümmert den Baum sein hohes Alter oder seine äußere Gestalt? In Einklang mit den Naturgesetzen bringt er Jahr für Jahr neue Blüten und Früchte hervor. Auch wenn die Äpfel dem Vergleich mit unseren glänzenden Supermarktprodukten nicht mehr standhalten können, denn sie sind oft wurmstichig und voller Flecken, so sind sie doch immer noch unvergleichlich herzhaft im Geschmack.

Die Natur kann uns Menschen auf ihre stille Art vieles lehren. Manchmal, wenn ich der Großstadthektik entfliehen will, wenn mir alles zu viel wird und ich merke, dass ich den gesunden Abstand zu den Dingen verliere, suche ich Ruhe und Erholung bei diesem alten Apfelbaum, der mich seine wortlose Weisheit erfahren lässt. Seine Botschaft scheint zu lauten: Mensch, lebe dich selbst; erfülle die Aufgabe, die die Natur für dich vorgesehen hat; und vor allem, bleibe gelassen und zufrieden, mögen auch Stürme um dich toben.

Etwas Ähnliches mag mein Partner, der Psychiater Dr. Smiley Blanton, gemeint haben, wenn er seinen Patienten den Rat erteilte: »Versuchen Sie, alles etwas leichter zu nehmen. Lassen Sie sich nicht durch jede Kleinigkeit aus der Ruhe bringen. Sie werden sehen, *wie sich alles zum Guten wendet,* wenn Sie gelassen bleiben und sich Ihren Sinn für Humor bewahren.«

Auch Ralph Waldo Emerson maß diesen Tugenden große Bedeutung bei. Um das Leben zu meistern, gelte es, so seine Überzeugung, stets eine heiter-gelassene Gemütsruhe zu bewahren und zu einer Selbst-Beherrschung im wahrsten Wortsinn zu gelangen.

Hektik fördert Negatives

Vor einiger Zeit verbrachten meine Frau und ich einen herrlichen Urlaub in Ostafrika. Wir besuchten die Länder Kenia und Tansania, wo wir einige wundervolle Fotosafaris unternahmen. Für zwei Wochen zogen wir uns vom hektischen Großstadttreiben zurück und wohnten in einer kleinen Hütte – weitab von jeder anderen menschlichen Behausung in der unberührten Weite der Serengeti-Steppenlandschaft. Wir standen frühmorgens bei Tagesanbruch auf und gingen abends – von den Anstrengungen des Tages angenehm müde – ebenso zeitig wieder zu Bett. Es gab weder Tageszeitungen noch Radio, Fernsehen, Telefon oder ähnliche Errungenschaften der Technik, die unsere Ruhe störten. Es war herrlich, zu erleben, wie all die Spannungen und der Druck des Alltags mit jedem Tag mehr von uns abfielen.

Nach dieser Erfahrung wirkte die Rückkehr in die »zivilisierte« Welt auf uns wie ein Schock. Durch unseren relativ kurzen Aufenhalt in der Einsamkeit hatten wir genügend Abstand gewonnen, um zu erkennen, wie unnötig im Grunde all die Schnelligkeit des heutigen Lebens ist. Es ist doch so: Die Schlagzeilen der Presse machen viel Lärm um nichts. Es vergeht fast kein Tag, an dem die Medien nicht jede Menge Staub aufwirbeln: Heute wird dieses zum brennendsten Thema erklärt und morgen jenes. Doch wie bald schon gerät es wieder in Vergessenheit, wenn die nächste Sensation auftaucht! Warum, so fragen wir uns nun, sollten wir uns von der ewigen Jagd auf Neuigkeiten anstecken lassen und uns mit den vielen anderen erhitzten Gemütern über alles ereifern? Waren denn die Neuigkeiten wirklich so sensationell? Wiederholte sich im Grunde nicht nur immer wieder dasselbe unter neuem Vorzeichen? Schon Sokrates, der große griechische Philosoph, erkannte vor über zweitausend Jahren, dass es nichts Neues unter der Sonne gibt.

Gleichmut fördert Positives

Ein Schlüsselbegriff für unser seelisches Gleichgewicht ist dem bedeutenden Arzt Sir William Osler zufolge der Gleichmut. Eine gleichmütige Haltung hilft uns, allen Aufregungen gegenüber locker und gelassen zu bleiben, was sich nicht zuletzt auch auf unseren körperlichen Gesundheitszustand auswirkt. Die Lebensphilosophie, die dem Gleichmut zugrunde liegt, lässt sich – auf einen kurzen Nenner gebracht – durch den folgenden Spruch kennzeichnen: »Nichts währt ewig.« Fast keine Nachricht, kein Ereignis, kein Unglück ist es wert, darüber die Fassung zu verlieren. So ist es meist nicht das Ergebnis selbst, das – sachlich gesehen – zur Besorgnis Anlass gibt, sondern es ist das Bild seiner Übersteigerung, das uns im Affekt erschrecken lässt.

Zum echten Gleichmut gehört aber auch ein gewisser Abstand zu sich selbst. Gewöhnlich wird der eigenen Person viel zu viel Gewicht beigemessen, wird alles, was uns selbst betrifft, viel zu ernst genommen. Die Folge: Wir lassen uns zu leicht aus der Ruhe bringen!

Dem in Wien praktizierenden Arzt Dr. Paul Dubois wurde nachgesagt, eine ungewöhnliche Methode zur Behandlung seelischer Leiden entwickelt zu haben. Seine Therapie bestand nämlich in der Anwendung gewisser sprachlicher Vorstellungen auf das jeweilige Leiden. Lebte beispielsweise ein Patient in ständiger Angst vor dem Versagen und fürchtete bei jeder Gelegenheit, sich der Lächerlichkeit preiszugeben, wurde ihm ein Begriff wie »Unverletzlichkeit« an die Hand gegeben, damit er sich diesen täglich laut vorsprach und so oft wie möglich über seine Bedeutung meditierte. Litt der Patient unter Verspannungen und Stress, erhielt er vielleicht einen Begriff wie »Gelassenheit« oder »Ruhe« zur Meditation.

Jene Wörter, die das Gegenteil der jeweiligen seelischen Störung zum Ausdruck brachten, erwiesen sich für den Heilungsprozess als ausgesprochen wirksam, so dass diese Methode sehr empfehlenswert scheint. Zu den meistverschriebenen »Heilwörtern« zählten ferner Begriffe wie »Harmonie«, »Gleichmut« und »Unerschütterlichkeit«.

Eine ganz ähnliche Funktion wie die Versenkung in Einzelbegriffe erfüllt auch die Meditation über Weisheiten der großen Dichter und Denker der Weltgeschichte – so etwa über die folgenden Worte des Marcus Aurelius:

Gräme dich nicht über den Lauf der Welt – die
Welt kümmert sich nicht um deinen Gram.

Oder:

Wie lächerlich und weltfremd wirkt ein Erstaunen
über irgendein Geschehnis, das im Leben auftreten mag.

Ebenso enthalten volkstümliche Sprichwörter oftmals eine tiefe Weisheit, die es zu beherzigen lohnt, wenn wir ausgeglichener werden wollen. Als Beispiel möchte ich diesen alten chinesischen Spruch anführen:

Gehe an eine Krise mit Muße heran.

Mit dem Gleichmut eng verknüpft ist ein Sinn für Humor. Mit Humor sind wir imstande, vieles auf die leichte Schulter zu nehmen, was andere bereits aus der Fassung bringt. Wer Spaß versteht und auch einmal über sich selbst lachen kann, wird viel leichter den erforderlichen Abstand zum Geschehen wahren können. Ein echtes Gespür für heitere Anlässe, für die Komik einer Situation kann uns und anderen oftmals Peinlichkeiten oder Ärger ersparen.

Gerade in potenziell belastenden Situationen kann Humor außerordentlich befreiend wirken – und er kann zu einer echten Lebenshilfe werden, wie im Falle von Onkel John:

Onkel John hatte bei einem schweren Unfall ein Bein verloren. Anfangs machten sich Nachbarn und Bekannte große Sorgen um ihn. Wie würde er mit seiner Behinderung zurechtkommen? Würde er, ganz abgesehen von der Schwierigkeit, sich an Prothese und Krücken gewöhnen zu müssen, mit der psychischen Belastung fertig werden? Oder würde er sich mehr und mehr von den anderen abkapseln?

Onkel John war jedoch einer von denen, die sich nicht so leicht aufgeben. Wenn die Kinder auf der Straße ihm neugierig nachliefen, um sein Holzbein zu bestaunen, war er weder ärgerlich noch gekränkt. Kinder sind Kinder, dachte er sich, und ließ sie sein Holzbein aus nächster Nähe in Augenschein nehmen. Er war imstande, freimütig und offen jederzeit über sein Befinden zu sprechen. Wenn jemand Witze über sein Holzbein machte, lachte er selbst am lautesten mit. Und schließlich legte Onkel John mit seiner Prothese vermutlich mehr Kilometer zurück als so mancher mit seinen gesunden Beinen.

Niemand braucht wegen einer Behinderung Hemmungen oder Scham zu empfinden. Das war auch die Lebensphilosophie meines Freundes Amos Parrish, der zu den größten Warenvertriebsexperten des Landes zählte. Amos hatte seit seiner Kindheit einen Sprachfehler: Er stotterte. Doch soweit ich zurückdenken kann, machte er sich nie etwas daraus. Im Gegenteil: Das Stottern war sein ureigenstes Attribut, sein »Markenzeichen«. Jeder, der ihn kannte, nahm Rücksicht auf diese Eigenart. Wenn er bei einem schwierigen Wort ins Stocken geriet, warteten die Zuhörer geduldig ab, bis er es herausbrachte, denn für das, was er dann sagte, lohnte sich gewöhnlich das Warten.

Sein Sprachfehler hielt ihn auch nicht davon ab, Vorträge zu halten. Einmal war ich als Zuhörer bei einer seiner glänzenden Reden anwesend. Erst sprach er eine geraume Weile lang flüssig und ohne jedes Stocken, doch dann stolperte er über das Wort »Cadillac«. Es wollte einfach nicht über seine

Lippen. Das Publikum schien seine Anstrengung nachzuempfinden, wie er darum rang, das verflixte Wort herauszubringen. »Ca-ca-ca-dillac! Ein Auto, das ich ka-ka-kaum aussprechen kann, geschweige denn ka-ka-kaufen!« Sie können sich unschwer vorstellen, wie das Publikum vor Vergnügen tobte!

Die Spielregeln des Lebens

Dwight D. Eisenhower, Oberbefehlshaber der alliierten Streitkräfte im Zweiten Weltkrieg und später Präsident der Vereinigten Staaten von Amerika, bewies durch seine Einstellung, dass die Leichtigkeit einer gelassenen und humorvollen Grundhaltung (die keineswegs mit Leichtfertigkeit zu verwechseln ist) einem Leben in höchster Verantwortung keineswegs widerspricht.

Seine große Beliebtheit verdankte er wohl nicht zuletzt der Tatsache, dass er sich in allen Lebenslagen seinen Sinn für Humor und seine warmherzige Natürlichkeit bewahrt hatte. Er war und blieb immer derselbe alte »Ike«, der Junge aus Abilene, auch wenn er sich an Schauplätzen von historischer Bedeutung bewegte.

Mir selbst war das Privileg vergönnt, diesen großartigen Menschen, der das genaue Gegenteil eines trockenen und bitterernsten Politikers verkörperte, einmal persönlich kennenzulernen, und zwar anlässlich einer großen Jubiläumsfeier der Polizei. Ich war frühzeitig dort eingetroffen, denn ich sollte im Rahmen der Feierlichkeiten eine kurze Ansprache halten, und nahm zunächst im Zuschauerraum Platz. Der Platz neben mir war reserviert, und zu meinem großen Erstaunen setzte sich kurze Zeit später Präsident Eisenhower höchstpersönlich neben mich. Er machte es mir mit seinem freundlichen, ungezwungenen Lächeln leicht, mit ihm ins Gespräch zu kommen.

»Es wäre vermessen von mir, eine Rede halten zu wollen«, bemerkte ich, »wo Sie selbst anwesend sind. Diese Ehre will ich gern an Sie abtreten.«

Doch er entgegnete fröhlich: »Wieso? Sie haben mir sicher etwas zu sagen. Ehrlich gesagt, ich glaube, ich kann Ihre Ratschläge sogar sehr gut gebrauchen!«

Eisenhower war zu den Feierlichkeiten erschienen, um eine Auszeichnung entgegenzunehmen. »Wissen Sie«, erklärte er mir augenzwinkernd, »schon als Kind hatte ich immer den Wunsch Polizist zu werden.«

Im Mittelpunkt der Feier stand eine Ordensverleihung an etwa einhundert Polizeioffiziere, die für besondere Verdienste geehrt werden sollten. Obwohl die Ehrung sich sehr lange hinzog, machte Eisenhower keinerlei Anstalten zu gehen. Er wohnte der Prozedur von Anfang bis Ende bei.

Währenddessen unterhielten wir uns im lockeren Plauderton über die verschiedensten Themen. Eine seiner scherzhaften Bemerkungen ist mir noch gut in Erinnerung: Er meinte, jeder, der eine Präsidentschaftskandidatur anstrebe, solle sich erst einmal auf seinen geistigen Gesundheitszustand untersuchen lassen. Doch auch Ernsteres kam zur Sprache. Als ich ihn fragte, wie er es schaffe, trotz der Last der Verantwortung, die sein Amt mit sich bringe, seine bewundernswerte Gelassenheit zu bewahren, erklärte er mir freimütig: »Ich vertraue auf Gottes Beistand. Wie könnte irgendjemand einer solchen Aufgabe gerecht werden, wenn er nicht Gottes Hilfe sicher wäre? Ich gebe tagsüber mein Bestes, und wenn ich mich dann schlafen lege, überantworte ich mich Gott im Gebet. Ich bitte ihn um Vergebung meiner Verfehlungen, danke ihm für seine Führung und seine Hilfe und vertraue mein Werk seinen Händen an.«

Eisenhower sah keinen Grund, sich wegen seiner Führungsposition für etwas Besonderes zu halten. Seine Philosophie war: »Das Schicksal hat mir diese und keine andere Aufgabe zugeteilt, um sie so gut auszuführen, wie ich irgend kann. Das gilt für mich wie für jeden anderen in seinem Bereich.«

Ich fragte Eisenhower, welchen Menschen er am meisten schätze.

Zu unserer Linken saß ein Dutzend der führenden Politiker des Landes. Mit einem spitzbübischen Lächeln deutete der Präsident in ihre Richtung: »Ich sage es ungern: Von den Herrschaften dort drüben ist es niemand.« Schnell fügte er jedoch hinzu: »Das soll nicht heißen, dass diejenigen, die in der Regierungsspitze tätig sind, keine großartigen Leistungen vollbringen.« Er sah mich an: »Spaß beiseite: Der Mensch, den ich am meisten auf der Welt schätzen gelernt habe, ist – meine Mutter. Sie besaß etwas, was heute etwas sehr Seltenes ist – eine natürliche, unverfälschte Lebensweisheit. Wie oft wünschte ich mir bei einer schwierigen Entscheidung den Rat meiner Mutter! Sie konnte gradlinig denken und verstand die menschliche Natur durch und durch. Ich entsinne mich noch gut, wie sie uns eines Tages eine goldene Lebensregel vermittelte, die mich mein Leben lang begleitet hat.

Es war zu Hause auf unserer Farm in Pennsylvania. Meine Mutter, meine Brüder und ich saßen am Küchentisch und spielten Karten. Ich glaube, das Spiel hieß ›Flinch‹, auf jeden Fall war es ein sehr altmodisches Spiel. Meine Mutter gab die Karten aus, und ich erhielt das miserabelste Blatt, das man sich nur vorstellen kann. Ich konnte mir an den Fingern abzählen, dass ich nicht die geringste Chance hatte, zu gewinnen. Als ich zu nörgeln und zu murren begann, legte meine Mutter die Karten auf den Tisch und sagte: ›Hört mir einen Augenblick zu. Ich möchte euch etwas Wichtiges sagen, insbesondere dir, Ike. Dies ist ein Spiel, aber es ist genau wie das Leben selbst. Mehr als einmal wird euch im Leben ein schlechtes Blatt ausgeteilt werden. Die Regeln aber besagen, dass man jedes Blatt, ohne zu murren, annimmt und das Spiel zu Ende spielt! Nicht das Gewinnen allein zählt, sondern der Mut zum Spielen, gerade wenn die Karten einmal nicht so ausfallen, wie ihr das euch gewünscht habt!‹«

Noch etwas anderes werde ich wohl nie vergessen. Als sich Präsident Eisenhower von mir verabschiedete, bedankte er sich bei mir für die angenehme Unterhaltung mit folgenden Worten: »Sie haben mir Gelegenheit gegeben, über Dinge zu sprechen, die mir viel bedeuten. Ich danke Ihnen für Ihr aufmerksames Zuhören. Gottes Segen mit

Ihnen!« Wie ein Mensch sich bei aller Größe und Berühmtheit eine solche Bescheidenheit, ja entwaffnende Demut bewahren kann, war eine Lektion, die mich noch lange beschäftigte.

Nicht die Vergangenheit, sondern die Zukunft zählt!

Ein anderer Mensch, der in seinem erfüllten und von Erfolg begleiteten Leben stets eine beispiellose Gelassenheit ausstrahlte, war mein Bruder Robert Clifford Peale. Bob war Arzt. Er war einst ein hochangesehener Chirurg, als ein namhafter Kollege ihn gerne als Nachfolger seiner gutgehenden Großstadtpraxis gesehen hätte – doch Bob entschied sich für das Leben in der Kleinstadt. Nichts konnte ihn von seinem Vorhaben abbringen, sich an einem kleinen Ort niederzulassen. Er spürte, er war wie geschaffen für ein Leben in einer kleinen, überschaubaren Gemeinschaft, wo jeder jeden kannte und an den Sorgen und Freuden der anderen teilnahm. Bob liebte die Menschen und hatte sich zum Ziel gesetzt, ihnen in ihren Sorgen und Nöten zu helfen, so gut er konnte. Er widmete sich seinen Patienten, ob Jung oder Alt, schwarz oder weiß, Arm oder Reich, mit gleichbleibender Sorgfalt und Geduld.

Als praktizierender Arzt, der mit Leiden aller Art konfrontiert wurde, wusste Robert um die schädigenden Folgen einer ungesunden Geisteshaltung. Tagtäglich konnte er in seiner Praxis erleben, wie viele Patienten durch Kummer oder Sorgen krank wurden. Er musste mit ansehen, wie das Brüten über vergangene Fehler die Menschen zermürbte, wie durch das wieder und wieder Durchspielen weit zurückliegender unangenehmer Erlebnisse ihre Schaffenskraft nachließ. Sein bewährtester Rat an seine Patienten lautete daher: »Nehmen Sie das Leben nicht so schwer. Verlassen Sie sich auf Ihren angeborenen Humor, der Ihnen hilft, das Vergangene weniger tragisch zu nehmen.« Wie jeder gewissenhafte Arzt, so setzte auch Bob – als wichtige Ergänzung zu Medikamenten – auf die seelische Therapie: »Grübeln Sie nicht länger nach über das, was geschehen ist. Schauen Sie nach vorn, in die Zukunft, dorthin, wo Ihre Hoffnungen liegen. Vertrauen Sie auf Gott, der uns die Fehler und Schwächen der Vergangenheit vergibt und der unser Leben in Liebe begleitet.«

Als Robert starb, kamen unzählige Trauergäste, um ihre Dankbarkeit zu zeigen und ihm die letzte Ehre zu erweisen. Ich saß gedankenverloren auf seinem Stuhl in der leeren Praxis. Vor mir lagen die Messinstrumente an ihrem gewohnten Platz. Nachdenklich nahm ich sein Stethoskop in die Hand. Mit diesem Instrument hatte er fünfundvierzig Jahre lang den Herzschlag unzähliger Menschen verfolgt. In Gedanken hörte ich noch einmal seine Ratschläge: »Lockert eure Spannungen. Schaut zum Himmel auf und in die Natur. Lasst die Schönheit der Berge, der Blumen, der Wiesen und Wälder auf euch wirken. Sie hilft euch, Gottes Frieden zu empfinden.« Ich riss mich los aus meinen Grübeleien und trat aus den alten Praxisräumen wieder ans Sonnenlicht. »Hör auf zu trauern!«, schien er mir zu sagen, und ich spürte, wie mein Kummer über den erlittenen Verlust einem Gefühl des Friedens und der Dankbarkeit wich. Ich war dankbar, diesen Menschen zum Bruder gehabt zu haben. Als letzte »Verordnung« an mich nahm ich seine oft gehörten Worte mit auf den Weg: »Hänge nicht an der Vergangenheit, sondern schau nach vorn, dorthin wo die Zukunft liegt. Und bewahre deinem Herzen Frieden!«

Nehmen Sie sich selbst nicht zu ernst!

Humor und Gelassenheit machen sich besonders in heiklen Situationen stets bezahlt. Wer über sich selbst lachen kann, hat bald die Lacher auf seiner Seite. Ein Scherz oder eine zwanglose, humorvolle Bemerkung verschaffen uns den nötigen Abstand zu uns selbst, wie sie auch dazu beitragen, in der Luft liegende Spannungen aufzulösen. Lassen Sie daher Ihre Mitmenschen gelegentlich wissen, dass Sie auch imstande sind, über Ihre eigenen Fehler und Schwächen zu lachen, und dass Sie sich nicht alles, was Ihre eigene Person betrifft, gleich zu Herzen nehmen.

Ich musste in meinem Leben immer wieder erfahren, dass die meisten Menschen einem Geistlichen äußerst reserviert und skeptisch, wenn nicht gar feindselig begegnen. So oft ich in meiner langjährigen Tätigkeit auch Vorträge bei Handelstagungen, Geschäftsversammlungen und Marketingkursen gehalten habe, so hörte ich doch immer wieder den überraschten Protest laut werden: »Wieso soll ausgerechnet ein Geistlicher auf unserer Tagung eine Rede halten?« Meisten ist das Publikum auch entsprechend kritisch und ablehnend, so dass ich mir im Laufe der Zeit angewöhnt habe, gleich zu Anfang eines Vortrags die erwartete Kritik vorwegzunehmen. Das kann geschehen, indem ich eigene Schwächen offenbare oder eine passende Anekdote zum Besten gebe. Zur Auflockerung der Atmosphäre schildere ich meinem Publikum einleitend auch gerne die folgende Begebenheit:

Einmal war ich als Redner zur Jahresversammlung der Nationalen Bankiersvereinigung eingeladen. Es war schon spät, als ich das Hotel betrat. Die Festgesellschaft war bereits zum Diner im Speisesaal versammelt. Ich beeilte mich deshalb, auf mein Zimmer zu gehen und mich umzuziehen. Als ich mit dem Fahrstuhl wieder hinunterfuhr, begegnete mir einer der Bankiers, der sich anscheinend von seinen Kollegen abgesondert hatte.

Seine schwankenden Bewegungen ließen unschwer erkennen: Er war bereits ordentlich betrunken. Sein unsteter Blick taxierte mich mehrmals. Da er meinem Äußeren keinerlei Hinweis auf meine Funktion entnehmen konnte, zog er mich gleich vertraulich ins Gespräch. Er wollte wissen, was ich mit dem angebrochenen Abend vorhatte. Ich antwortete ihm wahrheitsgemäß, dass ich mich auf dem Weg zu der Bankiersversammlung befand, worauf er mit deutlichem Unwillen abwinkte und mit gelangweilter Miene sagte: »Ach, da ist doch nichts los! Eigentlich müsste ich ja auch dorthin, aber ich habe keine Lust auf dieses ganze unnütze Gerede.«

»Warum soll dort nichts los sein?«, fragte ich harmlos.

»Stellen Sie sich vor!«, redete er auf mich ein. »Da haben die doch für heute Abend einen Prediger aus New York engagiert!«

»Was Sie nicht sagen?«

»Wieso ausgerechnet ein Kirchenmensch die Rede halten soll, ist mir unverständlich. Ich kann mir keinen anderen Reim drauf machen, als dass denen das Geld ausgegangen ist.«

»Ich denke«, sagte ich,« dass ich trotzdem dort hingehe. Was sollte ich auch sonst machen?«

Das schien er nicht begreifen zu können. Also wiederholte er noch einmal mit Nachdruck: »Ich sage Ihnen, das ist alles nur unnützes Geschwätz!«

»Vielleicht kann ich selbst aus dem ›unnützen Geschwätz‹ noch etwas lernen«, gab ich zurück.

Nach diesem Wortwechsel ging jeder seiner Wege. Als ich später an das Rednerpult trat, entdeckte ich ganz hinten im Publikum meine Zufallsbekanntschaft aus dem Fahrstuhl wieder. An seinem bestürzten Gesicht sah ich, dass auch er mich wiedererkannt hatte.

Im Anschluss an den Vortrag bahnte sich der Bankier einen Weg zu mir nach vorn. Ein Spielverderber schien er nicht zu sein. Er reichte mir die Hand und sagte: »Schlagen Sie ein! Hatten wir nicht beide recht? Wie Sie sehen, bin auch ich erschienen, um aus dem ›unnützen Geschwätz‹ etwas zu lernen.«

Es muss keineswegs immer das Geistreichste und Originellste sein, womit wir zur Auflockerung einer Situation beitragen. Was zählt und seine Wirkung selten verfehlt, sind die Bereitschaft und der gute Wille zum gegenseitigen Verständnis.

Eine wundervolle Eigenschaft

Unerschütterlichkeit ist eine der wundervollsten Eigenschaften, die ein Mensch besitzen kann. Wer sich nicht erschüttern lässt, kann all den täglichen Ärger und die vielen kleinen Aufregungen wie Wassertropfen an sich abperlen lassen. Dabei bedeutet eine unerschütterliche Haltung keineswegs, dass wir unsere Pflichten und Aufgaben nicht ernst nehmen und nicht gewissenhaft erledigen. Doch sobald wir gelernt haben, die natürliche Entwicklung des Geschehens in heiterer Gelassenheit abzuwarten, schwinden unnötiger Druck und Spannungen wie von selbst. Wenden wir also unsere Kraft und unsere schöpferische Intelligenz auf die Dinge an, die wir ändern oder verbessern können, und akzeptieren wir andererseits gelassen das Unvermeidliche.

Wie es aussieht, wenn man sich über wirklich alles aufregt und etwas mit Gewalt erzwingen will, führte mir ein New Yorker Taxifahrer vor Augen. Er war so reizbar und schlecht gelaunt, wie man nur sein kann. Der unglaubliche Verkehr schien ihm den letzten Nerv zu rauben. Er fühlte sich ständig von den anderen Verkehrsteilnehmern behindert, geschnitten, bedroht. Unablässig machte er seinem Unmut Luft, indem er ärgerlich hupte oder seinen Kopf aus dem Fenster streckte und heftig fluchte.

Vorn am Armaturenbrett war ein Schild angebracht, auf dem zu lesen war: »Wer in diesem Chaos den Kopf nicht verliert, versteht nicht den Ernst der Lage!« Ich beobachtete meinen übernervösen Fahrer, während wir im Schneckentempo vorwärtskrochen. Dann schrieb ich etwas auf eine Karte, die ich ihm beim Bezahlen überreichte.

»Was soll das bedeuten?«, fragte er und studierte langsam den Text.

Ich hatte einen Vers aus *Jesaja* (26,3) aufgeschrieben: »Wer festen Herzens ist, dem bewahrst du Frieden: denn er verlässt sich auf dich.«

Er schaute mich an und sagte: »Das klingt gut. Woher haben Sie das?«

»Aus einem Buch«, antwortete ich, »das unter anderem die Botschaft enthält, das Leben mit Gelassenheit zu nehmen.«

Als ich mich noch einmal umblickte, stand der Wagen noch an derselben Stelle. Der Fahrer war in Gedanken versunken, während um ihn herum das Gehupe und der Lärm weitergingen. Vielleicht war er dem Geheimnis der Gemütsruhe eines festen Herzens ein Stück nähergekommen?

Was auch immer uns bedrängt, wir alle können lernen, es in Gleichmut und innerer Ruhe hinzunehmen.

Selbst das Wetter ist ein Faktor, der unsere Gemütsverfassung erheblich beeinflussen kann. Die meisten Menschen geraten bei schlechtem Wetter allzu leicht aus der Fassung und – was noch schwerer wiegt – stecken andere mit ihrer Unzufriedenheit an. Doch es gibt auch Ausnahmen, wie mir ein Mann in Saint Louis einmal zeigte:

Die Temperaturen waren auf den Gefrierpunkt gesunken. Ich wollte nach Kansas City, doch da der Flugverkehr eingestellt war, blieb mir nun nichts anderes übrig, als die Bahn zu benutzen.

Beim Begleichen der Rechnung sagte der Empfangschef meines Hotels: »Sehen Sie nur das Unwetter dort draußen. Ein scheußliches Wetter heute!« Vom Portier bekam ich die gleichen Worte zu hören, und auch der Hotelchauffeur brummte mürrisch: »Schrecklich, dieses scheußliche Wetter heute!«

Am Bahnhof empfing mich ein griesgrämiger Gepäckträger mit den Worten: »Ein scheußlicher Tag, nicht wahr?« Überall wurden dieselben Klagen über das Wetter laut.

Auf dem Bahnsteig fegte mir ein eisiger Wind Schnee- und Regenschwaden in Gesicht und Nacken. Da hörte ich meinen Namen rufen. Ein großer Mann, mit einem leichten, nicht einmal zugeknöpften Regenmantel bekleidet, kam auf mich zu. Er schien ausgesprochen guter Laune zu sein. »Guten Morgen!«, begrüßte er mich strahlend. »So ein herrlich scheußliches Wetter heute!«

Er begleitete mich zu meinem Zugabteil. »Das klingt sehr merkwürdig, was Sie da sagen«, bemerkte ich.

Er sah mich mit einem Augenzwinkern an. »Aber es entspricht den Tatsachen. Da alle über das scheußliche Wetter einer Meinung sind, ist es für mich eben ein herrlich scheußliches Wetter.«

Dann fuhr er fort: »Diese Haltung kenne ich nur allzu gut. Ich selbst war der schlimmste Griesgram, den man sich nur vorstellen kann. Meine negative Einstellung bezog sich auf alles und jedes, auf Ereignisse, Menschen, Umstände. An allem sah ich das Negative und Unangenehme. Gleichzeitig war es für mich selbst eine schlechte Zeit, denn ich war ständig gereizt und nervös – bis ich eines Tages meine Lektion lernte. Ich begriff: Unsere Denkweise ist es, die uns den größten Schaden zufügen kann! Da unternahm ich einen gründlichen ›inneren Hausputz‹ und fegte sozusagen die ungesunden Muster aus meinem Denken fort. Ich hatte gelernt, dass alles anders aussah, sobald ich selbst nicht mehr so verkrampft und unmotiviert an die Dinge heranging. Und – ich fand meinen Sinn für Humor wieder ...«

Das konnte ich nur bestätigen, denn wie sonst könnte jemand auf so eine ausgefallene Wendung wie »herrlich scheußliches Wetter« kommen?

Hier noch einmal zur Erinnerung die Schwerpunkte des Kapitels:

- Lassen Sie sich von all den Schlagzeileni um Sensationen und Katastrophen nicht verrückt machen! Vieles ist gar nicht so sensationell und verdient es nicht, dass Sie sich darüber aufregen.
  Denken Sie an Sokrates, der sagte: »Es gibt nichts Neues unter der Sonne.«
- Nehmen Sie sich Begriffe wie *Gelassenheit, Unerschütterlichkeit* und *Gleichmut* als meditative Übung vor. Sie werden in ihnen ein ausgezeichnetes Gegengewicht gegen Stress und Hektik finden.
- Bewahren Sie sich Ihren Sinn für Humor. Es gibt nichts, was Sie so leicht aus der Ruhe bringen müsste.

- Lernen Sie, den Abstand zur eigenen Person zu wahren, indem Sie auch einmal über sich selbst lachen.
- Akzeptieren Sie das Blatt, das das Leben Ihnen zuteilt, und spielen Sie es ohne Murren zu Ende.

KAPITEL 14

Die Kunst, über allen Schwierigkeiten des Lebens zu stehen

Auch über dem letzten Kapitel dieses Buches steht wieder der Leitgedanke: Der Mensch ist imstande, sein Leben zu meistern, sobald er sich auf die schöpferischen Fähigkeiten in seinem Inneren besinnt und, was das Wichtigste ist, ihnen vertraut! *Sie können, wenn Sie glauben, es zu können* – so lautet meine Botschaft an Sie.

Diese Formel enthält alles, was Sie benötigen, um Ihre Probleme fest in den Griff zu bekommen. Statt sich in Schwierigkeiten verstricken oder sich gar von ihnen erdrücken zu lassen, sind Sie imstande, sich über sie zu erheben. Wer die Wahrheit dieses kraftvollen Lebensprinzips einmal an sich erfahren hat, der wird sich auch angesichts einer vorübergehenden Niederlage, auch in schweren Zeiten, nicht mehr so leicht erschüttern lassen, weil er weiß: Aus jeder Schwierigkeit führt ein Weg heraus!

»In allen Lebenslagen«, so sagte schon Johann Wolfgang Goethe, »ist es besser zu hoffen als zu verzweifeln.« Die Hoffnung auf den letztendlichen Erfolg spielt die entscheidende Rolle im Umgang mit unseren Problemen. Aus ihr erwächst uns die Kraft für einen neuen Versuch nach jedem Scheitern, denn sie fußt auf der Überzeugung, dass immer ein neuer Anfang möglich ist.

Die Flut kehrt immer zurück

Vor Jahren sah ich im Empfangszimmer eines großen Büros einen alten Druck an der Wand, den ich weder als schön noch als künstlerisch besonders wertvoll bezeichnen würde. Seinem Besitzer schien das Bild jedoch sehr viel zu bedeuten, denn es hing an einer zentralen Stelle im Raum, wo es jeder sah. Im Vordergrund des Bildes war ein altes, verwittertes Boot abgebildet, das einsam und verlassen am Strand lag.

Es war Ebbe. Nur eine glitzernde Linie im Hintergrund ließ das ferne Meer erahnen. Auf dem Bild fehlte jedes Leben, jede Bewegung. Es machte auf mich einen recht trostlosen Eindruck.

Ich fragte den Besitzer, warum er sich ausgerechnet dieses Bild in sein Zimmer gehängt hatte, und erhielt folgende Antwort: »Der Beginn meiner beruflichen Laufbahn fiel in eine sehr schwere Zeit. Alles schien sich gegen mich verschworen zu haben. Hinzu kamen Schwierigkeiten im Privatleben. Da sah ich eines Morgens – ich war gerade bei einem Klienten zu Besuch – dieses Bild an der Wand hängen. Während ich noch warten musste, betrachtete ich es gedankenverloren. Unter dem Bild stand: ›Die Flut kehrt immer zurück.‹ Das gab mir zu denken. Ich malte mir aus, wie die Flut das verlassen daliegende Boot zu neuem Leben erweckte. Im gleichen Moment durchfuhr mich der Gedanke: Auch für mich kehrt die Flut wieder zurück! Unmittelbar spürte ich, wie eine kraftvolle Welle der Hoffnung mich durchflutete und mir neuen Auftrieb gab.

Nach der geschäftlichen Unterredung sprach ich den Klienten auf das Bild an. Ich fragte ihn, ob er es mir nicht verkaufen oder vermachen wolle, und versicherte ihm gleichzeitig, es in Ehren zu halten.

Viele Jahre später, nach dem Tod dieses Mannes, bekam ich das Bild tatsächlich. Er hatte meine Bitte nicht vergessen und es mir vermacht! So kam es hierher.«

Bei aller Trostlosigkeit, die das Bild auf den ersten Blick ausstrahlte, enthielt es doch eine wundervolle Botschaft, die

Botschaft der Hoffnung. Wer die Vorstellung der zurückkehrenden Flut verinnerlichen kann, wird in dieser Hoffnung eine ständige Kraftquelle finden, die ihn zum Weitermachen, ja, zum Weiterkämpfen trotz größter Widrigkeiten motiviert.

Welche großartige, lebenserneuernde Kraft aus dem Prinzip der Hoffnung erwachsen kann, zeigt auch die Lebensgeschichte Audrey Bragas:

Frau Braga war mit ihrem Mann Paul bei mir zu Gast, als sie von ihrem schweren Schicksal berichtete. »Im Grunde bin ich erst zwölf Jahre alt«, sagte sie, »auch wenn ich nach dem Kalender bereits fünfundfünfzig Jahre zähle.« Wie ihr Mann bestätigte, war sie vor zwölf Jahren zu einem völlig neuen Leben erwacht.

In ihrer Jugend hatte Frau Braga an einer schweren Erkrankung der Hirnanhangdrüse gelitten, die mit Röntgenstrahlen behandelt werden musste. In der Folgezeit waren unvorhergesehene Nebenwirkungen aufgetreten, die schwere Schädigungen ihrer Gehirnzellen verursacht hatten. Sie vegetierte nur noch dahin, ohne eine Möglichkeit, sich mitzuteilen.

Später wurde durch eine neurochirurgische Operation eine gewisse Besserung herbeigeführt. Ihr Sprachvermögen und ihre Fähigkeit zu lesen wurden wiederhergestellt, doch insgesamt gesehen blieben ihre geistigen Fähigkeiten auf der Entwicklungsstufe eines Kindes. Noch viele Jahre nach der Operation war ihr ihre geistige Beschränkung schmerzlich bewusst.

Eines Tages entdeckte sie in einem französischen Kunstmagazin einige chinesische Gemälde. In dem begleitenden Artikel wurde der Unterschied zwischen westlicher und östlicher Kunst erläutert. Während die Kunst der westlichen Welt in erster Linie die Sinne anzusprechen suche, wende sich die traditionelle chinesische oder auch japanische Kunst an die intuitiven Fähigkeiten und versuche, den menschlichen Geist in seiner Gesamtheit zu stimulieren.

Wenn das zutraf, war es genau das, was sie suchte! Seit Jahren bemühte sie sich verzweifelt, einen Weg zur Weiterentwicklung ihrer Geisteskräfte zu finden.

An dieser Stelle ihres Berichts packte Audrey einige chinesische Rollbilder aus, erlesene Feder- und Tuschzeichnungen auf feinstem Seidenuntergrund. Es war kaum glaubhaft, dass die kunstvollen Bilder, die sie vor meinen Augen ausrollte, ihre eigene Schöpfung sein sollten!

Der Zeitungsartikel hatte den ersten Anstoß geliefert. Zäh und hartnäckig hatte Audrey fünf Monate lang an ihrem ersten Versuch gearbeitet, ein chinesisches Meisterwerk in allen Einzelheiten abzumalen. Dann nahm sie Zeichenunterricht und begann binnen Kurzem, auch eigene Motive zu gestalten. Es war wirklich erstaunlich, welch ungeahntes künstlerisches Talent sich in ihren Werken offenbarte.

Eine Ausstellung von etwa hundert ihrer Bilder in der Stadthalle von Hongkong erregte sogar unter Kennern einiges Aufsehen. Namhafte Künstler bestätigten Audrey Braga immer wieder begeistert ihre außerordentliche Begabung. Ihre eigene Erklärung dieser Entwicklung war: »Ich suchte einen Weg, und ich fühlte, es gab diesen Weg. Mit einemmal wusste ich: Das Geheimnis dieses Weges liegt in meinem Inneren. Davon tief überzeugt und daran glaubend, strömten mir plötzlich ungeahnte Kräfte zu, Kräfte, die ich zuvor nicht gekannt hatte.«

Wohl jeder von uns muss mit so manchem Unglück zurechtkommen. Vielleicht durchleben Sie gerade jetzt eine schwierige Phase? Fassen Sie Mut, denn Sie sind imstande, die Gegebenheiten zu ändern. Denken Sie daran, dass jede Notlage neue Chancen in sich birgt. Wer die Hoffnung nicht aufgibt und sich wachhält für neue Möglichkeiten, wird sie auch finden. Schon der große griechische Philosoph Aristoteles, der Lehrer Alexanders des Großen, sagte: »Der Mensch erwirbt sich eine neue Fähigkeit, indem er auf neue Art und Weise handelt.«

Ob die Flut wieder zurückkehrt oder nicht, hängt nicht zuletzt von unserer inneren Haltung ab. Öffnen wir uns dafür, an den positiven Ausgang zu glauben und mit unserem Denken und Handeln darauf hinzuarbeiten!

Übermenschliche Kräfte

Wir machen uns meist keine rechte Vorstellung von den unermesslichen Kräften, die in uns walten. Ich bin sicher, dass der Farmer, von dem in dem nächsten Beispiel die Rede sein wird, seine eigene Leistung ebenso wenig für möglich gehalten hatte wie Sie oder ich. Doch er vollbrachte das Außergewöhnliche, weil ihm in der schlimmsten Krise gewaltige Kräfte zur Hilfe kamen:

Der Farmer stand vor seinem Stall und sah zu, wie der kleine Kombiwagen quer über die Felder fuhr. Sein vierzehnjähriger Sohn saß am Steuer. Da der Junge so versessen aufs Autofahren war, ließ der Vater ihn gewähren, solange er auf dem Farmgelände blieb. Plötzlich bemerkte der Farmer zu seinem großen Entsetzen, wie der Wagen auf einmal in den Wassergraben raste und sich dort überschlug. Er rannte zur Unfallstelle. Sein Sohn war unter dem umgestürzten Auto eingeklemmt! Sein Kopf befand sich unter Wasser!

Ohne eine Sekunde Zeit zu verlieren, sprang der Farmer in den Graben. Er bekam den Wagen von unten zu fassen und hob ihn hoch – gerade genug, dass ein herbeigeeilter Farmarbeiter den Jungen unter dem Auto hervorziehen konnte.

Wenig später traf der Arzt ein und behandelte den Jungen, der, abgesehen von einigen Abschürfungen und Prellungen, glimpflich davongekommen war.

Nun, als die unmittelbare Gefahr vorüber war, begann der Vater, der übrigens mit einem Meter sechzig und hundertvierzig Pfund gewiss kein muskelbepackter Riese war, sich zu wundern. Es bestand kein Zweifel: Er selbst hatte den Wagen eigenhändig hochgehoben. Wie war das möglich? Er versuchte es noch einmal. Diesmal jedoch, so sehr er sich auch anstrengte, konnte er den Wagen keinen Zentimeter von der Stelle bewegen.

Der Arzt meinte zu diesem Phänomen lediglich, dass der menschliche Organismus in einer lebensbedrohlichen Krise mitunter übermenschliche Kräfte freisetzen könne. Bekanntermaßen spielt in einem solchen Prozess der Wirkstoff

Adrenalin, der im Nebennierenmark produziert wird, eine große Rolle.

Wie auch immer die Wissenschaft diese Zusammenhänge beschreibt, für uns zählt in erster Linie die Botschaft, dass diese wunderbaren Kräfte unterschwellig bereits in uns allen vorhanden sind. Es bedarf nur eines geeigneten Auslösers, um sie im erforderlichen Moment zur Entfaltung zu bringen.

Das gewisse Maß an Mut

Nicht nur Krisen setzen ungeahnte Kräfte frei. Im Grunde kann alles dazu dienen, die Kraftreserven in unserem Inneren freizusetzen. William H. Danforth, Direktor eines bedeutenden Industrieunternehmens, war noch sehr jung, als er dank seines verständnisvollen Lehrers den Zugang zu seinem inneren Kräftepotenzial fand.

Er war immer schwach und gebrechlich gewesen. Da er ständig kränkelte, hatte er sich bereits im Jungenalter damit abgefunden, als »chronischer Halbinvalide« zu gelten.

Eines Tages appellierte der Lehrer an seinen Mut. »Habe den Mut, die Erkältungen und das Fieber aus deinem Körper zu vertreiben!«, forderte er ihn auf. »Fülle deine Lungen mit frischer Luft, ernähre dich gesund und trainiere deine Muskeln. Traue dich, gesund und stark zu werden, vielleicht sogar der stärkste der Klasse!«

Offensichtlich gehört ein gewisses Maß an Mut dazu, die eigenen Kräfte in bisher unbekannter Weise zu aktivieren. Genau das erlebte William Danforth nun an sich selbst. »Ich spürte, wie mein Blut regelrecht in Wallung geriet«, erinnerte er sich, »als ob es auf die Herausforderung antworten wollte. Eine Welle von Kraft flutete durch meinen Körper. Bis in die Fingerspitzen spürte ich ein Kribbeln. Ich weiß nicht wie, aber es gelang mir, das krank machende Gift aus meinem Körper zu vertreiben und mit jedem Tag kräftiger zu werden. Später nahm ich es tatsächlich in so mancher Prügelei mit den stärksten unserer Klasse auf. Seit jenem Tag habe ich keine Unterrichtsstunde, kein Spiel, keine Gelegenheit mehr aus Krankheitsgründen versäumt.«

Es war eine wunderbare Erfahrung, die ihn sein Leben lang begleitete. Wenn sich Gelegenheit bot, gab er sie auch gern an andere weiter, beispielsweise an den jungen Mann, der als Schlosser bei einer Elektrofirma arbeitete. Dieser junge Mann war sehr frustriert, weil andere seines Alters, die ihren Collegeabschluss gemacht hatten, um so viel bessere Berufs- und Aufstiegsmöglichkeiten hatten. William Danforth, der ihn nur allzu gut verstand, forderte ihn auf: »Haben Sie Mut! Trauen Sie sich, Ihre Arbeit zu kündigen, um Ihren Schulabschluss nachzuholen!«

Seine Worte wirkten, denn sie motivierten den jungen Mann, sich für seine Ambitionen einzusetzen. Er absolvierte erfolgreich sein Studium und fand eine ausgezeichnete Stelle als Elektroingeneur.

Ich möchte auch Ihnen diesen Rat weitergeben: Haben Sie Mut, Ihre verborgenen Kräfte zu wecken und Ihre Pläne in die Tat umzusetzen! Sie tragen die Anlagen in sich, über sich hinauszuwachsen. Setzen Sie daher Ihre Ziele nie zu niedrig, trauen Sie sich, große Träume und Wünsche zu haben. Wagen Sie das Neue, und Ihre Kräfte werden Sie nicht im Stich lassen.

Einmal traf ich William H. Danforth, als er bereits sechsundachtzig Jahre alt war, in der überfüllten Empfangshalle eines Hotels in Saint Louis wieder. Seine ausgezeichnete Gesundheit und gute körperliche Kondition riefen allgemeine Bewunderung hervor. »Verraten Sie mir Ihr Geheimnis«, bat ich ihn, »wie Sie so fit geblieben sind.« Zur Antwort führte er mir an Ort und Stelle die verschiedensten Lockerungs- und Turnübungen vor. Die anderen Hotelgäste, die stehen blieben und ihm interessiert zuschauten, schienen ihn nicht zu stören. Er überredete sie sogar kurzerhand zum Mitmachen. Nachdem so eine halbe Stunde vergangen war, sagte Danforth: »Das eigentliche Geheimnis liegt jedoch nicht im körperlichen, sondern im ständigen geistigen Training.«

Ein altes Sprichwort sagt: »Wenn das Schicksal dir einen Degen zuwirft, gibt es zwei Möglichkeiten, ihn zu fangen, nämlich bei der Klinge oder beim Heft.« Nun können wir uns unschwer ausmalen, was geschähe, wollten wir nach der Klinge greifen. Fassen wir aber den Degen am Heft, wird er zu einer zweckmäßigen Waffe in unserer Hand. Er wird zu einem wirksamen Instrument im Kampf gegen alle Arten von Hindernissen, die sich uns in den Weg stellen.

In diesem Sinne appelliert der Spruch an unseren Mut, die Herausforderung anzunehmen. Haben wir das getan, werden uns unsere inneren Kräfte zur Hilfe kommen. Das Leben fordert uns auf, unsere Kräfte an den Hindernissen zu messen, ja an jedem Hindernis kräftiger werden zu lassen. Diesen Gedanken drückte mein alter Freund George Cullum, ein Bohrunternehmer, so aus: »Ist das Gestein hart, werden wir härter als der Stein. Ist die Arbeit hart, werden wir härter als die Arbeit.«

Demnach gibt es keinen Grund, Schwierigkeiten auszuweichen oder vor Hindernissen zu kapitulieren. Sie ermöglichen uns unsere Weiterentwicklung und die Entfaltung unseres Potenzials. Das scheint auch die Einstellung all derer zu sein, die ein Nein nicht als Antwort akzeptieren.

Wie-Denken statt Wenn-Denken

Bei einer Zusammenkunft mit einigen Geschäftsfreunden unterhielt ich mich mit Elmer Dill, dem Direktor einer großen Versicherungsgesellschaft, über Fragen der Leistung und der Motivation. Elmer Dill gab einen Einblick in die Praxis und schilderte, wie die Berufsanforderungen eines Versicherungsagenten aussehen. »Wir brauchen Leute mit vielseitigen Interessen. Wer bei uns Erfolg haben will, muss neben einer guten körperlichen Verfassung das Fachwissen eines Rechtsanwalts und Steuerberaters gleichzeitig mitbringen. Umso besser, wenn er sich außerdem noch auf Immobilienplanung versteht. Doch genauso entscheidend ist eine gewisse Resistenz gegenüber dem Wörtchen ›nein‹. Nicht umsonst gilt in der Verkaufsbranche das geflügelte Wort: *Der Verkauf beginnt, wenn der Kunde nein sagt.*«

Im Verlauf der Unterhaltung kamen wir auf die spektakuläre Laufbahn des Großverlegers Roy Thompson zu sprechen. Aus eigener Kraft hatte der gebürtige Kanadier sich von der Pike auf zu einem der größten internationalen Zeitungsmagnaten heraufgearbeitet. »Sein eingeschränktes Sehvermögen«, mutmaßte Elmer Dill, »war sein größter Vorteil. Es muss geradezu ein Segen für ihn gewesen sein, all die Mauern und Hürden, die ihn umgaben, gar nicht erst wahrzunehmen.«

Ausschlaggebend für den Berufserfolg sei ferner, laut Elmer Dill, die Einstellung zu unerwarteten Hindernissen und Schwierigkeiten. »Wir bemühen uns, unsere Nachwuchskräfte zu Wie-Denkern statt zu Wenn-Denkern zu erziehen.«

Was damit gemeint war, erläuterte er mir so: »Der Wenn-Denker grübelt ständig über Wenn und Aber nach. Bei jedem Fehler, der ihm unterläuft, fragt er sich aufs Neue: Was wäre gewesen, *wenn* ich dieses getan oder jenes unterlassen hätte? Er verliert sich in müßigen Spekulationen darüber, was er hätte tun können, *wenn* die Bedingungen andere gewesen wären, *wenn* Herr Soundso ihn nicht so ungerecht behandelt oder *wenn* er mehr Zeit gehabt hätte. Es gibt unzählige Beispiele für diese Denkweise, und allesamt führen sie zu nichts.

Der Wie-Denker hingegen hält sich nicht lange mit Grübeleien auf. Während er nach vorn schaut, beschäftigt ihn das *Wie* einer Aufgabenstellung. *Wie* finde ich die beste Lösung? *Wie* mache ich mir die ungünstigen Umstände zunutze? *Wie* kann ich den zurückliegenden Misserfolg in sein Gegenteil umkehren? Das ist die Art zu denken, die wir unseren Leuten beibringen, »damit sie ihre Zeit nicht mit unnützem Lamentieren vergeuden, sondern die Bewältigung ihrer Aufgaben in Angriff nehmen«.

Die drei Fallen des Denkens

Wenn wir scheinbar grundlos an unseren Aufgaben scheitern oder gesteckte Ziele nicht erreichen, sollten wir überprüfen, ob wir nicht zum Opfer der drei Fallen des Denkens geworden sind, nämlich dem Denken in Begriffen von Unzulänglichkeit, Beschränkung und Verlust. Wo immer wir hinhören, werden Gedanken laut wie die folgenden: Es fehlt an Begabung, an den nötigen Mitteln, es fehlt die Gelegenheit, es ist nicht genug Geld (oder Zeit) vorhanden. Oder achten Sie einmal darauf, wie oft wir mit unseren Denkmustern uns selbst oder anderen Beschränkungen auferlegen und viel zu enge Grenzen stecken. Denken Sie hier nur an Wendungen wie: So etwas kann ich nicht, meine Bildung reicht nicht aus, ich habe kein Talent dafür, er ist zu alt, es ist unmöglich.

Erst durch diese Denkweisen findet ja die eigentliche Beschränkung statt! Wenn wir solche und ähnliche Gedanken unkritisch übernehmen, sie nicht hinterfragen, breiten sie sich sowohl in unserem bewussten wie auch in unserem unbewussten Denken aus, bis sie uns vollends beherrschen.

Die dritte Falle ist die des Verlustdenkens, zumeist an ein nachträgliches Bedauern gekoppelt: Das Geld (oder der Einsatz) ist verloren, die Arbeit war umsonst, die Ernte ist verloren, die Gelegenheit wurde nicht genutzt. Wohin wir schauen, sind wir von diesem Denken umgeben.

Nun sollen Sie aber keineswegs die Augen vor der Realität verschließen, denn es lässt sich schließlich nicht verleugnen, dass Unzulänglichkeit, Verlust und Beschränkung Gegebenheiten unseres Lebens sind. Nur: Diese Betrachtungsweise sollte Sie nicht völlig beherrschen, denn sie zeigt nicht das ganze Bild.

Wie wunderbar und heilsam ist es für eine realistische Denkweise, wenn jemand sagt: Natürlich gibt es Elend und Not, aber es gibt auch Wohlstand und Glück. Es gibt Krankheit, aber auch Gesundheit. Wo es Verluste gibt, gibt es auch Gewinn. Wo es Grenzen gibt, besteht auch die Möglichkeit, sie zu erweitern. Wo Beschränkung ist, gibt es auch ein Darüberhinauswachsen.

Wenn Sie sich der gefährlichen Wirkung der Denkweise, die sich stets nur auf das Schlechte konzentriert, bewusst geworden sind, haben Sie den wichtigsten Schritt zur Vermeidung dieser Falle bereits getan. Wo immer etwas Negatives geäußert wird, können Sie ein vorhandenes Positives dagegensetzen. Bewahren Sie sich also Ihren Blick für das Gute und Schöne. Setzen Sie der Unzulänglichkeit das Streben, dem Misserfolg den Erfolg und der Beschränkung Erwartung und Hoffnung entgegen!

Der Einklang von Körper, Seele und Geist

Der amerikanische Schwimmer Duke Kahanamoku aus Hawaii gewann bei den Olympischen Spielen 1912 in Stockholm das 100-Meter-Freistilschwimmen. Acht Jahre später staunten die Zuschauer in Antwerpen als er das ein zweites Mal schaffte, obwohl die Newcomer es ihm sehr schwermachten. Er nahm noch ein drittes Mal an den Wettkämpfen teil, doch 1924 musste er sich dem legendären Johnny Weismüller geschlagen geben.

Duke Kahanamoku war auf seine stille, wortkarge Art ein sehr weiser Mensch. Auf die Frage, was zum Siegen unbedingt erforderlich ist, antwortete er einfach: »Übung, Übung und nochmals Übung.« Doch dann fügte er hinzu: »Alle Kraftreserven müssen harmonisch zusammenwirken können. Man muss also Körper, Geist und Seele in Einklang bringen. Ferner muss man mit Leib und Seele im Wettkampf aufgehen und alle anderen Gedanken ausschalten. Und dann gibt es nur noch eines: Schwimmen bis zum Letzten, mit ganzem Herzen und ganzer Seele!«

Duke Kahanamoku starb im Alter von siebenundsiebzig Jahren. Die Bestattung fand an seinem Heimatstrand statt. Zehn Kanus ruderten über die Lagune hinaus ins offene Meer, um die Asche des »Duke« dem Pazifik zu übergeben, als Zeichen seiner großen Liebe zu seiner Heimat, dem Meer.

Danach wendeten die Kanuten wie auf Kommando und paddelten unter Aufbietung aller Kräfte in einem einzigen

Wettrennen zur Küste zurück. Hiermit zollten sie »dem Duke« und seinem unbezwingbaren Kampfgeist einen letzten Tribut. Gleichzeitig war dieser Wettkampf wohl das schönste Symbol dafür, wie das Leben für die Lebenden unter Einsatz der besten Kräfte weitergeht.

Und das war auch das Hauptanliegen dieses Buches, nämlich Ihnen Wege und Möglichkeiten aufzuzeigen, wie die wunderbaren Fähigkeiten und Kräfte, die in jedem einzelnen von uns angelegt sind, zur vollen Entfaltung gelangen, und aufzuzeigen, *warum Sie das erreichen können, was Sie zu denken vermögen.*

Vergessen Sie also bitte nicht:

- Das Leben durchläuft Höhen und Tiefen. Aber eines ist sicher: Die Flut – die Hoffnung, die Kraft, der Auftrieb – kehrt immer wieder zurück.
- Wenn Sie gefordert sind und auf sich selbst vertrauen, wachsen Ihnen im richtigen Moment Mut und ungeahnte Kräfte zu.
- Verschwenden Sie keine Gedanken an überflüssiges Wenn und Aber. Positives Denken geht von der erfolgreichen Lösung eines Problems aus und führt zu konstruktiven Schritten.
- Stehen Sie zuversichtlich über allen Problemen und Aufregungen jeder Art! Auch Niederlagen werden Sie meistern, wenn Sie auf das Prinzip vertrauen: *Du kannst, wenn du glaubst, du kannst.*

Über den Autor

Norman Vincent Peale, geb.1898 in Ohio, gilt neben Joseph Murphy und Dale Carnegie, dessen geistiger Mentor er war, als einer der klassischen Autoren des Positiven Denkens. Der Geistliche gründete in New York zusammen mit dem Psychotherapeuten Smiley Blanton sein Institut für Psychotherapie und angewandtes Christentum.

Peale starb 1993 im Alter von 95 Jahren, nachdem er bis in seine letzten Monate gelehrt und geschrieben hatte. Sein Buch *Die Kraft des positiven Denkens* avancierte in kürzester Zeit zum Bestseller. Norman Vincent Peales Bücher wurden in mehr als vierzig Sprachen übersetzt und haben inzwischen eine Weltauflage von über 50 Millionen Exemplaren erreicht.

Weitere Titel bei Ariston

Dr. Joseph Murphy

Die Macht Ihres Unterbewusstseins

288 Seiten, gebunden mit Schutzumschlag
ISBN: 978-3-7205-2698-4

Die *Macht Ihres Unterbewusstseins* ist eines jener Bücher, die den Geist unserer Zeit entscheidend geprägt haben – ein Jahrhundertwerk und Weltbestseller. Dr. Joseph Murphy, der berühmte Wegbereiter des Positiven Denkens, hat darin das Geheimnis des Glaubens, der Berge versetzt, ergründet. Er zeigt, wie wir die Kraft, die in unserem Unterbewusstein verborgen ist, in uns wecken und schöpferisch nutzen können.

»Es gibt nur wenige Bücher, die den ›Zahn der Zeit‹ gut vertragen; das vorliegende Buch gehört zu den ganz wenigen, die der Folge-Generation sogar noch mehr zu sagen haben als den Lesern zur Zeit des ersten Erscheinens.«
Vera F. Birkenbihl

ARISTON

Dr. Joseph Murphy

Die Macht des positiven Denkens

Das große Lesebuch

354 Seiten, Festeinband
ISBN 978-3-7205-4029-2

Dr. Joseph Murphy hat das Geheimnis des »Glaubens, der Berge versetzt« ergründet und wurde damit zum Wegbereiter des Positiven Denkens. In diesem Lesebuch sind die inspirierendsten und einprägsamsten Texte zu den großen Themen Glück, Erfolg und persönliches Wachstum versammelt. Es bietet einen ausgezeichneten Einstieg in seine Gedankenwelt und dem Murphy-Kenner ermöglicht es eine wunderbare Möglichkeit zum Vertiefen und Schmökern.

ARISTON

Napoleon Hill

Denke nach und werde reich

Die 13 Gesetze des Erfolgs

288 Seiten, gebunden mit Schutzumschlag
ISBN 978-3-7205-2740-8

Die Erfolgsphilosophie Napoleon Hills lehrt, mit gezielter Kraft zu denken und legt offen, welches das größte und wichtigste aller Erfolgsgeheimnisse ist: Selbstvertrauen.
Erfolg und Wohlstand sind nicht Zufall, sondern Ergebnis von Erfolgsgesetzen, die Sie entdecken und für sich nutzen können, um das zu erreichen, was Sie sich wünschen:
Entfaltung Ihrer Persönlichkeit, Erfolg im Beruf und im Privatleben, materiellen Wohlstand, Ansehen und Zufriedenheit.

ARISTON

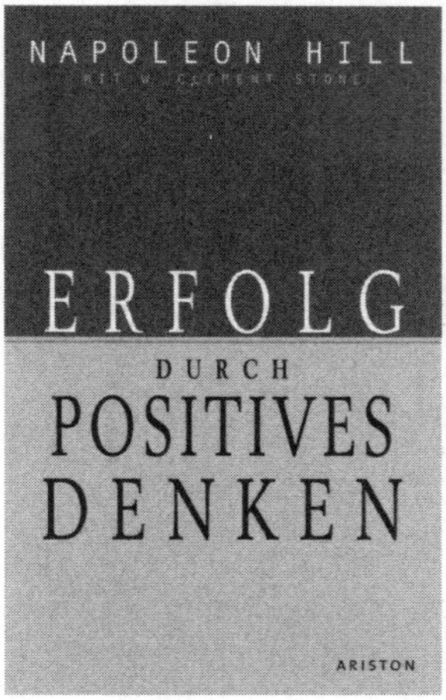

Napoleon Hill

Erfolg durch positives Denken

336 Seiten, gebunden mit Schutzumschlag
ISBN 978-3-7205-2043-9

Lernen Sie, Probleme als Herausforderung zu begreifen, die Sie weiterbringen. Bereits solche kleinen Veränderungen der inneren Einstellung können zu großem Erfolg führen. Auf dieser fundamentalen Erkenntnis beruhen die erstaunlich einfachen Methoden von Napoleon Hill und W. Clement Stone, die es auch Ihnen ermöglichen, alles zu erreichen, was Sie sich zutrauen.

»Diese beiden Männer besitzen die seltene Gabe, andere Menschen zu inspirieren und ihnen zu helfen. Ich selbst bin den beiden Verfassern für ihre wertvollen Hinweise zu großem Dank verpflichtet«
Norman Vincent Peale

ARISTON